L'ATTACHEMENT SOCIAL

Formes et fondements de la solidarité humaine

SERGE PAUGAM

L'ATTACHEMENT SOCIAL

Formes et fondements de la solidarité humaine

ÉDITIONS DU SEUIL
*57, rue Gaston-Tessier, Paris XIXe*

Cet ouvrage est publié dans la collection
« La Couleur des idées »

ISBN 978-2-02-133519-4

www.seuil.com

À la mémoire de mon père.

On cherche des compagnons, une main à laquelle se tenir pour traverser la vie, parce que tout seul on se dit qu'on n'y arrivera pas.

Laurent Mauvignier, *Le Lien*

Introduction

L'égoïste vit comme s'il était un tout, qui a en soi sa raison d'être, et qui se suffit à soi-même. Or, un tel état est une impossibilité, car il est contradictoire dans les termes. Nous avons beau faire, nous avons beau essayer de détendre les liens qui nous rattachent au reste du monde, nous ne pouvons y parvenir. Nous tenons forcément au milieu qui nous entoure ; il nous pénètre, il se mêle à nous, et, par cela seul que nous tenons à nous-mêmes, nous tenons à autre chose que nous.

Émile Durkheim, « L'attachement aux groupes »
in *L'Éducation morale*[1].

Le mot solidarité est devenu courant. Tout le monde sait a priori ce qu'il signifie, mais justement parce que ses usages ordinaires sont nombreux, en donner une définition simple ne va pas de soi. Les institutions, tant à l'échelon local que national, organisent régulièrement des journées de réflexion sur la solidarité, ne fût-ce que pour susciter un élan collectif au sein d'un groupe, d'une communauté ou de la société dans son ensemble. Des comités de solidarité sont organisés quand il s'agit de soutenir telle ou telle catégorie de la population confrontée à une difficulté particulière. Des syndicats se réfèrent souvent à la solidarité pour rassembler des forces militantes et organiser des mouvements sociaux. Certains utilisent même ce terme pour définir leur identité – on se souvient par exemple du syndicat

1. Émile Durkheim, *L'Éducation morale*, Paris, PUF, « Quadrige », 2012.

polonais Solidarność, créé en 1980 pour manifester contre le régime communiste en place. De nombreuses associations ou organisations humanitaires le reprennent dans leurs sigles ou dans leurs statuts. La solidarité permet aussi de qualifier l'engagement individuel ou collectif au service d'une cause, ou de valoriser des actes de bravoure ou de dévouement dans des périodes de crise ou de catastrophe. On se réfère encore à cette notion dans les doctrines politiques ou religieuses, les textes ou traités philosophiques et, bien entendu, dans les ouvrages de sociologie. Ce mot est souvent employé pour qualifier une action et engager des réformes : inventer de « nouvelles solidarités », stimuler l'esprit de solidarité… Enfin, il désigne habituellement le système de protection sociale, on parle alors de solidarité nationale. La liste de ces usages multiples est sans fin, il est inutile d'essayer de la prolonger.

Alain Supiot rappelle que lorsque le mot solidarité fit son apparition dans le vocabulaire juridique à la fin du XVIIe siècle, il eut un moment pour synonyme le mot *solidité*, ce qui lui fait dire que, dans son acception la plus large, il désigne ce qui solidifie un groupe humain[2]. Il correspondrait en quelque sorte à la colle qui fait tenir ensemble les individus lorsqu'ils vivent en groupe ou en société. Cette métaphore est suggestive, mais il n'est pas certain qu'elle suffise à clarifier la notion. Si l'on devait retenir une définition simple, il faudrait distinguer au moins deux dimensions. On peut considérer tout d'abord le fait d'être solidaire comme une *relation entre personnes* qui relève d'une obligation ou d'un devoir moral d'assistance mutuelle. Cette première définition s'applique en réalité à tous les groupes humains : la famille, le groupe d'amis, l'association de quartier, la communauté ethnique ou religieuse, le syndicat, le parti politique, et même, en élargissant encore, la nation et les citoyens du monde. Mais la solidarité prend aussi un autre sens. Elle renvoie à un *type de politique publique*, c'est-à-dire à un mode de gouvernance de la Cité, de l'échelle locale à l'échelle supranationale. Si l'on se réfère au premier sens, il faut souligner que la solidarité se décline selon différentes sphères de la morale : la morale domestique, la morale associative, la morale professionnelle et la morale civique. Pour un individu, être pleinement solidaire revient, à la suite du processus

2. Alain Supiot, *Grandeur et misère de l'État social*. Leçon inaugurale du Collège de France, Paris, Collège de France/Fayard, 2013, p. 43.

de socialisation et d'apprentissage des normes sociales, à faire cohabiter en lui ces différentes sphères, autrement dit, à mettre en pratique ce qu'exige toute vie en société. Si l'on se réfère au deuxième sens, la solidarité implique une doctrine pour guider l'action, elle relève d'un choix idéologique. La doctrine du solidarisme, par exemple, élaborée à la fin du XIXe siècle, postulait que nous devons devenir des associés solidaires face aux aléas de la vie. Elle a accompagné la longue marche qui a conduit à notre système de protection sociale.

Il n'est pas facile d'articuler ces deux sens. Lorsqu'on parle de la solidarité de façon globale, c'est souvent pour qualifier un changement de la société. Est-elle en expansion ou en recul ? Mais répondre à cette question implique de préciser de quel point de vue on se place. Est-ce que les relations entre personnes ont changé ou sont-ce les pratiques institutionnelles ou les représentations qui ont évolué ? Il est presque impossible de s'en tenir à un discours strictement sociologique tant le mot lui-même est immédiatement associé à des doctrines, si bien que tout propos sur la solidarité n'échappe pas au risque d'une interprétation normative ou d'un questionnement sur ce qu'il conviendrait de faire pour la rendre plus forte, plus intense, dans les sociétés modernes fondées sur l'individualisme. En tentant de répondre à ce type d'attentes légitimes, le sociologue est dans son rôle, mais ne risque-t-il pas de s'y perdre en se transformant peu à peu en réformateur social ou en défenseur de doctrines qui se sont constituées en dehors de son domaine de recherche et qui n'ont rien de sociologique ?

Lorsqu'une notion se prête à autant de sens et d'usages différents, lorsqu'une longue accoutumance conduit à ne plus pouvoir vraiment la discuter sans s'inscrire dans les débats ou les préférences idéologiques qu'elle suscite inévitablement, lorsqu'elle s'impose de façon légitime dans le corps social comme une vertu à préserver ou une politique publique à défendre, il est difficile d'en faire un véritable concept sociologique distinct. Il est alors préférable de s'en affranchir, un peu comme s'il s'agissait d'une prénotion, d'une fausse évidence, et de déplacer l'objet d'étude vers un cadre conceptuel qui évite la confrontation immédiate avec le sens commun.

Ce problème n'a pas échappé à Durkheim lui-même, lui qui a tenté, en tout début de carrière, de faire de la solidarité l'objet premier de la sociologie[3]. Après avoir défendu la thèse d'une longue transformation historique de la solidarité, le fondateur de la sociologie française a cherché à contourner le risque d'enfermement dans un raisonnement trop généraliste auquel les deux concepts fondamentaux qu'il avait élaborés – la solidarité *mécanique* et la solidarité *organique* – le condamnaient. Ce premier cadre analytique s'est heurté à l'usage idéologique qui fut fait de la solidarité à la fin du XIXe siècle – avec notamment le développement de la doctrine du solidarisme – mais aussi à des critiques d'autant plus vives qu'elles se fondaient sur une connaissance historique et ethnologique plus fine de la réalité[4]. Il a alors renoncé à se référer à ces deux concepts et, tout en poursuivant son projet d'étudier ce qui fait tenir ensemble les individus d'une société, il a entrepris plutôt de distinguer les différentes formes de morale collective et les liens qui attachent les individus entre eux, aux différents groupes et à la société. C'est ainsi qu'il a esquissé pour ainsi dire une théorie de la pluralité des attachements, mais qui n'a pas connu jusqu'à aujourd'hui une réelle postérité, tant elle était éparpillée dans des leçons destinées avant tout à la formation des maîtres d'école et, par conséquent, peu mise en valeur en tant que telle. Revenir à cette étude de la pluralité des attachements et la prolonger constituent donc une priorité, ne fût-ce que pour confronter l'analyse de Durkheim aux réalités du monde actuel. En suivant sa pensée, la théorie de l'attachement social a progressivement constitué la ligne directrice de la recherche que le présent ouvrage entend présenter.

De la solidarité à l'attachement social

Pour prendre de la distance par rapport au sens commun de la notion de solidarité, la première étape est de revenir à ce qui attache les individus entre eux et à la société, depuis les sociétés primitives jusqu'aux sociétés contemporaines, autrement dit, d'étudier ce qui les pousse à se regrouper, à former des communautés, certaines étroites et d'autres

3. É. Durkheim, *De la division du travail social* (1re éd., 1893), Paris, PUF, 1930 ; nouv. éd., « Quadrige », 2007.
4. Je reviendrai sur ce point dans le chapitre 1 de cet ouvrage.

plus larges. Il s'agit alors de voir dans la solidarité humaine autre chose qu'une vertu, une doctrine ou une politique, et, avant cela, l'un des fondements anthropologiques de la vie sociale. Hier comme aujourd'hui, l'individu ne peut vivre sans attaches et passe sa vie à s'attacher – ou à se rattacher après une rupture – à sa famille tout d'abord, mais aussi aux proches qu'il s'est choisis par nécessité, par amour ou amitié, à sa communauté ethnique ou religieuse, à ses collègues de travail ou à ses pairs, aux personnes qui partagent les mêmes origines géographiques, sociales ou culturelles, et bien entendu aussi aux institutions de son pays. Autrement dit, l'être humain est anthropologiquement solidaire car il ne peut vivre sans ces attachements multiples, qui lui assurent à la fois la protection face aux aléas du quotidien, et la reconnaissance de son identité et de son existence en tant qu'être humain.

Mais que signifie vraiment l'attachement dans une société d'individus autonomes ou qui se pensent comme tels ? Comment et jusqu'où peut-on et doit-on être solidaire de sa famille, solidaire de ses divers groupes d'appartenance affinitaire, solidaire de son entreprise ou de son groupe professionnel et solidaire de sa nation ? Un constat s'impose immédiatement. Si cette question se pose à chaque être humain et est en cela universelle, la réponse diffère selon les milieux sociaux, mais aussi et surtout selon les sociétés. Dès lors, le problème central est de comprendre les fondements anthropologiques de la solidarité humaine tout en analysant sociologiquement ses formes variables dans le monde contemporain, aussi bien dans les sociétés économiquement développées que dans les pays émergents.

Le concept d'attachement est surtout connu en théorie de la psychiatrie. Il a été élaboré par le psychiatre John Bowlby dans la deuxième moitié du XXe siècle pour qualifier l'empreinte durable du lien originel de l'enfant à l'adulte en charge de lui procurer la sécurité dès les premiers mois de sa vie[5]. Cette théorie continue de nourrir de nombreux travaux de recherche dans ce domaine. Pourtant, la notion d'attachement avait été définie bien antérieurement par Durkheim dans une

5. John Bowlby, *Attachement et Perte*, vol. I : *Attachement* ; vol. II : *Angoisse et Colère*, Paris, PUF, « Le Fil rouge », 1978 (1re éd. en anglais, vol I : 1969 ; vol. II : 1973). J. Bowlby, *Attachement et Perte*, vol. III : *Tristesse et Dépression*, Paris, PUF, « Le Fil rouge », 1984 (1re éd. en anglais, vol. III : 1980).

perspective analytique différente. Le fondateur de la sociologie française voyait en effet dans l'attachement aux groupes une des sources de la morale et partant, une des conditions de l'intégration sociale. Le concept d'attachement social, au sens sociologique, est complémentaire de celui d'attachement au sens de la psychiatrie et, de façon plus large, de la psychologie. Je tenterai de montrer en quoi ces deux perspectives analytiques différentes peuvent dialoguer entre elles. Mais l'objectif de ce livre est avant tout de forger le concept d'attachement social et de le mettre à l'épreuve de plusieurs recherches empiriques et d'une comparaison internationale.

Dans cet ouvrage, le sens donné à l'attachement social renvoie aux différents types de liens qui attachent les individus entre eux et à la société : le *lien de filiation* (entre parents et enfants), le *lien de participation élective* (entre conjoints, amis, proches choisis…), le *lien de participation organique* (entre acteurs du monde professionnel) et le *lien de citoyenneté* (entre membres d'une même communauté politique). Il s'agit d'analyser comment ces quatre types de liens s'entrecroisent en chaque individu pour permettre son attachement à la société, mais aussi comment les sociétés construisent et transforment les normes de cet entrecroisement. À travers le concept d'attachement, l'ambition est de mieux comprendre ce qui fait tenir ensemble les individus des sociétés modernes, mais aussi, *a contrario*, ce qui les fragilise. Autrement dit, penser l'attachement dans les sociétés modernes, c'est prendre en compte aussi bien la force et la permanence des liens sociaux que leur vulnérabilité et leur rupture.

Si Durkheim est bien l'inspirateur de cet ouvrage, les recherches que j'ai menées sur la pauvreté m'ont également servi d'aiguillon. C'est en effet en menant ces travaux que la problématique des liens sociaux m'est apparue comme centrale. Étudier les trajectoires des pauvres et leurs expériences vécues, en France ou dans d'autres pays, conduit inévitablement à examiner la fragilité et le risque de rupture des liens avec leur famille, leur entourage, leurs amis, leurs communautés, le monde du travail et même les institutions de leur pays. De nombreuses enquêtes sociologiques ont permis d'étudier les effets du chômage – qui consacre déjà une rupture – sur l'ensemble des liens. C'est ainsi que le risque de ruptures cumulatives a pu être évalué empiriquement : rupture du couple, rupture avec la famille – aussi bien avec ses parents qu'avec ses enfants –, isolement et retrait de la vie sociale, perte de confiance dans les relations professionnelles, éloignement des circuits administratifs et perte des droits sociaux… C'est en étudiant l'ensemble de ces ruptures que j'en suis venu progressivement à distinguer différents types de liens sociaux et à rechercher leurs fondements communs. Que perd-on vraiment quand on est confronté à la rupture d'un lien ? Pourquoi la rupture d'un lien peut-elle entraîner la rupture d'autres liens ? La réponse à ces questions a été déterminante pour élaborer le cadre analytique qui sert de base à la théorie de l'attachement social.

La comparaison des formes élémentaires de la pauvreté a permis également de vérifier l'hypothèse que les liens sociaux résistent mieux à l'épreuve de la pauvreté dans certaines sociétés que dans d'autres. Dans les sociétés méditerranéennes, par exemple, les solidarités familiales jouent un rôle d'amortisseur du chômage que l'on ne trouve pas dans les autres pays européens. Autrement dit, le risque de rupture du lien de filiation y est moins fréquent. À l'opposé, les chômeurs des pays du nord de l'Europe sont mieux protégés par les institutions de la protection sociale et perdent moins définitivement leur lien avec le monde du travail. Ces résultats ont ouvert la voie à une analyse comparative portant sur la constitution des normes relatives à ces différents types de liens sociaux et à leur entrecroisement spécifique dans chaque société. Ils ont permis de poser l'hypothèse de l'existence de plusieurs types de « régimes d'attachement social ». La recherche comparative qui a nourri ce livre a été l'occasion de la vérifier de façon plus ample et plus systématique.

Vue d'en bas et vue d'en haut

Vouloir étudier les formes et les fondements de la solidarité humaine à partir du cadre analytique de l'attachement social peut paraître démesuré. Ne risque-t-on pas d'embrasser trop large et d'être conduit à des simplifications ? J'ai bien conscience que l'objet d'étude de ce livre porte sur un concept sociologique encore peu connu et un domaine de recherche peu exploré sous un angle aussi général. Il est plus habituel de resserrer l'enquête sociologique sur un thème circonscrit dans son objet et dans l'espace. Néanmoins, je voudrais défendre le projet de renouer le dialogue avec les classiques de la sociologie – avec Durkheim en particulier, mais pas seulement – et d'essayer de répondre aux défis théoriques et méthodologiques qui ont été posés à l'origine de cette discipline, d'autant que nous disposons aujourd'hui de moyens de vérification empirique qui n'existaient pas à l'époque. N'est-il pas paradoxal que les sociologues contemporains préfèrent souvent les études pointues sur des objets limités – qui, bien entendu, ont souvent tout leur intérêt –, alors que les sources d'information et les données d'enquête globale n'ont jamais été aussi riches et aussi complètes pour traiter des questions générales ? La perspective ouverte par ce travail résulte donc d'un choix délibéré à la hauteur de l'ambition assumée d'élaborer un nouveau cadre théorique et de mener de bout en bout une recherche comparative à grande échelle.

La recherche sur laquelle repose ce livre s'est déroulée sur plusieurs années. Elle se fonde sur des enquêtes que j'ai menées ou dirigées, mais aussi sur des expériences et des observations de terrain réalisées dans plusieurs pays. Elle est le fruit de discussions stimulantes avec des collègues de sciences sociales rencontrés à l'occasion de séjours à l'étranger. Elle s'appuie aussi sur le séminaire que j'anime à l'École des hautes études en sciences sociales (EHESS), qui a porté ces dernières années précisément sur l'attachement social. J'ai pu travailler avec de nombreux étudiants, issus d'aires culturelles différentes, et m'enrichir ainsi de leurs enquêtes et de leurs connaissances. Enfin, cette recherche repose sur un travail inédit de définition et de collecte d'indicateurs de liens sociaux, ce qui a permis des comparaisons internationales. Ce travail, réalisé en équipe, a permis de constituer une base internationale de données homogènes. Il constitue un apport nouveau et une source précieuse pour donner à la théorie de l'attachement social une assise empirique solide. Cette recherche comparative concerne les sociétés européennes, dans le prolongement des recherches que j'ai effectuées sur le chômage et la pauvreté. Mais elle s'ouvre aussi aux pays d'Amérique du Nord, d'Amérique centrale et du Sud, ainsi qu'à des pays d'Asie du Sud-Est, d'Océanie et d'autres pays encore comme l'Afrique du Sud et la Turquie. Certains pays ou régions ont été analysés de façon plus approfondie que d'autres en raison de leurs spécificités au regard des premières tendances qui se dégageaient de l'analyse statistique d'indicateurs macrosociologiques.

On distingue généralement l'enquête qualitative de l'enquête quantitative. La première repose sur des observations ethnographiques ou des entretiens approfondis, du récit de vie à l'entretien semi-directif généralement pensé comme le support d'une sociologie compréhensive. La seconde a une visée plus large, elle préconise le recueil de données statistiques issues de sources diverses ou d'enquêtes par questionnaire auprès d'un échantillon représentatif ou, du moins, significatif. Ces deux types d'enquêtes sont complémentaires, l'un permet une vue d'en bas, l'autre une vue d'en haut. Dans cette recherche, les deux ont été mobilisés à des moments différents, permettant ainsi de les articuler dans un schéma analytique global et comparatif.

Mais c'est surtout l'aller-retour entre ces deux types d'enquêtes qui constitue l'originalité de la démarche. La constitution de la base de données sur les liens sociaux n'a pas été réalisée au hasard. Le choix des indicateurs a bien entendu été conditionné par les données disponibles au niveau international, mais il a procédé aussi d'une connaissance précise des réalités du terrain et des enquêtes qualitatives sur ce sujet. Il a été fortement éclairé par les recherches sur la pauvreté menées auparavant. Une fois ces indicateurs élaborés et l'analyse statistique engagée, l'interprétation des données a ensuite nécessité un retour réflexif sur les données qualitatives. Il a même fallu très souvent relire des travaux qualitatifs pour parvenir à une démonstration satisfaisante. Ainsi, la vue du bas et la vue du haut se complètent mutuellement pour donner à cette recherche une assise empirique la plus approfondie possible.

La structure du livre

L'ouvrage se compose de quatre parties. La première pose le cadre conceptuel et théorique qui sert de fondement à cette recherche. Elle part de Durkheim, du programme d'étude de la solidarité qu'il avait défini au moment de la préparation de sa thèse dès la fin des années 1880, revient sur ses principaux résultats et tente d'expliquer les raisons qui l'ont conduit à mettre de côté les deux concepts centraux de sa démonstration et à élaborer, après la publication de son étude sur le suicide en 1897, de nouveaux concepts, dont celui d'attachement aux groupes. Cette partie étudie également le concept d'attachement social en discutant les travaux sociologiques classiques et contemporains sur le processus de socialisation. Trois dimensions de l'attachement social font l'objet d'une attention particulière : le contrôle social, l'habitus et la mémoire collective. Même si elles sont traditionnellement présentées de façon distincte, il s'agit de montrer comment, en se complétant, elles permettent d'expliquer la tendance des liens sociaux à se maintenir dans la durée. Le pivot de cette partie est la définition proprement dite des liens sociaux à partir de la double dimension de la protection et de la reconnaissance, ce qui conduit à analyser leur entrecroisement. Après avoir confronté le concept de l'attachement à la fois aux travaux menés en sociologie des réseaux sociaux et au concept de capital social, au sens de Pierre Bourdieu et à celui de Robert Putnam, la partie se termine par la présentation d'une typologie de quatre régimes d'attachement social correspondant pour chacun d'entre eux à la prééminence d'un type de lien sur les autres : le régime *familialiste* (régulé par le lien de filiation), le régime *volontariste* (régulé par le lien de participation élective), le régime *organiciste* (régulé par le lien de participation organique) et, enfin, le régime *universaliste* (régulé par le lien de citoyenneté).

La deuxième partie revient de façon globale sur l'hypothèse fondamentale à l'origine de cette recherche, à savoir le risque de fragilité et de rupture des liens sociaux. Elle s'appuie sur de nombreuses enquêtes qui permettent d'étudier ce risque pour chacun des types de liens, et d'avoir ainsi une vue globale sur les inégalités dans ce domaine. Elle débouche sur le constat que l'attachement social, en tant que processus, est profondément inégal (ce que l'on peut visualiser à l'aide d'une représentation graphique inspirée d'une mosaïque). Mais cette inégalité face aux risques de rupture des liens sociaux n'est pas la seule à considérer. En effet, en croisant les deux dimensions de la protection et de la reconnaissance, apparaissent des configurations plus complexes : des liens qui fragilisent (en apportant de la reconnaissance sans garantie de protection) et des liens qui oppressent (en apportant de la protection sans reconnaissance). Cette perspective analytique ouvre la voie à une compréhension des mécanismes de l'anxiété dans les sociétés contemporaines, mais aussi à une qualification précise des rapports de domination tels qu'ils opèrent selon les principales sphères de la morale collective. Enfin, cette partie est l'occasion d'un retour réflexif sur le concept de disqualification sociale, que j'ai élaboré dans mes premiers travaux de recherche sur la pauvreté et que les enquêtes récentes sur les liens sociaux permettent de revisiter à nouveaux frais.

La troisième partie est en quelque sorte l'envers de la précédente. Elle entend montrer, au-delà des inégalités et des rapports de domination, comment les liens sociaux sont aussi des ressources potentielles que les classes populaires, les chômeurs, les pauvres et les marginaux, peuvent mobiliser pour conquérir et défendre des droits ou tout simplement pour survivre. Elle commence par des études de conflits sociaux dans le monde de travail, avec l'exemple de la grève des chaussonniers de Fougères en 1906-1907, et celui, plus récent, des salariés de l'entreprise Molex en lutte pour le maintien de leurs emplois dans le sud-ouest de la France. Elle revient également sur le mouvement des Gilets jaunes, qui s'est développé à partir de la fin de l'année 2019. Ces études de cas, aussi diverses soient-elles, valident la possibilité d'analyser les mouvements sociaux sous l'angle des liens sociaux. Il s'agit ensuite d'explorer les mécanismes de compensation : les individus ou les groupes qui font l'expérience d'une rupture durable d'un lien peuvent s'appuyer sur ceux qui restent pour résister et demeurer, au moins partiellement, attachés à des groupes, sinon à la société dans son ensemble. En partant de l'entre-soi des anciens quartiers ouvriers ou des quartiers d'habitat social, souvent disqualifiés aujourd'hui, on montrera comment les liens sociaux permettent de faire face à la précarité. Les liens avec la famille, les proches, les communautés ethniques ou religieuses, offrent des possibilités de résistance collective sous la forme de cocons protecteurs, qui peuvent éventuellement se mobiliser dans des luttes locales. Enfin, une attention particulière est accordée dans cette partie aux cumuls de rupture des liens sociaux, ce qui nous entraîne dans l'univers des marginaux et de leurs formes d'adaptation à la vie en marge, à la limite de la survie.

La quatrième partie constitue l'apport substantiel inédit de cette recherche. Elle repose sur une comparaison internationale, qui a nécessité un long travail de collecte de données sur les liens sociaux pour trente-quatre pays, situés, je l'ai dit, dans des zones géographiques et culturelles différentes. Cette base de données a permis d'élaborer des indices pour chacun des quatre types de liens sociaux et de vérifier leur importance distinctive dans les pays pris en compte. Le premier chapitre de cette partie présente de façon détaillée les étapes de ce travail statistique et les principaux résultats qui en sont sortis, notamment la confirmation de l'existence de différents types de régimes d'attachement social. À partir des tendances lourdes qui se dégagent de cette analyse quantitative, il s'agit ensuite d'analyser, à l'aide de matériaux empiriques complémentaires, les facteurs qui expliquent le regroupement de pays, parfois fort différents, sous le même régime d'attachement social. Cette quatrième partie fait donc appel à des recherches historiques et anthropologiques pour comprendre comment se sont constituées, de façon à chaque fois spécifique, les normes relatives aux différents types de liens sociaux dans les pays les plus caractéristiques de chacun des régimes d'attachement social. Le travail statistique sur les indices et les indicateurs socio-économiques n'est donc pas une fin en soi, il constitue seulement la première étape du travail de recherche comparative.

C'est ainsi que cette partie dessine les spécificités de chacun des régimes, en s'arrêtant sur les cas les plus caractéristiques ou les exceptions les plus notables. Pour le régime d'attachement familialiste, dont on détaillera les origines paysannes, on remarquera, notamment à partir de l'exemple des pays d'Amérique latine, qu'il est particulièrement associé à de très fortes inégalités sociales et à un niveau élevé de pauvreté. Cependant, il faudra comprendre aussi pourquoi le Brésil et l'Argentine, qui ont connu un important développement économique au XXe siècle, et plus surprenant encore le Japon, troisième puissance économique mondiale, sont restés attachés à une tradition familialiste. Pour incarner le régime d'attachement organiciste et le régime d'attachement volontariste, il s'agira d'opposer deux pays caractéristiques, la France et les États-Unis, en essayant de comprendre pourquoi ces deux configurations nationales sont si contrastées. Enfin, le régime d'attachement universaliste est étudié à partir des pays les plus emblématiques que sont les pays nordiques. Leur exemple permet d'étudier les conditions de possibilité de cette synthèse ambitieuse, qui permet d'articuler, contrairement à la France et aux États-Unis, le lien globalement prééminent de citoyenneté avec le lien de participation organique et le lien de participation élective. Mais on verra aussi que cette ambition reste inachevée et menacée…

L'intention de cette recherche est double. Elle répond, en premier lieu, au souhait d'étudier les formes et les fondements de la solidarité humaine, non pas en partant des multiples catégories et usages sociaux de la notion de solidarité, le plus souvent hérités du sens commun, mais à partir du cadre conceptuel et théorique de l'attachement social présenté dans ce livre, pour la première fois, de façon globale et sous ses différentes dimensions analytiques. En ce sens, ce livre est théorique. Mais cette recherche, par son ancrage empirique, entend aussi, en second lieu, contribuer à de nouvelles connaissances sur ce qui fait tenir ensemble les individus et les groupes des sociétés contemporaines. Il constitue en cela une étape dans l'analyse comparative, à l'échelle locale, nationale ou internationale, et ouvre ainsi la voie, du moins je l'espère, à de nouvelles enquêtes[6].

6. Toutes les références méthodologiques sur les sources statistiques utilisées dans cet ouvrage, ainsi que les données empiriques détaillées, et les précisions sur la construction des indices, ont été regroupées dans l'Annexe numérique du livre, en accès libre à l'adresse : http://www.serge-paugam.fr/docs/annexe_attachement_social

PARTIE I

L'attachement social : un concept sociologique

Cette image de l'homme en tant qu'être seul et indépendant a une force telle qu'on en oublie cette évidence : dans sa recherche des satisfactions, l'homme aspire à rencontrer d'autres hommes, et pour ce faire il dépend en grande partie des autres et non pas seulement de son propre corps. Il s'agit là d'une des interdépendances universelles qui relient les hommes sur le plan social.

NORBERT ELIAS,
Qu'est-ce que la sociologie ?

CHAPITRE 1

Durkheim : de la solidarité à l'attachement aux groupes

Quand on aborde en sociologie la question de la solidarité, la thèse d'Émile Durkheim intitulée *De la division du travail social* s'impose immédiatement. Elle fut soutenue le 3 mars 1893 à la faculté des lettres de Bordeaux. Il s'agit du premier livre de Durkheim dans lequel il tente de fonder la sociologie. L'ouvrage paraît deux ans avant *Les Règles de la méthode sociologique* (1895) et quatre ans avant *Le Suicide* (1897). Il constitue donc en quelque sorte la « pierre angulaire » de cet édifice nouveau qu'est la sociologie. Par cette thèse, dont les membres du jury admirèrent la qualité et la profondeur, Durkheim s'affirme aux yeux de tous comme le représentant français du projet sociologique. *De la division du travail social* en est donc un passage obligé et une introduction à cette discipline. Cette thèse appartient au patrimoine conceptuel des sciences sociales. Elle est enseignée à ce titre dans les facultés de sociologie du monde entier. Durkheim aborde, à travers les métamorphoses de la notion de solidarité, la question du lien social. Il offre un cadre analytique pour analyser à la fois le processus de différenciation des individus et la cohésion des sociétés modernes. Les recherches en sciences sociales ne cessent depuis plus d'un siècle de se référer à la *solidarité mécanique* et à la *solidarité organique* tant ces deux concepts constituent des fondements de notre compréhension du monde social. Mais, assez curieusement, alors que ces deux concepts sont au cœur de sa démonstration et qu'ils font l'objet, jusqu'à aujourd'hui, de stimulantes discussions et interprétations,

Durkheim lui-même n'y fera plus référence dans les travaux qui suivirent la publication de sa thèse. Cette disparition constitue en elle-même une énigme. À défaut de pouvoir la résoudre de façon définitive, nous proposons dans ce chapitre d'avancer quelques éléments d'interprétation.

On peut faire au moins trois hypothèses. La première relève de la prise en compte par Durkheim des critiques qui lui furent adressées. À la suite de celles-ci, il a dû reconnaître progressivement que ces deux concepts entretiennent presque inévitablement des malentendus, en raison de leur caractère sans doute trop abstrait pour exprimer la diversité des formes humaines de solidarité. La deuxième est liée au fait que la thèse de Durkheim s'inscrit dans le courant de pensée républicain qui a donné naissance à la doctrine du solidarisme, dont l'essor à la fin du XIXe et au début du XXe siècle a été considérable en France, ainsi qu'en Europe. Cet usage politique et idéologique du concept de solidarité a sans doute nui à l'usage strictement sociologique que Durkheim avait envisagé. Enfin, on peut faire l'hypothèse que Durkheim, ayant enrichi son cadre analytique, notamment après l'étude du *Suicide*, ait préféré substituer au concept de solidarité, devenu trop chargé idéologiquement, celui d'attachement aux groupes, qu'il développa notamment dans son cours *L'Éducation morale* en insistant sur le lien entre les formes plurielles de l'attachement et les différents types de morale en vigueur dans chaque société. Nous discuterons successivement dans ce chapitre de ces trois hypothèses.

L'énigme initiale de Durkheim

Pour comprendre l'origine de sa thèse, il faut se reporter aux années antérieures au cours desquelles Durkheim a assuré de nombreux enseignements de sociologie à la faculté des lettres de l'université de Bordeaux. Nommé en 1887 professeur de pédagogie et de sciences sociales, Durkheim va faire de ce cadre universitaire son véritable laboratoire de sociologie jusqu'à sa nomination à la chaire de pédagogie de la Sorbonne en 1902. Son premier « cours public de sciences sociales » (devenu dès la deuxième année « cours public de sociologie ») porte sur *La Solidarité sociale* et constitue le soubassement de sa thèse. Il n'en reste qu'un article, publié en 1888, correspondant à la leçon d'ouverture[1].

Cette leçon révèle l'ambition intellectuelle de Durkheim et annonce le programme qu'il prépare. Le ton est donné dès les premières lignes : « Je crois pouvoir poser avec quelque précision un certain nombre de questions spéciales qui se rattachent les unes aux autres, de manière à former une science au milieu des autres sciences positives[2]. » La démarche est déterminée, il s'agit de convaincre les sceptiques, ceux qui dans le monde universitaire voient avec réserve et parfois même avec réticence le développement de cette discipline nouvelle : « Le seul moyen de prouver le mouvement, c'est de marcher. Le seul moyen de prouver que la sociologie est possible, c'est de faire voir qu'elle existe et qu'elle vit[3]. » Il définit déjà dans ce texte l'objet de la sociologie, à savoir les faits sociaux, et la méthode qu'il préconise pour les étudier : l'observation et l'expérimentation indirecte, c'est-à-dire la méthode comparative. Mais ce qui frappe surtout dans ce texte introductif, c'est la mission fondamentale que le fondateur de la sociologie française assigne à cette discipline nouvelle : donner à la société une plus grande conscience d'elle-même et de son unité, renforcer et rendre plus visibles les liens qui rattachent les individus entre eux afin de parer à l'égoïsme qui les guette. Autrement dit, il s'agit de prévenir le risque de désagrégation et d'anomie que la société, comprise comme un tout, encourt. Il termine son propos sur cette déclaration : « Il faut que notre société reprenne conscience de son unité organique ; que l'individu sente cette masse sociale qui l'enveloppe et le pénètre, qu'il la sente toujours présente et agissante, et que ce sentiment règle toujours sa conduite ; car ce n'est pas assez qu'il ne s'en inspire que de temps en temps dans des circonstances particulièrement critiques. [...] Je crois que la sociologie est, plus que tout autre science, en état de restaurer ces idées. C'est elle qui fera comprendre à l'individu ce que c'est que la société, comme elle le complète et combien il est peu de chose réduit à ses seules forces. Elle lui apprendra qu'il n'est pas un empire au sein

1. É. Durkheim, « Cours de science sociale : leçon d'ouverture », *Revue internationale de l'enseignement*, XV, 1888, p. 23-48. Repris *in* É. Durkheim, *La Science sociale et l'action*, Paris, PUF, « Le sociologue », 1970, p. 77-110.
2. Cf. É. Durkheim, *La Science sociale et l'action*, *op. cit.*, p. 77.
3. *Ibid.*, p. 78.

d'un autre empire, mais l'organe d'un autre organisme, et lui montrera tout ce qu'il y a de beau à s'acquitter consciencieusement de son rôle d'organe. Elle lui fera sentir qu'il n'y a aucune diminution à être solidaire d'autrui et à en dépendre, à ne pas s'appartenir tout entier à soi-même. Sans doute ces idées ne deviendront vraiment efficaces que si elles se répandent dans les couches profondes de la population ; mais pour cela, il faut d'abord que nous les élaborions scientifiquement à l'université. Contribuer à atteindre ce résultat dans la mesure de mes forces sera mon principal souci et je n'aurai pas de plus grand bonheur que si j'y puis réussir un peu.[4] »

Élaborer scientifiquement à l'université les idées de solidarité, tel est donc bien l'objectif que Durkheim s'est donné. Son ambition est d'étudier les faits moraux et leur transformation. Il entend non pas tirer la morale de la science, mais faire la science de la morale. En réalité, comme d'autres sociologues, notamment Ferdinand Tönnies et Max Weber en Allemagne[5], il s'interroge sur les fondements du lien social dans les sociétés modernes[6] et se penche particulièrement sur la morale.

La question à l'origine de sa thèse peut être formulée de la façon suivante : « Comment se fait-il que, tout en devenant plus autonome, l'individu dépende plus étroitement de la société[7] ? » En d'autres termes, une société composée d'individus de plus en plus différenciés est-elle encore vraiment une société et, si oui, comment ? Durkheim remarque que les deux mouvements d'autonomie et de dépendance se poursuivent parallèlement et déclare à la fin de la préface de la première édition : « Il nous a paru que ce qui résolvait cette apparente antinomie,

4. *Ibid.*, p. 109-110.

5. Cf. Robert Alun Jones, « La science positive de la morale en France : les sources allemandes de la division du travail social », *in* Philippe Besnard, Massimo Borlandi, Paul Vogt (dir.), *Division du travail et lien social. Durkheim un siècle après*, Paris, PUF, « Sociologies », 1993, p. 11-41.

6. D'après Mauss, c'est au cours de l'année 1884 que Durkheim a précisé de façon définitive le projet de sa thèse, c'est-à-dire l'année précédant son congé de l'enseignement pour étudier les sciences sociales à Paris et ensuite en Allemagne. Cf. Marcel Mauss, *Œuvres*, tome 3 : *Cohésion sociale et divisions de la sociologie*, Paris, Minuit, 1969, p. 505.

7. É. Durkheim, *De la division du travail social*, préface de la première édition, *op. cit.*, p. XLIII.

c'est la transformation de la solidarité sociale, due au développement toujours plus considérable de la division du travail. Voilà comment nous avons été amené à faire de cette dernière l'objet de cette étude[8]. » Ce projet le conduit à apporter des explications fondées sur l'analyse des conditions du changement social de longue durée, au sens du passage de la société traditionnelle à la société moderne. Ce qui lui semble le plus caractéristique de la société moderne, c'est la spécialisation de plus en plus poussée des fonctions dans le monde du travail.

Solidarité mécanique et solidarité organique : deux concepts trop abstraits ?

Reprenons tout d'abord la distinction qu'il opère entre les deux formes de solidarité. La *solidarité mécanique* correspond à la solidarité par similitudes. Elle renvoie aux sociétés traditionnelles dans lesquelles les individus sont peu différenciés les uns des autres, partagent les mêmes sentiments, obéissent aux mêmes croyances et adhèrent aux mêmes valeurs. La *solidarité organique* est la forme opposée, celle qui caractérise les sociétés modernes. Ce qui fait le lien social dans ces sociétés, c'est avant tout l'interdépendance des fonctions, laquelle confère à tous les individus, aussi différents soient-ils les uns des autres, une position sociale précise. Durkheim utilise aussi l'expression de *segment* pour désigner un groupe social dans lequel les individus sont étroitement intégrés. La solidarité mécanique correspond dans son esprit à une structure sociale caractérisée par un système de segments homogènes et semblables entre eux. La solidarité organique, au contraire, est constituée, non par ce type de segments, mais « par un système d'organes différents dont chacun a un rôle spécial et qui sont formés eux-mêmes de parties différenciées[9] ».

Pour parvenir à cette opposition, Durkheim avait au préalable élaboré d'autres concepts. En premier lieu, celui de *conscience collective* dont il donne la définition suivante : « L'ensemble des croyances et des sentiments communs à la moyenne des membres d'une même société forme un système déterminé qui a sa vie propre ; on peut

8. *Ibid.*
9. *Ibid.*, p. 157.

l'appeler *la conscience collective* ou *commune*. Sans doute, elle n'a pas pour substrat un organe unique ; elle est, par définition, diffuse dans toute l'étendue de la société ; mais elle n'en a pas moins des caractères spécifiques qui en font une réalité distincte. En effet, elle est indépendante des conditions particulières où les individus se trouvent placés ; ils passent, et elle reste. Elle est la même au Nord et au Midi, dans les grandes villes et dans les petites, dans les différentes professions. De même, elle ne change pas à chaque génération mais relie au contraire les unes aux autres les générations successives. Elle est donc tout autre chose que les consciences particulières, quoiqu'elle ne soit réalisée que chez les individus. Elle est le type psychique de la société, type qui a ses propriétés, ses conditions d'existence, son mode de développement, tout comme les types individuels, quoique d'une autre manière[10]. »

Cette définition permet d'examiner les variations entre les sociétés traditionnelles et les sociétés modernes. Dans les premières, la conscience collective couvre la plus grande partie des existences individuelles tant les sentiments sont éprouvés en commun et tant les rites qui caractérisent la vie sociale sont définis avec précision. La signification des actes et des croyances s'impose à tous. L'individu est en quelque sorte absorbé par le groupe. Dans les secondes, la conscience collective s'affaiblit. La marge d'interprétation individuelle des interdits sociaux s'étend et le contrôle social diminue. Cette réduction de la conscience collective se traduit notamment par le fait que l'unité de la société apparaît plus faiblement. Durkheim va même plus loin. Pour lui, « le progrès de la division du travail sera d'autant plus difficile et lent que la conscience commune aura plus de vitalité et de précision. Inversement, il sera d'autant plus rapide que l'individu pourra plus facilement se mettre en harmonie avec son milieu personnel[11] ». En d'autres termes, l'affaiblissement de la conscience collective n'est pas seulement une dimension de la solidarité organique, c'est aussi une condition de la division du travail. Celle-ci n'est possible que si l'individu est libre et capable de se mouvoir avec indépendance par rapport à son groupe. Mais en même temps, les individus qui composent la société peuvent perdre de vue le sens de leur complémentarité et se

10. *Ibid.*, p. 46.
11. *Ibid.*, p. 268.

replier sur eux-mêmes. Durkheim en était conscient. C'est la raison pour laquelle il insistait tant sur la morale laïque comme instance unificatrice.

Dans le prolongement des travaux des psychologues sociaux, il est devenu courant aujourd'hui de distinguer les représentations collectives au sens de Durkheim des représentations sociales[12]. Ces dernières ne supposent pas une forte stabilité de leur transmission et de leur reproduction[13]. Elles impliquent au contraire à la fois une plus grande diversité d'origine, tant dans les individus que dans les groupes, et une possibilité d'évolution sous l'influence conjointe des mécanismes de reproduction et d'acquisition au cours des interactions multiples de la vie sociale. Autrement dit, les sociologues prennent acte de l'affaiblissement de la conscience collective et cherchent à expliquer non pas son caractère immuable, mais la diversité et la transformation incessante des représentations sociales, ce qui constitue en un mot la dynamique propre aux sociétés modernes. Cela dit, si le concept de conscience collective semble peu adapté aux sociétés contemporaines, il reste pertinent pour qualifier les sociétés traditionnelles.

Durkheim ne s'est d'ailleurs pas tenu à ce seul concept. Pour construire sa démonstration, il insiste dès le premier chapitre du livre I sur la relation entre la solidarité et le droit. Plus les relations entre les membres d'une société sont soutenues, plus la solidarité entre eux a des chances d'être intense. Il souligne que « le nombre de ces relations est nécessairement proportionnel à celui des règles juridiques qui les déterminent[14] ». Ce constat le conduit à distinguer deux espèces de règles juridiques selon les différentes sanctions qui y sont attachées : le droit *répressif* qui sanctionne les fautes et les crimes et le droit *restitutif*

12. Cf. Serge Moscovici, « Des représentations collectives aux représentations sociales : éléments pour une histoire », *in* Denise Jodelet (dir.), *Les Représentations sociales*, Paris, PUF, 1982, p. 79-103.

13. Durkheim disait : « La société est une réalité *sui generis* ; elle a ses caractères propres qu'on ne retrouve pas, ou que l'on ne retrouve pas sous la même forme, dans le reste de l'univers. Les représentations qui l'expriment ont donc un tout autre contenu que les représentations purement individuelles et l'on ne peut pas être assuré par avance que les premières ajoutent quelque chose aux secondes. » Cf. É. Durkheim, *Les Formes élémentaires de la vie religieuse* (1912), Paris, PUF, 1960, p. 22.

14. É. Durkheim, *De la division du travail social*, *op. cit.*, p. 29.

qui n'implique pas nécessairement une souffrance infligée à l'agent, mais consiste seulement à remettre les choses en l'état et à organiser la coopération entre les individus. Le premier atteint l'individu dans son honneur, sa fortune ou sa liberté et conduit par conséquent à le priver de tout ou partie de ses biens ou de ses jouissances ; il relève du droit pénal. Le second vise le rétablissement des rapports antérieurs à l'acte incriminé, autrement dit le fonctionnement social jugé normal ; il combat ainsi la déviation et peut relever tout aussi bien du droit civil, du droit commercial, que du droit administratif et constitutionnel. Bien que le droit répressif existe dans toute société, il caractérise selon Durkheim davantage les sociétés à solidarité mécanique puisque la multiplication des sanctions révèle la force de la conscience collective et l'obligation de faire respecter les interdits sociaux. Le droit restitutif correspond par conséquent aux sociétés à solidarité organique. Il reflète la nécessité d'une organisation susceptible d'assurer une existence coordonnée entre des membres différenciés d'une même société. Il est par essence *coopératif*, qualificatif qu'utilise également Durkheim pour le définir.

Ainsi, pour Durkheim, la division du travail que l'on observe dans les sociétés modernes n'est pas un obstacle à la solidarité. Au contraire, elle en est même le fondement. Le plus remarquable de ses effets n'est pas d'augmenter le rendement des fonctions divisées, mais de les rendre solidaires. Le résultat ne se trouve pas principalement dans la sphère des intérêts économiques, mais dans l'établissement d'un ordre social et moral *sui generis*. Les individus ne sont pas indépendants, ils doivent se concerter. La division du travail, loin de diviser les hommes, renforce leur complémentarité en les obligeant à coopérer. Chacun acquiert ainsi de son travail le sentiment d'être utile à l'ensemble : « La division du travail suppose que le travailleur, bien loin de rester courbé sur sa tâche, ne perd pas de vue ses collaborateurs, agit sur eux et reçoit leur action. Ce n'est donc pas une machine qui répète des mouvements dont il n'aperçoit pas la direction, mais il sait qu'ils tendent vers un but qu'il conçoit plus ou moins distinctement. Il sent qu'*il sert à quelque chose*. Pour cela, il n'est pas nécessaire qu'il embrasse de bien vastes portions de l'horizon social, il suffit qu'il en aperçoive assez pour comprendre que *ses actions ont une fin en dehors d'elles-mêmes*. Dès lors, si spéciale, si uniforme que puisse être son activité, c'est celle d'un être intelligent, car elle a un sens et il le sait[15]. »

C'est donc dans la relation de travail elle-même que le salarié peut retirer des satisfactions et celles-ci sont en grande partie liées à la reconnaissance par les autres salariés de sa contribution à l'activité productive. Ce processus est fondé sur le principe de la complémentarité des fonctions, qui implique l'intériorisation par chacun d'un rôle correspondant à une forme de participation au système social dans son ensemble.

Durkheim ne se limite pas au constat de cette grande évolution historique qu'est le passage de la solidarité mécanique à la solidarité organique. Il entreprend aussi plusieurs analyses complémentaires qui restent, aujourd'hui encore, fondamentales dans la perspective de l'étude des liens sociaux. Notons tout d'abord le passage important dans lequel Durkheim cherche à évaluer la part de la solidarité organique dans la cohésion générale de la société. Après avoir démontré que les liens sont plus nombreux dans les sociétés modernes, conformément à la loi de la complémentarité et la coopération des individus, il s'interroge sur leur intensité. On aurait parfois tendance à penser que les sociétés traditionnelles étaient plus préservées des ruptures de liens que ne le sont les sociétés modernes. Durkheim parvient à prouver le contraire. Il s'appuie sur plusieurs exemples empiriques pour démontrer que dans les sociétés anciennes, le lien social était trop faible pour retenir les hommes malgré eux. Il n'était pas rare dans certaines sociétés que les hommes abandonnent leur chef pour échapper à leur autorité oppressive et trouver des satisfactions dans la vie errante. « On s'étonnera peut-être, nous dit Durkheim, qu'un lien qui attache l'individu à la communauté au point de l'y absorber puisse se rompre ou se nouer avec cette facilité. Mais ce qui fait la rigidité d'un lien social n'est pas ce qui en fait la force de résistance. De ce que les parties de l'agrégat, quand elles sont unies, ne se meuvent qu'ensemble, il ne suit pas qu'elles soient obligées ou de rester unies ou de périr. Tout au contraire, comme elles n'ont pas besoin les unes des autres, comme chacun porte en soi tout ce qui fait la vie sociale, il peut aller la transporter ailleurs, d'autant plus aisément que ces sécessions se font généralement par

15. *Ibid.*, p. 365, les deux passages soulignés l'ont été par moi (*N.d.A.*).

bandes ; car l'individu est alors constitué de telle sorte qu'il ne peut se mouvoir qu'en groupe, même pour se séparer de son groupe[16]. »

Autrement dit, lorsque la solidarité est fondée sur l'uniformité imposée des croyances et des pratiques, la société n'est troublée dans son organisation interne ni par le départ de certains membres ni par l'arrivée d'individus supplémentaires pour peu que des places vides soient à prendre. En revanche, lorsque la division du travail constitue le principe même de la vie sociale, l'intégration d'éléments nouveaux peut altérer les rapports d'interdépendance existants, produire des perturbations entre les membres de la société et aboutir à des formes de rejet social. Durkheim met ainsi, au moins implicitement, l'accent sur les formes potentielles de discriminations dans les sociétés modernes. Lorsque l'utilité de chacun est définie en fonction de sa participation au fonctionnement de l'ensemble, l'autre, en provenance d'un pays étranger et porteur d'une culture différente, peut être perçu comme une menace. La complémentarité mutuelle ne va pas de soi, elle est fragile et peut se traduire par des réactions de racisme. De même, perdre sa place dans un système d'interdépendances avancées constitue pour l'individu une épreuve particulièrement douloureuse. Elle signifie pour lui la perte de son utilité sociale. Les recherches sur les expériences vécues du chômage[17], de la pauvreté et du recours contraint à l'assistance ont permis de vérifier le risque pour les personnes concernées d'être et de se sentir socialement disqualifiées[18].

Une autre observation de Durkheim mérite une attention particulière. Le chapitre II du livre II, consacré aux causes de la division du travail, se termine par une longue note de bas de page dans laquelle il est question de la possibilité d'exceptions à la loi générale de l'évolution progressive de la division du travail. La question est de savoir s'il est possible que subsistent, dans une société organisée sous la forme de la solidarité organique, des segments homogènes et semblables, caractéristiques de la solidarité mécanique. Le fait que cette observation n'ait

16. É. Durkheim, *De la division du travail social*, *op. cit.*, p. 124.
17. Dominique Schnapper, *L'Épreuve du chômage*, Paris, Gallimard, 1981 ; rééd., Gallimard, « Folio », 1994.
18. Serge Paugam, *La Disqualification sociale. Essai sur la nouvelle pauvreté*, PUF, 1991 ; rééd., PUF, « Quadrige », 2009 (8e éd., avec une préface inédite, « La disqualification sociale, vingt ans après »).

que le statut de note dans la démonstration est révélateur du problème auquel Durkheim est confronté. Si une loi générale est contredite par des faits, elle perd son caractère de loi générale. Durkheim aborde cependant le problème en évoquant le cas de l'Angleterre. « Mais il peut très bien se faire que, dans une société en particulier, une certaine division du travail économique soit très développée, quoique le type segmentaire y soit encore assez fortement prononcé. Il semble que c'est le cas de l'Angleterre. La grande industrie, le grand commerce paraissent y être aussi développés que sur le continent, quoique le système alvéolaire y soit encore très marqué, comme le prouvent et l'autonomie de la vie locale et l'autorité qu'y conserve la tradition[19]. »

Comment interpréter cette contradiction ? Premièrement, Durkheim insiste dans ce cas sur le caractère économique et non pas social de cette division du travail. Celle-ci ne s'est réalisée qu'à la superficie de la vie sociale. « Il suffit, dit-il, qu'une circonstance quelconque excite chez un peuple un plus vif besoin de bien-être pour que la division du travail économique se développe sans que la structure sociale change sensiblement. L'esprit d'imitation, le contact d'une civilisation plus raffinée peuvent produire ce résultat. C'est ainsi que l'entendement, étant la partie culminante et, par conséquent, la plus superficielle de la conscience, peut être assez facilement modifié par des influences externes, comme l'éducation, sans que les assises de la vie psychique soient atteintes[20]. »

Ainsi, la division du travail ne serait qu'une enveloppe caractéristique de la civilisation économique, mais contenant en réalité une structure sociale d'espèce inférieure. Durkheim précise que si ce cas se présente, il n'est qu'exceptionnel, et il termine sa note de fin de chapitre de façon optimiste : « Le principe que nous avons posé est donc vrai d'une manière très générale, et cela suffit à notre démonstration. » Il apparaît pourtant clairement aujourd'hui que les observations de Durkheim ne sont pas aussi exceptionnelles qu'il l'envisageait à son époque. Les sociologues contemporains sont plus sensibles à l'entrecroisement, au sein même des sociétés modernes, de liens sociaux de nature différente, les uns renvoyant à la solidarité organique, les autres à la solidarité mécanique.

19. É. Durkheim, *De la division du travail social*, *op. cit.*, p. 266.
20. *Ibid.*, p. 267.

Le débat avec les sociologues allemands

Max Weber avait déjà constaté que si les deux grands types de « relations sociales solidaires » – le type communautaire (*communalisation*) et le type associatif (*sociation*) – correspondaient à des formes d'organisation opposées, ils pouvaient, l'un et l'autre, en tant que types idéaux, participer de la même structure sociale et aider ainsi à la compréhension du lien social. Le premier type, la *communalisation*, relève du sentiment qu'éprouvent les hommes de s'appartenir mutuellement, d'être engagés dans une vie collective qui intègre chacun de façon entière ; le second type, la *sociation*, repose sur la recherche de compromis d'intérêts motivés rationnellement, soit en valeur, soit en finalité. Les individus tirent le plus souvent leur existence sociale des deux à la fois. Weber va même jusqu'à souligner qu'un lien, comme le groupement familial, peut en effet être à la fois ressenti comme une *communalisation* et organisé par ses membres comme une *sociation*[21].

En d'autres termes, les liens issus de la complémentarité des fonctions n'ont pas entièrement dissous les liens plus anciens issus de l'homogénéité des croyances et des pratiques. On pourrait même dire que l'affaiblissement de la conscience collective et le risque de dissolution des valeurs ont fait naître dans certains cas des formes de résistance à l'interdépendance généralisée sous la forme de regroupements communautaires. Le débat actuel sur le communautarisme illustre, sous son caractère souvent radical, la volonté de certains d'opter pour une organisation sociale plus proche de la solidarité mécanique que de la solidarité organique.

Les questions que nous pouvons nous poser aujourd'hui sur la pertinence de ces deux concepts de solidarité étaient déjà présentes dans les commentaires qui suivirent la thèse de Durkheim. Sans prétendre en faire une synthèse exhaustive, prenons-en quelques exemples significatifs.

Avant de publier sa thèse, Durkheim avait pris connaissance du livre de Tönnies intitulé *Gemeinschaft und Gesellschaft* paru en 1887[22] et

21. Max Weber, *Économie et société*, tome 1, Paris, Plon, 1971 (traduction de la 4e éd. allemande).

22. Ferdinand Tönnies, *Communauté et société. Catégories fondamentales de la sociologie pure* (1re éd. en allemand, 1887), trad. par Sylvie Mesure et Niall Bond, Paris, PUF, « Le Lien social », 2010.

publié un commentaire critique dans la *Revue philosophique* en 1889[23]. Tönnies ne manqua pas de lui répondre en publiant lui aussi un commentaire assez sévère de la *Division du travail*[24].

La convergence entre les deux auteurs est, à première vue, frappante. Tous deux abordent la même question et tentent d'y répondre par une analyse de grande ampleur portant sur la transformation historique des sociétés humaines. Tönnies explique l'individualisation croissante des relations humaines en opposant deux concepts principaux, la *Gemeinschaft* et la *Gesellschaft*, et l'évolution des sociétés européennes en distinguant quatre phases : 1) les unions en *Gemeinschaft* dont le prototype est la famille ; 2) les associations en *Gemeinschaft* qui renvoient à l'amitié et à la communauté d'ordre spirituel et intellectuel ; 3) les associations en *Gesellschaft* qui sont symbolisées par l'entreprise économique moderne insérée dans un réseau de relations morales et juridiques ; 4) les unions en *Gesellschaft* qui représentent l'effort de société moderne, désormais fondée sur la rationalité et le calcul, pour retrouver une partie de la sécurité dont jouissaient les individus à une époque antérieure, en instaurant notamment des principes de protection sociale et de solidarité.

Même si, comme le déplorera Durkheim, les mots de *Gemeinschaft* et de *Gesellschaft* dont se sert Tönnies pour qualifier deux espèces de société sont intraduisibles, ils ne sont pas sans rappeler les deux types de solidarité, l'une mécanique, proche de la notion de *Gemeinschaft*, l'autre organique, proche de la notion de *Gesellschaft*. À vrai dire, cette comparaison se complique dès qu'on cherche à l'approfondir. Tönnies distingue en effet la *volonté organique* et la *volonté réfléchie*. La première se manifeste dans le plaisir, l'habitude et la mémoire, elle enveloppe la pensée et la détermine et constitue la source de toute entreprise et de toute création. En un mot, elle caractérise la *Gemeinschaft*. La seconde est le produit de la pensée qui sert à guider et à orienter les forces et les élans jaillis de la volonté organique. Elle renvoie à la *Gesellschaft*. Le rôle de la réflexion consiste à séparer et à

23. É. Durkheim, « Communauté et société selon Tönnies », texte repris dans *Sociologie*, vol. 4, n° 2, 2013, p. 213-216.
24. *Archiv für systematische Philosophie* 2, 1896, p. 487-499, traduit en français par Sylvie Mesure et publié dans *Sociologie*, vol. 4, n° 2, 2013, p. 219-220.

opposer le but et les moyens. Pour Tönnies, le capitalisme est avant tout la conséquence de la disparition de la communauté et son remplacement par des modes d'organisation, un droit et des principes de gouvernement non communautaires. Autrement dit, pour Tönnies, la composition de la *Gemeinschaft* est organique, tandis que celle de la *Gesellschaft* est mécanique.

Durkheim considère que Tönnies aurait dû découvrir lui-même que le type social de la *Gesellschaft* est tout aussi naturel que les agrégats communautaires de taille réduite. Il lui reproche de ne pas avoir observé suffisamment les faits et de s'en être tenu à des constructions conceptuelles abstraites. Il voit chez Tönnies l'illustration d'une préférence de type néoromantique pour l'union intime et chaleureuse des communautés traditionnelles et considère que sa méthode pour définir la vie collective de la *Gesellschaft* est « tout idéologique ». Autrement dit, Durkheim s'oppose à la démarche dialectique et classificatoire de Tönnies qui est, selon lui, caractéristique des méthodes employées par les logiciens allemands. Il affirme par là même la nécessité de procéder par induction, ce qui revient, par exemple, à « étudier la *Gesellschaft* à travers le droit et les mœurs qui lui sont propres et qui en revêtent la structure[25] ».

De son côté, Tönnies insiste, dans son compte rendu, sur le différend qui l'oppose à Durkheim : « La position que je défends est essentiellement différente de la théorie qui pense comme "organique" le *esse formale* de la société ou de la *Gesellschaft*. Je n'ai jamais douté que les relations réciproques existant au sein d'une économie développée puissent se laisser comparer aux relations réciproques qui s'établissent dans un organisme. Ma propre conceptualisation n'exclut en aucune façon le fait qu'une corporation ou que des individus qui ont quelque pouvoir ou qui sont d'une manière actifs, aussi bien dans une grande action que dans une communauté villageoise ou urbaine, puissent se comporter par rapport à la totalité où ils s'inscrivent comme des organes par rapport à l'organisme où ils se trouvent. Mais je ne trouve pas très instructive la manière dont Monsieur Durkheim présente les types sociaux et leurs relations. Il procède de manière scolastique en ce qui concerne la division du

25. É. Durkheim, « Communauté et société selon Tönnies », art. cité, p. 216.

travail et en manquant de l'analyse critique dont il se vante dans ses livres[26]. »

Ce débat renvoie de façon plus générale aux difficultés des échanges entre les sociologies allemande et française. Ainsi, au-delà de la sensibilité commune à l'égard des transformations du lien social, Tönnies et Durkheim représentent deux approches divergentes que l'on ne peut vraiment comprendre qu'en les replaçant dans les contextes socioculturels spécifiques de l'Allemagne et de la France à la fin du XIXe siècle. On ne peut pas en tout cas écarter l'hypothèse que Durkheim lui-même ait été lassé de ce débat en considérant à la fois la difficulté de se comprendre et le caractère inévitablement fragile de ces oppositions conceptuelles, et qu'il ait préféré pour cette raison, sans renoncer à ses analyses, ne pas entretenir cette querelle.

Les controverses autour de la théorie de l'organicisme

Cependant, si Durkheim ne revient plus sur les deux concepts centraux de sa thèse, ce n'est probablement pas pour cette seule raison. La gêne qu'il a éprouvée a pu être renforcée par l'usage croissant du concept d'organisme social et du développement de l'organicisme comme mode de représentation de la société, notamment sous l'influence de René Worms, organisateur important de la sociologie à la fin du XIXe siècle. Ce dernier fonda en 1893 la *Revue internationale de sociologie* ainsi que la Société de sociologie de Paris en 1895 et devint très vite pour Durkheim un concurrent, sinon un adversaire. Or René Worms publia en 1896 sa thèse principale soutenue à la Sorbonne et intitulée *Organisme et société*[27]. Cette thèse qui avait pour ambition de fournir une théorie complète de l'organicisme souleva certaines réserves en raison de l'usage jugé intempestif des métaphores biologiques et du syllogisme selon lequel société et organisme ne font qu'un. Les relations entre Durkheim et Worms ne furent jamais cordiales. Durkheim ne participa à aucune des initiatives de Worms (revue, société, colloques...) et pria

26. F. Tönnies, « Compte rendu d'Émile Durkheim, *De la division du travail social* » (1896), trad. par Sylvie Mesure, dans *Sociologie*, vol. 4, n° 2, 2013, p. 219-220.
27. René Worms, *Organisme et société*, Paris, V. Giard & E. Brière, 1896.

son neveu Marcel Mauss de faire savoir autour de lui que son attitude distante était motivée avant tout par la faible estime intellectuelle qu'il avait à l'égard du directeur de la *Revue internationale de sociologie*[28]. L'organicisme fit par la suite l'objet de nombreuses controverses, y compris au sein même de la Société de sociologie de Paris, et tomba en discrédit au congrès de l'Institut international de sociologie en juillet 1897[29]. Durkheim aimait, on le sait, recourir à des métaphores ou à des comparaisons entre l'organisation de la société et l'organisation du vivant[30]. Il parlait lui aussi de la société comme d'un organisme, mais il se gardait d'en faire une théorie générale à l'instar de Worms et de certains collaborateurs de la *Revue internationale de sociologie.* Mais le concept de solidarité organique ne prêtait-il pas malgré tout à confusion ? On ne peut écarter l'hypothèse que Durkheim ait jugé, *a posteriori*, que ce concept devenait équivoque en raison de la dérive de la théorie de l'organicisme et surtout des contestations justifiées dont elle faisait l'objet dans les années qui suivirent la publication de sa thèse. Ne plus l'utiliser était peut-être le moyen le plus efficace pour éviter la confusion sémantique entre l'usage métaphorique et méthodologique, qu'il souhaitait en faire de façon exclusive, et l'interprétation théorique globale, à laquelle il risquait malencontreusement de renvoyer. Toujours est-il que dans la préface de la seconde édition de la *Division du travail*, Durkheim ne l'utilise plus et préfère insister sur les groupements professionnels et leur portée dans la société, un peu comme s'il s'agissait, sans le nommer, de donner un contenu plus précis au concept de solidarité organique en le confrontant à des exemples empiriques en lien avec les évolutions réelles et souhaitables du monde du travail. Notons aussi que dans cette édition de 1902,

28. Lettre d'Émile Durkheim à Marcel Mauss, Bordeaux, 8 juillet 1894, *in* É. Durkheim, *Lettres à Marcel Mauss*, présentées par Philippe Besnard et Marcel Fournier, Paris, PUF, « Sociologies », 1998, p. 35-36.
29. Voir sur ce point Roger Geiger, « René Worms, l'organicisme et l'organisation de la sociologie », *in* « Sociologies françaises au tournant du siècle. Les concurrents du groupe durkheimien », études réunies par Ph. Besnard, numéro spécial de la *Revue française de sociologie*, juillet-septembre 1981, 22-23, juillet-septembre 1981, p. 345-360 (trad. de l'anglais par Marie-France Essyad et Ph. Besnard).
30. Voir Jean-Claude Filloux, « Durkheim et l'organicisme : l'influence de Spencer et d'Espinas dans l'élaboration du fonctionnalisme durkheimien », *Revue européenne de sciences sociales*, vol. 17, n° 47, 1979, p. 135-148.

le sous-titre de la thèse de Durkheim, « Étude sur l'organisation des sociétés supérieures », disparaît. À n'en point douter, sa connotation organiciste était devenue gênante[31].

Si le concept de solidarité organique pouvait prêter à confusion, son opposé, celui de solidarité mécanique, n'était pas non plus exempt de critiques. Dans la décennie qui suivit la parution de la thèse de Durkheim, les connaissances ethnographiques s'accrurent. Il est probable que Durkheim avait pris conscience progressivement du caractère fragile de ses analyses. Son neveu, l'ethnologue Marcel Mauss, sera obligé, par la suite, de revenir sur l'hypothèse de l'indifférenciation des individus dans les sociétés les plus simples, lesquelles comportent une division du travail par sexes, par âges, par générations et par clans. Il soulignera de façon respectueuse que l'hypothèse fausse de Durkheim était toutefois nécessaire[32]. Dans une conférence prononcée en 1931, il ira jusqu'à dire : « Je ne crois pas, par conséquent, être infidèle à la pensée de Durkheim en vous proposant : d'abord d'atténuer les idées courantes concernant l'amorphisme originaire des sociétés ; et ensuite de compliquer au contraire les idées concernant la nécessité d'harmoniser de plus en plus nos sociétés modernes[33]. »

Ainsi, nous avons pu montrer que si Durkheim n'est pas revenu lui-même sur ces deux concepts, c'est, au moins partiellement, en raison des incompréhensions et des controverses qu'ils ont suscitées dans les années qui suivirent la publication de sa thèse. Au lieu de perdre du temps à y répondre directement, il préféra poursuivre son œuvre et consacrer son énergie à un autre chantier, en l'occurrence celui de l'étude du suicide. Mais il est probable aussi qu'il fit le constat que le concept de solidarité, au-delà de la distinction entre ses deux formes mécanique et organique, lui échappait en connaissant une autre carrière.

31. Ce point est souligné dans l'introduction de Ph. Besnard, M. Borlandi, P. Vogt, *Division du travail et lien social. Durkheim un siècle après*, *op. cit.*, p. 6.
32. M. Mauss, *Œuvres,* tome 3 : *Cohésion sociale et divisions de la sociologie*, *op. cit.*, p. 221.
33. *Id.*, « La cohésion sociale dans les sociétés polysegmentaires (1931), *in* M. Mauss, *Œuvres*, tome 3 : *Cohésion sociale et divisions de la sociologie*, *op. cit.*, p. 26.

Le solidarisme ou la nouvelle carrière du concept de solidarité

Comme le précise Marcel Fournier, la thèse de Durkheim a connu un certain succès de librairie[34]. Dans une lettre adressée à Mauss le 28 mai, Durkheim se déclare satisfait des ventes : sur les 1 330 exemplaires, il n'en reste à cette date que 500. Pourtant, au moment où paraît *De la division du travail social*, le concept de solidarité a déjà entamé une autre carrière. Paraît tout d'abord la thèse de Jean Izoulet en 1895, intitulée *La Cité moderne*, dont les réflexions sont *a priori* assez proches de celles de Durkheim, du moins en ce qui concerne l'analyse de la solidarité et de son ancrage dans la pensée organiciste de l'époque. Mais son diagnostic est bien différent de celui de Durkheim. Pour lui, la différenciation hiérarchique est au moins aussi importante que le principe de l'association : « Un organisme est essentiellement une solidarité, sans doute. Mais il est aussi et au même degré une division du travail, une différenciation entre dirigés et dirigeants, foule et élite, tronc et tête. Un organisme physique qui reste à l'état de non-division du travail et de non-hiérarchie n'est qu'un animal inférieur[35]. » Il s'avère donc indispensable de préserver le principe de subordination et de ne pas tomber dans une sorte d'idéalisation réductrice de la solidarité pour fonder le lien social. Ce jeune professeur de philosophie était très apprécié dans les milieux républicains et sa thèse aura un énorme retentissement. Il deviendra même titulaire de la chaire de philosophie sociale au Collège de France dès 1897[36]. Même si *La Cité moderne* ne passera pas à la postérité, elle obtient à l'époque un écho médiatique bien plus important que la *Division du travail* de Durkheim.

Le concept de solidarité connaît aussi un développement en dehors de la sociologie et du monde académique. C'est à Léon Bourgeois, homme d'État, membre du parti radical-socialiste et président du Conseil, que l'on doit la doctrine du solidarisme. Celle-ci a offert un cadre d'action, une sorte de philosophie officielle, à l'État républicain

34. Marcel Fournier, *Émile Durkheim (1858-1917)*, Paris, Fayard, 2007, p. 192.
35. Jean Izoulet, *La Cité moderne. Métaphysique de la sociologie*, Paris, Alcan, 1895, p. 646.
36. Voir sur ce point Marie-Claude Blais, *La Solidarité. Histoire d'une idée*, Paris, Gallimard, « Bibliothèque des idées », 2007, p. 217 et suiv.

confronté à la fin du XIXe siècle à de nombreuses difficultés. Trois ans après la publication de la thèse de Durkheim, Bourgeois publie en effet un ouvrage intitulé *Solidarité*[37] qui deviendra une référence en termes de réflexion sur les réformes sociales à accomplir. Or Bourgeois ne se réfère pas à Durkheim, mais bien plutôt au philosophe Alfred Fouillée qui avait publié en 1880 un ouvrage intitulé *La Science sociale contemporaine*[38] dans lequel il défendait notamment le principe d'une justice « réparative » fondée sur la fraternité. Pour Bourgeois, s'il n'existe pas de partie qui ne soit partie d'un tout, celui-ci étant plus que la somme de ces parties, on peut convenir que l'homme doit ce qu'il est, en tant qu'individu, à l'association humaine. En partant de cette idée fondamentale, il développa la notion de dette sociale. Le passage suivant est devenu classique : « Dès que l'enfant, après l'allaitement, se sépare définitivement de la mère et devient un être distinct, recevant du dehors les aliments nécessaires à son existence, il est un débiteur ; il ne fera pas un pas, un geste, il ne se procurera point la satisfaction d'un besoin, il n'exercera point une de ses facultés naissantes, sans puiser dans l'immense réservoir des utilités accumulées par l'humanité[39]. »

Cette dette envers les ancêtres est immense. Elle renvoie non pas à quelques individus surdoués ou à quelques groupes supérieurs, mais bien à l'ensemble des humains qui, par leur interdépendance dans le travail, ont contribué au progrès de l'humanité. La doctrine du solidarisme est donc fondée sur le principe de la dette entre les différentes générations. L'individu n'est toutefois pas seulement débiteur de ses ancêtres. Une part importante de son activité, de sa propriété, de sa liberté et de sa personne résulte de l'échange de services qui s'établit avec les autres. Cette part est sociale et doit être mutualisée. Autrement dit, la solidarité est bien le fondement du lien social, elle doit correspondre à une adhésion rationnelle émanant d'un contrat tacite qui lie l'individu à la société comme un tout. Puisqu'il y a pour chaque homme vivant une dette envers tous les

37. Léon Bourgeois, *Solidarité* (1re éd., 1896), Villeneuve-d'Ascq, Presses du Septentrion, 1998.
38. Alfred Fouillée, *La Science sociale contemporaine*, Paris, Librairie Hachette et Cie, 1880 (2e éd., 1885).
39. *Ibid.*, p. 44-45.

hommes vivants, il est souhaitable qu'aux contrats librement consentis entre particuliers soit formulé, en toute clarté, un contrat général qui les tient tous unis. C'est ainsi que la continuité entre le droit privé et le droit public doit être assurée. Cet échange de services constitue ce que Bourgeois appelle un quasi-contrat *d'association* qui lie tous les humains entre eux[40].

Cette doctrine conduit à interroger le rôle de l'État. Léon Bourgeois a approfondi sa pensée dans le cadre de plusieurs conférences ultérieures à la parution de son livre. Cette évolution de la doctrine et notamment sa traduction juridique ont été commentées par plusieurs auteurs, notamment par Célestin Bouglé, disciple de Durkheim. Ce dernier rappelle comment le solidarisme a réussi à étendre le contrôle de l'État sans personnifier l'État, sans lui prêter une volonté propre, des vertus supérieures, des droits spéciaux. « Grâce à la théorie du quasi-contrat, dit-il, la législation que l'État aura à édicter n'apparaîtra plus que comme une traduction des volontés préexistantes de ses membres[41]. »

Ainsi, le solidarisme définit une des missions essentielles de l'État, celle de garantir le progrès social sans devenir une puissance tutélaire oppressante. Cette doctrine s'affirme comme un « garantisme ». La justice n'existera entre les humains que s'ils deviennent des associés solidaires en neutralisant entre eux les risques auxquels ils sont confrontés. Il ne s'agit pas pour autant de restituer à la société l'intégrité de la part présente en chacun de nous qui est d'origine sociale. Le solidarisme n'aboutit pas à une socialisation intégrale des profits et des pertes, mais à une socialisation partielle, susceptible d'éviter la détresse absolue et la grande pauvreté. Cette doctrine instaure ainsi une voie intermédiaire entre le libéralisme et le collectivisme. Le solidarisme est en quelque sorte le prélude de l'État social national. Le temps semble venu de fédérer les réseaux de solidarité existants dans une structure nationale.

40. Sur cette question, l'analyse de Durkheim était différente. Dans le chapitre VII de la *Division du travail social* intitulé « Solidarité organique et solidarité contractuelle » il avait tenu à se démarquer de la conception de Spencer selon laquelle l'association résulterait d'un contrat. Durkheim pense au contraire que les hommes sont naturellement associés et que le contrat ne peut naître que de cette association.

41. Célestin Bouglé, *Le Solidarisme*, Paris, V. Giard & E. Brière, 1907, p. 78.

L'essor des assurances sociales dans le droit fil de la doctrine du solidarisme nous fait entrer dans une organisation sociale planifiée selon la technologie du risque, et rien ne semble désormais freiner la marche de ce mouvement.

Il est frappant de constater que Durkheim ne fera jamais état de ces débats sur la politique sociale. Si Léon Bourgeois n'a pas cité Durkheim, lui non plus ne fera aucune référence à la doctrine du solidarisme. Quelques années après la soutenance de sa thèse, il soutient l'idée qu'il faut renforcer les groupements professionnels, mais il ne parle pas des assurances sociales. Il sera plus proche de la thématique de la reconnaissance par le travail et l'intégration professionnelle que de la thématique de la protection sociale, même si le système de sécurité sociale, qui émergera de cette préoccupation, aura pourtant des effets sur l'ensemble des liens qui rattachent l'individu à la société. Mais Durkheim ne semble pas anticiper ce mouvement et n'en fera pas écho dans ses publications (contrairement à Mauss dans son *Essai sur le don*). L'association inévitable du concept de solidarité à la doctrine du solidarisme a sans doute gêné le fondateur de la sociologie française qui a pu y voir un risque de dérive par rapport à la définition initiale qu'il lui avait donnée.

Ce qui nous attache aux groupes et à la société

Si Durkheim ne se réfère plus directement au concept de solidarité, il ne cesse pour autant d'essayer de répondre à son énigme initiale : « Comment se fait-il que tout en devenant plus autonome l'individu dépende davantage de la société ? » Autrement dit, comment des êtres autonomes parviennent-ils à s'attacher à la société ? Des éléments de réponse se trouvent dans les conclusions de *la Division du travail* mais ils ne sauraient constituer à eux seuls un résultat définitif[42]. On trouve d'autres réponses dans les textes qui suivirent. C'est au cours de la dernière décennie du XIXe siècle que Durkheim publia l'essentiel de son œuvre, non seulement sa thèse de doctorat, mais aussi *Les Règles de*

42. Ph. Besnard, M. Borlandi, P. Vogt (dir.), *Division du travail et lien social. Durkheim un siècle après*, *op. cit.*

la méthode sociologique[43], *Le Suicide. Étude de sociologie*[44], et les cours professés à l'université de Bordeaux[45] et édités par la suite sous forme d'ouvrages. C'est le cas notamment de *L'Éducation morale*[46], leçons qui furent préparées probablement l'année qui suivit la parution du *Suicide* et reprises ensuite lors du premier cours donné à la Sorbonne en 1902-1903. C'est le cas aussi du livre intitulé *Leçons de sociologie. Physique des mœurs et du droit*[47], écrit de façon définitive de novembre 1898 à juin 1899. Il existe une problématique commune entre ces différents textes qu'une lecture partielle ne permet pas de découvrir. Chacun d'entre eux est une pièce d'un puzzle que l'on peut s'efforcer de reconstituer et qui donne les prémices d'une théorie de l'attachement que Durkheim n'a pas eu le temps d'achever.

Les différentes sphères de la morale

Le fondateur de la sociologie française a vu progressivement dans l'attachement aux groupes une des sources de la morale. Il y a consacré de nombreuses pages dans son *Éducation morale*, cours dans lequel il s'employait à tirer les leçons de ses travaux empiriques, notamment sur le suicide. En réalité, Durkheim sera de plus en plus sensible à la pluralité des liens qui attachent les individus à la société. Il s'agira pour lui de prendre en compte la trame sociale complète de l'individu en distinguant ce qui le lie à sa famille, mais aussi aux groupes sociaux,

43. É. Durkheim, *Les Règles de la méthode sociologique* (1895), introduction de François Dubet, Paris, PUF, « Quadrige », 2013.
44. *Id.*, *Le Suicide. Étude de sociologie* (1re éd., 1893), introduction de Serge Paugam, Paris, PUF, 2007, nouv. éd., « Quadrige », 2013.
45. La « physique générale des mœurs et du droit » apparaît comme intitulé de cours dès 1896-1897 et Durkheim le conservera pendant quatre ans. Soulignons que le thème de la morale civique et professionnelle, dont il est question dans les *Leçons de sociologie*, apparaît comme une sous-partie de son cours de l'année 1899-1900. Notons aussi qu'il avait déjà utilisé un intitulé très proche : « Physiologie du droit et des mœurs (la famille) » en 1890-1891. Voir sur ce point M. Fournier, *Émile Durkheim (1858-1917)*, *op. cit.*, p. 125.
46. É. Durkheim, *L'Éducation morale* (1902-1903), introduction de Serge Paugam, Paris, PUF, nouv. éd., « Quadrige », 2012.
47. *Id.*, *Leçons de sociologie. Physique des mœurs et du droit* (1re éd., 1925), préface de Serge Paugam, Paris, PUF, nouv. éd., « Quadrige », 2015.

lesquels se forment au cours de la socialisation secondaire et, de façon plus générale, aux institutions qui gouvernent toute société.

Commençons par la définition de la morale que donne Durkheim dans la conclusion de la *Division du travail* : « Est moral, peut-on dire, tout ce qui est source de solidarité, tout ce qui force l'homme à compter sur autrui, à régler ses mouvements sur autre chose que les impulsions de son égoïsme, et la moralité est d'autant plus solide que ces liens sont plus nombreux et plus forts[48]. » Durkheim s'emploie tout d'abord à définir les règles de la morale universelle. Il insiste sur les devoirs généraux indépendants de tout groupement social : « Je dois respecter la vie, la propriété, l'honneur de mes semblables alors même qu'ils ne sont ni mes parents ni mes compatriotes. C'est la sphère la plus générale de toute l'éthique, puisqu'elle est indépendante de toute condition locale ou ethnique. C'est aussi la plus élevée[49]. » Mais, une fois définies ces règles universelles, il existe d'autres règles morales qui tiennent à des qualités que tous les hommes ne partagent pas et qu'il faut étudier en tant que telles.

Selon lui, la société est la condition nécessaire de cette morale plurielle : « Elle n'est pas une simple juxtaposition d'individus qui apportent, en y entrant, une moralité intrinsèque ; mais l'homme n'est un être moral que parce qu'il vit en société, puisque la moralité consiste à être solidaire d'un groupe et varie comme cette solidarité[50]. » Autrement dit, c'est l'attachement à la société qui fonde cette morale[51]. Ce n'est pas la liberté, mais l'état de dépendance qui contribue à faire de l'individu une partie intégrante du tout social et, partant, un être moral. Dès lors, nous dit Durkheim, « faites évanouir toute vie sociale, et toute vie morale s'évanouit du même coup, n'ayant plus d'objet où se prendre[52] ».

48. É. Durkheim, *De la division du travail social*, *op. cit.*, p. 394.
49. *Id.*, *Leçons de sociologie*, *op. cit.*, p. 215.
50. *Id.*, *De la division du travail social*, *op. cit.*, p. 394.
51. Notons ici que le thème de l'attachement aux groupes est également très présent lorsque Durkheim analyse le phénomène d'effervescence collective dans les sociétés australiennes. Il souligne que l'excitation collective est produite par l'attachement réciproque des individus lorsqu'ils partagent des valeurs sociales et donc une même vie morale. Voir É. Durkheim, *Les Formes élémentaires de la vie religieuse* (1912), Paris, PUF, 1960, nouv. éd., « Quadrige », 2013.
52. É. Durkheim, *De la division du travail social*, *op. cit.*, p. 394.

Puisque l'individu se définit par une pluralité d'attachements à la société, il peut exister une pluralité de règles morales. Les *Leçons de sociologie* auront, entre autres, pour objectif de le démontrer et de réfléchir à leur nécessaire articulation. Durkheim distingue trois grands types de morale qui découlent de l'appartenance à des groupes particuliers : l'attachement à la famille et au système de parenté fonde la morale domestique, l'attachement au monde du travail, notamment à des corporations, fonde la morale professionnelle tandis que l'attachement à la patrie fonde la morale civique.

Qu'est-ce qui distingue les trois formes de morale ? Les devoirs domestiques et les devoirs civiques concernent *a priori* tous les membres d'une société alors que les devoirs professionnels sont par définition variables d'un groupe professionnel à l'autre. Durkheim souligne que les organes de la morale professionnelle sont multiples. Il y en a autant que de professions.

À ce stade, Durkheim fait une distinction entre les professions fortement encadrées par des règles morales qui sont directement rattachées à l'État (armée, enseignement, magistrature, administration, etc.), celles qui ont un corps défini, une unité, et une réglementation spéciale, et les professions économiques, aussi bien dans l'industrie que dans le commerce, dans lesquelles l'inorganisation reflète l'absence de morale professionnelle ou, du moins, son caractère rudimentaire. Pour lui, la crise dont souffrent les sociétés européennes provient précisément de l'absence d'une réglementation morale de la vie économique et des professions qui l'animent. Rien ne vient apaiser les appétits individuels inévitablement infinis et insatiables alors que la société dans son ensemble devient industrielle.

C'est la raison pour laquelle, dans les *Leçons*, Durkheim se lance dans une analyse sociohistorique des corporations, dont il reprendra d'ailleurs de nombreux passages dans sa préface à la seconde édition, en 1901, de la *Division du travail*. S'il était conscient de la nécessité d'une réglementation de la vie économique dans la première édition, sa pensée s'est peu à peu précisée dans les années suivantes. Ce n'est pas pour des raisons économiques que le régime corporatif lui paraît indispensable, mais pour des raisons morales, car il est le seul, selon lui, qui permet de moraliser la vie économique. Il nous invite à voir dans la réforme des corporations un processus d'autant plus légitime qu'il est fondé sur la connaissance des dysfonctionnements économiques de son époque et de leurs effets sociaux. À travers ce projet de réforme des corporations, Durkheim reconnaît le rôle fondamental d'un type de lien social particulier que nous suggérons d'appeler en suivant sa pensée le *lien de participation organique*[53]. Il est convaincu que cet attachement au groupe professionnel procure à l'individu le plaisir de l'association. « Voilà pourquoi quand les individus qui se trouvent avoir des intérêts communs s'associent, ce n'est pas seulement pour protéger ces intérêts, pour en assurer le développement contre les associations rivales, c'est aussi pour s'associer, pour le plaisir de ne plus faire qu'un avec plusieurs, de ne plus se sentir perdus au milieu d'adversaires, pour le plaisir de communier, c'est-à-dire, en définitive, pour pouvoir mener ensemble une même vie morale[54]. » Lorsque l'individu est abandonné à lui-même, il est affranchi de toute contrainte sociale et donc de toute contrainte morale.

S'il insiste avec ardeur sur le rôle des groupements professionnels, et, par conséquent, sur ce type de lien tissé entre les acteurs de la vie professionnelle, cela ne signifie pas pour autant qu'il sous-estime les autres types de liens. Il revient à plusieurs reprises, et de façon explicite, aux résultats auxquels il est parvenu dans *Le Suicide* pour nourrir son argumentation sur les différents types de liens et les grands principes de l'éducation morale. S'il s'intéresse tout particulièrement au *suicide égoïste* et au *suicide anomique*, c'est qu'il est obsédé par le risque de désintégration des sociétés modernes et la faiblesse des liens qui rattachent l'individu au groupe.

Plus que la distinction entre le *suicide égoïste* et le *suicide anomique*, je retiens ici surtout la distinction entre intégration et régulation à laquelle Durkheim attachait beaucoup d'importance. Ces deux concepts constituent même dans l'ensemble de son œuvre les deux fondements du lien social. Il est donc normal de les retrouver sous une formulation très voisine dans *L'Éducation morale*. Les deux premiers éléments de la moralité sont, pour Durkheim, l'esprit de discipline et l'attachement aux groupes, dans lesquels il est aisé de reconnaître la traduction des concepts de régulation et d'intégration : si l'esprit de discipline est ce

53. S. Paugam, *Le Lien social*, Paris, PUF, « Que sais-je ? », 2008 ; 5e éd., 2022.
54. É. Durkheim, *Leçons de sociologie*, *op. cit.*, p. 108-109.

qui rend possible la régulation, l'attachement aux groupes est la traduction de l'impératif d'intégration. C'est ainsi qu'il rappelle au début de la cinquième leçon « que nous ne sommes des êtres moraux que dans la mesure où nous sommes des êtres sociaux » et que « l'égoïsme a été universellement classé parmi les sentiments amoraux »[55]. Il en déduit, d'une part, que « s'il existe une morale, elle doit nécessairement attacher l'homme à des fins qui dépassent le cercle des intérêts personnels » et, d'autre part, qu'« en dehors de l'individu, il n'existe qu'un seul être psychique, un seul être moral empiriquement observable, auquel votre volonté puisse s'attacher : c'est la société »[56]. Son argumentation le conduit à nouveau aux résultats de son étude sur le suicide, mais ici, il ne se réfère plus au suicide anomique, mais bien au suicide égoïste. On retrouve ici la force du raisonnement durkheimien. Les règles morales ne sont pas à inventer de toutes pièces tant elles sont déterminées par les conditions sociales, qu'il faut toujours commencer par étudier de façon approfondie. L'éducation morale ne peut donc se transmettre indépendamment d'un retour réflexif sur ce qui constitue la vie sociale en général ou, autrement dit, d'une connaissance précise des fondements du lien social à laquelle contribue notamment la sociologie. Ce raisonnement le conduit à insister sur ce qui constitue, au-delà des différences culturelles entre groupes sociaux ou sociétés, la part d'universel de l'existence humaine. C'est ainsi que l'on peut comprendre les formules comme : « Assurément, l'individu et la société sont des êtres de natures différentes. Mais bien loin que l'individu ne puisse s'attacher à la société sans abdication totale ou partielle de sa nature propre, il n'est vraiment lui-même, il ne réalise pleinement sa nature qu'à condition de s'y attacher[57]. » Ou encore : « L'homme tient moins à soi qu'il ne tient qu'à soi[58]. »

55. É. Durkheim, *L'Éducation morale*, *op. cit.*, p. 79.
56. *Ibid.*, p. 80.
57. *Ibid.*
58. *Ibid.*

Peut-on hiérarchiser les attachements ?

Reste une question essentielle : à quels groupes les individus sont-ils attachés pour satisfaire leurs fonctions vitales et manifester ainsi leur intégration à la société ? Et à cette question une autre s'ajoute immédiatement : s'il existe plusieurs types de groupes, peut-on les hiérarchiser ? Comme il est plus aisé de parler des différents liens qui rattachent l'individu au système social pour apprécier la nature du lien social, il est plus commode de traiter des groupes multiples dans lesquels vit l'individu pour comprendre ce que peut être la société dans son ensemble. Or, si dans les textes de Durkheim il est souvent question de la société en général comme s'il n'y en avait qu'une, on trouve justement dans *L'Éducation morale* une analyse de la multiplicité des attachements. Il en retient trois : la famille, la patrie et l'humanité. Ces trois groupes correspondent à des phases différentes de notre existence sociale et morale, mais ils peuvent aujourd'hui se superposer sans s'exclure : « De même que chacun d'eux a son rôle dans la suite du développement historique, ils se complètent mutuellement dans le présent ; chacun a sa fonction. La famille enveloppe l'individu d'une tout autre manière que la patrie, et répond à d'autres besoins moraux. Il n'y a donc pas à faire un choix exclusif entre eux. L'homme n'est véritablement complet que s'il est soumis à cette triple action[59]. » À ce stade, on ne peut qu'être surpris par le fait que Durkheim ne cite pas la corporation ou le groupement professionnel comme groupe social fondamental, alors qu'il en a fait par ailleurs l'une des solutions aux menaces qui pèsent sur le monde du travail. À vrai dire, il ne l'évacue pas entièrement. Au début de la sixième leçon, il énumère, en les ordonnant, les sociétés diverses dans lesquelles nous sommes engagés, et on trouve alors non pas trois groupes, mais cinq : la famille, la corporation, l'association politique, la patrie, l'humanité. Dans la seconde partie du livre, Durkheim n'en compte plus que quatre, l'association politique n'étant plus mentionnée sans qu'il en donne d'ailleurs la raison. Cette différence peut s'expliquer par le souci de s'en tenir à une simple énumération des groupes sociaux d'intégration.

59. *Ibid.*, p. 86.

Mais il est probable aussi que ce cours ait été principalement rédigé, on l'a dit, dans le prolongement de la parution du *Suicide*, c'est-à-dire à un moment où Durkheim n'a encore écrit ni ses *Leçons* de façon définitive, ni *a fortiori* la seconde édition de la *Division du travail social*. Par ailleurs, s'il n'insiste pas sur les groupements professionnels, il constate – et même déplore – qu'en France, à la différence de l'Allemagne, notre tempérament national souffre d'une faiblesse de l'esprit d'association et qu'il n'existe finalement pas entre l'individu et l'État de corps intermédiaires consistants[60]. Ainsi, pour lui, la corporation est un groupe en devenir, qui a eu une grande importance dans le passé, mais qu'il faut en quelque sorte reconstruire. « Si nécessaire qu'il soit de remédier à cette situation, il ne saurait être question de ressusciter les groupements du passé ni de leur rendre leur activité d'autrefois ; car s'ils ont disparu, c'est qu'ils n'étaient plus en rapport avec les conditions nouvelles de l'existence collective. Ce qu'il faut faire, c'est chercher à susciter des groupements nouveaux, qui soient en harmonie avec l'ordre social actuel et les principes sur lesquels il repose. Mais, d'un autre côté, le seul moyen d'y arriver est de ressusciter l'esprit d'association[61]. » Selon lui, l'école doit remplir cette mission en démontrant au quotidien à l'élève qu'il fait partie au sein de sa classe d'un autre groupe que celui de sa famille.

La réponse de Durkheim sur la hiérarchie de ces groupes sociaux est intéressante. Pour lui, il ne fait aucun doute que si la famille, la patrie et l'humanité – pour nous en tenir aux trois principaux – sont toutes vitales, « de toute évidence, les fins domestiques sont et doivent être subordonnées aux fins nationales, par cela seul que la patrie est un groupe social d'un ordre plus élevé[62] ». La famille, en ce qu'elle constitue une fin moins impersonnelle que la patrie, se confond souvent avec les intérêts personnels. Si l'enfant est socialisé par sa famille, il l'est aussi par l'école. Il quitte au moins partiellement le foyer pour recevoir une éducation publique. Pour Durkheim, fidèle en cela aux idéaux émancipateurs de la IIIe République, l'État doit primer la famille. En ce qui concerne l'humanité comme groupe d'appartenance, il serait facile d'en concevoir la supériorité par rapport à la patrie tant les fins humaines

60. *Ibid.*, p. 215.
61. *Ibid.*, p. 216.
62. *Ibid.*, p. 86.

paraissent plus hautes que les fins nationales. Mais cette suprématie reste équivoque puisqu'elle ne renvoie pas à une société constituée[63]. Elle ne possède pas d'organisation propre. C'est un terme trop abstrait pour que l'on puisse lui subordonner un groupe plus restreint qui existe réellement. C'est ainsi qu'il arrive à placer la patrie en haut de la hiérarchie des groupes d'attachement et à faire de la citoyenneté un lien de nature différente des autres.

Durkheim revient sur la patrie dans ses *Leçons*, notamment dans la sixième. « Le patriotisme, dit-il, c'est précisément l'ensemble des idées et des sentiments qui attachent l'individu à un État déterminé. Supposons-le affaibli, disparu, où l'homme trouvera-t-il cette autorité morale dont le joug lui est à ce point salutaire ? S'il n'y a pas une société définie, ayant conscience d'elle-même, qui lui rappelle à chaque instant ses devoirs, qui lui fasse sentir la nécessité de la règle, comment en aurait-il le sentiment[64] ? »

La question de la hiérarchie de ces groupes est essentielle. Chaque société, par son système normatif, en donne une version plus ou moins précise. Les sociétés européennes, par exemple, n'accordent pas toutes autant d'importance au rôle de la famille, comme en témoignent de nombreux travaux comparatifs récents. De même, le rôle joué par ces corps intermédiaires que sont les associations est très inégal d'une société à l'autre. Dans certaines, ce lien est appelé à réguler la plupart des problèmes ou dysfonctionnements sociaux, alors qu'il reste presque inexistant ou subordonné à l'action de l'État dans d'autres. Autrement dit, la réponse qu'apporte Durkheim est sur ce point plus normative que sociologique. Mais la hiérarchie qu'il instaure entre les différents types de liens est cohérente avec la représentation qu'il a de l'État et de la patrie. Ce que nous appelons aujourd'hui le lien de citoyenneté est proche de la définition que Durkheim donnait de la morale civique. Celle-ci implique, selon lui, une conception haute de la puissance régulatrice de l'État, laquelle est garante de la cohésion sociale.

63. Ce lien d'attachement à l'humanité pourrait toutefois être lui aussi envisagé sous la double dimension de la protection (en référence à la promulgation des droits de l'homme par exemple) et de la reconnaissance en ce qu'il postule l'égale dignité des hommes (ce que la Déclaration universelle des droits de l'homme de 1949 reconnaît d'ailleurs explicitement).

64. É. Durkheim, *Leçons de sociologie*, *op. cit.*, p. 169.

*

Nous avons essayé dans ce chapitre de trouver les raisons pour lesquelles Durkheim a abandonné les deux concepts clés de solidarité qu'il avait élaborés dans sa thèse au profit d'une analyse plus complète de la pluralité des liens qui attachent les individus entre eux et à la société. Il est ainsi passé d'une théorie de l'évolution de la solidarité à une théorie de l'attachement social. Cela ne veut pas dire que Durkheim ait renoncé pour autant au programme ambitieux qu'il s'était fixé dès les premières années de son installation à Bordeaux. S'il ne se réfère plus, après sa thèse, au concept de solidarité, il n'abandonne pas le cadre analytique qu'il a bâti. Au contraire, il va chercher à l'amplifier en se lançant dans son étude sociologique du suicide à un moment où le concept de solidarité entame une autre carrière. Et c'est d'ailleurs juste après la publication du *Suicide* qu'il utilise le concept d'attachement aux groupes, en référence à la pluralité des liens sociaux et des morales qui leur sont associées. À bien y regarder, cette perspective théorique était déjà présente dans la *Division du travail*, mais elle apparaissait un peu noyée sous le socle conceptuel surplombant des deux formes opposées de solidarité. Si ces dernières sont passées à la postérité, cela ne veut pas dire qu'elles apportaient entière satisfaction à Durkheim, d'autant qu'elles contribuaient à l'époque à l'enfermer dans des débats théoriques controversés autour de l'organicisme et des enjeux idéologiques qui lui semblaient éloignés de la vision qu'il avait de la sociologie.

Est-ce à dire que le concept d'attachement social est conforme à la définition sociologique de la solidarité telle que l'avait envisagée Durkheim avant qu'elle ne soit détournée de ce sens à des fins politiques et idéologiques ? Ce qui est certain, c'est qu'en suivant le cadre analytique global défini par Durkheim, on peut très bien définir la solidarité à partir de l'ensemble des liens qui attachent les individus entre eux, depuis les sociétés primitives jusqu'aux sociétés contemporaines, et y voir l'un des fondements anthropologiques de la vie sociale.

CHAPITRE 2

Attachement et socialisation

Si les psychologues et les psychiatres qui se réfèrent à la théorie de l'attachement font du lien entre l'enfant et l'adulte qui lui accorde les premiers soins le lien fondamental pour le développement de l'individu, les sociologues ne s'y limitent pas, même s'ils soulignent aussi l'importance de la socialisation familiale. Eux sont sensibles à la pluralité des liens qui attachent les individus aux groupes et à la société : la famille, l'école, les associations, les communautés, les organisations professionnelles, la nation, etc. L'être humain est un être défini par l'articulation de plusieurs types de liens sociaux.

Durkheim a insisté sur les différents types de morale pour qualifier les différents types d'attachement, mais il n'est bien entendu pas le seul sociologue à avoir vu en l'être humain une articulation de plusieurs liens. À peu près à la même époque que lui, Georg Simmel parle de l'entrecroisement des cercles sociaux. Il est d'ailleurs aujourd'hui souvent cité comme l'un des plus célèbres précurseurs de l'étude microscopique des réseaux sociaux. Pour lui, l'homme est avant tout un « être de liaison ». Nous sommes toujours « ceux qui séparent le relié ou qui relient le séparé[1] ». Dès lors, parler de société revient à parler de lien social, et parler de lien social, c'est avant tout partir du constat que « les individus sont liés par des influences et des déterminations éprouvées réciproquement ». La société est par conséquent « quelque

1. Georg Simmel, *La Tragédie de la culture* (1re éd. en allemand, 1909), Paris, Rivages, 1988, p. 166.

chose de fonctionnel, quelque chose que les individus font et subissent à la fois[2] ».

Ce qui frappe surtout Simmel, c'est la diversification des appartenances. Le nombre élevé de cercles auxquels peut appartenir l'individu est l'un des indicateurs de la culture. « Si l'homme moderne appartient d'abord à la famille de ses parents, puis à celle qu'il a fondée lui-même et donc aussi à celle de sa femme, ensuite à son métier, qui de son côté l'intègre déjà à plusieurs cercles d'intérêts [...] ; s'il est conscient d'appartenir à une nationalité et à une certaine classe sociale, si de plus il est officier de réserve, fait partie de quelques associations et a des fréquentations sociales dans des cercles les plus divers : alors on a déjà une grande variété de groupes dont certains sont certes sur un pied d'égalité, mais d'autres peuvent être classés de telle sorte que l'un apparaît comme la relation originelle à partir de laquelle l'individu se tourne vers un cercle plus éloigné, en raison de ses qualités particulières qui le distinguent des autres membres du premier cercle[3]. » Si l'individu se caractérise par une pluralité de liens sociaux, les groupes auxquels il appartient peuvent être ordonnés de façon concentrique ou, au contraire, simplement juxtaposés. Dans le modèle concentrique, les cercles se rétrécissent progressivement de la nation au territoire le plus singulier, en passant par le statut professionnel, la commune, le quartier. Dans ce cas, le plus étroit des cercles implique que l'individu qui en est membre fait partie également des autres. Cet empilage détermine les fonctions successives que l'individu exerce. Il s'agit d'une organisation sociale qui ne lui assigne en définitive qu'une autonomie restreinte. Les individus restent définis de façon unitaire. Lorsque les cercles sont juxtaposés et par conséquent indépendants, ils garantissent à l'individu une liberté plus grande. Son identité peut devenir plurielle. C'est sur lui que reposent les connexions entre les différents groupes auxquels il participe. Puisque les cercles sont « situés côte à côte, ils ne se rencontrent que dans une seule et même personne[4] ». Simmel insiste sur le fait que la construction concentrique de cercles a été une étape intermédiaire

2. *Id.*, *Sociologie et Épistémologie* (1re éd. en allemand, 1917), Paris, PUF, « Sociologies », 1981, p. 90.
3. *Id.*, *Sociologie. Études sur les formes de la socialisation* (1re éd. en allemand, 1908), Paris, PUF, « Sociologies », 1999, p. 414-415.
4. *Ibid.*, p. 422.

et historique vers la situation actuelle de juxtaposition. Mais, en réalité, ce qu'il décrit est aussi la conséquence d'un processus de socialisation qui conduit l'individu à réaliser des expériences successives au cours de sa vie, dont la plupart ne sont pas prévisibles, et à relier ainsi progressivement de nouvelles associations aux premiers liens, ceux qui le déterminaient au cours de son enfance de façon unilatérale.

De son côté, Norbert Elias a également insisté sur la pluralité des liens sociaux qu'il appelle aussi « niveaux d'intégration ». « En l'état actuel des structures de la société humaine, l'expression "nous" et d'une façon plus générale l'habitus social des individus présentent plusieurs niveaux. La notion de rapport je/nous se révèle peut-être un outil d'observation et de raisonnement plus fructueux si l'on tient compte de cette multistratification. Elle correspond mieux à la pluralité des niveaux d'intégration, qui caractérise la société des hommes en son stade actuel d'évolution. En fait, on effectue une sélection parmi les références au "nous", lorsqu'on dit que les individus désignent ainsi leur famille ou leur cercle d'amis, les villages et les villes qu'ils habitent, les groupes nationaux dont ils font partie ou les configurations post-nationales entre plusieurs État d'un même continent, et enfin l'humanité tout entière. On voit aisément que l'intensité d'identification avec ces différents niveaux d'intégration varie sensiblement. L'engagement qui s'exprime par l'emploi du pronom "nous" est généralement plus fort lorsqu'il s'agit de la famille, de la communauté locale ou régionale et de l'appartenance nationale. La tonalité émotionnelle de l'identité du "nous" s'affaiblit notablement dès lors qu'il est question de formes d'intégration post-nationales, par exemple d'unions d'États africains, latino-américains, asiatiques ou européens[5]. »

Elias se penche sur les problèmes que soulève l'analyse des liens sociaux et traite notamment des liens affectifs. Il commence par rappeler que l'homme aspire à rencontrer d'autres hommes, et que, pour ce faire, il dépend en grande partie d'autrui. « Il s'agit là des interdépendances universelles qui relient les hommes sur le plan social[6]. » Cette dépendance

5. Norbert Elias, *La Société des individus* (1re éd. en allemand, 1987), Paris, Fayard, 1991, p. 262-263.
6. *Id.*, *Qu'est-ce que la sociologie ?* (1re éd. en allemand, 1970), La Tour-d'Aigues, Éditions de l'Aube, 1991, p. 164.

élémentaire ne se limite pas aux besoins sexuels, les hommes ont également besoin les uns des autres pour satisfaire des besoins affectifs. On peut alors parler de valences affectives orientées vers autrui, certaines trouvant à se fixer, d'autres, au contraire, restant à la recherche d'un point d'ancrage conformément à l'image de l'homme ouvert en quête de contacts et de relations susceptibles de lui apporter une stimulation émotionnelle. On peut prolonger le raisonnement d'Elias en soulignant que le contraire d'une valence affective est le sentiment de répulsion éprouvé par l'homme lorsqu'il est confronté à des personnes qu'il juge indigne ou insupportable de fréquenter, soit en raison de leur apparence physique, de l'odeur que dégage leur corps ou de leurs comportements sociaux. Un lien affectif n'est pas extérieur à l'individu. Le décès d'une personne aimée entraîne pour le survivant la perte d'une partie intégrante de lui-même. L'image « je/nous » constitutive de son identité se brise et l'ensemble de son réseau relationnel s'en trouve modifié. Il peut en être de même, dans une certaine mesure, après la rupture d'une relation d'amour ou d'amitié. Elias cherche aussi à affirmer sa pensée par rapport à celle de Durkheim. Pour ce dernier, les liens sociaux dans les sociétés modernes dépendent, on l'a vu, de la division du travail et de la complémentarité organique des hommes. Elias ne remet pas en question cette interprétation, mais souligne qu'il ne faut pas s'en tenir aux interdépendances impersonnelles. Il faut intégrer dans l'analyse sociologique les interdépendances personnelles et, surtout, les liaisons émotionnelles comme facteurs de lien social. Or, prendre en compte les liens affectifs personnels conduit à analyser l'ensemble du réseau relationnel de l'individu comme une toile tissée à partir de lui et constitutive de son « moi ».

La question demeure alors : comment se constituent et se maintiennent ces attachements multiples à des groupes de nature différente ? Pour y répondre, je propose de prendre en compte trois dimensions : le contrôle social, l'habitus et la mémoire collective.

Attachement et contrôle social

Le développement considérable du concept d'attachement dans le domaine de la psychiatrie et de la psychologie a fait progressivement perdre de vue la dimension sociologique que Durkheim lui avait donnée.

Il faut toutefois reconnaître que si les sociologues parlent aujourd'hui de la pluralité des liens sociaux, peu d'entre eux ont repris le concept d'attachement dans le sens de Durkheim. Il existe cependant quelques exceptions. En effet, ce concept va connaître un développement dans le domaine de la sociologie de la délinquance et de la déviance.

L'intériorisation des normes

Ce retour est particulièrement visible dans les travaux du sociologue et criminologue américain Travis Hirschi. Dans son ouvrage intitulé *Causes of Delinquency* (1969)[7] il élabore une théorie du contrôle social qui se fonde, au moins partiellement, sur le concept d'attachement. Ce livre a suscité de nombreuses réflexions dans la sociologie de la criminalité et de la délinquance et nombre de sociologues dans le monde entier ont testé sur des terrains variés la théorie et la méthode qu'il proposait. Il ne s'agit pas ici d'en dresser l'inventaire, ni même de traiter dans sa globalité la théorie elle-même, d'autant que Hirschi est revenu sur certains points de ses analyses initiales. Ce qui nous intéresse davantage, en revanche, c'est de bien comprendre comment cet auteur a mobilisé le concept d'attachement et a défini des variables pour en mesurer empiriquement sa pertinence, notamment pour expliquer la délinquance.

Hirschi se réfère directement à Durkheim, notamment au *Suicide* et à *L'Éducation morale*, mais aussi aux travaux du psychiatre John Bowlby, un type d'influence que l'on trouve rarement chez les sociologues (nous reparlerons plus loin de l'importance de Bowlby pour notre sujet). Pour expliquer la délinquance, il reprend le postulat de Durkheim selon lequel « nous ne sommes des êtres moraux que dans la mesure où nous sommes des êtres sociaux[8] ». Ce qui signifie que nous ne sommes des êtres moraux que dans la mesure où nous avons intériorisé les normes de la société. En poursuivant ce raisonnement, il constate que violer des normes partagées par les membres de la

7. Travis Hirschi, *Causes of Delinquency* (1re éd., 1969, University of California Press), Londres et New York, Routledge, 2002 (avec une nouvelle édition de l'auteur).
8. É. Durkheim, *L'Éducation morale*, *op. cit.*, p. 79.

société revient à agir dans un sens contraire aux souhaits et aux attentes des autres personnes et, dans ce cas, à être insensible à l'opinion des autres, à ne pas être lié aux normes. « L'essence de l'intériorisation des normes, de la conscience ou du surmoi réside donc dans l'attachement de l'individu aux autres. Cette vue présente plusieurs avantages par rapport au concept d'intériorisation. D'une part, les explications d'un comportement déviant fondé sur l'attachement ne posent pas de question, car l'étendue de l'attachement d'une personne à autrui peut être mesurée indépendamment de son comportement déviant. En outre, les changements ou les variations de comportement peuvent être expliqués de manière différente lorsque les notions d'intériorisation ou de surmoi sont utilisées[9]. » L'attachement aux groupes renvoie aussi à des faits objectifs que l'on peut aisément mesurer dans des enquêtes alors que l'intériorisation des normes, relevant de la subjectivité, est plus difficilement mesurable. On évite ainsi le raisonnement tautologique qui revient à expliquer la déviance par les traits caractéristiques de la déviance, à l'instar des psychologues qui expliquent la psychopathie par les traits du psychopathe.

Les parents, l'école et les pairs

Hirschi se réfère à trois types d'attachement qui lui semblent jouer un rôle dans l'explication de la délinquance : l'attachement aux parents, l'attachement à l'école et l'attachement aux pairs. Chacun d'entre eux exprime une dimension émotive. Ils renvoient, pourrait-on dire, aux liens affectifs dont parle Elias. Hirschi a d'ailleurs élaboré un questionnaire qu'il a administré à des adolescents dans lequel certaines questions interrogent l'émotion que procurent ces attachements. Pour qualifier l'attachement aux parents, par exemple, les personnes interrogées doivent répondre à la question : « Voudriez-vous être le genre de personne que votre père (mère) est ? » Il propose de prendre également en compte l'intimité de la communication entre les parents et les enfants en posant les questions : « Partagez-vous vos pensées et vos sentiments avec votre mère (père) ? » ; « Combien de fois avez-vous parlé de vos projets futurs avec votre mère (père) ? » L'aspect émotif

9. T. Hirschi, *Causes of Delinquency*, *op. cit.*, p. 18-19 (traduction personnelle).

est également présent pour qualifier l'attachement à l'école (« Aimez-vous l'école ? ») ou l'attachement aux pairs (« Voudriez-vous être le genre de personnes que sont vos meilleurs amis ? »).

La dimension affective n'est pas la seule dimension qui intervient dans l'attachement. Hirschi intègre aussi la question de la contrainte et du rapport aux règles. Tout d'abord, les parents peuvent superviser plus ou moins fortement leurs enfants, en particulier lorsqu'ils sont à l'extérieur de la maison en leur demandant où ils se rendent et avec qui ils sont en relation. Il s'agit d'un contrôle assez strict qui a pour objectif de leur assurer une protection face aux aléas de la vie[10]. La qualité de l'attachement peut aussi être appréciée au moyen de l'explication par les parents eux-mêmes de la règle qu'ils souhaitent inculquer à leurs enfants, sachant que ces derniers sauront sans doute d'autant plus la respecter qu'ils en comprendront le bien-fondé[11]. Hirschi démontre statistiquement que les enfants dont les parents exercent un contrôle préventif sur leurs relations à l'extérieur de la maison et qui leur expliquent les raisons qui les conduisent à imposer des règles et des contraintes ont une probabilité nettement plus faible de commettre des actes délinquants. Ce résultat est essentiel car il permet non seulement de valider le constat que la contrainte est bien inhérente à l'attachement (ce qui confirme le postulat durkheimien), mais aussi que cette contrainte est assortie de sanctions à la fois formelles et informelles. Ne pas respecter une règle dont les parents se sont employés à expliquer la raison dans le cadre d'une communication intime avec leurs enfants revient à s'exposer à une punition, et, plus encore peut-être, à l'épreuve symbolique d'un désaveu ou d'une rupture, au moins temporaire et partielle, du pacte scellé avec les parents qui garantit l'attachement réciproque. C'est ainsi que l'on retrouve aussi l'argument de Durkheim selon lequel la contrainte peut

10. Les questions sont ainsi formulées : « Est-ce que votre mère (père) sait où vous êtes quand vous êtes loin de la maison ? » ; « Est-ce que votre mère (père) sait avec qui vous êtes quand vous êtes hors de chez vous ? »
11. Les questions sont formulées de la façon suivante : « Quand vous ne comprenez pas pourquoi votre mère (père) vous impose une règle, vous en explique-t-elle (il) la raison ? » ; « Quand vous êtes confronté à des choses que vous ne comprenez pas, est-ce que votre mère (père) vous apporte un soutien ? » ; « Est-ce que votre mère (père) explique les sentiments qui la (le) poussent à agir comme elle (il) le fait ? »

être désirable car elle garantit à l'individu l'attachement qui le lie aux autres. Ainsi, à la pression externe qu'exercent les parents correspond la contrainte intériorisée par les enfants qui leur assure la conformité aux normes et, par là même, la garantie d'une reconnaissance de leur attachement au groupe familial, mais aussi, par extension, aux différents groupes placés sous la supervision parentale. Il est clair cependant que cette pression externe n'est supportable que si elle n'est pas trop étouffante et surtout si elle s'exerce dans le cadre d'une relation dans laquelle l'enfant trouve auprès de ses parents les explications nécessaires aux normes auxquelles il est appelé à se conformer. En l'absence de ces dernières, il est probable qu'il aura plus de difficultés à les respecter.

L'école joue, on le sait, un rôle fondamental dans la socialisation des enfants. Il est donc important de pouvoir évaluer ce que les enfants en pensent et comment ils y sont attachés. Hirschi ne s'est pas limité aux questions classiques sur le plaisir ou le déplaisir qu'elle procure aux enfants ou sur la tension ou la nervosité qu'elle peut susciter chez eux au quotidien, questions que l'on regroupe habituellement sous la catégorie générale du bien-être à l'école. Il a également essayé d'estimer dans quelle mesure les enfants sont sensibles à ce que les enseignants pensent d'eux et s'il arrive à ces derniers d'exercer un contrôle oppressant ou stigmatisant sur eux[12]. Ces questions permettent d'appréhender, au moins indirectement, comment s'exerce la contrainte normative dans le cadre scolaire. Si les enfants sont sensibles à l'image que les enseignants peuvent avoir d'eux, il est probable qu'ils seront plus facilement conduits à se conformer aux normes de l'école et à les accepter. Au contraire si la relation avec les enseignants est dégradée et se traduit par des réprimandes régulières, l'enfant sera plus réfractaire à la règle imposée et pris en quelque sorte dans une spirale du détachement vis-à-vis de l'école. Dans une même classe, il n'est pas rare de trouver un groupe d'enfants majoritaire parfaitement en conformité avec les règles en vigueur à l'école et quelques élèves plus réticents à l'esprit de discipline et faisant l'objet de sanctions régulières. Hirschi va tout d'abord constater une forte corrélation entre la communication intime entre les enfants et les parents dans la sphère familiale et la sensibilité

12. Les questions étaient ainsi formulées : « Vous souciez-vous de ce que les enseignants pensent de vous ? » ; « Les professeurs s'en prennent à moi. »

des enfants au regard de ce que les enseignants pensent d'eux, autrement dit, l'attachement aux parents facilite l'attachement à l'école. Il n'a aucune difficulté ensuite à démontrer que plus les enfants sont attachés à l'école, moins ils risquent de commettre les actes délinquants.

Enfin, Hirschi constate également que plus les enfants sont attachés à leurs parents, plus ils sont attachés à leurs meilleurs amis et moins ils sont encouragés à la délinquance. Cela est particulièrement vérifié lorsque les amis eux-mêmes respectent les lois et n'ont pas eu de démêlés avec la justice. Dans le cas contraire, le risque de commettre des actes délinquants est nettement plus fort.

Ce qu'il faut principalement retenir de cette recherche, qui se prolonge aujourd'hui par de nouvelles enquêtes de même type, c'est tout d'abord l'intérêt d'étudier l'attachement sous des formes multiples. Il existe plusieurs liens d'attachement qui participent du processus de socialisation des individus, de l'enfance à l'âge adulte. L'intériorisation des normes permet également d'être objectivée sociologiquement par l'étude de l'attachement de l'individu aux autres. Ces liens qui attachent aux groupes sont à la fois émotifs et contraignants. Émotifs parce qu'ils procurent aux individus le sentiment d'être à la fois sécurisés et valorisés, contraignants parce qu'ils impliquent le respect des normes, par rapport auxquelles tout écart peut entraîner une sanction réelle ou symbolique et le risque d'un désaveu du ou des groupes.

Dans son texte consacré à la détermination du fait moral, Durkheim soulignait que l'obligation est un des premiers caractères de la règle morale. Mais il s'empressait aussitôt de préciser qu'il « est impossible que nous accomplissions un acte uniquement parce qu'il nous est commandé et abstraction faite de son contenu. Pour que nous puissions nous en faire l'agent, il faut qu'il intéresse, en quelque mesure, notre sensibilité, qu'il nous apparaisse, sous quelque rapport, comme *désirable*. L'obligation ou le devoir n'exprime donc qu'un des aspects, et un aspect abstrait, du moral. Une certaine *désirabilité* est un autre caractère, non moins essentiel que le premier[13] ». Sans doute peut-on voir dans cette approche sociologique de la contrainte l'importance de la

13. É. Durkheim, « La détermination du fait moral » (extrait du *Bulletin de la Société française de philosophie* », 1906, *in* É. Durkheim, *Sociologie et Philosophie* (1924), Paris, PUF, « Quadrige », 2004, p. 50.

socialisation et des conditions dans lesquelles elle se déploie. L'attachement social ne peut être envisagé sans une forme d'intériorisation des contraintes, mais il faut aussi considérer l'intériorisation des contraintes comme l'effet émotif de l'attachement lui-même.

La lecture de Hirschi permet de souligner que ce qui compte dans la prévention de la délinquance, ce n'est pas le rappel de la norme – et de la sanction en cas de non-respect –, mais la façon dont la norme est expliquée aux enfants et rendue légitime, notamment dans la sphère familiale. Cette analyse révèle l'importance de l'attachement social, mais, dans cette perspective, l'attachement n'en reste pas moins une variable instrumentale. La théorie n'explique qu'indirectement pourquoi nous sommes attachés les uns aux autres et à la société. Il nous reste à comprendre comment les normes qui fondent cet attachement sont transmises et intériorisées de génération en génération.

De l'empreinte à l'habitus

Les psychologues qui se réfèrent à l'attachement utilisent le concept d'empreinte. Ce dernier est réservé au premier lien entre l'enfant et le parent – ou l'adulte – qui lui apporte les premiers soins dans les mois qui suivent la naissance. Lorsqu'ils étudient l'effet de la socialisation, les sociologues font de leur côté souvent référence au concept d'habitus, dont la définition apparaît à première vue assez proche de celle d'empreinte. Examinons ces apports conceptuels parallèles pour analyser ce qui pourrait les rapprocher.

L'empreinte du premier lien

La théorie de l'attachement correspond pour les psychologues et les psychiatres à l'étude du premier lien, qui attache durablement tout être humain à la personne qui le prend en charge à la naissance et lui fournit la sécurité et l'affection indispensables à sa survie et à son développement. Ce lien, qui constitue la filiation biologique ou adoptive de l'individu, est susceptible d'influencer sa personnalité future et ses relations avec autrui. Il est inutile de revenir ici en détail sur les innombrables travaux que cette tradition de recherche a produits dans la seconde partie du XXe siècle jusqu'à aujourd'hui. Nous nous bornerons à en rappeler les grandes lignes.

Les travaux de recherche menés par le psychiatre anglais John Bowlby sont réunis, pour l'essentiel, dans les trois volumes publiés sous l'intitulé général *Attachement et Perte*[14]. Bowlby a fait ses débuts à Londres dans les années 1930. Il fréquentait les psychanalystes britanniques de cette époque et travailla même sous la direction de Melanie Klein. Au cours de sa formation, il fut confronté, au sein d'un établissement d'orientation infantile, au cas de nombreux enfants séparés de leur mère. Il put poursuivre sa formation et ses expérimentations pendant la guerre et c'est au début des années 1950 qu'il prit ses distances vis-à-vis du modèle psychanalytique classique pour fonder sa propre école. En équipe et en se fondant sur des cas concrets, il tenta de tirer des conclusions sur les réactions d'enfants dans les premiers mois de leur vie au moment de la séparation plus ou moins durable avec leur mère[15]. Il puisa également ses inspirations dans l'éthologie, notamment dans les travaux de Konrad Lorenz, et chercha à établir l'effet de l'environnement sur le développement de l'enfant et de l'adulte. Il emprunta à Lorenz la notion d'empreinte pour désigner la fixation d'une figure d'attachement entre l'enfant et sa mère (ou la personne qui est la plus présente auprès de lui et auprès de laquelle il se sent en sécurité). L'enfant développe dès son plus jeune âge une série de signaux pour satisfaire ses besoins de sécurité (pleurs, sourires, agrippement, succion non nutritionnelle, etc.) et finira par s'attacher durablement à la personne – généralement la mère, mais pas systématiquement – qui lui paraîtra la plus empathique à son égard. Cette figure privilégiée n'interdit pas des attachements auxiliaires, mais, selon Bowlby, une hiérarchie s'instaure inévitablement. C'est cette figure dominante qui déterminera la trajectoire émotionnelle et affective de l'individu.

Cette figure d'attachement devient franche à partir de sept mois. Au cours de la période qui suit, les séparations sont sources de détresse

14. John Bowlby, *Attachement et Perte*, vol. I : *Attachement* ; vol. II : *Angoisse et Colère* ; vol. III : *Tristesse et Dépression*, *op. cit.*
15. J. Bowlby, James Robertson, Dina Rosenbluth, « A Two-Year-Old Goes to Hospital », *The Psychoanalytic Study of the Child*, 7, 1952, p. 82-94.

tant cette figure représente pour l'enfant une personne irremplaçable. L'attachement correspond à une conduite interactive : l'enfant exprime de façon innée – ou instinctive – une réponse à la sollicitude de sa mère quand elle lui apporte les soins et l'attention dont il a besoin de façon vitale. On peut parler alors de pulsions d'attachement, l'enfant et sa figure protectrice se sentent profondément liés l'un à l'autre et ce lien comporte une dimension affective. L'attachement qui en résulte constitue en quelque sorte une « empreinte ». Cette phase d'unité symbiotique n'est pas durable, chacun des deux partenaires devant acquérir progressivement son indépendance. Le jeune enfant doit développer sa capacité à être seul. Il doit prendre conscience que l'amour de la figure protectrice est durable et solide et qu'il peut, en dépit de la séparation temporaire, s'appuyer sur ce lien pour satisfaire ses exigences personnelles. Ce lien sera d'ailleurs d'autant plus fort que l'enfant apprendra à répondre aux nombreuses stimulations qu'il recevra dans ses apprentissages et qu'il recevra en retour des signes de reconnaissance et d'amour.

En observant le comportement d'enfants de deux ou trois ans résidant dans des pouponnières ou des services hospitaliers pour une période déterminée, c'est-à-dire des enfants dont la mère est éloignée et remplacée par une série de personnes inconnues, Bowlby distingua trois phases : la protestation, le désespoir et le détachement. La première dure entre quelques heures et une semaine au plus, l'enfant pleure à grands cris, se déploie avec ardeur dans l'espace, rejette généralement les personnes qui cherchent à le consoler et ne semble espérer que le retour de sa mère. La deuxième phase est marquée par l'atténuation des pleurs et des mouvements physiques actifs, l'enfant semble entrer dans un deuil profond, le calme recouvré pourrait laisser croire, à tort, à une diminution de la détresse. La troisième phase est celle du détachement, l'enfant ne rejette plus les infirmières, il accepte leurs soins et la nourriture qu'elles lui apportent, il commence à s'intéresser aux jouets mis à sa disposition. Lorsque sa mère revient, il reste lointain, apathique et ne lui manifeste plus aucun intérêt. Ces phases ont pu faire l'objet de multiples observations complémentaires. Elles furent confirmées pour l'essentiel et enrichies par l'étude de nombreux facteurs de variations.

La théorie de l'attachement contribua à expliquer pourquoi l'enfant est si affligé par la seule perte de la figure protectrice et bienveillante à laquelle il s'est attaché durant les premiers mois de sa vie. Les études contribuèrent aussi à voir dans l'attachement un ensemble de stratégies comportementales déployées par l'enfant, dans une logique adaptative, pour surmonter sa détresse passagère et gérer ses affects. C'est ainsi que l'on distingua les stratégies primaires d'attachement (présentes dès la naissance) et les stratégies secondaires, qui interviennent lorsque les premières ne suffisent plus à attirer la mère – ou la figure protectrice. L'enfant va alors chercher à inhiber ou à accentuer ses comportements d'attachement[16].

Notons que cette théorie s'est très vite spécialisée dans l'étude des types d'attachement. L'enrichissement est venu par une sorte de détour par la psychologie, sous l'influence notamment de Mary Ainsworth. Cette psychologue américaine mena en Ouganda des expérimentations comparables à celle de Bowlby[17] et les poursuivit ensuite aux États-Unis[18], ce qui eut le mérite de faire avancer la théorie en insistant sur les variations liées à l'environnement et aux conditions de la socialisation de l'enfant et de ses proches. Les observations conduisirent à distinguer quatre grands types. Les trois premiers furent identifiés par Ainsworth, le quatrième, un peu plus tard, par Main et Solomon[19] : l'enfant « anxieux-évitant » (l'enfant continue à se focaliser sur son environnement de jeu en dépit de la détresse qu'il éprouve), l'enfant « sécure » (l'enfant n'est pas serein en toutes circonstances, mais il sait utiliser sa mère comme base sécurisante pour l'exploration), l'enfant « anxieux-ambivalent » (l'enfant adopte un comportement où se mêlent recherche de contact et résistance au parent, ce qui peut être l'expression d'une colère ressentie), l'enfant « désorganisé-désarticulé » (l'enfant ne parvient pas à gérer sa détresse, il ne développe aucune stratégie d'attachement cohérente).

16. Mary B. Main, « Cross-Cultural Studies of Attachment Organization : Recent Studies, Changing Methodologies, and the Concept of Conditional Strategies », *Human Development*, 33, 1, 1990, p. 48-61.
17. Mary D. Salter Ainsworth, *Infancy in Uganda : Infant Care and the Growth of Love*, Baltimore, MD, John Hopkins University Press, 1967.
18. Mary D. Salter Ainsworth, Mary C. Blehar, Everett Waters, Sally Wall, *Patterns of Attachment ; a Psychological Study of the Strange Situation*, New York, Psychology Press and Routledge Classic Editions, 1978 (nouv. éd., 2015).
19. Mary B. Main, Judith Solomon, « Discovery of an Insecure Disorganized-Disoriented Attachment Pattern », *in* T. B. Brazelton et M. W. Yogman (dir.), *Affective Development in Infancy*, New York, Ablex Publishing, 1988, p. 95-124.

Cette théorie a connu de nombreux développements[20] et continue de nourrir des travaux de recherche publiés et discutés dans les revues de psychologie ou de psychiatrie, rarement en sociologie. La recherche de Raphaële Miljkovitch[21] fait une exception puisqu'elle a été publiée dans la collection « Le Lien social » aux Presses universitaires de France. Elle a confirmé le lien étroit entre la qualité des attachements vécus dans la prime enfance et la capacité à établir ultérieurement des relations intimes équilibrées et satisfaisantes. En démontrant que les relations amoureuses des adultes sont en partie déterminées par les expériences qu'ils ont vécues dans leur enfance, selon qu'ils ont été entourés d'affection ou, au contraire, insécurisés, abandonnés ou maltraités, elle met l'accent sur le problème plus général de la transmission. En étudiant les fondations du lien amoureux à partir d'une grande enquête qu'elle a menée avec ses étudiants, elle a contribué à enrichir le concept d'héritage.

Ce type de recherche s'inscrit dans un courant qui s'est développé dans les années 1990. Il existe aujourd'hui une échelle de l'attachement reconnue au niveau international *(Adult Attachment Scale)* qui a pour objectif de distinguer plusieurs types de personnalités selon les caractéristiques des relations que l'individu tisse avec autrui. Cette échelle a été développée par Nancy Collins et Stephen Read[22] à partir du travail précurseur de Cindy Hazan et Philip Shaver[23]. Trois types d'attachement adulte ont été vérifiés empiriquement : le type « Sécure », le type « Anxieux » et le type « Évitant », chacun d'entre eux étant corrélé avec un type de relation avec le père et la mère pendant l'enfance. Les

20. Voir, par exemple, les synthèses suivantes : Raphaële Miljkovitch, *L'Attachement au cours de la vie*, Paris, PUF, « Le Fil rouge », 2001 ; Antoine Guedeney et Nicole Guedeney, *L'Attachement. Concepts et applications*, Paris, Masson, 2002 ; Blaise Pierrehumbert, *Le Premier Lien. Théorie de l'attachement*, Paris, Odile Jacob, 2003.

21. R. Miljkovitch, *Les Fondations du lien amoureux*, Paris, PUF, « Le Lien social », 2009.

22. Nancy L. Collins, Stephen J. Read, « Adult Attachment, Working Models, and Relationship Quality in Dating Couples », *Journal of Personality and Social Psychology*, vol. 58, n° 4, 1990, p. 644-663.

23. Cindy Hazan, Phillip Shaver, « Romantic Love Conceptualized as an Attachment Process », *Journal of Personality and Social Psychology*, vol. 52, n° 3, 1987, p. 511-524.

termes utilisés pour les qualifier ne sont d'ailleurs pas étrangers aux types d'attachement étudiés par Mary Ainsworth auprès d'enfants en bas âge. Ce courant de recherche a pour caractéristique d'étudier les relations sociales à l'âge adulte – qui se traduisent par une pluralité de liens – en fonction de l'empreinte laissée par le premier lien.

Ce type de recherche intéresse les chercheurs qui attachent de l'importance à la fonction de socialisation du groupe familial, laquelle dépend en grande partie du lien de filiation. Il est possible de voir un lien entre les stratégies d'attachement développées par les enfants et les styles de vie familiale. La typologie des interactions familiales, que propose le sociologue Jean Kellerhals[24], s'avère en effet particulièrement suggestive pour aller dans ce sens[25]. La famille « bastion », par exemple, caractérisée par le maintien d'une frontière entre le monde extérieur et la famille – que l'on va retrouver dans les sociétés où le lien de filiation est prééminent sur les autres liens –, peut révéler une difficulté à gérer l'expérience du détachement en raison de la perception de l'insécurité de l'environnement. La relation entre le jeune enfant et ses parents conditionne, on le voit, de nombreux apprentissages. L'amour parental confère à l'enfant la confiance en lui-même et l'assurance dans les différents cercles sociaux qu'il rencontrera. La théorie de l'attachement, telle qu'elle s'est développée en psychologie, présente l'intérêt de tenir compte de cette part invisible, et souvent ignorée, que constituent les premières expériences de l'attachement affectif. En quoi cette approche conceptuelle de l'empreinte est-elle compatible avec le sens que les sociologues ont donné au concept d'habitus ?

Attachement social et habitus

Chez Pierre Bourdieu, le concept d'habitus désigne une manière d'être, une capacité à s'orienter dans le monde social et à adopter les pratiques adaptées aux conditions objectives : « Les conditionnements associés à une classe particulière des conditions d'existence produisent des *habitus*, systèmes de dispositions durables et transposables, structures

24. Jean Kellerhals, « Les types d'interactions dans la famille », *L'Année sociologique*, vol. 37, 1987, p. 153-179.
25. B. Pierrehumbert, *Le Premier Lien. Théorie de l'attachement*, *op. cit.*, p. 344-345.

structurées prédisposées à fonctionner comme structures structurantes, c'est-à-dire en tant que principes générateurs et organisateurs de pratiques et de représentations qui peuvent être objectivement adaptées à leur but sans supposer la visée consciente de fins et la maîtrise expresse des opérations nécessaires pour les atteindre, objectivement “réglées” et “régulières” sans être en rien le produit de l'obéissance à des règles, et, étant tout cela, collectivement orchestrées sans être le produit de l'action organisatrice d'un chef d'orchestre[26]. » Comme l'empreinte, l'habitus est déterminé par l'expérience passée des individus au sein de différents groupes au cours de la socialisation. Il est frappant de constater que Bourdieu consacre un long passage dans *La Distinction* à ce qu'il appelle le « monde natal[27] ». Plusieurs expressions qu'il emploie font écho à la notion d'empreinte de Bowlby. Il parle par exemple de « psychanalyse sociale attachée à saisir la logique selon laquelle les rapports sociaux objectivés dans les choses, et aussi, bien sûr, dans les personnes, sont insensiblement incorporés[28] ». En référence aux goûts alimentaires, il souligne aussi que « le monde natal est, en effet, avant tout le *monde maternel*, celui des goûts primordiaux et des nourritures originaires, du rapport archétypal du bien culturel, où le faire plaisir fait partie intégrante du plaisir qui s'acquiert dans le plaisir[29] ». Ainsi, les pratiques et les représentations correspondent à l'intériorisation des structures de la vie sociale – variables selon les groupes fréquentés de façon régulière – et se traduisent par des dispositions à percevoir, agir et évaluer selon des schèmes incorporés. Ces dispositions s'acquièrent par l'éducation. Elles sont censées s'ajuster aux structures objectives, que sont les choses et les institutions, et s'imposer aux individus de façon évidente en leur donnant l'illusion d'une compréhension immédiate du monde social. L'habitus fonde ainsi le sens pratique et permet

26. Pierre Bourdieu, *Le Sens pratique,* Paris, Minuit, 1980, p. 88-89. Pierre Bourdieu livre notamment dans le chapitre 3 de cet ouvrage une analyse approfondie du concept d'habitus qui parachève celle qu'il avait proposée auparavant dans *Esquisse d'une théorie de la pratique. Précédée de trois études d'ethnologie kabyle*, Genève, Droz, 1972.

27. P. Bourdieu, *La Distinction. Critique sociale du jugement,* Paris, Minuit, 1979, p. 83-87.

28. *Ibid.*, p. 84.

29. *Ibid.*, p. 85.

aux individus d'adopter les conduites qui leur semblent aller de soi sans qu'ils aient le sentiment d'obéir mécaniquement à une règle. Norbert Elias se réfère également au concept d'habitus dans une acception assez différente, mais convergente, de celle de Bourdieu[30]. Sans entrer dans le détail, notons que Bourdieu met davantage l'accent sur la reproduction des structures sociales, tandis qu'Elias insiste sur l'historicité et cherche à expliquer l'évolution des sociétés humaines, mais l'un et l'autre donnent une explication similaire de l'habitus en insistant sur la coïncidence entre structures sociales et structures mentales[31].

On pourrait donc dire que le concept d'empreinte que les psychologues réservent au premier lien est étendu par les sociologues à d'autres liens, sachant que tout individu intériorise au cours de la socialisation les normes sociales – la morale qui s'y réfère – propres aux différents groupes qu'il fréquente durablement, ce que le concept d'habitus traduit de façon générique. En reprenant le langage des psychologues, on pourrait parler alors d'une combinaison des empreintes, celle laissée par le lien de filiation étant en quelque sorte prolongée par celles que laissent les autres liens en fonction de la spécificité de la trajectoire de chaque individu. Sur ce point, le concept d'empreinte et celui d'habitus comportent des similitudes et constituent des plans parallèles de construction aisément traduisibles et intégrables dans un ensemble théorique plus large. J'y reviendrai dans cet ouvrage, notamment dans la quatrième partie consacrée aux régimes d'attachement social. Contentons-nous pour le moment d'esquisser quelques éléments de réflexion.

Revenons premièrement sur la différenciation des sphères de la vie sociale. Les dispositions transmises dans le cadre de la socialisation peuvent être multiples puisque les groupes auxquels participent les individus sont divers. Bourdieu distingue l'habitus primaire de l'habitus secondaire[32]. Le premier se transmet dans le cadre de la socialisation

30. Voir Norbert Elias, *La Civilisation des mœurs* (1re éd. en allemand, 1939), Paris, Calmann-Lévy, 1973 ; *Id.*, *La Dynamique de l'Occident* (1re éd. en allemand, 1939), Paris, Calmann-Lévy, 1975.

31. Voir sur ce point Jean-Hugues Déchaux, « N. Elias et P. Bourdieu : analyse conceptuelle comparée », *Archives européennes de sociologie*, XXXIV, 1993, p. 364-385.

32. Sur la distinction entre l'habitus primaire et l'habitus secondaire, voir notamment P. Bourdieu et Jean-Claude Passeron, *La Reproduction. Éléments pour une*

familiale, le second dans le cadre de la socialisation scolaire. Mais ne peut-on pas concevoir d'autres formes d'habitus relevant d'autres cercles de socialisation ? Les enfants ne fréquentent pas que leur famille et l'école, ils entrent en relation avec d'autres enfants et d'autres adultes dans le cadre d'activités associatives sportives, culturelles, religieuses, artistiques... L'habitus peut également se constituer ou se reconstituer dans le cadre de la vie professionnelle lorsque l'individu fait l'apprentissage d'une formation et d'un métier, lorsqu'il incorpore les schèmes propres à l'univers spécifique dans lequel il doit s'intégrer. Ne peut-on pas également définir l'habitus en fonction de l'imprégnation culturelle qu'impose la participation de tout citoyen à la vie de son pays ? Norbert Elias reconnaissait, on l'a vu, que les liens affectifs qui nous attachent aujourd'hui aux États nationaux ont la primauté sur ceux qui nous attachent à d'autres configurations et n'hésitait pas à parler d'habitus national[33], ce que Bourdieu reconnut également tardivement dans son cours *Sur l'État*[34]. Autrement dit, le concept d'habitus peut se prêter à un usage extensible selon que l'on met l'accent sur telle ou telle dimension du processus de socialisation et selon que l'on se réfère à tel ou tel groupe d'attachement. Si les sociologues en font le plus souvent un usage plus restreint, c'est en grande partie parce qu'ils se réfèrent à l'*habitus de classe* pour distinguer, conformément à l'ouvrage de Bourdieu sur *La Distinction*, des pratiques qui forment des styles de vie[35].

---

théorie de l'enseignement, Paris, Minuit, 1970, p. 58 et suiv. Bourdieu ne s'y réfère plus explicitement dans les travaux suivants, sans doute pour se délester de ses emprunts initiaux à la sociologie fonctionnaliste.

33. N. Elias, *Qu'est-ce que la sociologie ?*, *op. cit.* (voir notamment le chapitre 5 : « Relations d'interpénétration, problème des liens sociaux »). Voir aussi sur le concept d'habitus national N. Elias, *Les Allemands. Luttes de pouvoir et développement de l'habitus aux XIXe et XXe siècles*, Paris, Seuil, 1989.

34. P. Bourdieu, *Sur l'État. Cours au Collège de France (1989-1992)*, Paris, Seuil, 2012. Sans faire référence explicitement à « l'habitus national », Bourdieu était sensible aux différences nationales observables dans les modes de socialisation et, par conséquent, dans les habitus. On peut trouver des passages inspirés de ce constat comparatif aussi bien dans ses travaux avec J.-C. Passeron sur le système d'enseignement que dans ceux sur l'éducation artistique réalisés avec Alain Darbel. Voir P. Bourdieu et A. Darbel, *L'Amour de l'art. Les musées européens et leur public*, Paris, Minuit, 1969.

35. P. Bourdieu, *La Distinction. Critique sociale du jugement*, *op. cit.*

Sans remettre en question cette conception englobante de l'habitus, je préfère retenir une approche différenciée pour marquer l'influence de plusieurs sphères normatives dans le processus de socialisation et pour souligner l'effet de plusieurs types de liens de nature différente qui s'entrecroisent de façon spécifique selon la trajectoire biographique, les événements et les expériences vécues.

Deuxièmement, si l'on admet l'existence de différentes strates de l'habitus, il faut alors s'interroger sur la forme d'incorporation des schèmes relative à chacune d'entre elles. En réservant le concept d'empreinte au premier lien, noué dans les premiers mois de la vie d'un enfant, les psychologues mettent l'accent sur une forme d'incorporation totale puisque l'enfant est entièrement dépendant de l'adulte qui l'accueille et lui administre les soins indispensables à sa survie. En est-il exactement de même lorsque l'on se réfère aux formes ultérieures de la socialisation, lorsque l'individu – enfant, adolescent, puis adulte – intériorise les normes des différents groupes qui concourent à son intégration sociale ? L'imprégnation est-elle toujours de même nature et aussi forte quel que soit le groupe d'attachement et quels que soient les individus ? Prenons un exemple issu d'une enquête auprès de personnes investies dans des associations humanitaires[36]. Lorsque l'on cherche à évaluer l'effet de leur habitus sur leur engagement dans ce type d'organisations, il est frappant de constater que certaines d'entre elles sont convaincues d'avoir en elles quelque chose qui les pousse à aller vers les plus déshérités. Elles attribuent cet élan compassionnel à une sorte de valeur humaniste intériorisée, sans pouvoir pour autant toujours en définir l'origine. D'autres, au contraire, sont persuadées d'agir de façon intéressée et refusent de se trouver un quelconque mérite

36. Il s'agit d'une enquête auprès des bénévoles de la Mission France de Médecins du Monde, créée pour venir en aide aux patients démunis éprouvant des difficultés pour accéder aux soins. Les résultats de cette enquête ont été publiés dans deux chapitres d'ouvrages collectifs : S. Paugam, « La dynamique de l'engagement humanitaire », *in Produire les solidarités. La part des associations*, coordination scientifique Jean-Noël Chopart, Jean-Luc Outin, Bruno Palier *et al.*, textes rassemblés par Sabine Rozier, Mission interministérielle Recherche-expérimentation (MIRE), « Rencontres et recherches », 1997, p. 246-268 ; S. Paugam, « Altruisme et solidarité : les logiques sociales de l'humanitaire », *in* Marc-Henry Soulet (dir.), *Urgence, souffrance sociale, misère. Lutte humanitaire ou politique sociale ?*, Fribourg (Suisse), Presses universitaires de Fribourg, 1998, p. 157-193.

personnel dans leur engagement. Elles ne se considèrent pas comme guidées par la volonté d'être « bons » pour les autres, mais soulignent qu'elles font ce qu'elles font pour donner un sens à leur vie, pour sortir d'un isolement après une expérience douloureuse, pour reprendre confiance en elles, etc. On peut ainsi définir chez les premières un « habitus humaniste », qui serait en quelque sorte un héritage social et un mode de définition de soi intériorisé, se manifestant de façon spontanée et souvent inconsciente dans les pratiques courantes de la vie quotidienne. Le sociologue constatera alors que ces personnes ont été socialisées dans un milieu religieux ou politique où ce type d'engagement est extrêmement valorisé et a donc pu contribuer à faire naître ces dispositions à la solidarité. Mais les secondes, qui adoptent pourtant des pratiques similaires aux premières, n'ont apparemment pas reçu cet héritage, du moins si l'on en croit ce qu'elles affirment. L'explication de l'engagement humanitaire par la formation d'un « habitus humaniste » dans l'enfance n'est donc que partielle, ce qui est déjà un résultat. Mais l'enquête ne s'arrête pas là. Elle a permis de suivre les bénévoles dans la durée et de reconstituer leur trajectoire au sein de la structure. Il est apparu alors que celle-ci contribuait également à socialiser les bénévoles à l'humanitaire, ce qui passait par l'apprentissage des façons de concevoir le travail en équipe, de s'inscrire dans des collectifs en relation avec des personnes déshéritées, de savoir créer avec elles une proximité chaleureuse sans pour autant les inscrire dans une dépendance potentiellement teintée d'infériorisation. Ces relations au sein de l'association contribuaient en réalité à façonner et, dans certains cas, à transformer la personnalité des bénévoles. Certains d'entre eux reconnaissaient qu'ils s'étaient engagés un peu par hasard, parfois poussés par le besoin de trouver une sorte d'occupation pour compenser un manque ou une difficulté à vivre, mais qu'ils avaient très vite découvert un univers qui leur était auparavant insoupçonné et auquel ils pouvaient désormais s'identifier. Tout se passait comme si l'interaction continue avec d'autres bénévoles et le contact régulier avec des personnes démunies les élevait à une vie morale supérieure, certains allant même jusqu'à affirmer que la pratique bénévole leur avait révélé une partie d'eux-mêmes qu'ils ne connaissaient pas, qu'ils se reconnaissaient désormais une capacité à être altruiste et que cette aptitude révélée par l'action était de leur point de vue partie intégrante de leur personnalité. De façon pratique, le bénévole novice apprend, en observant les autres bénévoles, les gestes, les postures et les manières d'entrer en relation avec les plus pauvres. Il apprend aussi le langage de la bienveillance et du soin. Il incorpore ainsi progressivement l'ensemble des dispositions jugées légitimes dans le champ de l'humanitaire, et vérifie lui-même, sous le regard des autres, l'effet de cette incorporation sur sa propre identité. Autrement dit, cette enquête mettait au jour les conditions de la production d'un habitus en adéquation avec les objectifs visés par cette association. On retiendra à partir de cet exemple que, si l'habitus s'acquiert dans l'enfance et l'adolescence et correspond à des dispositions durables dans la vie adulte, il peut également s'acquérir plus tardivement par la participation régulière et prolongée à des groupes spécifiques et, par conséquent, sous l'influence de collectifs et d'organisations de nature diverse.

Troisièmement, la question est de savoir ce que l'on incorpore véritablement au cours de ces différents apprentissages. Pierre Bourdieu parle d'une incorporation des structures sociales. Cette métaphore permet de souligner le rôle fondamental des conditions d'existence qui bornent le champ des possibles et conduisent l'individu à s'y conformer, ne fût-ce que pour trouver sa place au sein des groupes dans lesquels il évolue. Cette expression reste toutefois assez floue et Bernard Lahire n'a pas tort de préciser que ce que l'enfant, l'adolescent, puis l'adulte incorporent ce sont « des *habitudes* corporelles, cognitives, évaluatrices, appréciatives, etc., c'est-à-dire des schèmes d'action, des *manières* de faire, de penser, de sentir et de dire adaptées (et parfois limitées) à des contextes sociaux spécifiques. Ils intériorisent des modes d'action, d'interaction, de réaction, d'appréciation, d'orientation, de catégorisation, etc., en entrant peu à peu dans des relations sociales d'interdépendance avec d'autres acteurs ou en entretenant, par la médiation d'autres acteurs, des relations avec de multiples objets dont ils apprennent le ou les modes d'usage, le ou les modes d'appropriation[37] ». Si cette précision est utile, elle n'invalide pas le cadre analytique posé par Bourdieu. Dans la perspective d'une approche en termes d'attachement aux groupes, je voudrais

37. Bernard Lahire, *L'Homme pluriel. Les ressorts de l'action*, Paris, Nathan, 1998, p. 204.

insister pour ma part sur l'aspect relationnel de ces apprentissages. Si l'habitus est dépendant des conditions d'existence, ne faut-il pas insister sur la dimension affective de la relation par laquelle se transmet l'héritage ? Pour que cette transmission s'opère de façon efficace, il faut que l'héritier potentiel se sente lui-même à la fois sécurisé (logique de la protection) et valorisé (logique de la reconnaissance) par le groupe dans lequel il évolue et auquel il s'attache progressivement.

L'analyse de Norbert Elias sur l'héritage reçu par Mozart s'avère un exemple précieux sur ce point. Tout le monde reconnaît le génie de Mozart, mais il ne fait également aucun doute que les conditions d'apprentissage musical du célèbre compositeur ont été déterminantes pour que puisse éclore son talent. Non seulement Wolfgang Mozart reçut de son père, Leopold Mozart, lui-même chef d'orchestre adjoint à Salzbourg, une éducation musicale extrêmement rigoureuse dès l'âge de trois ans, mais aussi, comme le souligne Elias, « une prime d'amour supplémentaire pour chacune de ses performances musicales[38] ». Ainsi, la joie éprouvée par le père face aux prouesses musicales du fils n'a pu que stimuler ce dernier, le poussant même à se surpasser pour être reconnu et admiré par celui qui lui apportait tout à la fois le cadre sécurisant, la rigueur, la ténacité et l'amour. Cet exemple, par son caractère exceptionnel, met l'accent sur ce qui se joue habituellement de façon plus discrète et souvent inconsciente dans tous les apprentissages. L'enfant, mais aussi l'adolescent et l'adulte, répond aux stimulations qu'il reçoit de son entourage, et incorpore d'autant plus facilement les dispositions adaptées aux structures de la vie sociale qu'elles correspondent au besoin fondamental d'être reconnu et valorisé, autrement dit de se sentir utile et intégré. Que ce soit dans la sphère domestique, scolaire, associative, professionnelle ou même civique, l'incorporation de l'habitus est inséparable de la dimension émotive et relationnelle de chacun des types d'apprentissage. Travis Hirschi soulignait aussi, au moins indirectement, cette dimension affective de tout apprentissage lorsqu'il constatait que pour qu'une règle soit incorporée durablement par l'enfant, il faut qu'elle soit expliquée ou démontrée par les parents ou les éducateurs

38. N. Elias, *Mozart. Sociologie d'un génie*, Paris, Seuil, 1991, p. 93.

et non imposée de façon autoritaire. Une fois intégrée, elle pourra d'ailleurs perdre son caractère contraignant, l'enfant étant conduit à la respecter de façon presque inconsciente. Lorsque ces conditions de la transmission de l'habitus ne sont pas remplies, dans le cas par exemple où l'individu ne se sent ni sécurisé, ni valorisé par le collectif qui l'entoure, il est probable que l'apprentissage conduise à des problèmes cumulatifs d'adaptation à la vie sociale, lesquels risquent de se maintenir de façon durable tout au long de l'existence, du moins si aucune force contraire ne parvient à enrayer ce processus.

Quatrièmement, appliquer le concept d'habitus pour expliquer l'ampleur de l'attachement au groupe ne peut faire l'économie d'une analyse des contraintes qui s'imposent aux individus dans le processus de socialisation et qui peuvent les conduire, dans le cas où elles deviennent oppressantes, à une attitude de résistance, voire d'opposition. Pour Bourdieu, une fois incorporées, les dispositions à percevoir et à agir conformément à ce qu'exigent les structures sociales ne sauraient relever ni d'un quelconque calcul ou intérêt ni d'une obéissance raisonnée à des règles. Il est rare selon lui que l'individu détienne toute l'information que suppose une action rationnelle, notamment la connaissance précise des intentions des autres individus avec qui il est en relation. Selon lui, « les agents se déterminent par rapport à des *indices concrets* de l'accessible et de l'inaccessible, du "pour nous" et du "pas pour nous", division aussi fondamentalement reconnue que celle qui sépare le sacré et le profane[39] ». L'ajustement parfaitement maîtrisé aux conditions objectives donne parfois l'illusion aux agents d'agir conformément à une action rationnelle en finalité alors qu'elle n'est en réalité le plus souvent que le résultat d'un mécanisme autorégulé. On peut toutefois se demander si le modèle de l'acteur rationnel, auquel Bourdieu se réfère pour en prendre aussitôt le contre-pied, n'est pas construit de façon trop radicale en se calquant sur la théorie économique qui, effectivement, dissimule ou ignore les conditionnements sociaux des agents supposés rationnels. Les sociologues qui se réfèrent à la théorie de l'acteur rationnel suivent rarement à la lettre le modèle standard de l'*homo œconomicus* et lui préfèrent des modèles de rationalité plus « faibles » permettant d'inclure des préférences telles

39. P. Bourdieu, *Le Sens pratique*, *op. cit.*, p. 107.

que l'approbation sociale[40], l'altruisme ou la volonté d'agir selon son identité[41]. Michael Hechter, par exemple, considère que la solidarité dans un groupe dépend de deux facteurs : l'étendue des obligations qui s'imposent à ses membres et le degré auquel ceux-ci s'y conforment réellement[42]. Selon lui, l'individu est avant tout un « égoïste rationnel » dont l'engagement solidaire au sein d'un groupe est proportionnel au degré de dépendance qui le lie à ce dernier. Cette dépendance dépend elle-même de quatre facteurs : 1) les biens offerts par le groupe ne sont pas substituables, la probabilité de trouver un meilleur profit dans un autre groupe étant très faible ; 2) une absence d'informations relatives à de réelles alternatives en dehors du groupe ; 3) des coûts de sortie du groupe jugés démesurés ; 4) la force des liens personnels au sein du groupe[43]. Par ailleurs, la conformité aux règles fixées par le groupe dépend de la capacité de celui-ci à contrôler ses membres, mais aussi à les récompenser ou à les sanctionner sous la forme de punitions[44]. Cette approche, qui épouse la posture du *free rider*, s'applique principalement aux collectifs pour lesquels la participation peut se faire sur la base d'un choix délibéré et conscient, mais ne se prête guère, comme le soulignent justement Loïc Wacquant et Craig Jackson Calhoun, aux groupes tels que les familles, les clans, les classes, les nations, les communautés raciales ou ethniques, les groupes sexuels ou d'âge dont l'attachement solidaire ne peut relever aussi facilement d'une telle évaluation en termes de coûts/avantages[45]. Cette conception de l'acteur rationnel, revisitée et tempérée par la sociologie, est également opposée à la conception de l'acteur agissant avant tout selon son habitus. On ne peut être à la fois un égoïste calculateur et un agent déterminé avant

40. Michael Hechter, *Principles of Group Solidarity*, Berkeley et Los Angeles, University of California Press, 1987.
41. John H. Goldthorpe, « Rational action theory for sociology », *British Journal of Sociology*, 49(2), 1998, p. 167-192.
42. M. Hechter, *Principles of Group Solidarity*, *op. cit.*, p. 18 (« *first the extensiveness of its corporate obligations, and, second, the degree to which individual members actually comply with these obligations* »).
43. *Ibid.*, p. 46-47.
44. *Ibid.*, p. 49 et suiv.
45. Loïc J. D. Wacquant, Craig Jackson Calhoun, « Intérêt, rationalité et culture : à propos d'un récent débat sur la théorie de l'action », *Actes de la recherche en sciences sociales*, 78, 1989, p. 41-60.

tout par ses expériences passées et ses dispositions incorporées à agir conformément aux conditions objectives. Il est néanmoins possible d'introduire, sans souscrire au postulat de l'acteur rationnel, une part de réflexivité dans l'action de solidarité de l'agent à l'égard de son groupe, quel qu'il soit. Cette part de réflexivité ne me semble pas déroger à la théorie de l'habitus. Je suis sensible notamment aux différentes configurations dans lesquelles l'attachement à un groupe oppresse ou fragilise l'individu qui en fait partie, jusqu'à le pousser à s'en détacher provisoirement ou définitivement. L'épreuve dont il fait l'expérience au quotidien sous des formes variées ne peut que susciter inévitablement chez lui un questionnement sur la nature de sa relation aux autres au sein de son groupe, sur les contraintes qu'il endure sans disposer en contrepartie de réels bénéfices. Il peut ainsi réfléchir sur les marges d'autonomie dont il dispose pour se défaire au moins partiellement de ses obligations et entrer en résistance. Cela ne signifie pas qu'il soit en capacité réelle de s'affranchir des contraintes de la vie sociale et des conditions objectives ou, en d'autres termes, de se libérer de son habitus, mais en faire un individu passif et entièrement soumis à son destin, inscrit dans des dispositions immuables, semble également excessif. Nous pouvons également considérer que la réflexivité de l'agent sur ses propres dispositions est réactivée lorsqu'il est confronté à l'épreuve de leur désajustement aux conditions objectives qui s'imposent à lui. Comme le souligne Bourdieu, « l'habitus n'est ni nécessairement adapté, ni nécessairement cohérent. Il a ses degrés d'intégration – qui correspondent notamment à des degrés de "cristallisation" du statut occupé[46]. On observe ainsi qu'à des positions contradictoires, propres à exercer sur leurs occupants des "doubles contraintes" structurales, correspondent souvent des habitus déchirés, livrés à la contradiction et à la division contre soi-même, génératrices de souffrance[47] ». Lorsque les agents occupent dans l'espace social des « positions contradictoires » qui exercent sur eux des « doubles contraintes structurelles », ils sont conduits, ne fût-ce que pour atténuer l'expérience de la souffrance, à entreprendre un travail réflexif sur eux-mêmes et sur ce qui les attache aux autres et à la société.

46. P. Bourdieu, *Méditations pascaliennes*, Paris, Seuil, 1997, p. 190.
47. *Ibid.*

Aussi, j'adopterai dans ce livre le concept d'habitus, tel que défini par Bourdieu, d'autant qu'il prolonge le concept d'empreinte utilisé par les psychologues, mais je le soumettrai à quatre exigences analytiques qui me semblent s'imposer dans le cadre de la théorie de l'attachement social : la pluralité des dispositions et la possibilité de les décliner en fonction des différentes sphères de la vie sociale et de la morale collective ; l'acquisition de l'habitus, non seulement au moment de l'enfance et de l'adolescence, mais aussi à l'âge adulte sous l'influence de la participation à des collectifs de natures diverses ; la dimension affective de la relation par laquelle se transmet l'héritage et se forgent les dispositions ; la capacité réflexive – variable selon les milieux sociaux, mais aussi selon les épreuves traversées, les situations et les circonstances de la vie quotidienne – qui permet à l'individu de réagir, notamment lorsque ce qui l'attache à un groupe lui procure plus de désagréments que d'avantages, lorsqu'il se sent oppressé et/ou en situation de fragilité, lorsqu'il prend conscience de sa position sociale en la comparant à celle des autres.

La mémoire collective de l'attachement

Si l'attachement relève de dispositions incorporées, conformément au concept d'empreinte ou d'habitus, il est également inscrit dans la mémoire collective. Les liens qui nous attachent les uns aux autres, à des groupes déterminés, et à la société dans son ensemble, sont entretenus par des souvenirs qui se sont formés depuis l'enfance. Certes, nous ne nous souvenons pas de nos premières années, mais nous nous accrochons le plus souvent à ce que nous avons entendu de nos proches ou pu percevoir dans leurs attitudes chaque fois qu'ils évoquaient des souvenirs dans lesquels nous étions associés d'une façon ou d'une autre. Plus tard, c'est bien nos propres souvenirs que nous mobilisons chaque fois que nous parlons de nos expériences vécues.

L'ancrage social et spatial des souvenirs

Dans son ouvrage de 1925, Maurice Halbwachs considère que ces souvenirs individuels s'inscrivent dans des cadres sociaux qui en constituent même la condition nécessaire[48]. Son objectif a été de « montrer que les cadres collectifs de la mémoire ne sont pas constitués après coup par combinaison de souvenirs individuels, qu'ils ne sont pas non plus de simples formes vides où les souvenirs, venus d'ailleurs, viendraient s'insérer, et qu'ils sont au contraire précisément les instruments dont la mémoire collective se sert pour recomposer une image du passé qui s'accorde à chaque époque avec les pensées dominantes de la société[49] ». Il montre ensuite que si les individus, lorsqu'ils se souviennent, utilisent toujours des cadres sociaux, il convient de partir du groupe ou des groupes. D'après lui, ces deux problèmes n'en font qu'un : « On peut dire aussi bien que l'individu se souvient en se plaçant au point de vue du groupe, et que la mémoire du groupe se réalise et se manifeste dans les mémoires individuelles[50]. »

Autrement dit, la mémoire est un fait social. Encore faut-il préciser ce que l'on entend par l'emprise du social sur nos souvenirs individuels. Pour en faire la démonstration, Halbwachs insiste, dans trois chapitres successifs, sur la mémoire collective de la famille, des groupes religieux et des classes sociales. Il précisera son approche de la mémoire dans les textes postérieurs, notamment dans une étude consacrée à *La Topographie légendaire des évangiles en Terre sainte*[51] publiée en 1941 et dans un ouvrage publié après sa mort sous le titre *La Mémoire collective*[52]. Alors que dans *Les Cadres sociaux de la mémoire*, l'acte de se souvenir était interprété comme une identification d'un élément de la mémoire individuelle avec un élément de la mémoire collective, il relève davantage dans *La Mémoire collective*, comme le souligne justement Marie Jaisson, d'un jeu d'interactions

48. Maurice Halbwachs, *Les Cadres sociaux de la mémoire* (1re éd., 1925), Paris, Albin Michel, 1994.
49. *Ibid.*, p. VIII.
50. *Ibid.*
51. M. Halbwachs, *La Topographie légendaire des évangiles en Terre sainte. Étude de mémoire collective* (1re éd., 1941), Paris, PUF, « Quadrige », 2008 (édition préparée par Marie Jaisson, avec les contributions de Danièle Hervieu-Léger, Jean-Pierre Cléro, Sarah Gensburger et Éric Brian).
52. M. Halbwachs, *La Mémoire collective* (1re éd., 1950), Paris, Albin Michel, 1997 (édition critique établie par Gérard Namer, préparée avec la collaboration de Marie Jaisson).

faites d'allers et de retours[53]. Les individus se souviennent en tant que membres d'un groupe. Ils partagent des souvenirs communs et s'appuient le plus souvent les uns sur les autres pour les entretenir. Mais ce ne sont pas exactement les mêmes souvenirs qui apparaîtront avec le plus d'intensité à chacun d'eux. Halbwachs explique ce phénomène : « Nous dirions volontiers que chaque mémoire individuelle est un point de vue sur la mémoire collective, que ce point de vue change suivant la place que j'y occupe, et que cette place elle-même change suivant les relations que j'entretiens avec d'autres milieux[54]. » Autrement dit, « de cet instrument commun, tous ne tirent pas le même parti », même si « pour expliquer cette diversité, on en revient toujours à une combinaison d'influences qui, toutes, sont de nature sociale »[55]. Halbwachs ne se contente donc plus d'une lecture sans doute un peu simple de la mémoire individuelle comme entièrement dépendante de la mémoire collective – ce qui pourrait être considéré comme une forme de déterminisme sociologique – et prend en compte la complexité des configurations dans lesquelles elle se déploie. Il s'appuie tout d'abord sur le fait que l'individu des sociétés modernes est attaché à des groupes de nature diverse et que sa conscience individuelle est inévitablement dépendante de ces liens multiples qui s'entrecroisent en lui de façon spécifique et qui se transforment, s'enrichissent ou s'appauvrissent, au cours du temps. De ce constat, il tire alors la conclusion que ces liens qui se manifestent au quotidien font vibrer le système enregistreur de notre conscience individuelle et ravivent des souvenirs anciens, lesquels sont souvent réinterprétés au présent. « La succession de souvenirs, même de ceux qui sont le plus personnels, s'explique toujours par les changements qui se produisent dans nos rapports avec les milieux collectifs, c'est-à-dire, en définitive, par les transformations de ces milieux, chacun pris à part, et de leur ensemble[56]. » Ainsi, le souvenir n'est pas simplement une reconstruction du passé opérée dans un cadre social déterminé, il est également une reconstitution du

53. Marie Jaisson, « Mémoire collective et espace social », *in* M. Halbwachs, *La Topographie légendaire des évangiles en Terre sainte*, *op. cit.*, p. 81.
54. M. Halbwachs, *La Mémoire collective*, *op. cit.*, p. 94-95.
55. *Ibid.*, p. 95.
56. *Ibid.*

présent, ravivée par des souvenirs du passé qui surgissent de façon spontanée selon les circonstances et dans les interactions de la vie quotidienne.

L'exemple de la mémoire familiale

La famille, en tant que groupe domestique, a une mémoire propre, au même titre que les autres communautés. Ce qui la caractérise avant tout, ce sont les rapports de parenté et des événements marquants que l'on envisage sous un angle familial. C'est pourquoi la famille se distingue des autres groupes par son caractère relativement clos et par les contacts réguliers entretenus entre ses membres, ce qui permet une connaissance intime, profonde et réciproque de chacun d'entre eux. Chacun devient pour ainsi dire « unique en son genre », ses qualités, ses faiblesses personnelles étant connues de tous au sein de cette cellule restreinte où les uns et les autres ont tout le loisir de s'observer longuement et de se connaître profondément. Il se dégage ainsi de chaque membre une image précise qui pénètre la mémoire individuelle de chacun et qui devient peu à peu, parce que partagée, la mémoire collective du groupe. Les événements dont la famille garde le souvenir correspondent à un tableau dont chaque membre conserve une expérience intime, mais qui oblige en même temps les uns et les autres à l'envisager du point de vue du groupe et des rapports de parenté, c'est-à-dire d'un point de vue global. La mémoire familiale correspond ainsi à des expériences vécues par l'ensemble des membres du groupe domestique. Ces expériences communes ne peuvent s'exprimer que par des mots, des images et des noms dont le sens est commun et partagé. Ainsi, souligne Halbwachs, « s'il existe un type d'organisation qui s'impose à toutes les familles, dans chaque famille se développe d'autre part un esprit propre, parce qu'elle possède des traditions qui ne sont que les siennes[57] ». Les souvenirs familiaux s'inscrivent donc dans un cadre collectif qui opère comme un filtre. Certains événements sont retenus, d'autres tombent au contraire dans l'oubli. Et généralement, ce sont ceux qui contribuent à souder le groupe, à forger son identité,

57. *Ibid.*, p. 168.

qui sont entretenus et participent d'une narration relativement simplifiée du passé commun. Le souvenir des morts se conserve d'ailleurs tant qu'il reste au sein de la famille des survivants ayant connu des expériences communes avec les défunts et capables d'entretenir entre eux leur mémoire. On comprend alors que l'attachement à la cellule familiale est dépendant de la mémoire collective qui s'y est déposée et qui se manifeste le plus souvent de façon émotionnelle dans les mémoires individuelles de ses membres.

Des travaux plus récents ont permis d'approfondir les fonctions de la mémoire familiale et de définir la relation entre mémoire collective et attachement social. Inspirée par les textes fondateurs de Halbwachs, l'enquête d'Anne Muxel analyse dans la tradition de la sociologie compréhensive comment les individus se souviennent, transmettent leurs souvenirs, les mettent en scène et les recomposent au présent[58]. La sociologue distingue trois fonctions de la mémoire familiale, chacune contribuant, d'après elle, à préciser le mode d'affiliation de l'individu à son passé : une fonction de transmission, une fonction de reviviscence et une fonction de réflexivité.

La première correspond au besoin de transmettre. La mémoire s'énonce alors sous la forme d'un « nous », elle renvoie à l'ensemble des liens généalogiques et symboliques qui attachent l'individu à un groupe large composé d'ancêtres ou de proches contemporains, les morts et les vivants formant ainsi une histoire commune relatée souvent de façon mythologique, constituée au fil du temps et des générations successives. Mais cette mémoire transmise ne peut se reproduire à l'identique, elle est sans cesse négociée et renégociée à partir du présent, comme le souligne Halbwachs. Cette mémoire se décline de façon archéologique et entend répondre à la question existentielle : « D'où vient-on ? » Anne Muxel précise que « les paroles de cette mémoire sont moins des souvenirs que des récits préfabriqués, prénormés, quelquefois légendaires car entretenus depuis deux ou trois générations, restituant des faits non personnellement vécus par le sujet[59] ». Cette mémoire traduit une volonté de mobiliser le savoir sur le passé familial pour objectiver

58. Anne Muxel, *Individu et Mémoire familiale*, Paris, Nathan, « Essais et recherches », 1996.
59. *Ibid.*, p. 16.

sa propre trajectoire et mieux comprendre ce qui la détermine. Ainsi peut-on sans doute comprendre l'engouement contemporain pour la construction d'arbres généalogiques permettant à chaque individu de visualiser les générations successives dont il est issu. Cette mémoire est également référentielle, au sens où elle permet de préciser le noyau dur de ce qu'il faut transmettre en priorité : il s'agit alors de valeurs morales, de modèles éducatifs, de sentiments jugés nobles. Elle constitue un ensemble de repères dans un ensemble complexe et diversifié de souvenirs. Enfin, elle repose sur des rituels que l'on s'efforce de répéter. Il s'agit de commémorer ainsi la vie de famille passée en respectant des codes et règles partagés, que ce soit à l'occasion de fêtes, d'anniversaires, de rencontres périodiques. Nul doute que ces rituels entretiennent une sorte de folklore familial dont la fonction principale est d'assurer la cohésion du groupe et la transmission de ses fondements de génération en génération.

La fonction de reviviscence répond, quant à elle, à un besoin de retour sur sa propre existence passée. Elle fait appel aux souvenirs personnels puisés dans l'enfance et l'adolescence et contribue à façonner les contours de l'identité affective de l'individu. Il s'agit alors de tenter de revivre, de ressentir à nouveau et de se nourrir de ces événements de la vie quotidienne, de tous ces petits riens du passé familial qui, aussi dérisoires soient-ils, n'en forment pas moins une part de soi-même retrouvée et vécue au présent.

Enfin, la fonction de réflexivité relève d'un besoin, sans doute plus intellectuel que les deux autres, de dresser le bilan existentiel de sa trajectoire depuis son origine familiale. Comme le souligne Anne Muxel, « la mémoire est instrumentalisée pour définir un cadre de pensée et d'action, un cadre d'analyse pour se situer dans une histoire familiale, pour définir son mode d'affiliation[60] ». Il s'agit alors d'une mémoire négociée, éventuellement déconstruite et reconstruite, toujours travaillée dans le cadre d'un discours rétrospectif et critique énoncé de façon totalisante sur sa propre vie et visant à tracer la ligne qui lie le passé au présent sous la forme d'allers-retours réguliers.

Les trois fonctions sont complémentaires. Puisque la mémoire est sélective et qu'il est impossible de conserver le souvenir de tout ce qui

60. *Ibid.*, p. 30.

s'est passé, l'oubli joue un rôle essentiel dans chacune d'elles. Quand il s'agit de transmettre, la mémoire opère comme un tri, l'oubli laisse alors ouverte la possibilité d'y introduire des valeurs nouvelles. Lorsqu'il est question de reviviscence, l'oubli est la garantie de sauvegarde de ce qui paraît essentiel. Et enfin, l'oubli devient un gage de vérité dans la fonction de réflexivité. Cette belle enquête permet de confirmer que l'attachement familial doit sa consistance à ce travail de mémoire.

L'enquête de Jean-Hugues Déchaux, fondée sur des entretiens et des observations ethnographiques, porte sur un sujet d'apparence plus restreint, *Le Souvenir des morts*, mais permet également de revenir sur les travaux de Halbwachs et d'enrichir la compréhension du rôle spécifique de la mémoire dans le lien de filiation[61]. En réalité, ce qui intéresse Déchaux, c'est le rapport individuel à la mémoire, ce qui le conduit à identifier le symbolisme de la filiation en étudiant la façon dont chacun se souvient des morts. Trois niveaux d'analyse sont ainsi distingués.

Le premier concerne l'étude du *rite*, celui qui a pour vocation de célébrer la mémoire familiale, notamment le jour de la Toussaint, aujourd'hui communément considéré comme la « fête des morts[62] ». Il s'agit alors d'étudier les facteurs du maintien de cette fête commémorative et ritualisée dans les sociétés modernes que l'on dit souvent promptes, au nom de l'individualisme, à dévaloriser l'idée de pérennité et à réduire le lien de filiation à une simple relation interpersonnelle vécue au présent.

Le deuxième niveau d'analyse concerne ce qu'il appelle la *remémoration* et qui renvoie à la variété des rapports à la mémoire familiale en prenant en compte, non ce qui assigne l'individu, mais, au contraire, ce qui relève de ses propres initiatives.

Enfin, le troisième niveau relève de la part d'*imaginaire* qui accompagne le souvenir des morts et que l'on peut sans doute définir comme une sorte de recherche de réconfort symbolique.

Les résultats de l'enquête révèlent tout d'abord que l'idéal moderne du lien électif et contractuel n'a pas conduit à une éradication, ni même

61. Jean-Hugues Déchaux, *Le Souvenir des morts. Essai sur le lien de filiation*, Paris, PUF, « Le Lien social », 1997.

62. Rappelons toutefois ici que la liturgie catholique distingue formellement la fête du 1er novembre, définie comme la fête de tous les saints, des rites funéraires de la fête des morts qui a lieu le lendemain.

une érosion, de la mémoire des morts. « Entre les vivants et les morts, l'échange symbolique n'a pas disparu, même si ses formes évoluent. Les morts ont donc une présence qui interdit de réduire la succession des générations à un rapport qui ne s'éprouverait qu'entre vifs dans l'immédiateté de la relation[63]. Le maintien du symbolisme de la filiation dont le caractère holiste peine à correspondre aux valeurs culturelles de l'individualisme peut s'expliquer par le besoin des individus de répondre à des interrogations fondamentales liées à l'identité, la transmission et la mort, autrement dit, par un besoin de « sécurité ontologique » sans doute ravivé par la fragilisation des religions établies et le déclin des croyances eschatologiques enseignées jusque-là par les Églises. Mais le constat de cette permanence n'implique pas pour autant que le processus d'affiliation ancré dans les cadres sociaux de la mémoire collective soit le même pour tous les individus. La recherche a permis en effet de distinguer l'*affiliation lignagère* et l'*affiliation subjectiviste.* La première renvoie à un attachement familial intense que l'on célèbre pour consacrer l'ancrage de la lignée. Elle correspond à une tradition qui implique de chaque membre de la famille des obligations formelles de fidélité, de loyauté, de solidarité. Selon Déchaux, elle serait surtout visible dans les familles bourgeoises de vieille souche. La seconde est plus flottante et plus indéterminée. Le rite apparaît alors moins fondamental et tend à être remplacé par la conscience personnelle qui se nourrit des émotions propres à chacun, vécues de façon assez spontanée. Cette affiliation subjectiviste renvoie par conséquent à un rapport plus intuitif à la mémoire, dans certains cas, à un tri dans une mémoire constituée pour n'en retenir que ce qui est nécessaire pour nourrir une mémoire autobiographique couvrant rarement plus de deux générations en amont d'*ego*. Dans ce cas, la lignée n'est pas une institution sociale, mais elle n'a pas pour autant disparu puisqu'elle est devenue un imaginaire au service de la conscience personnelle, la transmission reste une aspiration profonde, mais ne se confond pas avec un devoir.

Les enquêtes de Muxel et de Déchaux se rejoignent sur plusieurs points. L'une et l'autre portent sur la relation entre la mémoire et

63. J.-H. Déchaux, *Le Souvenir des morts. Essai sur le lien de filiation*, *op. cit.*, p. 307-308.

l'attachement à la famille. Elles soulignent la pérennité de cette mémoire familiale dans la société moderne alors même que les valeurs de l'individualisme auraient pu conduire à en réduire le sens. Elles insistent également toutes les deux sur les liens généalogiques et symboliques qui la fondent, tout en soulignant la variété des rapports à la mémoire selon les individus et les milieux sociaux. Elles s'écartent enfin d'une vision déterministe qui conduirait à ne voir dans la transmission qu'un simple effet de cadres sociaux imposés aux individus, et préconisent, au contraire, une lecture compréhensive qui approfondit les mécanismes par lesquels ces cadres sont soumis autant à des appropriations qu'à des reconstructions et réinterprétations selon les besoins de construction identitaire et de réflexivité existentielle.

Si la mémoire familiale permet de comprendre comment le lien de filiation se constitue et se maintient durablement et, par là même, comment l'attachement à la famille est possible dans la durée, il ne faut pas considérer ce processus comme spécifique de ce type de lien. Les historiens et les ethnologues des sociétés paysannes ont souvent montré que la mémoire familiale, que l'on repère à partir de généalogies et d'événements qui ponctuent la vie des parentèles, est toujours imbriquée dans, et conjuguée avec, la mémoire collective d'une communauté plus large dont la trace se lit dans des terroirs et des villages. Dans ce type de sociétés locales, la solidarité s'inscrit avant tout dans la proximité ; l'individu qui en est à la fois le pourvoyeur et le récipiendaire est ancré aussi bien dans une lignée familiale que dans une communauté villageoise. À partir d'une enquête de longue durée réalisée dans un village de Bourgogne, Françoise Zonabend a montré que la mémoire familiale et la mémoire collective s'entretiennent l'une et l'autre indépendamment des événements qui ordonnent la vie nationale[64]. Ces deux types de mémoire sont en grande partie autonomes par rapport à l'histoire que l'on enseigne à l'école et s'inscrivent dans un temps

64. Ce qui ne veut pas dire que ces événements de la vie nationale n'ont aucune prise sur la population locale. Les deux guerres du XXe siècle ont profondément marqué ces villages. Les monuments aux morts érigés sur les places publiques ou même quelquefois dans les églises sont là pour entretenir la mémoire des disparus et rappeler l'esprit de la République et le sens de la patrie.

singulier, qui apparaît stable et immobile, pour ainsi dire presque à l'abri des bouleversements du monde[65].

La mémoire collective permet de comprendre, en réalité, comment fonctionne chaque type de lien. Elle nourrit l'attachement au monde du travail puisqu'elle permet de relier dans une histoire commune des hommes et des femmes qui partagent des expériences semblables, qui vivent des événements singuliers au sein de leur entreprise ou de leur groupe professionnel, qui luttent quelquefois ensemble pour obtenir des améliorations de leurs conditions de travail et de leur niveau de vie. La mémoire collective se décline également à l'échelle encore plus large de la nation tout entière. Elle repose alors sur des symboles qui marquent une origine commune et s'entretient de façon régulière par la commémoration des événements passés jugés fondateurs, des rituels visant à perpétuer une histoire commune et à renforcer la cohésion nationale.

*

Nous avons insisté sur trois dimensions qui pourraient être pensées comme le triptyque de l'attachement social : le contrôle social, l'habitus et la mémoire collective. Ces trois dimensions ont souvent été examinées de façon distincte, chacune constituant pour ainsi dire une problématique à part entière. Elles méritent, on le voit, un traitement différent tant elles se complètent et s'enrichissent mutuellement quand il s'agit d'expliquer sociologiquement l'origine et la pérennité des liens qui attachent les individus les uns aux autres et à la société. En résumant, on pourrait dire que : 1) l'incorporation de dispositions à être solidaire d'autrui et attaché à plusieurs groupes résulte d'un apprentissage des règles et des normes qui caractérisent les différentes sphères de la morale collective ; 2) cette incorporation est d'autant plus profonde que l'apprentissage s'est déroulé de façon pédagogique et éducative et en laissant une place importante aux valences émotives ; 3) les contraintes de l'attachement et les formes du contrôle social sont progressivement intériorisées et elles finissent, sous l'effet de l'habitus,

65. Françoise Zonabend, *La Mémoire longue. Temps et histoires au village*, Paris, PUF, 1980.

par s'imposer d'elles-mêmes sans que, dans de nombreuses situations de la vie quotidienne, les individus aient à y réfléchir formellement avant d'agir ; 4) cela n'empêche pas pour autant une part de réflexivité, en particulier lorsque les formes de l'attachement deviennent oppressantes ; 5) l'attachement aux groupes et à la société tout entière repose sur des souvenirs individuels ancrés dans la mémoire collective, elle-même dépendante des cadres de la socialisation. Autrement dit, les trois dimensions s'entremêlent et se soutiennent réciproquement. Il convient cependant de définir de façon plus précise encore les fondements sociologiques de l'attachement social, ce qui sera l'objectif principal du chapitre suivant.

CHAPITRE 3

Le tissage des liens sociaux

Pour les sociologues, l'être humain est un être de liaison, autrement dit, un être défini par l'articulation de plusieurs types de liens sociaux. Ils s'accordent, à un niveau général, sur le fait que leur discipline est la science des relations sociales telles qu'elles sont imposées et transmises par le milieu – les cadres de socialisation – et telles qu'elles sont vécues et entretenues par les individus. Il est donc possible de définir de façon préliminaire l'attachement social comme le processus d'entrecroisement et de régulation de différents types de liens sociaux. Entrons à présent dans la définition plus précise de ces liens et de leurs fonctions. Pour ce faire, nous pouvons retenir une première distinction : les liens qui assignent un groupe à l'individu dès sa naissance (famille, clan, nation) et les liens qui relèvent d'une contractualisation (participation volontaire à telle ou telle association ou profession, etc.). Le lien correspond dans le premier cas à une communauté sociale qui préexiste à l'individu et de laquelle il dépend, dans le second à une association d'individus autonomes. À cette première distinction, on peut substituer une seconde, plus complète, qui renvoie les liens sociaux à des sphères distinctes de la morale collective comme nous l'avons vu dans le chapitre 1 en suivant le raisonnement de Durkheim. Ce dernier a insisté sur la morale domestique, la morale professionnelle, la morale civique et n'a fait qu'effleurer la morale associative. Dans mes travaux précédents, j'ai ainsi proposé de distinguer quatre types de liens sociaux : le *lien de filiation*, le *lien de participation élective*, le *lien de participation organique* et le *lien de citoyenneté*. Le premier type relève de la morale domestique, le deuxième de la morale associative, le troisième de la morale professionnelle et le quatrième de la morale civique. J'ai souligné également que chaque type de lien peut être défini à partir des deux dimensions de la protection et de la reconnaissance. Les liens sont multiples et de nature différente, mais ils apportent tous aux individus à la fois la *protection* et la *reconnaissance* nécessaires à leur existence sociale[1].

Protection et reconnaissance

La protection renvoie à l'ensemble des supports que l'individu peut mobiliser face aux aléas de la vie (ressources familiales, communautaires, professionnelles, sociales…), la reconnaissance renvoie à l'interaction sociale qui stimule l'individu en lui fournissant la preuve de son existence et de sa valorisation par le regard de l'autre ou des autres. L'investissement affectif dans un « nous » est d'autant plus fort que ce « nous » correspond à l'entité – qui peut être aussi réelle qu'abstraite – sur laquelle et pour laquelle la personne sait pouvoir compter. C'est dans ce sens que le « nous » est constitutif du « moi ». Les liens qui assurent à l'individu protection et reconnaissance revêtent par conséquent une dimension affective qui renforce les interdépendances humaines.

L'héritage du solidarisme

Nous avons vu dans le premier chapitre que Durkheim ne fera jamais état des débats relatifs à la doctrine du solidarisme développée par Léon Bourgeois. Il semble se désintéresser des assurances sociales et des premières réflexions sur le principe d'une protection sociale généralisée. Lorsqu'il aborde la question des réformes, il soutient surtout l'idée d'un nécessaire renforcement des groupements professionnels. En réalité, il a été, on l'a vu, plus sensible à la thématique de la reconnaissance par le travail et de l'intégration professionnelle que de la thématique de la protection sociale. Si l'on définit la société salariale comme la conjonction entre un principe de reconnaissance progressive du droit

1. S. Paugam, *Le Lien social*, 5e éd. mise à jour, 2022, *op. cit.* Je reprends dans ce chapitre, en la complétant, la définition des liens donnée dans cet ouvrage.

du travail, des organisations professionnelles et des conventions collectives, et un principe de protection sociale fondé sur un système d'assurances obligatoires pensé à partir de l'activité de travail salarié, il faut alors considérer que Durkheim n'en a vraiment anticipé que la première dimension et qu'il est resté aveugle au grand mouvement qui se préparait dès la fin du XIXe siècle et qui connut son apothéose après la Seconde Guerre mondiale. Or, ce système de protection aura pourtant des effets sur l'ensemble des liens qui rattachent l'individu à la société.

De la doctrine du solidarisme à la création de la Sécurité sociale en France, la route aura été longue. Il aura fallu attendre cinquante ans entre la publication de l'ouvrage de Bourgeois[2] et le vote de la loi du 22 mai 1946 instituant le système de protection sociale[3]. La création de la Sécurité sociale ne marque pas une rupture technique fondamentale avec les dispositions prises dans les années 1930, mais plutôt un changement d'échelle. En revanche, ce mouvement d'universalisation opère une rupture d'ordre culturel en ce qu'il réintroduit la notion de droits sociaux à laquelle l'idée d'assurance obligatoire s'était progressivement substituée[4]. Deux ans plus tard, la Déclaration universelle des droits de l'homme stipule de façon explicite dans l'article 22 que « toute personne, en tant que membre de la société, a droit à la sécurité sociale ». Trois éléments semblent primordiaux pour comprendre les fondements de la solidarité à cette époque.

Le premier est lié à la période historique. La Sécurité sociale est instituée à la fin de la guerre dans une période favorable aux forces de gauche et aux organisations ouvrières. Le Parti communiste français est le parti le plus important à la Libération. Il est nécessaire de

2. Léon Bourgeois, *Solidarité*, *op. cit.*
3. Entre-temps, l'idée d'un contrat social fondé sur des institutions d'assurances s'est répandue. Une première loi de 1928, complétée par un deuxième texte de 1930, rend obligatoire l'affiliation à un régime général d'assurances sociales. Cette loi prévoit la couverture du risque maladie, l'allocation maternité, la couverture du risque invalidité, l'institution de pensions de retraite et la mise en place d'un minimum vieillesse. Un autre texte de 1932 oblige les employeurs à s'affilier à des caisses d'allocations familiales. Voir notamment Henri Hatzfeld, *Du paupérisme à la Sécurité sociale, 1850-1940. Essai sur les origines de la Sécurité sociale en France* (1971), Nancy, Presses universitaires de Nancy, « Espace social », 1989.
4. Pierre Rosanvallon, *L'État en France de 1789 à nos jours*, Paris, Seuil, 1990, p. 185.

rassembler les forces de la nation pour réparer les dommages de la guerre. De nombreuses familles sont relogées dans des baraquements. La Sécurité sociale apparaît comme une institution de progrès social[5]. À cette époque, les ressources sont limitées, il faut donc instituer un système de rationnement relativement égalitaire pour les allouer. Seul un système de répartition des biens primaires en fonction des besoins est légitime. Cette expérience a joué un rôle idéologique fondamental dans la constitution d'un nouveau sentiment de l'égalité économique et sociale. Cette même aspiration est présente en Grande-Bretagne. Le rapport de William Beveridge de 1942 a servi de fondement au plan de sécurité sociale dont le but était de libérer l'homme du besoin par une redistribution des revenus à travers l'assurance et les prestations familiales. L'application du plan anglais peut être considérée comme une véritable révolution. Une grande partie des recommandations contenues dans ce rapport fut réalisée en Grande-Bretagne, de 1945 à 1948, par une majorité travailliste. Deux séries de mesures furent prises : la généralisation totale du système de protection dans le cadre d'un service public et la création d'un système national de santé ouvrant droit à des soins gratuits, le tout placé sous la responsabilité directe de l'État. En dépit des différences qui distinguent le système français du système britannique, il convient de retenir que la notion de solidarité a été fortement mobilisée dans les deux pays, de façon directe ou implicite, pour asseoir et développer la conscience sociale de l'unité nationale.

Le deuxième élément est la réduction progressive de la sphère de l'assistance qui constituait jusque-là la principale forme de l'intervention sociale. L'application du principe de « démarchandisation » (*decommodification*) a permis aux sociétés occidentales d'offrir aux individus une plus grande sécurité face aux aléas de la vie et au risque de pauvreté. Faire des individus autre chose qu'une marchandise échangeable, tel a été le grand défi de l'État social à la fin de la Seconde Guerre mondiale. Mais ce processus de « démarchandisation » n'a pas été conduit aussi loin dans tous les pays du monde occidental.

5. Pierre Laroque, « Le plan français de sécurité sociale », *Revue française du travail*, 1, 1946, p. 9-20.

Enfin, le troisième élément renvoie à la notion de citoyenneté sociale et à l'idée selon laquelle l'individu adulte a des droits en tant que citoyen, dont celui de bénéficier d'une protection sociale[6]. Ce principe a été appliqué de la façon la plus stricte dans les pays nordiques. Mais, dans tous les pays du monde industrialisé de l'après-guerre, il repose en réalité sur des conditions précises. Pour accéder à ces droits sociaux, il faut à la fois appartenir à une communauté nationale, remplir son devoir de citoyen, travailler et payer des impôts. Le contrat social repose donc à la fin de la Seconde Guerre mondiale, en France comme dans d'autres pays, sur une conception de la citoyenneté sociale qui *de facto* écarte une grande majorité des femmes, celles qui n'ont pas un emploi stable et régulier. Dans les représentations dominantes de l'époque, le travailleur adulte masculin est celui qui remplit le mieux ces conditions. Les femmes sont protégées par le statut de leur conjoint et les enfants par le système des allocations familiales. Les femmes engagées dans le travail domestique ne sont pas prises en considération. Elles se doivent d'appartenir à une famille économiquement organisée selon le modèle de « Monsieur Gagne-pain ». Notons également que le système en vigueur tenait à l'écart ou dans une position marginale l'ensemble des non-nationaux. Revenir sur la période de la création de la Sécurité sociale en France et à la définition d'un contrat social dans la plupart des pays occidentaux est aujourd'hui d'autant plus nécessaire que de nouveaux défis sont devenus plus visibles et obligent à revoir, au moins en partie, les fondements de nos principes de solidarité.

Les formes de l'État providence

Le processus de « démarchandisation » n'ayant pas été conduit aussi loin dans tous les pays du monde occidental, il est possible de distinguer plusieurs modèles de *welfare regime*. En prenant en compte à la fois l'octroi des droits sociaux accordés sur la base de la citoyenneté et la manière dont les activités de l'État sont coordonnées avec les fonctions attribuées au marché et à la famille, Gøsta Esping-Andersen

6. Thomas H. Marshall, *Citizenship and Social Class*, Cambridge, Cambridge University Press, 1950. Peter Baldwin, *The Politics of Social Solidarity. Class Bases of The European Welfare State, 1875-1975*, Cambridge, Cambridge University Press.

en distingue trois[7] : le modèle libéral, le modèle corporatiste ou continental, et le modèle social-démocrate ou nordique.

Le modèle libéral se caractérise à la fois par des allocations d'assistance sous condition de ressources, des transferts sociaux à caractère universel modestes et un système d'assurances sociales limité. L'État encourage le marché, se limite à une intervention minimale pour assurer la protection sociale la plus élémentaire et parfois même cherche à favoriser l'essor des assurances privées. Il s'agit donc d'un processus de démarchandisation très faible. L'État providence concerne principalement les plus défavorisés, ceux qui, d'une certaine manière, ont échoué sur le marché. Ils en payent un prix social élevé puisqu'ils sont alors définis non vraiment comme des citoyens ayant des droits, mais comme des « assistés », et risquent donc d'être fortement stigmatisés. Les exemples typiques de ce modèle sont les États-Unis, le Canada et l'Australie, pays où l'État providence est fortement dominé par l'assistance sociale et dans lesquels les droits sont moins attachés au travail qu'à un besoin démontrable[8].

Le modèle continental est fondé, au contraire, sur le système des assurances obligatoires, organisé dans un esprit corporatiste de défense des intérêts et des droits acquis. Ce modèle favorise le maintien des différences de statut social. Il se fonde aussi sur une conception traditionnelle du rôle de la famille où les femmes sont encouragées par le système des allocations familiales à se tenir en marge de la sphère professionnelle et à se consacrer avant tout à l'éducation de leurs enfants. Les assurances privées jouent un rôle modeste, mais ce système de protection sociale n'assure pas de façon automatique une démarchandisation substantielle. En effet, les indemnités sont presque entièrement dépendantes des contributions issues du travail. Ce sont elles qui définissent le champ d'application des programmes sociaux et, par conséquent, les limites du détachement vis-à-vis du marché. Dans ce modèle, l'étendue de la sphère de l'assistance dépend en grande partie de la capacité du régime d'assurances à retenir en son sein l'essentiel

7. Gøsta Esping-Andersen, *Les Trois Mondes de l'État providence. Essai sur le capitalisme moderne* (1re éd. en anglais, 1990), Paris, PUF, « Le Lien social », 2e éd., 2007.

8. On serait tenté de rapprocher aujourd'hui la Grande-Bretagne de ce modèle, mais la conception initiale de l'État providence dans ce pays en est éloignée.

de la population. Toute défaillance de sa part se traduit par une croissance de la population assistée. Cela se produit en particulier lorsque le chômage augmente fortement. Les pays proches de ce modèle sont l'Autriche, la France, l'Allemagne et l'Italie.

Enfin, le modèle social-démocrate, dans lequel le principe de l'universalité des droits sociaux est appliqué de la façon la plus systématique, permet à l'ensemble de la société, la classe moyenne comme la classe ouvrière, de bénéficier d'un très haut niveau de protection sociale. Ce modèle, qui est en quelque sorte une synthèse du libéralisme et du socialisme, favorise l'émancipation des individus par rapport aux lois du marché, mais aussi par rapport à la famille. C'est le modèle dans lequel le processus de « démarchandisation » est le plus avancé. La sphère de l'assistance est dans ce cas extrêmement limitée, à tel point que l'on pourrait dire que la catégorie institutionnelle des pauvres ne peut être que marginale. Les pays qui se rapprochent le plus de ce modèle sont les pays nordiques, mais il faut se garder de penser que le processus est achevé. Aucun système actuellement en vigueur ne peut vraiment octroyer des indemnités permettant aux citoyens de choisir de travailler ou non. Il est clair toutefois que le régime qui définit le mieux la nature de l'État providence est le modèle social-démocrate[9].

Ces modèles relèvent d'une analyse idéal-typique. La conception du régime d'État providence est généralement comprise au sens large. Elle ne se limite pas aux institutions et à l'organisation administrative que représente l'État providence en lui-même. Elle traduit plutôt un mode de régulation du système social à partir de l'ensemble des organisations, dont la vocation est d'assurer la protection des individus et la cohésion sociale en intervenant par le droit et la redistribution des ressources dans les domaines aussi bien économique, domestique que politique.

Cette analyse permet de comprendre les modes d'organisation des sociétés occidentales par rapport à la protection sociale en général et les formes spécifiques de stratification sociale qui en découlent. La forme de l'État providence a un effet sur la constitution de la catégorie

9. Cette typologie des *welfare regimes* a suscité de nombreux débats. L'un d'entre eux a été de proposer d'ajouter un autre type, en l'occurrence le modèle méditerranéen, pour rendre compte de la spécificité des pays du sud de l'Europe. Voir sur ce point Maurizio Ferrera, « The "Southern" Model of Welfare in Social Europe », *Journal of European Social Policy*, 6(1) 1996, p. 17-37.

des pauvres pris en charge au titre de l'assistance et, partant, sur l'expérience vécue de la pauvreté. Dans chaque régime, des populations sortent des mailles du filet de protection sociale et viennent grossir, de façon variable selon les lieux et les périodes, la catégorie des assistés. La généralisation progressive du système de protection sociale au cours de la période des « Trente Glorieuses » a contribué à réduire la sphère de l'assistance traditionnelle, mais elle ne l'a pas entièrement éliminée. Le nombre des pauvres relevant de l'assistance et la visibilité sociale de cette catégorie sont donc en grande partie liés à la capacité du régime d'État providence à retenir dans le système général de la protection sociale les franges les plus vulnérables de la population.

Protection sociale universelle et société salariale

Il est frappant de constater que l'on a vraiment commencé à parler de société salariale à partir du moment où les premiers signes de son délitement sont apparus dans les pays les plus développés dans les années 1980[10]. Au cours de ces années dites de crise, de nouvelles recherches sont menées sur la pauvreté, que beaucoup relient à la dégradation du marché du travail. Dans son livre sur *Les Métamorphoses de la question sociale*, paru en 1995, Robert Castel eut l'idée lumineuse d'inscrire ce mouvement, non pas dans le cycle court des crises économiques, mais, au contraire, dans le cycle long des transformations du rapport salarial[11]. Il s'inspire alors de la démarche généalogique de Michel Foucault et dresse une grande fresque historique qui remonte au Moyen Âge. Robert Castel démontre que ce n'est pas uniquement dans les marges de la société qu'il faut lire la question sociale, mais bien dans l'effritement du monde salarial, c'est-à-dire dans la remise en question progressive du socle des protections et des statuts qui avait permis aux générations laborieuses de l'après-guerre d'accéder à la consommation de masse et aux loisirs et d'envisager leur avenir de façon plus sereine. Pour le démontrer, Robert Castel rappelle le long processus par lequel

10. Michel Aglietta et Anton Bender, *Les Métamorphoses de la société salariale*, Paris, Calmann-Lévy, 1984.
11. Robert Castel, *Les Métamorphoses de la question sociale. Chronique du salariat*, Paris, Fayard, 1995.

cette société salariale a vu le jour depuis la révolution industrielle, de la question du paupérisme au XIXe siècle aux conquêtes sociales du XXe. La généralisation du système de protection sociale et du salariat, l'accès à la propriété sociale[12] et aux services publics sont autant d'étapes qui ont marqué et façonné le lien des citoyens à la société à travers leur participation au monde du travail. Après avoir été la condition des gens misérables, le salariat est devenu la forme élémentaire de l'intégration sociale dans une société profondément organisée et régulée autour du travail par l'État social, mais il risque de redevenir, prévient Castel, une situation dangereuse, du moins pour des franges de plus en plus nombreuses de la population. C'est ainsi la société dans son ensemble qui est à nouveau menacée.

Cette œuvre comporte aussi des limites dont Robert Castel lui-même avait conscience. Il avait inséré à la fin de son avant-propos une note sur le comparatisme pour justifier sa démarche. La première partie, du Moyen Âge jusqu'à la Renaissance, concerne l'aire géographique de l'Europe à l'ouest de l'Elbe. L'ouvrage se réfère ensuite à la situation anglaise jusqu'à la fin du XVIIIe siècle et la focale se resserre sur la situation française lorsqu'il est question des transformations des XIXe et XXe siècles. Le paradoxe est que plus l'on se rapproche des conditions de formation, puis de délitement, de la société salariale, c'est-à-dire le cœur de l'ouvrage, plus l'analyse du seul cas français est privilégiée. Pourtant, les sources abondent sur les autres pays occidentaux, y compris les États-Unis. Il est frappant que Robert Castel ne cite pas une seule fois le livre d'Esping-Andersen[13], publié cinq ans plus tôt, alors que ce livre était déjà devenu une des références majeures sur la société salariale et, plus précisément, sur les relations entre les sphères de la famille, de l'État et du marché. Robert Castel se justifiait en soulignant qu'il lui était impossible de tenir compte des différents contextes nationaux, tout en préconisant la promotion de ce type d'analyses. Aujourd'hui, en raison de l'avancée des recherches

12. La « propriété sociale » correspond, selon Robert Castel, à la sécurité et la reconnaissance que les non-propriétaires peuvent obtenir à partir de leur travail, c'est-à-dire à des ressources communes acquises par les régulations de la société salariale. Voir sur ce point Robert Castel, *Les Métamorphoses de la question sociale. Chronique du salariat*, *op. cit.*, en particulier le chapitre 6.
13. G. Esping-Andersen, *Les Trois Mondes de l'État providence*, *op. cit.*

comparatives, il apparaît nettement que les métamorphoses de la question sociale, dont Robert Castel a fait état, se rapportent davantage au régime dit « continental » ou « corporatiste » qu'aux autres types de régimes. Les États-Unis et les pays proches du régime « libéral » n'ont jamais constitué un socle de protections statutaires comparable à celui de la France ou de l'Allemagne. Les pays nordiques, proches du régime social-démocrate, ont également adopté des modes de prévention et de régulation des risques sociaux, ainsi que des politiques de réduction des inégalités qui contrastent toujours de façon saisissante avec les autres pays européens.

Au-delà des différences entre les *welfare regimes* et entre les effets de la crise de la société salariale, il faut surtout retenir que l'attachement social repose sur une conception élargie de protections. Les protections sont civiles, au sens où elles garantissent les libertés fondamentales et la sécurité des biens et des personnes dans le cadre d'un État de droit. Elles sont aussi, depuis le XXe siècle, sociales, au sens où elles couvrent les individus contre les principaux risques susceptibles d'entraîner une dégradation de leur situation (la maladie, l'accident, le veuvage, la vieillesse, le chômage…). Cette conception élargie des protections n'implique pas seulement l'interdépendance des individus mais une association solidaire qui s'institue à l'échelle de la nation. Ce mouvement va contribuer à renforcer la sécurité de tous, et par conséquent des plus démunis, les plus exposés aux aléas de la vie. Un tel système de protection généralisée aura des effets sur l'ensemble des liens qui rattachent l'individu à la société. Au fur et à mesure que l'individu voit son existence encadrée par des mécanismes universels de protection, il peut aussi plus facilement se libérer des contraintes et des exigences liées aux formes de protection plus traditionnelles, comme la famille, le voisinage, les corporations, c'est-à-dire tout ce qui constitue le socle des protections rapprochées. Cela ne signifie pas que l'individu est appelé à se couper de ces relations protectrices, mais qu'il en est devenu assurément moins dépendant.

Norbert Elias, plus que ses prédécesseurs, a insisté sur la fonction protectrice de l'État dans les sociétés modernes, en prenant l'exemple des situations de détresse : « Aux stades antérieurs de l'évolution sociale, l'individu était bien plus lié, et, d'une façon générale, aussi bien fortement lié aux groupes au sein desquels il était né. Les individus étaient le plus souvent liés à vie et en tout cas bien plus fortement liés aux unités sociales pré-étatiques telles que le clan, le village natal ou la tribu, ne serait-ce que parce que c'étaient là des groupes dont ils pouvaient espérer selon les circonstances aide ou protection en cas d'extrême détresse. Dans les sociétés développées, ce qui veut dire entre autres choses dans les sociétés riches, et surtout riches en capital social, cette fonction de dernier refuge dans les situations de détresse a été reprise progressivement au niveau d'intégration de l'État[14]. » Autrement dit, en devenant le garant d'une organisation solidariste de la société, l'État a permis aux individus d'être moins dépendants de leurs attaches traditionnelles, notamment la famille, le voisinage, le village, c'est-à-dire de l'ensemble des protections rapprochées. Ce processus constitue un facteur supplémentaire de la transformation du lien social. Il signifie que l'individu peut aujourd'hui appartenir et participer à de multiples groupes, ce qui lui assure une plus grande conscience de son individualité. Le développement d'un système de protection sociale généralisée a donc renforcé l'autonomie de l'individu et contribué à diversifier les liens qui le rattachent à la société.

Une remarque s'impose : ce n'est pas parce que le système de protection sociale est généralisé qu'il se substitue entièrement aux protections rapprochées. Ce n'est pas parce que les individus sont protégés par l'État social qu'ils n'ont plus aucun intérêt à entretenir des liens avec leur famille et leur communauté d'origine. On peut même émettre l'hypothèse que, lorsqu'ils sont moins dépendants de l'obligation financière et matérielle de pourvoir au bien-être et à la survie de leurs proches, ils peuvent entretenir avec eux des liens plus électifs et plus émotionnels. Le sens que je donne à la protection est par conséquent plus large que celui que l'on donne habituellement à cette expression quand on la rapporte au système institutionnalisé de la protection sociale ou aux *welfare regimes*. Le terme protection renvoie ici à l'ensemble des liens qui attachent les individus entre eux et à la société, de la famille à l'État en passant par tous les groupes intermédiaires (communautaires, religieux, affinitaires, associatifs, professionnels, syndicaux).

14. N. Elias, *La Société des individus* (1re éd. en allemand, 1987), Paris, Fayard, 1991, p. 237.

Les sphères de la reconnaissance

Le processus de constitution d'un système de protection sociale plus ou moins étendu selon les pays à l'ensemble de la population, a contribué à en alimenter un autre. Mieux protégés, les individus de la société salariale peuvent appartenir à un nombre infini de groupes tout en étant moins contraints par leur attachement à chacun d'entre eux, ce qui leur assure une plus grande conscience de leur individualité, mais en même temps les oblige à une construction identitaire qui passe par la quête d'une valorisation personnelle perpétuellement soumise au regard d'autrui. La reconnaissance est le résultat de la participation aux échanges de la vie sociale. Moins automatique que dans les sociétés où l'individu appartient avant tout à son cercle étroit, elle est aujourd'hui, dans les sociétés où les multiples liens sociaux s'entrecroisent, un objet de conquêtes et donc de luttes. En s'inspirant de la pensée philosophique de Hegel et de la psychologie sociale de George Herbert Mead, le philosophe et sociologue allemand Axel Honneth a proposé de distinguer trois sphères de la reconnaissance[15].

La première se manifeste sous la forme de l'amour qui comprend « toutes les relations primaires qui, sous le modèle des rapports érotiques, amicaux ou familiaux, impliquent des liens affectifs puissants entre un nombre restreint de personnes[16] ». Honneth s'appuie lui aussi sur les travaux de Bowlby et retient que la proximité interpersonnelle du nourrisson à sa mère laisse une empreinte sur les formes ultérieures d'attachement émotionnel. Il reprend également les travaux de Winnicott sur la socialisation des nourrissons et souligne à la suite de ces recherches que la vie humaine commence selon toute vraisemblance par une phase d'intersubjectivité indifférenciée[17]. Cette unité primitive, qualifiée d'*intersubjectivité primaire*, qui caractérise la relation fusionnelle entre la mère et son enfant pendant les premiers mois après la naissance, correspond à une phase de dépendance absolue et de sollicitude

15. Axel Honneth, *La Lutte pour la reconnaissance* (1re éd. en allemand, 1992), Paris, Cerf, 2002.
16. *Ibid.*, p. 117.
17. Donald W. Winnicott, *Processus de maturation chez l'enfant. Développement affectif et environnement* (1re éd. en anglais, 1965), Paris, Payot, 1970.

mutuelle. Les deux partenaires dépendent en effet l'un de l'autre dans la satisfaction de leurs besoins : si la mère ressent comme son propre manque la détresse de son nouveau-né, ce dernier ne dispose d'aucun moyen d'exprimer ses besoins physiques et affectifs autrement que par des pleurs. Il est tributaire des gestes d'amour que lui prodigue sa mère. Puisque cette phase d'unité symbiotique n'est pas durable et que, aussi bien l'enfant que sa mère doivent retrouver une certaine indépendance, la question essentielle est alors de savoir comment peut évoluer cette relation d'amour sans engendrer de frustrations trop sévères. Elle passe par une phase intermédiaire dans laquelle la mère donne à son enfant les signes qu'elle ne peut être constamment à sa disposition. Celui-ci en éprouve inévitablement une certaine désillusion et s'empresse de réagir de façon agressive – en frappant, mordant et repoussant le corps maternel – pour bien montrer la détresse causée par la perte de sa toute-puissance et les limites désormais imposées à la satisfaction immédiate de ses besoins. Le plus souvent, la mère montre à son enfant qu'elle survit à ses attaques destructrices sans lui manifester en retour de colère ou de vengeance. L'enfant découvre peu à peu que sa mère continuera à s'occuper de lui de façon aussi attentionnée. Soulagé et sécurisé par cette découverte, il peut rester seul avec lui-même. Il acquiert ainsi la capacité d'aimer sa mère sans fantasme narcissique de toute-puissance et en vient à reconnaître en elle une « entité de plein droit ». Ce moment est capital dans la constitution de la personnalité. Puisque l'amour maternel est durable et inébranlable, l'enfant peut, sans crainte d'être abandonné ou oublié, se fonder sur ce lien intersubjectif pour développer un sentiment de confiance en lui-même et se forger une capacité d'être seul. Honneth s'appuie sur ce processus de reconnaissance, qu'il décrit de façon précise, pour l'élargir à toutes les relations qui, de l'amour à l'amitié, reposent sur les affects et les besoins élémentaires, et dont le mode dominant relève de la sollicitude personnelle. Il insiste sur la réciprocité de ce type de relation : « le terme "reconnaissance" désigne ici le double processus par lequel on affranchit et, simultanément, on lie émotionnellement l'autre personne[18] ».

La seconde sphère de reconnaissance s'inscrit dans les relations juridiques et confère aux individus une responsabilité morale et des droits.

18. A. Honneth, *La Lutte pour la reconnaissance*, *op. cit.*, p. 131.

En s'inspirant toujours aussi bien de Hegel que de Mead, Honneth souligne que « nous ne pouvons nous comprendre comme porteurs de droit que si nous avons en même temps connaissance des obligations normatives auxquelles nous sommes tenus à l'égard d'autrui[19] ». Il retient de Mead la notion d'*autrui généralisé* que les membres d'une communauté intègrent afin de reconnaître les autres membres – proches ou non – comme des sujets de droit, ce qui en retour leur permet de se définir également comme des personnes juridiques à part entière. Ce processus permet de se faire confiance – sans se connaître personnellement – pour la simple raison que l'on se reconnaît mutuellement comme des personnes intégrées au sein une communauté étendue, organisée et régulée selon des principes juridiques stabilisés. La reconnaissance juridique passe ici par l'appartenance à un groupe social déterminé et assure une protection sociale de la « dignité » humaine du sujet. Mais c'est surtout chez Hegel que Honneth trouve la spécificité des rapports juridiques modernes. L'autonomie individuelle n'est envisageable que lorsque les individus sont reconnus par le droit, à l'issue d'une évolution historique, comme libres et égaux, autrement dit, lorsque la reconnaissance du droit intègre des principes moraux universalistes. À partir du moment où le système juridique est compris comme l'expression des intérêts de tous les membres de la société, aucune exception, aucun privilège ne peut être admis. Cette conception est très exigeante puisqu'elle implique une forme de réciprocité dans la reconnaissance du droit. Considérés comme libres et égaux et comme sujets juridiques, les individus doivent impérativement se reconnaître mutuellement comme tels et admettre chez chacun une capacité égale à porter un jugement rationnel et indépendant sur des normes morales. Ce respect universaliste doit être compris, au moins en théorie, comme un acte de compréhension purement cognitif qui ne saurait être entravé par des considérations émotionnelles ou par des élans de sympathie ou d'inclination. Honneth conclut que « toute communauté juridique moderne, pour la seule raison que sa légitimité repose sur l'idée d'un accord rationnel entre individus égaux en droits, présuppose la responsabilité morale de tous ses membres[20] ». Sous la

19. *Ibid.*, p. 132.
20. *Ibid.*, p. 139.

pression d'une « lutte pour la reconnaissance », le champ des qualités universelles attribuées à une personne moralement responsable s'est élargi : les sciences juridiques admettent aujourd'hui que les droits subjectifs se répartissent en trois catégories, les droits civils, les droits politiques et les droits sociaux. Thomas H. Marshall a associé ce processus d'élargissement des droits sociaux fondamentaux au nivellement historique des classes sociales[21]. En effet, c'est au nom du principe d'égalité, qui implique le refus de toute distinction de statut social dans la conception et l'application du droit, que chaque membre de la société jouit, au même titre que tous les autres, de tous les droits et peut se voir reconnaître comme citoyen. Ce processus résulte selon Honneth de la socialisation et donc d'un apprentissage : « l'adulte acquiert dans l'expérience de la reconnaissance juridique la possibilité de comprendre ses actes comme une manifestation, respectée par tous, de sa propre autonomie. [...] Ses droits légaux lui font prendre conscience qu'il peut aussi se respecter lui-même, parce qu'il mérite le respect de tous les autres sujets[22] ». Ainsi, on peut conclure que le respect de soi est à la relation juridique ce que la confiance en soi est à l'amour.

Enfin, la troisième sphère de la reconnaissance relève de l'estime sociale. Elle se distingue de la précédente puisque au lieu d'exprimer les qualités universelles des sujets humains, elle exprime leurs qualités propres, partant, leurs spécificités personnelles. La « valeur » sociale de chacune et chacun est rapportée à la contribution qu'elle ou il est susceptible d'apporter à la réalisation des fins poursuivies par la société et jugées légitimes par elle. Dans les sociétés modernes, ces fins sont diverses et évolutives, mais elles reflètent l'idée que la société se fait d'elle-même ou, de façon plus précise, par l'ensemble des valeurs culturelles définies collectivement et dans lesquelles les individus se projettent, ne fût-ce que pour se distinguer les uns des autres en affirmant leurs qualités intrinsèques. « Les rapports d'estime sociale sont, dans les sociétés modernes, l'enjeu d'une lutte permanente, dans laquelle les différents groupes s'efforcent sur le plan symbolique de valoriser les capacités liées à leur mode de vie particulier et de démontrer leur

21. Thomas H. Marshall, *Citizenship and Social Class and Other Essays*, Cambridge University Press, 1950.
22. A. Honneth, *La Lutte pour la reconnaissance*, *op. cit.*, p. 144.

importance pour les fins communes[23]. » Ainsi définie, cette troisième sphère de la reconnaissance n'est pas sans rappeler le concept de *capital symbolique* élaboré par Pierre Bourdieu et qui est, selon la définition qu'il en a donnée, un indicateur de la valeur d'un individu telle qu'elle est exprimée à partir de la perception que les autres ont de lui[24]. Autrement dit, il s'agit de la reconnaissance que les différents agents reçoivent du ou des groupes auxquels ils sont attachés. Mais pour Bourdieu ce type de capital n'est pas à proprement parler un capital à part entière. Bourdieu utilisera aussi l'expression de « capital de prestige » ou « d'effets symboliques du capital » pour le définir, afin de souligner qu'il accompagne et renforce, dans les sociétés modernes, le pouvoir de celles et ceux qui cumulent les trois principaux types de capitaux (économique, culturel et social)[25]. On ne saurait toutefois aligner entièrement la définition du capital symbolique sur celle d'estime sociale au sens d'Axel Honneth. Ce dernier suggère que l'estime sociale s'individualise et introduit une plus grande symétrie dans les rapports à mesure que les fins éthiques s'ouvrent à des valeurs différentes et que la structure hiérarchique s'efface au profit d'une concurrence horizontale. C'est ainsi que le concept d'honneur, associé à des sociétés organisées en ordres hiérarchiques, fait place aujourd'hui à des notions plus souples et plus diffuses de « considération » ou de « prestige » social. Celles-ci traduisent alors, non un état distinct dans la structure sociale, mais « le degré d'estime sociale que l'individu s'attire par ses prestations et ses capacités individuelles[26] ». Autrement dit, si le capital symbolique est ce plus qui caractérise celles et ceux qui disposent déjà de capitaux, l'estime sociale exprime le besoin de tout un chacun d'être reconnu pour ses qualités propres quelle que soit sa place dans la

23. *Ibid*, p. 154.
24. Pierre Bourdieu a commencé à élaborer ce concept dans ses premiers travaux en Kabylie lorsqu'il observait le sens de l'honneur attaché au respect des normes d'équité et de réciprocité auxquelles les familles et les clans se soumettaient de façon scrupuleuse. Voir P. Bourdieu, *Algérie 60. Structures économiques et structures temporelles*, Paris, Minuit, 1977.
25. Je me réfère ici à la synthèse proposée par François Denord dans le *Dictionnaire international Bourdieu* dirigé par Gisèle Sapiro, Paris, CNRS Éditions, 2020, p. 114-116.
26. A. Honneth, *La Lutte pour la reconnaissance*, *op. cit.*, p. 153.

hiérarchie sociale. Il ne s'agit plus, selon Honneth, d'une estime sociale entièrement déterminée par les relations de solidarité qui s'instaurent à l'intérieur d'un groupe – que l'on peut associer à des liens d'estime symétrique – mais d'une estime sociale fondée sur les prestations que l'individu, en raison du processus d'individualisation, peut désormais attribuer positivement à sa propre personne. L'individu évalue ses capacités et ses productions en fonction de la « valeur » qu'elles ont aux yeux des autres membres de la société. Il prend ainsi conscience de sa « propre valeur », ce que Honneth appelle l'estime de soi.

Le triptyque de la relation pratique à soi qui découle des trois sphères de la reconnaissance se résume donc par ces trois expressions « confiance en soi », « respect de soi » et « estime de soi ». Il est frappant de constater que ces trois expressions sont au cœur des luttes individuelles ou collectives que mènent les populations les plus défavorisées pour conquérir ou défendre leur dignité d'être humain. Elles correspondent aussi le plus souvent aux objectifs que cherchent à atteindre, pour les personnes qu'elles accompagnent, les institutions d'action sociale ou les associations caritatives. Si la lutte pour la reconnaissance est engagée, elle a pour effet de distinguer les gagnants, de satisfaire celles et ceux qui, à défaut de gagner, n'ont pas le sentiment d'être dévalorisés, mais aussi d'accabler les perdants pour qui la lutte se solde par un déni de reconnaissance dans les trois sphères, autrement dit par une perte cumulative de confiance en soi, de respect de soi et d'estime de soi. « Le défaut de reconnaissance, souligne Charles Taylor, ne trahit pas seulement un oubli du respect normalement dû. Il peut infliger une cruelle blessure en accablant les victimes d'une haine de soi paralysante. La reconnaissance n'est pas seulement une politesse qu'on fait aux gens : c'est un besoin vital[27]. »

Les formes du mépris

Chaque société comporte sa part d'indésirables qui, notamment par leur origine lointaine, sont soupçonnés de malveillance, de malpropreté ou de tares indélébiles. Les formes du mépris touchent encore aujourd'hui

27. Charles Taylor, *Multiculturalisme. Différence et démocratie*, Paris, Flammarion, 1997, p. 42 ; rééd. en format poche, Flammarion, « Champs essais », 2019.

des groupes entiers, mais elles se sont, elles aussi, individualisées et peuvent concerner, au moins potentiellement, chaque individu jusqu'à ruiner son identité. Honneth en distingue également trois, chacune renvoyant à une source spécifique de la reconnaissance. La première se traduit par l'*atteinte à l'intégrité physique*. Les sévices, tels que la torture ou le viol, ébranlent la confiance que l'individu a acquise grâce à ses expériences affectives. Ainsi est-il nié en tant qu'être humain pouvant disposer librement de son propre corps. La confiance en soi s'en trouve alors détruite pour longtemps. La deuxième forme concerne l'*exclusion juridique*. L'individu privé de certains droits ne se voit pas reconnaître la même responsabilité morale que les autres membres de la société. Le respect de soi en est affecté. Dans les interactions de la vie quotidienne, il ne peut être alors traité d'égal à égal avec ses semblables. Enfin, la troisième forme de mépris est la *dépréciation sociale*. Le processus consiste à juger négativement la valeur de certains et à les stigmatiser. On peut parler d'une atteinte à la dignité et à l'honneur social. Celui qui en est affecté perd l'estime qu'il avait de lui-même. Ces formes de mépris ne sont pas nouvelles, mais elles sont plus diffuses et touchent de plus en plus les individus, indépendamment de leur appartenance à tel ou tel groupe. La dépréciation sociale est une épreuve qui concerne des franges importantes de la population.

Le cadre analytique proposé par Honneth est stimulant. Il présente toutefois des limites. Il distingue en réalité des sphères de reconnaissance qui se recoupent le plus souvent dans la vie sociale. Prenons, par exemple, la sphère des relations juridiques. Elle se déploie en réalité dans l'ensemble du système normatif et encadre les relations sociales d'une façon générale. Si l'on s'accorde sur le fait que les relations juridiques instaurent un principe abstrait d'égalité entre les citoyens, qui leur permet de se respecter et de se faire confiance mutuellement, il convient alors de prendre en compte l'ensemble des droits – civils, politiques et sociaux – et de reconnaître que ceux-ci régulent l'ensemble des rapports sociaux et les différentes sphères de la morale que distinguait Durkheim. Le droit n'ignore pas la sphère domestique et les relations d'ordre primaire. Il protège les enfants contre les éventuelles malveillances de leurs parents, qui sont tenus à des obligations d'éducation et solidarité à leur égard et peuvent être sanctionnés en cas de défaillance avérée. Autre exemple, le mariage est un acte qui oblige les conjoints l'un envers l'autre. Le droit encadre également les relations professionnelles et entérine la division du travail et la hiérarchie des qualifications et des rémunérations. Il valide le plus souvent l'échelle des valeurs et les distinctions sociales en renforçant ainsi leur pouvoir symbolique. Par ailleurs, si l'on se réfère maintenant à la sphère de l'estime sociale, qui pourrait soutenir qu'elle n'entretient aucune relation avec la sphère de l'amour ? Les relations amoureuses, qui nourrissent selon Honneth la confiance en soi, se développent rarement indépendamment de l'échelle de valeurs à partir de laquelle les amoureux s'évaluent et se reconnaissent mutuellement. Les enquêtes sociologiques sur le choix du conjoint ont permis de démontrer l'influence du milieu social sur le choix du conjoint en soulignant la force persistante de l'homogamie dans les sociétés modernes[28]. L'amour et l'estime sociale sont donc deux sphères interdépendantes et procurent aux individus un sentiment mêlé de confiance en soi et d'estime de soi. Dans son roman *Belle du Seigneur*, Albert Cohen met en scène un couple emporté par une passion amoureuse dévorante, mais l'un des partenaires, l'homme en l'occurrence, dont le statut social est élevé, ne peut s'empêcher de s'interroger sur la force de l'amour que lui témoigne son amante : m'aime-t-elle vraiment pour ce que je suis réellement ou pour ce que je représente socialement ? Dilemme qui reste évidemment sans réponse puisque ce qu'il est ne peut pas être séparé de sa valeur aux yeux de la société.

La confiance en soi, le respect de soi et l'estime de soi étant le plus souvent enchevêtrés, la distinction entre ces trois dimensions de la relation à soi apparaît donc plus analytique qu'empirique. La confiance en soi n'est-elle le produit que des seules relations personnelles avec des proches, c'est-à-dire des relations avec qui l'individu est lié depuis sa naissance (famille, communauté d'origine) ou avec qui il entretient un lien affinitaire ? Ce sentiment ne peut-il pas provenir aussi de l'expérience vécue d'être traité comme un sujet de droit, d'être respecté en tant qu'être humain ? Ne peut-il pas également découler directement de l'estime sociale, de la conscience de sa propre valeur ? On pourrait également objecter, à la suite d'Elias, que les émotions et les valences affectives ne se limitent pas à des relations avec des proches.

28. Marie Bergström et Florence Maillochon, « Qui se ressemble s'assemble ? », *in* S. Paugam (dir.), *50 Questions de sociologie*, Paris, PUF, 2020, p. 45-51.

Aimer son pays, ses institutions, son cadre de travail est le résultat de la socialisation, de l'intériorisation des normes sociales et traduit au moins autant un sentiment de confiance en soi, de respect de soi, que d'estime de soi. On pourrait ainsi multiplier les exemples pour prouver l'entrecroisement des trois sphères de reconnaissance. Par ailleurs, il ne faut pas oublier que ces trois sphères ne sont pas données une fois pour toutes, elles sont des constructions sociales et ne peuvent être appréhendées sans prendre en compte les normes sociales qui varient d'une société à une autre et dans le temps.

En dépit de ces limites, le mérite d'Axel Honneth est d'avoir insisté sur l'importance de la dimension de reconnaissance dans les relations humaines. L'individu des sociétés modernes ne peut vivre sans avoir le sentiment de « compter pour » ses proches, pour les groupes dans lesquels il est intégré, et pour la société dans son ensemble. C'est au nom de ce besoin de reconnaissance qu'il est inévitablement engagé dans des luttes qui imprègnent l'ensemble des sphères de la vie sociale. Sans reprendre le triptyque de la reconnaissance défini par Honneth, je propose dans ce livre, comme je l'ai fait dans mes travaux précédents, de partir du principe général de reconnaissance pour définir différents types de liens sociaux, mais en le croisant avec le principe de protection qui me semble tout aussi important.

« Compter sur » et « compter pour »

La protection et la reconnaissance, ces deux dimensions fondamentales du lien, peuvent être bien résumées par les deux expressions « compter sur » et « compter pour ». Ces deux dimensions apparaissent aussi fondamentales l'une que l'autre quand on examine les situations de pauvreté. Elles se dégagent en effet par leur contraire – déficit de protection et déni de reconnaissance – et contribuent à expliquer ce que perdent, peu à peu, les individus qui font l'expérience de disqualification sociale[29].

La complémentarité de la protection et de la reconnaissance, pour qualifier les liens sociaux, rejoint au moins partiellement la distinction que Bourdieu a faite entre la condition de classe, au sens des conditions

29. Je reviendrai sur ce point dans le chapitre 7.

matérielles d'existence, et la position de classe, au sens du statut dans une échelle de l'honneur et du prestige[30]. En adaptant cette distinction au cas des pauvres, on pourrait dire, d'une part, que leur condition matérielle d'existence se caractérise globalement par un déficit de protection et une grande incertitude sur leur devenir, mais aussi, d'autre part, que leur position dans la structure sociale est définie comparativement aux autres groupes sociaux par une infériorité reconnue leur procurant le plus souvent une identité négative et un manque de reconnaissance sociale[31].

On pourrait retrouver, sous une autre formulation, cette double dimension des liens sociaux dans l'ouvrage de Didier Fassin, à l'intitulé épuré, *La Vie,* dans lequel il distingue, dans le prolongement de la réflexion philosophique et des sciences sociales, le biologique et le biographique, en espérant penser ensemble et réconcilier les approches naturalistes et humanistes[32]. La vie peut être étudiée en tant que matière vivante par les sciences biologiques, physiques et même informatiques, tout en ouvrant des perspectives nouvelles en anthropologie. Mais la vie est bien entendu également étudiée en partant des vies ordinaires et du sens que les individus et les groupes donnent à leurs expériences vécues. Ces études mobilisent les sciences sociales en général, notamment l'anthropologie sociale ou culturelle. Que l'on se place du côté du biologique ou de celui du biographique, l'existence humaine apparaît, à bien des égards, vulnérable et tragique. Le sort des réfugiés et des demandeurs d'asile, condamnés au nomadisme après avoir fait l'expérience de la violence et de la guerre, l'est tout particulièrement, puisque, dans ce cas, la vie est suspendue à la menace permanente de la mort. Elle l'est aussi dans les vies ordinaires lorsque celles-ci sont

30. P. Bourdieu, « Condition de classe et position de classe », *Archives européennes de sociologie*, 1966, VII, p. 201-229.
31. Cette distinction a été à nouveau mobilisée dans le livre *La Misère du monde* réalisée à partir d'enquêtes menées dans la France des années 1990. Bourdieu y suggère de ne pas constituer la grande misère – la *misère de condition* – en mesure exclusive de toutes les misères et de considérer aussi toutes les formes de la petite misère – la *misère de position*. Voir P. Bourdieu (dir.), *La Misère du monde*, Paris, PUF, 1993. J'y reviendrai dans le chapitre 8 à propos du mouvement des Gilets jaunes.
32. Didier Fassin, *La Vie. Mode d'emploi critique*, Paris, Seuil, 2018.

frappées par l'épreuve des discriminations et des injustices. Fassin en vient alors à distinguer la précarité, en tant qu'expérience universelle de la finitude, et la précarité sociale et relationnelle, au sens des inégalités et des rapports de domination ou de sujétion. Dans le premier sens, la vie peut être prolongée si les individus trouvent à se protéger de tous les aléas qui la menacent, dans le second, la vie peut être mieux vécue si les individus parviennent à être valorisés et reconnus en tant qu'êtres humains.

En revanche, la distinction entre protection et reconnaissance ne correspond pas exactement à celle que Nancy Fraser a souhaité introduire entre redistribution et reconnaissance pour ouvrir un débat avec Axel Honneth. Dans son ouvrage *Qu'est-ce que la justice sociale ?*, elle distingue l'injustice économique, que seule une politique globale de redistribution peut corriger, et l'injustice culturelle, qui appelle une politique de reconnaissance visant à réévaluer les identités méprisées et les produits culturels des groupes discriminés[33]. Cette distinction est d'autant plus importante qu'elle s'enracine dans un contexte où les revendications de reconnaissance nourrissent des luttes de groupes organisés sous la bannière de l'ethnicité, de la « race » ou du genre et qui souhaitent faire entendre la voix des minorités dominées. D'aucuns considèrent que l'injustice fondamentale n'est plus l'exploitation économique, mais la domination culturelle. Sans nier que l'injustice économique puisse être entremêlée avec l'injustice culturelle, Nancy Fraser soutient la nécessaire distinction analytique entre ces deux dimensions et appelle à des politiques de justice sociale qui les articulent au lieu de les opposer. Ce programme implique de repenser l'espace public et vise à réconcilier la « gauche sociale », en faveur de l'égalité économique et sociale, et la « gauche culturelle », soucieuse de faire valoir le caractère multiculturel et sexué des sociétés modernes. En raison de ses retombées non seulement analytiques, mais aussi politiques, ce débat fondamental n'est pas étranger à mon choix de distinguer ici la dimension de la protection et celle de la reconnaissance. Il est sans aucun doute possible de trouver un lien entre l'exigence de redistribution et la protection : il suffit d'observer

33. Nancy Fraser, *Qu'est-ce que la justice sociale ? Reconnaissance et redistribution*, édition, traduction et introduction d'Estelle Ferrarese, Paris, La Découverte, 2005.

que le renforcement des politiques institutionnelles de protection sociale implique une régulation des structures économiques et du marché du travail, que l'on ne peut vraiment envisager sans volonté parallèle de redistribuer, au moins partiellement, les richesses et les revenus – les pays où la protection sociale est la plus forte sont aussi les pays les plus égalitaires. Néanmoins, le sens que je donne à la protection ne saurait être confondu avec celui que donne Nancy Fraser à la redistribution puisqu'il ne se résume pas à la définition institutionnelle de la solidarité mais se décline selon différents types de liens sociaux.

Quatre types de liens entrecroisés

Analysons maintenant comment les quatre types de liens sociaux – le *lien de filiation*, le *lien de participation élective*, le *lien de participation organique* et le *lien de citoyenneté* – peuvent être définis en croisant pour chacun d'entre eux les dimensions de la protection et de la reconnaissance, mais aussi en prenant en compte la sphère de la morale dans laquelle ils se déploient. Juste un mot cependant pour justifier le sens que j'entends donner aux expressions utilisées pour les définir. Si les quatre types de liens sociaux ne sont pas donnés à l'avance – ils sont la conséquence d'une socialisation – le *lien de filiation* et le *lien de citoyenneté* ont en commun d'assigner un groupe à chaque individu dès sa naissance (la famille pour le premier, la nation pour le second), tandis que le *lien de participation élective* et le *lien de participation organique* relèvent en revanche d'une « participation » volontaire, fondée sur un choix affinitaire pour le premier ou une contractualisation pour le second. C'est la raison pour laquelle j'ajoute volontairement le terme « participation » pour qualifier ces deux derniers.

Le lien de filiation et la morale domestique

Le *lien de filiation* recouvre deux formes différentes. Celle à laquelle on pense en priorité renvoie à la consanguinité, c'est-à-dire à la filiation dite « naturelle », qui est fondée sur la preuve de relations sexuelles entre le père et la mère et sur la reconnaissance d'une parenté biologique entre l'enfant et ses géniteurs. On part du constat que chaque individu naît dans une famille et rencontre en principe à sa naissance son père et sa mère ainsi qu'une famille élargie à laquelle il appartient sans qu'il l'ait choisie. Il ne faudrait toutefois pas oublier la filiation adoptive reconnue par le Code civil et qu'il faut distinguer du placement familial. La filiation adoptive est en quelque sorte une filiation sociale. D'une façon plus générale, retenons que le lien de filiation, dans sa dimension biologique ou adoptive, constitue le fondement absolu de l'appartenance sociale. Au-delà des questions juridiques qui entourent la définition du lien de filiation, les sociologues, mais aussi les psychologues, les psychologues sociaux et les psychanalystes, on l'a vu, insistent sur la fonction socialisatrice et identitaire de ce lien.

Il contribue à l'équilibre de l'individu dès sa naissance puisqu'il lui assure à la fois protection – soins physiques – et reconnaissance – sécurité affective. Ce lien, tel qu'il s'est constitué dès la naissance, est pour les psychiatres le lien prééminent, non seulement parce qu'il est le premier, mais aussi parce qu'il laisse, on l'a vu, une empreinte durable. Soulignons ici que le lien de l'individu avec ses parents et avec ses enfants oblige à une continuité dans le temps et perpétue ce que l'on appelle la solidarité intergénérationnelle. À tous les moments de la vie, nous sommes censés être à la fois protecteurs de nos proches et, potentiellement, protégés par eux face aux aléas et aux épreuves. Nous veillons généralement à leur bien-être tout en étant sensibles à ce que nous recevons ou pouvons recevoir d'eux.

La reconnaissance complète la protection qu'apporte le lien de filiation. Elle commence dès la naissance par le simple fait d'être reconnu « fils de » ou « fille de » et de porter un nom qui trouve sa place dans un lignage. Les parents transmettent à leur enfant un patronyme et sont autorisés à lui donner un nom inscrit à l'état civil. En retour, l'enfant qui reçoit un nom est autorisé, le moment venu, à le transmettre en devenant à son tour père ou mère. Comme le souligne Paul Ricœur, « à la faveur de cette intériorisation progressive du regard généalogique, l'*ego*, fonction zéro sur la table des places, devient fonction pleine quand la transmission est vécue comme reconnaissance mutuelle, à la fois parentale et filiale[34] ». Mais la reconnaissance ne relève pas seulement de la place occupée dans un lignage, elle se traduit aussi par le sentiment de pouvoir « compter pour » ses parents ou ses enfants. L'enfant est valorisé par les preuves d'amour que lui témoignent régulièrement ses parents, lesquels le sont par la reconnaissance que l'enfant leur apporte en les considérant comme de « bons parents » aimants et bienveillants. Ce cycle de la reconnaissance se reproduit logiquement dans le temps à tous les âges de la vie, ce qui n'empêche pas qu'il s'enraye à l'occasion – disputes passagères ou désaccords plus profonds, ruptures et fragilisations possibles sur lesquelles nous reviendrons dans le chapitre suivant.

Le lien de filiation est encadré par la morale domestique. Pour définir celle-ci, Durkheim souligne tout d'abord que les devoirs domestiques concernent *a priori* tous les membres d'une société puisqu'en principe, tout le monde appartient à une famille et est appelé à en fonder une : « Tout le monde est père, mère, oncle, etc. Et si tout le monde n'a pas le même âge au même moment, ni par la suite les mêmes devoirs au sein de la famille, ces différences ne durent jamais qu'un temps, et si ces devoirs divers ne sont pas remplis en même temps par tous, ils sont remplis par chacun successivement. Il n'en est pas dont l'homme n'ait eu à s'occuper, au moins normalement. Les différences qui viennent du sexe sont seules durables, et elles se réduisent à des nuances[35]. » Mais ce qui retient surtout l'attention de Durkheim, c'est l'évolution de ces devoirs domestiques dans le temps en fonction de l'évolution de la famille. À l'origine, nous dit-il, le communisme familial s'étend à tous les rapports de parenté, au sens où les parents vivent en commun et possèdent en commun. Mais ce communisme se rétracte au fur et à mesure que l'on passe successivement du clan à la famille « agnatique indivise » (c'est-à-dire descendant du même ancêtre de sexe masculin), puis de ce type de famille à la famille patriarcale, puis paternelle, pour arriver à la famille conjugale[36]. « De l'ébranlement du communisme, il résulte que les

34. Paul Ricœur, *Parcours de la reconnaissance. Trois études*, Paris, Stock, 2004, p. 283.
35. É. Durkheim, *Leçons de sociologie*, *op. cit.*, p. 83.
36. On lira sur ce point, pour plus de détails, le texte de Durkheim consacré à la famille conjugale, qui correspond à une publication posthume en 1921 dans la

choses cessent de plus en plus d'être le ciment de la société domestique. Nous ne sommes attachés à notre famille que parce que nous sommes attachés à la personne de notre père, de notre mère, de notre femme, de nos enfants. Il en était tout autrement autrefois où les liens qui dérivaient des choses prévalaient au contraire sur ceux qui venaient des personnes, où toute l'organisation familiale avait avant tout pour objet de maintenir dans la famille les biens domestiques, et où toutes les considérations personnelles paraissaient secondaires à côté de celles-ci[37]. » Les devoirs domestiques relèvent des relations entre consanguins quant aux biens et aux personnes (relations du mari et de la femme envers leurs parents et beaux-parents respectifs, relations entre époux, relations des enfants envers leurs parents et grands-parents, relation des enfants entre eux[38]...), lesquelles se maintiennent conformément aux coutumes, celles-ci exprimant une règle à laquelle chacun est tenu d'obéir sous peine d'encourir une sanction. Ces devoirs domestiques sont variables dans le temps et différents d'une société à l'autre. Ce qui caractérise toutefois la famille conjugale des autres types, c'est, selon Durkheim, l'intervention toujours croissante de l'État dans la vie intérieure de la famille. « On peut dire que l'État est devenu un facteur de la vie domestique. C'est par son intermédiaire que s'exerce le droit de correction du père quand il dépasse certaines limites. C'est l'État qui, dans la personne du magistrat, préside aux conseils de famille ; qui prend sous sa protection le mineur orphelin tant que le tuteur n'est pas nommé ; qui prononce et parfois requiert l'interdiction de l'adulte. Une loi récente autorise même, dans certains cas, le tribunal à prononcer la déchéance de la puissance paternelle. [...] Avec la famille conjugale les liens de parenté sont devenus tout à fait indissolubles. L'État en les prenant sous sa garantie a retiré aux particuliers le droit

Revue philosophique et qui est issu d'un cours professé en 1892. Voir É. Durkheim, « La famille conjugale », in *Textes*, vol. 3 : *Fonctions sociales et institutions*, Paris, Minuit, p. 35-49.

37. *Ibid.*, p. 43.

38. Les relations entre frères et sœurs relèvent du lien de filiation, mais elles sont plus souples et globalement moins contraignantes que celles qui lient les parents et les enfants. Voir sur ce point Évelyne Favart, *Frères et sœurs pour la vie ? Les relations fraternelles à l'épreuve du temps*, Cortext-Jean-Marc Dubray éditeur, 2017 ; et Éric Widmer, *Les Relations fraternelles entre adolescents*, Paris, PUF, 1999.

de les briser[39]. » Ainsi, si les devoirs domestiques sont sous l'emprise de la coutume, ils sont aussi sous le contrôle de l'État qui entend les rendre légitimes et les faire respecter. Cette conception durkheimienne de la famille doit beaucoup au contexte de la IIIe République et la nouvelle configuration de la solidarité qu'elle porte, dans laquelle le fondateur de la sociologie française décèle la prééminence étatique[40]. Il ne fait aucun doute pour lui que l'État prévaut sur la famille et qu'en ce sens l'éducation des enfants, par exemple, ne saurait rester aux seules mains des parents. C'est en ce sens aussi qu'il considère que le droit successoral, sous sa forme testamentaire, est appelé à disparaître progressivement. « Tant que la richesse se transmet héréditairement, il y a des riches et des pauvres de naissance. Les conditions morales de notre vie sociale sont telles que les sociétés ne pourront se maintenir que si les inégalités extérieures dans lesquelles sont placés les individus vont de plus en plus en se nivelant. Il faut entendre par là, non que les hommes doivent devenir plus égaux entre eux, au contraire l'inégalité va toujours s'accroissant, mais qu'il ne doit y avoir d'autres inégalités sociales que celles qui dérivent de la valeur personnelle de chacun, sans que celle-ci soit exagérée ou rabaissée par quelque cause extérieure[41]. » Sur ce point, force est de constater que ce débat sur la légitimité de la transmission testamentaire n'est pas clos et que la taxation des héritages reste variable d'une société à l'autre.

Mais, bien au-delà de cette question de l'encadrement juridique de l'héritage, l'État est loin de prévaloir contre la famille dans toutes les régions du monde. Il faudra donc s'efforcer de prendre en considération ces variations d'un pays à l'autre qui portent sur l'étendue des droits et des devoirs réciproques des parents et des enfants (autorité parentale, obligation alimentaire, éducation, successions…) et la façon dont ils sont encadrés par l'État.

39. *É. Durkheim, « La famille conjugale »*, in *Textes*, vol. 3, *op. cit.*, p. 38.
40. On lira sur ce point Remi Lenoir, « La famille conjugale : une catégorie d'État selon Durkheim », *Revue internationale de philosophie*, n° 2, 2017, p. 141-155.
41. É. Durkheim, « La famille conjugale », in *Textes*, vol. 3, *op. cit.*, p. 44.

Le lien de participation élective et la morale associative

Le *lien de participation élective* relève de la socialisation extra-familiale au cours de laquelle l'individu entre en contact avec d'autres individus qu'il apprend à connaître dans le cadre de groupes divers et d'institutions. Les lieux de cette socialisation sont nombreux : le voisinage, les bandes, les groupes d'amis, les communautés locales, les institutions religieuses, sportives, culturelles, etc. Au cours de ses apprentissages sociaux, l'individu est à la fois contraint par la nécessité de s'intégrer, et en même temps autonome dans la mesure où il peut construire lui-même son réseau social, à partir duquel il pourra affirmer sa personnalité sous le regard des autres. L'on peut admettre qu'une part croissante de choix s'offre aujourd'hui à l'individu pour s'identifier à des appartenances multiples, ou en refuser d'autres dans un processus de désaffiliation positive[42]. Mais ceci ne signifie pas que tout lien social soit électif. Il convient en effet de distinguer le lien de participation élective des autres liens sociaux, pour désigner spécifiquement les relations qui n'existeraient pas sans élection, c'est-à-dire sans la liberté réelle de l'individu pour les nouer selon ses désirs, ses aspirations et ses valences émotionnelles. Ce lien recouvre plusieurs formes d'attachement non contraint. On peut considérer la formation du couple comme l'une de ces formes, du moins lorsque l'alliance n'est pas organisée par la tradition du groupe. L'individu s'intègre à un autre réseau familial que le sien. Il élargit son cercle d'appartenance. Autant dans le *lien de filiation*, l'individu n'a pas de liberté de choix, autant dans le *lien de participation élective*, il dispose d'autonomie. Celle-ci reste toutefois encadrée par une série de déterminations sociales. La relation conjugale ressemble par ailleurs à un jeu de miroirs. Outre la fonction de protection qu'elle assure aux deux conjoints – chacun pouvant compter sur l'autre –, la fonction de reconnaissance peut être appréhendée à partir de quatre regards : le regard de l'homme sur sa femme, celui de la femme sur son partenaire et enfin le jugement de chacun d'eux sur le regard de l'autre à son égard. Il s'agit ainsi d'un jeu où la valorisation de chacun

42. François de Singly, *Les Uns avec les autres. Quand l'individualisme crée du lien*, Paris, Armand Colin, 2003.

passe par la démonstration régulière de la preuve de l'importance qu'il a pour l'autre.

À la différence de la famille et du couple, l'amitié est faiblement institutionnalisée, mais elle peut être publiquement évoquée et encouragée lorsqu'on l'associe par exemple à la notion de fraternité. Elle est socialement reconnue et valorisée. Aristote considérait que « si les citoyens pratiquaient entre eux l'amitié, ils n'auraient nullement besoin de la justice[43] ». L'amitié en ce sens correspond parfaitement à la définition du lien de participation élective. Elle est perçue comme désintéressée et comme détachée des contingences sociales qui caractérisent les autres formes de sociabilité. Lorsque l'on demande à des enquêtés de dire ce qu'est pour eux un ami, la réponse la plus courante est : « Quelqu'un sur qui l'on peut compter en cas de problème grave[44]. » On retrouve donc ici la fonction de protection. Elle apparaît de façon encore plus nette lorsque les personnes évoquent les cas d'appel à l'aide qui leur permettent de reconnaître les « vrais amis ». Au-delà de l'assurance de protection, c'est la confiance qui est exprimée là fortement, souvent associée à des valeurs comme la franchise, la sincérité, l'honnêteté, le désintéressement, l'absence de jalousie. Autrement dit, l'amitié implique de pouvoir se confier à l'autre et d'accepter les confidences de l'autre. Une enquêtée va même jusqu'à dire : « Un ami, pour moi, c'est une partie de moi-même. Comme une main ou une jambe, quelque chose qui aide à exister, et à continuer, et sans qui on existe, mais tronqué, quoi, impotent, mal formé[45]. » Comme dans la relation de couple, elle repose sur le sentiment de pouvoir compter pour l'autre au-delà de ses propres limites. Il convient de souligner que l'amitié constitue chez certaines personnes un lien plus fort que le lien de filiation. Elle est aussi, de façon plus générale, un lien complémentaire. De nombreux adolescents disent à leurs amis ce qu'ils ne peuvent pas dire à leurs parents. Notons ici que plusieurs recherches ont porté ces dernières années sur ce que l'on appelle l'« homophilie » – à savoir, la probabilité d'établir des relations d'amitié au sein de son propre milieu social. On peut alors parler d'un réseau social de proximité.

43. Aristote, *Éthique à Nicomaque*, livre III, chap. 1, 4, Paris, Flammarion, p. 230.
44. Claire Bidart, *L'Amitié. Un lien social*, Paris, La Découverte, 1997, p. 17.
45. *Ibid.*, p. 35.

Les bandes constituent une autre forme de participation élective. Elles reposent souvent sur une relation amicale, mais celle-ci est, dans ce cas, partagée au sein d'un groupe plus large. Il s'agit plutôt d'une alliance qui peut avoir pour fonction principale de se distinguer d'autres groupes, voire de s'y opposer radicalement. Ce lien correspond alors à la constitution d'un entre-soi qui a une fonction défensive et qui peut même être de nature offensive. Parler de bandes fait penser aux jeunes des cités ou des quartiers populaires, mais ce phénomène est beaucoup plus large. On le retrouve sous des formes comparables chaque fois qu'il est question de cercles plus ou moins fermés, dont l'existence même peut être tenue secrète.

Est-il possible de voir dans le lien d'ordre communautaire l'expression d'une participation élective ? Sans doute, même s'il n'est pas toujours facile de distinguer clairement dans la décision de l'individu d'appartenir à un groupe replié sur lui-même ce qui relève de sa liberté et ce qui dépend de la contrainte, plus ou moins intériorisée. Faire partie d'une communauté fermée peut tout autant être l'expression d'une dépendance extrême à l'égard du groupe que d'une décision personnelle. Une enquête de grande ampleur réalisée à Paris et à Dakar par Rébecca Ndour a permis d'analyser les conditions d'émergence et de transmission de l'ethnicité à partir de l'étude d'un groupe particulier, celui des Sereer au Sénégal[46]. Après avoir déconstruit la notion d'ethnicité et replacé le cas de ce groupe dans l'histoire longue de sa formation (qui remonte à la période de la colonisation), cette recherche a mobilisé la notion weberienne de « croyance en une origine commune » et permis d'étudier ainsi la dimension subjective de l'ethnicité vécue. Il en ressort qu'il n'y a pas qu'une façon de « faire ethnie ». Plusieurs types d'expériences peuvent être distingués. Ce faisant, Rébecca Ndour donne une épaisseur sociologique au lien ethnique en l'analysant comme l'expression d'un lien de filiation, mais en lui donnant en même temps les caractéristiques d'un lien de participation élective. La décision de se définir comme appartenant à l'ethnie sereer procède *in fine* d'une croyance et d'une

46. Rébecca Ndour, « Les cadres sociaux de l'ethnicité. Les conditions d'émergence et de transmission de l'ethnicité », thèse de doctorat de sociologie, Paris, EHESS, 25 juin 2018.

volonté plus ou moins affirmée de transmettre des pratiques et des valeurs se rapportant à une origine commune.

Enfin, la participation à la vie associative peut être considérée comme une forme institutionnalisée du lien de participation élective. Les associations correspondent à des collectifs d'individus dont le statut est reconnu officiellement par l'État et les pouvoirs publics. Chaque association est une personne morale à part entière et dispose de la capacité d'accomplir des actes juridiques en son nom, dans la limite de son objet. Elle peut collecter des fonds, recevoir des subventions et organiser en toute indépendance les actions qu'elle décide de mener. Lorsque l'on parle d'esprit associatif, on sous-entend généralement la vitalité de la société civile, sa capacité de mobilisation face à l'État considéré comme omniprésent ou, au contraire, en déclin. Il s'agirait en quelque sorte de pallier le « trop » ou le « pas assez » d'État. Il ne faudrait pas pour autant perdre de vue que bon nombre d'associations, en France mais aussi à l'étranger, dépendent, parfois intégralement, de financements publics, se professionnalisent et mènent des actions sous le contrôle direct de l'État, dans un esprit de délégation de service public[47]. Mais si l'on se place du côté des bénévoles, l'engagement associatif relève évidemment d'une pluralité de motivations : se sentir moins seul, occuper son temps, entretenir sa santé et son bien-être, constituer un réseau de relations, donner un sens à sa vie, militer pour une cause, se sentir utile aux autres et à la société, accompagner des personnes en difficulté, etc. Certaines études montrent que l'engagement associatif tend à devenir, du moins pour les jeunes générations, une expérience existentielle, inscrite dans une temporalité précise de la trajectoire biographique et motivée par le souhait de « se trouver[48] ». Il serait en ce sens plus aléatoire et contrasterait avec les formes plus traditionnelles de militantisme associées à un engagement idéologique et de longue durée. Convenons simplement que ces formes variées d'engagement se superposent et que des profils différents les uns des autres se rencontrent et parfois s'opposent dans les associations selon

47. Voir sur ce point Mathieu Hély, *Les Métamorphoses du monde associatif*, Paris, PUF, « Le Lien social », 2009.
48. C'est ce que souligne notamment Jacques Ion, *S'engager dans une société d'individus*, Paris, Armand Colin, 2012.

les objectifs qu'elles visent. Toujours est-il que l'on peut aisément retrouver dans les motivations de la participation à la vie associative le double besoin de protection et de reconnaissance. S'allier à d'autres, dans ce type de structures, peut correspondre en effet à un besoin de se protéger, notamment face à la solitude et au risque de repli sur soi, et à un besoin d'être valorisé et de se sentir utile dans un collectif réuni autour d'un objet commun ou de valeurs communes.

Durkheim ne parle pas directement de morale associative, mais il déplore, on l'a vu, le manque d'esprit associatif en comparant la France à l'Allemagne par exemple. En parlant de morale associative, on peut donc partir du type d'attachement à des structures fondées sur la libre participation des individus. Dans ce cas, l'attachement peut être encadré par une morale spécifique, fondée sur le volontarisme et le bénévolat. C'est dans ce sens que l'on peut parler d'une morale associative. Alexis de Tocqueville est l'un des premiers sociologues à en avoir analysé les fondements à partir de son enquête aux États-Unis au début des années 1830. Dans son ouvrage *De la démocratie en Amérique,* publié en deux volumes parus successivement en 1835 et 1840, il observe avec fascination la facilité avec laquelle les Américains s'unissent de façon volontariste pour répondre aux besoins de la collectivité, et il cherche à en expliquer les raisons : « Les Américains de tous les âges, de toutes les conditions, de tous les esprits s'unissent sans cesse. Non seulement ils ont des associations commerciales et industrielles auxquelles tous prennent part, mais ils en ont encore mille autres espèces : de religieuses, de morales, de graves, de futiles, de fort générales et de très particulières, d'immenses et de fort petites ; les Américains s'associent pour donner des fêtes, fonder des séminaires, bâtir des auberges, élever des églises, répandre des livres, envoyer des missionnaires aux antipodes ; ils créent de cette manière des hôpitaux, des prisons, des écoles. S'agit-il de mettre en lumière une vérité ou de développer un sentiment par l'appui d'un grand exemple, ils s'associent. Partout où, à la tête d'une entreprise nouvelle, vous voyez en France le gouvernement et en Angleterre un grand seigneur, comptez que vous apercevrez aux États-Unis une association[49]. »

49. Alexis de Tocqueville, *De la démocratie en Amérique*, avec une introduction de Harold J. Laski, 2 vol., Paris, Gallimard, 1951, *loc. cit.*, vol 2, chapitre 5, p. 113.

Tocqueville associe ce dynamisme au fonctionnement des sociétés démocratiques qu'il compare aux sociétés aristocratiques. Dans ces dernières, souligne-t-il, « les hommes n'ont pas besoin de s'unir pour agir, parce qu'ils sont retenus fortement ensemble. Chaque citoyen, riche et puissant, y forme comme la tête d'une association permanente et forcée qui est composée de tous ceux qu'il fait concourir à l'exécution de ses desseins. Chez les peuples démocratiques, au contraire, tous les citoyens sont indépendants et faibles ; ils ne peuvent presque rien par eux-mêmes, et aucun d'entre eux ne saurait obliger ses semblables à lui prêter leur concours. Ils tombent donc tous dans l'impuissance s'ils n'apprennent à s'aider librement[50] ». Cette morale associative correspond, selon lui, à un art de poursuivre en commun l'objet de désirs communs et il en parle comme d'une « science nouvelle ». Il voit dans le perfectionnement de l'art de s'associer une étape vers la civilisation et un rapport direct avec l'accroissement de l'égalité des conditions. Les citoyens, issus de toutes les couches sociales et de tous les âges, qui ont été socialisés au sein d'associations politiques peuvent ensuite transporter dans la vie civile les notions qu'ils ont acquises et en faire profiter l'ensemble de la collectivité. Il s'agit donc d'un art qui se propage dans toute la société et contribue au bien-être de tous. Tocqueville ne dissimule pas son admiration : « Il n'y a rien, suivant moi, qui mérite plus d'attirer nos regards que les associations intellectuelles et morales de l'Amérique[51]. » Il s'interroge néanmoins sur la nature de cet engagement associatif en soulignant qu'il n'est sans doute pas entièrement désintéressé : l'individu ne se sert-il pas lui-même en servant ses semblables ? À cette question qui nourrit encore aujourd'hui de nombreuses discussions en sciences sociales sur le sens de l'altruisme[52], Tocqueville répond, sans ambages, que cela ne fait aucun doute et que les Américains eux-mêmes n'y voient aucun problème d'ordre moral : « ils montrent complaisamment comment l'amour éclairé d'eux-mêmes

(Alexis de Tocqueville, *Œuvres complètes*, édition définitive publiée sous la direction de J.-P. Mayer, tome 1 : *De la démocratie en Amérique*, 2 vol.)

50. *Ibid.*, p. 114.

51. *Ibid.*, p. 117.

52. On lira, par exemple, P. Bourdieu, *Anthropologie économique. Cours au Collège de France, 1992-1993*, Paris, Seuil, 2017. On pourra se reporter également à Philippe Steiner, *Donner… Une histoire de l'altruisme*, Paris, PUF, 2016.

les porte sans cesse à s'aider entre eux et les dispose à sacrifier volontiers au bien de l'État une partie de leur temps et de leurs richesses[53] ». La morale associative suit en ce sens la « doctrine de l'intérêt bien entendu ». Cette doctrine ne produit pas de grands dévouements, mais elle suggère chaque jour de petits sacrifices : « à elle seule, elle ne saurait faire un homme vertueux ; mais elle forme une multitude de citoyens réglés, tempérants, modérés, prévoyants, maîtres d'eux-mêmes ; et, si elle ne conduit pas directement à la vertu par la volonté, elle en rapproche insensiblement par les habitudes[54] ».

Cette morale associative est, encore aujourd'hui, beaucoup plus répandue dans certaines sociétés que dans d'autres. Ce qui signifie qu'au cours de la socialisation les individus d'un pays donné seront très encouragés à s'investir dans la vie associative, à s'engager dans des communautés et des mouvements humanitaires, alors qu'ils le seront de façon nettement moins pressante dans d'autres pays, certains pouvant même considérer ce type d'engagement relativement secondaire au regard d'autres formes d'engagement, dans la vie familiale ou professionnelle par exemple.

Le lien de participation organique et la morale professionnelle

Le *lien de participation organique* se caractérise quant à lui par l'apprentissage et l'exercice d'une fonction déterminée dans l'organisation du travail. Selon Durkheim, ce qui fait le lien social dans les sociétés modernes – la solidarité organique –, c'est avant tout, on l'a vu, la complémentarité des fonctions, laquelle confère à tous les individus, aussi différents soient-ils les uns des autres, une position sociale susceptible d'apporter à chacun à la fois la protection élémentaire et le sentiment d'être utile. Ce lien se constitue dans le cadre de l'école et se prolonge dans le monde du travail. Si ce type de lien prend tout son sens au regard de la logique productive de la société industrielle, il ne faut pas le concevoir comme exclusivement dépendant de la sphère économique. Comme le soulignait Elias, dans les sociétés caractérisées par un niveau élevé d'interdépendances des fonctions, l'économie

53. A. de Tocqueville, *De la démocratie en Amérique*, *op. cit.*, p. 128.
54. *Ibid.*, p. 129.

n'est pas une sphère autonome[55]. Elle ne peut évoluer sans qu'évolue parallèlement l'organisation politique et étatique. La mise en place d'un système d'assurances sociales obligatoires fondé sur l'activité et l'emploi a contribué à modifier le sens même de l'intégration professionnelle.

Pour analyser le lien de participation organique, il faut prendre en considération non seulement le rapport au travail conformément à l'analyse de Durkheim, mais aussi le rapport à l'emploi qui relève de la logique protectrice de l'État social. La protection renvoie ici à la relation contractuelle qui lie les travailleurs à leur employeur. Le contrat de travail précise généralement la forme et les attendus de l'activité, les conditions de son exercice et de sa rémunération, mais aussi les droits définis dans le cadre de conventions collectives, le plus souvent négociées au niveau des branches professionnelles. Dans les sociétés salariales, la protection sociale repose, on l'a vu, sur l'emploi exercé, puisque c'est sur sa rémunération que sont prélevées automatiquement des cotisations sociales pour la retraite, la couverture santé, l'invalidité et même, notamment en France, la protection de la famille. L'emploi stable constitue en cela un ensemble de garanties face à l'avenir qui protègent le travailleur ainsi que celles et ceux qui dépendent de lui et que l'on désigne par l'expression d'ayants droit (conjoint, enfants). Décrocher un emploi stable constitue donc non seulement la possibilité de l'épanouissement au travail, mais aussi le rattachement au socle de protection élémentaire constitué à partir des luttes sociales dans le cadre du droit du travail et de la Sécurité sociale.

Dans le lien de participation organique, la reconnaissance relève de l'expérience du travail en elle-même et des satisfactions qu'il est possible d'en attendre. Daniel Mercure distingue deux types de finalités du travail : l'avoir et l'être[56]. L'avoir recouvre des finalités d'ordre matériel et économique, et l'être, des finalités d'ordre « expérientiel ». Les premières se situent à l'extérieur du travail : gagner de l'argent pour vivre et consommer. Le travail est alors un outil de l'avoir, un moyen d'échange matériel ; sa finalité est, par conséquent, instrumentale. La reconnaissance du travail sera dans ce cas proportionnelle à la

55. N. Elias, *La Société des individus*, *op. cit.*

56. Daniel Mercure (dir.), *Les Transformations contemporaines du rapport au travail*, Québec, Presses de l'université Laval, 2020.

capacité à satisfaire l'avoir. Les secondes reposent sur le développement ou l'affirmation de soi au travail. Le travail est alors une façon d'être et non principalement un outil de l'avoir. La reconnaissance sera dans ce cas liée avant tout à la possibilité de satisfaire son besoin d'être valorisé par le travail en lui-même, ce qui implique qu'il soit apprécié, non seulement par soi, mais aussi par les autres (employeur et collègues). Si cette distinction peut se justifier intellectuellement, elle reste assez peu opérationnelle car le rapport au travail comprend le plus souvent à la fois une forme instrumentale et une forme expérientielle, celle-ci étant aussi bien expressive que relationnelle : de fait, les ouvriers peuvent être autant attachés à leur métier et à leurs relations de travail que les cadres supérieurs. Plutôt qu'avec une distinction radicale entre l'avoir et l'être, Bourdieu propose de raisonner en termes de continuum : « L'expérience du travail se situe entre deux limites : le travail forcé, qui n'est déterminé que par la contrainte externe, et le travail scolastique, dont la limite est l'activité quasi ludique de l'artiste ou de l'écrivain ; plus on s'éloigne de la première, moins on travaille directement pour de l'argent et plus « l'intérêt » du travail, la gratification inhérente au fait d'accomplir le travail s'accroît – ainsi que l'intérêt lié aux profits symboliques associés au nom de la profession ou au statut professionnel et à la qualité des relations de travail qui vont souvent de pair avec l'intérêt intrinsèque du travail[57]. »

Lorsqu'ils entendent définir la satisfaction au travail, les chercheurs partent généralement du rapport affectif d'ensemble que les individus entretiennent avec les fonctions qu'ils exercent. Les recherches sur ce sujet sont nombreuses. Sans prétendre être exhaustif, il me semble que l'on peut dire que ces recherches dérivent toutes plus ou moins de trois paradigmes : l'*homo faber*, l'*homo œconomicus* et l'*homo sociologicus*[58]. L'*homo faber* renvoie à l'acte de travail lui-même et à l'épanouissement qu'il procure à celui qui le réalise, au sens où il lui permet de s'affirmer dans une œuvre précise. La satisfaction dans ce cas relève des valeurs intrinsèques que l'homme attribue au travail. L'*homo œconomicus*

57. P. Bourdieu, *Méditations pascaliennes*, Paris, Seuil, 1997, p. 241.
58. J'ai examiné et vérifié empiriquement ces trois paradigmes dans mon livre *Le Salarié de la précarité. Les nouvelles formes de l'intégration professionnelle*, Paris, PUF, « Le Lien social », 2000, nouv. éd., « Quadrige », 2007.

implique une attitude plus instrumentale au travail. La satisfaction dépend alors de la rétribution de celui-ci en fonction d'un marché. Dans le système économique des sociétés contemporaines l'élément fondamental sera donc le salaire, mais aussi les éventuels avantages matériels complémentaires du travail. Pour qualifier ces formes de rétribution, plusieurs auteurs parlent de valeurs extrinsèques du travail. Enfin, l'*homo sociologicus* postule que tout travail s'exerce dans un cadre social : la qualité des relations humaines et la reconnaissance qu'elles procurent constituent un facteur essentiel de la satisfaction. Marx a fait de l'*homo faber* et de l'*homo œconomicus* le fondement de sa réflexion sur l'aliénation du travail. Les sociologues du XXe siècle, depuis Durkheim, sont sensibles aussi à la dimension sociale du travail. Ils rappellent en effet que tout travail s'inscrit dans un environnement où les individus sont en relation les uns avec les autres, et jouent des rôles correspondant à des statuts. L'être humain est au travail, comme il est dans les autres sphères de la vie sociale : il se compare aux autres tout en étant perpétuellement sous leur regard. Il se conforme inévitablement à des règles et vit sous la menace de sanctions. On pourrait sans doute défendre l'idée, en poussant l'analyse, que l'*homo sociologicus* dans la sphère du travail contient à lui seul, et dépasse d'une certaine manière, l'*homo faber* et l'*homo œconomicus* puisqu'il intègre l'idée que l'individu aspire par ses efforts à la reconnaissance sociale de ses qualités et de son utilité, ce qui passe par l'œuvre produite et sa rétribution matérielle et symbolique (revenu, promotion, prestige).

Soulignons cependant que le besoin de reconnaissance se décline différemment selon la position occupée. Un chef d'entreprise aura des attentes en termes de reconnaissance différentes de celles d'un ouvrier. Le premier attendra de voir sa position hiérarchique et son pouvoir reconnus par celles et ceux qui dépendent de lui. Cette reconnaissance est l'expression de la légitimité sans laquelle la fonction même qu'il exerce est intenable. L'ouvrier, de son côté, espère une reconnaissance de sa capacité à exercer les tâches pour lesquelles il a été embauché, aussi bien de la part de ses supérieurs hiérarchiques que de ses collègues de travail. Dans le premier cas, la reconnaissance permet d'exercer le pouvoir et de confirmer une position dominante, dans le second, elle permet de confirmer, dans une position subordonnée, une qualité professionnelle. Ainsi, le besoin de reconnaissance est aussi fondamental pour l'un que pour l'autre même si le pouvoir du premier a pour corollaire la subordination du second. On peut parler d'interdépendance en matière de reconnaissance.

Le lien de participation organique se fonde donc à la fois sur la protection juridique et sociale, qui découle du contrat de travail et de la stabilité de l'emploi, et sur la reconnaissance matérielle et symbolique du travail. Il se déploie dans la sphère de la morale professionnelle. Celle-ci présente toutefois la particularité d'être variable d'un groupe professionnel à l'autre. Il est impossible pour cette raison d'en donner une définition unique. Durkheim avait, on l'a vu, déjà soulevé ce problème (voir *supra* chapitre 1). « Nous avons des devoirs comme professeurs, qui ne sont pas ceux des commerçants ; l'industriel en a de tout autres que le soldat, le soldat que le prêtre, etc. On peut dire à cet égard qu'il y a autant de morales que de professions différentes, et, comme en principe, chaque individu n'exerce qu'une profession, il en résulte que ces différentes morales s'appliquent à des groupes d'individus absolument différents. Ces différences peuvent même aller jusqu'au contraste. [...] Ici donc, nous trouvons au sein de chaque société une pluralité de morales qui fonctionnent parallèlement[59]. » Durkheim en conclut que les organes de la morale professionnelle sont multiples. Il y en a autant que de professions. Selon lui, « d'une manière générale, toutes choses étant égales, plus un groupe est fortement constitué, plus les règles morales qui lui sont propres sont nombreuses et plus elles ont d'autorité sur les consciences. [...] Par conséquent, nous pouvons dire que la morale professionnelle sera d'autant plus développée et d'un fonctionnement d'autant plus avancé que les groupes professionnels eux-mêmes auront plus de consistance et une meilleure organisation[60] ». Durkheim déplorait que de nombreuses professions, notamment dans l'industrie et le commerce, ne fussent pas suffisamment organisées et qu'une sphère importante de l'activité collective restât en dehors de la morale. Ce thème était déjà très présent dans son livre *De la division du travail social*, notamment dans la troisième partie consacrée aux formes anormales. La première d'entre elles renvoie à ce qu'il appelle la « division du travail anomique » qui se produit en

59. É. Durkheim, *Leçons de sociologie*, *op. cit.*, p. 84.
60. *Ibid.*, p. 87-88.

particulier au moment des crises industrielles ou commerciales. Les faillites sont des ruptures partielles de la solidarité organique. Certaines fonctions ne sont plus alors ajustées les unes aux autres. Lorsque la division du travail est poussée trop loin, elle est source de désintégration. Durkheim observe que c'est surtout dans la grande industrie que ces déchirements se produisent de façon aiguë. Il en tire la conclusion qu'une réglementation est nécessaire : « Le rôle de la solidarité n'est pas de supprimer la concurrence, mais de la modérer[61]. » Certes, il reconnaît, avec les économistes, que le marché peut se réguler de lui-même, mais il tient à souligner que l'harmonie ne se rétablit qu'après des ruptures d'équilibre et des troubles plus ou moins prolongés. Puisque ces derniers sont d'autant plus fréquents que l'organisation est complexe et les fonctions diversifiées, une législation industrielle est indispensable pour régler notamment les rapports du capital et du travail. Ce déficit de réglementation est, par conséquent, source d'anomie.

À bien des égards, le souhait de Durkheim a été exaucé. Même si son projet de réforme des corporations n'a pas été réalisé exactement comme il l'imaginait, notamment dans sa forme administrative et politique, il faut reconnaître que, sous de nombreux aspects, la société française s'est transformée selon un schéma qui paraît fortement inspiré de sa pensée. Le développement du XIXe siècle a consacré, on l'a vu, la société salariale en reconnaissant les différents groupes professionnels comme autant d'organes fonctionnels, indispensables à l'organisation sociale, et en les plaçant dans une relation de représentations de leurs intérêts auprès des acteurs gouvernementaux et de l'État. Le système de protection sociale lui-même, tel qu'il a été organisé en France, repose en grande partie sur les assurances sociales obligatoires fondées sur la notion d'emploi stable et définies sur une base professionnelle. On trouve aujourd'hui des équivalents de ce mode de régulation spécifique dans d'autres pays, mais la morale professionnelle reste encore peu développée dans plusieurs parties du monde[62].

61. É. Durkheim, *De la division du travail social*, *op. cit.*, p. 357.
62. La conception durkheimienne de la reconnaissance et de la régulation par l'État des groupements professionnels évoque aujourd'hui ce que les spécialistes de l'État providence appellent couramment le modèle continental ou corporatiste. Voir G. Esping-Andersen, *Les Trois Mondes de l'État providence*, *op. cit.*

Le lien de citoyenneté et la morale civique

Enfin, le *lien de citoyenneté* repose sur le principe de l'appartenance à une nation. Dans son principe, la nation reconnaît à ses membres des droits et des devoirs et en fait des citoyens à part entière. Dans les sociétés démocratiques, les citoyens sont égaux en droit, ce qui implique, non pas que les inégalités économiques et sociales disparaissent, mais que des efforts soient accomplis dans la nation pour que tous les citoyens soient traités de façon équivalente et forment ensemble un corps ayant une identité et des valeurs communes[63]. Le lien de citoyenneté est en quelque sorte supérieur aux autres, puisqu'il est censé dépasser et transcender tous les clivages, les oppositions, les différences et les rivalités. Dans les sociétés modernes, les exigences juridiques individuelles sont devenues nombreuses tant le champ des qualités universelles attribuées à une personne moralement responsable s'est élargi. Il est usuel aujourd'hui de distinguer les droits civils, qui protègent l'individu dans l'exercice de ses libertés fondamentales notamment face aux empiétements jugés illégitimes de l'État, les droits politiques, qui lui assurent une participation à la vie publique, et les droits sociaux, qui lui garantissent une certaine protection face aux aléas de la vie. Ce processus d'extension des droits fondamentaux individuels correspond à la consécration du principe universel d'égalité et du rôle dévolu à l'individu citoyen, censé appartenir « de plein droit », au-delà de la spécificité de son statut social, à la communauté politique[64]. Le lien de citoyenneté est fondé lui aussi sur la reconnaissance de la souveraineté du citoyen. L'article 6 de la Déclaration des droits de l'homme et du citoyen du 26 août 1789 précise : « La loi est l'expression de la volonté générale. Tous les citoyens ont droit de concourir personnellement, ou par leurs représentants, à sa formation. » Il trouve également sa source dans la logique protectrice de l'égalité démocratique.

63. D. Schnapper, *La Communauté des citoyens. Sur l'idée moderne de nation*, Paris, Gallimard, « NRF-Essais », 1994.

64. Dans les sociétés totalitaires, où le droit de vote n'existe pas et où les libertés fondamentales ne sont pas reconnues, il est en effet improbable de parler de lien de citoyenneté. On parlera plutôt d'un lien qui peut attacher les individus à leur nation en dépit du régime politique de restrictions dans lequel ils vivent.

L'individu citoyen doit disposer « des moyens matériels nécessaires pour rester cet être indépendant et autosuffisant qui est à l'origine de la légitimité politique. L'organisation de l'éducation, de la protection du travail, des secours aux plus malheureux se justifie par le fait que le citoyen doit avoir la capacité d'être autonome[65] ». On trouve donc à nouveau dans le lien de citoyenneté les deux fondements de protection et de reconnaissance que nous avons déjà identifiés dans les trois types de liens précédents. Le lien de citoyenneté repose sur une conception exigeante des droits et des devoirs de l'individu.

Ce type de lien renvoie à la relation spécifique des individus à l'État et aux institutions qu'il représente. Il engage la morale civique. Tout comme Max Weber, Durkheim est conscient que les fonctions de l'État vont en se multipliant, devenant toujours plus importantes. « Le cerveau social, comme le cerveau humain, a grandi au cours de l'évolution[66]. » Mais ne faut-il pas alors voir dans ce processus de bureaucratisation une menace pour les individus ? Sa réponse est catégorique : l'État a pour fonction de libérer l'individu et non de le contraindre. Son argumentation comporte deux éléments. Le premier vise à faire de l'État un rempart contre la tyrannie potentielle que les groupes particuliers peuvent exercer sur les individus. « Il faut donc qu'il y ait au-dessus de tous ces pouvoirs locaux, familiers, en un mot, secondaires, un pouvoir général qui fasse la loi à tous, qui rappelle à chacun d'eux qu'il est non pas le tout, et qu'il ne doit pas retenir pour soi ce qui, en principe, appartient au tout. Le seul moyen de prévenir ce particularisme collectif et les conséquences qu'il implique pour l'individu, c'est qu'un organe spécial ait pour charge de représenter auprès de ces collectivités particulières la collectivité totale, ses droits et ses intérêts. Et ces droits et ces intérêts se confondent avec ceux de l'individu. Voilà comment la fonction essentielle de l'État est de libérer les personnalités individuelles. Par cela seul qu'il contient les sociétés élémentaires qu'il comprend, il les empêche d'exercer sur l'individu l'influence compressive qu'elles exerceraient autrement. Son intervention dans les différentes sphères de la vie collective n'a donc rien par elle-même de tyrannique ; tout au contraire, elle a pour objet et pour effet d'alléger

65. D. Schnapper (avec la collaboration de Christian Bachelier), *Qu'est-ce que la citoyenneté ?*, Paris, Gallimard, « Folio », 2000, p. 32.
66. É. Durkheim, *Leçons de sociologie*, *op. cit.*, p. 145.

les tyrannies existantes[67]. » Toutefois, l'État ne risque-t-il pas de devenir despotique à son tour ? Durkheim en est conscient. Le second élément de sa réflexion consiste à trouver le moyen de se prémunir de ce risque. Il faut envisager un contrepoids à la force collective de l'État. Comment peut-on l'envisager ? La réponse est simple et logique par rapport à son raisonnement précédent : ce sont bien les groupes secondaires qui peuvent constituer ce contrepoids. « S'il n'est pas bien qu'ils soient seuls, il faut qu'ils soient. Et c'est de ce conflit de forces sociales que naissent les libertés individuelles[68]. » Mais de quels groupes s'agit-il ? Durkheim évoque les groupes territoriaux et se réfère à des collèges électoraux composés de représentants de communes ou de départements, mais il pense surtout, là encore, au rôle que pourraient jouer les groupes professionnels : « Les groupes durables, ceux auxquels l'individu apporte toute sa vie, auxquels il est le plus fortement attaché, ce sont les groupes professionnels. Il semble donc bien qu'ils soient appelés à devenir dans l'avenir la base de notre représentation politique comme de notre organisation sociale[69]. »

Dans cet esprit, l'idéal moderne d'individualité ne pourra être atteint que si deux dangers sont écartés. Celui, tout d'abord, de l'oppression que l'individu peut ressentir lorsqu'il est enfermé dans un groupe particulier dont il ne peut sortir, tant la solidarité interne qui y prévaut s'exerce dans un rapport de distanciation, voire d'hostilité à l'égard de la société dans son ensemble. L'État peut offrir alors à cet individu soumis aux seules prescriptions sociales de son groupe d'appartenance un moyen d'émancipation et de libération. Celui, ensuite, de la tyrannie potentielle d'un État assurant l'exercice du pouvoir dans le mépris total des sous-groupes organisés, lesquels sont alors perçus comme des menaces à son action. Seule une reconnaissance formelle de ces groupes intermédiaires peut permettre une réelle démocratie garante du lien social. On comprend donc pourquoi Durkheim tient à reconnaître une extension des attributions de l'État, bien au-delà de l'administration d'une justice distributive toute négative, sans pour autant souscrire à une conception mystique de sa fonction. Si les individus ne peuvent se suffire à eux-mêmes, ils existent bien, et peuvent comprendre la fin que vise l'État. « Ils peuvent

67. *Ibid.*, p. 156.
68. *Ibid.*, p. 157.
69. *Ibid.*, p. 199.

y collaborer se rendant compte de ce qu'ils font, du but où va leur action parce que c'est d'eux-mêmes qu'il s'agit[70]. » C'est dans ce sens que l'on peut dire que la conception durkheimienne de l'État est profondément individualiste sans être minimaliste.

*

Ces quatre types de liens sont complémentaires et le plus souvent entrecroisés. Ils constituent le tissu social qui enveloppe l'individu. Lorsque ce dernier décline son identité, il peut faire référence aussi bien à sa nationalité (*lien de citoyenneté*), à sa profession (*lien de participation organique*), à ses groupes d'alliance (*lien de participation élective*), à ses origines familiales (*lien de filiation*). Dans chaque société, ces quatre types de liens constituent la trame sociale qui préexiste aux individus et à partir de laquelle ils sont appelés à tisser leurs attachements au corps social par le processus de socialisation. Ce que j'appelle l'attachement social correspond donc au processus d'entrecroisement de ces quatre types de liens, tant au niveau de chaque individu qu'à celui de la société, puisque c'est à cette dernière échelle que s'élaborent et se hiérarchisent les normes sociales et juridiques auxquelles les individus sont contraints de se conformer.

Dès lors, comment représenter graphiquement à la fois l'entrecroisement potentiel en chaque individu des quatre types de liens essentiels, et le tissu social dans sa globalité, au sens de l'attachement des individus entre eux ? À cette difficulté s'en ajoute une autre : comment figurer dans cette représentation l'inégalité entre les individus pourvus de ces quatre types de liens et ceux qui ne le sont que de façon partielle ? Persuadé qu'un tel graphique apporterait un supplément de compréhension sociologique à ce double processus complexe par lequel toute société parvient à assurer, au moins partiellement, sa cohésion par les liens tissés par les individus entre eux, je me suis souvent penché sur ce problème, crayon à la main, en me livrant à des essais nombreux, le plus souvent sans parvenir à une solution pleinement satisfaisante.

C'est dans l'art religieux que j'ai trouvé la représentation idéal-typique d'un tout social. Les églises et édifices religieux, sur leurs voûtes,

70. *Ibid.*, p. 158.

leurs vitraux ou leurs peintures murales, fourmillent de représentations stylisées d'une unité formée par des fils entremêlés. Celle qui m'a paru la plus convaincante pour traduire mon idée sociologique provient du palais de l'Alhambra à Grenade (voir l'illustration de couverture du livre et la **figure I** du cahier hors texte). Il s'agit d'une magnifique mosaïque typique de l'art islamique, qui associe parfaitement deux formes géométriques : le carré et le losange. Chaque losange se superpose à quatre carrés en suggérant ainsi qu'il les réunit. Notons aussi que la combinaison de ces carrés et de ces losanges laisse apparaître des étoiles présentes dans chaque losange. L'harmonie est renforcée par le rajout final d'une autre étoile dans chaque carré. Inspiré par ce graphisme pur et élégant, et en le simplifiant un peu, j'ai considéré que chaque carré représentait une unité sociale, l'individu ou le groupe, et chaque côté du losange un type de lien particulier (voir la **figure II** du cahier hors texte).

Dans l'absolu, cette mosaïque peut s'étendre à l'infini, chaque carré comprenant, par la superposition de quatre losanges, les quatre segments représentant les quatre types de liens sociaux. On a ainsi une représentation parfaite à la fois de l'entrecroisement des liens en chaque individu et de l'attachement des individus les uns aux autres, puisque les liens qui s'entrecroisent en eux sont les mêmes que ceux qui les relient au sein d'un espace social illimité. Ce graphisme invite à imaginer ce que pourrait être une interdépendance globale, planétaire, et même au-delà, puisque aucune limite n'est fixée. Il est probable que les concepteurs de cette mosaïque y voyaient l'évidence d'une force divine reliant l'humanité tout entière. Nous nous garderons évidemment de nourrir un tel dessein. En la proposant comme un simple exercice sociologique, il s'agit d'étudier les configurations dans lesquelles cet espace cesse d'être illimité. Imaginons que cette mosaïque représente ce qui se joue à l'intérieur d'une société régulée par un État central. Dans ce cas, l'État, par ses institutions, ses lois et ses règlements, régule les liens sociaux qui attachent les individus entre eux. Il sera toutefois très vite confronté à la question des inégalités sociales. En enfermant la mosaïque dans un espace aux frontières délimitées, apparaît inévitablement une périphérie composée d'individus et de groupes chez lesquels l'entrecroisement des liens sociaux n'est réalisé que partiellement. Nous reviendrons sur ce cas dans le chapitre 5 consacré à l'entrecroisement inégal des liens sociaux.

CHAPITRE 4

Les régimes d'attachement social

L'attachement social correspond à un processus d'entrecroisement des liens sociaux, et, plus précisément, des quatre types de liens sociaux que nous avons définis dans le chapitre précédent. Ce processus est à la fois individuel et collectif. C'est cette dimension collective, intrinsèquement liée à la capacité de régulation sociale de l'attachement, que nous allons examiner à partir d'un cadre analytique qui repose sur la définition de plusieurs types de régimes d'attachement social.

Auparavant, il importe de discuter les similitudes apparentes du concept d'attachement social avec la sociologie des réseaux, d'une part, et la sociologie du capital social, d'autre part.

Attachement social et réseaux

La sociologie des réseaux s'est considérablement développée depuis une trentaine d'années. Elle est à l'image d'une société qui se pense, se vit et se déploie en réseaux. Elle exprime une sensibilité nouvelle pour appréhender la structure sociale : celle-ci serait moins le reflet de la hiérarchisation des catégories sociales que celui des relations qui lient les individus. Pour les sociologues qui s'y consacrent, son intérêt est aussi de partir de l'individu et de son entourage pour étudier la vie sociale, en faisant l'hypothèse que la structure que forment les liens ainsi constitués, et que l'on peut représenter sous la forme de graphes, constitue la trame fondamentale de la vie en société, d'autant que les réseaux peuvent être liés entre eux.

Une sociologie des relations interpersonnelles

Cette sociologie a donc pour objet les relations sociales concrètes, telles que les individus les construisent. Au lieu de postuler l'existence de catégories sociales ayant des caractéristiques communes et de rechercher quelles sont les normes sociales et la conscience collective qui les fondent, la sociologie des réseaux inverse le raisonnement : ce sont les relations qui dessinent la structure. Les groupes sociaux en sont le produit, il est donc vain de chercher à les identifier avant d'avoir formellement étudié les combinaisons de relations[1]. Cette approche sociographique du monde social est inductive : elle entend étudier des régularités de comportements à partir de l'observation empirique de la toile des relations tissées par les individus. Elle permet aussi d'étudier les contraintes structurelles qui pèsent sur les relations interpersonnelles. Les travaux menés dans ce domaine fournissent des clés de compréhension des inégalités sociales, mais aussi des stratégies qu'élaborent les individus pour accroître leur pouvoir et les ressources. C'est d'ailleurs pour cette raison que la plupart des spécialistes des réseaux se réfèrent à la notion de capital social. Ce type de sociologie tire une grande partie de son succès de la connaissance pratique qu'elle apporte, aisément transposable dans de nombreux domaines de la vie sociale et dont sont friands les médias, les conseillers en stratégies, les spécialistes de la communication. C'est ainsi que l'on trouve régulièrement dans la presse des articles appuyés à ce type de données, prodiguant des conseils pour bien s'entourer, bien choisir les relations rentables, augmenter le volume de son carnet d'adresses…

Je n'ai pas l'intention de dresser un panorama d'ensemble des innombrables travaux théoriques et empiriques qui nourrissent régulièrement ce domaine de recherche. Mon objectif est de souligner ce qui les distingue de la théorie de l'attachement social. Le vocabulaire utilisé pourrait laisser entendre qu'il s'agit du même domaine, ou tout au moins d'un domaine très proche. N'est-il pas question de liens sociaux dans les deux approches ? La définition qu'en donne la sociologie des

1. Voir sur ce point Alain Degenne et Michel Forsé, *Les Réseaux sociaux*, Paris, Armand Colin, 1994.

réseaux n'est toutefois pas la même que celle que j'en ai donnée dans le chapitre précédent. Les liens sociaux renvoient, pour les spécialistes des réseaux, aux relations sociales concrètes, c'est-à-dire aux liens qui s'établissent entre des personnes et dont l'ensemble constitue un réseau. Celui-ci comprend donc tout à la fois « les membres de la famille, les amis, les voisins, les relations de travail ou d'affaires, les partenaires amoureux, ainsi que les vagues connaissances[2] ». Ces liens sont pris en compte de façon globale car ce qui importe est de saisir comment ils opèrent dans la vie des individus, comment ils les influencent, les stimulent, les aident parfois, mais comment aussi ils les contraignent et les empêchent d'agir dans certaines occasions. Cet ensemble constitue un « entourage », plus ou moins étroit ou étendu, selon le souhait ou le pouvoir relationnel de l'individu. L'étude consiste donc le plus souvent, à partir d'enquêtes de terrain ou d'archives, à analyser comment cet entourage s'est constitué et a évolué au cours du temps. Les matériaux recueillis sont généralement d'une grande précision et se prêtent à des comparaisons de réseaux différents, mais aussi le plus souvent à l'étude des dynamiques relationnelles. L'intérêt de ce type d'approche est de dépasser l'opposition entre l'individu et la société en partant de l'hypothèse que ce qui compte le plus ce sont les interactions sociales. Dans cette optique, c'est la mise en relation qui fait l'individu : celui-ci se forge dans l'action qui le place en interaction avec autrui.

Analyser les interactions sociales ne s'oppose en aucun cas à la théorie de l'attachement social, qui étudie elle aussi comment les liens sociaux se constituent au cours de la socialisation. Mais, alors que les spécialistes des réseaux partent d'une définition large et ouverte des relations concrètes entre les individus, la théorie de l'attachement social s'efforce de distinguer les liens sociaux selon les sphères normatives spécifiques de la morale collective dans lesquelles ils s'inscrivent. Examinons-en les conséquences à partir de l'une des études les plus marquantes de la sociologie des réseaux.

2. Je me réfère ici à C. Bidart, A. Degenne, Michel Grossetti, *La Vie en réseau. Dynamique des relations sociales*, Paris, PUF, « Le Lien social », 2011, p. 1.

Liens forts et liens faibles

L'article de Mark Granovetter sur « la force des liens faibles » publié au début des années 1970, et rapidement évoqué au chapitre 1, a ouvert la voie à un courant théorique qui n'a cessé de se développer depuis[3]. Son intérêt majeur a été de montrer que des interactions à faible échelle peuvent se traduire par des phénomènes à grande échelle et, réciproquement, que ceux-ci ont un effet sur les groupes de petite taille. Ainsi, en ayant recours à la technique des sociogrammes, il va être possible de représenter un réseau de relations entre des individus et de distinguer des liens forts et des liens faibles. Pour Granovetter, « La force d'un lien est une combinaison (probablement linéaire) de la quantité de temps, de l'intensité émotionnelle, de l'intimité (la confiance mutuelle) et les services réciproques qui caractérisent ce lien[4] ». Un lien fort relie donc des individus qui éprouvent réciproquement une forte attirance mutuelle, ce que l'on désigne généralement par l'expression *bonding* (littéralement « s'agréger »), au sens d'un entre-soi particulièrement soudé. À l'opposé, un lien faible relie des individus qui sont en contact et dont la relation principale se résume à un échange d'informations ou à une influence réciproque, ce que l'on désigne alors par l'expression *bridging* (littéralement « établir des ponts »). Selon cette distinction, les ponts sont toujours des liens faibles, mais leur rôle est fondamental pour permettre la mobilisation d'un groupe large. Granovetter s'appuie sur l'exemple de la communauté italienne du West End de Boston que Herbert Gans, au début des années 1960, décrivait comme un groupe cohésif, animé par un esprit villageois[5]. Or, de façon paradoxale, cette communauté organisée selon toutes les caractéristiques du *bonding* ne parvint pas à s'opposer à l'entreprise de rénovation urbaine engagée à cette époque et qui finit par la détruire. Granovetter suggère l'hypothèse – impossible toutefois à vérifier en l'absence de données

3. Mark. S. Granovetter, « The Strength of Weak Ties », *American Journal of Sociology*, vol. 78, 1973, p. 1360-1380.
4. Traduction française du passage cité : « La force des liens faibles », *in* M. S. Granovetter, *Sociologie économique*, Paris, Seuil, 2008, p. 46.
5. Herbert J. Gans, *The Urban Villagers. Group and Class in the Life of Italian-Americans*, New York, The Free Press, 1962 (nouv. éd. augmentée, 1982).

appropriées – que cette communauté était en réalité plus fragmentée que ne pouvait le constater Gans, en raison des limites de la méthode par observation participante qu'il avait privilégiée, laquelle lui donnait accès à des personnes fortement liées entre elles, mais ne représentant pas forcément l'ensemble de la communauté. Autrement dit, la fragilité de la mobilisation et de la résistance de ce groupe étendu pouvait être la conséquence de la rareté des liens faibles reliant les sous-groupes entre eux et avec l'extérieur du quartier. La théorie de la force des liens faibles débouche sur la proposition suivante : « plus, dans une communauté, le nombre de ponts locaux [...] est grand et leur degré est élevé, plus la communauté est soudée et capable d'agir de manière collective[6] ».

Cette approche est stimulante et a fait l'objet de nombreux travaux[7]. Elle ne peut toutefois être confondue avec celle que je mobilise dans ce livre. Selon la théorie de l'attachement social, la force d'un lien doit s'apprécier différemment selon chaque type de lien puisque chacun d'entre eux renvoie à un système normatif spécifique. La force ne se mesure pas uniquement dans la relation interpersonnelle, mais dans l'attachement au système social lui-même, que rend possible, ou non, l'ensemble des relations interpersonnelles s'inscrivant dans des sphères normatives distinctes. Le lien, tel que nous l'entendons, est un lien au sens durkheimien de l'attachement à la société, ce qui implique de prendre en compte le système normatif qui le fonde, en faisant l'hypothèse que les individus sont plus ou moins contraints de s'y conformer pour être réellement attachés entre eux et à la société.

Dans le lien de filiation par exemple, on étudie bien la relation entre des parents et des enfants, mais en la rapportant aux normes qui encadrent ce lien dans une société donnée, sachant que la filiation peut prendre des formes différentes d'une société à l'autre. Dans le lien de participation élective, l'intensité de la relation entre individus au sein de communautés organisées sur le mode du regroupement affinitaire sera variable selon les attentes de ces communautés, mais aussi selon l'ampleur de l'incitation normative que les sociétés exercent

6. « La force des liens faibles », *in* M. S. Granovetter, *Sociologie économique*, art. cité, p. 69.

7. Voir, par exemple, dans les quartiers pauvres de São Paulo, Eduardo Marques, *Redes Sociais, segregação et pobreza*, São Paulo, Editora Unesp, 2010.

auprès de leurs membres pour qu'ils s'engagent dans ce type de structures, au nom de valeurs partagées et susceptibles d'assurer la cohésion sociale. Dans le lien de participation organique, on étudie la relation entre des agents qui participent à la vie professionnelle, sachant que cette relation s'apprécie différemment selon que l'on se place dans une société salariale accomplie ou une société salariale incomplète, dans une société salariale en crise ou dans une société salariale en expansion. Enfin, dans le lien de citoyenneté, ce qui en jeu, c'est la protection des individus par des droits civils, politiques, économiques et sociaux et la reconnaissance de leur qualité respective d'individu souverain. Si cette définition générale nous conduit à nous référer prioritairement aux sociétés démocratiques, il ne fait aucun doute qu'au sein de ces dernières, il existe des conceptions différentes de la citoyenneté, ne fût-ce que par la reconnaissance des droits et devoirs des individus appartenant à la même communauté politique et par le degré de leur attachement à celle-ci et de la confiance qu'elle leur inspire. Granovetter et les sociologues des réseaux ne se posent pas ce type de question. Ils étudient les relations interpersonnelles de façon générale, sans distinguer les sphères normatives dans lesquelles ces liens se déploient et sans distinguer les différents types de liens. L'opposition entre les liens forts et les liens faibles ne rend pas compte de la trame complexe sur laquelle se tissent ces liens, et fait l'économie des univers moraux qui attachent les humains entre eux, et au social.

Attachement social et capital social

La théorie de l'attachement social conduit également à dialoguer avec la sociologie du capital social qui recoupe, au moins partiellement, la sociologie des réseaux sociaux. Sans prétendre en faire une synthèse exhaustive – il existe des manuels entiers qui lui sont consacrés[8] –, je me contenterai ici de reprendre des travaux connus, régulièrement cités dans la littérature sociologique, ne fût-ce que pour dégager les

8. On lira, par exemple, Sophie Ponthieux, *Le Capital social*, Paris, La Découverte, « Repères », 2006 et Emanuele Ferragina, *Social Capital in Europe, A Comparative Regional Analysis*, Cheltenham, Edward Elgar Publishing, 2012.

spécificités du concept d'attachement social. Tel que nous le définissons, celui-ci se décline aussi bien au niveau individuel qu'au niveau collectif. Il renvoie en effet à la fois à une propriété de l'individu qui dépend en grande partie des conditions de sa socialisation – ce qui aboutit au processus par lequel l'individu est pourvu fortement ou faiblement des quatre types de liens – et à une propriété de la société dans son ensemble qui encadre, contrôle et régule ces conditions, en référence à différentes sphères de la morale. Si l'on se réfère à la première partie de cette définition, le concept d'attachement social peut paraître assez proche de celui de capital social tel que Pierre Bourdieu l'a élaboré. Si l'on se réfère à la seconde partie, il peut sembler assez compatible avec celui défini par Robert Putnam. Il est donc utile de confronter ces différents cadres conceptuels.

Un mode de multiplication des ressources

Bien que Pierre Bourdieu y fasse référence, le capital social n'est pas un concept central dans son œuvre. Il faut attendre le début des années 1980 pour qu'il lui consacre un très court article, modestement intitulé « Le capital social, notes provisoires ». Comme le souligne François Denord, Bourdieu utilise indifféremment les expressions « capital social » et « capital symbolique » dans ses recherches en Algérie et au cours des années 1960 pour désigner les avantages et les contraintes de l'appartenance à un groupe[9]. Ce sont ses recherches sur la classe dominante qui le conduiront à associer le capital social comme troisième forme de capital, aux côtés du capital économique ou du capital culturel. Il en donne alors la définition suivante : « Le capital social est l'ensemble des ressources actuelles ou potentielles qui sont liées à la possession d'un réseau durable de relations plus ou moins institutionnalisées d'interconnaissance et d'interreconnaissance ; ou, en d'autres termes, à l'appartenance à un groupe, comme ensemble d'agents qui ne sont pas seulement dotés de propriétés communes (susceptibles d'être perçues par l'observateur, par les autres ou par eux-mêmes) mais sont aussi unis par des liaisons permanentes et utiles. Ces liaisons sont irréductibles aux relations objectives de proximité dans l'espace

9. Voir G. Sapiro (dir.), *Dictionnaire international Bourdieu*, *op. cit.*, p. 112.

physique (géographique) ou même dans l'espace économique et social parce qu'elles sont fondées sur des échanges inséparablement matériels et symboliques dont l'instauration et la perpétuation supposent la re-connaissance de cette proximité. Le volume du capital social que possède un agent particulier dépend donc de l'étendue du réseau des liaisons qu'il peut effectivement mobiliser et du volume du capital (économique, culturel ou symbolique) possédé en propre par chacun de ceux auxquels il est lié[10]. »

Selon cette définition, le capital social n'est jamais vraiment indépendant du capital économique et du capital culturel. Il agit comme un multiplicateur de ressources et on comprend pourquoi Bourdieu l'utilise surtout en pensant aux catégories supérieures déjà détentrices de capitaux en propre qui ne demandent qu'à s'accroître. Mais pour qu'il en soit ainsi, il faut y travailler. Le capital social n'est pas constitué une fois pour toutes, il est le produit d'un travail d'instauration et d'entretien de liaisons durables et utiles, et exige de véritables stratégies d'investissement social : il s'agit en permanence de transformer des relations occasionnelles ou fortuites en relations nécessaires et électives supposant des obligations réciproques fondées sur la reconnaissance mutuelle, autrement dit des relations qui comptent pour faire fructifier des capitaux existants. Il est évidemment possible de ne pas réserver le concept de capital social aux catégories dominantes et d'en faire un usage plus large, mais on prend le risque alors de lui faire perdre au moins partiellement la fonction multiplicatrice des ressources que lui attribue Bourdieu. Si des pauvres entretiennent des liens entre eux, c'est sans aucun doute un mode de résistance à la pauvreté qui permet d'éviter l'isolement social, mais, dans ce cas, la mise en commun des ressources restera maigre et n'aura guère d'effet multiplicateur. Et, par ailleurs, si les pauvres ont des relations avec des personnes qui ne le sont pas, ils risquent d'être placés, au moins temporairement, dans une position d'infériorité sociale éprouvante, souvent peu favorable à leur émancipation, même s'il peut exister des exceptions. Autrement dit, ce qui procure du capital social, ce n'est pas le fait d'avoir en tant que telles des relations au sein d'un groupe soudé, mais c'est surtout

10. P. Bourdieu, « Le capital social. Notes provisoires », *Actes de la recherche en sciences sociales*, 31, 1980, p. 2.

de posséder des propriétés qui permettent à des personnes proches les unes des autres dans l'espace social de se reconnaître mutuellement comme proches par la possession de ces propriétés et de considérer avantageux d'être liées, ne fût-ce que pour faire fructifier leurs propres capitaux. Ainsi, pour Bourdieu, le capital social est indissociable soit du capital économique, soit du capital culturel, soit des deux.

L'attachement social peut-il être considéré comme un ensemble de ressources actuelles ou potentielles liées à la possession d'un réseau de relations ? Nous avons vu que chaque type de lien comporte une dimension de protection et de reconnaissance et que l'attachement social est un processus d'entrecroisement de liens sociaux différents. Nous pouvons donc en déduire que ce processus est inégal puisque l'entrecroisement peut être plus ou moins achevé pour certains individus, leur procurant en cela de réelles garanties cumulatives en termes de protection et de reconnaissance, alors qu'il peut être inachevé ou instable pour d'autres, entraînant alors un risque élevé et multiple de fragilité ou de rupture sociale (ce que nous étudierons précisément dans le chapitre suivant). Entre ces deux extrêmes, il peut exister un ensemble de variations intermédiaires, sachant que chaque individu a la possibilité de compenser la faiblesse ou la rupture d'un type d'un lien par la force d'un autre.

Dans ce sens, l'attachement social est un processus qui procure des ressources aux individus. Être attaché à des groupes et à la société dans son ensemble apporte généralement le confort matériel et symbolique d'être protégé face à aux aléas de la vie, et reconnu en tant que personne utile à l'ensemble en fonction de sa propre valeur. Par ailleurs, tout comme le capital social défini par Bourdieu, l'attachement social n'est jamais totalement donné une fois pour toutes et nécessite un travail de conquête, d'entretien et de résistance. On ne saurait pour autant confondre les deux concepts. Le capital social trouve sa place dans une théorie générale des capitaux et des formes de distinction et de domination, alors que l'attachement social vise à expliquer les formes et les fondements de la solidarité humaine, en soulignant tout autant ce qui les fortifie que ce qui les entrave et en prenant en compte non pas seulement les catégories supérieures dans leurs stratégies d'accumulation de capitaux, mais l'ensemble des groupes sociaux et, en particulier, les populations les plus exposées aux ruptures cumulatives des liens sociaux.

Une propriété de la société

Le concept de capital social prend un sens différent avec Robert Putnam qui en fait un attribut de la société. Ce qui intéresse avant tout le politologue américain, c'est la culture civique qui, dans son esprit, conditionne la démocratie. Il commence ses recherches en Italie et publie en 1993 son premier livre, dans lequel il expose ses principaux résultats[11] : les régions les plus prospères d'Italie – le Nord et le Centre – sont celles où l'engagement civique est le plus fort, tandis que les régions du Sud, les plus pauvres, sont au contraire celles où il est faible, voire très faible. Dans les premières, la démocratie fonctionne, les institutions sont respectées et performantes, les associations nombreuses et diversifiées, les citoyens lisent la presse, se tiennent informés de ce qui se passe auprès d'eux et se font mutuellement confiance. Dans les secondes, c'est tout l'opposé : « Défections, méfiance, paresse, exploitation, isolement, désordre et stagnation se renforcent mutuellement dans un miasme suffocant de cercles vicieux[12]. » Comment expliquer un tel contraste au sein d'un même pays ? Les explications données par Putnam sont historiques. Les régions du Nord sont caractérisées par des réseaux denses de réciprocité depuis au moins le début du XIe siècle : guildes, fraternités, coopératives et associations existent depuis cette époque. Ces structures ont donc précédé le développement économique. Dans les régions du Sud, au contraire, les liens sociaux sont verticaux depuis des siècles et se traduisent jusqu'à aujourd'hui par des formes enracinées de clientélisme qui entravent tout espoir de développement. Cette interprétation a suscité de nombreux débats et fait l'objet de plusieurs critiques. Mais Putnam tient là une explication qui ne le quittera plus : ce qui distingue les régions civiques de celles qui ne le sont pas, c'est avant tout la coopération des individus, la réciprocité de leurs échanges, la force des solidarités horizontales, en un mot, le capital social. Sa première définition de ce concept est la suivante : « Le capital social fait

11. Robert D. Putnam, *Making Democracy Work : Civic Traditions in Modern Italy*, Princeton, NJ, Princeton University Press, 1993.
12. *Ibid.*, p. 177. Traduction personnelle, de même que les autres passages cités des ouvrages de Putnam.

ici référence aux caractéristiques de l'organisation sociale, telles que la confiance, les normes et les réseaux qui peuvent améliorer l'efficacité de la société en facilitant des actions coordonnées[13]. »

Fort de ces premiers résultats, Putnam se lance ensuite dans une vaste recherche sur le capital social qui porte alors sur l'ensemble des États-Unis. En s'appuyant sur les grandes enquêtes américaines et de nombreuses séries statistiques, il entreprend une comparaison entre États qui aboutit à la publication du livre intitulé *Bowling Alone* dans lequel il souligne le déclin des associations et du civisme[14]. Il revient alors sur sa définition du capital social en la précisant : « Alors que le capital physique fait référence aux objets physiques et que le capital humain fait référence aux propriétés des individus, le capital social fait référence aux connexions entre les individus – les réseaux sociaux et les normes de réciprocité et de confiance qui en découlent. En ce sens, le capital social est étroitement lié à ce que certains ont appelé la "vertu civique". La différence est que le "capital social" attire l'attention sur le fait que la vertu civique est plus puissante lorsqu'elle est intégrée dans un réseau dense de relations sociales réciproques. Une société composée de nombreux individus vertueux mais isolés n'est pas nécessairement riche en capital social[15]. » Dans cette définition, Putnam insiste sur la distinction qu'il opère entre les ressources de l'individu et celles de la société, les premières relevant plus selon lui du capital humain que du capital social. Il s'écarte donc en cela fondamentalement du sens donné au concept par ses prédécesseurs et par Bourdieu en particulier.

S'il n'y a pas de contre-indication à définir ainsi le capital social, la méthode que Putnam conçoit pour le mesurer empiriquement fera, en revanche, l'objet de plusieurs commentaires critiques. Il utilise un score qui comprend au total 14 indicateurs relevant des dimensions de la vie organisationnelle de la communauté, des critères d'engagement bénévole communautaire, des éléments de la sociabilité informelle et de la confiance sociale[16]. Ce score présente l'inconvénient de mélanger des objets très différents les uns des autres – des croyances,

13. *Ibid.*, p. 167.
14. *Id.*, *Bowling Alone : The Collapse and Revival of American Community*, New York, Simon & Schuster, 2000.
15. *Ibid.*, p. 19.
16. *Ibid.*, p. 291.

des comportements, des possessions… –, des indicateurs issus d'enquêtes individuelles et de données agrégées, et d'accumuler de nombreux indicateurs qui sont en réalité très proches, ce qui fait gonfler artificiellement la fiabilité statistique globale du score[17]. Par ailleurs, si la méthode utilisée aboutit à une édifiante carte des États-Unis, qui oppose, *grosso modo*, les États du Nord à ceux du Sud, et à une série de corrélations significatives entre le score moyen de capital social par État et de nombreux facteurs exogènes comme l'usage de la télévision, l'explication théorique reste parfois floue ou insuffisante. Il peut exister par ailleurs d'autres facteurs cachés derrière un score moyen de capital social, ce dernier pouvant dissimuler, en réalité, de fortes variations selon les différents groupes sociaux à l'intérieur des États.

En revanche et en dépit de ces limites, la tentative de Putnam de définir le capital social comme une propriété de la société n'est pas irrecevable. On peut très bien reconnaître l'intérêt de porter l'analyse à un niveau qui dépasse l'individu et qui relève des formes d'interactions encadrées par des normes sociales. En ce sens, le concept d'attachement social peut sembler assez proche de celui de capital social ainsi défini sur au moins trois aspects.

Premièrement, l'attachement social articule lui aussi le niveau individuel et le niveau collectif. Il peut en effet être comparé à une ressource de l'individu, inégalement répartie, mais aussi une ressource du système social lui-même, mobilisable à l'échelon d'une vaste communauté par les liens qui y attachent les individus. Deuxièmement, aussi bien dans cette définition du capital social que dans celle de l'attachement social, l'approche est relationnelle : dans le capital social, il s'agit de connexions et de confiance réciproque entre les individus, tandis que l'attachement social repose sur l'entrecroisement de plusieurs types de liens sociaux. Enfin, le capital social, tel que l'entend Putnam, et l'attachement social sont des concepts qui se réfèrent à des normes sociales auxquelles les individus doivent se conformer. Putnam parle de normes de réciprocité ou de réciprocité généralisée, alors que l'attachement aux

17. Voir notamment Partha Dasgupta, « Economic progress and the idea of social capital », *in* P. Dasgupta et Ismail Serageldin (dir.), *Social Capital : A Multifaceted Perspective*, Washington, World Bank, 1999, p. 325-401.

groupes au sens de Durkheim correspond à une contrainte normative se déclinant selon différentes sphères de la morale.

Mais sous des apparences de similitudes, ces deux concepts divergent fortement. Alors que le capital social est défini de façon globale, comme une caractéristique d'une vaste communauté, l'attachement social renvoie à des sphères distinctes de la morale qui ne s'additionnent pas et que l'on ne peut donc pas englober. L'individu est censé s'y conformer pour être attaché à différents groupes et le système social régule ces différentes sphères en leur attribuant une valeur qui peut varier selon les contextes, d'où la possibilité, on va le voir, de distinguer différents régimes d'attachement. Ainsi, contrairement à l'approche de Putnam qui se fonde sur un indice synthétique de capital social, il ne peut être envisagé un seul indice pour l'attachement social.

Dans cette perspective, on parlera d'entrecroisement de plusieurs types de liens et non d'une échelle unique, laissant ainsi la possibilité d'analyser des configurations variées, aussi bien à l'échelle de l'individu qu'à celle de la communauté plus vaste. De même, à l'échelon d'une communauté ou d'une société dans sa totalité, on ne saurait se contenter d'un score global d'attachement social sachant que chacune se caractérise soit par la prééminence d'une sphère de la morale sur les autres, soit par une combinaison spécifique de ces différentes sphères. Il revient donc au sociologue d'étudier ces cas spécifiques, en les comparant et en recherchant les facteurs qui peuvent les expliquer. Enfin, en distinguant plusieurs types de liens sociaux, nous nous inscrivons dans une logique de différenciation des sphères normatives de l'attachement aux groupes et à la société, ce qui nous permet d'intégrer dans notre approche la sphère de la famille (le lien de filiation) et la sphère professionnelle (le lien de participation organique), étonnamment absentes de l'analyse de Putnam.

L'intérêt du concept d'attachement social n'est, on l'a compris, ni de s'intégrer à une théorie générale des capitaux ni d'élaborer un indicateur homogène global permettant de hiérarchiser les performances sociales des sociétés. En revanche, il permet de repérer des variations entre elles, selon les modes de régulation des liens qui lui sont propres, engendrant ainsi ce que l'on pourra appeler différents régimes d'attachement social.

La cohérence normative de l'attachement social

Quiconque a vécu successivement dans plusieurs pays situés dans des aires culturelles différentes a pu se rendre compte, sans savoir toujours les expliquer, des variations parfois considérables dans la façon dont les individus sont attachés les uns aux autres. Dans certains pays, la famille semble jouer un rôle prépondérant, les individus étant principalement liés dans des communautés domestiques plus ou moins larges, organisées selon le principe de la solidarité de proximité et dans lesquelles les intérêts individuels semblent se fondre dans les intérêts collectifs. Dans d'autres, ce qui frappe avant tout, c'est la vitalité de l'engagement associatif qui semble concerner non pas seulement un noyau de généreux bénévoles dévoués aux autres, mais de larges couches sociales de la population. Dans d'autres encore, la vie sociale semble envahie par les enjeux de la mobilisation personnelle et collective dans la sphère professionnelle, les organisations du travail et les syndicats assurant alors de façon prioritaire la défense des intérêts des travailleurs et de celles et ceux qui en dépendent directement. Enfin, il existe des pays où les individus semblent attachés avant tout à l'État et aux institutions, qui leur assurent l'essentiel de leur bien-être. Il y aurait ainsi, selon les pays, un déplacement de la solidarité, de la sphère la plus réduite à la sphère la plus large en passant par des formes intermédiaires. C'est précisément pour comprendre ces variations que je propose ici de définir et de comparer des régimes d'attachement social.

Un mode de régulation

Après avoir distingué plusieurs groupes auxquels les individus sont attachés, Durkheim, on l'a vu, s'est posé la question de la hiérarchie de ces attachements. Si l'on ne retient que les trois principaux – la famille, la patrie et l'humanité –, sa réponse est catégorique. Si chacun des trois est vital, la patrie est un groupe social d'un ordre plus élevé, puisque la famille se confond souvent avec les intérêts personnels et l'humanité, qui n'a pas d'organisation propre, reste un terme trop abstrait pour lui associer un groupe existant réellement. En plaçant ainsi la patrie au sommet, il fait du lien de citoyenneté – et donc de la morale civique – une sorte d'idéal à atteindre pour réguler le système normatif et assurer la cohésion sociale la plus aboutie. Cette conception est logique chez lui quand on connaît sa foi dans les idéaux émancipateurs de la République, mais elle n'en reste pas moins normative. Aujourd'hui, je propose de retourner la question : non pas se demander quel groupe on doit placer, une fois pour toutes, en haut de la hiérarchie des attachements mais comment les différentes sociétés hiérarchisent elles-mêmes ces groupes. Autrement dit, comment vont-elles organiser et réguler les fondements moraux de la solidarité ? Je propose donc de partir de l'hypothèse que chaque société, par son système normatif, en exprime une trame spécifique.

C'est dans le sens de cette régulation sociale globale que nous pouvons parler de régimes d'attachement social. Un régime d'attachement social a pour fonction de produire une cohérence normative globale afin de permettre aux individus et aux groupes de faire société, au-delà de leurs différenciations et de leurs rivalités. Pour faire société, il n'est pas nécessaire, selon Durkheim, que les représentations collectives soient inscrites dans chaque conscience individuelle, la pluralité étant considérée comme une des caractéristiques fondamentales des sociétés modernes. Mais il est important que certaines d'entre elles soient partagées par le plus grand nombre, sinon par tous. Ces représentations peuvent très bien être limitées, une seule pourrait même suffire, mais elles doivent alors exercer une autorité sur les individus, s'imposer à eux, leur inspirer une forme spontanée de respect et d'attachement affectif. C'est aussi dans ce sens que l'on peut parler d'une économie morale des liens sociaux[18]. Cette notion renvoie à la régulation

18. La notion d'économie morale, élaborée initialement par l'historien Edward P. Thompson dans son ouvrage de 1963 *The Making of the English Working Class* (*La Formation de la classe ouvrière anglaise*, 1re éd. française, Paris, Gallimard/Seuil, « Hautes études », 1988, rééd., Paris, Points, 2012 et 2017), a fait couler beaucoup d'encre. Je ne la réduis pas aux sociétés du passé, à l'ordre moral ancien et aux combats que mènent en son nom les couches dominées pour se défendre des dérèglements du capitalisme et de l'oppression qu'elles subissent. En revanche, le sens que je donne à ce concept est proche de la reformulation que Thompson a lui-même proposée après avoir fait l'objet de nombreuses critiques. Dans un article publié en 1991, il précisait qu'il aurait aussi bien pu parler d'« économie sociologique », au sens d'une économie prise dans sa signification originelle d'organisation de la maison, lorsque chaque membre, relié au tout, reconnaît ses

qui s'opère à l'échelon de la société dans son ensemble lorsqu'il s'agit de s'entendre, non pas sur tout évidemment – les conflits sont inévitables –, mais sur un segment au moins de la morale collective, afin d'assurer la cohérence de l'ordre normatif et de permettre ainsi aux individus de tisser des liens sans avoir à les opposer les uns aux autres, et à promouvoir non seulement leur intégration sociale, mais aussi celle de la société dans laquelle ils vivent.

L'attachement social est donc un double processus, l'un s'exerce depuis les individus par les liens qu'ils tissent entre eux et avec la société, l'autre depuis la société par les normes sociales et juridiques qu'elle élabore et hiérarchise et auxquelles les individus sont contraints de se conformer. Ce double processus recoupe, au moins partiellement, la distinction entre les deux concepts d'intégration et de régulation à laquelle tenait beaucoup Durkheim. Le premier renvoie à l'intégration des individus *à* la société, le second à l'intégration *de* la société. On pourrait poursuivre en disant que l'intégration *à* la société est assurée par les liens sociaux que les individus s'efforcent de construire au cours de leur socialisation en se conformant aux normes sociales en vigueur, et que la régulation procède de l'entrecroisement normatif de ces liens sociaux qui permet l'intégration *de* la société dans son ensemble. C'est ainsi qu'il est possible de rapprocher chaque société d'un régime spécifique d'attachement, ce qui justifie l'élaboration d'une typologie idéal-typique comme cadre analytique opérationnel. Le principe de cette typologie repose sur l'hypothèse que le système normatif qui fonde un régime d'attachement porte la marque historique anthropologique de l'empreinte laissée par la prééminence d'un type de lien sur les autres. Cette prééminence se traduit notamment par la pénétration plus ou moins conséquente d'une sphère de la morale dans les autres, ce qui a pour effet, entre autres, de renforcer la cohérence normative globale du système social.

L'enjeu consiste alors à passer d'une typologie des liens sociaux (au sens de l'attachement des individus à des groupes) à une typologie

---

devoirs et ses obligations. Voir E. P. Thompson, « The moral economy reviewed », in *Customs in Common*, Londres, The Merlin Press, 1991, p. 259-351. Voir aussi D. Fassin, « Les économies morales revisitées », *Annales. Histoire, Sciences Sociales*, 6 (64), 2009, p. 1237-1266.

des régimes d'attachement social (au sens de la régulation normative des liens sociaux dans les sociétés modernes). Dans chaque régime d'attachement, les quatre types de liens peuvent avoir une fonction d'intégration et/ou une fonction de régulation. Un lien intégrateur est un lien qui attache l'individu aux groupes alors qu'un lien régulateur a une fonction supplémentaire qui consiste à produire un ensemble de règles et de normes susceptibles de se traduire par une extension de son influence aux *autres* liens, jusqu'à infléchir leur conception normative initiale. Elle engendre des valeurs et des principes d'éducation morale susceptibles de se répandre dans l'ensemble de la société. Autrement dit, un lien régulateur est en quelque sorte un lien prééminent.

Quatre régimes d'attachement social

À partir de cette définition préliminaire, quatre types de régimes d'attachement peuvent être définis : le régime de type *familialiste*, le régime de type *volontariste*, le régime de type *organiciste* et le régime de type *universaliste*.

Le régime de type familialiste a pour caractéristique principale d'être régulé par le lien de filiation, les autres liens de participation élective, de participation organique et de citoyenneté assurant une fonction d'intégration. Il se fonde prioritairement sur la morale domestique. Le régime de type volontariste est régulé par le lien de participation élective, les autres liens étant essentiellement intégrateurs. Il repose sur la morale associative. Le régime de type organiciste repose sur la régulation du lien de participation organique, et se nourrit de la morale professionnelle. Enfin, le régime de type universaliste se régule à partir du lien de citoyenneté et prend toute sa force à partir de la morale civique.

De quel type de régime d'attachement se rapproche telle ou telle société ? Pour le savoir, il est nécessaire de rechercher, dans les différentes étapes de son histoire et les racines anthropologiques de son développement, ce qui a constitué sa trame spécifique. Cela implique un travail approfondi qui porte essentiellement sur la constitution des normes et l'étude de leurs évolutions. Pour éviter tout malentendu, écartons immédiatement l'hypothèse simpliste qui consisterait à penser que toutes les sociétés peuvent être classées en fonction d'un régime spécifique. Il ne s'agit en aucun cas d'un classement, mais de la confrontation d'un ensemble de données empiriques caractéristiques d'une société – au sens d'un système social – à un régime d'attachement qui reste d'ordre idéal-typique[19]. Par définition, la réalité empirique est toujours plus complexe que le type idéal puisque celui-ci n'a été construit qu'à des fins analytiques et qu'il ne constitue pas l'aboutissement du travail scientifique, mais un outil au service de la compréhension sociologique. Une partie du travail consiste à rechercher les variables le plus souvent associées à ces quatre types de régimes[20]. Nous aurons l'occasion dans la quatrième partie de cet ouvrage de les étudier de façon approfondie à partir de données empiriques. Contentons-nous pour le moment de poursuivre la définition idéal-typique de chaque régime d'attachement social, à partir d'un faisceau d'hypothèses logiques que nous pourrons vérifier par la suite.

Le régime de type familialiste est régulé par l'emprise qu'exerce le lien de filiation sur les autres types de liens. La première intuition qui vient à l'esprit est que ce régime serait plus répandu dans des régions caractérisées par un faible développement industriel, dans des zones rurales où l'économie repose encore en grande partie sur de petites unités de production relativement repliées sur elles-mêmes ou sur un secteur géographiquement limité. Mais on peut également envisager que ce régime puisse perdurer dans des régions plus développées en offrant ainsi une base familialiste à un capitalisme de petits entrepreneurs solidaires entre eux. Il caractériserait aussi le mode de développement d'un pays émergent, où les structures modernes de l'économie

19. Nous nous référons bien entendu ici à l'approche weberienne du type idéal : « D'avance, nous voudrions insister sur la nécessité de séparer rigoureusement les tableaux de pensée dont nous nous occupons ici qui sont "idéaux" dans un sens purement logique, de la notion de devoir-être ou de "modèle". Il ne s'agit, en effet, que de constructions de relations qui sont suffisamment justifiées au regard de notre imagination, donc "objectivement possibles", et qui semblent adéquates à notre savoir nomologique. » Max Weber, *Essais sur la théorie de la science*, Paris, Plon, « Agora », 1992, p. 174.

20. En parlant de variables associées et non pas de variables explicatives, nous entendons souligner que la causalité ne repose pas sur ces variables prises séparément. En revanche, ces dernières peuvent jouer en même temps. Elles sont le plus souvent interdépendantes et c'est cette interdépendance qui constitue la clé de l'explication causale la plus probable.

se déploient en maintenant des traditions empreintes de solidarisme familial, qui assurent à la population une protection que l'État et les pouvoirs publics, le plus souvent impuissants, ne prennent pas en charge. Il pourrait même subsister dans des pays très développés qui, tout en étant devenus modernes et prospères économiquement, ont voulu garder certaines traditions et notamment un sens aigu de la solidarité familiale. Dans le cas de pays pauvres, ce régime correspondrait en quelque sorte à une solidarité par défaut, dans les pays plus riches à un choix délibéré de maintenir des traditions ancrées dans des valeurs ancestrales et une culture commune qui continue à se transmettre de génération en génération.

On peut également émettre l'hypothèse que ce régime s'accompagnerait de fortes inégalités sociales, sans que celles-ci soient fortement combattues puisque l'État lui-même, par impuissance ou pour des raisons idéologiques, ne fait pas de la redistribution une priorité. Les inégalités, comme la pauvreté, seraient en quelque sorte « naturalisées[21] ». Lorsque la pauvreté est intégrée au système social, les pauvres acceptent généralement leur condition comme un destin, celui de leur famille, auquel ils ne peuvent pas échapper[22]. La survie serait dès lors recherchée en priorité dans le réseau familial, lequel constitue alors l'instance essentielle de l'intégration. Le système de protection sociale est dans ce cas non seulement lacunaire, mais aussi, le plus souvent, de nature clientéliste. L'application du principe de « démarchandisation » est si limitée que les individus et les ménages les plus pauvres ne peuvent accéder à une réelle sécurité d'existence face aux aléas de la vie.

Enfin, on peut supposer que le régime de type familialiste est associé à une conception limitée de l'engagement civique. Le marché du travail serait contrôlé par des réseaux locaux organisés, le personnel politique souvent corrompu et les institutions publiques facilement détournées au profit d'intérêts individuels ou catégoriels. Le marché de l'emploi procurant peu de protections généralisées, se développerait une économie informelle aux franges de la condition salariale minimale.

21. Voir sur ce point S. Paugam, « La perception de la pauvreté sous l'angle de la théorie de l'attachement. Naturalisation, culpabilisation et victimisation », *Communications*, n° 98, 2016, p. 125-146.
22. S. Paugam, *Les Formes élémentaires de la pauvreté*, Paris, PUF, « Le Lien social », 2005, 3e éd. mise à jour et complétée, 2013.

Le régime de type volontariste est régulé, on l'a vu, par le lien de participation élective. On peut faire l'hypothèse qu'il est fondamentalement lié au principe selon lequel rien ne doit pouvoir entraver la liberté d'association guidée par des choix affinitaires, qu'ils soient mus ou non par la recherche de l'intérêt individuel. Ce régime entretiendrait de ce fait une forte connivence avec le principe de la liberté d'entreprise, lequel serait alors partagé par la grande majorité de la population, qui accepterait d'autant plus facilement les règles du marché qu'elles seraient conformes au désir jugé légitime d'enrichissement individuel. Il est donc logique que ce régime offre toutes les conditions nécessaires au développement capitaliste. On peut également imaginer que ce régime serait associé à de fortes inégalités. Celles-ci, ainsi que la pauvreté, seraient perçues comme un effet social inévitable puisqu'elles seraient censées sanctionner les moins capables et/ou les moins courageux. Dans cet esprit, la rationalisation des inégalités serait recherchée dans le mérite. Les plus pauvres n'auraient pas d'autre solution que de compter sur eux-mêmes pour échapper à leur condition, ce qui accompagne le mythe du self-made-man.

On peut aussi soutenir que le système de protection sociale y serait globalement faible. Laissé à l'appréciation libre de la prise de risque par l'intermédiaire des assurances privées, il se concentrerait surtout sur les plus pauvres de la population. Dans ce régime, le civisme serait, en revanche, particulièrement fort, à l'image de la vie associative florissante et du dynamisme des fondations privées pour défendre les intérêts de la société civile. Il serait ancré prioritairement dans un système d'appartenance communautaire éclairé par des aspirations collectives de citoyenneté. Le régime volontariste associerait en définitive un faible niveau de protection sociale et une incitation à l'engagement solidaire dans des groupements affinitaires.

Le régime de type organiciste est dominé par le lien de participation organique qui gouverne les autres liens[23]. En adoptant la terminologie

23. En qualifiant d'« organiciste » ce type de régime, nous ne nous inscrivons pas pour autant dans la perspective théorique de l'organicisme qui a été un courant contesté des sciences sociales. Il ne s'agit pas de dire que toutes les sociétés peuvent être analysées comme des organismes vivants. Au contraire, la typologie des régimes d'attachement est fondée sur la reconnaissance de la diversité des sociétés. Nous utilisons cette expression pour qualifier de façon métaphorique et

durkheimienne, il serait possible d'y voir l'aboutissement de la société industrielle, la solidarité organique étant l'expression de la société moderne fondée sur la différenciation des individus et la complémentarité des fonctions. On peut faire l'hypothèse que ce régime organiciste est logiquement associé au développement économique, à l'intensification des échanges dans le monde du travail et dans la société marchande. On peut toutefois considérer que ce régime n'est pas seulement une phase avancée de développement historique des sociétés modernes, mais qu'il est aussi l'expression d'un rapport spécifique des individus à l'État. La participation aux échanges passerait par l'attachement quasi obligatoire à un corps intermédiaire (au sens d'une corporation professionnelle), lequel ne pourrait se suffire à lui-même. Chaque groupe ainsi constitué entretiendrait de ce fait une médiation avec les autres et avec l'État, permettant ainsi des relations d'interdépendances assises sur le principe de complémentarité. Ce régime impliquerait un État centralisé capable de créer et d'entretenir des corporations dans des secteurs stratégiques – une sorte de corporatisme d'État –, mais aussi de réguler les autres secteurs comme autant d'organes distincts susceptibles d'assurer le bon fonctionnement de l'économie.

Dans ce régime, si les différents groupes sont autant d'organes appelés à coopérer, on peut imaginer qu'ils soient aussi en rivalité. De ce fait, les inégalités apparaîtraient comme constitutives de la vie sociale, non pas naturalisées comme dans le régime volontariste, mais plutôt au sens des luttes pour le classement dans l'échelle du prestige et des avantages matériels que procure la domination. Les groupes seraient inévitablement à la fois complémentaires et rivaux, à tel point qu'un travail de coordination et de pacification des luttes par l'État resterait nécessaire.

Dans ce régime, on peut concevoir que le système de protection serait plus avancé dans la voie de la « démarchandisation », mais qu'il resterait fragmenté en une kyrielle de sous-systèmes distincts exprimant ainsi une logique de distinction statutaire et de revendication catégorielle pour la conquête de droits spécifiques et la défense des avantages

---

idéal-typique un mode particulier d'organisation de la société en nous inscrivant dans le prolongement de la réflexion de Durkheim qui, on l'a vu, était lui-même très critique à l'égard des théories organicistes.

acquis. Dans ce régime, l'État exercerait une fonction classificatrice : il hiérarchiserait aussi bien les statuts des agents qui le servent que ceux des groupes socioprofessionnels qui émanent de la société civile. Son action procéderait enfin par ciblage des catégories susceptibles de faire l'objet de politiques spécifiques. Le civisme y serait globalement moins développé que dans le régime volontariste car l'intérêt général passerait souvent après les intérêts particuliers des groupes rivaux, lesquels attendraient d'ailleurs de l'État un arbitrage qu'ils seraient le plus souvent incapables d'assurer seuls.

Le régime de type universaliste, enfin, est régulé avant tout par le lien de citoyenneté. On peut faire l'hypothèse qu'il impliquerait une très forte capacité à rendre effectif le principe démocratique de l'égalité des individus, non seulement face aux droits, mais aussi de façon plus générale dans le fonctionnement de la vie économique et sociale. Ce régime aurait ainsi pour caractéristique de fonder une « société des égaux[24] ». Il serait compatible avec un haut niveau de développement économique. Les règles du marché y seraient acceptées et paraîtraient, à bien des égards, plus consensuelles que dans le régime organiciste. La question ne serait pas de les rejeter, voire de les contourner, mais de les socialiser. Pour y arriver, de nombreuses concertations seraient organisées entre les partenaires sociaux qui parviendraient ainsi à dépasser leurs intérêts catégoriels pour faire prévaloir l'intérêt général et les valeurs de l'appartenance à une vaste communauté de citoyens. Dans un régime universaliste, l'État serait l'affaire de tous. Constater sa légitimité reviendrait à se condamner soi-même tant il serait censé représenter l'ensemble des individus.

Conjurer les inégalités extrêmes et la pauvreté serait aussi l'expression d'un consentement quasi général à vivre les uns près des autres sans manifester de façon ostentatoire la supériorité éventuelle de tel ou tel statut. L'idée d'une subordination contrainte et étouffante serait contraire aux principes de la vie sociale ordinaire. Rien ne devrait venir entraver la volonté d'émancipation individuelle, sous réserve de respecter bien entendu les institutions puisque celles-ci seraient censées en faciliter l'expression. Le système de protection sociale y serait avancé. Financé aussi bien par l'impôt que par les assurances sociales,

24. P. Rosanvallon, *La Société des égaux*, Paris, Seuil, 2011.

il permettrait d'atteindre une « démarchandisation » d'un niveau très élevé. Enfin, le civisme y serait également très fort. L'associationnisme n'y serait pas plus développé que dans le régime volontariste, mais l'engagement civique passerait surtout par le respect des institutions publiques. Ce régime conjuguerait donc une condition salariale hautement protectrice et une conception de la citoyenneté et des droits individuels qui rendrait possible l'autonomie par rapport aux formes primaires de solidarité.

La typologie des régimes d'attachement social ainsi élaborée peut présenter quelques similitudes apparentes avec la typologie des *welfare regimes* d'Esping-Andersen[25] que nous avons présentée au chapitre 2. Il s'agit bien dans les deux cas d'une tentative d'élaboration d'un outil permettant de distinguer des modes différents de structuration des sociétés modernes en fonction des normes sociales et institutionnelles qu'elles ont promues. Il est assez logique que nous aboutissions à des rapprochements entre les deux typologies puisque, dans la définition des liens sociaux que nous avons adoptée, la dimension de la protection est l'un des deux fondements, même si celle-ci se déploie sous des formes plus diversifiées que celle que retient Esping-Andersen. Il existe cependant une grande différence de conceptualisation, la typologie d'Esping-Andersen étant principalement fondée sur le système de protection sociale – et son degré de « démarchandisation » – alors que la typologie des régimes d'attachement part des différents types de liens sociaux et de leur entrecroisement normatif spécifique selon les sociétés. Dans cette typologie, le système de protection sociale est un facteur explicatif parmi d'autres et non pas sa dimension fondatrice.

*

Nous avons pu montrer dans ce chapitre en quoi le concept d'attachement social se déploie aussi bien au niveau individuel qu'au niveau collectif et permet de relier ces deux niveaux. C'est ainsi que j'ai proposé de parler de régimes d'attachement social. J'ai volontairement présenté les variables associées à ces différents régimes en utilisant le conditionnel pour bien souligner qu'il s'agit à ce stade d'un faisceau

25. G. Esping-Andersen, *Les Trois Mondes de l'État providence*, *op. cit.*

d'hypothèses qu'il conviendra de vérifier empiriquement en puisant dans les ressources toujours plus amples de la statistique et des enquêtes quantitatives internationales, mais aussi dans les études des normes sociales variables d'une société à l'autre. Il s'agira donc de rechercher les mécanismes de régulation normative propres à chaque société. Ce sera le défi de la quatrième partie de cet ouvrage.

PARTIE II

La dynamique des inégalités

L'égalité est un besoin vital de l'âme humaine. Elle consiste dans la reconnaissance publique, générale, effective, exprimée réellement par les institutions et les mœurs, que la même quantité de respect et d'égards est due à tout être humain, parce que le respect est dû à l'être humain comme tel et n'a pas de degrés.

SIMONE WEIL, *L'Enracinement*

CHAPITRE 5

L'entrecroisement inégal des liens sociaux

Après avoir défini quatre types de liens sociaux et examiné leur complémentarité et leur potentiel entrecroisement en chaque individu, il convient désormais d'étudier ce qui peut conduire à leur rupture. Mes premières enquêtes sur la pauvreté ont confirmé que les personnes considérées comme pauvres sont souvent confrontées à des situations extrêmes associées à une rupture cumulative des liens sociaux. L'étude de ce processus est devenue courante et nombreux sont désormais les sociologues spécialistes de ce domaine qui accordent au moins autant d'importance aux formes de la pauvreté dite « relationnelle » qu'à celles de la pauvreté monétaire, même si ces dernières restent plus classiques, ne fût-ce que pour donner une définition statistique de la pauvreté. Mais la question de la rupture des liens sociaux ne concerne pas seulement les études sur la pauvreté ou portant sur un groupe social jugé défavorisé. Nous pouvons l'appréhender de façon globale à partir d'enquêtes réalisées en population générale afin d'en déterminer les facteurs structurels. Autrement dit, quels sont les risques pour chaque personne de faire l'expérience d'une ou de plusieurs ruptures dans son existence ?

Avant de nous lancer dans cet examen approfondi, rappelons ici que, comme nous avons associé chaque type de lien à une sphère de la morale, elle-même constitutive du système normatif, la rupture d'un lien, quel qu'il soit, ne correspond pas uniquement à la rupture d'une relation interpersonnelle, mais plus profondément à la difficulté pour l'individu qui en fait l'expérience d'être et de se sentir pleinement en conformité avec les attentes normatives des groupes auxquels il est potentiellement attaché. L'exemple le plus simple est celui du chômage, que l'on associe à la rupture du lien de participation organique. Être durablement au chômage ne signifie pas seulement l'absence de relations avec des collègues, mais surtout l'épreuve de la non-conformité à la morale professionnelle qui contraint, sous des formes variables d'une société à l'autre, les individus en âge d'activité à travailler et à trouver leur place dans le système d'interdépendance que constitue le monde du travail. C'est la raison pour laquelle les chômeurs qui ne parviennent pas à retrouver un emploi se sentent souvent socialement disqualifiés, d'autant que le discours public tenu à leur égard fait souvent d'eux des irresponsables, voire des profiteurs des aides sociales.

La rupture des liens sociaux signifie sociologiquement la rupture de ce qui attache les individus non seulement les uns aux autres par le truchement des relations interpersonnelles, mais aussi au système social dans sa globalité. Je propose par conséquent de partir de cette définition et d'examiner en quoi le risque d'en faire l'expérience est inégal, ce qui nous conduira ensuite à examiner la question de l'interprétation et de la représentation graphique de ces inégalités.

Un risque inégal

La rupture des liens sociaux peut paraître relativement banale dans les sociétés modernes où prévaut la norme de l'autonomie des individus et où les grandes institutions de socialisation sont devenues plus ouvertes au changement et plus flexibles. Dans les sociétés néolibérales, qui valorisent l'engagement libre et la responsabilité individuelle, tout un chacun est appelé à construire, au gré des événements et des besoins, ses propres connexions avec le monde et il peut paraître légitime de faire, mais aussi de défaire, les liens sociaux, quitte à les refaire sur une base renouvelée. Certains auteurs voient même dans la rupture du lien un processus positif[1]. Se détacher de ses parents peut être considéré, par exemple, comme un moyen de s'émanciper d'une tutelle jugée

1. On lira par exemple F. de Singly, *Les Uns avec les autres. Quand l'individualisme crée du lien*, *op. cit.*

excessive, de réaliser des objectifs personnels très éloignés des critères valorisés dans l'univers familial d'origine[2]. La fin d'une relation amoureuse, consacrée ou non par un divorce, est également une épreuve douloureuse, mais qui peut être aussi considérée comme une étape dans une histoire de vie et l'occasion d'un nouveau départ. La perte d'un emploi, dont on a vu qu'elle peut être vécue de façon dramatique comme l'expression d'un échec personnel, et dont les retombées sociales sont souvent négatives, peut être également l'occasion d'une réorientation professionnelle et parfois d'un changement radical de mode de vie. Il existe par conséquent un risque de tomber dans un certain misérabilisme lorsque la rupture du lien n'est envisagée que sous l'angle d'une spirale négative. Mais, *a contrario*, cela ne doit pas non plus conduire à négliger, sous couvert de l'image angélique de l'individu libéré de toute contrainte, les processus de ruptures cumulatives à l'œuvre dans les formes contemporaines de pauvreté et de marginalisation, d'autant qu'ils sont l'expression de profondes inégalités entre les couches sociales de la population.

La rupture du lien de filiation

Le lien de filiation est encadré par des normes sociales précises. Si la famille relève de la sphère privée et, partant, de la morale domestique, elle est l'une des cibles privilégiées des politiques publiques qui entendent contrôler le processus de socialisation des enfants dès leur naissance afin de garantir leur intégration progressive au système social. La rupture du lien de filiation est, de ce fait, encadrée par des normes précises. Elle peut se produire à toutes les phases de l'existence, de la naissance à la fin de vie.

La première rupture du lien de filiation peut se faire juste après l'accouchement. Le Code civil français reconnaît à une mère qui ne se sent pas capable de pourvoir à l'éducation de son enfant le droit d'accoucher sans décliner son identité, ce que l'on appelle « l'accouchement sous

2. Certes, il faut se garder de confondre détachement et rupture, mais le premier semble même souhaitable dans bien des cas. Les psychiatres spécialistes des adolescents ne disent-ils pas qu'il est nécessaire de se détacher pour grandir ? Voir, par exemple, Marcel Dufo, *Détache-moi. Se séparer pour grandir*, Paris, Anne Carrière, 2007.

X ». L'enfant est alors pris en charge par un service social compétent – en France, l'Aide sociale à l'enfance – et placé dans une famille d'accueil. Il s'agit donc bien d'une rupture du lien de la mère à l'enfant. Ce droit à l'anonymat de la mère est censé la protéger[3], mais il s'est heurté ces dernières années à des revendications du droit de connaître ses origines. Comment concilier le droit au secret de la mère et le droit de l'enfant né sous X de connaître, notamment à sa majorité, sa filiation maternelle ? Autrement dit, comment concilier l'inconciliable ? En France, à l'issue de débats qui ont duré près de dix ans, un compromis a finalement été trouvé par la loi n° 2002-93 du 22 janvier 2002 qui crée un Conseil national pour l'accès aux origines et confirme en même temps la possibilité d'accoucher anonymement. Dans les faits, la mère est invitée à confirmer son identité sous pli fermé, qui sera conservé et adressé au Conseil national. Si elle y a consenti, l'enfant qui en manifestera le souhait auprès de cette instance pourra donc se voir révéler l'identité de sa mère, à condition que cette dernière confirme son accord. Lorsque la mère a refusé de dévoiler son identité, seuls seront remis à l'enfant les éléments et précisions sur les circonstances de son abandon que sa mère aura bien voulu transmettre après l'accouchement[4]. Cet exemple de rupture du lien de filiation est révélateur, au-delà de la tension entre deux principes juridiques et moraux opposés, à la fois de l'encadrement moral par l'État et de la sensibilité publique nouvelle à l'égard de l'épreuve que peut représenter dans l'existence le fait d'ignorer ses origines.

La séparation des enfants de leurs parents peut relever aussi d'une décision de justice. Des parents peuvent perdre en effet leur autorité parentale et se voir retirer leurs enfants, lesquels sont alors placés dans une institution éducative spécialisée ou une famille d'accueil. Le placement ne signifie pas rupture totale du lien, mais il est en quelque sorte suspendu pour une durée déterminée. Les parents sont toujours, au sens juridique, des parents, mais l'exercice de leur fonction parentale est désormais rigoureusement encadré. Ils font l'objet d'un

3. Plus encore à une époque où être fille-mère était perçu comme une déchéance sociale.

4. Pour plus de précisions sur ce sujet, le lecteur pourra se reporter à Cécile Ensellem, *Naître sans mère ? Accouchement sous X et filiation*, Rennes, Presses universitaires de Rennes, 2004.

accompagnement social par un professionnel que l'on appelle un « référent » chargé de faire le lien entre eux et la famille ou la structure d'accueil de leur(s) enfant(s). Cette fonction n'est pas nouvelle. Jacques Donzelot a retracé l'histoire de ce qu'il a appelé la police des familles[5]. Au titre de la protection que l'État entend assurer à l'ensemble des citoyens, cette « police » contrôle et assure la socialisation des enfants dans leur famille et dans les autres sphères de la vie sociale, et intervient chaque fois qu'une menace est signalée. Des travaux plus récents ont montré que cette fonction de contrôle s'est maintenue, voire s'est renforcée, au cours des dernières années[6]. L'État contribue toujours à produire, en négociation avec des médiateurs, la norme familiale comme expression de l'intérêt général[7] et, par là même, à protéger les catégories les plus vulnérables, mais cette intervention a aussi pour effet de sanctionner de façon directe ou indirecte certaines familles jugées déviantes.

Le devenir des enfants placés et leurs expériences vécues ont fait l'objet de plusieurs études aussi bien en France que dans d'autres pays[8]. Retenons tout d'abord que les jeunes placés ne forment pas un groupe homogène présentant une histoire commune en termes de temporalité (placement précoce ou tardif), d'incidence (placement unique ou multiplacement), de motifs de placement (maltraitance, famille incestueuse, habitat insalubre, etc.). De telles disparités expliquent en grande partie que certains jeunes vivent le placement comme un havre de paix où ils peuvent se reconstruire, par exemple après une période éprouvante au sein d'une famille dysfonctionnelle, tandis que d'autres vivent douloureusement cette séparation d'avec leurs parents (causée par un décès, une maladie grave, une incarcération, une expulsion, etc.) et souffrent de l'arrachement à un lien affectif fort. Les questions sur le devenir de ces enfants cherchent à évaluer, et à prévenir, les conséquences de leur placement sur les échecs de

5. Jacques Donzelot, *La Police des familles*, Paris, Minuit, 1977.
6. Delphine Serre, *Les Coulisses de l'État social. Enquête sur les signalements d'enfant en danger*, Paris, Raisons d'agir, 2009.
7. Remi Lenoir, *Généalogie de la morale familiale*, Paris, Seuil, 2003.
8. On pourra se reporter à Isabelle Fréchon et Annick-Camille Dumaret, « Bilan critique de 50 ans d'études sur le devenir des enfants placés », *Neuropsychiatrie de l'enfance et de l'adolescence*, vol. 56, n° 3, 2008, p. 135-147.

leur insertion sociale. Il s'agit, dans la mesure du possible, d'écarter le risque de reproduction intergénérationnelle du placement lui-même, et de la pauvreté.

Les personnes ayant connu un placement dans l'enfance se trouvent surreprésentées parmi les populations sans domicile[9] ou parmi les personnes en situation de précarité s'adressant aux services d'action sociale[10]. Une enquête menée en population générale dans l'agglomération parisienne[11], à partir d'un questionnaire biographique rétrospectif, a permis de recueillir des informations précises sur l'effet d'un placement lors de l'enfance ou l'adolescence. Comme on pouvait s'y attendre, l'analyse a confirmé que la population confrontée à d'importantes difficultés sociales à l'âge adulte a souvent connu des événements traumatiques dans l'enfance, et plus particulièrement le placement et la maltraitance[12]. Mais la force de ces corrélations ne signifie pas pour autant que le placement soit en lui-même un facteur explicatif des difficultés vécues à l'âge adulte. Après avoir contrôlé des variables sociodémographiques de base (sexe, âge, niveau d'éducation, origine sociale), il ressort que le fait d'avoir été placé dans sa jeunesse n'est pas significatif de façon systématique. Les effets les plus forts que nous avons enregistrés concernent tout d'abord la vie conjugale. Les personnes ayant connu un placement dans leur jeunesse paraissent, de façon significative, plus prédisposées à connaître l'épreuve d'un divorce

9. Jean-Marie Firdion, « Influence des événements de jeunesse et héritage social au sein de la population des utilisateurs des services d'aide aux sans-domicile », *Économie et Statistique*, n° 391-392, 2006, p. 85-114. Disponible à l'adresse : www.persee.fr/doc/estat_0336-1454_2006_num_391_1_7155

10. S. Paugam et Mireille Clémençon, « Détresse et ruptures sociales. Résultats de l'enquête OSC/Fnars "personnes en détresse" », Paris, Fnars, *Recueils et documents*, n° 17, avril 2002. Synthèse accessible sur le site bib-bop.org, URL : https://www.bib-bop.org/base_bib/bib_detail.php?ref=1520

11. Il s'agit de l'enquête SIRS (Santé, Inégalités et Ruptures Sociales) qui a été menée à Paris et sa première couronne de départements (92, 93 et 94). Elle suit une cohorte représentative de la population adulte et francophone de l'agglomération, constituée de 3 000 personnes interrogées en 2005 (en face-à-face à domicile), 2007 (par téléphone) et 2010 (en face-à-face) dans 50 quartiers.

12. S. Paugam, Jean-Paul Zoyem, Abdia Touahria-Gaillard, « Le placement durant l'enfance : quelle influence à l'âge adulte ? », rapport pour l'Observatoire national de l'enfance en danger, 2009.

ou d'une séparation, mais aussi à subir des violences physiques ou psychologiques à l'âge adulte. Cependant, d'autres expériences douloureuses de la jeunesse (maltraitance, abus sexuel, climat familial perturbé...), souvent corrélées au placement, constituent aussi des facteurs explicatifs significatifs. Il s'avère par conséquent difficile de dissocier vraiment l'effet du placement de l'effet des conditions qui ont présidé à cette décision. Autre résultat important : le placement en tant que tel n'a pas d'effet prédictif significatif sur la détresse psychologique à l'âge adulte. En revanche, les personnes l'ayant vécu sont beaucoup plus méfiantes à l'égard des institutions nationales. On peut faire l'hypothèse qu'elles ont été sensibilisées très jeunes à la force coercitive des institutions, et en gardent globalement ce que l'on pourrait interpréter comme une méfiance ou distance critique vis-à-vis du pouvoir et de l'administration en général.

Si les travaux menés sur le placement ont surtout porté soit sur les causes, soit sur le devenir des enfants placés, d'autres, plus rares, ont étudié plus précisément l'effet du placement sur les parents déchus et leurs capacités à entretenir, sous contrôle, un lien avec leurs enfants placés[13]. Un peu de la même façon qu'un chômeur ressent le plus souvent l'absence d'emploi comme une remise en question de sa propre capacité à travailler et à trouver sa place dans une organisation professionnelle, les parents dont les enfants leur ont été retirés éprouvent cette expérience comme le signe d'une déchéance de leurs capacités protectrice et éducative. Comment font-ils pour faire face à une telle rupture, qui s'apparente à ce que l'on pourrait appeler une « disqualification parentale » ? Déchus de tout ou partie de leurs droits et de leur fonction parentale, quelles relations parviennent-ils à entretenir avec leurs enfants éloignés ? Quelles marges d'autonomie trouvent-ils dans leurs relations avec les services sociaux pour prendre part à la vie de leur enfant ? Une enquête, réalisée auprès d'un échantillon représentatif de parents d'enfants placés d'un département français de la région d'Île-de-France, confirme que

13. Voir, par exemple, Catherine Sellenet, « "Dis, quand reviendras-tu ?" Blessures de la séparation des parents d'enfants placés », *Le Journal des psychologues*, vol. 4, n° 277, 2010, p. 50-54 et Régis Sécher, *Reconnaissance sociale et dignité des parents d'enfants placés. Parentalité, précarité et protection de l'enfance*, Paris, L'Harmattan, 2010.

tous sont bien confrontés à la même épreuve de la disqualification parentale[14].

Les résultats de cette enquête permettent toutefois de distinguer trois types d'expériences vécues. Certains sont profondément contrariés et éprouvent un sentiment d'injustice et d'impuissance, qui se traduit par une attitude hostile à l'égard du service social dont ils dépendent fortement pour voir leurs enfants de façon épisodique. D'autres, au contraire, éprouvent un sentiment de soulagement et acceptent, souvent malgré eux, cette délégation de leur fonction parentale à des professionnels dont ils reconnaissent les compétences. D'autres encore parviennent, malgré tout, à restaurer, au moins partiellement, leur identité parentale en tentant d'entretenir, par la négociation, des relations apaisées avec le service social qui leur garantit de pouvoir maintenir un lien fort avec leurs enfants.

Au bout du compte, si le même type d'épreuve se traduit par trois types d'expériences vécues différentes, c'est, d'une part, parce que les conditions initiales du placement ne sont pas identiques et, d'autre part, parce que l'institution de la protection de l'enfance, en quête de légitimité dans une conjoncture juridique favorable à la reconnaissance des droits des usagers, est aujourd'hui plus ouverte que dans le passé à la recherche de compromis avec les parents, ce qui laisse à ces derniers une marge de négociation et d'évolution dans l'exercice de leur fonction parentale. Mais ces trois expériences reflètent aussi le processus de catégorisation et de classement des parents à l'œuvre au sein de ces structures. Tout se passe comme si, pour intervenir efficacement, il était nécessaire de produire un ordre hiérarchique au sein de ce groupe des parents disqualifiés et de leur en imposer la légitimité. Si les plus mal classés sont les plus mécontents, l'institution en est en partie responsable et sans doute considère-t-elle ce fait comme inévitable.

L'ensemble de ces situations renvoie à des ruptures de fait. Même si les relations entre parents et enfants ne sont pas toujours définitivement rompues et si les expériences vécues du placement ne sont pas systématiquement négatives, aussi bien pour les parents que

14. Les résultats de cette enquête ont été restitués dans S. Paugam, « L'épreuve de la disqualification parentale », *in* S. Paugam (dir.), *L'Intégration inégale. Force, fragilité et rupture des liens sociaux*, Paris, PUF, « Le Lien social », 2014, p. 113-136.

pour les enfants, le lien de filiation n'en reste pas moins fragilisé. Il s'agit d'une blessure plus ou moins profonde avec laquelle il faut apprendre à vivre. Dans d'autres cas, la rupture du lien de filiation n'est pas formelle, par exemple lorsque l'enfant continue à vivre chez ses parents en y subissant des mauvais traitements, des vexations régulières et un processus global de rejet. Ce déni parental de reconnaissance laisse généralement des séquelles psychologiques profondes et durables chez l'enfant. La rupture du lien de filiation peut aussi se produire à l'âge adulte, après un événement malheureux qui provoque une incompréhension réciproque au sein de la famille ou encore lorsque l'un des enfants connaît une forte ascension sociale qui le propulse dans un monde social totalement opposé à celui de ses parents[15].

La rupture du lien de filiation peut intervenir aussi à l'âge de la vieillesse. On constate à ce sujet de fortes inégalités entre les usagers d'établissements d'hébergement pour personnes âgées dépendantes (EHPAD)[16] sur la fréquence et l'abondance des visites de membres de leur famille, alors que d'autres en sont privés. Ces inégalités sont plus fortes dans les établissements publics que dans les établissements privés et, d'une façon plus générale, elles ne portent pas seulement sur le nombre des visites, mais aussi sur la qualité des relations : certaines personnes âgées souffrent de solitude alors qu'elles sont régulièrement entourées de membres de la famille. Elles se plaignent de visites formelles et ne trouvent pas auprès de leurs proches la protection et la reconnaissance dont elles ont besoin. Leur intégration sociale en est affaiblie. Elles se ressentent avec amertume comme un poids pour leur entourage et meurent dans une grande détresse psychologique. La souffrance de la fin de vie est dans ce cas liée à la frustration extrême des personnes âgées de n'être plus, aux yeux de leurs proches, que l'ombre de ce qu'elles ont été, d'avoir formellement perdu ce qui les attachait à leur famille et de façon plus générale au

15. Voir sur ce point la recherche comparative de Jules Naudet, *Entrer dans l'élite. Parcours de réussite en France, aux États-Unis et en Inde*, Paris, PUF, « Le Lien social », 2012.

16. Valentine Trépied, « La détresse psychologique en établissement d'hébergement pour personnes âgées dépendantes : les ambivalences du lien de filiation », *in* S. Paugam (dir.), *L'Intégration inégale. Force, fragilité et rupture des liens sociaux*, *op. cit.*, p. 63-76.

système social, c'est-à-dire à tout ce qui pouvait leur procurer encore une satisfaction personnelle ou un réconfort et les maintenir en vie.

Dans l'enquête en agglomération parisienne citée plus haut[17], nous avons pu établir que la proportion de personnes n'ayant plus ou pratiquement plus de relations avec leur père ou leur mère, alors que ces derniers sont encore en vie, est supérieure à 20 % parmi les ouvriers (27,9 % pour le père, 21,3 % pour la mère) et décroît régulièrement, à mesure que l'on s'élève dans la hiérarchie sociale, pour atteindre un niveau inférieur à 5 % parmi les cadres et professions intellectuelles supérieures (4,3 % pour le père et 3,6 % pour la mère) (voir **tableau 5.1**). Le délitement du lien de filiation ne touche donc pas les individus de façon égale, une inégalité souvent ignorée. Nous avons pu reproduire les mêmes catégories dans une enquête réalisée dans la métropole de Strasbourg[18]. Il apparaît que la proportion d'ouvriers n'ayant plus de relations avec leurs parents y est plus faible qu'à Paris (18,8 % contre 27,9 % pour le père, 16,1 % contre 21,3 % pour la mère). On peut sans doute expliquer cette différence par le fait que l'ancrage familial est plus facile à conserver pour des populations modestes dans une agglomération comme Strasbourg, en raison d'un moindre déracinement géographique et d'une tradition culturelle et religieuse qui valorise la famille. Notons toutefois que la proportion d'ouvriers sans relations avec leurs parents reste nettement supérieure à celle des cadres aussi bien à Strasbourg qu'à Paris.

À l'exception de la catégorie « des artisans, commerçants et chefs d'entreprise », notons aussi que le lien à la mère reste toujours supérieur au lien au père, ce qui pourrait accréditer l'hypothèse d'un rôle différencié des femmes et des hommes dans le maintien du lien de filiation. Il faut toutefois se garder d'une surinterprétation de cette différence, d'autant que, dans le cas présent, les écarts ne sont pas importants pour toutes les catégories, notamment dans l'agglomération parisienne pour les cadres et les professions intermédiaires.

17. Voir supra, p. 168.
18. S. Paugam (avec la collaboration de J.-M. Firdion, Camila Giorgetti et Sébastien Dupont), « Isolement et délitement des liens sociaux. Enquête dans l'agglomération de Strasbourg », rapport pour la Société Saint-Vincent-de-Paul, 2015. Pour une présentation de la méthodologie de cette enquête, voir l'Annexe numérique du livre à l'adresse : http://www.serge-paugam.fr/docs/annexe_attachement_social.

Tableau 5.1. L'absence de relations avec ses parents (en vie) selon la catégorie socioprofessionnelle dans la métropole parisienne et dans la métropole strasbourgeoise

En %

	Ne rencontre jamais ou rarement son père		**Ne rencontre jamais ou rarement sa mère**	
	Paris (*)	Strasbourg (**)	Paris (*)	Strasbourg (**)
Cadres, professions intellectuelles supérieures	4,3	10,3	3,6	4,5
Artisans, commerçants, chefs d'entreprise	6,4	(ns)	12,5	(ns)
Professions intermédiaires	8,7	20,5	7,0	10,7
Employés	18,5	17,4	10,4	10,7
Ouvriers	**27,9**	**17,8**	**21,3**	**16,1**

(*) Source : Cohorte SIRS, 2010, N : 3020.
(**) Source : Enquête IDLS, Strasbourg, 2014, N : 506.

Notons surtout que la rupture du lien de filiation n'est donc pas un fait social marginal. Elle peut intervenir tout au long du cycle de vie. Elle peut être subie ou volontaire, sachant que rompre avec sa famille peut dans certains cas apporter un soulagement. Ses causes, ainsi que ses formes les plus courantes, sont diverses. La rupture n'est pas non plus toujours définitive. Il faut surtout retenir ici que, si elle peut potentiellement concerner tout un chacun à un moment de sa trajectoire biographique, la probabilité d'être dépourvu durablement de supports relationnels avec ses parents ou ses enfants varie fortement d'un milieu social à l'autre.

La rupture du lien de participation élective

La rupture du lien de participation élective peut prendre plusieurs formes. Dans les sociétés modernes, chacun étant libre d'entretenir ses relations amoureuses ou amicales, chacun peut aussi librement s'en défaire. Mais cela ne signifie pas que ce type de rupture ne provoque aucune souffrance. La rupture conjugale peut aboutir à des traumatismes et réveiller chez celui ou celle qui en fait l'expérience des blessures affectives anciennes. Elle se traduit aussi par une modification de l'image « moi/nous » et se répercute sur l'ensemble du réseau relationnel, que la personne soit ou non à l'origine de la décision de rupture.

Dans la trajectoire biographique de celles et ceux qui ont connu des ruptures sociales cumulées ou successives, le divorce, ou la séparation du couple, joue souvent comme facteur déclenchant. Dans une enquête réalisée auprès des usagers des services d'accueil, d'hébergement et d'insertion, nous avons pu affiner leurs trajectoires à partir d'un questionnaire approfondi portant sur leur enfance, les moments charnières de leur vie et leurs ruptures les plus éprouvantes[19]. Une large place était accordée à l'analyse réflexive sur leur propre biographie. Parmi les difficultés citées le plus fréquemment figuraient en premier lieu la chute des ressources, puis la perte du logement, de l'emploi, la rupture du couple, les problèmes de santé, le sentiment d'être dévalorisé, et la perte de confiance en soi. En demandant aux répondants de les classer par importance en termes de gravité, nous pensions que le chômage serait mentionné en priorité, mais, aussi bien les hommes que les femmes ont évoqué avant tout les ruptures de couple. En deuxième lieu venaient les difficultés rencontrées dans l'enfance. Enfin, les personnes étaient interrogées sur l'épreuve qui à leurs yeux les avait fait basculer. Là encore, la rupture du couple apparaissait en première position, suivie de la perte du logement, de la perte de l'emploi, et des difficultés dans l'enfance. L'enquête a ainsi permis de faire ressortir des causes qui n'auraient

19. Il s'agit d'une enquête nationale française menée en 2000-2001 dans 56 villes, auprès de 318 associations et organismes sociaux intervenant dans le domaine de la solidarité. Mille cent soixante réponses ont ainsi pu être obtenues. Les résultats de cette enquête ont été publiés dans S. Paugam et M. Clémençon, *Détresse et ruptures sociales*, *op. cit.*

pas spontanément été envisagées comme les premières responsables d'une situation de pauvreté. Les ruptures de couple jouent donc un rôle déterminant dans l'expérience de l'engrenage des difficultés. Je me souviens d'un jeune homme résumant ainsi sa situation : « Ma nana m'a quitté et j'ai plongé. » Formule lapidaire, mais qui traduit le caractère essentiel du lien affectif dans la construction identitaire et l'équilibre psychologique.

Il faut se garder de généraliser cette expérience singulière. Tout le monde ne vit pas la séparation ou le divorce de façon aussi dramatique[20]. Mais dans le cas de personnes déjà fragilisées depuis l'enfance, la relation amoureuse est souvent investie par l'espoir d'une stabilité affective en compensation des carences et des souffrances du passé. L'attachement à l'autre devient alors souvent possessif. La rupture en est d'autant plus douloureuse et peut expliquer le commencement du déclin et de la marginalisation, engrenage dont on sort difficilement.

Les relations d'amitié sont également fragiles et ne résistent pas toujours à l'épreuve du temps. Elles se perdent et se renouvellent selon les cycles de vie. Les spécialistes des réseaux attribuent cette volatilité et cette reconstruction incessante à plusieurs facteurs et plusieurs moments de la vie[21]. Le passage des études au monde du travail est le premier : les relations construites entre pairs dans une période propice à une sociabilité intense, aux rencontres multiples et aux sorties fréquentes se diluent face aux contraintes et objectifs de la vie professionnelle qui invitent, au contraire, à limiter le nombre des relations au profit d'un réseau amical organisé autour d'un noyau dur et stabilisé. L'installation en couple et la naissance d'un premier enfant sont une deuxième circonstance dans laquelle la sociabilité amicale peut se réduire, au profit de la construction d'un cocon qui procure le sentiment de se suffire à lui-même. La

20. En interrogeant des femmes séparées, F. de Singly souligne que la séparation n'est pas seulement une expérience de désenchantement. Il distingue trois expériences : se séparer pour « survivre », pour « se développer », pour « se retrouver ». Voir son ouvrage, *Séparée. Vivre l'expérience de la rupture*, Paris, Armand Colin, 2011.

21. C. Bidart, A. Degenne, M. Grossetti, *La Vie en réseau. Dynamique des relations sociales*, *op. cit.*

mobilité géographique est le troisième facteur de la perte progressive des relations d'amitié, qui nécessitent des expériences communes. Lorsque des amis séparés géographiquement se revoient, ils évoquent inévitablement les souvenirs de moments souvent idéalisés qu'ils ont vécus ensemble, mais s'ils n'en partagent plus de nouveaux, la relation se vide peu à peu, devient essentiellement nostalgique, et finit par se dissoudre.

Lorsque les modes de vie et les habitudes divergent, il est également difficile de maintenir ces relations dans la durée. Il peut en résulter un isolement relationnel, vécu comme une impossibilité de recourir à l'appui de ses proches ou de ses ex-proches en cas de difficulté. Dans certains cas, la rupture est vécue comme un déni de reconnaissance prenant la forme d'une trahison ou d'un rejet[22]. Le même processus peut se produire dans un groupe de pairs, dans un club ou une association, lorsque l'un des membres en est banni ou décide de lui-même, à la suite de vexations ou de mépris, de faire sécession.

Le chômage constitue aussi une des causes de la rupture du lien de participation élective. Ce constat avait déjà été fait au début des années 1930 lors de l'enquête menée par Paul Lazarsfeld et son équipe à Marienthal en Autriche, dans une bourgade industrielle fortement touchée par la récession économique[23]. Alors que cette petite ville était autrefois particulièrement animée par sa vie culturelle, son théâtre, ses clubs sportifs, son carnaval, etc., elle était devenue monotone et immobile. Le travail à l'usine était le centre de la vie sociale, au sens où il apportait aux travailleurs non seulement une activité et une rémunération, mais une raison d'être, un sentiment d'utilité et une reconnaissance sociale. Les enquêteurs nous livrent leur sentiment de désolation : « L'usine est devenue silencieuse. On entend de temps en temps s'élever les coups de marteau contre les briques des

22. Annette Baier, « La perte d'amis », *in* Jean-Christophe Merle et Bernard N. Schumacher (dir.), *L'Amitié*, PUF, « Éthique et philosophie morale », 2005, p. 137-152.

23. Paul Lazarsfeld, Marie Jahoda, Hans Zeisel, *Les Chômeurs de Marienthal*, traduit de l'allemand par Françoise Laroche, Paris, Minuit, 1981 (1re éd. en allemand en 1933 sous le titre *Die Arbeitslosen von Marienthal. Ein soziographischer Versuch über die Wirkungen langandauernder Arbeitslosigkeit*).

murs. C'est le dernier travail que peut encore fournir l'usine. En face s'étend l'ancien parc du château, devenu jardin public. Les habitants en étaient très fiers. Le dimanche, ils venaient s'asseoir sur les bancs, face aux massifs soigneusement entretenus ; ils se promenaient dans les allées au tracé impeccable. Aujourd'hui, le parc est méconnaissable : les mauvaises herbes poussent dans les allées, les pelouses sont dévastées. Tout le monde aurait le temps de s'en occuper, personne ne s'en charge[24]. » C'est la communauté dans son ensemble qui est devenue lasse. Le rétrécissement du champ d'activité a transformé le fonctionnement de certaines institutions (la bibliothèque municipale, les clubs de loisirs, le théâtre, etc.) et a atteint progressivement la vie privée des chômeurs. Cette enquête ancienne est restée la référence incontournable pour analyser comment se crée l'isolement social des chômeurs. Et l'on a pu vérifier, depuis cette expérience, que le chômage contribue à affaiblir l'intensité des échanges sociaux, en particulier dans la sphère des relations associatives[25]. Les clubs culturels, les clubs sportifs, les associations bénévoles connurent, en effet, un déclin significatif à partir du moment où la grande partie de la population de cette ville fut touchée par la fermeture de la principale usine. Dans les années 1990, les analyses du Panel européen des ménages[26] ont confirmé l'effet négatif que le chômage avait toujours sur la vie associative, et ceci dans les principaux pays industrialisés[27]. L'enquête réalisée auprès des chômeurs de Moulinex de Normandie deux ans après leur licenciement massif au début des années 2000

24. *Ibid.*, p. 69.
25. C'est ce que confirme l'enquête de 1980 de D. Schnapper, *L'Épreuve du chômage*, *op. cit.*
26. Le Panel européen (*European Community Household Panel – ECHP*) est une source statistique longitudinale sur les revenus et les conditions de vie des ménages. Il a été lancé en 1994 et a marqué une nette avancée dans le système statistique européen d'observation des niveaux de vie des ménages. Il a été poursuivi jusqu'en 2001, à raison d'une interrogation par an, auprès d'un échantillon représentatif des ménages des pays de l'Union européenne.
27. Pour une étude plus approfondie de cette question, on pourra se reporter à l'étude de S. Paugam et de Helen Russell, « The Effects of Unemployment Precarity and Unemployment on Social Isolation », *in* Duncan Gallie et S. Paugam (dir.), *Welfare Regimes and the Experience of Unemployment in Europe*, Oxford, Oxford University Press, 2000, p. 243-264.

a attesté également la tendance globale à l'affaiblissement des liens sociaux[28]. Même constat du déclin des liens amicaux et associatifs, plus récemment, dans une enquête par entretiens approfondis auprès de chômeurs de sept pays européens[29]. Dans tous les pays, et de façon récurrente, les chômeurs soulignent que seuls les « vrais » amis restent, les autres disparaissent. Beaucoup signalent qu'il leur est devenu financièrement impossible de retrouver comme autrefois leurs amis au restaurant ou au café. Comme à Marienthal dans les années 1930, les échanges sociaux se réduisent inexorablement et le repli sur la sphère domestique est presque inévitable. Si les liens amicaux les plus solides se maintiennent, notamment dans les pays du sud de l'Europe où les chômeurs restent globalement plus intégrés dans des réseaux locaux de solidarité de proximité souvent associés à la famille, il existe néanmoins, dans tous les pays, du fait de l'effondrement du niveau de vie, une diminution sensible des occasions de sociabilité.

Le lien de participation élective, tout comme le lien de filiation, est à l'origine de très fortes inégalités selon les individus. La probabilité d'avoir une vie conjugale et équilibrée, des relations amicales nombreuses et diversifiées, une vie associative intense, une participation régulière à des groupes affinitaires dans son quartier ou dans sa ville varie de façon considérable selon les milieux sociaux. Tout se passe comme si les inégalités économiques et culturelles étaient amplifiées par ces inégalités qui relèvent de ce type de lien. Prenons, par exemple, la participation à des associations. La question traditionnellement posée dans les enquêtes est formulée de façon suivante : Participez-vous aux activités d'association ou de groupes qu'il s'agisse de centres culturels, de loisirs, de parents d'élèves ou de défense du quartier, etc. (voir **tableau 5.2**) ?

28. Manuella Roupnel-Fuentes, *Les Chômeurs de Moulinex*, Paris, PUF, « Le Lien social », 2011. Voir en particulier le chapitre 7 « Rupture d'emploi et rupture des liens sociaux ».
29. Cette enquête a été réalisée avec le soutien de la Commission européenne, en France, en Allemagne, en Espagne, au Portugal, en Irlande, en Grèce et en Roumanie. Pour une synthèse, on pourra se reporter à S. Paugam, « Social Bonds and Coping Strategies of Unemployed People in Europe », *Italian Sociological Review*, 6(1), 2016, p. 27-55.

Tableau 5.2. Participation à la vie associative selon la catégorie socioprofessionnelle dans la métropole parisienne et dans la métropole strasbourgeoise

En %

	Paris (*)	Strasbourg (**)
Cadres, professions intellectuelles supérieures	47,3	54,3
Artisans, commerçants, chefs d'entreprise	28,2	33,3
Professions intermédiaires	35,1	39,8
Employés	21,5	28,6
Ouvriers	16,8	26,5

(*) Source : Cohorte SIRS, 2010, N : 3020.
(**) Source : Enquête IDLS, Strasbourg, 2014, N : 506.

Le taux de participation à la vie associative passe, dans l'agglomération parisienne, de 16,8 % pour les ouvriers à 47,3 % pour les cadres et professions intellectuelles supérieures, en progressant régulièrement avec la hiérarchie sociale. On retrouve dans l'agglomération strasbourgeoise des écarts comparables, de 26,5 % pour les ouvriers à 54,3 % pour les cadres. Le taux est toutefois plus élevé de près de 10 points pour les ouvriers strasbourgeois que pour les ouvriers parisiens. Si de telles différences existent selon le milieu socioprofessionnel, c'est que le simple acte de prendre part à la vie de la Cité à travers un engagement associatif – qui devrait logiquement être ouvert à toutes et à tous – est en réalité sélectif et en partie conditionné par des compétences sociales inégalement partagées. Cette inégalité se vérifie également entre territoires puisque ceux-ci sont le reflet de leur composition sociale. Selon la typologie des quartiers urbains, devenue classique depuis les travaux d'Edmond Préteceille[30], on constate que le taux de participation à la

30. Edmond Préteceille, *La Division sociale de l'espace francilien. Typologie socioprofessionnelle 1999 et transformations de l'espace résidentiel 1990-1999*, Observatoire sociologique du changement (Sciences Po), 2003.

vie associative dans l'agglomération parisienne passe de 45,3 % dans les quartiers de l'élite dirigeante à 22,5 % dans les quartiers ouvriers et employés, précaires et chômeurs[31].

On pourrait objecter que la mesure du lien de participation élective par le taux de participation à la vie associative ne prend pas en compte des liens électifs plus informels fondés sur la confiance réciproque. Dans l'enquête à Strasbourg, nous avons testé un autre indicateur : la possibilité d'être aidé, sous la forme d'une aide financière ou matérielle, d'un coup de main ou d'un soutien moral ou affectif, par quatre types d'aidants potentiels : 1) des amis, collègues, 2) un membre d'une communauté religieuse, 3) un bénévole d'association, 4) un contact sur internet. Nous avons considéré qu'une personne est dotée d'un lien de participation élective à partir du moment où elle indique pouvoir être aidée par l'un au moins de ces quatre types de personnes. Ce genre de mesure nous éloigne des mesures habituelles de la sociabilité réalisées à partir d'un comptage des contacts ou des relations, mais il est plus fin pour définir la qualité du lien. La possibilité de solliciter une aide et d'être aidé implique en effet un degré de confiance réciproque plus élevé qu'un simple contact. En procédant ainsi, nous avons pu calculer le taux de personnes non pourvues de ce type de lien. Comme on pouvait s'y attendre, ce taux varie également très fortement selon la catégorie socioprofessionnelle. Il est en effet de 45 % parmi les ouvriers, de 41 % parmi les employés, de 34 % parmi les professions intermédiaires, de 33 % parmi les artisans, commerçants et chefs d'entreprise et de 24 % parmi les cadres. Autrement dit, quelle que soit la mesure du lien de participation élective, le constat d'une forte inégalité selon le milieu social est sans appel.

La rupture du lien de participation organique

Le chômage, surtout lorsqu'il est durable, constitue la forme la plus évidente de rupture du lien de participation organique. Il touche toutes les catégories socioprofessionnelles, mais la probabilité d'en faire l'expérience est très inégale selon la profession. Fin 2017[32], le chômage était

31. D'après la cohorte SIRS 2010.
32. D'après les données de l'INSEE, reprises par l'Observatoire des inégalités.

en France de 18,4 % pour les ouvriers non qualifiés, respectivement de 10,5 % et de 10,3 %, pour les ouvriers qualifiés et les employés, 4,7 % pour les professions intermédiaires et seulement de 3,3 % pour les cadres. Les écarts augmentent encore quand on considère le chômage de longue durée. Il est inutile de reprendre ici les données sur la concentration du chômage dans les quartiers populaires et sur les formes de disqualification sociale et spatiale tant ces dernières sont connues et régulièrement mises à jour.

Il convient toutefois de ne pas réduire la rupture du lien de participation organique à l'expérience du chômage. Il existe en effet dans le monde du travail des situations de précarité dont les effets en termes de crise identitaire, de faiblesse des revenus et d'affaiblissement des liens sociaux sont assez comparables à ceux du chômage. Comment qualifier alors ces situations de précarité ? On peut tout d'abord leur donner deux sens différents. Le premier est celui auquel Robert Castel fait référence, c'est-à-dire l'absence ou, tout au moins, le sentiment d'absence ou d'affaiblissement des protections face aux principaux risques sociaux, notamment le chômage et la pauvreté. Le second est proche de celui auquel fait référence, au moins implicitement, Pierre Bourdieu lorsqu'il distingue, on l'a vu, la misère de position de la misère de condition pour caractériser les formes de domination qui caractérisent les rapports sociaux[33]. Dans le premier sens, il s'agit de la perte au moins partielle des supports sociaux, et, dans le second, d'une infériorité socialement reconnue à l'origine de souffrances, voire de différentes formes de détresse psychologique, notamment la perte de confiance en soi et le sentiment d'inutilité.

Ces deux sens de la précarité professionnelle renvoient, l'un au rapport à l'emploi, et l'autre, au rapport au travail. Le premier peut être associé à un déficit de protection, le second à un déni de reconnaissance[34]. Le rapport à l'emploi renvoie à la logique protectrice de l'État providence, le second à la logique productive de la société industrielle. Le salarié est précaire lorsque son emploi est incertain et qu'il ne peut prévoir son avenir professionnel. C'est le cas des salariés dont

33. P. Bourdieu (dir.), *La Misère du monde*, *op. cit.*

34. S. Paugam, *Le Salarié de la précarité. Les nouvelles formes de l'intégration professionnelle*, *op. cit.*

le contrat de travail est de courte durée, mais aussi de ceux dont le risque d'être licenciés est permanent. Cette situation se caractérise à la fois par une forte vulnérabilité économique et par une restriction, au moins potentielle, des droits sociaux puisque ces derniers sont fondés, en grande partie, sur la stabilité de l'emploi. Le salarié occupe, de ce fait, une position inférieure dans la hiérarchie des statuts sociaux définis par l'État providence. On peut parler, dans ce cas, d'une *précarité de l'emploi.* Mais le salarié est également précaire lorsque son travail lui semble sans intérêt, mal rétribué et faiblement reconnu dans l'entreprise. Puisque sa contribution à l'activité productive n'est pas valorisée, il éprouve le sentiment d'être plus ou moins inutile. On peut parler alors d'une *précarité du travail.*

Ces deux dimensions de la précarité doivent être étudiées simultanément, elles renvoient aux transformations du marché de l'emploi, mais aussi à des évolutions structurelles de l'organisation du travail. En les croisant, j'avais distingué et vérifié empiriquement, auprès d'un échantillon de plus de 1 000 salariés répartis dans quinze entreprises, quatre types distincts d'intégration professionnelle : l'*intégration assurée* (emploi stable et satisfaction dans le travail), l'*intégration incertaine* (emploi instable et satisfaction dans le travail), l'*intégration laborieuse* (stabilité de l'emploi et insatisfaction dans le travail) et l'*intégration disqualifiante* (emploi instable et insatisfaction dans le travail)[35]. Les trois derniers types constituent des formes différentes de précarité professionnelle dont l'intensité est variable, l'*intégration disqualifiante* étant celui qui consacre la déviation la plus importante par rapport à ce que tout un chacun peut considérer comme une intégration professionnelle harmonieuse et réussie. Ce dernier type se traduit par un risque plus élevé de cumul de difficultés, de ruptures ou de retraits dans les autres sphères de l'existence : conjugale, associative, syndicale, militante et civique.

D'une façon plus générale, la tendance à l'autonomie dans le travail et à l'individualisation de la performance conduit presque inévitablement les salariés, quel que soit leur niveau de qualification et de responsabilités, à chercher à se distinguer au sein même de leur groupe de travail, ce qui accroît les facteurs potentiels de rivalités et

35. *Ibid.*

de tensions entre eux au-delà de leur appartenance à une catégorie déterminée de la hiérarchie de l'entreprise. Par ailleurs, si la plupart des entreprises tentent de renforcer leur flexibilité, il existe de fortes variations d'une entreprise à l'autre, si bien que le risque de perdre son emploi et de vivre dans la crainte de cette perspective est devenu un facteur d'inégalité entre les salariés. Autrement dit, l'évolution des formes de l'intégration professionnelle, loin de réduire les différenciations, consacre la complexité de la hiérarchie socioprofessionnelle et fragilise en même temps une frange croissante de salariés. En exploitant la vaste enquête européenne de 2005 sur les conditions de travail (réalisée par la Fondation européenne pour l'amélioration des conditions de vie et de travail), Antoine Valeyre a pu estimer la précarité de l'emploi et la précarité du travail dans 31 pays du continent européen[36]. Pour appréhender globalement la précarité de l'emploi, il a tenu compte à la fois des formes atypiques d'emploi (contrat à durée déterminée, intérim, stages, apprentissage, contrats aidés), du temps partiel contraint et du risque de perdre son emploi, et il a pu établir que près d'un tiers des salariés en est affecté. Par ailleurs, en combinant les critères de l'insatisfaction vis-à-vis des conditions de travail, de la sécurité au travail et des atteintes à la santé, il est parvenu au constat que 43 % des salariés peuvent être estimés précaires par rapport au travail. Ces proportions attestent à elles seules l'existence de très fortes inégalités entre salariés. Les deux dimensions du lien de participation organique sont remises en question pour une partie importante des travailleurs. En croisant la précarité de l'emploi et la précarité du travail, Valeyre a pu évaluer aussi la part respective des différentes formes d'intégration professionnelle en reprenant la typologie que j'avais élaborée quelques années auparavant. L'*intégration assurée* représenterait ainsi environ 42 % des salariés, l'*intégration laborieuse* 27 %, l'*intégration incertaine* 15 % et l'*intégration disqualifiante* 16 %. Au-delà de ces chiffres qui soulignent la fragmentation du monde salarial, l'analyse conduit aussi à souligner de fortes inégalités selon l'organisation du travail. C'est

36. Antoine Valeyre, « L'organisation du travail et ses effets sur l'intégration professionnelle », *in* S. Paugam (dir.), *L'Intégration inégale. Force, fragilité et rupture des liens sociaux*, *op. cit.*, p. 245-260.

ainsi que les organisations « apprenantes » – dans lesquelles les salariés exercent le plus souvent des tâches complexes, non monotones et non répétitives, autocontrôlent la qualité de leur travail et subissent peu de contraintes de rythme – permettent de limiter le risque de désintégration professionnelle. La proportion de salariés proches de l'*intégration disqualifiante* y est en effet de 10,8 % alors qu'elle atteint 23,6 % dans les organisations tayloriennes. L'effet du mode d'organisation du travail apparaît ainsi comme un facteur clé pour comprendre les inégalités entre salariés. La diversification des modes d'organisation du travail – et, par là, des types d'entreprises et des types de management – contribue à faire éclater les normes collectives du rapport au travail et à l'emploi dans les sociétés salariales. Les inégalités en ressortent de façon plus saillante[37].

Enfin, en France comme dans d'autres pays, la précarité a été institutionnalisée sous la forme d'une hiérarchie de statuts sociaux, non pas en dehors du marché du travail, mais à sa périphérie. Le statut de travailleur précaire s'est alors installé dans le paysage législatif de façon pérenne. Il en ressort une forte porosité des frontières entre l'assistance, le chômage et l'emploi précaire.

La disqualification sociale des salariés commence donc à partir du moment où ils sont maintenus, contre leur gré, dans une situation qui les prive de tout ou partie de la dignité que l'on accorde généralement à ceux qui contribuent par leurs efforts à l'activité productive nécessaire au bien-être de la collectivité : un moyen d'expression de soi, un revenu décent, une activité reconnue, une sécurité. En ce sens, la rupture de lien de participation organique ne commence pas avec

37. Plus récemment, des chercheurs anglais ont confirmé que l'on atteint une meilleure compréhension de l'insécurité de l'emploi quand on prend en compte non seulement l'insécurité de l'emploi en tant que telle, mais aussi l'insécurité liée notamment aux changements qui affectent l'organisation du travail en elle-même et contribuent à accroître l'anxiété des salariés. Voir Duncan Gallie *et al.*, « The hidden face of job insecurity », *Work, Employment & Society*, vol. 31, n° 1, février 2017, p. 36-53. Des travaux récents en France ont également démontré que l'insécurité du travail liée aux changements organisationnels avait pour effet d'accroître les symptômes de dépression en particulier lorsque les salariés ne sont pas écoutés. Voir Thomas Coutrot, « Insécurité du travail, changements organisationnels et participation des salariés : quel impact sur le risque dépressif ? », Documents d'études de la DARES, n° 214, 2017.

le refoulement hors du marché de l'emploi ; elle existe aux marges de la condition salariale, dans une sorte de halo qui entretient la précarité de salariés en activité.

La rupture du lien de citoyenneté

Le lien de citoyenneté n'est pas non plus à l'abri d'une rupture. C'est le cas notamment lorsque les individus sont trop éloignés – ou tenus à l'écart – des institutions pour accéder à des papiers d'identité et pouvoir exercer leurs droits. Les étrangers éprouvent parfois des difficultés à régulariser leurs titres de séjour et sont, de ce fait, en situation irrégulière, privés de tous droits et de protection sociale. Les sans domicile sont également souvent coupés des circuits administratifs ou renvoyés d'un bureau à l'autre tant qu'ils ne parviennent pas à réunir les papiers nécessaires à une aide. Notons que dans un système catégoriel d'aide sociale, il existe toujours des exclus du droit, c'est-à-dire des personnes qui ne correspondent à aucune des catégories prévues par le droit. On peut également admettre que le lien de citoyenneté est pour ainsi dire rompu lorsque les personnes en détresse sont maintenues de façon durable, souvent contre leur gré, dans des structures provisoires mises en place au titre de l'urgence. Que signifie en effet le droit à être aidé en urgence s'il ne se traduit pas dans les faits par une amélioration du sort des personnes ainsi prises en charge et leur sortie vers des formes d'insertion plus acceptables ? Si les solutions d'urgence sont pérennes pour les individus qui en bénéficient, elles correspondent à une exclusion des autres formes d'aide et à une relégation dans le statut de l'infra-assistance.

Un moyen d'évaluer la rupture de lien de citoyenneté est de prendre en compte le degré de défiance des citoyens dans les institutions de leur pays, notamment celles qui représentent le plus l'unité nationale, la démocratie et les principes de civilité et d'égalité dans l'espace public. Plusieurs indicateurs autorisent à penser que ce sentiment de défiance croît dans la conscience collective en laissant place à des comportements de repli sur soi[38]. Il est devenu courant de souligner le recul de la participation

38. Yann Algan, Pierre Cahuc, *La Société de défiance. Comment le modèle français s'autodétruit ?*, Paris, Éditions Rue d'Ulm, 2007.

citoyenne dans les quartiers populaires, la passivité des pauvres et l'incivisme des jeunes. Même s'il convient de nuancer ce type de propos consistant à faire des banlieues un désert politique, il faut reconnaître que les dispositifs mis en place en France dans le cadre de la politique de la Ville visant à renforcer la participation des habitants de ces quartiers ont souvent abouti à de médiocres résultats[39]. Les habitants de ces quartiers ont le sentiment que ces dispositifs ne sont qu'une mascarade mise au point par les responsables institutionnels pour leur faire croire que leur parole est prise en compte. Plus généralement, c'est le sentiment d'être abandonnés par le monde politique ou méprisés par les pouvoirs publics qui domine l'état d'esprit de ces quartiers dits « sensibles ».

Certaines politiques sont fondées sur le principe d'égalité. Mais leur application concrète est souvent défaillante, ce qui renforce encore la défiance que suscitent les institutions. C'est le cas de la politique du logement social. En France, des associations militantes alertent régulièrement l'État et les responsables institutionnels sur la situation persistante des mal-logés et sur les inégalités criantes au regard de l'accès à ce droit. Face à la pénurie, les pouvoirs publics interviennent souvent par des effets d'annonce, en sachant qu'il est impossible dans l'état du marché actuel du logement et compte tenu des moyens dont l'administration dispose de régler en profondeur le problème. Le droit au logement reste donc très inégalement appliqué, éloignant ainsi d'autant plus la possibilité d'en faire un instrument vraiment efficace de lutte contre la pauvreté.

Il en est de même dans le domaine de la santé. Si, en France, la quasi-totalité de la population bénéficie aujourd'hui d'une assurance maladie et d'une couverture santé, plusieurs enquêtes ont révélé que certains professionnels médicaux et paramédicaux refusaient toujours, pour des raisons diverses, de soigner les bénéficiaires les plus pauvres. À cette forme persistante et illégale de discrimination, il faut ajouter aussi de nombreuses inégalités territoriales dans le système de santé, ce qui condamne, par exemple, les habitants des zones urbaines sensibles ou ceux de certaines zones rurales à accéder aux soins en se déplaçant loin de leur domicile. Ils en éprouvent le sentiment d'être abandonnés.

39. On lira sur ce point Michel Kokoreff, « La dépolitisation des banlieues », *in* S. Paugam (dir.), *L'Intégration inégale. Force, fragilité et rupture des liens sociaux*, *op. cit.*, p. 397-412.

On peut parler de rupture du lien de citoyenneté chaque fois que l'on constate une entorse au principe d'égalité des citoyens. Il existe en réalité de nombreux cas de discrimination dans l'accès aux droits fondamentaux et les plus exposées sont les personnes de milieu populaire, du fait de leur situation économique, de leur statut social, souvent de la couleur de leur peau et de l'endroit où elles résident. Elles vivent le plus souvent cette expérience comme une épreuve qui s'ajoute aux autres[40]. Le fait d'être une femme dans ces conditions désavantageuses représente aussi un risque supplémentaire. Pour mesurer globalement l'importance de la discrimination ressentie, nous pouvons partir des réponses à une question assez classique posée dans plusieurs enquêtes : « Dans la société actuelle, pensez-vous que vos propres droits sont respectés ? » La proportion de celles et ceux qui répondent « non » (« non plutôt pas » ou « non pas du tout ») varie fortement selon la catégorie socioprofessionnelle (voir **tableau 5.3**).

Tableau 5.3. Sentiment que ses propres droits ne sont pas respectés selon la catégorie socioprofessionnelle dans la métropole parisienne et dans la métropole strasbourgeoise

En %

	Paris (*)	Strasbourg (**)
Cadres, professions intellectuelles supérieures	13,1	15,5
Artisans, commerçants, chefs d'entreprise	19,6	33,3
Professions intermédiaires	21,4	20,3
Employés	28,3	28,5
Ouvriers	32,3	26,5

(*) Source : Cohorte SIRS, 2010, N : 3020.
(**) Source : Enquête IDLS, Strasbourg, 2014, N : 506.

40. Julien Talpin *et al.*, *L'Épreuve de la discrimination. Enquête dans les quartiers populaires*, Paris, PUF, « Le Lien social », 2021.

Cet indicateur révèle une fois encore une forte inégalité selon la catégorie socioprofessionnelle puisque, dans l'agglomération parisienne, le sentiment que ses propres droits ne sont pas respectés tombe de 32,3 % pour les ouvriers à 13,1 % pour les cadres, proportion qui diminue régulièrement selon le niveau social. Dans l'agglomération strasbourgeoise, les écarts sont un peu plus resserrés, passant de 28 % pour les employés à 15,5 % pour les cadres, mais ce qui frappe, c'est que le taux le plus élevé est atteint, non par les ouvriers, mais par les artisans, commerçants et chefs d'entreprise, ce qui laisse entendre un mécontentement profond de cette catégorie à l'égard de l'État en raison probablement des contraintes administratives ou fiscales qui pèsent sur elle. La proportion d'individus qui considèrent que leurs propres droits ne sont pas respectés varie également dans l'agglomération parisienne selon le type de quartiers : il passe en effet de 12,3 % dans les quartiers de l'élite dirigeante à 34,7 % dans les quartiers ouvriers et employés, précaires et chômeurs[41].

Dans toutes les sociétés modernes, mais de façon variable d'un pays à l'autre, il subsiste par ailleurs une proportion non négligeable d'individus apathiques, qui se sentent détachés de la société dans laquelle ils vivent, ne plus avoir d'appartenance politique, être comme des étrangers face au jeu que mènent les responsables politiques.

La mosaïque du social

Si chaque personne peut faire l'expérience d'une rupture de ses liens sociaux au cours de son existence, la probabilité de connaître l'épreuve de ruptures cumulatives est, on le voit, variable selon les milieux sociaux. Comment alors rendre compte de façon globale de ces inégalités ?

Le risque de ruptures cumulatives

Quel que soit le type de lien considéré, c'est un fait que plus on monte dans l'échelle sociale, plus les personnes en sont dotées. Il est facile

41. D'après la cohorte SIRS 2010.

d'en déduire que les couches les plus modestes de la population ont un risque plus élevé que les autres d'être confrontées à des ruptures cumulatives et, par conséquent, d'être moins bien attachées aux différents groupes et à la société dans son ensemble. Or la rupture d'un type de lien n'entraîne pas nécessairement la rupture d'un autre. De jeunes amoureux, par exemple, peuvent rompre volontairement le lien avec leurs parents (lien de filiation) lorsque ceux-ci s'opposent à leur relation et à leur décision de se marier (lien de participation élective). Une femme vivant dans une communauté ethnique fermée peut décider de rompre avec son milieu d'origine et avec la tradition pour mieux s'intégrer aux conditions de la vie moderne et participer plus activement au monde du travail (lien de participation organique). Le réfugié politique peut trouver dans l'exil forcé, donc la rupture du lien de citoyenneté, le moyen de reconstituer dans un autre pays de nouveaux liens sociaux. Ces exemples pris parmi d'autres montrent qu'une rupture peut rester unique dans la vie d'un individu et ne pas avoir un effet de contagion sur l'ensemble de ses attaches sociales. Toutefois, puisque les liens s'entrecroisent de façon spécifique en chaque personne, à l'image d'une toile, on peut analyser, à partir de trajectoires biographiques, le risque qu'une rupture en entraîne une autre et ainsi de suite, tel un effilochage qui conduit à une détérioration irrémédiable de l'étoffe.

Existe-t-il par exemple un effet du niveau d'études sur le risque de délitement des liens sociaux ? La réponse semble évidente si l'on se réfère au lien de participation organique lié au travail. On sait que la faiblesse du niveau d'études augmente le risque d'avoir un emploi précaire ou d'être au chômage, et donc d'être dépourvu de ce type de lien. Mais qu'en est-il alors des autres types de liens ? L'enquête réalisée dans l'agglomération de Strasbourg sur l'isolement et le délitement des liens sociaux présente l'avantage de comporter plusieurs questions pour définir de façon précise chaque type de lien. Le **tableau 5.4** ci-dessous confirme que le fait d'avoir fait des études diminue le risque d'être privé du lien de participation organique : 47 % de ceux qui ont atteint le niveau d'études supérieures en sont dotés, et seulement 17 % de ceux qui ont un niveau d'études primaires. De façon plus surprenante, le même phénomène se produit aussi pour le lien de filiation. La proportion d'individus attachés à leur famille augmente fortement selon le niveau d'études, passant de 57 % pour le primaire, à 68 % pour le secondaire et 73 % pour le supérieur. On constate le même phénomène aussi bien pour le lien de participation élective que pour le lien de citoyenneté.

Tableau 5.4. Proportion d'individus pourvus de chaque type de liens sociaux selon le niveau d'études (1)

En %

	Niveau primaire	Niveau secondaire	Niveau supérieur	Ensemble
Lien de filiation	57	68	73	70
Lien de participation élective	40	59	73	66
Lien de participation organique	17	44	47	44
Lien de citoyenneté	34	36	56	49
N	35	139	329	503

Source : Enquête IDLS, Strasbourg, 2014.
(1) Pour la définition précise des indicateurs de liens sociaux dans cette enquête, voir l'Annexe numérique du livre.

C'est toute la surface de l'attachement social qui augmente de façon proportionnelle au niveau d'études, comme on peut le constater dans la **figure 5.1** en calculant l'aire de chaque losange. Celui qui correspond au niveau d'études primaires représente 41 % de la surface moyenne de l'ensemble de l'échantillon, alors que losange du niveau secondaire équivaut à 80 % et celui du niveau supérieur à 116 %. Les écarts sont donc considérables. Un tel résultat interroge et on peut se demander si ces inégalités ne sont pas liées avant tout à un effet d'âge. En effet, les générations plus anciennes étaient nettement moins diplômées. Elles étaient notamment peu nombreuses à avoir accédé à l'enseignement supérieur. Nous avons donc vérifié si le niveau d'études affecte aussi les liens sociaux pour les plus de soixante ans. Parmi ces derniers, ceux ayant un niveau d'études primaire sont proportionnellement nettement moins pourvus des quatre types de liens que ceux du même âge qui ont atteint le niveau secondaire ou supérieur. Notons toutefois que la différence entre le secondaire et le supérieur apparaît de façon moins nette que pour l'ensemble de l'échantillon, sauf en ce qui concerne le lien de participation organique (mais l'effectif est très réduit) et le lien de citoyenneté. Si la différence entre le secondaire et le supérieur est moins marquée, c'est en grande partie parce que le niveau d'études secondaire représentait déjà pour cette génération un marqueur social assurant non seulement une garantie d'intégration sociale par l'emploi, mais aussi une possibilité d'ascension et de distinction sociales. Notons que cette génération des plus de soixante ans a également bénéficié de meilleures chances d'insertion professionnelle que les générations suivantes en raison de la conjoncture favorable des Trente Glorieuses. Mais, d'une façon générale, on peut donc confirmer que, quel que soit l'âge, le niveau d'études est un facteur contribuant à maintenir les liens sociaux et à assurer de réelles chances d'intégration sociale.

Figure 5.1. Proportion d'individus pourvus de chaque type de liens sociaux et visualisation de la surface de l'attachement social selon le niveau d'études

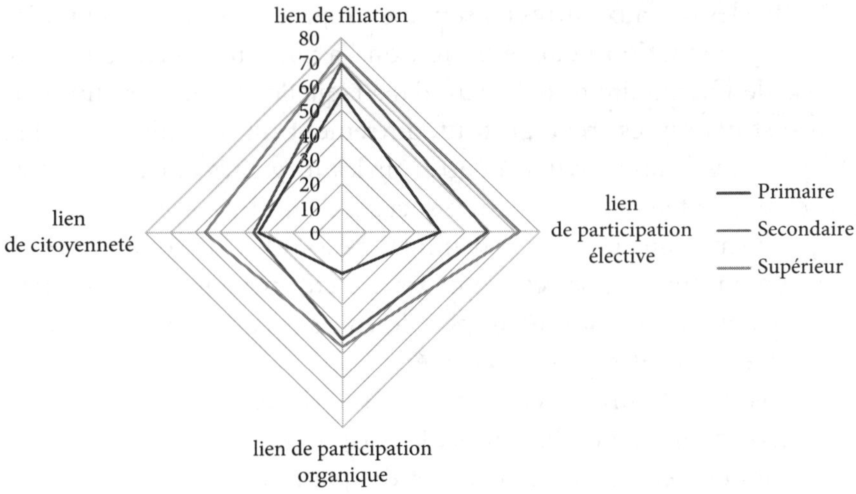

Source : Enquête IDLS, Strasbourg, 2014.

Ces résultats suscitent une interrogation plus générale sur le système éducatif, du moins si l'on admet que sa fonction principale est d'intégrer socialement tous les individus d'une société, quel que soit le niveau d'études qu'ils atteignent. N'est-ce pas le message principal que Durkheim lui-même entendait délivrer dans son cours magistral professé à la Sorbonne en 1902-1903 sur *L'Éducation morale*, en insistant sur l'esprit de discipline et l'attachement aux groupes ? Autant on peut comprendre que les chances d'intégration professionnelle soient supérieures pour les individus dotés de diplômes valorisés, autant il reste surprenant que le niveau d'études affecte aussi fortement les autres types de liens, y compris le lien de citoyenneté. S'il en est ainsi, c'est que le lien de participation organique joue en France, et dans des pays comparables, un rôle de régulateur de l'ensemble des liens sociaux. Nous reviendrons sur ce point dans la quatrième partie de cet ouvrage.

Le centre et ses marges

Reprenons ici le graphisme de la mosaïque (**figure II** du cahier hors texte) que nous avons laissé à la fin du chapitre 3. Celui-ci nous a permis de représenter, de façon imagée, comment les quatre types de liens s'entrecroisent en chaque individu tout en reliant l'ensemble des individus les uns aux autres au sein d'un espace social *a priori* illimité. Cette représentation peut se prêter, on l'a vu, à une lecture harmonieuse de l'humanité tout entière dans laquelle chaque être humain, sans distinction, est relié au tout, autrement dit à l'universel. Mais elle peut aussi nous inviter à entrevoir les inégalités entre les individus et leurs effets sur la structure sociale. Il suffit pour cela d'inscrire ce graphisme dans un espace délimité, c'est-à-dire de rompre avec le principe d'infini que ses concepteurs avaient inévitablement en tête. Apparaissent alors, comme on peut le voir sur la **figure III** du cahier hors texte, un centre et une périphérie.

Dans cette figure, le carré central réunit neuf carrés, composés chacun de quatre types de liens, et la périphérie regroupe neuf carrés, composés de deux types de liens, et de quatre carrés n'en comptant chacun qu'un. On obtient bien ainsi l'image globale d'une société dont le centre préserve à ses meilleurs éléments les avantages que procure un entrecroisement systématique des quatre liens et, par conséquent, une socialisation complète, et qui maintient dans sa périphérie les éléments les moins dotés de liens, résultant d'une socialisation incomplète ou fragilisée. Conformément à ce que dégage la figure, le pourtour du carré central fait apparaître des unités pourvues de deux segments seulement (pointillés larges) ou seulement d'un (pointillés étroits).

Cette représentation graphique m'a paru convaincante. D'une part, parce qu'elle permet de visualiser comment l'entrecroisement des quatre types de liens permet aux individus d'être attachés les uns aux autres ; d'autre part, parce qu'elle oppose un centre privilégié et son entourage. Dès lors, la question est : quel processus dessine le carré central en le séparant des marges ?

L'idée d'une opposition entre un centre et une périphérie n'est pas nouvelle et elle a été mobilisée pour qualifier des phénomènes sociaux de nature différente. Quiconque s'est déplacé dans les grandes métropoles urbaines a pu constater le fossé séparant très souvent les quartiers centraux opulents, composés des catégories les plus aisées, et la périphérie regroupant les catégories les plus pauvres cumulant toutes les difficultés d'existence. Ce fossé a nourri une littérature abondante sur la marginalité, notamment dans les pays latino-américains à partir des années 1950, au moment où les périphéries urbaines s'étendaient en accueillant en masse, dans des conditions misérables, les migrants venus des régions rurales les plus pauvres[42]. La théorie de la marginalité était fondée sur une opposition radicale entre un centre profitant des avantages du système capitaliste pour s'enrichir, et une périphérie privée d'opportunités d'intégration minimale à ce système et obligée de survivre par le travail informel. Oscillant, selon les auteurs, entre une approche marxiste et une approche culturaliste, cette théorie a été très discutée et semble avoir été progressivement plus ou moins abandonnée[43]. Elle constitue toutefois une étape importante des sciences sociales latino-américaines, d'autant que ce concept faisait écho dans les années 1960 et 1970 aux théories de la dépendance plaçant les pays

42. Larissa Adler de Lomnitz, *Cómo sobreviven les marginados*, Mexico, Siglo XXI Editores, 1975.

43. D. Fassin, « *Marginalidad* et *marginados*. La construction de la pauvreté urbaine en Amérique latine », *in* S. Paugam (dir.), *L'Exclusion sociale. L'état des savoirs*, Paris, La Découverte, 1996, p. 263-271.

pauvres, du fait de la division internationale du travail, à la périphérie du monde développé[44]. Nous y reviendrons dans le chapitre 14.

La représentation d'un centre opposé à une périphérie a très souvent été utilisée également pour qualifier la hiérarchie du monde du travail, notamment les travailleurs dotés d'un statut stable et les autres en situation de précarité. Elle renvoie à la théorie de la segmentation du marché du travail, selon laquelle la périphérie n'est pas une anomalie mais bien une condition du bon fonctionnement de l'ensemble de l'économie[45].

En remontant dans l'histoire des sciences sociales, rappelons aussi que pour analyser la hiérarchie des genres de vie au début du XXe siècle, Maurice Halbwachs avait utilisé l'image d'un feu de camp autour duquel les individus étaient regroupés par cercles concentriques selon leur appartenance à telle ou telle classe. « Lorsqu'on envisage de ce point de vue la hiérarchie des classes, on constate, à mesure qu'on s'élève de l'une à l'autre, que les groupes sont de plus en plus intégrés, c'est-à-dire que leurs membres se trouvent de plus en plus pris dans un réseau de relations sociales, religieuses, politiques, d'affaires, etc., suivant le type de société. On peut interpréter cela de deux façons : ou bien on dira que la société dans son ensemble tend à se dépasser, que la vie sociale d'abord diffuse, éparpillée, soumise à l'action de beaucoup de forces de dispersion, petit à petit se concentre, se ramasse comme autour d'un foyer qu'elle a elle-même allumé et qu'elle alimente ; ou bien on dira que la société fait un effort, et un effort pénible et constant, pour se distendre, comme s'il lui fallait écarter d'elle beaucoup de forces d'oppression, qui l'enserrent et l'étouffent, et que les parties d'elle-même les plus voisines de sa périphérie se trouvent de plus en plus éloignées du foyer central, de plus en plus en contact avec le "dehors", qu'elles perdent en même temps de leur souplesse et de leur élasticité, qu'elles se durcissent et qu'elles se figent. Au fond, il ne faut pas croire que ces deux interprétations s'opposent entièrement, comme si l'on se représentait la société tantôt comme une création artificielle

44. Sur ce sujet, on pourra se référer à Samir Amin, *Le Développement inégal. Essai sur les formations sociales du capitalisme périphérique*, Paris, Minuit, 1973.
45. Sans prétendre rendre compte de cette littérature abondante sur le dualisme du marché du travail, on lira notamment Michael J. Piore et Charles F. Sabel, *The Second Industrial Divide. Possibilities for Prosperity*, New York, Basic Books, 1984.

des hommes, et tantôt comme leur nature même. Il demeure incontestable que, lorsque les hommes se sont élevés au prix d'un effort, ou se sont trouvés par chance le plus près du foyer, c'est-à-dire dans la partie de la société où la vie collective est la plus intense, il leur est très pénible de s'en éloigner, et ils gardent toujours le désir d'y rentrer. Cela suffit pour qu'on puisse poser que plus la vie est sociale, plus elle est conforme à la nature de l'homme. Il en résulte qu'une classe occupera un niveau d'autant plus élevé que ses membres participeront davantage à la vie collective, telle qu'elle est organisée dans leur société[46]. » Cette représentation a le mérite de poser la question de l'inégalité de l'intégration sociale en abordant de façon directe la problématique des classes sociales que Durkheim avait peu traitée dans ses travaux. L'explication reste cependant assez floue tant que le foyer central n'est pas défini de façon précise. Est-ce le travail ou la consommation qui en est le combustible ou un peu les deux ? On est encore loin ici d'une théorie de la socialisation fondée sur des sphères distinctes, mais entrecroisées, de la morale collective.

Qu'elles soient mobilisées pour qualifier les divisions de l'espace urbain, du marché du travail ou celles des modes de consommation et des genres de vie, les théories fondées sur l'opposition entre le centre et la périphérie n'ont cessé finalement de nourrir les travaux des chercheurs en sciences sociales depuis plus d'un siècle. La représentation graphique à laquelle nous sommes parvenus dans ce chapitre s'écarte néanmoins assez fortement de celles qui ont été le plus abondamment commentées, y compris de celle de Halbwachs. Il faut noter tout d'abord qu'elle se fonde sur le fait qu'il n'existe pas une seule dimension constitutive du centre et de la périphérie, mais au moins quatre, sachant que chaque type de lien renvoie à une sphère spécifique de la morale. Si les individus sont en périphérie, c'est parce qu'ils sont dépourvus de plusieurs liens essentiels et qu'ils ne peuvent de ce fait être attachés avec la même intensité aux autres individus et à la société dans son ensemble. La rupture de ces liens, surtout quand elle prend une forme cumulative, est l'expression de ratés de la socialisation, spécialement

46. M. Halbwachs, *La Classe ouvrière et les niveaux de vie*, Paris, Alcan, 1912, repris dans M. Halbwachs, *Le Destin de la classe ouvrière*, Paris, PUF, « Le Lien social », 2011, p. 5-6.

dans les sociétés qui fondent leur cohésion sociale sur un idéal d'égalité entre les citoyens et entendent créer les conditions sociales pour atteindre cet objectif. Le constat qu'elles n'y parviennent que partiellement ou pas du tout peut susciter de profondes désillusions et ébranler encore davantage la confiance dans les institutions, notamment dans les couches sociales les plus défavorisées.

Cette représentation de l'entrecroisement inégal des liens sociaux est originale, mais elle ne peut tenir lieu, à elle seule, d'une théorie nouvelle, et comporte aussi des limites. C'est ce qu'il convient d'examiner maintenant.

Penser le mouvement des liens sociaux

Pour éviter l'enfermement dans un cadre analytique trop statique et trop étroit, la figure à laquelle nous sommes parvenus mérite d'être enrichie en partant de ses limites intrinsèques. La première est qu'elle ne permet pas de distinguer chaque type de lien selon sa force ou sa faiblesse. Une alternative seulement est possible – l'individu en est pourvu ou non –, ce qui est évidemment réducteur. Un lien peut ne pas être brisé sans pour autant être solide. Les individus peuvent être attachés les uns aux autres par des liens tantôt forts et stables, tantôt fragiles et instables. L'entrecroisement sur lequel nous avons insisté est en réalité souvent fait de liens forts et de liens faibles, si bien que le cas idéal-typique d'un individu à tout jamais soutenu par des liens indestructibles face aux aléas de la vie devient purement théorique. Aussi, après avoir distingué et vérifié empiriquement deux extrêmes – les personnes globalement pourvues des quatre types de liens et celles qui ne le sont pas de façon complète –, il faut se donner les moyens d'étudier les situations intermédiaires, lesquelles n'apparaissent pas dans une figure opposant un centre à une périphérie. Cette exigence est d'autant plus importante que les sociétés modernes sont le plus souvent stratifiées, en différents niveaux intermédiaires entre les positions les plus privilégiées et les positions les plus désavantagées. Comment alors concevoir l'espace flottant entre le centre et la périphérie ?

Nous pouvons tirer parti de la définition des liens sociaux que nous avons donnée dans le chapitre précédent. Puisque chaque type de lien comprend deux dimensions qui se combinent, celle de la protection et celle de la reconnaissance, l'on peut observer des faiblesses, soit en termes de protection, soit en termes de reconnaissance. Autrement dit, un lien peut se maintenir sans pour autant apporter entière satisfaction. Il peut être de nature oppressante (il apporte de la protection, mais pas de reconnaissance) comme de nature fragilisante (il apporte de la reconnaissance, mais guère de protection) et nourrir un attachement équivoque fondé sur des rapports sociaux fondamentalement anxieux. Nous y reviendrons dans le chapitre suivant.

Autre limite de la représentation dichotomique centre/périphérie : elle ne permet pas de penser le mouvement, notamment les processus qui conduisent à la faiblesse ou à la rupture des liens sociaux, l'une en entraînant une autre. Or on peut distinguer au moins deux types de ruptures cumulatives : l'apprentissage raté et la dégradation statutaire. Le premier touche les individus ayant connu dès leur enfance de nombreuses difficultés et pour lesquels la vie n'a été qu'une succession de ruptures. La seconde affecte les hommes et les femmes frappés à un moment de leur vie par une épreuve qui les a précipités dans une spirale d'échecs et de rupture des liens sociaux. Pour étudier ces processus, il faut avoir recours soit à des données biographiques permettant de remonter à l'enfance et de distinguer les différentes phases de la vie, soit à des données longitudinales, c'est-à-dire des enquêtes qui suivent pendant plusieurs années les mêmes individus, à l'aide de questionnaires ou d'entretiens répétés dans le temps, sur une durée si possible assez longue. J'ai élaboré dans les recherches antérieures le concept de *disqualification sociale* qui permet de rendre compte de ces processus. L'être humain socialement disqualifié est à la fois vulnérable face à l'avenir et accablé par le poids du regard négatif qu'autrui porte sur lui. Ce concept a été essentiellement utilisé dans les recherches sur la précarité professionnelle, le chômage, la pauvreté et le recours aux services d'action sociale. Il met l'accent sur le caractère multidimensionnel, dynamique et évolutif de la pauvreté. Je reviendrai en détail sur ce concept dans le chapitre 7.

Opposer de façon statique un centre à sa périphérie peut en outre laisser entendre que les jeux sont faits à l'avance et qu'il n'existe pas ou peu de possibilités de résistance pour éviter ou sortir de l'engrenage infernal de la rupture cumulative des liens sociaux. Or ces possibilités existent : l'on peut pallier la faiblesse d'un lien en s'appuyant sur les autres, pour se maintenir malgré tout attaché au système social. Ces mécanismes méritent d'être analysés pour rendre compte des stratégies déployées par les personnes démunies pour résister, de façon active, au stigmate, et, de façon plus générale, au processus de disqualification sociale.

Enfin, notre figure suggère que chaque type de lien a une importance égale dans le processus de socialisation. Or, comme nous l'avons déjà souligné dans le chapitre 1, il est peu probable qu'ils ne soient pas hiérarchisés, les différentes sphères de la morale qu'ils traduisent n'ayant pas forcément une force normative égale selon les sociétés et les périodes et, par conséquent, n'exerçant pas non plus sur les individus une contrainte de même intensité.

*

À partir des limites mêmes de notre figure du fonctionnement de l'attachement social, nous pouvons à présent l'enrichir en y remettant du mouvement. C'est ainsi que nous allons pouvoir rendre compte au chapitre suivant de l'éventail des situations intermédiaires entre une socialisation complète au centre et la rupture des liens à la marge. Et observer, à l'échelle de la trame sociale, le processus qui peut conduire au délitement progressif des liens sociaux.

CHAPITRE 6

Les anxiétés de l'attachement

Les évolutions structurelles des sociétés modernes qui ont renforcé la fragilité des liens sociaux sont connues. Parmi ces évolutions fragilisantes, c'est l'effritement de la société salariale qui a retenu le plus l'attention des chercheurs en sciences sociales. Dans les sociétés occidentales, et de façon inégale selon les pays, le système de protection sociale mis en place au cours du XXe siècle est en recul depuis plusieurs décennies et des franges nombreuses de la population sont devenues de plus en plus fragiles ou menacées de le devenir. Sur le chômage de masse, facteur majeur de cette évolution, sont venues se greffer la multiplication des emplois à statut précaire et une augmentation du temps partiel contraint, ce que l'on appelle le « sous-emploi ». L'onde de choc traverse désormais la structure sociale dans son ensemble et ébranle les fondements normatifs qui assuraient plus ou moins jusque-là sa stabilité.

Il en ressort un sentiment fort d'insécurité sociale. Plusieurs sondages ou enquêtes ont été consacrés au rapport des Français à l'exclusion et à la pauvreté dès les années 1990. À la question régulièrement posée « Vous arrive-t-il d'avoir peur de devenir vous-même un jour un exclu ? », en 1993, 53 % des personnes interrogées avaient répondu « oui », ce qui paraissait énorme et presque démesuré. On pouvait en effet se demander si ce résultat n'était pas dû à des événements particuliers. Or, le sondage a été renouvelé cinq fois depuis cette date, à des saisons variables dans l'année (hiver, automne, printemps) et la proportion de personnes répondant « oui » est restée stable. Le maximum de réponses positives a été atteint en février 1998 avec 57 %. Le résultat n'a jamais été inférieur à 53 %. Stable dans le temps, ce résultat paraît donc significatif. Ce chiffre nourrit beaucoup des analyses, parfois un peu schématiques, sur la société duale, qui dessinent une France coupée en deux parts presque égales : d'un côté, celle qui gagne, à l'abri de la précarité ; de l'autre, celle qui perd ou pourrait perdre rapidement sa place. Les sondages confirment que la peur de devenir « exclu » concerne surtout les individus en âge d'activité : jusqu'à cinquante ans, la proportion se situe même entre 60 % et 70 %, alors qu'après soixante-cinq ans elle est inférieure à 30 %. On peut donc faire l'hypothèse que c'est d'abord la crainte du chômage et la précarité des emplois qui avivent cette angoisse. Perdre son emploi dans une société qui fonde les distinctions sociales sur la participation à la production de la richesse collective est, pour beaucoup, le signe de l'infériorité, de la dépendance vis-à-vis des services sociaux et le début de l'engrenage vers la misère[1].

Mais, au-delà de cette onde de choc aux effets aujourd'hui bien connus, comment interpréter ce sentiment diffus d'insécurité sociale ? On peut faire l'hypothèse qu'il ne relève pas seulement d'un rapport incertain à l'emploi et à l'avenir, mais aussi d'une difficulté à trouver des satisfactions dans le travail et dans la vie sociale en général en raison d'une position sociale infériorisée et reconnue comme telle par autrui et la société[2]. Ce sentiment d'insécurité sociale peut en effet recouvrir plusieurs dimensions plus ou moins entremêlées qu'il convient de distinguer et d'analyser pour dépasser une approche aussi globale que floue.

S'il faut se garder d'une dichotomie simpliste et statique opposant les « stables » aux « exclus », il faut aussi se méfier d'une interprétation maximaliste qui, après avoir souligné les formes et les facteurs de la

1. Plus récemment, en exploitant une enquête nationale française, Nicolas Duvoux et Adrien Papuchon ont pu constater que parmi les personnes qui se sentent pauvres, on trouve aussi bien des personnes en emploi à temps plein (18 %), des employés et ouvriers à temps partiel (16 %), des employés et ouvriers au chômage (18 %), des employés et ouvriers à la retraite (17 %), des personnes sans activité professionnelle (17 %). Voir N. Duvoux et A. Papuchon, « Qui se sent pauvre en France ? Pauvreté subjective et insécurité sociale », *Revue française de sociologie*, 59-4, 2018, p. 607-647.

2. S. Paugam, « Se sentir pauvre. Un indicateur spécifique de l'insécurité sociale ? », *Revue française de sociologie*, 61-2, 2020, p. 107-118.

fragilité de la structure sociale, conclurait à une précarité diffuse plus ou moins généralisée. La vérité se trouve probablement entre ces deux interprétations opposées. Je propose dans ce chapitre de rechercher les sources de cette anxiété en partant non pas d'un indicateur unique, mais d'une étude approfondie des cas où les liens sociaux, sans être rompus, n'apportent pas les garanties de protection et de reconnaissance espérées.

L'attachement social : entre liberté et contrainte

Les individus ressentent la force de chaque lien quand ils en retirent pour eux-mêmes l'assurance d'une protection (ils peuvent « compter sur ») et la satisfaction d'une reconnaissance (ils peuvent « compter pour »). C'est à cette condition qu'ils peuvent aussi se sentir libres. Parler de « liens qui libèrent » est toutefois un oxymore qui mérite une clarification. Dans quel sens peut-on dire que des liens libèrent vraiment ? Si les liens ont pour fonction première d'attacher, ne faut-il pas commencer par s'en libérer pour exister vraiment en tant qu'individu ? Commençons donc par cette mise au point, qui nous conduira à préciser la définition sociologique de la liberté. Cette définition nous servira ensuite de repère pour identifier les cas où les liens ne libèrent pas, mais, au contraire, oppressent ou fragilisent.

La définition sociologique de la liberté

Dans son ouvrage *The Constitution of Liberty*, Friedrich Hayek définit la liberté négativement par l'absence de coercition ou de contrainte[3]. Contrairement aux contre-révolutionnaires qui parlent volontiers des libertés, il s'en tient au singulier. La contrainte à laquelle les individus sont soumis est plus ou moins grande, mais leur liberté ne se décompose nullement, d'après lui, en sphères séparées. C'est la réduction de la contrainte qui donne la mesure de leur liberté : est libre celui qui n'est pas esclave, celui qui a le statut légal d'un membre protégé de la

3. Friedrich Hayek, *The Constitution of Liberty*, Chicago, IL, University of Chicago Press, 1960.

communauté, celui qui ne court pas le risque d'une arrestation arbitraire, celui qui a le droit de choisir son travail et de circuler selon son bon plaisir. Raymond Aron publia en 1961 une analyse critique de ce livre sous la forme d'un long article intitulée « La définition libérale de la liberté[4] ». À la définition de Hayek, il oppose en effet une définition sociologique de la liberté qui mérite d'être reprise ici[5]. Si Aron accepte l'idée générale que la liberté est d'abord la non-contrainte, il s'emploie à distinguer les influences contraignantes et les influences non contraignantes qu'exercent les êtres humains les uns sur les autres. Il souligne que la difficulté à laquelle Hayek est confronté tient à une définition trop large de la contrainte : « En effet, ou bien il y a contrainte dès lors qu'il y a aliénation du droit de décision et d'action personnelle, et, en ce cas, toutes les entreprises du type militaire comportent la contrainte ; ou bien la contrainte ne commence qu'à partir du moment où l'individu devient contre son gré l'instrument de l'autre et cède à ce dernier par crainte de la sanction et, en ce cas, il convient d'introduire entre la liberté-activité personnelle et la contrainte opérée par la menace un domaine d'activité neutre en tant que telle. L'individu ne saurait être dit libre puisqu'il ne choisit pas son objet, son projet ou même ses moyens, mais il ne saurait davantage être dit contraint ou opprimé puisqu'il reconnaît la nécessité ou (et) la légitimité des commandements auxquels il se soumet[6]. »

Aron critique aussi la distinction entre la *loi générale* (consignes permanentes) et les *commandements spécifiques*. La première préserve, selon Hayek, la sphère de liberté individuelle tandis que les seconds la restreignent. Aron émet des doutes sur cette affirmation et souligne que l'obéissance à des commandements spécifiques n'entraîne pas forcément la contrainte : la liberté de l'individu dépend de plusieurs facteurs et la soumission à des consignes permanentes ou

4. Raymond Aron, « La définition libérale de la liberté », *Archives européennes de sociologie*, II, n° 2, 1961, p. 199-218. Repris *in* R. Aron, *Les Sociétés modernes*, Paris, PUF, 2006, p. 627-646.
5. Je reprends ici à grands traits les éléments d'un article que j'ai publié dans un volume consacré à l'œuvre d'Aron : S. Paugam, « Une définition sociologique de la liberté », *in* [Collectif], *Cahier Raymond Aron*, Élisabeth Dutartre-Michaut (dir.), Paris, Éditions de L'Herne, 2022, p. 120-124.
6. R. Aron, *Les Sociétés modernes*, *op. cit.*, p. 631.

à des lois générales ne garantit pas non plus la liberté. D'une façon générale, Aron soumet l'analyse de Hayek à un contrôle systématique de la validité des concepts qui l'organisent pour constater qu'il ne peut exister de critères objectifs, éternellement valables, pour définir ces derniers. Il adopte un point de vue sociologique et oppose ainsi aux généralisations du philosophe une analyse fondée sur la variation historique et culturelle du sens de la contrainte, de la liberté ou des lois discriminatoires dans les sociétés modernes. Autrement dit, en ayant recours au relativisme des sciences sociales, il remet en cause l'édifice théorique de Hayek, qui s'apparente dans son harmonie généralisante à une entreprise idéologique. « La pensée de Hayek me semble parfaitement claire au niveau où elle se situe d'ordinaire, c'est-à-dire en tant que doctrine de ce que la société devrait être. En revanche, les fondements philosophiques qu'il a voulu donner à cet idéal social me paraissent fragiles. Il a voulu définir la liberté par l'absence de contrainte et la contrainte par une situation objectivement reconnaissable. Mais il a méconnu le fait que toutes les entreprises collectives font de certains individus les instruments de leurs chefs sans que pour autant soldats ou travailleurs se jugent "opprimés". Il a posé une différence radicale entre l'obéissance à des personnes et la soumission à des règles et il a ignoré ou négligé le fait que des règles générales pouvaient être, elles aussi, oppressives et qu'en dernière analyse c'est le rapport entre le contenu des interdits et des obligations d'une part, les attentes légitimes de l'autre qui détermine la mesure effective de la liberté dans une société donnée[7]. »

Aron souligne aussi qu'il est difficile de lier la liberté à la responsabilité comme le fait Hayek. Selon ce dernier, seul peut prétendre à la liberté celui qui peut être tenu pour responsable de ses actions, donc qui agit rationnellement. Mais à l'intérieur d'une société, remarque Aron, la discrimination des « responsables » et des « irresponsables » ne va pas de soi. À quel âge les enfants cessent-ils d'être irresponsables ? Ou bien, les membres des sociétés dites « archaïques » doivent-ils être tenus pour irresponsables, et donc privés de droits à la liberté, par les membres des sociétés dites « civilisées » ?

7. *Ibid.*, p. 637.

Définir la liberté par la moralité de la conduite ne va pas non plus sans danger. Hayek considérait que la société libre fonctionne d'autant plus harmonieusement que les individus qui la composent se réfèrent à des valeurs communes. Ce postulat le conduit à définir la liberté comme l'action conforme à des lois morales. Aron remarque toutefois que ces valeurs communes dépendent du système éducatif et de l'action politique. Elles supposent l'existence d'institutions qui, de génération en génération, assurent, parfois sous l'effet de la contrainte, la transmission de ces valeurs ainsi que la socialisation des individus. Or Hayek sous-estime ce rôle préalable de l'action politique et passe sous silence l'extrême diversité des sociétés humaines dans l'exercice de cette fonction éducatrice. « L'idéal d'une société dans laquelle chacun choisirait ses dieux ou ses valeurs ne peut se répandre, souligne Aron, avant que les individus ne soient éduqués à la vie collective. La philosophie de Hayek suppose acquis, par définition, les résultats que les philosophes du passé considéraient comme les objets primaires de l'action politique. Pour laisser à chacun une sphère privée de décision et de choix, encore faut-il que tous ou la plupart veuillent vivre ensemble et reconnaissent un même système d'idées pour vrai, une même formule de légitimité pour valable. Avant que la société puisse être libre, il faut qu'elle soit[8]. »

Aron termine son commentaire critique en soulignant que le sentiment de liberté ne sera pas proportionnel à la liberté effective telle qu'elle est définie par le philosophe américain. « Les prolétaires observés par Marx, dit-il, quelle que fût la législation, ne pouvaient éprouver aucun sentiment de liberté parce qu'ils étaient privés du minimum sans lequel le droit de choisir fins et moyens devient purement illusoire. Pour la masse des musulmans d'Algérie, la liberté que leur assurait la loi française pesait moins lourd que l'humiliation provoquée par la discrimination. À chaque époque, en chaque société, le *sentiment de la liberté* dépend, en priorité, d'*une* circonstance. Peut-être même dépend-il de l'élimination d'une certaine forme d'oppression, éprouvée comme intolérable[9]. » Il en conclut que si l'élargissement de la sphère privée peut être tenu pour le but primordial de l'ordre social, il est

8. *Ibid.*, p. 642.
9. *Ibid.*, p. 645.

inacceptable de se référer à ce critère unique pour juger de toutes les sociétés actuelles : « Les hommes, dit-il, sacrifient une partie de leur sphère privée pour être gouvernés par des frères de race, de langue ou de religion, pour être traités en égaux, pour se donner une patrie, voire dans l'espoir de sortir de la misère[10] ».

L'intériorisation des contraintes

Ainsi, la définition de la liberté que propose Aron n'est pas libérale au sens qu'en donne Hayek. Elle ne saurait être détachée de l'analyse sociologique des liens que tissent entre eux les individus et donc des relations de pouvoir, d'autorité et de dépendance qui sont propres à toute vie en société. L'absence de contrainte ne peut donc être, en tant que telle, le critère unique pour définir la liberté puisque les individus sont, par obligation, tenus de respecter les normes de la vie sociale, en particulier le droit. L'analyse d'Aron est sur ce point très proche de l'analyse de Durkheim – même si, comme il le précisait lui-même, les travaux du fondateur de la sociologie française ne l'inspiraient guère – sur les contraintes morales et les sanctions qu'encourent les individus qui tenteraient de s'en affranchir. Comme lui, il évoque la reconnaissance par les individus de la nécessité et de la légitimité des commandements auxquels ils se soumettent dans la vie quotidienne. Si cette soumission peut dans certains cas exprimer une oppression subie, en raison, par exemple, d'une infériorisation jugée déplacée ou inopportune et d'un déni de reconnaissance, elle ne saurait pour autant, de façon générale et sans nuance, être qualifiée de contrainte oppressive et, par conséquent, d'obstacle au sentiment de liberté. Aron aime aussi rappeler que la définition de la liberté ne peut être pensée indépendamment des variations historiques et culturelles et que les sociétés occidentales jouissent d'un privilège rare dans l'histoire et dans l'espace. Enfin, s'il convient d'adopter une posture sociologique pour définir la liberté, c'est aussi parce que la liberté se décline de façon plurielle. Aux libertés personnelles et politiques, il ne faut pas oublier de joindre les libertés sociales, celles sans lesquelles les catégories les plus modestes ne pourraient,

10. *Ibid.*

du fait de la précarité de leurs conditions matérielles, se sentir réellement libres.

Bien avant le débat entre Hayek et Aron, Simmel avait lui aussi tenté de définir le sens sociologique de la liberté dans une courte section d'un chapitre consacré à la détermination quantitative du groupe dans son ouvrage majeur de sociologie[11]. Il y aborde de façon plus directe la question des liens en soulignant d'emblée que pour tout être en relation avec les autres, la liberté est un « mode particulier de relation à l'entourage ». Il en tire deux conséquences. La première est que « pour l'homme social, la liberté n'est ni un état donné d'emblée, allant de soi, ni un bien acquis une fois pour toutes, une possession ferme, pour ainsi dire substantielle ». Simmel reconnaît que « presque toutes les relations – entre États, entre partis, familiales, amicales, amoureuses – sont loin d'être stables et dès qu'elles sont livrées à elles-mêmes, elles tissent leur toile d'exigences qui peuvent emprisonner l'homme entier ». Par conséquent, « la liberté [lui] apparaît comme un processus permanent de libération, comme un combat non seulement pour l'indépendance du moi, mais aussi pour le droit de s'affirmer à tout instant, même dans la *dépendance*, avec sa *volonté libre* – un combat qu'il faut livrer à nouveau après chaque victoire ». La seconde conséquence de cette approche relationnelle et processuelle de la liberté est que « l'homme ne veut pas simplement être libre, mais aussi utiliser sa liberté pour quelque chose » et « ce quelque chose n'est bien souvent rien d'autre que la domination et l'exploitation d'autres hommes ». Autrement dit, l'être humain est lié aux autres et lie les autres. La liberté correspond à une « relation sociologique ambivalente, même si elle est présentée comme une qualité de l'individu ». Cette définition justifie l'étude des rapports de force et des capacités différentielles des individus à agir ; elle renvoie aussi au problème de l'inégalité d'accès aux ressources, en particulier dans le monde du travail traversé par des luttes incessantes pour la protection et la reconnaissance, c'est-à-dire pour une extension de la sphère de liberté pour tous. Sans ces luttes, l'être humain risque à tout moment d'être broyé par la force des mécanismes de domination et de subordination.

11. G. Simmel, « le sens sociologique de la liberté », *in* G. Simmel, *Sociologie. Études sur les formes de la socialisation* (1re éd. en allemand, 1908), PUF, « Sociologies », 1999, p. 110-112.

En partant de la définition sociologique de la liberté d'Aron et des réflexions antérieures de Simmel, il paraît légitime de parler de « liens qui libèrent », au sens non d'une absence de contraintes mais plutôt d'une adhésion volontaire à celles-ci. Comment comprendre ce processus d'adhésion ? L'individu peut très bien évaluer que le respect de la règle morale apporte des satisfactions aussi bien individuelles que collectives. En suivant la perspective durkheimienne de la désirabilité de la contrainte[12], nous pouvons considérer que les liens sociaux sont d'autant plus forts qu'ils apportent, ensemble ou séparément, de la protection (des garanties face à l'avenir) et de la reconnaissance (utilité sociale). Ainsi, protégés et reconnus, les individus ont le plus souvent le sentiment d'être librement attachés aux autres et aux groupes avec lesquels ils sont en relation. Ce sentiment les attache aussi, de façon plus générale, au système social puisque ce dernier leur procure la sensation d'être conformes aux différentes sphères normatives qui le fondent, et ils sont valorisés en tant qu'individus du fait de cette conformité. Il est alors possible de considérer chaque type de lien comme un facteur de libération. Mais il ne faut pas pour autant considérer ce processus comme allant de soi. Il exige un combat permanent, une vigilance de tous les instants pour éviter que les liens ne cessent d'être force de libération et deviennent, au contraire, source de fragilité et d'oppression.

Par ailleurs, ce n'est pas parce que les individus voient dans les liens qui les attachent les uns aux autres la confirmation de leur sécurité d'existence et de leur utilité sociale qu'ils sont pour autant totalement à l'abri des dominations. Les institutions peuvent, on le sait, exercer un pouvoir symbolique qui contribue parfois à dissimuler l'arbitraire de la domination d'un groupe sur un autre et la rendre ainsi légitime. Il revient au sociologue de mettre au jour les processus cachés de la domination, ceux dont les individus n'ont pas toujours pleine conscience. Max Weber a souligné à plusieurs reprises que les religions peuvent, par exemple, exercer un tel pouvoir, de nature politique, dont l'objectif dissimulé n'est autre que la domestication

12. É. Durkheim, « La détermination du fait moral », extrait du *Bulletin de la Société française de philosophie* », 1906, *in* É. Durkheim, *Sociologie et Philosophie*, *op. cit.*

des dominés ou des masses[13]. Pierre Bourdieu s'est inspiré de ces analyses en étendant ce pouvoir à d'autres institutions et même à l'État, lorsque, par exemple, ses politiques sociales tendent à maintenir l'ordre social et à favoriser les interdépendances entre les dominants et les dominés[14]. Cette précision est importante. On admettra donc ici que les liens libèrent réellement quand ils apportent aux individus à la fois protection et reconnaissance, mais aussi lorsqu'ils ne sont pas le reflet d'un processus dissimulé de domestication des dominés par lequel ceux-ci seraient en quelque sorte enfermés dans une conscience aveugle des rapports sociaux. La meilleure garantie pour éviter cet enfermement est sans doute d'être du côté des dominants, mais on peut faire l'hypothèse que ces liens qui libèrent concernent aussi un ensemble large, aux contours assez flous, de personnes que l'on ne peut associer de façon exclusive à un groupe dominant ou à un groupe dominé.

Fragilités et oppressions

Entre les liens qui libèrent tels que nous venons de les définir et les liens rompus que nous avons examinés dans le chapitre précédent, il existe au moins deux autres configurations : les liens qui fragilisent et les liens qui oppressent (voir **figure 6.1**)[15].

Les liens qui fragilisent

Les liens fragilisent les individus quand ils ne leur procurent pas toute la protection attendue. Les liens ne sont pas rompus et les individus peuvent même se sentir plus ou moins reconnus dans les échanges sociaux. Mais ils restent incertains.

13. M. Weber, *Sociologie des religions*, Paris, Gallimard, 1996 (« domestication des dominés », p. 271, « domestication des masses », p. 391).
14. P. Bourdieu, *Sur l'État. Cours au Collège de France, 1989-1992*, Paris, Seuil et Raisons d'agir, 2012, p. 565 et suiv.
15. Je reprends ici, en les complétant, certains éléments publiés dans l'article de S. Paugam, « Les anxiétés de l'attachement. Les liens qui fragilisent et les liens qui oppressent », *Nouvelle Revue de psychosociologie*, n° 24, 2017, p. 41-53.

Figure 6.1. Quatre configurations de liens selon la protection et la reconnaissance qu'ils garantissent ou non

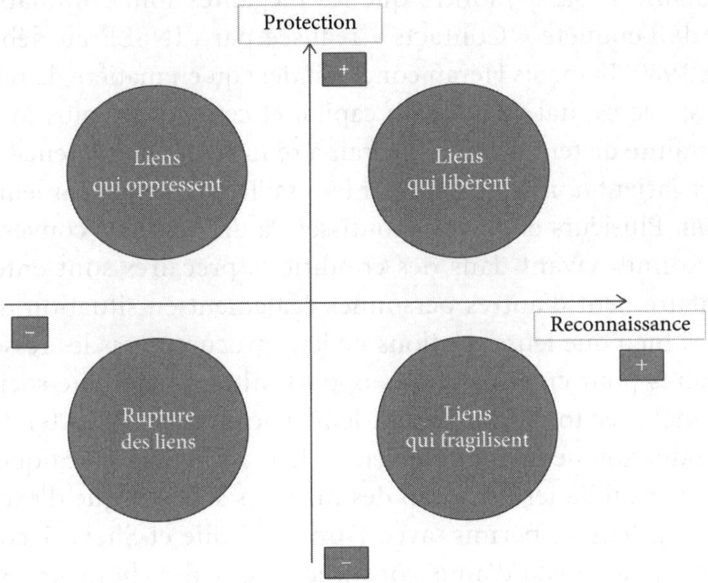

Le fait d'être attaché à un groupe familial peut procurer le sentiment d'avoir des racines et une identité reconnue, mais si ce groupe est fortement exposé à la précarité économique, il ne constitue pas une garantie face à l'avenir. Il peut même contribuer à un enfermement dans une sorte de pauvreté intégrée et partagée[16]. Le lien de filiation n'est pas rompu, mais le groupe d'attachement auquel renvoie ce lien n'a guère de ressources à échanger. Cette situation est fréquente dans les régions pauvres où les familles se regroupent pour survivre ensemble en réunissant les subsides qui leur restent. Si ce lien procure le confort d'une intégration minimale fondée sur la reconnaissance d'une appartenance à un groupe, il reste marqué par une faiblesse structurelle des conditions de vie. Les individus bornent leurs aspirations à ce que peut

16. J'ai utilisé le concept de pauvreté intégrée dans *Les Formes élémentaires de la pauvreté*, Paris, PUF, 2005, 3e éd. mise à jour et complétée, 2013, voir notamment le chapitre 3.

leur offrir leur famille et s'interdisent de demander plus car ils savent que c'est impossible.

Les spécialistes de la sociabilité des réseaux sociaux ont, de leur côté, maintes fois démontré que les inégalités sont cumulatives. À partir de l'enquête « Contacts » réalisée par l'INSEE au début des années 1980, François Héran concluait déjà qu'en matière de relations sociales, « le capital va donc au capital et cette loi est plus forte que la contrainte de temps qui obligerait à réduire des placements[17] ». Les réseaux varient non seulement par leur taille, mais aussi par leur composition. Plusieurs enquêtes aboutissent à des résultats convergents : les personnes vivant dans des conditions précaires sont entourées majoritairement d'autres personnes également en situation de précarité, si bien que leurs relations ne leur procurent pas les ressources nécessaires pour créer de réelles opportunités de mobilité sociale ou pour améliorer tout simplement leur niveau de vie[18]. La tendance à la reproduction ne peut être inversée. Une recherche spécifique réalisée à partir du Panel européen des ménages sur le risque d'exclusion m'avait également permis, avec Duncan Gallie et Sheila Jacobs, de vérifier que le réseau d'amis constitué autour des chômeurs pouvait être considéré comme une ressource de bien-être psychologique, mais ne donnait pas de possibilité de retrouver un emploi[19]. Autrement dit, pour reprendre une terminologie devenue classique, le réseau d'amis des chômeurs, quand il peut se maintenir – ce qui n'est pas, on l'a vu, toujours le cas –, a, au mieux, une fonction de *bonding* et non une fonction de *bridging*, or, la seconde est celle qui permettrait de sortir de la spirale de la précarité.

Le lien de participation organique peut aussi être en lui-même un facteur de fragilité et donc d'anxiété. Le chômage, surtout lorsqu'il est durable, est, par définition, l'expression de la rupture de ce lien. Mais

17. François Héran, « La sociabilité, une pratique culturelle », *Économie et Statistique*, n° 216, décembre 1988, p. 18.
18. Nan Lin, *Social Capital : A Theory of Social Structure and Action*, Cambridge, Cambridge University Press. Voir aussi C. Bidart, A. Degenne, M. Grossetti, *La Vie en réseau, op. cit.*, en particulier le chapitre 11 « Des réseaux inégaux ».
19. D. Gallie, S. Paugam et Sheila Jacobs, « Unemployment, Poverty and Social Isolation : Is there a Vicious Circle of Social Exclusion ? », *European Societies*, vol. 5, n° 1, 2003, p. 1-32.

avant cette échéance de privation prolongée d'un emploi, de nombreux salariés peuvent se maintenir dans une incertitude professionnelle structurelle. Ce que j'ai appelé l'*intégration incertaine*[20] correspond à une forme d'intégration professionnelle limitée, où l'instabilité de l'emploi, expression d'un déficit de protection, ne s'accompagne pas forcément d'une insatisfaction dans le travail et donc d'un déni de reconnaissance. Il s'agit notamment des situations vécues par les salariés qui, tout en travaillant dans d'assez bonnes conditions, en ayant de bonnes relations avec leurs collègues et leurs supérieurs, savent néanmoins qu'ils ont de fortes chances de perdre leur emploi. C'est le cas de personnes employées sous la forme d'un contrat à durée déterminée ou qui connaissent l'expérience du sous-emploi, mais c'est aussi le cas des personnes dont l'emploi, bien que stable, est néanmoins menacé à plus ou moins long terme. Dans certains secteurs d'activité, fortement touchés par les restructurations, comme celui de la sidérurgie par exemple, les salariés se définissent par une culture de métier et, par conséquent, un savoir reconnu transmis de génération en génération. Ils se savent investis d'une tradition professionnelle qui leur garantit une réelle satisfaction au travail, mais vivent au quotidien l'angoisse de l'insécurité de l'emploi. Il est inutile d'insister sur l'effet que provoque l'annonce de licenciements collectifs sur les salariés concernés tant il a été abondamment documenté.

Il est possible de rapprocher l'*intégration incertaine* de ce que produisent les contrats d'insertion temporaires dans le secteur de l'économie sociale et solidaire. Ce contrat place son bénéficiaire dans une situation intermédiaire où le travail effectué se double généralement d'un engagement quasi militant au service d'une cause sociale et écologique. Il apporte généralement des satisfactions en termes d'épanouissement personnel, de découverte d'une activité socialement utile, de relations humaines et offre ainsi des garanties de reconnaissance sociale. Néanmoins, il reste source de fragilité car celles et ceux qui en bénéficient savent que cette expérience est limitée dans le temps. Beaucoup craignent le retour au chômage et vivent l'attente de la fin du contrat en anticipant leur désillusion.

20. S. Paugam, *Le Salarié de la précarité. Les nouvelles formes de l'intégration professionnelle*, Paris, PUF, « Le Lien social », 2000 ; nouv. éd., « Quadrige », 2007.

Le lien de citoyenneté repose quant à lui sur une conception exigeante des droits et des devoirs de l'individu. Sa fonction étant de transcender de cette façon les différences, il peut sembler paradoxal qu'il engendre à son tour des inégalités et des fragilités. Or c'est bien ce qui se produit lorsque certains citoyens parviennent difficilement à accéder à leurs droits. On estime qu'en France une personne sur cinq éprouve des difficultés à accomplir les démarches administratives courantes[21]. Il s'agit, comme on pouvait s'y attendre, surtout des personnes les plus précaires, sans accès à internet ou peu à l'aise dans le maniement de cet outil. Plus de la moitié de la population d'enquête rapporte des difficultés pour résoudre un problème avec une administration ou un service public, mais les personnes confrontées à la précarité en rapportent davantage que les autres et sont plus promptes à abandonner leurs démarches. La demande répétée de pièces justificatives et la difficulté à contacter la personne de l'administration ou du service public en charge du dossier sont les problèmes les plus fréquemment évoqués. Une personne sur trois cite également le manque d'information. Ces constats ne signifient pas formellement une discrimination dans l'accès aux droits. Ces personnes sont toutes reconnues en tant que citoyens de l'État français, mais, du fait de leur éloignement géographique, de leur difficulté à accéder au numérique et à manier les outils informatiques, de leur manque d'information ou de compréhension des circuits administratifs – lesquels sont souvent assez complexes – ou pour d'autres raisons encore, elles restent pour ainsi dire en suspens dans l'exercice de leur citoyenneté. Le lien qui les relie aux institutions centrales de leur pays n'est pas rompu, mais il est fragile.

Ainsi, les quatre types de liens peuvent, chacun de façon spécifique, placer les individus dans une situation équivoque en leur assurant la reconnaissance élémentaire dans les différentes sphères de la morale et de la vie collective, sans pour autant leur assurer la protection nécessaire pour qu'ils puissent s'y déployer avec assurance et envisager sereinement des perspectives d'avenir.

21. Source : le Défenseur des droits, 2017.

Les liens qui oppressent

Il existe aussi des liens qui apportent une certaine forme de protection et de garantie face à l'avenir mais qui restent fondés sur une forme plus ou moins prononcée de déni de reconnaissance. Ce sont alors des liens qui oppressent, qui enferment l'individu dans une représentation négative de lui-même et expriment souvent un rapport de domination en plaçant l'individu dans une relation de subordination ou d'infériorisation. L'individu qui en fait l'expérience en souffre d'autant plus qu'il lui semble impossible d'échapper à cette relation. Plusieurs raisons peuvent expliquer cet étouffement chronique : 1) la survie de l'individu concerné peut en dépendre, c'est le cas du salarié qui ne supporte pas le climat oppressant de son travail, mais qui ne peut pas pour autant prendre le risque de démissionner et de se retrouver au chômage ; 2) l'impuissance, l'isolement et la crainte de contester l'oppresseur tant celui-ci manifeste son pouvoir de façon tyrannique ; 3) l'angoisse de perdre les formes de protection qui sont associées à cette relation de dépendance étouffante.

Cette situation implique une relation asymétrique. Il ne peut y avoir d'opprimé sans oppresseur. Ceci appelle néanmoins quelques nuances. Toutes les relations asymétriques ne sont pas oppressantes, certaines d'entre elles sont fondées sur une relation d'éducation, d'aide ou de coopération et contribuent à l'émancipation plus qu'à l'oppression, même si l'individu concerné est objectivement et au moins temporairement en position inférieure. Il existe aussi des formes d'oppression dans la relation sans que l'on puisse clairement identifier un oppresseur : c'est le cas du désaccord persistant dans la vie conjugale, dans la vie professionnelle, etc. Chacun reste campé sur sa position si bien que c'est la relation elle-même qui est oppressante pour l'ensemble des parties prenantes.

Si oppression et domination sont des synonymes dans le sens courant, il ne faudrait donc pas les confondre même si ces deux notions se recoupent toujours partiellement. Le rapport à la souffrance pourrait être un critère qui permet de les distinguer : l'oppression est toujours une souffrance tandis que la domination ne l'est pas toujours, tant elle peut se manifester sous des formes discrètes et dissimulées, voire acceptées comme légitimes.

Le lien de filiation peut être particulièrement oppressant lorsqu'il se déploie dans une configuration de domination paternaliste. Dans ce cas, les individus sont liés à leur famille et peuvent, au moins en principe, bénéficier de son soutien en cas de difficulté, mais ils en éprouvent un tel de sentiment de soumission et d'infériorisation qu'ils finissent par y renoncer, ce qui peut se traduire par une rupture, équivalente à celles que nous avons examinées dans le chapitre précédent. Les tensions sont fréquentes entre les jeunes adultes et leurs parents lorsque les premiers sont hébergés par les seconds à un âge où il est légitime de vivre dans un logement à soi. La crise économique contribue à accroître les difficultés des jeunes à se stabiliser sur le marché de l'emploi et renforce ainsi les attentes à l'égard de la solidarité intergénérationnelle. Si le foyer parental constitue un refuge, il est aussi fragile car il compromet l'autonomie souhaitée des jeunes adultes et provoque chez eux le sentiment d'être contraints à une dépendance prolongée. Cette situation passe par la recherche de compromis avec leurs parents, lesquels peuvent être également dans une situation économique précaire. Ces jeunes se sentent souvent en quelque sorte bloqués dans leurs trajectoires personnelles sans pouvoir contrôler leur destinée, sans pouvoir échapper à cette vulnérabilité structurelle. Je me souviens de jeunes sans-abri qui dormaient dans le hall de la gare ferroviaire locale et dont les parents pourtant habitaient à proximité. Ils avaient quitté leur domicile après avoir connu une expérience douloureuse de tensions et d'incompréhension réciproque avec eux. Cette difficulté à cohabiter résultait du sentiment d'oppression qu'ils ressentaient au quotidien du fait d'être continûment dévalorisés par leur regard critique. Ces jeunes bénéficiaient bien de la protection de leurs parents, mais souffraient du manque de reconnaissance de leur part. La relation entre les parents et les enfants est en réalité souvent oppressante dans les deux sens. Les premiers se sentent remis en question dans leur autorité parentale et leur rôle éducatif et laissent échapper sans équivoque leur frustration d'avoir échoué dans ce domaine, tandis que les seconds constatent avec amertume qu'ils ne sont pas à la hauteur des espérances de leurs parents et ne supportent plus la pression morale qu'ils leur infligent.

La honte des parents d'avoir des enfants qui ne correspondent pas à leurs attentes – qui échouent dans leur scolarité ou empruntent la voie de la marginalisation juvénile – peut avoir pour corollaire la honte des enfants d'avoir des parents de milieu populaire, peu valorisés socialement et parfois montrés du doigt. C'est l'épreuve vécue par l'écrivaine Annie Ernaux dans son enfance et adolescence et qu'elle relate dans plusieurs de ses écrits biographiques[22]. Brillante élève, scolarisée dans une école privée, elle épouse les jugements et les valeurs de ses professeurs et de ses camarades et en vient peu à peu à rejeter son éducation et le milieu social de ses parents qui tiennent un bistrot-épicerie dont la clientèle est essentiellement populaire. Le monde dans lequel elle vit lui paraît sale et inconvenant au regard de celui dans lequel elle se projette. Ses parents représentent l'opposé ce qu'elle considère être des « gens bien ». Elle commence d'ailleurs son récit par une scène de violence extrême entre ses parents à laquelle, à l'âge de douze ans, elle assiste impuissante et paralysée, et au cours de laquelle son père, serpe à la main, est à deux doigts de tuer sa mère. Image traumatisante qui lui restera en mémoire toute sa vie. Vivre sous le toit familial est pour elle d'autant plus oppressant qu'elle se rend compte par comparaison que ses parents, quoique bienveillants à son égard, présentent des traits haïssables dont elle a honte. Ils lui achètent tout ce qu'il leur semble nécessaire pour qu'elle réussisse à l'école – livres, bureau, étagères… –, mais cela ne compense pas chez elle sa détestation pour ce qu'ils sont. Elle avouera ensuite, au moment de ses études, éviter d'aller les voir.

Si la mère d'Annie Ernaux a échappé de justesse à un féminicide, les tensions familiales peuvent, dans des cas extrêmes, conduire au suicide des enfants. C'est ce que démontre l'étude de Nicolas Deffontaines sur le suicide des agriculteurs[23], et notamment son enquête qualitative menée à partir d'entretiens auprès de proches des suicidés : collègues, voisins, travailleurs sociaux, bénévoles et salariés. Deux cas sont assez convergents, le suicide d'Anthony et celui de Juliette. L'un et l'autre sont des enfants d'agriculteurs, mariés, vivant sur la même exploitation avec leurs parents. Anthony comme Juliette sont confrontés à la difficulté extrême de parvenir à concilier leurs parents respectifs et leurs conjoints respectifs. Ils se retrouvent par conséquent au cœur

22. Voir en particulier Annie Ernaux, *La Honte*, Paris, Gallimard, 1997. L'écrivaine vient, en octobre 2022, de se voir attribuer le prix Nobel de littérature.
23. Nicolas Deffontaines, « Le suicide fataliste revisité. Les agriculteurs : une loupe sociale pour l'étude de ce type oublié », *Sociologie*, vol. 11, n° 2, 2020, p. 113-129.

de relations ambivalentes entre les générations impliquant à la fois le rapport parental et le rapport conjugal. Juliette se trouve face à un conflit de loyauté insoluble, fait de rupture et de continuité à l'égard de l'histoire familiale de l'exploitation. Elle est prise entre son mari et son père, entre deux systèmes normatifs qui s'opposent dans la même maisonnée sans parvenir à les faire évoluer dans un sens consensuel. De son côté, Anthony se trouve également sommé de résoudre une équation impossible entre sa mère et son épouse. Le maintien de la maisonnée exploitante et l'autonomisation de son couple constituent des injonctions contradictoires qui finissent par l'accabler au quotidien. Dans ces deux cas, le suicide constitue la réponse à une relation oppressante permanente. Ils permettent de revisiter le concept de « suicide fataliste » que Durkheim avait défini comme l'effet d'un excès de réglementation : « celui que commettent les sujets dont l'avenir est impitoyablement muré, dont les passions sont violemment comprimées par une discipline oppressive. C'est le suicide des époux trop jeunes, de la femme mariée sans enfant[24] ». Mais ce type de suicide n'avait pas suscité un grand intérêt chez lui tant il lui semblait difficile d'en trouver des exemples empiriques[25]. Ce type de suicide peut toutefois résulter encore aujourd'hui de nombreuses relations oppressantes, en particulier, comme on le voit, dans le monde des agriculteurs exploitants dont la particularité est, d'une part, l'imbrication très étroite entre les sphères professionnelle et domestique et, d'autre part, la cohabitation sur la même exploitation, parfois dans la même maison, de plusieurs générations. Cette proximité géographique se traduit, pour le meilleur ou le pire, par des contacts quotidiens et continus, mais aussi par des incompréhensions réciproques et des conflits normatifs qui envahissent toutes les sphères de l'existence. On peut également, à partir de ces exemples, montrer que l'oppression peut ne pas résulter d'un rapport de domination, elle peut être liée à l'ambivalence du système normatif qui provoque des problèmes d'adaptation et un malaise généralisé.

24. É. Durkheim, *Le Suicide. Étude de sociologie*, *op. cit.*, p. 311.
25. Durkheim ajoutait : « Cependant, il pourrait se faire qu'il eût un intérêt historique. N'est-ce pas à ce type que se rattachent les suicides d'esclaves que l'on dit être fréquents dans certaines conditions, tous ceux en un mot qui peuvent être attribués aux intempérances du despotisme matériel ou moral ? », *ibid.*

Les liens qui oppressent s'observent évidemment dans la vie conjugale. Formellement, les époux se doivent mutuelle assistance dans tous les domaines de l'existence. Il n'est toutefois pas rare que cette protection rapprochée ne suffise pas à satisfaire les deux membres du couple. Même si la relation est globalement garantie, les époux peuvent se sentir, l'un ou l'autre ou réciproquement, en déficit d'amour et de reconnaissance. La vie conjugale devient morne, routinière et étouffante. Le couple s'étiole et se maintient parfois en n'étant plus qu'un pis-aller ou une fatalité à laquelle il est devenu impossible d'échapper sans se mettre en danger. Les romanciers ont maintes fois décrit avec précision – sans doute mieux que les sociologues – cette oppression conjugale comme une tragédie de l'existence. La *Thérèse Raquin* de Zola, la *Madame Bovary* de Flaubert, l'*Anna Karénine* de Tolstoï ou encore la *Thérèse Desqueyroux* de Mauriac ne sont que quelques exemples célèbres parmi bien d'autres héroïnes qui tentent d'échapper à l'étouffement de leur vie de couple. Dans *Le Voyage à Paimpol*, un roman dont on peut penser qu'il est en partie autobiographique, Dorothée Le Tessier, ouvrière d'usine, décrit non pas une relation conflictuelle entre son héroïne et son mari, mais une progressive indifférence réciproque qui s'installe entre eux[26]. Ce sentiment d'ennui prolonge la monotonie de l'usine, d'où le besoin de s'échapper, ne fût-ce que temporairement, sans donner de nouvelles, juste pour éprouver le sentiment d'être libre. On se souvient aussi du fameux roman *Le Chat* dans lequel Simenon dresse le portrait tragique d'un couple figé dans la détestation mutuelle. Le mari et sa femme ne se supportent plus depuis longtemps et trouvent la solution désespérée de ne plus s'adresser la parole tout en continuant de partager les charges de la vie commune.

Les cinéastes ont largement mis en scène des relations oppressantes dans la vie de couple. Le film de Maurice Pialat *Nous ne vieillirons pas ensemble* décrit, par exemple, sous une forme que le réalisateur a reconnue en partie autobiographique, la situation d'un couple qui se déchire, s'agresse et s'inflige de profondes souffrances réciproques, mais sans parvenir à se séparer. La rupture s'éternise. L'amour est vécu comme un éternel ressassement, un deuil qui n'en finit pas. La relation est oppressante et invivable, mais aussi bien l'homme que la femme

26. Dorothée Le Tessier, *Le Voyage à Paimpol*, Paris, Seuil, 1980.

semblent tenir l'un à l'autre, un peu comme si chacun avait conscience, en se séparant, de perdre une partie de soi-même. La rupture devient obsessionnelle car elle traduit non seulement la mort lente et inévitable d'un amour, mais aussi la fin d'une vie commune faite d'habitudes et de souvenirs partagés. Face à cet ébranlement de l'ancrage mémoriel sur lequel s'était bâti leur couple, la dépression s'abat alors brutalement sur chacun d'eux et les oblige à s'interdire de se revoir pour apprendre séparément à faire face à la douleur.

Si les romanciers et les cinéastes ont souvent devancé les sociologues, ces derniers ont toutefois apporté des éclairages saisissants sur ce sentiment d'oppression en étudiant les raisons invoquées pour justifier les demandes de divorce. Irène Théry a étudié plusieurs centaines d'affaires de divorce à partir de dossiers déposés auprès des tribunaux de grande instance[27]. Elle a volontairement retenu les cas de divorces difficiles, jugés pour faute et impliquant le recours à des experts chargés de rédiger des rapports sur le climat familial, les tensions entre les conjoints, mais aussi les relations avec les enfants. Ces rapports sont présentés sous la forme d'un récit d'une faillite conjugale. Ces divorces concernent en minorité des couples appartenant à des catégories socialement et culturellement privilégiées ; les questions de partage du patrimoine et le chantage financier sont alors très fréquemment au cœur des affrontements. Mais dans la très grande majorité des dossiers, les difficultés sociales accompagnent toute la procédure : le chômage, les « petits boulots » ou l'absence d'activité professionnelle en raison d'une invalidité, la précarité chronique des ressources… Le divorce s'inscrit souvent sur un fond de détresse économique, relationnelle et psychologique. La violence physique concerne plus de 20 % de ces affaires et l'alcoolisme touche l'un ou l'autre des parents dans plus d'un quart des cas. L'enquête révèle aussi une différence fondamentale entre les hommes et les femmes dans la structure des récits eux-mêmes. Si, quel que soit le sexe, le cristallisateur de la crise renvoie, en premier lieu, aux difficultés du couple (indifférence de l'un envers l'autre, divergence d'intérêts, injures, problèmes sexuels, etc.) et, ensuite, à l'adultère, les femmes mentionnent nettement plus souvent la naissance de l'enfant, qui catalyse les difficultés et surtout la violence exercée par leur

27. Irène Théry, *Le Démariage. Justice et vie privée*, Paris, Odile Jacob, 1993.

conjoint. Dans les récits féminins, parmi les événements déclencheurs de la décision de divorcer, vient en tête leur propre décision de quitter le domicile, puis le danger et les coups qu'elles endurent, alors que dans les récits masculins dominent le départ de la femme, son adultère, et, de façon beaucoup plus marginale, l'urgence ou le danger. Enfin, il est possible de distinguer deux types de récits : la tragédie et le drame. La tragédie, dans 7 cas sur 10 racontée par des femmes, déplace le cristallisateur de la crise en amont, vers le mariage, le récit étant alors celui d'une faillite originelle, quasiment inscrite dans les germes de la rencontre. Le drame, dans 6 à 7 cas sur 10 raconté par des hommes, se concentre au contraire sur l'élément déclencheur, il est vécu comme un coup de tonnerre, un accident qui s'abat subitement et que rien ne pouvait laisser présager. Ces divorces difficiles examinés par le filtre des rapports d'experts laissent entrevoir le poids de l'oppression conjugale. Si, dans de nombreux cas, le lien est fragilisé par les difficultés sociales auxquelles le couple doit faire face, il reste avant tout l'expression d'une mésentente structurelle que les femmes semblent vivre davantage que les hommes comme un étouffement de longue durée accompagné dans certains cas de violence physique.

Lorsque l'oppression conjugale est trop forte et le divorce impossible, la fuite dans l'alcoolisme et parfois même le suicide représentent des risques élevés. Dans certains cas, ce n'est pas la relation conjugale en elle-même qui est oppressante, mais plutôt l'emprise extrêmement forte de l'environnement familial sur les jeunes femmes en âge de se marier. En Inde, la ville de Chennai (Madras) enregistre le taux de suicide le plus élevé du pays et la mortalité par immolation est également la plus forte. Elle touche majoritairement des femmes depuis des décennies. Une enquête récente a permis de mettre en relation ce fait avec le contexte culturel indien[28]. En pays tamoul, dans cette ville où l'endogamie est très forte, les mariages entre consanguins sont préférés aux mariages avec des « étrangers » même lorsqu'ils sont issus de la même communauté. Le sentiment individuel est subordonné à l'intérêt collectif de la famille. Les mariages sont donc le plus souvent arrangés,

28. Agnès Mengotti, « Morts à voir, morts à cacher. Suicides féminins dans la ville de Chennai, Inde : pratiques et représentations ». Mémoire de master en anthropologie à l'EHESS, 2018.

c'est-à-dire imposés aux jeunes femmes. L'immolation par le feu, qui est la mort considérée comme la plus douloureuse, la plus violente et la plus traumatisante, mais aussi, dans la tradition sud-indienne, comme l'une des plus prestigieuses, est alors pour ces femmes confrontées à un conflit aigu de loyautés familiales l'expression d'un acte désespéré de protestation.

Si l'on se réfère maintenant au lien de participation organique et, par conséquent, au monde du travail, il est aisé de trouver les situations où les liens oppressent plus qu'ils ne libèrent. Il peut sembler presque banal d'en parler tant le travail a été décrit et analysé comme l'expression même de l'oppression. Le concept d'aliénation, tel qu'il a été défini par Marx, est sans doute celui qui s'en approche le plus, même si peu de chercheurs en sciences sociales y font encore référence. En quoi consiste l'aliénation au travail ? « D'abord, nous dit Marx, dans le fait que le travail est *extérieur* à l'ouvrier, c'est-à-dire qu'il n'appartient pas à son essence, que donc, dans son travail, celui-ci ne s'affirme pas mais se nie, ne se sent pas à l'aise, mais malheureux, ne déploie pas une libre activité physique et intellectuelle, mais mortifie son corps et ruine son esprit. En conséquence, l'ouvrier n'a le sentiment d'être auprès de lui-même qu'en dehors du travail et, dans le travail, il se sent en dehors de soi. Il est comme chez lui quand il ne travaille pas et, quand il travaille, il ne se sent pas chez lui. Son travail n'est donc pas volontaire, mais contraint, c'est du *travail forcé*. Il n'est donc pas la satisfaction d'un besoin, mais seulement un *moyen* de satisfaire des besoins en dehors du travail. Le caractère étranger du travail apparaît nettement dans le fait que, dès qu'il n'existe pas de contrainte physique ou autre, le travail est fui comme la peste. Le travail extérieur, le travail dans lequel l'homme s'aliène, est un travail de sacrifice de soi, de mortification. Enfin, le caractère extérieur à l'ouvrier du travail apparaît dans le fait qu'il n'est pas son bien propre, mais celui d'un autre, qu'il ne lui appartient pas, que dans le travail l'ouvrier ne s'appartient pas lui-même, mais appartient à un autre[29]. » Il s'agit donc d'un double dessaisissement : du produit du travail et de soi. Dans ces conditions, il ne peut être question d'épanouissement, mais de servitude. Cette situation

29. Karl Marx, *Manuscrits de 1844. Économie politique et philosophie*, Paris, Éditions sociales, 1972, p. 60.

extrême, où le travailleur reste étranger à l'organisation productive en raison de sa soumission totale aux contraintes techniques et de son impossibilité de se faire entendre et respecter, renvoie incontestablement aux images de l'exploitation ouvrière et de la misère industrielle du XIXe siècle. S'il est possible de trouver encore dans le monde de nombreux exemples d'asservissement des travailleurs proches de ces descriptions, les conditions de travail et les possibilités d'expression des salariés se sont globalement améliorées depuis Marx dans les pays où le droit du travail a pu se développer.

Dans *Le Salarié de la précarité*, j'ai pu vérifier, en référence à cette notion d'aliénation dans le travail, que les salariés peuvent dans certains cas : 1) ne pas disposer d'autonomie dans le travail et se sentir étrangers à l'acte de production lui-même ; 2) éprouver des souffrances qui empêchent toute affirmation de soi ; 3) ne pas adhérer entièrement aux normes du groupe professionnel auquel ils sont attachés et se tenir à distance de celui-ci ou même d'en être écartés. Lorsque ces situations sont corrélées à un emploi stable, j'ai proposé pour les analyser le concept d'*intégration laborieuse*[30]. Il s'agit d'une forme d'intégration professionnelle assez classique qui correspond aux salariés globalement insatisfaits dans leur travail, mais dont l'emploi n'est pas menacé. L'activité professionnelle ne correspond donc pas pour ces salariés à un plaisir, puisqu'elle implique des souffrances physiques lorsque les conditions de travail sont pénibles, ou morales quand l'ambiance dans l'entreprise est tendue, les relations avec les collègues et supérieurs mauvaises. Ce qui garantit l'intégration professionnelle, ce n'est donc pas le travail en lui-même, mais l'emploi qui reste stable. Ces salariés peuvent alors garder l'espoir d'une amélioration de leur situation dans l'entreprise et éventuellement s'organiser pour faire aboutir leurs revendications. Le contexte de forte croissance et d'expansion industrielle qui a caractérisé les trois décennies de l'après-guerre, appelées les Trente Glorieuses, a pu favoriser le développement de cette *intégration laborieuse.* L'emploi était stable pour la plupart des ouvriers, les licenciements étant très rares, mais le travail d'usine n'offrait guère de conditions d'épanouissement. Pour beaucoup, le travail n'avait d'autre

30. S. Paugam, *Le Salarié de la précarité. Les nouvelles formes de l'intégration professionnelle*, *op. cit.*

valeur que celui d'être rémunéré et la plupart des ouvriers ne rechignaient pas à faire des heures supplémentaires pour augmenter leur salaire, améliorer leur niveau de vie et se réaliser en dehors du travail. Les salariés d'industrie ont sans doute aujourd'hui moins de chances encore d'être satisfaits de leur rémunération puisque les entreprises limitent souvent les augmentations, en particulier dans les secteurs de l'économie fortement concurrencés par la production des pays émergents. Souvent, les salariés n'ont pas connu d'augmentations substantielles de salaire depuis de nombreuses années.

Ce type d'intégration professionnelle peut également se développer dans l'administration et les entreprises de service public. La garantie de l'emploi est parfois pour certains salariés la seule raison qui justifie le maintien dans le poste. Il faut rappeler ici que certaines entreprises publiques ou administrations pratiquent ce que l'on appelle la « mise au placard », c'est-à-dire le renvoi du salarié ou du fonctionnaire « indésirable » à des tâches subalternes, voire inutiles. Dans ce cas, l'emploi et le traitement sont maintenus, mais l'épreuve est douloureuse pour les personnes qui en font l'expérience, puisque leurs supérieurs hiérarchiques consacrent ainsi publiquement leur infériorité ou leur inaptitude. Cette pratique touche davantage les moins qualifiés, mais le risque de « mise au placard » peut concerner les niveaux intermédiaires, voire supérieurs, de la hiérarchie. Lorsqu'un haut fonctionnaire a été désavoué dans son service, on lui trouve une mission secondaire pour l'écarter, au mieux temporairement, au pire jusqu'à l'âge de la retraite. Cette « mise au placard » revient en définitive à nier purement et simplement les potentialités créatrices de l'individu dans son travail. On le réduit ainsi à n'être qu'un assisté. Cette pratique reste sans doute un cas extrême, mais de nombreux salariés du service public ou agents de l'administration font des expériences qui s'en rapprochent. Ils en arrivent à éprouver un profond dégoût de leur travail, ce que leurs collègues du privé ne peuvent comprendre tant ils ont à l'esprit que les fonctionnaires sont des gens « planqués », ce qui signifie pour eux qu'ils n'ont pas à se plaindre. Les entreprises privées peuvent en arriver à ce type de pratiques, mais elles sont généralement plus expéditives en ayant recours aux licenciements « secs » ou en mettant les salariés sous pression afin qu'ils finissent par démissionner (ou accepter un licenciement indemnisé).

Le sentiment d'être exploité est l'expression du mal-être au travail. Comment travailler avec entrain et bonheur quand on estime ne pas être traité à sa juste valeur ? Durkheim voyait dans ce qu'il appelait la « division du travail contrainte » un obstacle à la solidarité. Pour que la division du travail soit spontanée, cela suppose, selon lui, « non seulement que les individus ne sont pas relégués par la force dans des fonctions déterminées, mais encore qu'aucun obstacle, de nature quelconque, ne les empêche d'occuper dans les cadres sociaux la place qui est en rapport avec leurs facultés[31] ». Cette condition peut sembler rarement vérifiée dans le monde ouvrier tant le sentiment d'être exploité ou rabaissé injustement à une position dévalorisée a toujours été fréquent. Les écrits littéraires et scientifiques depuis le milieu de XIXe siècle, aussi bien chez Michelet, Zola ou Jaurès, confirment l'usage du verbe « exploiter » pour qualifier l'objectif prioritaire visé par le patronat dans sa relation à ses ouvriers. D'après l'enquête sur le bonheur au travail réalisée à la fin des années 1990 par Christian Baudelot, Michel Gollac et leur équipe, plus de la moitié des ouvriers éprouvaient encore le sentiment d'être exploités dans leur travail[32]. Si cette catégorie arrive toujours en tête, les employés étaient également 40 % à éprouver un tel sentiment, ce qui laisse entendre qu'il s'est étendu au XXe siècle au-delà des ouvriers et qu'il peut toucher aujourd'hui plusieurs catégories de travailleurs.

L'enquête de François Dubet et de son équipe sur l'expérience des injustices au travail révèle également les effets désastreux du mépris et de l'absence de reconnaissance[33]. Les entretiens abondent d'exemples de salariés ayant connu l'épreuve récurrente d'humiliations et de vexations. Ils éprouvent alors le sentiment d'être niés par leurs supérieurs hiérarchiques, lesquels oublient régulièrement de leur adresser un bonjour ou leur font sentir avec mépris leur faible valeur. Le processus est exacerbé lorsque la concurrence s'installe entre les employés

31. É. Durkheim, *De la division du travail social*, *op. cit.*, p. 370.
32. Christian Baudelot, Michel Gollac (avec Céline Bessière, Isabelle Coutant, Olivier Godechot, Delphine Serre, Frédéric Viguier), *Travailler pour être heureux ? Le bonheur et le travail en France*, Paris, Fayard, 2003, voir en particulier p. 287 et suiv.
33. François Dubet (avec Valérie Caillet, Régis Cortéséro, David Mélo et Françoise Rault), *Injustices. L'expérience des inégalités au travail*, Paris, Seuil, 2006.

et que certains découvrent avec stupeur qu'ils ont été déclassés par rapport à leurs collègues à qui une promotion enviable a été proposée. La blessure est d'autant plus profonde que ce mépris leur paraît inexplicable, les salariés concernés estimant avoir toujours travaillé avec sérieux et bonne foi sans commettre la moindre faute professionnelle. Les symptômes de dépression au travail ont souvent pour origine un climat délétère qui s'immisce de façon insidieuse dans les relations les plus banales. Les problèmes relatés ne correspondent pas toujours à des conflits latents et pourraient sembler parfois presque insignifiants, mais ils finissent par saper la confiance en soi et le moral. Les liens qui oppressent, lorsqu'ils envahissent la sphère professionnelle, ont très souvent des retombées négatives sur la vie privée.

Enfin, le lien de citoyenneté peut également être oppressant en tant que source d'une infériorisation reconnue. On pourrait parler alors de « citoyens de seconde zone », c'est-à-dire des citoyens formellement protégés par des droits de citoyenneté et pourtant traités différemment des autres. On en trouve un bel exemple historique dans le travail de recherche de Silyane Larcher[34]. En 1848, après l'abolition de l'esclavage par la IIe République, les esclaves libérés des Antilles, de la Guyane et de la Réunion ont, en théorie, été dotés des mêmes droits civils et électoraux que tous les citoyens (masculins) de la métropole. Mais ils sont restés durablement des colonisés soumis dans les faits quotidiens à un régime d'exception. S'agissait-il d'une simple contradiction ou anomalie d'un régime fier de porter très haut les valeurs de l'universalisme ? L'histoire nous apprend que ce statut particulier a correspondu à un véritable système de traitement infériorisant de cette population, continûment stigmatisée selon les critères de l'ancien ordre esclavagiste. En réalité, ce statut de « citoyen de seconde zone » s'est maintenu tant que les représentations dominantes étaient fondées essentiellement sur une naturalisation des inégalités et de la pauvreté[35].

Au-delà de cet exemple qui renvoie aux contradictions fondamentales de l'histoire coloniale française, il est possible d'interroger, de façon plus générale, les formes contemporaines de la discrimination, qu'elles

34. Silyane Larcher, *L'Autre citoyen. L'idéal républicain et les Antilles après l'esclavage*, Paris, Armand Colin, 2014.
35. L'Algérie coloniale fournit un autre exemple qui va dans le même sens.

soient d'origine sociale, ethnique ou religieuse, comme l'expression d'un lien qui oppresse et contribue à remettre en question le principe d'égalité et, partant, le fondement de la citoyenneté. Dominique Schnapper, dans *La Relation à l'autre*, ouvrage consacré aux relations interethniques et aux formes du racisme, souligne que « la mise à distance de groupes particuliers, elle, n'est pas une spécificité de la société moderne, mais le sens que prennent ces pratiques est différent selon le projet politique de chaque société. Elles sont scandaleuses dans la société des citoyens parce qu'elles signifient l'échec du projet même de la société moderne, elles signifient l'échec de la Raison[36] ».

Plusieurs enquêtes sociologiques récentes ont étudié les expériences vécues de discriminations. Elles accompagnent la place grandissante de cette question dans la vie politique et sociale, tout particulièrement en France, mais aussi à l'étranger, où elle est présente depuis plusieurs décennies, notamment aux États-Unis[37]. Parmi ces enquêtes, citons celle de François Dubet et de son équipe, fondée sur 180 entretiens, qui a porté sur la manière dont les personnes discriminées, en l'occurrence les femmes, les minorités sexuelles, les Arabes et les Noirs, vivent ces discriminations en France[38]. Michèle Lamont et son équipe internationale ont, de leur côté, réalisé au total plus de 400 entretiens sur les expériences de la stigmatisation et de la discrimination aux États-Unis, au Brésil et en Israël. Cette enquête a porté sur des expériences vécues par des hommes et des femmes des classes moyennes et ouvrières résidant dans et autour des villes multiethniques de New York, Rio de Janeiro et de Tel-Aviv[39]. L'avantage d'une enquête réalisée dans plusieurs pays est évidemment de comparer. Il en ressort des différences significatives entre les Palestiniens arabes, le plus souvent résignés et

36. D. Schnapper, *La Relation à l'autre. Au cœur de la pensée sociologique*, Paris, Gallimard, « NRF Essais », 1998, p. 468.
37. Voir notamment William E. B. Du Bois, *Les Noirs de Philadelphie. Une étude sociale* (1re éd. en anglais, 1899), Paris, La Découverte, 2019.
38. François Dubet, Olivier Cousin, Éric Macé, Sandrine Rui, *Pourquoi moi ? L'expérience des discriminations*, Paris, Seuil, 2013.
39. Michèle Lamont, Graziella Moraes Silva, Jessica Welburn, Joshua Guetzhow, Nissim Mizrachi, Hanna Herzog et Elisa Reis, *Getting Respect : Responding to Stigma and Discrimination in the United States, Brazil, and Israel*, Princeton, NJ, Princeton University Press, 2016.

cyniques face à cette épreuve, les Brésiliens noirs qui se sentent plus stigmatisés par leur origine sociale que par leur origine ethnique, les Afro-Américains, les plus enclins à protester contre ce qu'ils subissent au quotidien, et les Juifs éthiopiens d'Israël ainsi que les Juifs sépharades qui cherchent à minimiser leur exclusion. L'interprétation peut porter alors sur le contexte sociohistorique de la constitution plus ou moins achevée de ces différents groupes et du conflit qui les oppose à d'autres groupes, mais aussi, bien entendu, dans la tradition des recherches de Michèle Lamont, sur les idéologies nationales et les répertoires culturels généralement mobilisés pour se défendre et se faire respecter.

Plus récemment encore, un collectif, animé par Julien Talpin, a réalisé une enquête multisites dans neuf quartiers populaires, six en France et trois à l'étranger (Canada, États-Unis, Royaume-Uni), caractérisés par une forte concentration spatiale des minorités[40]. Au total, 245 récits de vie ont été collectés auprès d'un échantillon diversifié d'habitants de ces quartiers, complétés par des observations ethnographiques *in situ* ainsi que par des monographies d'actions associatives et de dispositifs publics de lutte contre les discriminations. Alors que les entretiens ont été conduits par des enquêteurs blancs – ce qui peut conduire à sous-estimer la déclaration – et sans imposition préalable d'une problématique particulière, la quasi-totalité des enquêtés ont connu au moins une fois dans leur vie une expérience de discrimination ou stigmatisation, qu'elle soit d'origine territoriale, ethno-raciale ou religieuse. Le facteur ethno-racial est le plus fréquemment mentionné, mais la discrimination religieuse apparaît également très forte, notamment chez les musulmanes et musulmans, de même que les discriminations que l'on pourrait dire « institutionnelles » au sens où elles sont attribuées à des institutions républicaines, notamment l'école et la police. L'épreuve de la discrimination est vécue majoritairement comme l'effet d'un choc, que l'on peut comparer dans l'intensité de la violence subie à « une gifle » ou un « coup de poing ». Un électricien français, né en Algérie et diplômé en France, souligne que les paroles racistes infligent une violence qui peut être supérieure à la violence physique car elles remettent en question de façon globale l'identité telle

40. J. Talpin *et al.*, *L'Épreuve de la discrimination. Enquête dans les quartiers populaires*, *op. cit.*

qu'elle s'est constituée dans les différentes sphères de socialisation, la famille, l'éducation, le travail. Lorsqu'un des clients de l'entreprise où il travaille lui a déclaré qu'il avait pourtant dit à son patron ne plus vouloir de Maghrébins, « mes yeux, dit-il, ont viré au rouge[41] ». D'autres, après avoir essuyé plusieurs échecs dans la recherche d'un emploi, ont volontairement modifié leur nom sur leur CV et constaté qu'ils avaient reçu immédiatement des réponses positives. Toutes ces expériences sont de nature oppressante. Dans certains cas, qui restent minoritaires, elles peuvent même conduire certaines personnes à ne plus se sentir françaises. Une étudiante infirmière d'origine ivoirienne déclare sans détour : « Ils nous ont tellement montré que nos parents n'étaient pas français et que nous, quoi qu'on fasse, on n'est pas français, qu'on ne se définit plus comme français. Je me définis comme musulmane avant tout. D'origine ivoirienne, avec une pièce d'identité française. On nous rabâche à longueur de temps : "Vous n'êtes pas française". On finit par y croire[42] ! » Certains enquêtés – rencontrés par exemple à Londres ou Montréal – ont d'ailleurs quitté la France ; ils se sont expatriés pour fuir le racisme ou l'islamophobie. Ces exemples traduisent en définitive l'expérience commune de ces hommes et femmes d'être traités comme des citoyens de seconde zone, formellement protégés par un statut et des papiers ouvrant à des droits, mais finalement pas ou peu reconnus au même titre que les autres.

Les liens qui oppressent se déclinent, on le voit, dans chacune des sphères de la morale qu'elle soit domestique, associative, professionnelle ou civique. Ils sont l'expression tantôt d'une domination, révélant une subordination imposée sous la forme d'humiliations ou de vexations répetées, tantôt de l'ambivalence du système normatif. Dans les deux cas, ils peuvent se traduire par des symptômes de dépression, une perte de confiance en soi et de comportements suicidaires, mais aussi, on le verra dans la troisième partie de ce livre, par des formes diverses de lutte et de résistance.

41. *Ibid.*, p. 59.
42. *Ibid.*, p. 100.

CHAPITRE 7

Retour sur le concept de disqualification sociale

Entre les liens qui libèrent et les liens qui se rompent, il existe, on le voit, une pluralité de situations intermédiaires dans lesquelles les liens oscillent entre fragilité et oppression. Nous pourrions considérer l'ensemble de ces situations comme l'expression d'une vulnérabilité diffuse affectant de façon diverse et inégale des franges relativement nombreuses de la population. La question est surtout de savoir comment les liens qui fragilisent et les liens qui oppressent s'inscrivent dans des trajectoires sociales et finissent par concerner, selon différentes configurations, plusieurs sphères de l'existence. Autrement dit, comment appréhender de façon dynamique ces inégalités et sortir ainsi d'un raisonnement binaire opposant de façon trop simpliste un centre privilégié fort de liens qui libèrent et une périphérie disqualifiée aux liens défaits ? Je propose pour cela de revenir sur le concept de disqualification sociale que j'avais élaboré il y a trente ans[1].

Trajectoires dans l'assistance

La problématique initiale de la disqualification sociale était liée à la question de la pauvreté et prenait appui sur un texte de Simmel, publié initialement en 1907, dans lequel le sociologue allemand soulignait que « les pauvres, en tant que catégorie sociale, ne sont pas ceux

1. S. Paugam, *La Disqualification sociale. Essai sur la nouvelle pauvreté*, *op. cit.*

qui souffrent de manques et de privations spécifiques, mais ceux qui reçoivent assistance ou devraient la recevoir selon les normes sociales. Par conséquent, la pauvreté ne peut, dans ce sens, être définie comme un état quantitatif en elle-même, mais seulement par rapport à la réaction sociale qui résulte d'une situation spécifique[2] ». Autrement dit, la pauvreté est donc non seulement relative, mais elle est construite socialement. Son sens est celui que la société lui donne.

Les souffrances de la dépendance

L'enquête que j'ai menée à Saint-Brieuc quatre-vingts ans après ce texte de Simmel m'a conduit à définir la disqualification sociale comme l'une des formes possibles de cette relation entre une population désignée comme pauvre en fonction de sa dépendance à l'égard des services sociaux et le reste de la société. J'en dégageai alors les principaux éléments suivants.

Le premier est la stigmatisation des assistés. Le fait même d'être assisté assigne les « pauvres » à une carrière spécifique, altère leur identité préalable et devient un stigmate marquant l'ensemble de leurs rapports avec autrui. Lorsque la pauvreté est combattue et jugée intolérable par la collectivité dans son ensemble, son statut social ne peut être que dévalorisé. Les pauvres sont, par conséquent, plus ou moins contraints de vivre leur situation dans l'isolement. Ils cherchent à dissimuler l'infériorité de leur statut dans leur entourage et entretiennent des relations distantes avec ceux qui sont proches de leur condition. L'humiliation les empêche de développer tout sentiment d'appartenance à une classe sociale.

Le deuxième élément renvoie au mode spécifique d'intégration qui caractérise la situation des « pauvres ». L'assistance a une fonction de régulation du système social. Si les pauvres, par le fait d'être assistés, ne peuvent avoir qu'un statut social dévalorisé qui les disqualifie, ils restent malgré tout pleinement membres de la société, dont ils constituent pour ainsi dire la dernière strate. En ce sens la disqualification

2. G. Simmel, *Les Pauvres*, avec une introduction de Serge Paugam et Franz Schultheis, Paris, PUF, « Quadrige », 1998, p. 96-97 ; nouv. éd. « Quadrige », 2018.

sociale n'est pas synonyme d'exclusion, ou alors ce serait une exclusion relative. La situation des populations disqualifiées révèle surtout, en elle-même, des relations d'interdépendance entre les parties constitutives de l'ensemble de la structure sociale. La disqualification sociale permet d'analyser la marge et le processus qui y conduit, mais aussi ce qui la rattache au centre et la constitue comme partie intégrante du *tout* qu'est la société.

Le troisième élément du concept renforce encore le caractère équivoque de la notion d'exclusion. Car les pauvres, même lorsqu'ils sont dépendants de la collectivité, ne restent pas dépourvus de possibilités de réaction. S'ils sont stigmatisés, ils conservent des moyens de résistance au discrédit qui les accable. Plusieurs travaux ont montré que les pauvres regroupés dans des habitats socialement disqualifiés peuvent résister collectivement – ou parfois individuellement – à la désapprobation sociale en tentant de préserver ou de restaurer leur légitimité culturelle et par là même leur inclusion sociale.

Le quatrième élément, sur lequel je reviendrai plus loin, est lié à la dynamique et à l'hétérogénéité de la pauvreté, que le concept de disqualification sociale permet de penser : celle-ci est un processus, dans lequel on peut distinguer plusieurs phases, et les modes de résistance au stigmate et d'adaptation à la relation d'assistance varient selon cette phase. Pour la collectivité, les « pauvres » sont une catégorie bien déterminée, puisqu'elle est institutionnalisée par l'ensemble des structures mises en place pour lui venir en aide, mais ce n'est pas pour autant un ensemble social homogène du point de vue des individus qui la composent. Pour rendre compte de cette hétérogénéité, j'avais distingué trois types de relation aux services d'action sociale : celui des *fragiles* (relation ponctuelle) ; celui des *assistés* (relation régulière ou contractuelle) ; et celui des *marginaux* (relation infra-assistancielle), en distinguant pour chacun d'entre eux plusieurs types d'expériences vécues, soit sept au total : la *fragilité intériorisée* ; la *fragilité négociée* ; l'*assistance différée* ; l'*assistance installée* ; l'*assistance revendiquée* ; la *marginalité conjurée* ; la *marginalité organisée*. Cette typologie reflète la stratification des « pauvres », en partie institutionnalisée par le « ciblage » des populations effectué par les différents services d'assistance – chaque organisme ayant plus ou moins défini son mode d'intervention en fonction d'une ou plusieurs catégories de la population repérées comme pauvres. Mais elle tient compte du sens que les individus confrontés à la nécessité d'avoir recours à ces services donnent à leurs expériences.

Enfin, le cinquième élément de la disqualification sociale concerne ses conditions sociohistoriques. En comparant les formes sociales de la pauvreté dans les sociétés contemporaines, j'ai pu par la suite dégager trois facteurs principaux pour expliquer le recours accru à l'assistance : un niveau élevé de développement économique associé à une forte dégradation du marché de l'emploi ; une plus grande fragilité des liens sociaux, en particulier dans le domaine de la sociabilité familiale et des réseaux d'aide privée ; un État social qui assure au plus grand nombre un niveau de protection avancé, mais dont les modes d'intervention auprès des populations défavorisées se révèlent en grande partie inadaptés. Ce processus conduit à une diversification accrue des pauvres, puisque ces derniers sont nombreux, et issus de catégories sociales diverses, à faire l'expérience de la précarité et du chômage qui les refoule, peu à peu, dans la sphère de l'inactivité et de la dépendance où ils sont assimilés à d'autres pauvres ayant connu des trajectoires différentes. L'ampleur de ce phénomène affecte l'ensemble de la société et devient ce que l'on a appelé la « nouvelle question sociale », menaçante pour l'ordre social et la cohésion nationale.

La disqualification sociale est une relation d'interdépendance entre les « pauvres » et le reste de la société qui engendre une angoisse collective, car de plus en plus de personnes sont considérées comme appartenant à la catégorie des « pauvres » ou des « exclus », et beaucoup, dont la situation est instable, craignent de le devenir, d'autant que les solidarités familiales et les possibilités de participation à l'économie informelle, qui permet d'amortir l'effet du chômage dans les régions moins développées, se révèlent plus faibles et moins socialement organisées. Dans ces conditions, la dépendance à l'égard des institutions d'action sociale est plus manifeste pour des franges nombreuses de la population.

Déficit de protection et déni de reconnaissance

Dans cette enquête, j'avais mis l'accent sur la dimension relationnelle de la pauvreté, mais je n'avais pas abordé directement la question des liens sociaux, qui n'apparaissait qu'en creux et que j'ai souhaité intégrer et approfondir par la suite. De même, je n'avais pas non plus distingué de façon structurelle, comme je le fais aujourd'hui, les dimensions de protection et de reconnaissance alors même qu'elles apparaissaient déjà dans les matériaux collectés. Si les populations concernées s'adressent en dernier recours aux services de l'assistance, c'est en raison de l'absence ou, tout au moins, de l'affaiblissement, des protections face aux principaux risques sociaux. Il devient de fait difficile, voire impossible dans certains cas, de « compter sur » les solidarités familiales, de voisinage ou de proximité, professionnelles et assurancielles. Mais, en s'adressant à ces services, elles rendent visible leur infériorité sociale, ce qui représente non seulement un coût immédiat, mais aussi un risque, on l'a vu, d'être stigmatisées et progressivement enfermées dans une relation de dépendance impliquant un contrôle strict de leur mode vie. Cette relation peut être vécue comme oppressante, d'autant qu'elle s'accompagne d'un déficit de reconnaissance dans les autres sphères de la vie sociale, ce que l'on peut résumer par le sentiment de ne « compter pour » personne. C'est ainsi que l'on peut dire que la disqualification sociale renvoie au processus d'affaiblissement ou de rupture des liens sociaux, au double sens de la perte de la protection et de la reconnaissance sociale. L'être humain socialement disqualifié est à la fois vulnérable face à l'avenir et accablé par le poids du regard négatif qu'autrui porte sur lui.

Il reste à mieux comprendre comment les liens qui fragilisent et les liens qui oppressent s'entrecroisent dans ce processus. Peut-on donc faire l'hypothèse d'un processus de disqualification sociale qui serait de nature « fragilisante » et d'un autre qui serait de nature « oppressante » ? Dans une enquête complémentaire réalisée entre 1990 et 1991 auprès des allocataires du revenu minimum d'insertion, j'avais pu analyser les évolutions de cette population dans la durée et passer ainsi de l'analyse des types de relation à l'assistance à l'analyse des conditions du passage d'une phase à l'autre de ce processus[3]. Ainsi, j'avais distingué trois phases distinctes : la *fragilité*, la *dépendance* et la *rupture*.

3. S. Paugam, *La Société française et ses pauvres. L'expérience du Revenu minimum d'insertion*, Paris, PUF, « Recherches politiques », 1993 ; nouv. éd., « Quadrige », 2014.

Comment inscrire ces différentes phases dans le schéma croisant les deux axes de protection et de reconnaissance ?

Aucune de ces trois phases ne relève de liens qui libèrent au sens où nous les avons définis. Les personnes susceptibles de s'adresser aux services d'action sociale ne sont pas toutes démunies de liens sociaux, mais les difficultés qui les touchent dans l'une ou l'autre des sphères de la vie sociale relèvent bien des liens sociaux. Il est donc possible de définir chacune des phases en fonction des trois autres quadrants du schéma initial : les liens qui fragilisent, les liens qui oppressent et la rupture des liens (voir **figure 7.1**).

Figure 7.1. Les trois phases du processus de disqualification sociale

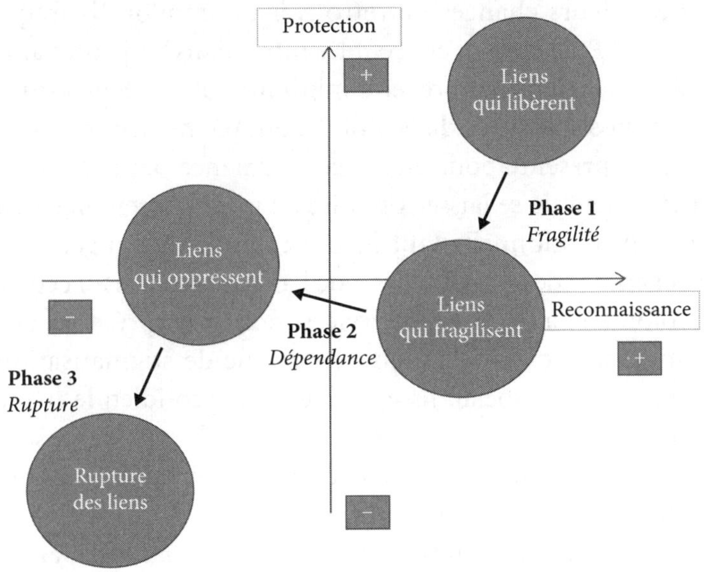

La *fragilité* correspond au passage de la sphère des liens qui libèrent à la sphère des liens qui fragilisent et, en cela, à l'apprentissage de la disqualification sociale. Les personnes déclassées à la suite d'un échec professionnel ou qui ne parviennent pas à accéder à un emploi prennent progressivement conscience de la distance qui les sépare de la grande majorité de la population. Elles ont le sentiment que l'échec qui les accable est visible par tout le monde. Elles supposent que tous leurs comportements quotidiens sont interprétés comme des signes d'infériorité de leur statut, voire d'un handicap social. Lorsque les chômeurs doivent expliquer en public les raisons de leurs problèmes, ils ont l'impression qu'on les regarde comme des « pestiférés ». Quand ils habitent dans des cités de mauvaise réputation, ils préfèrent dissimuler le nom de leur quartier car ils éprouvent une profonde humiliation à être assimilés à des gens dont ils connaissent le discrédit. Quand, par la force des choses, ils sont contraints de demander un secours à l'assistante sociale, l'infériorité induite par cette situation leur est insupportable. Ils préfèrent conserver des distances vis-à-vis des travailleurs sociaux. L'entrée dans les réseaux de l'assistance est perçue par eux comme un renoncement à un « vrai » statut social et la perte progressive de la dignité. Ils ne considèrent pourtant pas avoir perdu toutes leurs chances de retrouver un emploi. Ils fréquentent régulièrement Pôle emploi et lisent les offres dans les petites annonces. Lorsqu'ils bénéficient d'un revenu minimum, ils veulent sortir le plus rapidement possible de ce dispositif. Ils ont pleinement conscience du danger que représente pour eux l'accoutumance progressive à l'inactivité et craignent de se laisser prendre au piège du renoncement total à l'identité professionnelle tant ils ont intériorisé le jugement moral porté à l'encontre des « profiteurs » de l'assistance. Mais si cette distanciation volontaire à l'égard des services sociaux les préserve, au moins temporairement et partiellement, du risque de stigmatisation et de l'épreuve du mépris social, ils éprouvent au quotidien le manque de protection, autant parmi leurs proches que de la part des institutions. Autrement dit, leur situation reflète particulièrement bien ce que nous avons défini comme des liens qui fragilisent.

La fragilité peut conduire à la phase de *dépendance* parce que la précarité professionnelle, surtout lorsqu'elle est durable, entraîne une diminution du revenu et une dégradation des conditions de vie qui ne peuvent être compensées, et seulement partiellement, que par les aides de l'assistance. La *dépendance* signale donc la phase de prise en charge régulière par les services d'action sociale. Cette phase correspond alors au passage des liens qui fragilisent aux liens qui oppressent. La plupart des personnes qu'elle concerne ont renoncé à exercer un emploi. Si l'on écarte les cas où l'assistance est justifiée par le handicap physique ou mental ou par l'invalidité, c'est toujours après une phase plus ou moins longue de découragement que les personnes qui ont connu un déclassement se tournent vers les professionnels du social. Elles acceptent l'idée d'être dépendantes et d'entretenir des relations régulières avec les services d'action sociale parce qu'il leur est impossible de faire autrement. Après beaucoup de démarches qui se sont révélées vaines, après avoir suivi plusieurs stages de formation sans succès, elles constatent que leur espoir de s'insérer véritablement dans le monde du travail est presque nul. Plusieurs personnes en situation *de fragilité* et à la recherche d'un emploi au début de l'enquête déclaraient un an plus tard avoir des problèmes de santé qui les empêchaient de travailler. Cette dégradation de la santé, que l'on doit aussi interpréter comme la justification de nombreuses difficultés, traduit en elle-même l'entrée dans la phase de *dépendance*. Il ne reste plus qu'à accepter les contraintes du statut d'assisté. Commence alors pour ces personnes une autre carrière au cours de laquelle leur personnalité se transforme rapidement. Elles font l'apprentissage de rôles sociaux correspondant aux attentes spécifiques des travailleurs sociaux. Elles commencent à justifier et à rationaliser l'assistance dont elles bénéficient. Certains parents expliquent par exemple qu'ils sont assistés seulement pour subvenir aux besoins de leurs enfants : accepter ce statut est un geste de dévouement pour la survie des siens. D'autres s'appuient sur la crise économique pour réinterpréter l'assistance en termes de droits sociaux permanents, même si, dans la réalité, certaines aides sont versées de façon temporaire et sous plusieurs conditions. Ce mode d'intégration permet de conserver des liens sociaux. Les hommes et les femmes qui font l'expérience de la *dépendance* recherchent des compensations à leurs échecs en essayant de faire valoir leur identité parentale, leur capacité à entretenir leur foyer, à exercer diverses activités dans leur voisinage (entraide, petits travaux de solidarité, etc.). L'assistante sociale peut devenir dans certains cas la confidente, celle qui comprend et recherche des solutions appropriées. Toutefois, l'installation dans une carrière d'assisté implique l'acceptation d'un certain contrôle des services d'action sociale sur la vie privée, une épreuve qui finit par devenir dévalorisante et oppressante. Autrement dit, la phase de dépendance mène presque inévitablement à des liens qui oppressent.

À cette phase de *dépendance* peut alors succéder une autre, caractérisée par la *rupture*, en particulier lorsque les aides cessent et que les personnes sont confrontées à un cumul de handicaps. Elles peuvent alors sortir du filet ultime de la protection sociale et connaître ensuite des situations de plus en plus marginales où la misère est synonyme de désocialisation : éloignement du marché de l'emploi, problèmes de santé, absence de logement, perte des contacts avec la famille, etc. Il s'agit de la phase ultime du processus, le produit d'une accumulation d'échecs. N'ayant plus aucun espoir de s'en sortir véritablement, ces personnes ont le sentiment qu'elles sont inutiles à la société. Elles ont perdu le sens de leur vie. Elles recherchent alors souvent dans l'ivresse la compensation à leurs malheurs ou défaites, l'addiction à l'alcool et à la drogue devenant à son tour le problème majeur pour une réinsertion. Dans cette population, on trouve des personnes frappées par des ruptures graves au cœur de leur vie professionnelle et pour lesquelles la « chute » a été brutale et sévère, mais aussi des jeunes en situation de détresse physique et morale. Certains d'entre eux sont passés très rapidement de la phase de *fragilité* à la phase ultime du processus de disqualification sociale sans parfois avoir connu la phase de dépendance à l'égard des services d'action sociale. La raison principale de cette marginalisation précoce est l'absence de relations stables avec leur famille. La phase de rupture implique, on le voit, l'ensemble des liens sociaux.

La relation d'assistance entre des professionnels – ou des bénévoles – et des récipiendaires est le plus souvent justifiée par un idéal de justice sociale et d'égalité citoyenne. Elle repose en réalité sur un lien de solidarité entre inégaux qui peut, dans certains cas, enfermer celles et ceux qui sont censés en bénéficier dans une dépendance renforcée. Les modes d'intervention sociale les plus classiques sont souvent pensés exclusivement en fonction du principe de protection. Il s'agit de protéger les personnes fragiles, présentant des signes visibles de difficultés ou de handicap. Les protéger revient alors à les placer sous une carapace – une institution ou un foyer spécialisé par exemple – ou à leur octroyer une béquille – au sens d'un accompagnement social – pour continuer à avancer. Il ne s'agit bien entendu pas de remettre en question ce principe de l'aide protectrice mais de s'interroger sur la spécificité de cette relation : ne risque-t-elle pas de contribuer à étouffer ou à oppresser la personne à qui elle s'adresse tant qu'elle ne repose pas en même temps sur le principe de la reconnaissance de sa valeur et de ses potentialités en tant qu'être humain ? En faisant passer la protection avant la reconnaissance, la relation d'assistance devient presque inévitablement oppressive. Elle peut même conduire à des injonctions culpabilisantes. En définitive, le passage de la phase de *fragilité* à la phase de *dépendance* réduit un peu le déficit de protection, mais accroît le risque d'oppression et de déni de reconnaissance, sans constituer pour autant un rempart absolu face au risque de passage à la phase plus grave encore de *rupture*, celle où le déficit de protection sociale et le déni de reconnaissance se cumulent de façon tragique.

Un processus global

Ce processus de disqualification sociale qui a été élaboré et vérifié dans le cadre d'une recherche sur la pauvreté concerne-t-il uniquement les populations qui s'adressent aux services d'action sociale ou confirme-t-il aussi, potentiellement, des mécanismes à l'œuvre dans d'autres couches sociales ? À cette question, je ne pouvais évidemment pas répondre de façon définitive à l'issue de cette première recherche. Il est désormais possible d'aborder la question de la disqualification sociale non pas seulement à la périphérie du monde du travail, mais bien en son sein.

La disqualification sociale au travail

Les salariés, on l'a vu, sont nombreux à faire dans leur entreprise l'expérience quotidienne de liens qui fragilisent ou de liens qui oppressent ou des deux à la fois. Ces expériences s'inscrivent toutefois le plus souvent dans la durée et il n'est pas rare qu'elles aient été vécues comme un rapport à l'emploi et au travail qui s'est progressivement dégradé. Je prendrai ici deux exemples d'entreprise pour éclairer les différentes phases du processus de disqualification sociale dans le monde du travail. Le premier est une entreprise française de meubles en déclin, le second une entreprise industrielle florissante de transformation du saumon implantée sur l'île de Chiloé au Chili.

Située dans une petite ville d'une région rurale, l'entreprise de meubles a connu son heure de gloire dans les années 1960 en produisant des cuisines modernes dont les consommateurs de l'époque étaient particulièrement friands[4]. Il s'agissait alors d'une entreprise dirigée de façon paternaliste par son fondateur. Mais comme dans beaucoup d'entreprises de ce type, le départ à la retraite du patron a remis en question l'esprit maison qui y régnait. Par ailleurs, l'adaptation au marché s'est faite trop lentement et les nouveaux dirigeants n'ont pas réussi à redresser la situation financière. L'entreprise a donc fait l'objet de plusieurs plans sociaux. Elle comptait encore 1 200 salariés en 1982, il n'en restait plus que 370 en 1998 au moment de l'enquête. Les salariés vivaient en permanence sous la menace d'une nouvelle « charrette » ou d'un nouveau « wagon » de licenciements. Ils racontaient tous la même histoire, y compris les plus jeunes qui n'avaient pas connu la « grande époque ». Cette histoire se résume en deux temps : le passé où tout allait bien autour d'un fondateur et patron apparemment consensuel et un présent où tout va mal. L'image de la décadence était dans toutes les têtes. Elle était constitutive de l'identité de base des salariés, meurtrie par les épreuves douloureuses qu'ils avaient vécues, mais aussi par les souffrances qu'ils enduraient chaque jour dans cette entreprise sans obtenir la moindre reconnaissance.

Pour les salariés, le passage d'une gestion paternaliste à une gestion en fonction des intérêts d'un groupe financier qui les dépasse était en lui-même un mauvais signe. Puisque l'entreprise passait successivement d'un groupe à un autre, ils suspectaient ces sociétés holdings de rechercher le profit immédiat sans se soucier des emplois et de l'investissement industriel. Un changement de direction était en quelque sorte pour eux une rupture de cadre. L'absence ou le flou de la nouvelle structure les rendait perplexes. Ils s'efforçaient d'en savoir davantage, mais n'y parvenaient pas facilement, ce qui accroissait leur inquiétude et, à terme, pouvait annihiler leur implication dans le travail. Beaucoup d'ouvriers se plaignaient justement de l'indifférence de la direction à

4. Je reprends ici de façon synthétique l'un des cas d'entreprise que j'avais étudié dans *Le Salarié de la précarité. Les nouvelles formes de l'intégration professionnelle*, *op. cit.*, voir en particulier p. 235 et suiv. Voir aussi S. Paugam, « La condition ouvrière : de l'intégration laborieuse à l'intégration disqualifiante », *Cités*, 35, 2008, p. 13-32 (traduit en anglais dans la même revue).

leur égard. On pouvait même parler dans certains cas d'un éloignement de l'encadrement vis-à-vis de l'organisation du travail à tel point que les ouvriers devaient parfois prendre des initiatives à la place des cadres sans en maîtriser, faute d'informations, toutes les conséquences. Puisqu'ils n'étaient que des subordonnés dans l'entreprise, ils attendaient de leurs supérieurs hiérarchiques une compétence sans faille et une réelle connaissance du fonctionnement quotidien de l'atelier. Lorsque les agents d'encadrement et les chefs d'équipe se contentaient de suivre les opérations de façon superficielle et de donner des ordres qui paraissaient insensés, ils créaient un climat de tensions. Les ouvriers les considéraient comme irresponsables et y voyaient un signe supplémentaire de déclin de l'entreprise.

Dans d'autres secteurs de l'entreprise, ce n'était pas tant l'indifférence des chefs à l'égard des salariés qui prévalait que la pression extrême qu'ils exerçaient sur une partie du personnel. Les ouvriers travaillaient de plus en plus en flux tendu, ce qui les obligeait souvent à modifier, voire à bouleverser, le programme de production. Les ouvriers jugés les plus aptes à supporter les variations de rythmes étaient donc soumis à des contraintes multiples au cours d'une journée selon les ordres qu'ils recevaient. Ils passaient ainsi d'un atelier à un autre en abandonnant chaque fois ce qu'ils avaient commencé. Les efforts qu'ils fournissaient ainsi n'étaient, d'après eux, jamais récompensés. Ils avaient alors le sentiment d'être abandonnés à leur sort et corvéables à merci.

La dévalorisation des salariés se caractérisait aussi par la médiocrité de leur rémunération et l'absence de promotion. Au cours des années 1960 et 1970, les salaires étaient également relativement bas, mais comme le travail abondait, les ouvriers de cette époque effectuaient beaucoup d'heures supplémentaires, si bien que leurs fiches de paye étaient, compte tenu de l'évolution du pouvoir d'achat, proportionnellement supérieures à celles qu'ils recevaient au moment de l'enquête. De ce fait, même non qualifié, le travail réalisé une vingtaine d'années auparavant dans cette entreprise leur donnait le sentiment d'être nettement mieux rémunérés. Il leur procurait effectivement un meilleur niveau de vie. On constatait d'ailleurs, en parcourant la région rurale où cette entreprise était installée, que de nombreux pavillons avaient été construits au cours de cette période. Le salarié de l'époque était en quelque sorte un « ouvrier de l'abondance[5] ». La relation que ces ouvriers entretenaient au travail était d'autant plus instrumentale qu'elle leur procurait des satisfactions économiques non négligeables, surtout dans une région où le coût de la vie restait bas par rapport aux zones plus urbanisées.

Au moment de l'enquête, on ne faisait pratiquement plus d'heures supplémentaires puisque le volume de l'activité globale s'était restreint. Les salaires stagnaient. La possibilité de compenser l'insatisfaction au travail de l'*homo faber* par la satisfaction de l'*homo œconomicus* (qui s'estime correctement rémunéré) était, par conséquent, nettement plus faible. Cette situation paraissait profondément injuste, d'autant que les ouvriers établissaient des comparaisons avec d'autres établissements où les salaires étaient plus élevés à niveau égal de qualification. Elle leur semblait également injuste par rapport aux cadres de leur entreprise. Il était vain de demander des augmentations, la réponse de la direction était toujours : « La porte est ouverte, c'est pas mon problème, tu fais le boulot ou tu prends la porte. » La direction et l'ensemble des salariés savaient très bien que le risque de rester longtemps au chômage après un licenciement était particulièrement élevé dans cette région rurale où les emplois étaient rares. Il était donc facile d'utiliser la menace du chômage pour ne pas augmenter les salaires. Ce rapport de force avait pour effet de démobiliser l'action revendicative des ouvriers.

Le repli sur la vie hors travail était d'autant plus fort que la vie à l'usine n'offrait plus de perspectives. Les chances de promotion y étaient extrêmement réduites. « L'avenir, on n'en a pas », résumait un jeune ouvrier. Les salariés étaient nombreux désormais à travailler sans allant. Ils avaient même perdu, comme le soulignait l'un des délégués syndicaux, le sens du travail bien fait. Ils ne voyaient plus l'utilité de leur fonction, puisque rien n'avait été fait dans l'entreprise pour la leur rappeler. Ils étaient socialement disqualifiés avant d'être au chômage. L'attitude de certains ouvriers était de réagir aux réprimandes des patrons en ralentissant de façon délibérée le rythme de travail ou

5. John H. Goldthorpe, David Lockwood, Frank Bechhofer, Jennifer Platt, *The Affluent Worker : Industrial Attitudes and Behaviour*, tome 1, 1968 ; *The Affluent Worker : Political Attitudes and Behaviour*, tome 2, 1968 ; *The Affluent Worker in the Class Structure*, tome 3, 1969, Cambridge, Cambridge University Press, « Cambridge Studies in Sociology ».

en laissant passer volontairement des pièces défectueuses sur la chaîne ou au moment de l'emballage. Cette révolte silencieuse contre les chefs était aussi une façon de protester contre un système aliénant. Lorsqu'on interrogeait les ouvriers de cette entreprise, ils reconnaissaient avec franchise qu'ils en venaient quelquefois à cette solution tant ils se sentaient révoltés et impuissants.

Les ouvriers savaient très bien qu'il était désormais illusoire d'attendre la moindre reconnaissance de leur travail, ni de la part de leurs chefs ni de la part de leurs collègues. Chacun travaillait, non pas pour se sentir valorisé par sa propre contribution à un collectif, mais tout simplement pour attendre que les heures passent au plus vite. Le « nous » du travail était en lui-même plus difficile à prononcer. Les ouvriers parlaient souvent d'eux indirectement. Ils préféraient dire « les gens » comme si toute identification au groupe qu'ils représentaient leur avait été impossible. L'identification à l'entreprise était également contournée dans le discours. Au lieu de dire « chez nous » ou « dans notre entreprise », les ouvriers disaient plus volontiers « chez R. », un peu comme si cette entreprise n'était pas la leur et qu'elle ne représentait rien de positif pour eux.

Si les ouvriers continuaient à y travailler, c'est parce qu'ils ne pouvaient pas faire autrement, compte tenu de leur situation familiale et économique. Ils étaient d'autant plus angoissés par l'éventualité d'un nouveau dépôt de bilan qu'ils savaient bien que l'activité productive au sein de leur atelier de travail ou de l'entreprise dans sa globalité n'était pas satisfaisante. L'intériorisation d'une identité négative était très forte. « On travaille pour la chaudière », disait un des ouvriers. Il entendait par là qu'une partie de la production était destinée à être détruite, faute d'être commercialisable.

L'exemple de cette entreprise dessine un monde du travail repoussant, voire effrayant, à bien des égards. Il peut paraître caricatural, mais il ne l'est pas. Il correspond au monde des entreprises qui périclitent et qui ne peuvent offrir à leurs salariés que de sombres perspectives. Mais il illustre aussi de façon plus générale le processus par lequel les salariés ont vu leur rapport au travail devenir au cours du temps de plus en plus oppressant et leur rapport à l'emploi se fragiliser. Autrement dit, les salariés de cette entreprise, qui ont connu « l'ère de l'abondance » et pour qui la relation salariale a pu être relativement stable et promotionnelle (que l'on pourrait rapprocher de la sphère des liens qui libèrent), ont traversé par la suite une série d'épreuves relevant de liens qui fragilisent (angoisse de perdre son emploi) et de liens qui oppressent (dévalorisation personnelle et perte du sens du travail), ce qui, par le cumul qu'elles représentent, ouvre à la disqualification sociale.

Ce processus de disqualification sociale au travail n'est cependant pas le propre des secteurs économiques en déclin. On peut le voir également à l'œuvre dans des entreprises florissantes. L'exemple de l'industrie de transformation du saumon sur l'île de Chiloé, tel qu'il a été étudié lors d'une enquête s'étalant sur plusieurs années par Natalia Briceño, est en effet révélateur de la dégradation progressive du rapport au travail et à l'emploi des ouvriers et ouvrières, d'origine rurale, recrutés dans ce secteur[6]. Les habitants de cette île vivaient auparavant de façon presque autarcique grâce aux ressources de la pêche locale et de l'agriculture paysanne. L'industrie du saumon a transformé brutalement le système économique en employant massivement les hommes et les femmes de la région et en faisant appel, au fur et à mesure du développement de la production, à une main-d'œuvre peu qualifiée venue d'ailleurs. En l'espace de quelques années, l'industrie du saumon est devenue le deuxième secteur exportateur du Chili après l'industrie d'extraction du cuivre. Le Chili est même devenu le deuxième exportateur mondial de saumon d'élevage après la Norvège, et l'île de Chiloé (ainsi que ses environs en Patagonie chilienne) y a grandement contribué. Les changements qui ont accompagné cet essor sont nombreux. Outre l'apprentissage d'un nouveau mode d'organisation du travail et la migration interne vers les secteurs de production, notons l'entrée massive des femmes sur ce nouveau marché du travail, l'augmentation du pouvoir d'achat, la transformation rapide des modes de consommation avec l'engouement pour tous les produits caractéristiques de la vie urbaine, mais aussi le recours à l'endettement. Autrement dit, cette zone géographique a été le théâtre d'un passage

6. Natalia Briceño, « Socialisation, adaptation et incertitudes au quotidien : l'expérience de l'emploi ouvrier dans l'industrie exportatrice du saumon en Patagonie chilienne », thèse de doctorat en cours à l'EHESS sous la direction de Serge Paugam. Je m'appuie ici sur son intervention dans mon séminaire, le 5 février 2021.

accéléré d'une société locale, fondée sur une économie artisanale et paysanne à une société salariale organisée autour d'un mode de production capitaliste et consacrée à l'exportation.

L'enquête, en analysant des trajectoires longues, permet de saisir les transformations du rapport salarial au cours du temps. Il faut tout d'abord prendre en compte l'expérience vécue de ces travailleurs au moment où ils sont recrutés dans l'une ou l'autre des entreprises de ce secteur. L'accès au type d'emploi proposé est le plus souvent vécu comme une aubaine. Il représente en premier lieu une stabilité au sens où il assure, non pas une protection indéfectible face aux aléas de la vie – peu d'emplois au Chili sont couverts par une convention collective et sont associés à des droits sociaux –, mais tout au moins un salaire régulier, lequel représente un avantage non négligeable pour des travailleurs habitués jusque-là à des fluctuations incessantes de leurs ressources et à des conditions de vie généralement caractérisées par une pauvreté quasi généralisée. Cet enchantement au moment de leur embauche relève au moins partiellement d'une certaine illusion car le secteur de l'industrie du saumon, quoique florissant, n'est pas à l'abri de crises passagères liées notamment à des maladies virales que contractent assez régulièrement les poissons élevés industriellement et qui obligent à réduire, au moins temporairement, le rythme et le volume de la production. La menace de licenciement n'est donc pas nulle, mais les salariés concernés en relativisent la portée et comparent avantageusement leur situation aux emplois offerts dans d'autres secteurs de l'économie régionale. À ce stade, la relation salariale est perçue comme une offre globale de stabilité et de promotion dans un contexte industriel prospère. Les tâches qui leur sont demandées sont nouvelles et constituent un défi à relever – la vie en usine exige un apprentissage –, mais elles ne leur semblent pas non plus excessivement difficiles compte tenu, du moins pour certains, de la rudesse de leurs expériences de travail antérieures. Autrement dit, même si ce rapport salarial peut être, à bien des égards, considéré comme une forme de domination, il n'est pas vécu comme oppressant ou fragilisant, mais plutôt comme une possibilité d'amélioration globale de la condition économique et sociale, et parfois même comme un moyen de s'affranchir de la pauvreté.

L'enquête révèle toutefois que ce moment d'adhésion presque sans réserve à ce type de condition salariale n'est pas durable. Des désagréments et des pénibilités vont assez vite apparaître et venir entacher le rapport initial, idyllique, au travail. On peut ici faire l'hypothèse que la relation salariale, d'abord vécue comme stabilisée et promotionnelle, se transforme, à l'instar de l'entreprise de meubles analysée précédemment, en une relation salariale vécue comme disqualifiante. L'analyse des matériaux collectés conduit toutefois à distinguer deux types de trajectoires, l'une correspondant à un processus de disqualification sociale de nature fragilisante (trajectoire A), l'autre à un processus de disqualification sociale de nature oppressante (trajectoire B) (voir **figure 7.2**).

Figure 7.2. Transformation du lien de participation organique dans l'industrie du saumon en Patagonie chilienne

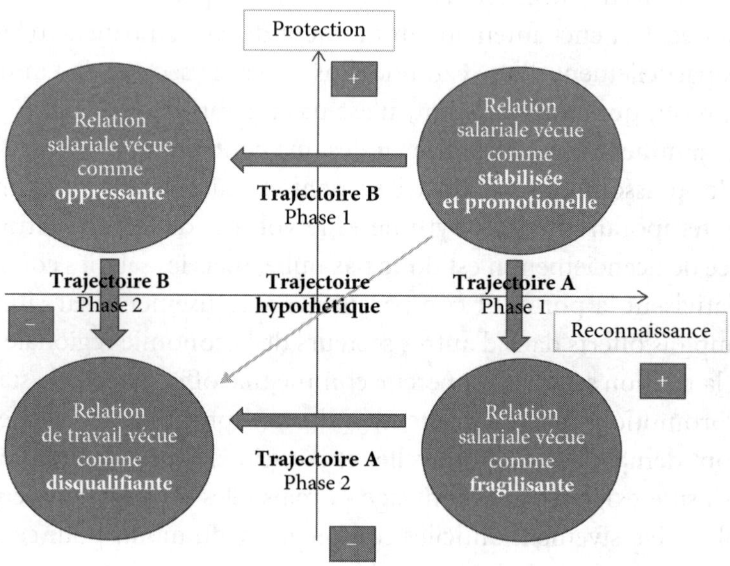

La première trajectoire concerne des salariés qui, après plusieurs années de travail en usine, constatent que leur santé s'est peu à peu détériorée. Même s'il paraît relativement simple à réaliser, le travail répétitif à la chaîne, dans le froid et le bruit, entraîne une usure physique et morale des travailleurs. Les plus anciens sont le plus souvent ceux qui ont travaillé avec abnégation et conscience professionnelle en répondant scrupuleusement aux attentes de leur employeur, mais, après de nombreuses années de labeur, leur corps ne répond plus aussi aisément aux exigences de ces tâches routinières et fortement encadrées. Il n'existe aucune issue face à cette usure inéluctable. La relation salariale se fragilise avec le temps, non pas parce que le travail a changé, mais parce que les conditions de travail qui étaient acceptées jusque-là deviennent intolérables et révèlent alors un déficit de protection. Pour échapper à ce processus, certains demandent à être licenciés et à bénéficier des indemnités qui leur sont dues. Mais les employeurs rechignent le plus souvent à satisfaire leur demande, à la fois par souci d'économies et en considérant qu'il serait dommage de se priver d'éléments qui ont donné toute satisfaction jusque-là. Face à ce blocage, les salariés sont obligés de continuer à travailler en souffrant toujours un peu plus. Ils risquent alors de perdre tout intérêt pour leur travail et, au déficit de protection dont ils font l'expérience s'ajoutent alors le dégoût et le sentiment de ne pas être suffisamment reconnus pour ce qu'ils ont apporté à l'entreprise. Ainsi, d'une relation salariale stabilisée et promotionnelle, ils ont glissé peu à peu vers une relation salariale disqualifiante.

La seconde trajectoire est celle des salariés dont la réputation dans l'entreprise est assez mauvaise et qui font peu à peu l'expérience d'un rapport au travail oppressant. À quoi est due cette mauvaise réputation ? Il existe dans ce type d'entreprise une forme assez récurrente d'absentéisme que cherche à combattre la direction. L'enquête révèle que la politique de management en vigueur passe par des moyens assez radicaux comme l'affichage public au sein de l'entreprise des salariés jugés en faute en raison de leur absentéisme, ce qui relève d'une forme de stigmatisation. Le management pratique aussi le chronométrage des pauses et des temps pour aller aux toilettes et constitue, en cela, une forme de contrôle suspicieux. Les entorses à la réglementation sont sanctionnées et les contrevenants montrés du doigt. Si les possibilités de promotion sont quasi inexistantes, la direction ne cesse de valoriser la performance individuelle et le mérite en stigmatisant ainsi les travailleurs jugés les moins fiables, les moins aptes à l'effort, les moins réguliers au travail. Ces derniers continuent à travailler tant qu'ils le peuvent dans un climat oppressif, sous le regard méfiant et dévalorisant des chefs et d'une partie du personnel, mais ils risquent aussi de passer peu à peu d'une relation salariale de nature oppressive à une relation salariale de nature disqualifiante. Au-delà de ce processus qui touche une partie du personnel, la politique de tri interne a des effets délétères sur l'ambiance globale au travail en sapant les bases d'un « nous » constitutif d'une identité collective ouvrière et d'une solidarité de groupe.

Ainsi, aussi bien dans des entreprises en déclin que dans des entreprises prospères, il est possible de vérifier empiriquement non seulement des liens qui fragilisent et des liens qui oppressent, mais aussi ce qui les relie entre eux et contribue à l'engrenage de la disqualification sociale.

Le processus de disqualification sociale, étudié initialement dans le cadre d'une recherche sur la pauvreté, est, par conséquent, également vérifié dans le monde du travail. Son exploration à partir des liens qui fragilisent et des liens qui oppressent confirme qu'il est relativement diffus au sens où il peut toucher des segments assez larges de la population active. De nombreux individus situés à différents niveaux de la hiérarchie sociale peuvent en faire l'expérience en raison de facteurs multiples : déclassement, faillites, déclin du niveau de vie, chute sociale, dévalorisation des statuts acquis, etc.). Aux exemples que nous venons de présenter, l'on pourrait ajouter des monographies relatant la trajectoire d'artistes et de sportifs qui ont sombré après avoir connu la gloire, ou de cadres déclassés au chômage et bien d'autres cas encore. Cela dit, si ce processus est relativement diffus, il est également, même si cela paraît *a priori* contradictoire, concentré. Il est en effet plus massif et, partant, plus visible parmi les couches les plus pauvres qui cumulent déficit de protection et déni de reconnaissance de façon plus systématique.

Disqualification sociale et domination

Nous avons présenté dans le chapitre précédent ce qui distingue sur le plan sociologique l'oppression de la domination[7]. Il me semble nécessaire de confronter ici de façon plus générale le concept de disqualification sociale à celui de domination[8].

7. Voir supra p. 213.

8. Je remercie Marie Garrau d'avoir ouvert cette discussion. Dans son livre sur la vulnérabilité, issu de sa thèse de doctorat en philosophie, elle consacre un chapitre

Ce concept permet-il d'analyser les mécanismes de la domination ou est-il voué à n'en retenir que les effets les plus marquants en termes d'expériences vécues du rapport à l'assistance ? Mon ouvrage de 1991, certes, n'avait pas pour objet d'études principal l'analyse des rapports sociaux de domination, tels qu'ils peuvent être à l'œuvre par exemple dans les institutions de l'action sociale ou dans les formes de régulation du marché du travail, mais le concept de disqualification sociale n'occulte pas pour autant les mécanismes de domination. Au contraire, l'approche simmelienne de la pauvreté, qui a inspiré ce concept, insiste non pas tant sur la mesure de la pauvreté ou la description des pauvres que sur la prise en compte des normes sociales et institutionnelles à partir desquelles une société définit et encadre cette strate de la population située au plus bas de l'échelle sociale. Une fois posé ce cadre analytique, il revient au sociologue de comprendre comment les pauvres ainsi désignés intériorisent les normes qui les catégorisent comme tels ou bien tentent, au contraire, de s'en démarquer. Aussi bien dans ce jeu avec les normes que dans la relation asymétrique qui les relie au monde des professionnels du social, ni la question de la domination ni celle de la violence symbolique ne sont éludées.

Par ailleurs, des travaux complémentaires sont venus par la suite enrichir ce concept, en particulier les recherches internationales comparatives qui ont nourri l'ouvrage *Les Formes élémentaires de la pauvreté*[9]. Ce dernier propose un cadre analytique pour penser la pauvreté, au croisement des représentations sociales et des expériences vécues, comme processus de vulnérabilité variable, non seulement selon les milieux sociaux, mais aussi selon les sociétés. Il part de l'hypothèse qu'il existe des sociétés qui renforcent le risque de vulnérabilité et d'autres, au contraire, qui l'atténuent. La *pauvreté disqualifiante* (typique de sociétés salariales en déclin) est ainsi confrontée à la *pauvreté intégrée* (caractéristiques des pays méditerranéens et des régions particulièrement pauvres) et à la *pauvreté marginale* (que l'on trouve surtout dans les pays nordiques). Les variations entre ces trois formes sont étudiées

entier au concept de disqualification sociale en référence à mes travaux après avoir discuté dans un autre chapitre celui de Robert Castel sur la désaffiliation. Voir Marie Garrau, *Politiques de la vulnérabilité*, Paris, CNRS éditions, 2018.

9. S. Paugam, *Les Formes élémentaires de la pauvreté* (2005), Paris, PUF, « Le Lien social », 3ᵉ éd., revue et augmentée, 2013.

en prenant en compte le degré du développement économique et du marché de l'emploi, la forme et l'intensité des liens sociaux et la nature du système de protection et d'action sociales, autant de dimensions qui sous-tendent les mécanismes structurels du rapport de domination dans chaque pays. Si cette typologie a pu être vérifiée empiriquement, il faut tout d'abord en conclure que la pauvreté n'est pas universelle. Elle prend des formes différentes selon les sociétés, selon leur histoire et leur développement. À revenu égal, être pauvre dans le Mezzogiorno n'a pas le même sens qu'être pauvre dans la région parisienne. Être pauvre dans le nord de la France dans les années 1960 n'avait pas non plus le même sens qu'être pauvre aujourd'hui dans la même région. Le groupe des pauvres peut évidemment être défini en tant que tel à partir d'une mesure objective, qui peut paraître unanimement acceptable et s'imposer à tous comme un étalon universel, mais que signifie-t-elle si l'on n'interroge pas en même temps le poids du système normatif qui entretient les représentations sociales et les expériences vécues de la pauvreté ? Prendre en compte la diversité est une avancée et cette typologie est un moyen pour y parvenir. Ces formes élémentaires représentent chacune un type de relation d'interdépendance suffisamment stable pour se maintenir durablement et s'imposer comme une unité *sui generis* distincte des éléments individuels qui le caractérisent. Autrement dit, chaque forme élémentaire de la pauvreté correspond à un état d'équilibre relativement cristallisé des relations entre des individus inégaux (des pauvres et des non-pauvres) à l'intérieur d'un système social formant un *tout* et ces relations s'inscrivent inévitablement dans des rapports sociaux de domination. La disqualification sociale en est même l'expression.

Enfin, le concept de disqualification sociale n'est pas réductible à l'analyse du rapport social à la pauvreté. Je ne reviendrai pas ici sur les formes de la disqualification sociale au travail que j'ai présentées ci-dessus, mais il me semble utile de rappeler que l'intérêt de ce concept appliqué au monde du travail est de mettre l'accent sur les trajectoires des salariés eux-mêmes. Évidemment, prise séparément, aucune des dimensions de la souffrance des salariés, que ce soit en termes de déficit de protection ou de déni de reconnaissance, n'est comparable en intensité à la stigmatisation que les assistés doivent endurer, même si ces derniers savent aussi, on l'a vu, y résister. À aucun moment je n'ai prétendu que ces expériences sont strictement comparables. Mais en reliant entre elles les différentes formes de déviation par rapport à ce que j'ai appelé l'*intégration assurée*, le concept de disqualification sociale permet, une fois encore, de rendre compte d'un processus de cumul de souffrances dont l'aboutissement provoque chez les travailleurs qui en font l'expérience un sentiment d'inutilité sociale, qui finit par altérer leur identité préalable et devenir à terme, à l'instar des assistés, un stigmate marquant l'ensemble de leurs rapports avec autrui. Il existe, on l'a vu, des cas de stigmatisation extrême des salariés les moins performants dans les entreprises, ceux que les directions identifient comme problématiques tout en cherchant les moyens de les licencier au moindre coût. Cette image négative se propage très souvent en dehors de l'entreprise. La preuve en est que les salariés qui connaissent l'épreuve de l'*intégration disqualifiante* ont une forte probabilité de connaître aussi des difficultés dans leur vie conjugale, dans les liens qu'ils entretiennent avec autrui hors du monde professionnel. Ils savent très bien que leur emploi ne tient qu'à un fil et qu'ils risquent très prochainement, et pour certains une fois de plus, de vivre l'expérience du chômage. Ils se savent affublés d'une image de salariés instables dont la faible valeur est socialement et économiquement reconnue. Ne sont-ils pas eux aussi les premiers concernés par la méfiance des organismes bancaires à leur égard puisque leur solvabilité paraît défaillante[10] ?

Un autre argument me semble également militer en faveur d'un usage étendu du concept de disqualification sociale à la sphère du travail. La flexibilité recherchée par les entreprises a conduit, on le sait, à l'explosion des emplois à statut précaire, au sous-emploi et à la déstabilisation de nombre d'emplois stables, aussi bien en France que dans bien d'autres pays occidentaux. Il en résulte aujourd'hui une certaine porosité de la frontière entre l'emploi précaire dégradé et l'assistance. Aujourd'hui, nombre de salariés précaires enchaînent, et parfois combinent, des expériences de contrats précaires, de chômage et de recours aux services d'action sociale. Il faudrait d'ailleurs revenir à la définition que Simmel donnait à la pauvreté : « Ce n'est qu'à partir du moment où ils sont assistés – ou peut-être dès que

10. Sur ce sujet, on pourra se référer à Georges Gloukoviezoff, *L'Exclusion bancaire. Le lien social à l'épreuve de la rentabilité*, Paris, PUF, « Le Lien social », 2010.

leur situation globale aurait dû exiger assistance, bien qu'elle n'ait pas encore été donnée – qu'ils deviennent membres d'un groupe caractérisé par la pauvreté[11]. » La définition qu'il propose est plus extensible qu'on ne le prétend souvent puisqu'il laisse entendre qu'il existe des personnes qui n'ont pas accès à l'assistance et qui pourtant peuvent être reconnues comme pauvres parce que pouvant relever du statut d'assisté. En mobilisant la définition de la pauvreté de Simmel, il est donc possible d'analyser les personnes proches de la condition d'assisté. Les pauvres qui dépendent des services de l'assistance pour leur survie et qui sont, pour cette raison, le plus souvent désignés, pour reprendre l'expression de Simmel, comme « pauvres et rien que pauvres », constituent la strate sociale la plus exposée au double risque d'un déficit de protection et de déni de reconnaissance. Mais, au-delà de cette pauvreté assistée, il existe bien un halo extensible de la précarité, en période de crise de la société salariale, qui englobe des franges diverses de la population également marquées à la fois par l'incapacité de se projeter dans l'avenir et une position sociale durablement jugée inférieure dans une échelle de prestige. Cette infériorisation est vécue d'autant plus douloureusement qu'elle est souvent l'expression, dans sa forme extrême, d'un mépris social et d'un stigmate à l'encontre des populations jugées insuffisamment compétentes pour être autonomes.

Le concept de disqualification sociale, qu'il soit mobilisé dans la sphère des relations d'assistance ou dans celle des relations de travail, n'élude donc en aucun cas l'étude des rapports sociaux de domination. Si l'on définit, à l'instar d'Olivier Schwartz, la domination des classes populaires par « la soumission de celui qui ne possède rien ou trop peu aux formes de travail ou aux modes de répartition des biens imposés par des groupes plus riches ou des forces plus puissantes » et par « un ensemble de spécificités, portant sur les pratiques et les comportements culturels, qui tendent à les séparer des classes dominantes et des normes dominantes », il est clair que le concept de disqualification sociale ne s'y oppose pas puisqu'il traduit, au contraire, la force de la violence symbolique des rapports de domination en se focalisant sur les segments de la population qui en sont les victimes les plus exposées et leurs

11. Georg Simmel, *Les Pauvres*, *op. cit.*, p. 98.

capacités de résistance et de compensation[12]. Mais, à la différence du concept de domination, dont l'usage est évidemment très répandu en sociologie pour désigner de façon plus large les luttes de pouvoir entre les groupes désignés comme dominants et les groupes désignés comme dominés, le concept de disqualification sociale s'attache à démontrer la dynamique à l'œuvre dans les sociétés modernes qui conduit certains groupes sociaux à perdre peu à peu la possibilité réelle de se conformer au système normatif qui s'impose à eux – et malgré eux – et de se sentir attachés aux autres groupes et à la société dans son ensemble, si ce n'est au groupe souvent éclaté de leurs semblables, voué au sort peu enviable de trouver des modes de survie au quotidien.

12. Voir Olivier Schwartz, « Peut-on parler des classes populaires ? », *La Vie des idées*, 13 septembre 2011, URL : https://laviedesidees.fr/Peut-on-parler-des-classes.html. On pourra se reporter également à son ouvrage devenu un classique : *Le Monde privé des ouvriers*, Paris, PUF, 1989.

PARTIE III

Luttes, compensations et résistances

Si, comme nous l'avons vu, l'ouvrier ne peut plus mettre en valeur ses qualités humaines qu'en s'opposant à l'ensemble de ses conditions de vie, il est naturel que ce soit précisément dans cette opposition que les ouvriers se montrent le plus sympathiques, le plus nobles, le plus humains.

FRIEDRICH ENGELS,
La Situation de la classe laborieuse en Angleterre.

CHAPITRE 8

Conquérir et défendre des liens

Nous avons abordé dans les chapitres précédents les liens sociaux sous l'angle, d'une part, du risque inégal qu'ils se rompent et, d'autre part, des facteurs qui les rendent fragiles ou oppressants, ce qui nous a permis de dégager des trajectoires d'inégalités éclairées par le concept de disqualification sociale. Mais les liens peuvent également être conquis et défendus, ils constituent également des ressources mobilisables dans les luttes sociales. Telle est la perspective complémentaire que je souhaite privilégier dans ce chapitre. Sans prétendre à l'exhaustivité, je me propose d'analyser certains mouvements sociaux à la lumière des liens sociaux, une approche que la plupart des théories sur les luttes sociales n'ont pas envisagée sous cet angle[1].

Simmel avait ouvert la voie dans son étude sur le conflit[2] en postulant dès la première page : « Si toute action réciproque entre les hommes est une socialisation, alors le conflit, qui est l'une des formes de socialisation les plus actives, qu'il est logiquement impossible de

1. Les théories courantes dans ce domaine continuent à interroger aussi bien les facteurs, les formes et les modes d'organisation de ces mouvements. Les ouvrages qui y sont consacrés sont nombreux. Pour avoir une vue synthétique de ces travaux, on pourra se reporter au livre de Daniel Cefaï, *Pourquoi se mobilise-t-on ? Les théories de l'action collective*, Paris, La Découverte, « bibliothèque du mauss », 2007. Des travaux portent aussi sur les conséquences de ces mouvements, voir Lorenzo Bosi, Marco Giugni et Katrin Uba (dir.), *The Consequences of Social Movements*, Cambridge (Royaume-Uni), Cambridge University Press, 2016.
2. G. Simmel, « Le conflit », in *Sociologie. Études sur les formes de la socialisation*, *op. cit.*, chapitre 4, p. 265-346.

réduire à un seul élément, doit absolument être considéré comme une socialisation. [...] En lui-même, le conflit est déjà la résolution des tensions entre les contraires ; le fait qu'il aboutisse à la paix n'est qu'une expression parmi d'autres, particulièrement évidente, du fait qu'il est une synthèse d'éléments, un *contre autrui* qu'il faut ranger avec un *pour autrui* sous *un seul* concept supérieur[3]. » Autrement dit, il ne faut pas voir le conflit comme un dysfonctionnement social, une anomalie, mais bien plutôt comme l'expression même de la vie sociale qui est faite de mouvements convergents et de mouvements divergents. L'unité ne peut être atteinte qu'en reliant ces forces contraires : « Nous désignons par le terme d'unité l'accord et la cohésion d'éléments sociaux, par opposition à leur disjonction, leur exclusion, leurs dissonances : mais une unité, c'est aussi la synthèse globale des personnes, des énergies et des formes constituant le groupe, la totalité finale de celles-ci, dans laquelle sont comprises ces relations unitaires au sens étroit aussi bien que les relations dualistes[4]. »

En prolongeant les réflexions de Simmel, Lewis Coser a tenté par la suite d'élaborer, de façon plus systématique, une théorie fonctionnaliste du conflit[5]. Il soutenait que le conflit peut servir à préserver la cohésion du groupe et, parfois même, renforcer la cohésion d'un groupe peu structuré. Être en opposition à des groupes extérieurs peut en effet consolider l'unité interne. Et, comme Simmel, il considère comme absurde de voir dans le conflit une simple opposition à l'ordre social car, en sociologie, la rupture et l'intégration sont des processus fondamentaux, constitutifs de tout système social. Si le postulat de base selon lequel le conflit est une forme de socialisation est sociologiquement indiscutable, l'approche fonctionnaliste reste toutefois assez surplombante et trop généraliste pour interpréter de façon précise ce qui se joue vraiment dans les mouvements sociaux.

Dans *La Conscience ouvrière*, ouvrage publié en 1966, Alain Touraine définissait son objet d'études au croisement de trois principes : le *principe d'identité* renvoyant à la définition d'un groupe d'appartenance

3. *Ibid.*, p. 265.
4. *Ibid.*, p. 268.
5. Lewis A. Coser, *Les Fonctions du conflit social*, Paris, PUF, 1982 (1re éd. en anglais, 1956).

fondé tout à la fois sur une contribution spécifique, une fonction déterminée, et surtout des attentes et revendications partagées ; le *principe d'opposition*, se traduisant par la définition d'un groupe antagoniste perçu comme principal obstacle au contrôle des travailleurs sur leurs œuvres ; et le *principe de totalité* impliquant la définition du champ social dans lequel se situe la relation définie par les deux principes précédents et permettant aux ouvriers, au moment où se développe la société industrielle, de prendre conscience d'eux-mêmes, du rapport salarial qui les oppose au patronat et de la place spécifique qu'ils occupent dans ce type de société[6]. Si ces trois principes ont été définis en référence au monde ouvrier, la portée analytique de ce triptyque est en réalité plus large au sens où il permet, d'une part, d'intégrer la représentation de la société, à un moment déterminé de son histoire, dans un système d'action collective et, d'autre part, de servir de cadre de référence pour analyser le mouvement ouvrier et, par analogie, d'autres mouvements sociaux.

Quatre questions essentielles me semblent pouvoir être éclairées par le cadre analytique de l'entrecroisement des liens sociaux.

Premièrement, tout mouvement social implique la référence à un groupe social donné. Nombreux sont les sociologues, à l'instar de Touraine, qui ont vu dans le « nous » un principe préalable à toute lutte organisée collectivement. Ce « nous » peut exister antérieurement à la lutte, mais la lutte peut aussi avoir pour effet de le renforcer, parfois même de le créer *ex nihilo*. La question revient alors de savoir ce que signifie vraiment ce « nous » et en quoi la théorie de l'attachement social peut contribuer à y répondre.

Deuxièmement, si l'on doit admettre qu'une lutte sociale menée par un groupe implique de s'opposer à un autre préalablement défini, il faut souligner aussi que les revendications portées par un mouvement social sont d'autant plus légitimes qu'elles sont perçues comme l'expression d'une cause d'intérêt public et non d'une cause strictement catégorielle. Il faut alors analyser en quoi, tout en émanant d'un groupe déterminé et s'opposant formellement à un autre, elles s'inscrivent dans des sphères spécifiques de la morale collective. Cela revient à rechercher en quoi et comment les revendications s'appuient sur des liens sociaux

6. Alain Touraine, *La Conscience ouvrière*, Paris, Seuil, 1966.

spécifiques à conquérir ou à défendre, sachant que chacun de ces types de lien est relié à une sphère de la morale et donc de la solidarité. La lutte sera alors le reflet d'une volonté non seulement de satisfaire le groupe en lutte, mais aussi de défendre l'intérêt général tel qu'il est inscrit dans la morale collective.

Troisièmement, les liens sociaux sont des ressources qu'il convient de mobiliser pour s'assurer du succès du mouvement. Ces ressources relationnelles peuvent être trouvées prioritairement au sein du groupe mobilisé, mais il est rare qu'elles suffisent en elles-mêmes. Le besoin d'entraide et de solidarité se fait très vite sentir[7]. La réussite d'une mobilisation collective inscrite dans la durée implique donc d'établir des liens avec des groupes extérieurs sous la forme d'alliances. Comment obtenir le soutien de celles et ceux qui ne sont pas directement concernés par le conflit, mais qui peuvent néanmoins l'approuver et contribuer à son succès ? Être capable d'identifier ces groupes d'alliance passe aussi par une représentation globale de la société et de ses composantes, assez proche, me semble-t-il, de ce que Touraine qualifiait de *principe de totalité*. Ici aussi, l'approche en termes de liens sociaux peut être éclairante.

Enfin, quatrièmement, au-delà des formes de solidarité nécessaires pour faire aboutir des revendications jugées essentielles, tout mouvement social doit trouver des relais dans l'opinion en général autant qu'auprès des formations politiques et notamment des parlementaires dont l'activité est précisément de modifier les lois dans le sens de la justice sociale et, de façon plus large, des valeurs de la République. Comment alors s'opère ce travail d'alliances avec le monde politique et comment contribue-t-il aussi à départiculariser le conflit et à l'inscrire dans les enjeux de la citoyenneté ?

Je propose de répondre à ces questions en prenant l'exemple de plusieurs mouvements sociaux, anciens et nouveaux, cette distinction continuant à faire couler beaucoup d'encre. Pour certains, les « anciens » mouvements seraient liés à la formation de la société industrielle et aux luttes dans le monde du travail orchestrées par des

7. C'est ce que montre en particulier l'historien Nicolas Delalande dans son ouvrage *La Lutte et l'entraide. L'âge des solidarités ouvrières*, Paris, Seuil, « L'Univers historique », 2019.

syndicats puissants, et seraient principalement motivés par des valeurs « matérialistes », tandis que les « nouveaux » exprimeraient davantage des valeurs « postmatérialistes » comme le régionalisme, l'écologie, l'antiracisme, la lutte contre le sexisme, la défense des minorités, etc. et seraient organisés sur une base plus horizontale et plus démocratique[8]. D'autres, sans remettre en question cette transformation, y voient davantage l'effet de la globalisation, de l'affaiblissement de l'État-nation et des institutions centrales de socialisation, ainsi que l'émergence d'acteurs sujets de leurs propres expériences et engagés dans l'action collective de façon plus réflexive, flexible et distanciée, en portant des revendications moins d'intégration sociale que de justice et de reconnaissance[9]. D'autres encore contestent ce découpage entre anciens et nouveaux et soulignent que les enjeux du travail restent prédominants, que les formes de la contestation passent encore, prioritairement, par des manifestations, des grèves et des occupations, et que si les organisations horizontales ont crû au cours des dernières décennies, elles ne sont pas autant entièrement nouvelles[10]. Sans chercher à trancher la question de la singularité supposée de ces nouveaux mouvements sociaux, je propose de partir d'exemples représentatifs aussi bien des luttes sociales anciennes ou plus récentes menées dans le monde du travail que des luttes sociales exprimant de façon générale des revendications de citoyenneté, l'objectif étant de les analyser sous le prisme des liens sociaux et d'y apporter ainsi une nouvelle compréhension. Trois études de cas, très différents les uns des autres et choisis volontairement pour cette raison, serviront de trame à l'analyse. La première est fondée sur un conflit assez peu connu qui s'est déroulé dans l'ouest

8. C'est notamment la thèse de Ronald Inglehart, *The Silent Revolution : Changing Values and Political Styles Among Western Publics*, Princeton, NJ, Princeton University Press, 1977. On peut opposer à cette thèse des travaux montrant que ces mouvements existent en fait depuis bien longtemps, voir, par exemple, Craig Calhoun, « "New Social Movements" of the Early Nineteenth Century », *Social Science History*, vol. 17, n° 3, 1993, p. 385-427.
9. C'est l'approche que défend François Dubet, en s'inscrivant dans la lignée d'Alain Touraine. On lira sur ce point François Dubet, « Between a Defense of Society and a Politics of the Subject : The Specificity of Today Social Movements », *Current Sociology*, vol. 52, n° 4, 2004, p. 693-716.
10. Lilian Mathieu, *La Démocratie protestataire*, Paris, Presses de Sciences Po, 2011.

de la France, en Bretagne, dans la ville de Fougères au cours de l'hiver 1906-1907, dans l'industrie de la chaussure. La deuxième s'inscrit dans le contexte contemporain des mobilisations pour le maintien des emplois dans les entreprises industrielles en restructuration et permet de suivre sur plusieurs années le combat des salariés de Molex dans le sud-ouest de la France. Enfin, la troisième porte sur le mouvement des Gilets jaunes qui s'est développé à partir de la fin de l'année 2018 et dont le monde entier s'est fait l'écho.

Les chaussonniers de Fougères : lutter pour le salaire

Même si les mouvements sociaux ne sont pas exclusivement ancrés dans le monde du travail, ils l'ont été très fortement au moment de la formation de la société salariale et le sont encore aujourd'hui de façon majoritaire. L'enjeu de ces luttes concerne la sphère de la morale professionnelle. Il s'agit ici de conquérir ou de défendre le lien de participation organique : trouver sa place dans la division du travail, se sentir utile et reconnu par sa contribution productive, être justement traité, en termes de salaire mais aussi de conditions de travail, de protection face aux risques professionnels et aux aléas de la vie, tels sont les thèmes majeurs des revendications qui nourrissent les luttes du monde du travail d'hier et d'aujourd'hui. Comment celles-ci ont-elles été menées à un moment où la morale professionnelle était encore très inégalement développée, à la fin du XIXe et au tout début du XXe siècle, à l'époque où Durkheim décrit l'émergence des groupes professionnels ?

Généalogie d'une grève ouvrière exemplaire

Définissons d'abord le sens de ce terme « exemplaire » que nous employons ici à dessein pour qualifier cette grève des chaussonniers de Fougères au cours de l'hiver 1906-1907, période qui coïncide avec l'adoption en octobre 1906 de la Charte d'Amiens à l'occasion du 9e congrès de la CGT[11]. Ce cas n'est pas exemplaire au sens d'exception-

11. Texte de référence pour le syndicalisme en France qui pose notamment le principe de l'indépendance des syndicats par rapport aux partis politiques et aux sectes.

nel – d'autres grèves survenues à peu près à la même époque ont connu des formes assez similaires et elles furent particulièrement nombreuses en France dans les années 1904-1907 qui correspondent également à une poussée syndicale. Madeleine Rebérioux évalue qu'un ouvrier d'industrie sur seize est gréviste en 1906 : « La grève, dit-elle, est entrée, au début du siècle, dans l'horizon familier des prolétaires[12]. » Ce n'est pas non plus le résultat de cette lutte qui lui donne son caractère exemplaire, même si les gains pour les grévistes n'ont pas été, on le verra, négligeables. Cette grève est exemplaire, dans ma perspective, au sens où elle fait intervenir les quatre types de liens sociaux que nous avons définis et permet de vérifier empiriquement comment ils ont pu s'entrecroiser dans la lutte elle-même pour lui donner toute sa force expressive et mobilisatrice. Je propose donc ici une relecture sociologique de travaux d'historiens qui ont remarquablement documenté le développement du syndicalisme dans ce secteur et les luttes successives qui y ont été menées dans les deux dernières décennies du XIXe siècle et dans la première du XXe siècle et, en particulier, celle de l'hiver 1906-1907[13].

Si l'on parle de la grève des chaussonniers, c'est en référence à l'origine de la production locale de chaussons, fabriqués, essentiellement

12. Madeleine Rebérioux, *La République radicale ? 1898-1914*, Paris, Seuil, « Nouvelle histoire de la France contemporaine », 1975, p. 88. Les grèves ouvrières de la fin du XIXe siècle ont été également bien étudiées par Michelle Perrot, *Les Ouvriers en grève. France 1871-1890*, Paris, EHESS, « Réimpressions », 2001.

13. Je me réfère essentiellement aux travaux de Claude Geslin, auteur notamment d'une thèse de doctorat d'État intitulée « Le Syndicalisme ouvrier en Bretagne jusqu'à la Première Guerre mondiale », soutenue à l'université de Paris-X (maintenant Paris-Nanterre) en 1982, et de deux articles consacrés spécifiquement au cas de Fougères : « Provocations patronales et violences ouvrières à Fougères (1887-1907) », *Le Mouvement social*, 82, janvier-mars 1973, p. 17-53 et « La grève des chaussonniers fougerais de l'hiver 1906-1907 », *Société d'études jaurésiennes/Cahiers Jaurès*, 199, 2011, p. 41-52. Je m'appuie également sur la recherche de Bernard Legendre, auteur d'une thèse de doctorat de 3e cycle intitulée « Les Chaussonniers de Fougères. Essai sur le développement d'un syndicalisme (1880-1914) », soutenue en 1974 à l'université de Paris-VIII (maintenant Paris 8 Vincennes – Saint-Denis) et d'un article très documenté sur les conditions de vie de ce prolétariat fougerais : « La vie d'un prolétariat : les ouvriers de Fougères au début du XXe siècle », *Le Mouvement social*, 98, janvier-mars 1977, p. 3-41. Sur la grève des chaussonniers de Fougères, on peut lire aussi le témoignage de l'écrivain Jean Guéhenno, *Changer la vie*, Grasset 1961.

par des femmes, d'abord en tresse, puis en tissu importé du nord de la France. Mais c'est surtout à partir de l'introduction du cuir que l'industrie de la chaussure va rapidement se développer à Fougères. Le nombre de salariés employés dans ce secteur va ainsi passer de 2 200 en 1874 à 11 000 en 1890 pour se stabiliser ensuite autour de 10 000 au début du XXe siècle en raison de la mécanisation accélérée et de la baisse consécutive du travail à domicile. La population de Fougères est passée de 9 470 habitants en 1861 à 23 537 en 1906, en moins de cinquante ans. Il faut y voir l'effet d'une vague d'immigration rurale intense dans les années 1880, en provenance essentiellement du prolétariat agricole dans un rayon d'une vingtaine de kilomètres. Le paysage urbain se transforme rapidement. Il faut construire des voies publiques et des maisons pour accueillir cette nouvelle population[14]. La densification urbaine va rapprocher des populations habituées jusque-là à un habitat dispersé, et créer une forte interconnaissance ouvrière et une sociabilité de classe fondées sur la similitude des conditions de vie, lesquelles restent d'ailleurs globalement précaires en raison de la faiblesse des salaires.

La division du travail au sein de cette population ouvrière est assez poussée. Les coupeurs peuvent se prévaloir d'une qualification plus importante que les autres. Ils forment en quelque sorte l'aristocratie ouvrière de ce secteur. Ce travail consiste à tailler au tranchet des peaux pour en tirer des « tiges » de qualité. Il est difficile, mais reconnu comme tel et donc généralement assez bien payé, d'autant qu'il exige un apprentissage d'au moins quatre ans. Vient ensuite le travail de piqûre, réservé aux femmes. Il s'agit ici de coudre les différents éléments de la « tige », ce qui peut se faire à la maison, mais un peu avant 1900, cette tâche se concentre en usine, ce qui autorise une baisse du salaire à la pièce, avant que le patronat ne décide en 1902-1903 de la faire à nouveau exécuter à domicile au tarif « usine ». Il faut encore ajouter le travail de montage qui va donner une première forme à la chaussure, cette activité pouvant se faire aussi bien à la main qu'à l'aide d'une machine. La mécanisation de plus en plus poussée contribue à faire évoluer les qualifications, en distinguant

14. Le nombre de maisons est passé de 1 246 au milieu du XIXe siècle à 2 335 en 1906.

différents niveaux regroupés en équipe. Cette description grossière révèle donc une hiérarchie au sein de cette communauté ouvrière, qui se traduit par des différences assez sensibles de rémunération d'un métier à l'autre.

Longtemps les ouvriers de Fougères sont restés inorganisés. Il faut attendre 1884 pour voir se constituer le premier syndicat de cette ville, à l'initiative des coupeurs. Dans un style qui rappelle les anciennes corporations, il s'agit surtout de former de bons ouvriers coupeurs, mais cette première organisation restera isolée, peu influente et limitée à une soixantaine de membres. Elle disparaîtra d'ailleurs au bout de quelques années. L'élan syndical ne s'éteint pas pour autant. En 1887, deux syndicats sont créés sous une forme à la fois plus offensive et plus extensive : le syndicat des ouvriers coupeurs et le syndicat des ouvriers chaussonniers. L'essor de ce dernier est rapide puisqu'il compte environ 1 250 membres au début de l'année 1888 et 1 500, un an plus tard. Le nouveau syndicat des coupeurs compte, lui, 131 membres au début de 1889.

Cet essor syndical coïncide avec les difficultés que rencontre le secteur de la chaussure depuis le milieu des années 1880. Alors que les commandes, abondantes jusque-là – dont certaines ne pouvaient pas toujours être honorées –, assuraient aux ouvriers un emploi relativement stable et bien étalé sur l'année, leur diminution conduit le patronat à pratiquer une baisse sensible des salaires et à avoir recours au chômage partiel de façon systématique. C'est dans ce climat d'austérité que quatre grandes grèves défensives éclatent entre 1887 et 1888. Calmes à leur début, conduisant le patronat à céder assez vite, elles prennent ensuite une tournure nettement plus violente face à l'intransigeance de certains patrons. Les colères de la population deviennent alors incontrôlables, certains bâtiments d'usine sont assiégés et la gendarmerie, à la demande du sous-préfet, charge, sabre en main, la foule des manifestants. Ces incidents violents restèrent longtemps dans la mémoire collective et furent habilement exploités par le patronat pour discréditer le mouvement syndical, lequel mit plusieurs années à s'en remettre.

Il fallut attendre 1905 pour voir vraiment repartir avec vigueur la mobilisation syndicale à l'initiative du syndicat des coupeurs, et le syndicat des chaussonniers lui emboîta le pas pour conduire, à son tour, en 1906, plusieurs grèves victorieuses[15]. L'alliance des deux syndicats parut presque irrésistible, gage d'une force collective retrouvée. Fiers de ces succès, les coupeurs et les chaussonniers présentèrent, en août 1906, une nouvelle revendication visant à l'unification des tarifs dans toutes les usines du secteur, mais ils se heurtèrent à une nouvelle intransigeance patronale, à l'origine d'un conflit qui allait durer plusieurs mois. Résumons les principales phases.

L'élément déclencheur fut la réponse provocante du syndicat patronal à la revendication des ouvriers. Il décida de publier un tarif unique à l'issue d'une négociation menée entre lui et un syndicat ouvrier jaune (composé de quelques dizaines d'adhérents triés sur le volet, parfois en dehors des rangs des chaussonniers). Or ce tarif, comme on peut l'imaginer, était loin de satisfaire les intérêts des ouvriers puisqu'il proposait des prix inférieurs à ceux qui étaient en vigueur jusque-là. Les ouvriers se sentirent trahis et bernés. Le syndicat des cordonniers, que l'on appelait le « syndicat rouge », représentant plus de 1 500 ouvriers, se devait de réagir, même si le contexte n'était absolument pas favorable à une grève. L'activité étant saisonnière, les ouvriers devaient reprendre le travail après une longue trêve estivale, ne fût-ce que pour parer à une chute brutale de leurs ressources, ce que le patronat avait évidemment parfaitement anticipé en s'assurant par ailleurs des stocks suffisants de chaussures dans les dépôts. Pourtant les ouvriers choisirent la lutte. Le syndicat patronal menaça de fermer les portes de toutes les manufactures et enjoignit aux ouvriers la reprise du travail aux conditions imposées. Ceux-ci ne se laissèrent pas impressionner et répondirent à l'ultimatum, le 6 novembre, par le vote d'une grève générale. S'ensuivit un blocage général puisque le patronat mit à exécution sa menace de fermeture. Près de 8 000 personnes se retrouvèrent ainsi engagées dans un affrontement qui allait durer plusieurs mois, d'autant que les patrons refusèrent toute négociation et laissèrent volontairement pourrir la situation en pensant sans doute que le temps jouerait en leur faveur.

La deuxième phase est marquée par la recherche, et l'échec, d'un compromis local. À l'initiative du préfet – qui, inquiet de ce blocage,

15. Notons ici le patient travail d'implantation militante qui a favorisé cet élan de reconquête. La grande grève de l'hiver 1906-1907 ne part pas de rien.

s'était installé à Fougères sous les auspices de la municipalité – une réunion est organisée par la chambre de commerce. Cette instance proposa d'organiser un référendum visant la réouverture des usines, la fin de la grève et la reprise de la négociation sur le tarif. Ce vote eut lieu le 27 novembre dans un calme absolu, ce qui était déjà une avancée non négligeable pour la bourse du travail[16]. Mais le résultat consacra l'échec de la négociation puisque, dans leur très grande majorité, les votants se prononcèrent contre la reprise du travail. En réalité, le moment n'était pas propice au compromis, ni pour le syndicat patronal qui attendait surtout une lourde défaite du syndicat ouvrier ni pour la bourse du travail qui craignait probablement d'être désavouée par la base des ouvriers après une négociation qu'elle savait difficile à mener et vouée à l'échec. Le maintien de l'affrontement paraissait donc vraisemblablement la meilleure solution pour les deux camps.

La troisième phase consacra le piétinement du conflit. Les patrons élaborèrent un nouveau tarif qu'ils proposèrent par voie postale à chaque ouvrier, pensant sans doute court-circuiter ainsi l'organisation syndicale. Mais ce tarif fut jugé si bas qu'il fut immédiatement repoussé, aussi bien par le syndicat rouge que le syndicat jaune ! De nouvelles négociations furent tentées quelques jours avant Noël, mais sans résultat. Sans doute de plus en plus inquiets face à ce pourrissement qui ne jouait plus en leur faveur, les patrons rouvrirent certaines usines après avoir obtenu, à la suite d'une campagne de signatures menée auprès de leurs ouvriers, l'accord de reprise du travail d'une partie du personnel. En réalité, après une journée agitée, 753 pointages furent enregistrés le 9 janvier 1907 et seulement 174 le lendemain. Autant dire, un nouvel affront au patronat infligé par des ouvriers étonnamment résistants. Les portes des usines se fermèrent à nouveau. Finalement, il fallut attendre la mise en place le 17 janvier d'une commission d'enquête parlementaire, désignée par la Chambre des députés et présidée par le socialiste Alexandre Millerand, pour que la situation se débloque. Cette

16. Rappelons ici qu'une bourse du travail était à l'origine un bureau de placement des ouvriers, assuré par les syndicats. Il s'agissait le plus souvent d'un simple local mis à la disposition de ces derniers par les municipalités pour leur permettre de se réunir et de créer par exemple des caisses de grève, d'apporter un soutien aux ouvriers malades ou au chômage, d'assurer des formations, de constituer des bibliothèques, etc.

commission d'enquête se déplaça à Fougères et reçut plusieurs délégations dans les locaux de la mairie. Cette discussion, mise en scène dans un cadre républicain, fut particulièrement efficace puisqu'elle permit d'aboutir le lendemain à la signature d'une convention entre les syndicats ouvriers et le syndicat patronal. Conformément à l'accord trouvé, la négociation put alors reprendre dans le cadre de chaque usine. Les tarifs furent âprement discutés du 20 janvier au 9 février et la reprise s'effectua dans le calme deux jours après. Si, après ces longs mois de lutte, les ouvriers obtinrent quelques avantages financiers, leur victoire tenait surtout dans la reconnaissance désormais officielle du syndicalisme ouvrier fougerais par le patronat, ce qui ouvrait une nouvelle ère où la négociation autour du renouvellement des tarifs allait pouvoir être menée entre les représentants syndicaux des deux organisations, ouvrière et patronale.

Cette rapide généalogie du conflit repose sur des faits incontestables qu'il nous faut maintenant interpréter. Une énigme reste entière : comment les ouvriers ont-ils pu tenir si longtemps alors que les conditions ne leur étaient pas favorables au départ ? Ici peuvent intervenir des éléments d'explication fondés sur une analyse précise de l'ensemble des liens sociaux à l'œuvre dans ce conflit. Reprenons donc nos hypothèses de départ.

Les liens sociaux au cœur des luttes

Dans un conflit qui intervient dans le monde du travail, c'est le lien de participation organique qui en est à la fois l'origine et le moteur. Il implique tout d'abord un attachement à un groupe professionnel doté d'une forte identité collective. Était-ce bien le cas ? Le grossissement rapide du nombre d'ouvriers chaussonniers dans la région de Fougères a pu, on l'a vu, renforcer la visibilité sociale de ce groupe, d'autant qu'il vivait dans les mêmes quartiers urbains en expansion et partageait des conditions de vie assez homogènes en dépit de la diversité des usines. Mais cette similitude sociale extérieure ne signifiait pas pour autant absence de rivalités ou de distinctions en son sein. La qualification et la rémunération n'étaient pas identiques d'un corps professionnel à un autre, notamment entre les coupeurs, représentant une petite aristocratie ouvrière, et les chaussonniers moins qualifiés. Le conflit lui-même a révélé aussi un clivage entre les soutiens au patronat, les « jaunes », et les opposants farouches, les « rouges ». Nous pouvons retenir que le conflit a démarré par un dépassement de la rivalité ancienne entre les coupeurs et les chaussonniers, puisque ces deux groupes représentant deux syndicats distincts ont unifié leur mouvement et leurs revendications. Ensuite, le conflit a même conduit, après de longues semaines de lutte, les « jaunes » à refuser comme les « rouges » de reprendre le travail, ce qui est le signe le plus manifeste d'un attachement commun à un groupe ouvrier, dont l'identité collective, présente à l'origine, s'est finalement renforcée au fil de la lutte.

Le groupe en question était donc unifié pour et par l'action collective. Mais cette union avait aussi une cible commune, à savoir le patronat fougerais dont la force était loin d'être négligeable. Les conflits violents du passé avaient laissé des traces dans la mémoire collective des ouvriers et de leurs familles et cimenté une opposition de classe. Ils avaient aussi entretenu une peur diffuse de l'affrontement avec les patrons et de ses conséquences douloureuses. Il fallut plusieurs années pour que les ouvriers reprennent confiance et se tournent à nouveau vers le monde syndical, lui-même en reconstitution. Les ouvriers étaient confrontés par ailleurs en permanence à de sévères difficultés d'existence et avaient besoin de travailler pour survivre. Nul doute que nombre d'entre eux avaient, à un moment ou à un autre, plus ou moins accepté une sorte de loyauté forcée au patron comme gage de l'assurance d'une rémunération, aussi minime et aléatoire fût-elle. Nul doute que beaucoup n'étaient pas insensibles non plus aux menaces du patronat de faire, en cas de grève, exécuter les commandes en dehors de Fougères ou d'intensifier la mécanisation, ce qui risquait alors d'entraîner davantage de chômage local et d'accroître ainsi la précarité de tous. Se mettre en grève représentait évidemment un prix que les ouvriers n'étaient pas prêts à payer sans avoir évalué au préalable aussi bien les chances de succès que les risques de périls. Mais la mobilisation dépendait surtout de la capacité du groupe à canaliser le mécontentement épars vers un ennemi commun susceptible de devenir en quelque sorte le réceptacle de toutes les souffrances et injustices subies jusque-là. Et c'est justement ce qui s'est passé. Ce qui avait pu être tu et enduré en silence soudain ne l'était plus et, de l'addition de toutes les misères individuelles non partagées naquit, dans une sorte d'effervescence collective, la surprenante révélation qu'un espoir était permis en se mobilisant contre le patronat presque unanimement jugé arrogant et responsable de la détresse collective.

Tout conflit qui porte sur le lien de participation organique ne se résume toutefois pas à l'opposition entre deux groupes aux intérêts divergents dans telle ou telle entreprise ou dans un bassin d'emploi donné. Encore faut-il que la lutte s'inscrive dans une sphère spécifique de la morale et engage à travers elle la société tout entière. Bien entendu, il s'agit ici avant tout de la morale professionnelle, laquelle relève bien de ce qui se joue au sein de ce secteur en croissance de l'industrie de la chaussure et qui nécessite, par conséquent, un ensemble de cadrages normatifs tant en ce qui concerne l'organisation de la production, la hiérarchie des métiers, la formation aux nouvelles techniques, les conditions de travail et de rémunération que la prévention des risques sanitaires et des accidents du travail. Autant dire que tout est à construire dans un domaine qui se transforme très rapidement. Mais ce qui se joue à Fougères, à cette époque et dans ce secteur économique, n'est pas déconnecté de ce qui se joue au même moment dans d'autres bassins d'emploi, dans d'autres régions et dans d'autres branches industrielles. La morale professionnelle avance ainsi pas à pas, branche par branche, et, par couches successives, se formalise dans le droit du travail dont des lois importantes sont votées à l'Assemblée nationale. Rappelons, par exemple, qu'en 1906 est déposé un projet de loi sur le contrat de travail, incluant une partie sur la « convention collective », laquelle fait également l'objet de discussions au sein d'instances nationales : la Société d'études législatives (SEL) et de l'Association nationale française pour la protection légale des travailleurs. La partie du projet portant sur la convention collective formera la matrice de la loi du 25 mars 1919 sur la convention collective. Ainsi l'enjeu du conflit fougerais dépasse-t-il les seuls intérêts des ouvriers et du patronat autour de la question du tarif, tout simplement parce qu'il est à la fois l'expression d'un rapport social plus général, qui se manifeste de façon comparable dans de nombreux autres sites, et l'occasion de faire avancer par la négociation collective la condition salariale des ouvriers de l'époque, quel que soit leur secteur d'activité. La légitimité du conflit et des revendications qui l'animent se trouve ainsi amplifiée par son ancrage dans une morale professionnelle en formation, dont les avancées sont palpables au plus haut niveau, celui qui engage le droit et les institutions nationales[17].

La preuve que le conflit des chaussonniers a eu des retombées nationales est également apportée par les nombreux soutiens dont il a pu bénéficier bien au-delà du bassin d'emploi de Fougères. Si les grévistes ont pu tenir si longtemps, c'est en grande partie grâce à l'appui qu'ils ont reçu en provenance d'autres régions. De quoi s'agit-il exactement ? Comment cela a-t-il pu être organisé ? La solidarité dont il est question déborde le cadre professionnel et les formes d'entraide spontanées des ouvriers entre eux. Les moyens conséquents ont été recherchés en dehors et il n'est pas excessif de dire qu'ils sont arrivés de tous les coins de France. Les grévistes ont fait connaître leur mouvement et appelé à la solidarité en adressant des lettres (que les historiens évaluent à 3 000) à des personnalités ou des organisations susceptibles d'être des relais d'information auprès des diverses couches de la population. Des tournées de propagande ainsi que des quêtes eurent lieu un peu partout, dans le Nord, mais aussi dans les couloirs de la Chambre des députés. Des fêtes et des spectacles furent donnés au profit des grévistes et même Sarah Bernhardt, à Paris, offrit généreusement son théâtre et son appui à une action de solidarité en leur faveur. Des souscriptions furent également ouvertes dans la presse, que ce soit au niveau national dans *L'Humanité* ou, à l'échelon régional, dans *L'Ouest-Éclair* et les sommes ainsi recueillies ont permis de plus que doubler la caisse que l'organisation avait à sa disposition au début du conflit. Ce soutien massif, qui relève d'une forme de philanthropie, engage finalement le lien de participation élective, lequel s'entrecroise alors de façon originale avec le lien de participation organique. Ainsi la morale associative, en provenance de la société civile, a pu interférer avec la morale professionnelle, un peu comme si la première était venue à la rescousse de la seconde au moment crucial où la situation pouvait réellement pencher en faveur des ouvriers et permettre ainsi une plus juste régulation des relations de travail.

17. Pour une analyse précise de la naissance des conventions collectives et du travail législatif réalisé à cette époque en France, on pourra se reporter à l'ouvrage de Claude Didry, *Naissance de la convention collective. Débats juridiques et luttes sociales en France au début du XXe siècle*, Paris, Éditions de l'EHESS, 2002.

Le conflit a pu durer également grâce aux actions de solidarité organisées à l'échelle locale. Pour nourrir les grévistes et leurs familles, des « soupes communistes » ont été préparées de façon collective. Elles ont impliqué toutes les bonnes volontés, mobilisées aussi bien pour les corvées de bois, l'épluchage des légumes, la cuisson, la distribution des repas[18]. Elles avaient bien entendu aussi pour objectif d'entretenir l'effervescence collective, l'esprit de convivialité et de chaleur humaine sans lequel l'espoir n'est pas possible. Mais ce n'est pas tout. Pour que les grévistes puissent se consacrer pleinement au mouvement, il fallait encore imaginer un moyen pour qu'ils puissent être déchargés temporairement de leurs tâches relatives à l'entretien et à l'éducation de leurs enfants. Qu'à cela ne tienne, une solution a très vite été trouvée grâce à la solidarité des familles d'autres villes ou régions françaises qui ont accepté d'accueillir généreusement chez elles les enfants des grévistes fougerais pendant toute la durée du conflit[19]. Pour marquer cet événement, dont la presse s'était fait l'écho, des cérémonies ont été organisées à la gare ferroviaire de Fougères, aussi bien au départ qu'au retour de ces enfants. Des cartes postales ont même été éditées pour célébrer et immortaliser ce moment historique[20]. Cette pratique de solidarité, qui a pu s'étendre à d'autres mouvements ouvriers à peu près à la même époque, revêt une importance sociologique qui ne peut que retenir notre attention, au sens où elle fait intervenir, au moins indirectement, un autre type de lien social, à savoir le lien de filiation. Les grévistes ont ainsi fait preuve de leur capacité à poursuivre leur engagement militant sans mettre pour autant en péril leurs enfants, sans renoncer à leurs responsabilités à leur égard. La morale domestique qui confère des devoirs aux parents n'a donc pas été oubliée

18. Les ouvriers en lutte entretenaient une relation avec le monde rural, dont ils étaient pour la plupart issus, ce qui ne pouvait que faciliter l'organisation de ces « soupes communistes » avec le soutien des paysans locaux.
19. Environ 500 enfants furent dirigés, à partir du 9 décembre 1906, d'abord vers Rennes, puis vers Paris, Laval, Flers, Saint-Brieuc, Saint-Nazaire, Nantes, Rouen.
20. L'une de ces cartes postales mentionne : « Fougères – Après la grève, le retour des petits Fougerais. On attend le tramway qui amène les enfants de Rennes. À gauche du drapeau, le citoyen Jaurès, à droite, le citoyen Bénézech ». D'autres cartes postales du conflit fougerais ont été conservées. Elles constituent un support précieux pour l'analyse de ce type de conflit.

ou mise entre parenthèses. Au contraire, grâce à la solidarité entre familles, elle s'est déployée au-delà de la sphère étroite du foyer et des relations entre parents et enfants. Cet épisode est entré dans la mémoire collective. Il a contribué à la socialisation des enfants en dehors de leurs familles. Celles et ceux qui ont connu cet exode temporaire et leur retour acclamé par la foule ont vécu cette période de leur histoire comme un moment marquant de la solidarité ouvrière, pensée et organisée pour et par des hommes et des femmes à la fois parents, travailleurs et citoyens.

Il reste enfin un autre point qui explique le succès de ce mouvement. S'il a bénéficié du soutien important de la société civile, il a été également fortement relayé dans la classe politique. Bien entendu, le comité de grève qui a siégé à la bourse du travail était composé de grévistes aguerris aux techniques de mobilisation collective. Ce comité a joué un rôle déterminant en organisant des réunions régulières pour entretenir le moral et appeler au calme afin d'éviter la violence et faire ainsi le jeu du patronat. Des orateurs de la CGT, syndicat créé une dizaine d'années plus tôt, en 1895, furent appelés pour mobiliser les manifestants, mais une vingtaine de députés socialistes firent aussi le déplacement pour témoigner de leur soutien et écouter les revendications afin de les faire remonter au niveau national. Ce relais du Parti socialiste de l'époque n'était pas commandé par l'action syndicale, elle-même soucieuse de conserver son indépendance par rapport aux partis politiques. L'intervention des socialistes était avant tout l'expression autonome de leur souhait de faire avancer le droit du travail à la Chambre des députés. Ils jouèrent, on l'a vu, un rôle fondamental puisque le dénouement du confit est survenu à la suite d'une commission d'enquête parlementaire. La remontée des revendications des ouvriers fougerais au plus haut niveau, au sein de l'instance où se préparent et se votent les lois de la République, est non seulement symbolique, mais aussi la preuve que ce conflit engageait la nation tout entière : en ce sens, il relève donc du lien de citoyenneté. Dans le discours qu'il a prononcé à Fougères le 17 février 1907 à la fin du conflit, Jaurès a bien dessiné les suites nationales et politiques du mouvement : « La lutte qui vient de se clore n'est qu'une période de la grande bataille engagée par les travailleurs pour faire aboutir leurs droits. Cette lutte n'est pas finie. Votre arme a été la puissance de l'organisation, vous avez réussi, vous devez tremper cette arme afin qu'elle soit plus forte que jamais[21]. »

Ainsi, ce conflit, du début à sa fin, est un remarquable exemple de l'entrecroisement des quatre types de liens au cœur de la théorie de l'attachement social. Enraciné dans une revendication qui relève du *lien de participation organique* et de la morale professionnelle, il a mobilisé les autres types de liens : le *lien de participation élective* (le conflit a suscité un élan de solidarité dans de nombreuses couches de la population) ; le *lien de citoyenneté* (la résolution du conflit passe par un arbitrage impliquant la Chambre des députés) ; le *lien de filiation* (la grève est possible parce que les parents sont déchargés pendant la période du conflit de leurs obligations à l'égard de leurs enfants). Cette grève, comme d'autres à cette époque, a contribué à amplifier un mouvement de réformes du droit du travail qui a conduit petit à petit à reconnaître le travailleur, au-delà de la dimension individuelle de son contrat de travail, comme membre d'un collectif et, en cela, à donner un statut juridique à la notion de convention collective[22]. Les grèves nombreuses du début du siècle ouvraient en réalité la voie à ce que l'on a appelé par la suite la « société salariale », qui a connu son apogée dans les Trente Glorieuses.

Les « Molex » : lutter pour l'emploi

Prenons maintenant un exemple plus contemporain. L'objectif n'est pas d'essayer de prouver une quelconque continuité ou rupture historique dans les luttes sociales du monde du travail, mais de mettre une fois encore à l'épreuve le cadre analytique des liens sociaux en le confrontant à un autre conflit de grande ampleur qui s'est développé à partir de la crise financière de 2008, soit un siècle après celui de Fougères. Il s'agit

21. C. Geslin, « La grève des chaussonniers fougerais de l'hiver 1906-1907 », art. cité, p. 49.

22. Le travail législatif a été très intense de 1906 à 1913, mais il faudra attendre le 25 mars 1919, après l'expérience réglementaire de la guerre, pour donner un véritable statut juridique à la notion de convention collective. Voir sur ce point Robert Castel, *Les Métamorphoses de la question sociale*, *op. cit.*, p. 338 et le chapitre 7 et annexe de C. Didry, *Naissance de la convention collective*, *op. cit.*

d'une lutte menée par les ouvriers de l'usine Molex, spécialisée dans la fabrication de connecteurs et de câbles pour l'industrie automobile, et implantée à Villemur-sur-Tarn, une commune de tradition rurale (5 400 habitants en 2008) située dans le sud-ouest de la France, dans l'aire urbaine de Toulouse à la frontière des départements du Tarn et du Tarn-et-Garonne. Le conflit ne porte pas cette fois-ci sur le droit du travail, mais sur la sauvegarde des emplois à la suite de l'annonce de la fermeture de l'usine et le licenciement économique des 279 salariés. Il va se traduire par un mouvement de longue durée et des actions en justice qui s'étaleront jusqu'en août 2016, soit huit ans au total.

Les raisons de la colère

Cette lutte s'inscrit dans une autre époque, celle des délocalisations industrielles massives se traduisant par des fermetures d'usine et la mise au chômage de plusieurs centaines, voire, selon les cas, de milliers de salariés[23]. Elle pourrait paraître relativement banale tant les fermetures d'usine ont été nombreuses depuis les premiers conflits emblématiques du milieu des années 1970[24]. L'entreprise de meubles dont nous avons parlé dans le chapitre précédent a connu, elle aussi, de nombreux plans sociaux qui s'apparentent à cette dynamique de désindustrialisation

23. Cette question a fait l'objet de nombreux travaux en sociologie. On pourra se référer notamment à Gérard Adam et Jean-Daniel Reynaud, *Conflits du travail et changement social*, Paris, PUF, 1978, en particulier le chapitre 7 « La défense de l'emploi et de l'entreprise », p. 295-389. En ce qui concerne le recours au droit pour la défense de l'emploi, voir C. Didry et Luc Tessier, « La cause de l'emploi. Les usages du droit dans la contestation des plans sociaux », *Travail et Emploi*, n° 69, 1996, p. 23-35.

24. On peut citer par exemple le conflit fortement médiatisé de l'entreprise familiale de montres Lip (installée à Besançon) qui débuta en 1973 à la suite d'une décision de supprimer près de 500 emplois. Les exemples de restructuration de grandes entreprises industrielles ne manquent pas. On lira notamment Cédric Lomba, *La Restructuration permanente de la condition ouvrière. De Cockerill à ArcelorMittal*, Paris, Éditions du Croquant, 2018. Pour une analyse approfondie de la fermeture des sites industriels de l'entreprise d'électroménager Moulinex installée en Basse-Normandie, on pourra se reporter à l'enquête monographique de M. Roupnel, *Les Chômeurs de Moulinex*, Paris, PUF, « le Lien social », 2011. Voir aussi C. Didry, « Les comités d'entreprise face aux licenciements collectifs : trois registres d'argumentation », *Revue française de sociologie*, 39-3, 1998, p. 495-534.

aux conséquences sociales désastreuses. Mais, à la différence de cette entreprise qui a connu, on l'a vu, un déclin à la suite de sérieuses difficultés d'adaptation au marché, l'usine Molex, dont le siège est situé aux États-Unis, est non seulement économiquement prospère – elle dégage de nombreux profits – mais aussi techniquement à la pointe du progrès avec des machines performantes et des ouvriers qualifiés. Le conflit Molex est en quelque sorte le reflet symptomatique d'une conception globalisée et financiarisée de l'économie qui consiste à déplacer sans états d'âme des secteurs industriels de haute qualité, même lorsqu'ils sont ancrés dans des traditions de production locale dont la réputation n'a jamais été démentie. Le seul intérêt de ces délocalisations est donc le plus souvent la recherche d'un coût du travail moins élevé pour satisfaire des actionnaires uniquement motivés par le profit immédiat de leur placement. Mais la crise de 2008 a brutalement fait prendre conscience de la fragilité de cette financiarisation incontrôlée de l'économie, ce qui rend le conflit Molex sociologiquement très intéressant en lui-même puisqu'il débute précisément dans ce contexte. Nous pouvons d'autant plus facilement nous appuyer sur cet exemple qu'il a été lui aussi très documenté, notamment par une enquête de plusieurs années menée par une équipe de chercheurs en sciences sociales[25].

Revenons tout d'abord sur le contexte global de ce mouvement et sur son fait déclencheur. L'inventivité et la technicité des salariés de cette entreprise ont été unanimement reconnues dès le début des années 1990, période au cours de laquelle les brevets d'une pièce de connectique sophistiquée ont même été déposés. Ces derniers assurent la rentabilité et la renommée de l'usine de Villemur-sur-Tarn. Mais elle est rachetée en 2004 par Molex Inc., un groupe états-unien, qui réorganise immédiatement l'ensemble de l'entreprise : suppression du bureau d'études

25. Cette équipe est composée de neuf chercheurs réunis sous le nom de « Collectif du 9 août ». Il s'agit de : Olivier Baisnée, Anne Bory, Bénédicte Crunel, Éric Darras, Caroline Frau, Jérémie Nollet, Alexandra Oeser, Audrey Rouger, Yohan Selponi. Le nom de ce collectif fait référence à la décision de la cour d'appel de Toulouse du 9 août 2016 qui a jugé le licenciement économique des salariés de Molex, à Villemur-sur-Tarn, « sans cause réelle et sérieuse ». Je m'appuie sur l'ouvrage issu de cette recherche de longue durée : Collectif du 9 août, *Quand ils ont fermé l'usine. Lutter contre la délocalisation dans une économie globalisée*, Marseille, Agone, 2017.

situé en Île-de-France et délocalisation de ses fonctions en Allemagne, fermeture d'une usine au Portugal, transfert de la partie la plus rentable en Slovaquie et concentration de l'activité de la multinationale en Chine. La direction annonce au printemps 2008 un partenariat avec une entreprise hollandaise chargée de prospecter de nouveaux marchés pour les connecteurs Molex. Mais les stocks envoyés aux Pays-Bas ne sont pas suivis de nouvelles commandes. Les élus syndicaux s'inquiètent de l'éventualité d'une nouvelle délocalisation de la production et convoquent une assemblée générale, laquelle décide de bloquer le fonctionnement d'un moule de dernière génération d'une grande valeur, indispensable à la production des pièces haut de gamme. La direction porte plainte et annonce la fermeture de l'usine quelques jours plus tard.

Cette nouvelle est un choc non seulement pour les salariés, mais pour l'ensemble des habitants de ce bassin d'emploi. Comment pouvait-on liquider une usine si réputée et vitale pour toute une région ? La stupéfaction générale est à l'origine d'une forte mobilisation, aussi bien dans les rangs syndicaux très vite organisés de façon unitaire que dans l'ensemble de la population concernée de près ou de loin par cette fermeture. La lutte des « Molex » est devenue très vite un symbole. La fermeture du site de Villemur-sur-Tarn n'était pourtant pas un cas unique. Elle faisait partie d'un processus global de désindustrialisation que le groupe Molex a mené en 2008 et 2009 à l'échelle européenne : quatorze usines furent fermées au cours de ces deux années, impliquant au total le licenciement de 7 000 salariés et la réembauche de 12 000 salariés dans les deux années suivantes principalement en Asie où les salaires sont très bas. Ce processus a été très rentable pour le groupe puisque sa valeur boursière n'a cessé de grimper proportionnellement à ces délocalisations. Cette logique implacable du capitalisme mondial triomphant est connue et entraîne, on le sait, des milliers de délocalisations de ce type un peu partout dans le monde qui passent le plus souvent inaperçues puisqu'elles deviennent trop ordinaires pour susciter l'intérêt des médias, comme s'il était devenu impossible pour les salariés de s'y opposer[26]. Pourtant rien de tel ne s'est produit à Villemur-sur-Tarn après la fermeture du site alors même que

26. Les possibilités de résistance sont en effet souvent assez faibles, notamment lorsque les salariés sont en situation de précarité professionnelle, voir sur ce point

tout indiquait que le combat était perdu d'avance. La résistance des « Molex » constitue donc en cela une énigme sociologique à élucider.

Des soutiens locaux à la politisation du conflit

Il est frappant de retrouver dans ce mouvement des caractéristiques comparables à celles que nous avons mises en avant dans le conflit fougerais. Premièrement, la solidarité des salariés licenciés, quelle que soit leur qualification professionnelle, a constitué une force incontestable, condition non suffisante en elle-même, mais essentielle. Une association Solidarité Molex avait été créée quelques mois avant l'annonce de la fermeture afin de se préparer à la résistance aux délocalisations. L'unité syndicale s'est construite spontanément dépassant ainsi les clivages traditionnels entre les principales centrales, souvent opposées tant sur les thèmes de revendications que sur les stratégies de lutte. Mais ce n'est pas tout ! L'équipe de chercheurs investis sur le terrain a également observé l'alliance des classes populaires et de la petite bourgeoisie d'encadrement dans ce combat contre la fermeture. Ce rapprochement dans la lutte de fractions souvent rivales dans le quotidien du travail ne signifie nullement le nivellement des positions ou l'acceptation unanime du combat à mener ensemble, mais peut s'expliquer par l'ancrage local commun aux uns et aux autres. En effet, l'inscription, souvent de longue date, des salariés dans la ville et le bassin d'emploi a aidé à surmonter, au moins temporairement, les écarts sociaux et à former une coalition. Résider depuis longtemps dans le même endroit, avoir des habitudes communes de déplacement, connaître de l'intérieur les coutumes et les formes ordinaires de sociabilité, participer à la vie publique locale, partager une mémoire collective, sont autant de dimensions de ce que d'aucuns appellent le « capital d'autochtonie »[27]. Dans le cas de la mobilisation des « Molex », les enquêteurs ont pu

---

S. Paugam, « Formes d'intégration professionnelle et attitudes syndicales et politiques », *Revue française de sociologie*, 40-4, 1999, p. 715-751.

27. Voir en particulier Jean-Noël Retière, « Autour de l'autochtonie. Réflexions sur la notion de capital social populaire », *Politix*, 16, 2003, p. 121-143 et Nicolas Renahy, « Classes populaires et capital d'autochtonie. Genèse et usages d'une notion », *Regards sociologiques*, 40, 2010, p. 9-26.

constater l'alliance des « gars du coin[28] », issus des milieux populaires, et des « cadres du coin », qui l'étaient souvent devenus par promotion interne. En réalité, c'est toute une communauté professionnelle qui s'est vue subitement confrontée au même sort, celui de se retrouver sans perspectives, victime d'un événement local unanimement considéré et vécu comme une injustice valant tout autant pour les ouvriers et les employés que pour les techniciens et les cadres.

Cette alliance a pu également être efficace en raison du soutien de la population locale. Dès l'annonce de la fermeture, les commerçants ont baissé leur rideau pour manifester leur indignation et une journée « Villemur ville morte » a été décrétée. Le curé n'a pas hésité à apporter tout son soutien aux salariés licenciés, entraînant avec lui la communauté paroissiale et un noyau de fidèles proches de l'Action catholique ouvrière (ACO) particulièrement disposés à agir de façon solidaire vis-à-vis des victimes de ce qui était perçu unanimement comme les dérives de ce « capitalisme outrancier » (expression reprise dans la presse). Ces catholiques engagés participèrent aux manifestations et aux assemblées devant l'usine, organisées par les travailleurs. Le prêtre célébra des messes en l'honneur des Molex. Un panneau représentant de façon symbolique la photo de chaque ouvrier fut même installé devant l'autel de l'église avec la mention « Les Molex vous remercient ». Un concert de soutien dans l'église Saint-Michel, des levées de fonds, des distributions de tracts, des débats dans les associations catholiques, telles furent les actions régulières de cette communauté particulièrement active dans les deux premières années du mouvement avant de connaître quelques signes d'essoufflement. Mais la mobilisation a été soutenue dès l'annonce de la fermeture bien au-delà de ce cercle de catholiques de gauche. Lorsqu'à la fin de l'année 2008, l'intersyndicale décida d'organiser un campement devant l'usine pour empêcher le déménagement des machines et des stocks, de nombreux dons affluèrent nuit et jour pendant deux semaines pour conforter les salariés dans leur résistance : un auvent, un mobil-home, un branchement électrique et de la nourriture en quantité, y compris pour réveillonner sur place à Noël et au jour de l'An. Cette

28. N. Renahy, *Les Gars du coin. Enquête sur une jeunesse rurale*, Paris, La Découverte, 2005.

générosité collective fut en réalité proportionnelle au sentiment d'injustice ressenti par la grande majorité des habitants de la région. La mobilisation s'est par la suite progressivement institutionnalisée avec la création en août 2009 d'un « comité de soutien aux Molex » devenu en janvier 2010 le « collectif de coordination pour la réindustrialisation de notre bassin de vie ». Son succès rappelle celui des grévistes de Fougères qui surent eux aussi, on l'a vu, gagner le soutien de franges nombreuses de la population, à l'échelle locale et même nationale. Cette mobilisation est l'expression de l'élargissement du mouvement au-delà de la sphère professionnelle, de l'engagement direct de la société civile à travers le tissu associatif local et, par conséquent, de l'effet du lien de participation élective. Tout s'est passé comme si, au nom de la dénonciation des dégâts du capitalisme financier et face à la remise en question du socle élémentaire de la morale professionnelle, l'ensemble du corps social avait réagi.

Deux autres facteurs jouèrent un rôle important. Tout d'abord, les médias couvrirent l'événement de façon régulière et assurèrent au mouvement une visibilité que bien d'autres conflits ne purent obtenir. Les porte-parole ouvriers accueillirent les journalistes avec bienveillance et surent les sensibiliser à leur cause en suscitant chez eux une réelle empathie. Sans doute surent-ils faire preuve d'un savoir-faire en la matière, sans doute furent-ils aidés par les nombreux relais du mouvement qui s'étaient déployés dans l'ensemble de la population, sans doute aussi que la résistance de ce groupe relativement peu nombreux d'ouvriers licenciés – du moins comparativement à d'autres fermetures d'usine – est apparue comme le symbole de la lutte des petits contre les puissances de ce monde, et ce, dans le contexte de la crise financière de 2008 dont les effets furent dramatiques dans les couches populaires. Toujours est-il qu'un emballement médiatique eut bien lieu. Rares en effet furent les quotidiens, les radios et les chaînes de télévision qui ne relayèrent pas la lutte des Molex. Les acteurs du mouvement surent se mettre en scène en reprenant par exemple les figures d'Astérix et d'Obélix, comme symboles de la lutte d'un petit village face à l'envahisseur. Les deux célèbres Gaulois accompagnèrent chacune des manifestations et le menhir de papier mâché, porté fièrement par l'un des ouvriers déguisés, était recouvert à l'occasion des photos de tous les salariés licenciés.

Un autre facteur de visibilité réside enfin dans la politisation de la lutte. Le personnel politique de la région a en effet apporté immédiatement son soutien aux salariés de Villemur-sur-Tarn. Lors de la journée « Villemur ville morte », le maire accompagné d'une cinquantaine d'élus locaux, parmi lesquels des députés, des sénateurs, des présidents des conseils départemental et régional, ainsi que de nombreux maires des communes avoisinantes ont défilé, ceints de leurs écharpes tricolores, aux côtés des salariés. Le président de la République, Nicolas Sarkozy, fut lui-même interpellé. Dans son discours, le maire lui rappela l'engagement qu'il avait pris devant les Français d'être intraitable à l'égard de « ceux qui pourraient utiliser la crise ambiante pour justifier une réduction d'activité qui n'aurait manifestement aucun rapport avec la crise actuelle[29] ». Le député socialiste de la circonscription prit ensuite la parole en dépassant le cadre local de la lutte pour l'inscrire dans un enjeu national, celui de la préservation des emplois industriels en France, de la dénonciation des dégâts causés par la mondialisation de l'économie. On retrouve, comme dans la grève de Fougères, le rôle des élus de la nation pour départiculariser le cadre local du conflit. Enfin, parmi les observations réalisées par l'équipe d'enquêteurs, notons qu'à Villemur-sur-Tarn aussi les enfants et petits-enfants des salariés en lutte furent gardés, notamment pendant la période des vacances scolaires : une fois de plus, le lien de filiation a été préservé puisque les acteurs du mouvement ont pu avoir l'assurance que leurs devoirs de parents ou de grands-parents étaient parfaitement intégrés dans un processus global de solidarité.

L'issue de ce mouvement de longue durée a-t-elle été finalement positive ? L'expression « on a tout gagné et pourtant ça ferme » résume assez bien ce succès en demi-teinte. Parmi les victoires, la plus symbolique est sans aucun doute la reconnaissance par la justice française, le 9 août 2016, de licenciements « sans cause réelle et sérieuse » et de la « légèreté » avec laquelle l'employeur a agi. Mais par la suite, la Cour de cassation et la cour d'appel de Bordeaux n'incriminèrent pas la

29. Cette intervention du maire reflète l'interprétation majoritaire donnée à la fermeture de Molex. Si cette entreprise est rentable, il apparaît clairement que les propriétaires états-uniens font de la crise un argument idéologique pour justifier les suppressions d'emplois.

maison mère Molex Inc. en tant que co-employeur des salariés licenciés, si bien que les dirigeants de la firme américaine, bien qu'ayant parfaitement orchestré la fermeture de l'usine, n'en furent pas tenus responsables, ce qui reste évidemment une déception pour les salariés licenciés. Même si ces derniers eurent droit chacun en moyenne à 35 000 euros d'indemnisation, soit plus de quinze mois de leur ancien salaire, ils gardèrent à l'issue du jugement le sentiment partagé d'une justice imparfaitement rendue. Dans leur mémoire collective persiste néanmoins la fierté d'avoir lutté de façon ferme pour défendre leur outil de travail et faire valoir aux yeux de tous leurs compétences et leur dignité de travailleurs. La reconnaissance de leur mouvement par les médias, la solidarité que les paroisses, les associations et la société civile en général ne cessèrent de manifester à leur égard, le soutien large qu'ils reçurent de la gauche à la droite de l'échiquier politique, la conviction d'avoir été le symbole de la résistance face au démantèlement des bastions de l'industrie française sont pour eux autant de victoires symboliques. Mais finalement les emplois pourtant qualifiés ont été perdus et rien ne permet de dire que le processus général de délocalisation ait été altéré depuis ce mouvement et que les moyens de le freiner ou de mieux le réglementer aient été renforcés par la suite[30].

À ce stade, retenons que nos deux premières études de cas, en dépit de leurs différences et de l'horizon temporel considérable qui les sépare, font apparaître des similitudes frappantes. Ces deux luttes ont marqué l'ensemble de la société, et elles ont réussi, malgré des résultats concrets insatisfaisants pour les intéressés, parce qu'elles ont su activer l'ensemble des liens sociaux, non seulement le lien de participation organique, mais aussi le lien de participation élective et le lien de citoyenneté, et même le lien de filiation, au moins indirectement.

30. Tout au contraire, la loi de juin 2013 a bouleversé la procédure des « grands » licenciements économiques en éliminant les capacités de recours des représentants du personnel.

Les Gilets jaunes : lutter pour l'égalité

Lutter pour son salaire et ses conditions de travail ou pour maintenir son emploi, telles sont les revendications inscrites dans la sphère des relations professionnelles que nous venons d'examiner. Et elles justifient une part importante des luttes sociales tant le monde du travail a été, et continue d'être, le lieu par excellence où se manifestent les rapports hiérarchiques et les formes de domination. Il existe cependant des revendications de justice sociale qui n'émanent pas directement du monde du travail. Elles peuvent concerner par exemple la question de l'accès inéquitable à des ressources collectives ou à des biens publics. Dans plusieurs pays pauvres et émergents où le secteur informel de l'économie est étendu, les plus démunis survivent en marge des entreprises et de la condition salariale et sont privés de droits élémentaires. Ce n'est donc pas au sein du monde du travail qu'ils peuvent vraiment s'organiser et revendiquer des améliorations de leurs conditions de vie, mais en dehors. C'est alors bien souvent à partir du lieu où ils résident, que ce soit dans les bidonvilles des grandes métropoles ou dans les zones rurales, qu'ils engagent des luttes pour revendiquer des droits dont ils sont privés, tels les *piqueteros* argentins qui sortent en masse de leurs quartiers de misère pour bloquer les grandes voies de communication ou les paysans sans terre du Brésil vivant dans le dénuement à proximité de grandes exploitations agro-industrielles. Nous reviendrons dans le chapitre 14 sur ces luttes engagées par les plus pauvres pour leur survie. Je propose de revenir sur un tout autre mouvement, qui ne concerne pas spécifiquement les plus démunis mais s'est mobilisé au nom de la justice sociale, et qui a fait grand bruit : celui des Gilets jaunes.

Ce mouvement s'est formé spontanément à la suite d'une augmentation de la taxe carbone sur les carburants, et précisément le gas-oil, décidée à l'automne 2018 par le gouvernement français et justifiée officiellement par la lutte contre le réchauffement climatique, les émanations du gas-oil y participant fortement. La journée d'action du 17 novembre a réuni environ 300 000 personnes, ce qui paraît relativement modeste au regard de certaines manifestations du passé[31], mais le mouvement s'est étendu sur l'ensemble du territoire français (y compris les départements et régions d'outre-mer) et a pris la forme d'occupations de ronds-points et de manifestations les samedis durant plusieurs mois[32]. Cette régularité et cette persistance dans la durée a surpris nombre d'observateurs et retenu l'attention des chaînes d'information du monde entier.

Une énigme à résoudre

Ce mouvement reste une énigme pour les sociologues. Comment se fait-il qu'il ait pu se maintenir si longtemps alors qu'il touchait des couches sociales diverses, dont on peinait à trouver ce qu'elles avaient en commun ? Cette colère provenait en effet à la fois de salariés du privé intégrés mais au revenu modeste, d'agents peu valorisés des services publics, d'artisans, commerçants ou petits entrepreneurs en difficulté, de retraités proches du seuil de pauvreté, de travailleurs précarisés inquiets face à l'avenir, d'agriculteurs, de lycéens et étudiants... Comment se fait-il aussi que ce mouvement se soit déployé avec une telle force et capacité d'organisation alors que ses participants n'avaient pour la grande majorité aucune expérience en la matière et se tenaient volontairement en marge des organisations syndicales et des partis politiques ? Comment se fait-il enfin que la revendication précise de la suppression de la taxe sur les carburants ait suscité très rapidement des revendications beaucoup plus générales sur la justice sociale et fiscale et sur la démocratie participative, impliquant notamment le recours au « référendum d'initiative citoyenne » (RIC) ? Autant le dire d'emblée, ce mouvement remet en question, au moins partiellement, les principes de base de l'analyse traditionnelle des mouvements sociaux[33]. Les conditions ne semblaient en tout cas pas réunies pour qu'il perdure

31. Gérard Noiriel, *Les Gilets jaunes à la lumière de l'histoire* (dialogue avec Nicolas Truong), La Tour-d'Aigues, *Le Monde*/Éditions de l'Aube, 2019.
32. Laurent Jeanpierre, *In Girum. Les leçons politiques des ronds-points*, Paris, La Découverte, 2019.
33. Il posait aussi une question de méthode, comment « enquêter à chaud » sur un mouvement aussi difficile à circonscrire et aussi médiatisé ? Sur ce point, voir : Quentin Ravelli, « La ruée vers l'or jaune : difficultés de l'engagement scientifique dans un mouvement social », *Sociologie*, vol. 11, n° 3, 2020, p. 267-275.

aussi longtemps et prenne une telle ampleur dans les médias et dans la société dans son ensemble.

Difficile à saisir, le mouvement des Gilets jaunes fait remonter à la surface des formes multiples de ressentiment et de frustration qui se sont accumulées au fil du temps dans des couches sociales nombreuses et diverses de la population. Dans une France habituée à traiter les revendications spécifiques émanant de chaque groupe professionnel, les Gilets jaunes court-circuitaient les organisations syndicales et les partis politiques. Pourtant, si rien ne pouvait prédire une telle mobilisation, le malaise qu'elle exprimait ressortait de nombreuses enquêtes sociologiques menées au cours des décennies précédentes. Celle de Pierre Bourdieu et son équipe, réalisée au début des années 1990, en a été tout particulièrement annonciatrice. Issu de cette enquête collective, l'ouvrage *La Misère du monde* repose sur des entretiens approfondis auprès d'individus appartenant à différentes couches sociales[34], mais qui ont pour point commun de faire quotidiennement l'expérience douloureuse de l'infériorité de leur statut, ce que les auteurs qualifieront de « misère de position » par opposition à la « misère de condition ». À la relecture, on trouve dans cet ouvrage tous les ingrédients du ressentiment des « Gilets jaunes ». Car Bourdieu déplace le regard en prenant en compte de nombreuses situations de souffrance qui se répandent au sein même de la société salariale, y compris chez les jeunes qui se préparent à y entrer. Dans l'une des contributions de l'ouvrage, avec Patrick Champagne, il parle des « exclus de l'intérieur » pour qualifier l'amertume et le désespoir des jeunes maintenus dans le système scolaire tout en y étant orientés vers les filières les plus dévalorisées. Cette expression pourrait être utilisée aussi pour qualifier les autres exemples collectés dans l'ouvrage.

Les « exclus de l'intérieur » d'aujourd'hui sont à bien des égards les mêmes que ceux étudiés dans la *Misère du monde*. Ils ne font pas l'actualité. Même si beaucoup sont proches du seuil de pauvreté, ils ne sont pas considérés comme pauvres et ne peuvent être définis comme catégories cibles des dispositifs de l'action sociale. Si certains ont pu connaître le chômage, ils ne sont pas, dans l'ensemble, caractérisés par l'absence d'emploi. Au contraire, ils travaillent, souvent durement, et

34. P. Bourdieu (dir.), *La Misère du monde*, *op. cit.*

ne se sentent pas pour autant reconnus. Souvent contraints, faute de mieux, de conserver un emploi qui ne leur apporte aucune satisfaction et les plonge même parfois dans une précarité existentielle, ils subissent le quotidien sans avoir de prise sur leur avenir, sans pouvoir faire de projets, et en ayant le plus souvent, à chaque fin de mois, des difficultés à joindre les deux bouts[35]. L'incertitude professionnelle n'est pas la seule source de cette souffrance. C'est plus largement le sentiment d'être fragile dans tous les domaines de l'existence. La vie familiale est réduite à sa plus simple expression tant elle est soumise aux compressions inévitables du budget, aux accélérations et désarticulations des rythmes de vie. La vie associative, culturelle ou militante est mise entre parenthèses faute de temps ou de moyens. Les liens sociaux ne cèdent pas forcément, mais ils sont menacés. Et dans ce contexte morose, la confiance dans les institutions qui garantissent la citoyenneté, avec le sentiment de participer à la vie de la Cité, s'effrite inexorablement[36].

Un livre original a retenu tout particulièrement mon attention. Il a été écrit au cours de l'été 2019 par les Gilets jaunes eux-mêmes, celles et ceux qui se sont réunis depuis le début du mouvement sur le rond-point de Saint-Avold, en Lorraine, dans le département de la Moselle[37]. Il s'appuie sur des photos, des souvenirs rassemblés, des récits biographiques et des commentaires sur les événements passés. Ce document est précieux en ce qu'il donne à voir directement, sans filtre, les expériences vécues. Le préambule donne le ton : « Parce que nous pensons que ce que nous faisons mérite d'entrer dans l'histoire avec un grand "H", celles des luttes populaires pour un monde plus juste et plus humain. Et notre histoire, nous voulons l'écrire nous-mêmes, avec nos mots, nos images, notre ressenti[38]. » Écrit à une centaine de mains, il a été mis en forme et harmonisé par celle qu'ils appellent leur « sociologue de service », qui a partagé avec eux de nombreux moments. Le nom de cette dernière n'apparaît pas car « dans l'esprit

35. Pierre Blavier, *Gilets jaunes. La révolte des budgets contraints*, Paris, PUF, 2021.
36. Christian Le Bart, *Petite sociologie des Gilets jaunes. La contestation en mode post-institutionnel*, Rennes, Presses universitaires de Rennes, 2020.
37. [Collectif], *Le Rond-point de Saint-Avold. Nous, Gilets jaunes, nos 600 premiers jours*, Paris, Syllepse, 2020.
38. *Ibid.*, p. 5.

Gilet jaune, personne ne se met en avant, c'est le "nous" qui parle ». Par sa forme brute et la richesse des témoignages, ce livre est l'expression d'une mémoire collective, la leur. Il apporte ainsi de précieux éléments pour résoudre l'énigme de ce mouvement.

Un nouveau rapport de classe

À l'issue de la première journée de manifestation, ce 17 novembre 2018, personne ne pouvait deviner ce qu'allait devenir ce mouvement. Les témoignages apportés par les Gilets jaunes de Saint-Avold permettent de comprendre comment les uns et les autres ont rejoint les regroupements et pris part progressivement aux actions. Cyrille, un cadre intermédiaire d'une petite entreprise industrielle de Moselle, âgé de quarante-quatre ans, marié et père de trois enfants, explique : « Sur Facebook, je tombe par hasard sur une vidéo où un homme d'une cinquantaine d'années fait un live et interpelle les internautes : il s'adresse à ceux qui sont en ce moment bien au chaud sur leur canapé et dans leurs pantoufles, à regarder la télé, et leur demande de rejoindre tous ceux qui bloquent les ronds-points à cause de l'augmentation du carburant et d'un ras-le-bol général… Mais, merde, je me dis, c'est moi ça ! Ce gars a tout à fait raison. » Il téléphone alors à son ami qui l'encourage à son tour à venir avec sa femme se rendre compte de ce qui se passe – un « truc de dingue » – sur le rond-point en cours d'occupation. « C'est à ce moment-là que nous avons eu, Stéphanie et moi, le "déclic" ! S'il fallait que nous bougions une fois dans notre vie, c'était cette fois-ci ! […] Une fois arrivés sur les lieux, nous n'en avons pas cru nos yeux. Quelle magnifique convergence des classes ! Des personnes de tous âges, de tous les milieux sociaux et professionnels, des femmes, des hommes, des ados, tous là pour exprimer un ras-le-bol général ! La cocotte bouillait depuis des années, et même si c'est l'augmentation du carburant qui a allumé la mèche, ce n'est que la fameuse goutte d'eau qui a fait déborder le vase[39]. »

Plusieurs d'entre eux étaient, au départ, assez dubitatifs. Ils sont venus voir ce qui se passait par curiosité. Rosario, un ancien mineur, puis agent EDF à la retraite, a entendu lui aussi l'appel à rejoindre les

39. *Ibid.*, p. 26-27.

ronds-points. Il se dirige vers celui qui se trouve le plus près de son domicile, mais, aussitôt, l'ambiance ne lui plaît pas. Il est dérangé par le caractère autoritaire d'une femme, sifflet en bouche, qui donne des ordres d'ouvrir ou de fermer le barrage. Ce côté militaire le déçoit, il est persuadé que ce type de mouvement ne tiendra pas de cette façon. Mais, curieux et encouragé par un de ses collègues, il décide de pousser plus loin et d'aller à Saint-Avold et découvre un tout autre climat : « Et là… Waouh !!! C'est autre chose ici, il y a un monde fou, des GJ partout où je regarde, et ça discute dans tous les coins. Je me mêle aux gens pour voir à qui j'ai affaire. Très vite, je m'aperçois qu'il y a là des gens de toutes les couches sociales, des personnes de la classe moyenne, des chômeurs, beaucoup de retraités, des femmes qui élèvent seules leurs enfants, et beaucoup d'autres. Leur point commun est que tous, à leur niveau, ont du mal à finir leurs fins de mois[40]. » Un père célibataire explique lui aussi qu'il a pris connaissance du mouvement par les réseaux sociaux. Alors qu'il était avec son fils de cinq ans, il décide d'aller voir sur place, sans se sentir encore très impliqué. Il avoue même que la hausse de prix du gas-oil lui paraissait une cause un peu « minable » comparativement aux autres raisons de se révolter. « Mais au fond, dit-il, on s'en fout de ce déclencheur, l'essentiel est qu'enfin ça bouge. […] Après une première journée, je me suis laissé entraîner par la "liesse" populaire. J'avais moi aussi envie d'apporter ma pierre à l'édifice pour bousculer cette hiérarchie qui nous oppresse à longueur du temps[41]. »

Ces témoignages parmi de nombreux autres sont convergents. Ils permettent de comprendre pourquoi, dans le cas des Gilets jaunes, le principe d'identité, tel que le définissait Touraine, n'a pas été un préalable à l'action collective. Au contraire, c'est l'hétérogénéité des couches sociales qui l'a rendu si étrange ou si surréaliste, y compris pour celles et ceux qui y participaient. La plupart n'en revenaient pas eux-mêmes, un peu comme si un miracle était en train de se produire.

40. *Ibid.*, p. 19.

41. *Ibid.*, p. 56. Ce passage qui fait référence à la « liesse » populaire n'est pas sans rappeler les analyses de Simone Weil lorsqu'elle soulignait la joie pure que procure la grève aux ouvriers qui après avoir tout subi, tout encaissé en silence osent se redresser, se tenir debout. Voir Simone Weil, *Grèves et joie pure. Une arme nouvelle : les occupations d'usine 1936*, Montreuil, Libertaria, 2016.

De ces rencontres improbables dans des lieux eux-mêmes improbables – des ronds-points où, par définition, personne ne s'arrête – naîtra pourtant ce que l'on pourrait appeler une émotion collective : le sentiment de partager avec d'autres, en dépit des différences manifestes, quelque chose de commun. Les Gilets jaunes le disent avec leurs mots : le ras-le-bol d'être toujours en situation de précarité, d'incertitude, de privations, mais aussi le sentiment de ne pas trouver sa place dans la société actuelle.

L'hétérogénéité sociale des Gilets jaunes peut en effet donner l'impression d'une non-classe sociale et renforcer les arguments de celles et ceux qui défendent depuis le milieu des années 1990 la thèse de « la mort des classes[42] ». Il convient de la dépasser pour voir en quoi ce mouvement manifeste au contraire un renforcement des conflits de classe, mais qui nécessite un nouveau cadre d'analyse. Non seulement les capitaux économiques et culturels sont répartis de façon inéquitable et les inégalités de revenus entre les plus riches et le reste de la population se sont fortement accrues, mais la force des liens sociaux est aussi disparate selon les groupes. Comme nous l'avons vu, la probabilité que ces liens se rompent de façon cumulative reste très inégale selon les catégories socioprofessionnelles[43]. Ce constat général rend possible la définition sociologique de paliers d'intégration[44]. En deçà de l'*intégration assurée*, caractérisée par la force des liens qui attachent au système social dominant et favorisent la reproduction sociale de la richesse, se situe, un palier en dessous, l'*intégration fragilisée*, qui condamne celles et ceux qui en font l'expérience, non pas à la marginalité absolue, mais au risque permanent de la perte des protections élémentaires et au déni de reconnaissance. Ce palier ne signifie pas la rupture des liens, mais cette perspective peut faire plonger dans une angoisse existentielle. Au palier encore en dessous, l'*intégration compensée*, se trouvent celles et ceux pour qui l'un ou l'autre des liens sociaux est bien rompu et qui

42. Cette thèse a suscité de nombreux débats. Voir, par exemple, Terry Nichols Clark et Seymour Martin Lipset, « Are social classes dying ? », *International Sociology*, 6, 4, 1991, p. 397-410 ; Jan Pakulski et Malcolm Waters, *The Death of Class*, Londres, Thousand Oaks, CA, et New Dehli, Sage Publications Ltd, 1996.
43. Voir *supra*, chapitre 5.
44. S. Paugam (dir.), *L'Intégration inégale. Force, fragilité et rupture des liens sociaux*, *op. cit.*

sont contraints de trouver des compensations grâce à des ressources locales comme l'économie informelle par exemple. Et au palier le plus bas, l'*intégration marginalisée*, se trouvent les personnes aux ruptures multiples dont la vie se résume à la survie au jour le jour dans la grande précarité.

Ces différents paliers de l'intégration sociale ne correspondent pas aux classes sociales telles qu'on les définit habituellement, mais à des homologies de positions sociales qui peuvent s'y apparenter à condition de les considérer comme des forces inégales et opposées, et qui peuvent se mobiliser à l'occasion de conflits ou de mouvements sociaux. Le mouvement des Gilets jaunes peut être interprété à l'aune de ce processus inégal d'intégration : les manifestants se sont reconnus mutuellement comme autant de personnes différentes mais partageant une même expérience vécue, celle d'être constamment dévalorisées et parfois même oubliées. Les Gilets jaunes sont pris en tension entre l'*intégration assurée* à laquelle ils aspirent et l'*intégration marginalisée* qui les guette, autrement dit entre les classes supérieures ou moyennes supérieures et les très pauvres. On pourrait dire qu'il s'agit d'un nouveau rapport de classe[45].

L'intégration inégale est renforcée par une nouvelle géographie des rapports sociaux que le mouvement des Gilets jaunes a fait également ressortir de façon saisissante. Le processus d'auto-ségrégation des plus riches dans les beaux quartiers fragilise la cohésion sociale, d'autant que, par ailleurs, d'autres territoires s'appauvrissent, non seulement les quartiers disqualifiés de banlieue, mais aussi des espaces ruraux éloignés des centres urbains et cumulant de nombreux facteurs d'inégalité[46]. Les

45. Ce constat des paliers de l'intégration fait écho à celui que faisait Pierre Bourdieu à propos des prolétaires algériens lorsqu'il évoquait l'angoisse de ces derniers de « tomber » ou de « retomber » dans le sous-prolétariat : « On comprendrait mieux des pratiques trop vite associées au conservatisme des prolétaires (et à leurs "appareils"), si l'on savait que, au même titre que la solidarité effective, les maigres avantages associés à la stabilité de l'emploi sont à la merci d'un accident, d'une maladie, d'un débauchage, et que tout ce que les bourgeois (révolutionnaires ou non) s'empressent de décrire comme des signes d'embourgeoisement sont d'abord des remparts dressés contre les retours offensifs de la misère. » P. Bourdieu, *Algérie 60. Structures économiques et structures temporelles*, *op. cit.*, p. 81.

46. Ivan Bruneau, Gilles Laferté, Julian Mischi et N. Renahy (dir.), *Mondes ruraux et classes sociales*, Paris, Éditions de l'EHESS, 2018. Voir aussi Michel Lussault, « La

classes moyennes et populaires qui y résident ont accepté cet éloignement géographique dans l'espoir d'un meilleur niveau de vie (pavillon en accession à la propriété) et d'une intégration sociale assurée, mais se trouvent aujourd'hui contraintes à des déplacements coûteux et confrontées à la fois à une dégradation des services publics et à une rémunération insuffisante de leur travail.

Si le principe d'identité n'a pas été un préalable à l'action collective, il s'est ainsi progressivement reconstitué par l'effet d'entraînement qu'a produit le mouvement lui-même et par l'émotion partagée par les uns et les autres de vivre dans des conditions relativement semblables et de pouvoir enfin mettre des mots sur un malaise ressenti jusque-là de façon individuelle. En participant régulièrement aux manifestations, plusieurs personnes disent avoir retrouvé un sens à la vie, une sorte de cohérence sociale devenue manifeste. Une des militantes dira même sans détour : « Avec les Gilets jaunes, je me sens à ma place[47]. »

L'unité s'est également renforcée en désignant le groupe principal d'opposition. Il est frappant de constater que le mouvement des Gilets jaunes a concentré sa révolte contre l'État et les élites. Que les scènes de manifestation et de violence se soient déroulées dans les plus beaux quartiers de Paris en est tout un symbole. C'était en quelque sorte la revanche du peuple contre les gros[48]. Les pancartes et les slogans scandés lors des manifestations ne laissent aucun doute sur la cible principale visée. Le président de la République, Emmanuel Macron, qui a travaillé avant son entrée en politique pour la banque Rothschild, représentait pour les manifestants le symbole de ce capitalisme financier si souvent dénoncé depuis la crise de 2008. Son ton jugé arrogant, voire méprisant, à l'égard des classes populaires, a suffi à le caricaturer en roi assis sur son trône loin des contingences des plus pauvres, tandis que nombre de Gilets jaunes se pensaient comme les héritiers de la Révolution française ou comme des insurgés sur leurs barricades face aux bourgeois ou aux élites. Pour toutes ces raisons, Emmanuel Macron n'a cessé pendant toute cette période d'être vilipendé comme étant avant

condition périurbaine », *in* Sylvain Bourmeau (dir.), « *Gilets jaunes* ». *Hypothèses sur un mouvement*, Cahier AOC n° 1, Paris, La Découverte, 2019, p. 171-179.

47. [Collectif], *Le Rond-point de Saint-Avold*, *op. cit.*, p. 45.

48. En référence à l'intitulé du livre de Pierre Birnbaum, *Le Peuple et les gros. Histoire d'un mythe*, Paris, Grasset, 1979.

tout « le président des riches », partant, comme le principal responsable de l'injustice sociale. Le front social s'est ainsi constitué comme une insurrection contre le pouvoir et la domination du monde de la finance sur les petites gens. Les symboles de cette inégalité structurelle nourriront de façon constante l'imaginaire des manifestants. À cela, il faut ajouter que la répression policière, responsable de nombreux accidents (mutilations, éborgnements…) et décès comptabilisés dans les rangs des Gilets jaunes, ne fera que renforcer ce sentiment.

La question de la justice sociale et fiscale

Le sentiment d'injustice était d'autant plus fort chez les Gilets jaunes qu'ils avaient conscience d'avoir joué le jeu avec loyauté en se conformant aux normes économiques et sociales en vigueur, et ils se voyaient néanmoins perdants, sans réel espoir d'une transformation possible de leur condition sociale. Ce type d'expérience se traduit généralement par une réaction de découragement et d'apathie. Or c'est le mouvement lui-même, par sa force attractive, qui leur a donné l'occasion d'exprimer une colère jusque-là retenue, silencieuse, mais prête à exploser… Pour bien comprendre la force durable de ce mouvement, il faut, ici aussi, insister sur les formes de sociabilité qu'il a suscitées et sur l'élan de solidarité dont il a bénéficié dès le début.

Pour la plupart, les manifestants ne se connaissaient pas même s'ils vivaient tout près les uns des autres. La découverte d'une sociabilité solidaire, qui s'est rapidement installée entre eux, n'en a été que plus forte. L'idée de se rassembler sur des ronds-points, situés à la périphérie des centres urbains, a été une des sources essentielles de reconstitution de liens sociaux[49]. En occupant nuit et jour ces espaces,

49. Au cours une enquête sur le mouvement des Gilets jaunes, réalisée à l'est du Loiret, Quentin Ravelli a pu observer les interactions entre trois ronds-points installés dans un périmètre rapproché. Il utilise l'expression « grappe de ronds-points » pour qualifier la structure politique de ce mouvement impliquant des échanges constants entre les différents sites et les différentes cabanes qui y sont installées. Ces liens se constituent au gré des déplacements, des manifestations, des opérations de blocage de routes ou d'entreprises. Voir Quentin Ravelli, « Un chaos organisé. La grappe de ronds-points comme structure politique souple », à lire sur le site Condition humaine/Conditions politiques, 1, 2020, mis en ligne le

en y construisant des abris pour s'y réchauffer et manger ensemble, les Gilets jaunes ont peu à peu fait l'expérience de la convivialité et ont pris conscience de la force des liens qui les attachaient entre eux au-delà de leurs différences. Les témoignages d'une force collective retrouvée sur les ronds-points sont nombreux. Thomas, instituteur à Forbach, une commune du département de la Moselle, a participé régulièrement aux échanges du rond-point de Saint-Avold. Il exprime avec émotion ce qu'il a ressenti dès le premier jour : « C'est de la solidarité, c'est l'impression d'être en famille quand on arrive, avec des gens qu'on n'a jamais vus. T'arrives et on te sert un café et on te dit salut. C'est quelque chose que je n'ai jamais vécu ailleurs comme ça. Tu viens comme t'es quoi ! C'est ça qui est génial ! On ne te demande pas ce que tu fais dans la vie, tout ça, tu fais partie d'un quelque chose, d'un collectif[50]. » La métaphore de la famille est reprise par Odile, engagée depuis le début et présentée comme l'une des têtes les plus en vue lors des manifestations : « Bien que très attachée à ma famille, avec les GJ, j'en ai rencontré une seconde, que je ne suis pas près de quitter[51]. » Des liens d'amitié se sont noués sur ces ronds-points. L'équipe des Gilets jaunes de Saint-Avold se retrouvait aussi chaque week-end pour les grandes manifestations parisiennes, ce qui impliquait des déplacements collectifs vers la capitale, qui ne pouvaient que souder davantage le groupe. Notons aussi que pour symboliser ces liens, ils ont, grâce à l'aide d'un bénévole anonyme, imprimé sur leur drapeau ainsi que sur leurs gilets un logo en forme de cercle dans lequel les deux lettres G et J dessinent un magnifique cœur, le cœur de l'amitié du rond-point de Saint-Avold.

Comme dans les conflits du monde du travail que nous avons analysés précédemment, un élan de solidarité à l'égard des Gilets jaunes s'est manifesté de façon spontanée. À Saint-Avold, dès les premiers moments de l'occupation du rond-point, tout ce qui était nécessaire pour tenir un siège a afflué en un temps record : un barnum, des chaises, une table, une rallonge pour réaliser un branchement électrique, une machine à

---

25 novembre 2020, URL : http://revues.mshparisnord.fr/chcp/index.php?id=141. Voir aussi Q. Ravelli, « Les huit fonctions du rond-point », *AOC-Politique*, 3 février 2020.

50. [Collectif], *Le Rond-point de Saint-Avold*, *op. cit.*, p. 114.

51. *Ibid.*, p. 62.

café, de la nourriture, un barbecue, des palettes de bois pour construire une cabane, des outils, etc. Un peu plus tard, quand les affrontements avec les forces de l'ordre se solderont par des blessés en nombre, des équipes médicales se constitueront bénévolement parmi les manifestants, des fonds seront collectés pour les trousses de secours et tout le matériel médical nécessaire aux soins d'urgence. Comme d'autres, le rond-point de Saint-Avold s'est très vite doté d'une équipe de *Street medics* très performante. Mais la solidarité n'a pas été uniquement l'expression d'un entre-soi de Gilets jaunes. Elle s'est manifestée également par des appuis marqués des automobilistes qui, leur propre gilet jaune en évidence sur leur pare-brise, klaxonnaient allègrement non pour protester contre les blocages, mais pour souligner leur adhésion. Relayées par les médias, ces scènes de solidarité et de soutien ont diffusé une image globalement positive du mouvement dans la société française, même si des commentateurs n'ont pas manqué également de le dénigrer en lui faisant porter de façon unilatérale la responsabilité de la violence, notamment après les incidents et les dégâts qui ont marqué les grandes manifestations à Paris et dans les grandes villes.

Forts de ces liens électifs nouveaux et du soutien populaire de ce mouvement, les Gilets jaunes ont organisé des débats entre eux pour faire émerger des revendications communes. L'augmentation du prix des carburants, qui avait déclenché le mouvement, a très vite été intégrée dans une problématique plus large. Les Gilets jaunes de Saint-Avold racontent qu'ils ont chacun écrit sur une ardoise le slogan qui leur tenait le plus à cœur. On retrouve sur ces ardoises, outre la protestation contre les taxes, des messages d'espérance (« Pour mes enfants », « Pour leur avenir », « Mettons l'humain au cœur du projet »), de justice (« Pour l'égalité », « Pour un salaire décent », « Misère = colère », « Fin des privilèges », « Vivre, pas survivre », « Pour plus de justice », « Augmentez les salaires, pas les actionnaires ») et pour une meilleure démocratie (« Pour la liberté », « Citoyen, pas esclave », « Stop dictature », « Retour au pouvoir du peuple », « RIC », « RIC + Frexit ») et enfin des messages de protestation contre la répression (« Contre les violences policières », « contre les LBD »). Une photo, reprise un peu partout, rappelle le message d'humanité et de citoyenneté que portait ce mouvement. Elle représente un manifestant de Saint-Avold et au dos de son gilet jaune, on peut lire la déclaration suivante : « Je suis Gilet jaune, je suis le peuple, je suis une femme, un homme, un enfant, je suis de toutes les couleurs, je suis de toutes les religions et sans religion, je suis la démocratie, je suis la France, je suis la liberté, l'égalité et la fraternité et je me lève devant l'injustice[52] ».

Ces slogans faisaient appel, on le voit, à la justice sociale et fiscale (fondement de l'égalité citoyenne) et au RIC (référendum d'initiative citoyenne, fondement de la démocratie participative). Autrement dit, les deux revendications principales portaient sur la question des droits du citoyen (au sens à la fois civil, politique et social). Elles exprimaient le besoin de toutes ces femmes (très présentes dans ce mouvement) et de tous ces hommes d'être protégés par la justice sociale et reconnus à part entière par l'État de droit. Par ces revendications de base, ces vies invisibles qui n'avaient finalement en commun jusque-là que cette « invisibilité sociale » pouvaient ainsi exprimer un espoir de changement[53]. Cette France qui se sentait méprisée et oubliée tenait désormais sa revanche. Ces vies anonymes sans espoir, ces souffrances intériorisées pouvaient enfin être rendues visibles. La force du mouvement a été précisément de porter sur la question de la justice sociale et fiscale contre la « société du mépris »[54].

En définitive, il ne s'agissait pas de revendications catégorielles équivalentes à celles qui retiennent l'attention dans les conflits du travail, mais de revendications inscrites dans la morale civique faisant appel au principe de l'universalité des droits. Lors de l'une des manifestations sur les Champs-Élysées, des manifestants avaient déployé une très longue banderole sur laquelle on pouvait lire : « On a retrouvé la fraternité, on vient récupérer la liberté et l'égalité ». La première partie du slogan faisait implicitement référence au lien de participation élective qui s'était noué entre eux sur les ronds-points, la seconde pouvait être interprétée comme le besoin de reconquérir ce qui constitue le lien de citoyenneté, en soulignant par là même qu'il était rompu ou affaibli. Tout s'est donc passé comme s'il fallait, au préalable, pour reconstruire

52. *Ibid.*, p. 115.
53. Guillaume Le Blanc, *L'Invisibilité sociale*, Paris PUF, « Pratiques théoriques », 2009.
54. A. Honneth, *La Société du mépris. Vers une nouvelle théorie critique*, traduit de l'allemand par Pierre Rusch et Alexandre Dupeyrix, Paris, La Découverte Poche, « Sciences humaines et sociales », 2008.

le second, renouer avec le premier. N'est-ce pas alors la confirmation du constat que faisait déjà Simmel au début du XXe siècle : le conflit est l'une des formes de socialisation les plus actives ?

*

Les trois mouvements sociaux examinés dans ce chapitre s'inscrivent dans leur époque. Celui des chaussonniers de Fougères au début du XXe siècle est représentatif des grandes grèves ouvrières qui ont débouché sur une amélioration du droit du travail. Celui des salariés de Molex, en ce début du XXIe siècle, exprime moins une conquête qu'une défense presque désespérée des emplois et des protections promises par la société salariale. Celui des Gilets jaunes, enfin, est symptomatique d'une époque de doute sur les mécanismes institutionnels de régulation des conflits, notamment lorsqu'ils refusent la représentation des corps intermédiaires traditionnels – les syndicats et les partis –, pour revendiquer la justice sociale et fiscale. Outre la différence de contexte, aussi bien historique que géographique, qu'est-ce qui les distingue vraiment ? Les deux premiers, à la différence du troisième, relèvent des luttes traditionnelles du monde du travail : les chaussonniers de Fougères défendent leur rémunération et les salariés de Molex leur emploi, dans les deux cas, il s'agit de lutter pour le revenu du travail en s'opposant au patronat. En revanche, les Gilets jaunes s'adressent avant tout à l'État et aux élites qui le gouvernent. Cette distinction n'est pas la plus importante car, comme les « Molex », les Gilets jaunes sont révélateurs de la crise de la société salariale. Les chaussonniers de Fougères, dans une société présalariale, cherchaient à conquérir des droits ; dans les deux autres conflits, il s'agit plutôt de les défendre ou de protester contre l'injustice dans un environnement social marqué par une augmentation de la précarité.

Tous trois cependant permettent de questionner le cadre analytique des liens sociaux que nous avons posé. Ils présentent en cela des similitudes, pour peu que nous sachions les remarquer. Premièrement, ils s'inscrivent tous au démarrage dans l'une ou l'autre des sphères de la morale. Les deux premiers prennent appui sur le lien de participation organique et relèvent par conséquent de la morale professionnelle, qu'il s'agit de consolider ou de défendre, tandis que le troisième a pour fondement le lien de citoyenneté et s'inscrit d'emblée dans la morale civique. Ensemble, ils tirent leur légitimité d'une revendication qui pointe une insuffisance ou une entorse à un principe moral tenu pour fondement de la cohésion sociale. Deuxièmement, forts de cette légitimité, ces trois mouvements ont dû leur succès et leur durabilité à la solidarité qu'ils ont suscitée bien au-delà des groupes immédiatement engagés dans le conflit. Autrement dit, les trois mouvements ont, chacun à sa façon, touché la société dans son ensemble et bénéficié d'un soutien large, même si celui des médias a été plus contrasté dans le cas du mouvement des Gilets jaunes. Pour réussir, les trois mouvements ont renforcé le lien de participation élective, à la fois en leur sein, dans leur entre-soi pour ainsi dire, mais aussi en dehors en créant des passerelles avec d'autres couches sociales par empathie. Enfin, troisièmement, alors que les deux premiers mouvements ont su trouver des appuis dans la sphère politique pour faire avancer leur cause et leur donner une assise nationale, le troisième, soucieux de contourner les corps intermédiaires établis, a peiné à trouver des relais puissants et durables dans les institutions républicaines alors que, paradoxalement, ses revendications les interpellaient directement. D'une façon générale, les trois exemples examinés dans ce chapitre me paraissent valider l'intérêt d'une approche des mouvements sous l'angle des liens sociaux tels que nous les avons définis.

CHAPITRE 9

L'entre-soi des quartiers pauvres

Les luttes que nous avons examinées dans le chapitre précédent révèlent la force des collectifs et des solidarités. Les plus pauvres ne sont pas toujours en mesure de s'organiser collectivement pour former un tel front et faire aboutir leurs revendications. Comment parviennent-ils toutefois à se défendre afin de préserver les quelques ressources qui leur restent ? Dans les recherches sur les liens sociaux, un des enjeux a été, ces dernières années, d'analyser ce qui se passe lorsque l'un ou l'autre des quatre types de liens vient à céder. Plusieurs contributions de l'ouvrage collectif *L'Intégration inégale* ont permis de comprendre comment un processus de compensation peut alors se mettre en place[1]. Les individus qui font l'expérience de la rupture d'un lien peuvent lutter pour qu'il se reconstitue, mais, dans le cas où cette perspective apparaît peu probable, ils cherchent à s'appuyer sur les autres liens – souvent en en privilégiant un parmi ceux qui restent – pour se maintenir malgré tout attachés au système social. Ce type de compensation est un pis-aller, mais il exprime toujours une réaction individuelle ou collective face à une menace ressentie de diminution de la sphère de l'attachement social tel que nous avons défini celui-ci. Cette problématique était déjà présente dans les recherches de John Bowlby lorsque, en observant des enfants séparés de leur mère, il avait repéré chez eux des stratégies secondaires d'attachement après les phases de protestation et de désespoir (voir *supra*, chapitre 2). Les cas qui nous intéressent ici sont plus variés puisque nous prenons en

1. S. Paugam (dir.), *L'Intégration inégale. Force, fragilité et ruptures des liens sociaux*, *op. cit.*

compte ce qui se joue dans l'entrecroisement de quatre types de liens, et pas seulement le lien de filiation.

Les sciences sociales ont souvent étudié les mécanismes de résistance face à la domination. Comment, par exemple, les peuples vaincus et opprimés ont-ils pu, à défaut de pouvoir retourner en leur faveur le rapport de domination, résister à leur oppresseur ? Nous en avons une belle illustration avec le travail de Nathan Wachtel sur le sort des Indiens du Pérou lors de la conquête espagnole au XVIe siècle[2]. Une fois les Incas vaincus, les structures de la puissance étatique tombèrent sous le joug du conquérant espagnol, mais les structures lignagères sur lesquelles l'État lui-même reposait purent se maintenir et permirent la résistance de communautés locales solidaires. Mais seules les familles fortes et déjà organisées purent tenir en communautés de ce type. De nombreux errants, ceux qui étaient les plus mal intégrés dans la société inca, cherchèrent plutôt auprès des colons espagnols la protection indispensable à leur survie. Nombre d'entre eux devinrent des domestiques. Cet exemple met en lumière deux modes de compensation face à la destruction des civilisations précolombiennes : le premier est caractérisé par la recherche de l'entre-soi solidaire dans la famille élargie, une communauté resserrée organisée sur une base défensive, le second par l'acceptation d'une dépendance à l'égard du groupe des vainqueurs en contrepartie d'une certaine protection face aux aléas de la vie, et parfois de quelques avantages consentis en propriété foncière ou matérielle. Ce type de perspective, qui a contribué à renouveler l'historiographie occidentale de la conquête espagnole, rejoint, au moins en partie, celle que nous souhaitons adopter dans ce chapitre. Il s'agit en effet d'examiner les marges d'autonomie et de résistance dont disposent les femmes et les hommes acculés à vivre dans des conditions précaires après avoir fait l'expérience de la rupture d'un ou de plusieurs types de liens sociaux.

La recherche d'une compensation peut être individuelle ou collective. Dans le cas du chômage, la compensation est le plus souvent individuelle car le groupe des chômeurs est rarement constitué en tant que

2. Nathan Wachtel, *La Vision des vaincus. Les Indiens du Pérou devant la conquête espagnole 1530-1570*, Paris, Gallimard, « Bibliothèque des Histoires », 1971 ; rééd., Gallimard/« Folio histoire », 1992.

tel. Dans le cas de l'immigration, elle relève davantage d'une stratégie collective, les migrants étant le plus souvent attachés à un groupe qui se constitue dans le processus migratoire en fonction de l'origine nationale ou régionale. Mais d'une façon plus générale, lorsque la protection et la reconnaissance procurées par le travail ou par les institutions font défaut, les individus ou les groupes recherchent des formes de protection complémentaires dans leur sphère privée. Face au risque de perdre le respect et l'estime de soi dans une société ouverte et libérée, la tentation est alors grande de revenir à des modes plus communautaires d'organisation sociale et de se replier sur des formes identitaires traditionnelles. L'expérience de la compensation pourrait être étudiée à partir de nombreux exemples et nous n'avons pas la prétention de les avoir tous identifiés. Nous privilégierons dans ce chapitre celui des modes de résistance observables dans l'entre-soi des quartiers pauvres.

Les stratégies de compensation et de résistance sont particulièrement répandues dans les quartiers populaires contemporains. L'enquête SIRS, à laquelle nous avons déjà fait référence dans ce livre[3], confirme en effet que les personnes privées du lien de participation organique et qui font régulièrement l'expérience d'être discriminées dans l'espace public, au point d'éprouver le sentiment d'être peu reconnues en tant que citoyens, sont nombreuses à chercher des compensations dans le lien de participation élective de nature communautaire. Il s'agit alors en quelque sorte d'une tentative de reconstitution de formes traditionnelles de solidarité dans des groupes relativement repliés sur eux-mêmes ou, pour reprendre la distinction exposée au chapitre 4 (voir p. 140), d'une stratégie de *bonding* qui s'oppose à la stratégie de *bridging*. La première assure une certaine sécurité à ceux qui l'adoptent, mais risque, contrairement à la seconde, de nourrir de profondes inquiétudes au sein de la société globale, notamment lorsqu'une opposition fermée à toute forme de communautarisme y est répandue.

Le quartier de résidence peut être considéré comme un espace dans lequel les liens sociaux sont appelés à s'entrecroiser. L'individu y trouve la protection et la reconnaissance que lui apportent à la fois le *lien de filiation* (des membres de sa famille habitent dans le même quartier), le *lien de participation élective* (des amis, des membres de

3. Voir chapitre 5, p. 168.

la même origine y résident aussi), le *lien de participation organique* (des personnes qui travaillent dans le même secteur, voire dans la même entreprise), le *lien de citoyenneté* (des personnes qui partagent les mêmes valeurs politiques et le même rapport aux institutions). On peut admettre alors que l'entrecroisement de ces liens sociaux prend une forme spécifique dans chaque quartier. Il peut être dense ou relâché, orienté vers l'intérieur ou vers l'extérieur de l'espace de résidence proprement dit. En quoi peut-on dire alors qu'un quartier constitue un entre-soi et en quoi, à supposer qu'il existe, l'entre-soi des quartiers populaires est-il spécifique ?

Des quartiers ouvriers aux grands ensembles

Dans *Le Pain des rêves*, ouvrage paru en 1942, l'écrivain Louis Guilloux, originaire de Saint-Brieuc, nous livre un récit autobiographique de son enfance dans un quartier ouvrier de mauvaise réputation : « Nous habitions, la rue des "Maisons", nous participions à tout ce qui se faisait de louche et de malhonnête, nous étions les frères d'une société secrète, la société des voyous de la rue du Tonneau. J'en étais un, je le savais. On me l'avait dit plus d'un coup, parfois assez durement pour me faire comprendre que je n'avais qu'à retourner d'où je venais et rejoindre mes "pareils", ce qui n'allait que trop de soi, puisque, là où de telles rebuffades m'étaient faites, je ne trouvais pas mes "semblables". » Lorsqu'il publie ce livre, Louis Guilloux a quarante-deux ans, ses souvenirs remontent donc au début du XXe siècle. Le quartier ouvrier était déjà à cette époque un lieu qui marquait celles et ceux qui y vivaient de son empreinte dévalorisante à l'extérieur, mais qui pouvait aussi constituer une sorte de refuge, avec le soulagement de se retrouver parmi des semblables partageant les mêmes conditions de vie et les mêmes valeurs.

De quel entre-soi parle-t-on ?

Les quartiers populaires ont souvent été étudiés comme des formes d'organisation communautaire, au sens de la constitution d'une identité collective propre et du sentiment partagé d'appartenir à un groupe social au destin homogène. Le quartier, qu'il soit apparenté ou non à un ghetto, est dans ce cas en lui-même une forme de résistance à la pauvreté. Il correspond à un lieu dans lequel les habitants trouvent une protection (par l'entre-soi solidaire) et une reconnaissance. La configuration spatiale du quartier et le cadre bâti peuvent avoir un effet sur cet entre-soi. Je me souviens d'avoir visité des quartiers populaires à Abidjan conçus selon le modèle de l'habitat de cour. Il s'agit d'un type de construction propice aux échanges quotidiens entre les habitants : l'espace comporte de petites unités d'habitation le plus souvent disposées en cercle ou en vis-à-vis et construites en dur mais de façon sommaire (composées d'une seule pièce avec dépendances sanitaires et prolongées par un auvent sous lequel des membres de la famille élargie viennent dormir après leur journée de travail) et d'un espace libre au centre de la parcelle, appelée la cour[4]. Les logements d'une pièce sont appelés « entrées-couchers », ce qui laisse entendre l'exiguïté de l'occupation domestique. Mais cet inconfort peut être partiellement compensé par ce qui se passe dans la cour où il est possible de cuisiner en commun et de s'entraider. Les enfants peuvent évidemment y jouer ensemble, tout au long de la journée, sous le regard continu de leurs parents. Chaque habitation appartient en quelque sorte à une maisonnée, pour reprendre l'expression de Florence Weber, et permet d'accueillir différents membres de la parentèle, mais cet espace se mêle à celui du quartier tant la frontière entre la sphère privée et la sphère collective est ténue[5]. L'habitat de cour est donc conçu pour faciliter l'entre-soi solidaire des habitants. On est très loin dans ce cas des grands ensembles d'habitat social composés de barres et de tours dans lesquels les espaces collectifs sont généralement assez limités.

Revenons aux quartiers traditionnellement ouvriers, où les liens sociaux sont entrecroisés pour assurer à chacun une position sociale précise et une appartenance identitaire. Il est frappant que le quartier ouvrier, pourtant inséré dans un environnement urbain et

4. Voir, sur ce type de quartier, Philippe Antoine, Alain Dubresson et Annie Manou-Savina, *Abidjan « côté cours »*, Paris, Karthala-Orstom, 1987.

5. Sur le concept de maisonnée, voir Florence Weber, *Penser la parenté aujourd'hui. Force du quotidien*, Paris, Éditions Rue d'Ulm, 2013.

industriel, ait souvent été décrit comme un village dans la ville[6]. Une véritable unité de vie sociale s'en dégage. Dans son enquête réalisée dans les années 1960 dans un îlot du 13e arrondissement de Paris, alors à prédominance ouvrière, Henri Coing observe tout d'abord une commune échelle de valeurs. Les personnes enquêtées justifient leurs pratiques et leurs habitudes en les référant toujours à leur statut social et à la condition ouvrière. Elles aiment souligner qu'en matière d'habillement, par exemple, la simplicité est de mise. Une ménagère peut faire ses courses au bas de chez elle en chaussons ou en gardant sa blouse ou son tablier sous son manteau, un ouvrier peut sortir en bleu de travail, c'est-à-dire sans avoir honte de son statut d'ouvrier. Les bonnes manières sont décrites comme à l'opposé de celles des bourgeois. Ici, demander pardon pour passer une porte est considéré comme « faire des façons ». Les relations plus directes et sans formalisme sont appréciées, elles permettent de se distinguer des gens fiers et « snobs ». Évidemment, la façon de s'exprimer dans les relations sociales constitue aussi un signe d'appartenance au quartier. Un habitant affirme sans détour que l'on reconnaît quelqu'un du 13e à sa façon de parler. Garder son franc-parler, être naturel, dire ce que l'on pense sont des façons d'être généralement appréciées. Elles ne sont aucunement considérées comme de l'impolitesse. En réalité, le sentiment d'unité sociale provient du fait qu'il n'y a guère de frontière entre la rue, l'usine et la maison et qu'il est par conséquent possible de passer de l'une à l'autre sans changer de personnage. Pour reprendre l'image de Simmel, les cercles sociaux y sont « emboîtés ». Un autre aspect de cette communauté « villageoise » que les habitants

6. On retrouve cette métaphore du village dans plusieurs ouvrages issus d'enquêtes réalisées dans les années 1950 et 1960. Parmi les plus connus, citons : Michael Young et Peter Willmott, *Family and Kinship in the East London*, Londres, Routledge, 1957 (nouv. éd. en français sous le titre *Le Village dans la ville. Famille et parenté dans l'Est londonien*, Paris, PUF, « Le Lien social », 2010) ; Herbert J. Gans, *The Urban Villagers. Group and Class in the Life of Italian-Americans*, New York, The Free Press, 1962 (nouv. éd. augmentée, 1982) ; et Henri Coing, *Rénovation urbaine et changement social. L'îlot n° 4 (Paris 13e)*, Paris, Les Éditions ouvrières, 1966. Pour une analyse sociohistorique de ce courant de recherche, on pourra se reporter à Christian Topalov, « Traditional Working-Class Neighborhoods » : An Inquiry into the Emergence of a Sociological Model in the 1950s and 1960s », *Osiris*, 2e série, vol. 18, « Science and the City », 2003, p. 212-233.

aiment également mettre en avant est la solidarité qui se manifeste spontanément entre eux chaque fois que des besoins se font sentir. Les épreuves, les coups durs qui rythment la vie du quartier peuvent être amortis par la chaîne efficace des soutiens matériels et affectifs dont les uns et les autres font preuve avec générosité. Le quartier fait bloc et la solidarité est une valeur essentielle qui s'exprime dans des témoignages unanimes : « Notre quartier, c'est des ouvriers qui marchent la main dans la main. Quand vous êtes dans la mouise, il y a toujours un type pour vous tendre la main et vous tirer de là ; que vous soyez algérien, italien, espagnol, ou français, ça n'a aucune importance, tout le monde se serre les coudes[7]. »

Ce qui résume peut-être encore davantage cet entre-soi, c'est le profond attachement de la plupart des habitants à leur quartier. « Le lieu, comme le souligne Halbwachs, a reçu l'empreinte du groupe et réciproquement. Alors, toutes les démarches du groupe peuvent se traduire en termes spatiaux, et le lieu occupé par lui n'est que la réunion de tous les termes. Chaque aspect, chaque détail de ce lieu a lui-même un sens qui n'est intelligible que pour les membres du groupe, parce que toutes les parties de l'espace occupé correspondent à autant d'aspects différents de la structure et de la vie de leur société[8]. » Ainsi, les pratiques, les convenances, la familiarité, les formes de solidarité et, de façon plus générale, l'échelle des valeurs sont autant de dimensions de la vie collective qui s'inscrivent dans des lieux familiers auxquels celles et ceux qui y vivent finissent par être attachés un peu comme s'ils représentaient une partie d'eux-mêmes, comme si leur destin en était entièrement dépendant. Les frontières géographiques de cette familiarité protectrice sont bien délimitées. Chacun sait le territoire dans lequel elle se manifeste et au-delà duquel commence un autre monde que tout distingue et auquel il n'est pas possible de s'identifier. L'entre-soi est ainsi inscrit dans un espace circonscrit, qui commence à telle rue et finit à telle autre. Il représente une histoire collective et un univers culturel. Le quartier populaire, ainsi défini, est une communauté rendue possible

7. H. Coing, *Rénovation urbaine et changement social. L'îlot n° 4 (Paris 13e), op. cit.*, p. 78.
8. M. Halbwachs, *La Mémoire collective*, *op. cit.*, p. 196.

par la forte similitude des conditions de vie, en termes d'habitat, souvent pauvre et surpeuplé, et par une continuité douce entre les différentes sphères du travail, de la famille, des loisirs, des commerces qui s'y concentrent, de sorte à créer une culture commune qui offre à chacun les moyens d'une réelle insertion sociale. C'est ainsi que l'attachement au quartier représente aussi pour ses habitants un rapport à la société globale.

À bien des égards, le portrait que dressent les habitants de ces quartiers populaires est idéalisé. Il reflète incontestablement une partie de la réalité, mais sans doute pas toute la réalité. L'image du village n'implique pas en effet l'absence de rivalités, voire de conflits. Tant que les habitants sont insérés dans un territoire propice à des luttes internes et des classements sociaux, ils conservent des liens avec leur entourage et peuvent s'identifier à celui-ci ou, au contraire, tenter de s'en détacher. Ce travail quotidien garantit une inscription sociale dans un champ dominé par des rivalités. En s'opposant à d'autres et en participant au commérage discriminatoire, les individus affirment leur identité et leur appartenance à un groupe spécifique. Dans un sens, ces tensions internes peuvent contribuer à l'intégration du quartier.

Ces quartiers ouvriers intégrés semblent fort éloignés des quartiers populaires contemporains, tant en Europe qu'aux États-Unis. Les chercheurs nord-américains ont insisté sur la désorganisation sociale du ghetto comme facteur du mal-être des habitants. Il faut souligner dans le cas des États-Unis la forte corrélation entre la précarité professionnelle, le chômage, la pauvreté et la race[9]. Si les Noirs américains ont été les plus fortement touchés par les restructurations économiques, c'est parce qu'ils sont depuis toujours victimes d'un racisme institutionnel. Selon William J. Wilson, ce phénomène se produit dans un quartier ségrégué lorsque les résidents ne sont plus capables de maintenir un contrôle social effectif sur les comportements des uns et des autres et de respecter des valeurs communes. Dans son livre *The Truly Disadvantaged*, il souligne avec inquiétude les formes de dislocation sociale de la ville américaine et recherche une explication à l'aggravation, depuis le

9. Voir, sur ce point, l'enquête de Sébastien Chauvin à Chicago, *Les Agences de la précarité. Journaliers à Chicago*, Paris, Seuil, « Liber », 2010.

milieu des années 1960, des conditions de vie dans les ghettos urbains[10]. Il ne peut exister selon lui une seule cause, mais c'est surtout dans les tendances lourdes de l'économie qu'il trouve l'explication essentielle : 1) la transition d'une économie productrice de biens à une économie de services ; 2) le clivage constant, dans le monde du travail, entre secteurs faiblement rémunérés et secteurs à hauts salaires ; 3) la relocalisation des industries manufacturières hors des centres urbains. Le chômage qui en résulte frappe en priorité la population peu qualifiée vivant de façon concentrée dans les quartiers pauvres. La paupérisation de ces derniers est alors renforcée par le flux de sortie des habitants les plus fortunés, ce qui ne peut qu'aggraver le processus de disqualification sociale et spatiale. Wilson formule l'hypothèse selon laquelle si la structure sociale de ces quartiers s'était maintenue, les institutions vitales du quartier – les églises, les écoles, les magasins, les lieux de distraction – auraient continué à bénéficier du soutien de la population la plus stable et seraient restées viables et ouvertes à l'ensemble des résidents. « La simple présence de ces familles, pendant les périodes de récession, aurait permis de donner sens aux rôles modèles de la société dominante, modèles grâce auxquels se perpétue l'idée, par exemple, que l'éducation a un sens, qu'un emploi stable représente une solution de rechange possible à l'aide sociale ou encore que la stabilité du noyau familial est la norme, non l'exception qui confirme la règle[11]. »

Pris dans le sens précis que Wilson lui donne, le concept de désorganisation sociale est sociologiquement consistant. Il a été associé, à tort ou à raison, au débat sur l'*underclass* et a suscité de nombreuses controverses essentiellement sur les causes du phénomène qu'il entendait caractériser[12]. Il faut reconnaître que ce concept présente l'inconvénient de ne pas clairement dissocier, d'une part, le phénomène de ségrégation spatiale et ses effets de concentration de la population noire en situation de pauvreté et de chômage dans certaines zones urbaines, et, d'autre part, le phénomène de dégradation interne des rapports sociaux

10. William J. Wilson, *The Truly Disadvantaged : The Inner City, the Underclass, and Public Policy*, Chicago, The University of Chicago Press, 1987 (traduit en français sous le titre *Les Oubliés de l'Amérique*, Paris, Desclée de Brouwer, 1994).
11. *Ibid.*, p. 107.
12. Nicolas Herpin, « L'urban underclass chez les sociologues américains. Exclusion sociale et pauvreté », *Revue française de sociologie*, 34-3, 1993, p. 421-439.

entraînant des formes multiples de violence et d'insécurité. Il s'avère ensuite difficile de distinguer ce qui relèverait d'une cause sociale, dont seraient globalement victimes les plus pauvres, et ce qui dépendrait, au contraire, du comportement déviant de certains individus habitant ces zones urbaines défavorisées. L'expression de désorganisation sociale a par ailleurs été reprise au-delà des cercles de discussion sociologique et a suscité des malentendus et des interprétations de nature idéologique, puisque, notamment aux États-Unis, des commentateurs y ont vu le signe de l'irresponsabilité des habitants de ces quartiers, ou encore l'effet de l'assistanat et de la déviance généralisée.

Il serait possible cependant d'émettre l'hypothèse que de nombreux quartiers de banlieue sont aujourd'hui « désorganisés » et très éloignés du modèle d'intégration que constituait le ghetto dans sa forme historique et idéal-typique[13] ou du quartier ouvrier traditionnel tel que le décrivaient les sociologues des années 1950 et 1960. Mais encore faudrait-il savoir de quel type de désorganisation sociale seraient touchées ces zones urbaines dites « sensibles ». Est-ce l'absence des institutions vitales ou de services publics dans le quartier ? Est-ce plutôt l'écroulement des normes collectives et des valeurs ? Ou bien encore la lassitude, le désœuvrement et l'apathie des habitants conduisant au déclin de la vie sociale dans le quartier ? Est-ce un peu tout cela à la fois ? La difficulté de réserver à cette notion un sens précis est renforcée par sa nature polysémique, laquelle la rend, presque inévitablement, polémique. C'est la raison pour laquelle il me semble préférable de ne pas l'utiliser et de définir des concepts plus nets pour qualifier la situation souvent complexe et équivoque de ces quartiers[14].

On peut faire l'hypothèse qu'il existe des exemples de quartiers caractérisés par un repli des habitants sur eux-mêmes, par l'absence de

13. Loïc Wacquant, « Banlieues françaises et ghetto noir américain : de l'amalgame à la comparaison », *French Politics & Society*, vol. 10, n° 4, 1992, p. 81-103 ; et *id.*, *Parias urbains. Ghetto, banlieues, État*, Paris, La Découverte, 2007. Voir aussi L. Wacquant, « Territorial Stigmatization in the Age of Advanced Marginality », *Thesis Eleven*, vol. 91, n° 1, 2007, p. 66-77.

14. On peut citer, dans cette perspective, la riche enquête ethnographique de Mario Small dans un quartier populaire de Boston. Voir Mario Small, *Villa Victoria. The Transformation of Social Capital in a Boston Barrio*, Chicago, The University of Chicago Press, 2004.

contacts entre eux au point que chacun se sente comme un étranger au sein de son espace de résidence, comme on a pu le constater dans certains quartiers de Chicago en période de canicule[15]. Il peut s'agir dans ce cas non seulement de distance sociale entre les habitants comme Jean-Claude Chamboredon et Madeleine Lemaire l'avaient remarqué dans les grands ensembles d'habitat social[16], mais bien d'un processus d'isolement relationnel, celui-ci se traduisant par l'impossibilité de recourir à l'appui de ses proches ou de ses ex-proches en cas de difficulté. Dans certains cas, cette rupture est vécue comme un déni de reconnaissance, comme une trahison ou un rejet. La rupture des liens sociaux peut être cumulative. L'individu fait alors la double expérience de ne pouvoir compter sur personne au sein de son quartier – et parfois même en dehors – et de ne compter pour personne, jusqu'à perdre le sens même de son utilité sociale. On peut penser par exemple à d'anciens locataires qui, en devenant inactifs, ont vu successivement leurs enfants quitter le foyer, leurs voisins ou leurs amis de quartier déménager pour devenir propriétaires d'un appartement ou d'une maison dans une autre zone de la ville. Cette dissolution progressive de liens sociaux chez les anciens est d'autant plus douloureuse qu'elle ne semble pas pouvoir être compensée par l'arrivée de nouveaux locataires avec lesquels ils ne peuvent ou ne veulent pas entretenir de relations. Les nouveaux peuvent en retour éprouver le sentiment de ne pas être bien acceptés dans le quartier et se replier aussi sur eux-mêmes. La dissolution des liens sociaux dans un quartier est d'autant plus forte que les habitants ont, individuellement et collectivement, perdu la capacité de résistance au stigmate qui accable leur lieu de résidence. Ils ne retrouvent ni dans ce dernier, ni en eux-mêmes, les ressources pour maintenir les liens élémentaires de la vie sociale.

Parler d'entre-soi dans un quartier populaire contemporain ne va donc pas de soi. Cela ne veut pas dire qu'il n'existe pas, mais il est nécessaire de vérifier empiriquement plusieurs conditions, parmi lesquelles : 1) les habitants doivent avoir le sentiment d'être assez

15. Erik Klinenberg, *Heat Wave. A Social Autopsy of Disaster in Chicago*, Chicago, The University of Chicago Press, 2002.
16. Jean-Claude Chamboredon et Madeleine Lemaire, « Proximité spatiale et distance sociale. Les grands ensembles et leur peuplement », *Revue française de sociologie*, XI, 1, 1970, p. 3-33.

semblables les uns des autres et donc de partager un destin commun ; 2) l'attachement au quartier, comme produit d'une mémoire collective, doit pouvoir se manifester lors de rassemblements ou de fêtes ; 3) il doit se dégager de la vie collective du quartier le sentiment d'y être en sécurité, d'y trouver une sorte d'abri ou de protection face aux aléas de la vie ; 4) les habitants doivent pouvoir également faire appel à des membres de leur famille ou à des amis présents dans le même quartier ; 5) ils doivent aussi pouvoir participer à la vie collective, notamment au sein d'associations du quartier ; 6) enfin, s'ils sont nombreux à éprouver le sentiment d'appartenir à une communauté, qu'elle soit ethnique ou religieuse, il sera possible d'y voir une forme de résistance collective.

Comparaison avec l'entre-soi des quartiers riches

Une façon efficace de vérifier empiriquement l'entre-soi des quartiers pauvres est de le comparer à l'entre-soi des quartiers riches, d'autant que ce dernier est traditionnellement considéré comme très fort. L'entre-soi des quartiers riches a également fait l'objet de nombreux travaux qui facilitent la comparaison[17]. Les données collectées dans l'enquête SIRS nous en procurent également la possibilité.

Reprenons d'abord, de façon synthétique, sur quoi repose l'entre-soi des classes supérieures vivant dans ces quartiers fortement ségrégués. Leurs habitants s'accordent, le plus souvent, sur les fondements d'un ordre moral conforme à leur représentation du territoire où ils résident. Cet ordre moral repose tout d'abord sur un esprit de discipline, qui implique un consensus sur les façons bonnes et respectables de se comporter les uns envers les autres et, à l'inverse, sur les comportements à proscrire parce que considérés unanimement comme manquant au savoir-vivre, au savoir-parler et au savoir-être qui caractérisent l'éthos bourgeois. La défense d'un ordre moral renvoie ainsi très souvent à une stratégie de distinction de classe fondée sur la conviction de la supériorité, voire de la prédisposition, des riches à créer et transmettre à leurs enfants une éducation morale complète et rigoureuse

17. On pense en particulier aux travaux de Michel Pinçon et de Monique Pinçon-Charlot et notamment à l'un de leurs premiers ouvrages, *Dans les beaux quartiers*, Paris, Seuil, 1989.

qu'ils estiment en cela distincte des autres couches de la société[18]. Leur sentiment partagé de résider là où il convient de résider, conformément à leur statut social, leur permet de vivre en harmonie avec eux-mêmes et leurs semblables et d'éviter les tensions, incompréhensions ou altercations dont ils pressentent le caractère inévitable en présence d'autres classes sociales. Ils reconnaissent ainsi ouvertement les avantages que procure une autoségrégation. Le monde dans lequel ils vivent est, selon eux, incomparable parce que fondé sur des valeurs morales spécifiques. Pour ceux qui ont des enfants, résider dans un « bon » quartier permet aussi d'accéder à une « bonne » école et, par conséquent, à une « bonne » éducation. La composition sociale de l'école est l'un des critères majeurs pour déterminer sa qualité, sachant qu'il ne fait aucun doute pour les parents que leurs enfants progresseront plus vite s'ils sont entourés d'enfants de niveau social comparable. Inscrite au cœur du quartier, l'école constitue le centre de gravité de la socialité des enfants et des adolescents, il est donc capital pour les parents de leur assurer également les meilleures chances de fréquenter des camarades qui partagent les mêmes centres d'intérêt et les mêmes valeurs morales. Si la constitution d'une frontière morale entre leur quartier et les quartiers situés aux alentours est pour les classes supérieures, prises globalement, la meilleure garantie de préservation de leurs capitaux, à la fois économique, culturelle et sociale, et, partant, de reproduction sociale, cela ne signifie pas pour autant que tous les quartiers riches se ressemblent et que leur composition sociale est identique. La sociologie urbaine a permis de distinguer plusieurs types de quartier. À défaut de pouvoir les présenter tous dans le détail, retenons ici trois types particulièrement distincts. Ceux qu'on appelle les « beaux quartiers » sont caractéristiques de la bourgeoisie patrimoniale et d'un entre-soi de classe séculaire. Certains d'entre eux laissent apparaître une légère prédominance des professions intellectuelles, les autres une prédominance des catégories détentrices du capital économique, renvoyant

18. Dans une enquête menée dans les quartiers riches les plus exclusifs de trois grandes métropoles (Paris, São Paulo et Delhi), les personnes interviewées exprimaient de façon presque unanime leur conviction d'être socialement, mais aussi et surtout moralement supérieures aux autres couches de la population. Voir S. Paugam, Bruno Cousin, C. Giorgetti, Jules Naudet, *Ce que les riches pensent des pauvres*, Paris, Seuil, 2017.

en cela à Paris à l'opposition historique entre Rive gauche et Rive droite. Ceux que Bruno Cousin a qualifiés de « quartiers refondés » sont composés en revanche d'immeubles résidentiels de haut standing bâtis durant les trois dernières décennies et peuplés majoritairement de cadres d'entreprise travaillant dans les centres d'affaires[19]. Enfin, les quartiers dits « gentrifiés » sont des espaces anciennement populaires habités aujourd'hui par des cadres supérieurs, mais aussi, ce qui les distingue des quartiers « refondés », par des représentants des catégories intellectuelles et artistiques, des professions intermédiaires et des professions libérales. Des travaux de recherche ont permis d'analyser les déclinaisons de l'entre-soi dans ces trois types de quartiers à Paris et dans son agglomération et de vérifier si les liens sociaux de ces catégories sont ancrés ou non dans le territoire de résidence[20].

Dans les premiers, l'entre-soi y est davantage familial et communautaire. En s'entourant de proches qui comptent, qui partagent les mêmes valeurs et à qui ils peuvent faire confiance, les habitants de ces quartiers ont souvent le sentiment de vivre dans un village paisible dans lequel ils se sentent en pleine sécurité. Par cet entre-soi, ils savent également que leurs enfants auront dès le plus jeune âge de « bonnes relations » et pourront bénéficier d'un environnement protecteur. Ces quartiers sont aussi ceux dans lesquels la pratique religieuse est la plus forte. Dans les quartiers de cadres supérieurs, l'ancrage local est de nature plus individualiste. Si leurs habitants souhaitent être entourés de personnes de même statut social, condition supposée de la tranquillité et de la sécurité, il n'est pas pour eux indispensable de coopérer dans la vie sociale, d'autant que la vie professionnelle est dense et ne permet pas vraiment un investissement dans les relations de voisinage. Il s'agit en quelque sorte d'un « entre-soi chacun chez soi[21] ». Enfin, les habitants des quartiers « gentrifiés » apprécient

19. B. Cousin, « Ségrégation résidentielle et quartiers refondés. Usages de la comparaison entre Paris et Milan », *Sociologie du travail*, vol. 55, n° 2, 2013, p. 214-236.
20. B. Cousin et S. Paugam, « Liens sociaux et déclinaisons de l'entre-soi dans les quartiers de classes supérieures », *in* S. Paugam (dir.), *L'Intégration inégale. Force, fragilité et rupture des liens sociaux*, *op. cit.*, p. 155-171.
21. B. Cousin, « Entre-soi mais chacun chez soi. L'agrégation affinitaire des cadres parisiens dans les espaces refondés », *Actes de la recherche en sciences sociales*, n° 204, 2014, p. 88-101.

et parfois recherchent une vie moins socialement cloisonnée, mais privilégient le mode de contact entre proches, ne fût-ce que pour défendre les intérêts de la « gentrification ». Ils ne négligent pas les relations avec les voisins, mais ne cherchent pas à se regrouper en famille ou en communauté, ce qui serait perçu comme un signe de conservatisme. Ils sont aussi moins nombreux à se plaire dans leur quartier, ce qui suppose que certains d'entre eux vivent cette option résidentielle comme un pis-aller[22]. Ces trois types de quartier renvoient donc à trois formes d'appropriation du territoire local et de constitution de frontières symboliques entre les différentes franges des élites. Ils correspondent à trois formes distinctes d'entrecroisement des liens sociaux à l'origine de stratégies de reproduction et distinction sociale différentes.

Il n'est pas facile de mesurer statistiquement l'attachement au quartier tant ce phénomène recouvre plusieurs dimensions subjectives qui ne s'additionnent sans doute pas[23]. Une solution a été trouvée de suggérer aux enquêtés d'imaginer la situation de devoir déménager et de leur demander si, à cette occasion, ils regretteraient leur quartier. Le contraste des réponses entre les quartiers riches et les quartiers pauvres ressort de façon frappante : 68 % des habitants des premiers répondent « oui, beaucoup » contre seulement 17 % des habitants des seconds, contre 38 % pour l'ensemble des quartiers de la métropole parisienne (voir **tableau 9.1**).

22. Ce type de quartier a fait l'objet de nombreuses enquêtes en France, mais aussi à l'étranger. Dans le South End, quartier gentrifié du centre-ville de Boston, où subsiste encore aujourd'hui une certaine mixité sociale et ethnique, Sylvie Tissot a constaté, par exemple, que les associations y sont presque exclusivement composées de membres blancs et propriétaires et qu'il existe même une sélection discrète à l'entrée, preuve à l'appui de la détermination des classes supérieures à contrôler les espaces et les contours de leur quartier. Voir Sylvie Tissot, *De bons voisins. Enquête dans un quartier de la bourgeoisie progressiste*, Paris, Raisons d'agir, 2011.
23. On lira sur ce point la thèse de Mathilde Caro, « L'attachement social au lieu à l'épreuve du changement urbain. Monographie des rues de Saint-Denis et de Montorgueil, 2e arrondissement de Paris », thèse de doctorat de sociologie, Paris, EHESS, 2021.

Tableau 9.1. Si vous deviez déménager, regretteriez-vous votre quartier ?

En %

	Oui, beaucoup	Oui, un peu	Non, pas vraiment	Non, pas du tout	Total	N
Quartiers riches	67,9	20,4	7,8	3,9	100	309
Quartiers pauvres	16,9	27,7	18,5	36,9	100	249
Ensemble métropole parisienne	38,0	28,7	17,2	16,1	100	3062

Source : Enquête SIRS, 2010.
N. B. : En référence à la typologie établie par Edmond Préteceille, les quartiers riches regroupent les espaces de la bourgeoisie (SB1, avec légère prédominance de catégories intellectuelles et SB2, avec prédominance de chefs et cadres d'entreprise) et les quartiers pauvres regroupent les espaces ouvriers et employés précaires et chômeurs (O4). L'enquête SIRS permet de distinguer les quartiers riches dans lesquels on va trouver des îlots des 5e, 14e et 16e arrondissements de Paris et des îlots de communes bourgeoises comme Vaucresson et Ville-d'Avray, situées dans l'Est parisien et les quartiers pauvres parmi lesquels se situent des îlots de grands ensembles de communes comme Bobigny, La Courneuve, Montfermeil et Saint-Denis. Ainsi regroupés, l'échantillon est de 309 individus pour les quartiers riches et de 249 pour les quartiers pauvres.

Il n'est pas surprenant que les habitants des quartiers bourgeois soient fortement attachés au lieu où ils résident, mais on aurait pu s'attendre à ce que les habitants des quartiers pauvres expriment plus de regrets à l'idée de déménager. Si l'on se réfère à l'image traditionnelle des quartiers ouvriers telle qu'elle ressortait des enquêtes sociologiques des années 1950 et 1960, il s'agit même d'un retournement total. La cohésion sociale qui les caractérisait s'est considérablement affaiblie. Ce résultat exprime incontestablement le malaise qui réside aujourd'hui dans les grands ensembles et que de nombreuses enquêtes plus récentes ont permis de souligner[24]. Y habiter correspond, pour la grande majorité de la population résidente, à une

24. On lira, par exemple, Didier Lapeyronnie, *Ghetto urbain. Ségrégation, violence, pauvreté en France aujourd'hui*, Paris, Laffont, « Le monde comme il va », 2008.

épreuve que l'on affronte faute de pouvoir envisager d'habiter dans un autre quartier. Une pluralité de facteurs explique ce retournement. À la question « Avez-vous le sentiment d'être personnellement en insécurité dans votre quartier ? » 21 % des habitants des quartiers pauvres répondent « souvent » et 19 % répondent « de temps en temps », soit au total 40 %. À titre de comparaison, seulement 1 % des habitants des quartiers riches répondent « souvent » et 8 % répondent « de temps en temps », soit au total 9 %. L'indicateur de violences physiques ou verbales exprime les tensions qui peuvent exister entre les habitants d'un quartier. La proportion de personnes qui déclarent avoir été victimes de ce type d'agressions au cours des deux années écoulées peut atteindre 25 % dans certains quartiers pauvres, contre 10 % environ dans l'ensemble de l'échantillon. Si l'on se réfère non plus au fait d'avoir été victime, mais seulement témoin d'agressions physiques ou verbales dans le quartier, la proportion d'habitants concernés apparaît particulièrement élevée dans plusieurs quartiers : 35 % dans le quartier de Montfermeil, 33 % dans celui de La Courneuve, contre 17,1 % dans l'ensemble de la métropole parisienne. Il n'est pas surprenant dans ces conditions que 78 % des habitants des quartiers pauvres considèrent que leur quartier a mauvaise ou très mauvaise réputation, contre moins de 1 % dans les quartiers riches.

Le degré de similitude sociale est également un bon indicateur. Durkheim définissait déjà, on l'a vu, la *solidarité mécanique* par le critère de similitude sociale. Dans ce cas, les individus sont peu différenciés les uns des autres, partagent les mêmes sentiments, obéissent aux mêmes croyances et adhèrent aux mêmes valeurs, ce qui ressortait précisément des anciennes enquêtes dans les quartiers ouvriers. Il est possible de mesurer la similitude sociale ou, au contraire, la dissociation sociale à partir d'une question subjective posée aux habitants : « Vous sentez-vous semblable, plutôt semblable, plutôt différent ou très différent des personnes qui habitent dans votre quartier ? » La proportion des personnes interrogées qui estiment être très ou plutôt semblables atteint près de 70 % dans les quartiers riches, alors qu'elle n'est que de 51 % dans les quartiers pauvres et 63 % dans l'ensemble de la métropole parisienne (voir **tableau 9.2**).

Tableau 9.2. Vous sentez-vous très semblable, plutôt semblable, plutôt différent ou très différent des personnes qui habitent dans votre quartier ?

En %

	Très semblable	Plutôt semblable	*Total semblable*	Plutôt différent	Très différent	*Total différent*	Ni l'un, ni l'autre	Nsp	Total	N
Quartiers riches	9,4	60,2	*69,6*	22,3	4,5	*26,8*	1,6	2,0	100	309
Quartiers pauvres	15,7	35,3	*51,0*	29,3	13,3	*42,6*	3,6	2,8	100	249
Ensemble Métropole parisienne	9,4	53,4	*62,8*	23,0	6,8	*29,8*	4,3	3,1	100	3062

Source : Enquête SIRS, 2010.
N. B. : *idem* tableau 9.1.

Lorsqu'un quartier de banlieue est doté d'une identité négative, les habitants qui y résident peuvent très vite se désolidariser. La constitution de l'ordre hiérarchique interne est, dans ce cas, fondée sur la reconnaissance et le renforcement des moindres signes de distinction sociale[25]. L'effort de différenciation individuelle s'oppose par conséquent à la cohésion du groupe. L'étude d'Elias et de Scotson, à la fin des années 1950, dans le quartier de Winston Parva situé en lisière d'une grande ville industrielle anglaise, constitue un exemple aujourd'hui très connu de ce processus de désolidarisation[26]. Sans entrer dans les détails, rappelons que ce quartier, séparé du reste de Winston par une voie de chemin de fer, était lui-même divisé en trois parties ou trois sous-quartiers. La zone 1 était la zone résidentielle regroupant principalement des ménages bourgeois. La zone 2 et la zone 3 ne semblaient

25. Colette Pétonnet, *On est tous dans le brouillard. Ethnologie des banlieues*, Paris, Éditions Galilée, 1979. Voir aussi la deuxième partie de mon livre *La Disqualification sociale. Essai sur la nouvelle pauvreté, op. cit.*
26. N. Elias, John L. Scotson, *The Established and the Outsiders*, Londres, Franck Cass & Co., Ltd., 1965 (traduit en français sous le titre *Logiques de l'exclusion. Enquête sociologique au cœur des problèmes d'une communauté*, Paris, Fayard, 1997.

pas très différentes en termes de revenus, de type d'activité et de classe sociale. Il s'agissait essentiellement de ménages ouvriers. On aurait pu alors imaginer une affinité entre ces deux zones et une forte solidarité entre elles face aux habitants plus privilégiés de la zone 1. Or, il n'en était rien. Les barrières sociales séparant les deux zones ouvrières étaient au moins aussi fortes, sinon plus, que les barrières les séparant de la zone résidentielle. Comment expliquer ce paradoxe ? La zone 2 était en réalité le vieux quartier ouvrier et ses habitants y résidaient pour la plupart depuis fort longtemps, contrairement aux habitants de la zone 3 récemment installés dans des lotissements neufs. Elias et Scotson ont alors étudié le processus par lequel s'est dessinée et maintenue durablement une ligne de démarcation entre ces deux zones, l'une regroupant les « établis », l'autre les « outsiders ». Les premiers étaient persuadés de leur supériorité et cherchaient sans cesse à imposer cette représentation aux seconds, lesquels finissaient par l'accepter à contrecœur et avec amertume. L'arme de cette domination résidait en partie dans le commérage discriminatoire. Les ragots servaient à renforcer la cohésion par le mérite des habitants de la zone 2 et à disqualifier par la faiblesse, l'absence de vertu ou l'inconduite, les habitants de la zone 3. Cette rupture est l'expression de la violence symbolique. Elle est aujourd'hui encore à l'œuvre dans de nombreux quartiers de banlieue aussi bien en région parisienne que dans d'autres métropoles. Elle peut s'accompagner de violences physiques, notamment quand des bandes de jeunes s'opposent et finissent par cliver le quartier[27].

La difficulté de faire régner la paix sociale dans un territoire urbain, le refus des habitants de partager un destin commun, la volonté de se démarquer d'une partie de la population jugée indésirable, telles sont les dimensions communes du phénomène que je propose de caractériser par le concept de *dissension normative*. Ce dernier ne signifie pas absence de normes, mais bien désaccord sur ces dernières et luttes internes entre différentes composantes, chacune essayant d'imposer à

27. Les pratiques et les comportements des adolescents des grands ensembles ont fait l'objet de nombreuses enquêtes sociologiques. Elles permettent de comprendre la violence, les affrontements et les codes d'honneur entre groupes rivaux. Voir, par exemple, David Lepoutre, *Cœur de banlieue. Codes, rites et langages*, Paris, Odile Jacob, 1997 ; et Thomas Sauvadet, *Le Capital guerrier. Concurrence et solidarité entre jeunes de cité*, Paris, Armand Colin, 2006.

l'autre ou aux autres son propre système de référence. La dissension normative sera d'autant plus forte dans un quartier dont les habitants auront perdu tout ou partie de ce que Durkheim appelle l'esprit de discipline, c'est-à-dire « l'ascendant qu'exerce sur nous toute puissance morale que nous reconnaissons comme supérieure à nous » et à laquelle nous nous soumettons de façon librement consentie[28]. En adaptant le propos de Durkheim sur l'éducation morale à la vie d'un quartier, nous pourrions dire que la dissension normative caractériserait l'impossibilité pour les résidents « d'être en état d'agir moralement », et « d'avoir le sens de cette autorité *sui generis* qui leur est immanente », en d'autres termes, la difficulté de chaque individu de « sentir la supériorité des forces morales dont la valeur est plus forte que la sienne, et à s'incliner devant elles[29] ». Mais nous pouvons surtout supposer que cette dissension normative est sans doute variable d'un quartier à l'autre et que certains d'entre eux conservent, même lorsqu'ils sont fortement ségrégués, un respect des traditions et des normes de cohésion et de solidarité interne en puisant notamment dans leur mémoire collective.

Si cette dissension normative se vérifie dans nombre de quartiers populaires d'habitat social aujourd'hui, cela ne signifie pas que ce processus s'accompagne systématiquement d'un affaiblissement des liens sociaux. Ce n'est pas parce que le quartier est divisé que les rapports sociaux y sont tendus, que l'insécurité qui y règne rend la confiance mutuelle impossible, que les habitants restent pour autant entièrement passifs, repliés sur la sphère domestique. C'est au contraire parce que la vie au quotidien y est dure qu'ils peuvent aussi y trouver des compensations sous la forme de relations privilégiées avec des membres de la famille vivant également dans le quartier, avec des amis très proches partageant les mêmes valeurs. Ainsi, le quartier peut être paradoxalement à la fois un lieu de relégation, auquel il est impossible de s'identifier positivement, et un lieu de protection, une sorte de contre-société qui procure, malgré tout, des ressources relationnelles indispensables pour y survivre. Essayons de vérifier ces hypothèses.

28. É. Durkheim, *L'Éducation morale*, *op. cit.*, p. 48.
29. *Ibid.*, p. 54.

Parmi les indicateurs de liens sociaux au sein des quartiers, nous pouvons prendre en compte tout d'abord la présence de membres de la famille ou du cercle d'amis dans le quartier. L'appartenance à une « communauté » ethnique ou religieuse ainsi que la pratique religieuse peuvent également enrichir notre appréciation des relations entre les habitants d'un quartier, notamment lorsque la présence de familles d'origine étrangère y est importante.

Avoir des membres de la famille à proximité de son lieu de résidence est une ressource non négligeable pour le soutien à l'éducation des enfants ou l'accompagnement des personnes malades, handicapées ou vieillissantes, ou encore pour le soutien matériel ou psychologique en cas d'épreuves. Catherine Bonvalet a défini la notion de « famille-entourage locale » à partir des données issues de l'enquête « Proches et parents » de l'INED[30]. Trois critères ont été retenus : avoir un parent proche dans la même commune ou une commune limitrophe ; avoir avec lui des contacts au moins une fois par semaine ; et échanger avec lui des services et des aides. Selon cette enquête, 30 % des personnes interrogées correspondaient à cette situation, résultat qui conduisit une nouvelle fois à relativiser le constat souvent fait de la tendance générale au repli domestique[31]. Dans l'exploitation de l'enquête SIRS, nous n'avons pas cherché à reprendre cette définition de la famille-entourage locale. La notion spatiale de référence, en l'occurrence la commune, n'était pas totalement adaptée aux données collectées. En revanche, la question sur la présence dans le quartier de membres de la famille ne vivant pas avec la personne interrogée nous a semblé particulièrement pertinente en tant que telle. À cette question, 37,3 % des habitants des

30. Catherine Bonvalet, « La famille-entourage locale », *Population*, vol. 48, n° 1, 2003, p. 9-43. Réalisée en 1990 auprès d'un échantillon de 1 946 personnes, représentatif de la population française, cette enquête avait pour objectif d'analyser les liens des individus avec leur réseau de parenté. Plusieurs enquêtes ont été réalisées en Europe sur ce sujet. Voir en particulier C. Bonvalet et Jim Ogg, *Enquêtes sur l'entraide familiale en Europe. Bilan de 9 collectes*, Paris, Éditions de l'INED, « Méthodes et savoirs », 2006.

31. Ce résultat s'inscrivait dans le prolongement de la célèbre enquête réalisée dans les années 1950 sur la famille et la parenté dans le quartier londonien de Bethal Green et qui avait déjà contribué à contester la thèse de la nucléarisation de la famille soutenue à l'époque par Talcott Parsons. Voir M. Young et P. Willmott, *Le Village dans la ville. Famille et parenté dans l'Est londonien*, *op. cit.*

quartiers pauvres ont répondu de façon positive, contre 28,8 % de ceux des quartiers riches et 24,2 % dans l'ensemble de la métropole parisienne (voir **tableau 9.3**).

Tableau 9.3. Caractéristiques des liens sociaux des habitants des quartiers riches et des quartiers pauvres

En %

	Quartiers riches	Quartiers pauvres	Ensemble Métropole parisienne
Famille dans le quartier (1) *dont % la plupart (plus de moitié)*	28,8 *7,8*	37,3 *11,2*	24,2 *6,0*
Amis dans le quartier (2) *dont % la plupart (plus de moitié)*	75,7 *13,6*	63,1 *25,3*	58,7 *14,3*
Pratique religieuse régulière (3)	21,4	44,8	20,3
Sentiment d'appartenance à une communauté (4)	37,4	43,3	31,4
N	309	249	3062

Source : Enquête SIRS, 2010.
N. B. : *idem* tableau 9.1.
(1) En dehors des membres de votre ménage, est-ce que des membres de votre famille habitent dans le même quartier ? % réponses « Oui, la plupart (plus de la moitié) » et « Oui, certains (moins de la moitié »).
(2) Parmi vos amis (hors membres du ménage), certains habitent-ils dans le même quartier ? % réponses « Oui, la plupart (plus de la moitié) ».
(3) Vis-à-vis de la religion, avez-vous ? % réponses « Une pratique religieuse régulière ».
(4) Avez-vous le sentiment d'appartenir une communauté ethnique, religieuse ou autre ? % réponses « Oui ».

Notons que la proportion, déjà plus élevée dans les quartiers riches que dans l'ensemble de l'échantillon, est encore nettement plus élevée dans les quartiers pauvres, ce qui permet de dire que des formes d'entraide familiale peuvent se construire dans ces quartiers disqualifiés et apporter une compensation à la faiblesse des autres liens, notamment du lien de participation organique puisqu'une grande partie de la population qui y réside est au chômage ou en emploi précaire. La famille-entourage locale est donc bien une réalité que l'on peut encore observer dans des quartiers populaires contemporains. Soulignons que si des membres du même réseau de parenté se retrouvent dans le même quartier, il faut y voir à la fois un effet direct de la volonté de ces habitants de se regrouper ainsi, mais aussi un effet de la décision des bailleurs sociaux d'entériner la demande directe ou sous-jacente de regroupement familial qui leur est adressée.

Avoir des amis dans le quartier est également un indicateur de l'implication des habitants dans la vie sociale locale. Pouvoir compter sur et pour ses amis n'est sans doute pas entièrement conditionné par la distance géographique, mais il semble assez logique d'affirmer que ce lien peut d'autant plus facilement être activé que les personnes qui entretiennent une relation d'amitié vivent à proximité les unes des autres et peuvent se voir par conséquent régulièrement. Tel est le sens de la question posée dans l'enquête SIRS : « Parmi vos amis, en dehors des membres du ménage, certains habitent-ils dans le même quartier que vous ? » Il est frappant de constater que 76 % des habitants des quartiers riches répondent de façon positive, proportion plus élevée que celle que l'on trouve dans les quartiers pauvres (63 %, contre 59 % dans l'ensemble de la métropole parisienne, voir **tableau 9.3**). La sociabilité amicale est donc particulièrement élevée dans les quartiers où se concentrent les catégories supérieures : habiter dans ces quartiers relève souvent d'une décision d'ordre affinitaire prise en ayant la garantie d'y retrouver des personnes de même niveau social. Les agences immobilières indiquent d'ailleurs à leurs clients la composition socioprofessionnelle du quartier de leur choix pour les conforter sur ce point. Ce n'est évidemment pas le cas des quartiers pauvres où, très souvent, la très grande majorité de la population est locataire de bailleurs sociaux, ce qui traduit souvent pour ces habitants un choix contraint à la suite d'une opportunité qu'il fallait saisir. Mais il faut s'attarder un peu sur le détail de ces chiffres. Les habitants des quartiers pauvres sont 25 % à avoir la plupart de leurs amis sur le quartier (c'est-à-dire plus de la moitié) alors qu'ils ne sont que 14 % dans les quartiers riches. Autrement dit, le réseau d'amis des premiers est nettement plus concentré sur le quartier, ce qui signifie qu'ils y trouveront davantage les supports essentiels en cas de coups durs. En comparaison, le réseau d'amis des habitants des quartiers riches est non négligeable dans le quartier où ils résident, mais il déborde largement ce dernier. Notons que les quartiers pauvres situés à La Courneuve ou à Montfermeil apparaissent encore plus que les autres caractérisés par une sociabilité amicale intense (respectivement seulement 26 % et 29 % des habitants n'ont pas d'amis dans le quartier).

La pratique religieuse peut constituer une forme de résistance à la pauvreté[32]. Les résultats de l'enquête SIRS le confirment : 45 % des habitants des quartiers pauvres ont une pratique religieuse régulière, contre seulement 21 % des habitants des quartiers riches et 20 % dans l'ensemble de la métropole parisienne (voir **tableau 9.3**). Dans ces quartiers aussi, la pratique religieuse régulière peut constituer une forme de compensation symbolique face à la pauvreté et au chômage. Elle agit comme une forme de préservation d'un type spécifique de liens sociaux[33]. Dans certains quartiers populaires, le taux de pratique religieuse régulière est particulièrement élevé. Il atteint 55 % à La Courneuve, 53 % à Montfermeil, c'est-à-dire dans les deux quartiers où la proportion de familles d'origine étrangère est la plus élevée.

Prendre en compte le critère de l'appartenance ethnique ou religieuse s'impose pour évaluer l'intensité des liens sociaux dans un quartier. Les quartiers populaires se caractérisent, on le sait, par une forte présence de familles d'origine étrangère, mais aussi par une composition ethnique très hétérogène. À la question « Avez-vous le sentiment d'appartenir une communauté ethnique, religieuse ou autre ? », 43 %

32. J'ai développé ce point dans *Les Formes élémentaires de la pauvreté*, voir « Valeurs familiales et pratique religieuse » dans le chapitre 3 « La pauvreté intégrée », p. 122 et suiv., *op. cit.*

33. Linda Haapajärvi a mené une enquête au sein d'une église africaine évangélique à Paris et à Helsinki qui nous apporte des éléments précieux pour évaluer la force du lien communautaire comme mode de résistance au stigmate et à la pauvreté. Ancrée dans le mouvement pentecôtiste évangélique, cette église promeut l'évangile de la prospérité et se fonde sur les principes de délivrance et de pureté comme conditions préalables à la réussite et à l'ascension sociale. Mais elle apporte aussi des ressources à tous ses membres pour faire face aux épreuves ressenties dans le processus d'installation dans la société d'accueil. Voir Linda Haapajärvi, « Les ressources compensatrices du lien communautaire : entre résistance au stigmate et résistance à la pauvreté », *in* S. Paugam (dir.), *L'Intégration inégale. Force, fragilité et rupture des liens sociaux*, *op. cit.*, p. 191-206.

des habitants des quartiers pauvres répondent de façon positive, contre 37 % des habitants des quartiers riches et 31 % dans l'ensemble de la métropole parisienne (voir **tableau 9.3**). C'est encore une fois dans les quartiers pauvres de Montfermeil et de La Courneuve que la proportion est la plus élevée (respectivement 58 % et 57 %). Se sentir appartenir à une communauté ethnique et religieuse ne garantit pas de trouver auprès d'elle des soutiens inconditionnels, mais permet d'échapper, au moins partiellement, à l'épreuve de l'isolement social. Ce sentiment constitue en soi une force compensatrice mobilisable face à la faiblesse ou la rupture du lien de participation organique, mais il peut aussi combler le vide que laisse la défiance à l'égard des institutions, et constituer une défense contre les discriminations ressenties aussi bien dans la sphère des relations professionnelles que dans l'espace public en général.

Les indicateurs que nous avons pris en compte confirment donc que les conditions de l'entre-soi sont globalement plus souvent réunies dans les quartiers riches que dans les quartiers pauvres. Il est évidemment plus difficile de s'identifier positivement à son quartier quand celui est montré du doigt en raison de sa concentration de populations d'origine étrangère, au chômage et dépendantes des services sociaux, en raison de la violence qui y règne et des incivilités que la police et les bailleurs sociaux enregistrent régulièrement sans espérer vraiment y mettre un terme. Comment, dans ces conditions, les habitants pourraient-ils ne pas nourrir pour eux et leurs enfants l'espoir d'habiter ailleurs ? Comment pourraient-ils ne pas chercher à s'affranchir individuellement de ce stigmate spatial qui leur colle à la peau et les pénalise très souvent dans les diverses démarches administratives ou professionnelles ? Comment pourraient-ils se montrer en harmonie avec les personnes du quartier qu'ils estiment responsables des dégradations ? Comment pourraient-ils se considérer comme semblables à elles ? La dissension normative au sein de ces quartiers constitue un obstacle à tout espoir de constituer un entre-soi cohésif comparable à celui qui pouvait caractériser autrefois la vie collective des quartiers ouvriers. Pourtant, en dépit de ces contraintes structurelles, le quartier pauvre constitue paradoxalement le lieu où certaines ressources matérielles et symboliques sont disponibles, du fait de la présence de plusieurs membres de la famille, mais aussi d'amis, du fait de trouver près de soi des personnes de la même communauté ethnique ou religieuse. Il s'agit en réalité d'un entre-soi stratifié, morcelé, au sens où, s'il est impossible de s'identifier de façon positive au quartier dans son ensemble, il reste malgré tout des segments en son sein qui apportent des compensations et agissent comme autant de petits cocons protecteurs, potentiellement rivaux les uns des autres, mais essentiels pour la survie au quotidien.

Aspirations et protestations

La question demeure de savoir quelles sont les aspirations des jeunes qui grandissent dans ces grands ensembles disqualifiés. Sont-ils inévitablement condamnés à y rester toute leur vie après avoir connu l'expérience d'un échec scolaire ? Sont-ils happés par les bandes du quartier et orientés très jeunes vers une carrière délinquante ou leur reste-t-il, malgré tout, des moyens d'y échapper et de poursuivre des études ? Quelles sont, de façon plus générale, les formes de protestation qui émergent de ces quartiers ?

Que signifie grandir dans un quartier disqualifié ?

Je m'appuie ici sur une grande enquête réalisée auprès d'enfants et d'adolescents, en distinguant ceux qui vivent dans les quartiers prioritaires de la politique de la Ville de ceux qui vivent dans les autres quartiers, notamment dans les centres-villes généralement beaucoup plus favorisés[34]. Cette enquête a permis tout d'abord de confirmer

34. Interroger des enfants implique un dispositif tout à fait spécifique. Il ne s'agit pas d'une enquête classique réalisée auprès d'un échantillon tiré de façon aléatoire dans une base de sondage représentative. On imagine la difficulté qu'aurait entraîné le tirage d'un tel échantillon et la difficulté non moindre de joindre ces enfants au domicile et avec le consentement de leurs parents. Il s'agit en réalité d'une consultation nationale réalisée dans le cadre d'Unicef-France en 2016. Cette consultation a été déployée sur le territoire français dans 68 villes, notamment dans des écoles ou centres de loisirs. Ces lieux ont été répartis sur l'ensemble du territoire métropolitain et représentent une très grande diversité en termes de taille, de caractéristiques sociodémographiques, de tissu économique et d'orientation politique. La sélection préalable de ces territoires s'est faite en respectant cette diversité. Au total, près de 22 000 enfants ou adolescents ont participé à

que grandir dans un quartier défavorisé constitue bien, en tant que tel, un facteur d'inégalité. L'analyse a conduit à distinguer plusieurs types de privation : la privation matérielle, la privation préjudiciable à l'accès aux savoirs, la privation préjudiciable à la santé, la privation de sociabilité amicale, la privation d'activités. Un des résultats importants a été de constater que ces privations, de nature différente, ne se compensent pas vraiment l'une l'autre dans les quartiers défavorisés, mais, au contraire, qu'elles ont tendance à se cumuler. Le poids des inégalités est donc particulièrement lourd dans ces quartiers car les enfants et adolescents qui y vivent ne disposent pas, tant s'en faut, des mêmes chances que les autres. Grandir dans un quartier prioritaire de la Ville est en cela un marqueur social qui a des incidences non négligeables sur les difficultés d'intégration à la société, en dehors du quartier.

Les inégalités en termes de privation se répercutent sur d'autres dimensions de la vie quotidienne des enfants et adolescents. Elles aggravent en effet le risque de discrimination ethnique ou religieuse à l'école ou dans le quartier, mais aussi le risque de harcèlement à l'école, sur internet ou dans le quartier. Les enfants et adolescents des quartiers prioritaires de la Ville connaissent précocement l'épreuve du cumul des handicaps et de la dévalorisation de soi. Ils intériorisent très tôt le sentiment d'être peu respectés par les institutions, notamment l'école. Ils grandissent en ayant intériorisé l'idée de l'injustice. Ils sont 20 % à reconnaître que leur quartier a mauvaise réputation, 23 % que leur quartier est sale ; 12 % d'entre eux s'y sentent en insécurité et près de 14 % pensent que des armes y circulent. Ces pourcentages sont significativement plus élevés que dans les autres quartiers. Si les enfants et les adolescents ressentent de façon aussi forte la disqualification sociale de leur quartier, on aurait tort toutefois de s'arrêter à cette image négative. Il est frappant de constater qu'ils sont proportionnellement – et de façon statistiquement significative – plus nombreux que les jeunes des autres quartiers à avoir de la famille (en dehors des membres de

cette consultation, dont 1 400 d'entre eux vivaient dans des quartiers prioritaires. Les données issues de cette consultation sont, à ce titre, exceptionnelles parce que jamais collectées auparavant. Voir, publié par l'Unicef-France, le troisième rapport de la Consultation nationale des 6-18 ans : *Écoutons ce que les enfants ont à nous dire : Grandir en France, le lieu de vie comme marqueur social*, Paris, 2016.

leur ménage) dans le quartier, mais aussi de bonnes relations avec leurs voisins, qu'ils peuvent y être facilement secourus en cas de danger et qu'ils y trouvent enfin tout ce dont ils ont besoin en termes de commerces et de services. Autrement dit, tous les supports élémentaires de proximité semblent être davantage réunis dans ces quartiers que dans les autres. Ils constituent en eux-mêmes une forme de résistance à la pauvreté quotidienne et à la disqualification sociale du quartier. À défaut d'être bien intégrés à l'école et dans les structures externes au quartier, en particulier lorsqu'ils sont en présence de groupes dont ils mesurent la supériorité sociale, ces jeunes savent pouvoir trouver dans leur quartier une sorte de refuge.

Il en va de même pour les ressources affectives. Ils sont, proportionnellement et toujours de façon statistiquement significative, plus nombreux que ceux des autres quartiers à se sentir valorisés par leurs amis, mais aussi par leur père et leur mère[35]. Tout se passe comme si l'essentiel de la reconnaissance sociale indispensable à leur équilibre psychologique passait par la sphère des proches, ceux auprès de qui ils sont en confiance et valorisés. Comme ces enfants et adolescents se sentent souvent en insécurité et dévalorisés à l'école, ils attendent des personnes avec lesquelles ils partagent les mêmes habitudes dans leur quartier une compensation affective. Le lien de filiation et le lien de participation élective constituent en cela des ressources, non seulement matérielles, mais surtout psychologiques à partir desquelles ils construisent leur personnalité et leur identité sociale. Ces résultats conduisent aussi à remettre en question l'image négative des parents de ces quartiers, que l'on considère parfois irresponsables et incapables de pourvoir à l'éducation de leurs enfants. Force est de constater pourtant qu'ils constituent pour eux des piliers indispensables à leur épanouissement. Il ne faut pas non plus conclure qu'il est impossible à ces jeunes de se frayer un chemin dans les études, même s'ils doivent pour cela surmonter de nombreux obstacles. Beaucoup d'entre eux aspirent à la réussite scolaire et tentent par tous les moyens d'accéder

35. Quel que soit le quartier d'origine, les enfants et adolescents se sentent davantage valorisés par leur mère que par leur père. Dans les quartiers prioritaires de la ville, 56 % se sentent valorisés par leur père et 67 % par leur mère, proportions nettement supérieures aux autres quartiers. Voir *Écoutons ce que les enfants ont à nous dire : Grandir en France, le lieu de vie comme marqueur social*, *op. cit.*

à l'université ou à de bonnes écoles après le baccalauréat[36]. Chaque année à l'approche de cet examen, de nombreux jeunes issus des quartiers nord de la banlieue parisienne viennent réviser à la Bibliothèque publique d'information du Centre Pompidou. Ils y trouvent un cadre propice à la concentration que leur logement souvent surpeuplé ne leur offre pas. Fabien Truong a étudié les trajectoires de ces jeunes de banlieue, qui ont grandi « dans le 9-3 » comme ils disent (en référence au département de Seine-Saint-Denis qui concentre une proportion importance de jeunes en difficulté scolaire) et qui pourtant nourrissent des rêves d'ascension sociale par la voie des études longues[37].

Mais ces enfants et adolescents grandissent aussi en étant en contact de façon précoce avec l'univers des bandes. Les jeunes qui les fréquentent sont souvent en décrochage scolaire et parfois en difficulté relationnelle avec leurs familles respectives. En s'adonnant à des activités délinquantes, comme le vol et le trafic de drogue, ils risquent en permanence d'être confrontés aux forces de l'ordre et sévèrement stigmatisés. Le phénomène n'est pas nouveau.

Comme le souligne Marwan Mohammed, les termes pour le désigner sont nombreux – selon les contextes, « pandillas », « gangs », « malandros », « maras », etc. –, mais, sous des formes variables, ces regroupements juvéniles observables dans chaque continent émergent toujours dans des espaces en profonde transformation[38]. La période de construction massive des grands ensembles en France à la fin des années 1950, qui répondait au processus d'urbanisation et de développement industriel et traduisait un mouvement structurel d'individualisation des rapports sociaux, a vu naître les « blousons noirs[39] ». Ces jeunes ainsi organisés défrayaient la chronique et suscitaient la

36. Notons que les filles se disent plus inquiètes que les garçons de ne pas réussir à l'école. Voir : *Écoutons ce que les enfants ont à nous dire : Grandir en France, le lieu de vie comme marqueur social, op. cit.*
37. Fabien Truong, *Jeunesses françaises. Bac + 5 made in banlieue*, Paris, La Découverte, 2015, nouv. éd. augmentée, 2022.
38. Marwan Mohammed, *La Formation des bandes. Entre la famille, l'école et la rue*, Paris, PUF, « Le Lien social », 2011.
39. On lira sur ce point les riches contributions de l'ouvrage collectif dirigé par M. Mohammed et Laurent Mucchielli, *Les Bandes de jeunes. Des « blousons noirs » à nos jours*, Paris, La Découverte, 2007.

panique aussi bien dans la population générale que dans les institutions publiques chargées de la protection des mineurs et de la prévention de la délinquance. Le film de Marcel Carné, *Terrain vague,* sorti en 1960 est révélateur de cette période. Il décrit l'univers de ces cités HLM en construction où des terrains vagues subsistent entre barres et tours. Les adolescents se retrouvent en bandes pour échapper à un climat familial oppressant ou à des parents indifférents et absents. Ils se jurent fidélité en entrant dans ce qu'ils appellent leur « nouvelle famille ». On y retrouve tous les ingrédients d'un mode d'organisation tribale : soumission totale au chef, qui ne le devient qu'à la suite de querelles entre prétendants à ce rôle ; loyauté totale exigée de chaque membre à l'égard du groupe ; sortie de la bande très difficile. Dans un style teinté de réalisme poétique, le film décrit les problèmes intergénérationnels qui conduisent ces jeunes à fuir un univers familial dont ils ne supportent plus les normes et les valeurs et à rechercher en compensation la protection et la reconnaissance dans ces groupes de leur âge dont ils apprécient la capacité collective à défier l'ordre moral. Ces « blousons noirs » avaient sans doute des caractéristiques propres. Ils ont marqué la période du rock, qui était aussi celle de l'émancipation individuelle et de la libération sexuelle. Ils reflétaient ainsi les immenses attentes que suscitait la société de consommation.

Les bandes d'aujourd'hui sont le plus souvent installées dans les grands ensembles, mais la période des Trente Glorieuses est révolue et a laissé place à une crise profonde de la société salariale. Le chômage et la précarité des cités donnent aux jeunes qui y vivent le sentiment d'être d'emblée exclus du jeu et de ne plus avoir beaucoup d'espoir d'un avenir meilleur[40]. Ceux qui s'engagent, souvent très jeunes, dans ces bandes savent que la prison, tôt ou tard, constitue un passage presque obligé[41]. Et pourtant, cette déviance juvénile peut

40. C'est ce qui ressortait déjà de l'enquête de François Dubet réalisée dans les années 1980 et publiée sous le titre évocateur *La Galère. Jeunes en survie*, Paris, Fayard, 1987.

41. La sous-féminisation des bandes est un fait connu qui relève de plusieurs facteurs. Dans les quartiers d'habitat social, le contrôle parental s'exerce davantage sur les filles que sur les garçons, notamment en ce qui concerne leurs sorties et fréquentations. Les filles, dès l'adolescence, participent beaucoup plus fréquemment au travail domestique. Par ailleurs, leurs résultats scolaires sont

être comprise comme un mode alternatif d'intégration sociale. Pour échapper à l'indignité et à l'incertitude que provoque l'échec scolaire, la bande constitue un lien de participation élective de premier plan. Elle permet de se valoriser dans un groupe restreint doté de son propre système normatif, en termes de présentation de soi, de codes culturels, de mode d'appropriation de l'espace de la rue, avec des moyens propres. Le premier domaine de compensation est matériel, il implique l'acquisition – illicite – de biens fortement valorisés dans la société comme les produits de grande marque, par exemple, et permet ainsi de soulager le sentiment de frustration que provoque une exposition durable au dénuement dans des quartiers socialement disqualifiés. Les « embrouilles de cité », qui passent par une capacité à faire face à la violence, constituent une autre façon de restaurer symboliquement une identité blessée. Elles rendent visible une présence dans l'espace public en exorcisant ainsi l'angoisse de la mort sociale[42]. Le « bizness » dans les cités, par les ressources qu'il dégage et le « professionnalisme » qu'il implique, peut être considéré comme une forme de participation au marché du travail et, par là même, une forme déviante, mais opérationnelle, du lien de participation organique. Il est en lui-même révélateur des modes de résistance de ces jeunes confrontés dans leur parcours à une rupture ou un « décrochage scolaire » et à une extrême difficulté à accéder à un emploi stable qui leur garantirait leur intégration professionnelle[43].

---

globalement meilleurs que ceux des garçons, ce qui leur permet une insertion socioprofessionnelle plus rapide. Les études montrent aussi qu'elles bénéficient, en cas de délinquance, d'un surcroît d'indulgence et de patience par rapport aux garçons, généralement plus sévèrement réprimés. Enfin, l'univers de la rue valorise le courage et la virilité et disqualifie les attributs féminins. Voir sur ce point M. Mohammed, *La Formation des bandes. Entre la famille, l'école et la rue*, *op. cit.*, p. 246 et suiv. Sur la déviance des filles, voir Stéphanie Rubi, *Les « crapuleuses », ces adolescentes déviantes*, Paris, PUF-*Le Monde*, 2005.

42. M. Mohammed, « La force paradoxale des bandes de jeunes. Compensation et marginalisation sociales », *in* S. Paugam (dir.), *L'Intégration inégale. Force, fragilité et rupture des liens sociaux*, *op. cit.*, p. 207-225.

43. Anaïs Van Sull, « Le Bizness dans les cités : un lien social de compensation », *in* S. Paugam (dir.), *L'Intégration inégale. Force, fragilité et rupture des liens sociaux*, *op. cit.*, p. 361-377. On lira aussi Nasser Tafferant, *Le Bizness. Une économie souterraine*, Paris, PUF-*Le Monde*, 2007.

Ces bandes de jeunes impliquées dans le « bizness » et le trafic de drogue sont à l'image des quartiers pauvres d'aujourd'hui. Elles renforcent les divisions internes et reflètent la dissension normative qui y règne. Dans certains quartiers, les parents s'organisent collectivement au pied de leurs immeubles pour occuper les espaces susceptibles de voir se propager le trafic de drogue. Ils manifestent ainsi une volonté de résister au climat d'insécurité qui règne dans leur quartier et de prévenir le risque d'entrée dans la délinquance de leurs propres enfants. Mais ces bandes sont aussi l'expression d'un besoin des jeunes de constituer leur propre entre-soi afin d'essayer d'y trouver une compensation aux échecs qu'ils subissent au quotidien et au sentiment d'être jugés inutiles et sans valeur par la société. À ce titre, la bande, comme les autres groupes organisés dans le quartier sur une base communautaire ou religieuse, est aussi une sorte de cocon protecteur provisoire, à la fois amortisseur et amplificateur des échecs subis.

Des formes disséminées de protestation

Les formes de l'entre-soi des quartiers pauvres pourraient laisser penser que les familles qui y résident ont en quelque sorte abdiqué face à tous les désagréments de la vie collective et qu'elles recherchent plus à satisfaire en priorité leurs besoins propres en étant insérées dans des sous-groupes choisis de façon strictement affinitaire. Les liens de filiation et de participation élective (au sens communautaire) semblent avoir pris le pas sur les liens de participation organique et de citoyenneté. Autrement dit, la compensation, à défaut de la lutte et de l'engagement civique. Les arguments empiriques à l'appui de cette thèse, on l'a vu, ne manquent pas. En dépit de sa robustesse, cette interprétation mérite toutefois d'être nuancée. Les sociologues décrivent depuis plusieurs années les formes d'opposition et d'engagement politique qui émergent des quartiers populaires, même si elles restent fragiles et assez peu structurées[44]. Les médias ont égale-

44. On lira, par exemple, Michel Kokoreff, *La Force des quartiers. De la délinquance à l'engagement politique*, Paris, Payot, 2003 et Denis Merklen, *Quartiers populaires, quartiers politiques*, Paris, La Dispute, 2009.

ment tendance à les négliger ou à les aborder sous l'angle exclusif de la violence ou des émeutes, ce qui a pour effet d'amplifier la figure repoussoir des banlieues[45].

Tout porte à croire cependant que des signes nouveaux de mobilisation apparaissent dans les banlieues françaises, notamment autour de la question du racisme. Dans leur grande enquête sur l'épreuve des discriminations dans les quartiers populaires, l'équipe de chercheurs réunie sous la houlette de Julien Talpin a pu rencontrer et suivre dans la durée plusieurs collectifs nés dans des cités de Vaulx-en-Velin, Roubaix, Villepinte, Bordeaux, Lormont et Le Blanc-Mesnil[46]. La plupart des actions menées portent sur les discriminations. Il s'agit le plus souvent d'associations dont l'objectif est d'organiser des événements culturels, des festivals, des conférences-débats, mais aussi des interventions dans les médias, des formations en direction des jeunes, et même de réaliser des études ou des diagnostics locaux sur les discriminations afin de mobiliser les militants, de peser dans les décisions municipales et, de façon plus générale, de constituer et de transmettre ainsi une mémoire collective des luttes issues de l'immigration. Certains collectifs entretiennent un rapport de coopération avec les institutions publiques, d'autres préfèrent instaurer avec elles un rapport de conflictualité en manifestant devant les écoles, en interpellant directement les élus, en faisant signer des pétitions et en faisant remonter des plaintes auprès de la justice et du Défenseur des droits.

D'une façon générale, ces actions relèvent surtout du registre de la conscientisation – au sens des pratiques d'éducation populaire, inspirées notamment par le pédagogue brésilien Paulo Freire et visant à développer une perception critique des expériences vécues d'oppression[47]. Les enquêteurs ont finalement relevé très peu de collectifs engagés dans des actions purement protestataires dans la lignée des luttes antiracistes et de conquête des droits civils telles qu'elles se sont développées en

45. On se souvient des émeutes de la fin de l'année 2005. Voir L. Mucchielli et Véronique Le Goaziou (dir.), *Quand les banlieues brûlent. Retour sur les émeutes de novembre 2005*, Paris, La Découverte, 2006 ; et Hugues Lagrange, Marco Oberti (dir.), *Émeutes urbaines et protestations*, Paris, Presses de Sciences Po, 2006.

46. J. Talpin *et al.*, *L'Épreuve des discriminations. Enquête dans les quartiers populaires*, *op. cit.*

47. Paulo Freire, *Pédagogie de l'opprimé*, Paris, Maspero, 1982.

Amérique du Nord[48]. Ils n'ont pas non plus constaté d'actions radicales à l'image des grèves de la faim du mouvement des sans-papiers[49] ou des pratiques connues de désobéissance civile. Il ne s'agit donc pas de revendications politiques structurées, qui constitueraient les fondements d'un nouveau mouvement social, mais ces actions ne sont pas pour autant négligeables. Elles relèveraient, en un sens, comme le suggèrent les auteurs, de ce que James Scott appelle « l'infrapolitique », en référence aux relations de pouvoir dans les communautés paysannes en Asie, c'est-à-dire l'ensemble des formes de résistance à l'oppression qui ne peuvent s'exprimer qu'à bas bruit[50]. Mais elles ne sont pas non plus invisibles dans l'espace public. Au contraire même, elles donnent à se faire voir et à se faire entendre, notamment à l'échelle des collectivités locales, des municipalités et des pouvoirs publics qui interviennent dans le cadre de la politique de la Ville. Elles expriment un souhait de changement profond en exerçant une présence continue auprès de l'ensemble des acteurs locaux. Pas de révolution en vue, mais un activisme soutenu susceptible à la longue de faire bouger les lignes et les normes dominantes.

Ces mobilisations par le bas visent en effet à faire remonter les expériences de discrimination et à les inscrire à l'agenda politique local. Elles ne sont donc pas sans effet. Il faut admettre toutefois que ce sont surtout les municipalités de gauche qui se sont engagées à la fin des années 2000, dans un contexte national pourtant peu favorable, à reconnaître le bien-fondé des revendications et à mener une action publique anti-discriminatoire, même si certaines se sont contentées de discours ou de beaux programmes peu suivis d'actions concrètes d'envergure.

Un des effets de cet activisme local autour des luttes contre les discriminations est la possibilité pour certaines personnes de trouver dans ce type d'engagement une forme d'épanouissement et d'*empowerment* (au sens d'une démarche d'autoréalisation et d'émancipation aussi bien

48. Aldon D. Morris, *The Origins of the Civil Rights Movement : Black Communities Organizing for change*, New York, Free Press, 1984.
49. Johanna Siméant, *La Cause des sans-papiers*, Paris, Presses de Sciences Po, 1998.
50. James C. Scott, *La Domination et les arts de la résistance. Fragments du discours subalterne* (1re éd. en anglais, 1998), Paris, Amsterdam, 2009.

des individus que des collectifs représentés). Si les carrières militantes peuvent être usantes et précaires, elles se voient parfois consacrées par une forme de reconnaissance publique. Plusieurs leaders ont bénéficié d'une rétribution symbolique importante de leur militantisme en étant promus à des responsabilités au sein d'instances publiques prestigieuses, telles que le Conseil national des villes ou le Conseil présidentiel des villes, leur ouvrant ainsi l'accès aux cabinets ministériels et aux médias. Autrement dit, à une prise de parole légitime. L'expérience vécue de la discrimination et le sentiment d'être des citoyens de seconde zone peuvent être en partie compensés par cette habilitation à parler dans des espaces publics au nom de l'ensemble des communautés éprouvées par le racisme.

Ainsi, ces formes de protestation qui émergent des banlieues conduisent à interpeller le reste de la société sur les souffrances associées aux discriminations. Il s'agit d'une lutte pour la reconnaissance qui passe par la production et la diffusion de contre-discours dans l'espace public. Et cette production de discours, pour laquelle l'appui des intellectuels engagés est souvent sollicité, crée à son tour un élan local et des vocations militantes parmi les jeunes générations de ces quartiers. Il faut toutefois souligner la fragilité de ces associations, qui dépendent le plus souvent des financements publics locaux, eux-mêmes parfois conditionnés à un partenariat avec les acteurs de la politique de la Ville. Cette dépendance peut être vue comme un signe de la reconnaissance de leurs actions dans l'espace public, mais elle les prive en même temps de la réelle possibilité de mener une lutte frontale contre le racisme et de constituer un mouvement social de grande envergure. Le succès de la reconnaissance locale de ces structures associatives est donc en demi-teinte puisqu'il est, d'une part, limité géographiquement – toutes les municipalités, tant s'en faut, ne s'engagent pas dans ce type d'actions – et se traduit, d'autre part, par une dissémination des luttes et une difficulté structurelle à les fédérer.

*

L'entre-soi des quartiers pauvres, si souvent dénoncé en France comme une évidence, ne va donc pas de soi dans la réalité. Les enquêtes contemporaines dans les grands ensembles d'habitat social aboutissent sur ce point à des résultats bien différents de celles qui furent menées dans les années 1950 et 1960 dans les quartiers ouvriers. Les conditions sociales que nous avons examinées dans ce chapitre ne semblent pas réunies pour que puisse se produire une forme homogène et structurante de résistance collective face à la pauvreté. Néanmoins, et, de façon paradoxale, c'est pourtant au sein de ces quartiers socialement disqualifiés que leurs habitants trouvent l'essentiel de leurs ressources pour survivre. Ces quartiers peuvent procurer à la fois des petits cocons protecteurs, parfois rivaux les uns des autres, et des opportunités de mener des luttes locales pour la reconnaissance du droit à l'égalité citoyenne.

CHAPITRE 10

La force paradoxale des marginaux

Les cités montrées du doigt et désignées comme « zones urbaines sensibles » ou « quartiers prioritaires » sont de fait souvent des refuges contraints. Mais y accéder ou s'y maintenir n'est pas non plus une garantie absolue. Le constat de l'insuffisance de logements sociaux dans de nombreuses villes françaises a conduit les pouvoirs publics à rechercher des solutions alternatives pour les personnes nombreuses qui en sont exclues. Le dispositif mis en place, par strates successives, est d'une assez grande complexité. L'empilement des structures d'aide à ces personnes permet de distinguer différentes étapes de ce que l'on appelle aujourd'hui « l'insertion par le logement ». Julien Damon a reconstitué en forme de jeu de l'oie le trajet accidenté qui mène de la rue au logement définitif (social ou privatif)[1]. Cette série de cases restitue un véritable labyrinthe dans lequel s'effectue la carrière des SDF, laquelle peut prendre, selon les individus, des formes différentes. D'autres emploient la métaphore de l'escalier à gravir[2]. On peut distinguer aujourd'hui les différentes marches de cet escalier de la façon suivante : les haltes de nuit, les hôtels sociaux, les centres d'hébergement d'urgence, les centres d'hébergement et de stabilisation, les centres d'hébergement et de réinsertion sociale, les résidences sociales, les maisons relais, les pensions de famille et le logement aidé.

1. Julien Damon, *La Question SDF. Critique d'une action publique*, Paris, PUF, « Le Lien social », 2002, nouv. éd., « Quadrige », 2021.
2. Ingrid Sahlin, « The Staircase of Transition : Survival through Failure », *Innovation, European Journal of Social Research*, vol. 18, n° 2, 2005, p. 115-35.

De façon complémentaire, Marie Loison-Leruste et Gwenaëlle Perrier soulignent combien la prise en charge institutionnelle des personnes sans domicile forme un univers segmenté, hiérarchisé et concurrentiel[3]. En réalité, si les dispositifs sont nombreux, ils sont le plus souvent engorgés, ce qui contribue à rigidifier l'ensemble de la chaîne de la prise en charge. Les places d'hébergement proposées sont par ailleurs hétérogènes. Une hiérarchie est instaurée entre elles selon la superficie, le nombre d'individus par chambre, l'hygiène, la sécurité, les horaires d'ouverture et de fermeture[4]... Il apparaît enfin que les établissements situés « en haut de l'escalier » sélectionnent leurs résidents en fonction de leurs capacités financières et de leur situation familiale, les personnes qui vivent en couple et/ou avec des enfants étant prioritaires[5].

Pour éviter les contraintes institutionnelles de ces structures – le contrôle social qu'elles représentent, le règlement intérieur qui peut s'avérer peu compatible avec certaines habitudes... –, certaines personnes préfèrent vivre dans la rue, cachées, en investissant durablement des espaces périphériques abandonnés ou difficilement accessibles, à peine visibles. On les désigne comme des sans-abri pour les distinguer des SDF qui ont recours aux dispositifs d'hébergement[6]. Il s'agit alors de vivre sans toit ou sous des tentes, dans des cabanes de fortune si possible protégées du regard des passants ordinaires ou des promeneurs occasionnels. Il y a quelques années, avant de commencer ma recherche doctorale sur la disqualification sociale, j'avais réalisé un recensement de tous les abris précaires plus ou moins dissimulés dans une commune rurale de la région de Saint-Brieuc. Ils étaient parfois construits avec beaucoup de soin avec des matériaux disponibles

3. Marie Loison-Leruste et Gwenaëlle Perrier, « Les trajectoires des femmes sans domicile à travers le prisme du genre : entre vulnérabilité et protection », *Déviance et société*, vol. 43, n° 1, 2019, p. 77-110.
4. Charles Soulié, « Le classement des sans-abri », *Actes de la recherche en sciences sociales*, 118, 1997, p. 69-80. Voir aussi Édouard Gardella, « L'urgence comme chronopolitique : le cas de l'hébergement des sans-abri », *Temporalités*, n° 19, 2014 (juin), https://doi.org/10.4000/temporalites.2764.
5. Cécile Brousse, « Le réseau d'aide aux sans-domicile : un univers segmenté », *Économie et Statistique*, n° 391, 2006, p. 15-34.
6. Je m'appuierai surtout sur le cas des sans-abri dans ce chapitre.

récupérés ici ou là, ou bien il s'agissait de bâtisses à usage agricole ne servant plus à rien et transformées en espace domestique[7]. L'occupation de ces espaces était tolérée tant qu'elle n'était pas très visible. Je me suis rendu compte que le maire de la commune connaissait tous les lieux et les habitants de mon recensement. Il dut m'avouer, un peu malgré lui, qu'il lui était difficile de trouver un relogement pour ces personnes issues de la commune, souvent marginalisées depuis plusieurs années, tant elles s'étaient accommodées à ces espaces de résistance et de survie qui en réalité ne gênaient personne. Ces occupations illégales bénéficiaient donc d'une sorte d'officialisation protectrice de la commune tant qu'elle concernait une frange marginale de la population. Quelques années plus tard, ces habitations de fortune furent pourtant détruites pour répondre à de nouveaux besoins des habitants de la commune, soucieux de donner une image positive et sécurisante des espaces verts, propices notamment à l'ouverture de sentiers de randonnée et donc à des passages réguliers de promeneurs, dont on pouvait penser qu'ils auraient été dérangés par la rencontre de populations jugées indésirables. La problématique de l'habitat de fortune n'est en aucun cas spécifique aux communes rurales même si l'étendue des espaces en offre sans doute davantage d'opportunités. On la retrouve évidemment dans l'espace urbain, quelle que soit la taille de l'agglomération. Tous les espaces inoccupés ou en voie de reconstruction, tous les recoins accessibles même difficilement – les bretelles d'autoroute, les lieux interdits au public, etc. – sont susceptibles d'être investis au moins temporairement par les populations qui ne parviennent pas à accéder à un logement ordinaire et qui tentent de survivre dans des constructions précaires réalisées avec des matériaux de récupération. Dans certains cas, des tentes sont même dressées provisoirement le long de rues pourtant fréquentées et leurs occupants y restent parfois plusieurs mois en bénéficiant d'une forme de tolérance de la part du voisinage et des pouvoirs publics.

Que ce soit dans le labyrinthe de l'insertion du logement ou, en dehors, à la lisière entre l'espace public et l'espace abandonné ou peu fréquenté, comment survivre au quotidien ? Sur quelles solidarités

7. Voir S. Paugam, « Déclassement, marginalité et résistance au stigmate en milieu rural breton », Montréal, *Anthropologie et Sociétés*, vol. 10, n° 2, 1986, p. 23-36.

peut-on alors compter ? Par quelles formes de compensations et de résistances, la vie ou plutôt la survie est-elle possible ?

L'espace public entre ressource et oppression

Les sans-abri n'ont souvent d'autre ressource que l'espace public mais c'est précisément là qu'ils sont confrontés au rejet, chaque fois qu'ils l'investissent de façon durable. Ils ne sont généralement pas les bienvenus et le savent. Souvent considérés comme « indésirables », ils doivent néanmoins faire preuve de tactiques[8], de ressources et parfois de solidarités pour résister à ce processus.

Une mise à distance des « indésirables »

Les sans-abri, on le sait, sont le plus souvent repoussés le plus loin possible des lieux où s'exerce le pouvoir, où se prennent les décisions collectives, où se développent les relations sociales et la culture, où l'on accède à la consommation (dans les galeries commerciales et les shoppings raffinés des centres-villes par exemple). Tout se passe comme si l'espace urbain refoulait d'emblée les populations jugées indésirables en s'efforçant, par un processus efficace de mise à distance, de les rendre invisibles. Il existe toutefois de fortes variations d'une métropole à l'autre. Dans certaines d'entre elles, la pauvreté est si massive que les espaces publics sont littéralement abandonnés par les catégories moyennes et supérieures. Les pauvres et les sans-abri s'y concentrent, ce qui conduit les riches vivant dans des quartiers ségrégués à associer étroitement espaces publics avec pauvreté, insalubrité et puanteur. C'est le cas notamment à Delhi où les espaces publics sont pour les catégories

8. Je reprends ici le terme « tactiques » dans le sens que lui donne Michel de Certeau lorsqu'il l'oppose à celui de « stratégies ». « La tactique n'a pour lieu que celui de l'autre. Aussi doit-elle jouer avec le terrain qui lui est imposé tel que l'organise la loi d'une force étrangère [...] En somme c'est un art du faible [...] Sans lieu propre, sans vision globalisante, commandée par les hasards du temps, la tactique est déterminée par l'absence de pouvoir comme la stratégie est organisée par le postulat du pouvoir », voir M. de Certeau, *L'Invention du quotidien*, tome 1, Paris, Union Générale d'Éditions, « 10/18 », 1980, p. 87-88.

supérieures comme une métonymie des pauvres. À São Paulo, il existe également des quartiers ou des espaces urbains dans lesquels les riches ne peuvent concevoir l'idée de se rendre, le centre-ville lui-même étant devenu infréquentable en raison de la présence prépondérante de nombreux sans-abri jugés répugnants. À Osaka, au contraire, la pauvreté semble avoir été concentrée dans des espaces urbains déterminés. C'est le cas en particulier du quartier des journaliers dans lequel se trouvent aujourd'hui de nombreux centres d'hébergement pour SDF ainsi que plusieurs abris de fortune[9]. Il s'agit d'une population essentiellement masculine. Ceux dont la santé et l'âge le permettent attendent sur une place précise l'arrivée régulière de recruteurs pour telle ou telle activité ponctuelle. Lors d'une visite de ce quartier, j'ai pu constater que les plus âgés sont recrutés pour des tâches quotidiennes de balayage et d'entretien du quartier. Il existe ainsi dans chaque ville une sorte de régulation des sans-abri, passant de la forme extrême de ségrégation spatiale impliquant le quasi-abandon d'espaces publics à des formes plus encadrées de division spatiale, jusqu'à la mise à distance de cette population selon des procédés plus discrets, mais souvent sournois et tout aussi violents.

Cette mise à distance des « indésirables » peut s'expliquer tout d'abord par la peur qu'inspire cette population, aux contours mal définis, dans l'espace social. Peur d'être victime de vol, peur d'être agressé physiquement ou verbalement, peur d'être manipulé par les experts en escroquerie, les raisons de se protéger ne manquent pas. Jamais autant qu'au cours des dernières années la sécurité des magasins mais aussi des immeubles privés n'a été aussi renforcée. Les vigiles se multiplient et la recherche de protection dans un entre-soi affinitaire et entièrement sécurisé ne cesse de s'imposer comme une norme, non seulement dans les franges de l'élite, mais parmi les classes moyennes. Au sentiment d'insécurité s'ajoute le dégoût que suscite la seule présence de ces personnes dans l'espace public. Le manque d'hygiène qui leur est attribué du fait du délabrement et de la saleté de leurs vêtements et quelquefois

9. Il s'agit du quartier de Kamagasaki. Ce quartier de journaliers a vu croître la population des SDF au début de la crise des années 1980 avec l'augmentation du chômage et la diminution sensible des offres de travail temporaire. Voir sur ce point Hideo Aoki, « Homelessness in Osaka : Globalisation, *Yoseba* and Disemployment », *Urban Studies*, vol. 40, n° 2, 2003, p. 361-378.

Figure I
Détail d'une mosaïque couvrant les murs d'une salle du palais de l'Alhambra à Grenade.

Figure II
Comment s'entrecroisent les quatre types de liens sociaux ?

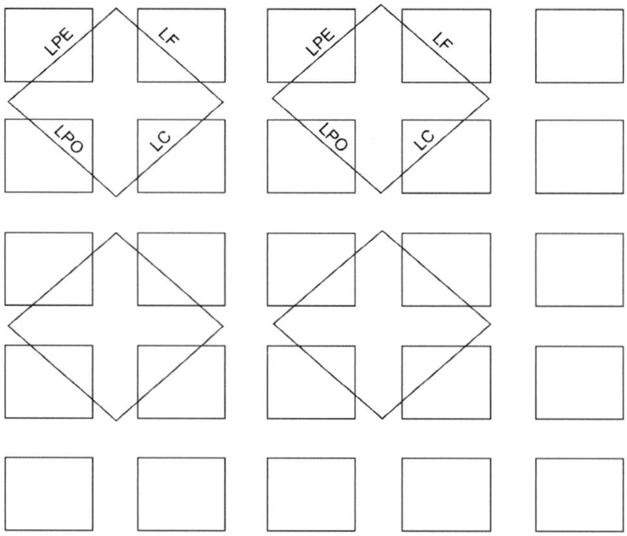

Carrés : unités sociales (individus ou groupes)
Losanges : les quatre types de liens sociaux
LF : Lien de filiation
LPE : Lien de participation élective
LPO : Lien de participation organique
LC : Lien de citoyenneté

Figure III
L'entrecroisement inégal des liens sociaux

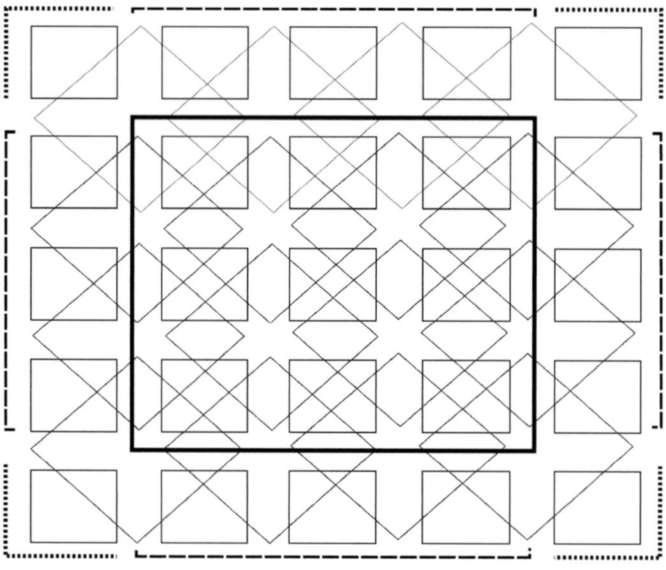

———— : unités sociales avec les quatre types de lien
– – – – – : unités avec deux types ……… : unités avec un type

Figure IV
Les liens sociaux aux États-Unis

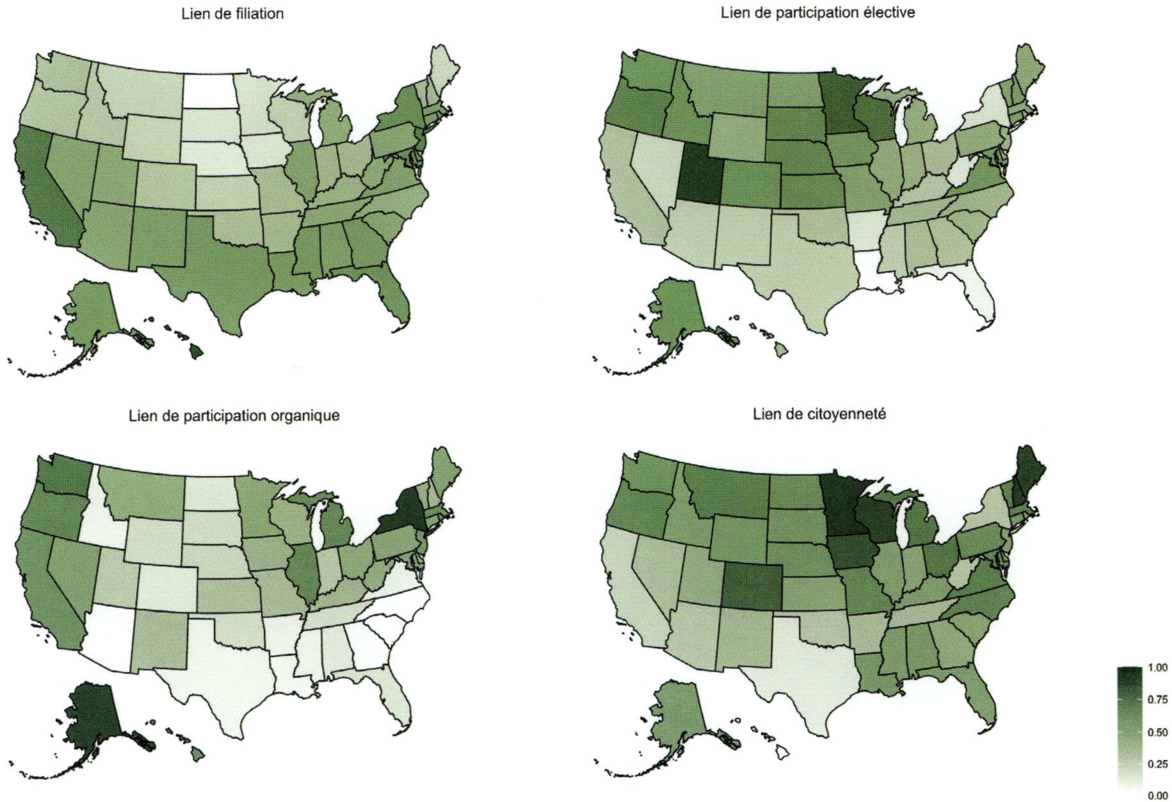

Sources : Lien de filiation : American Community Survey, 2011-2015 ; Lien de participation organique : Current Population Survey 2015 ; Lien de participation élective : Current Population Survey (Volunteer Supplement), Septembre 2014 ; Lien de citoyenneté : participation aux élections de mi-mandat et aux élections générales, 2012 et 2016.

Figure V
Indice de diversité ethnique aux États-Unis (1)

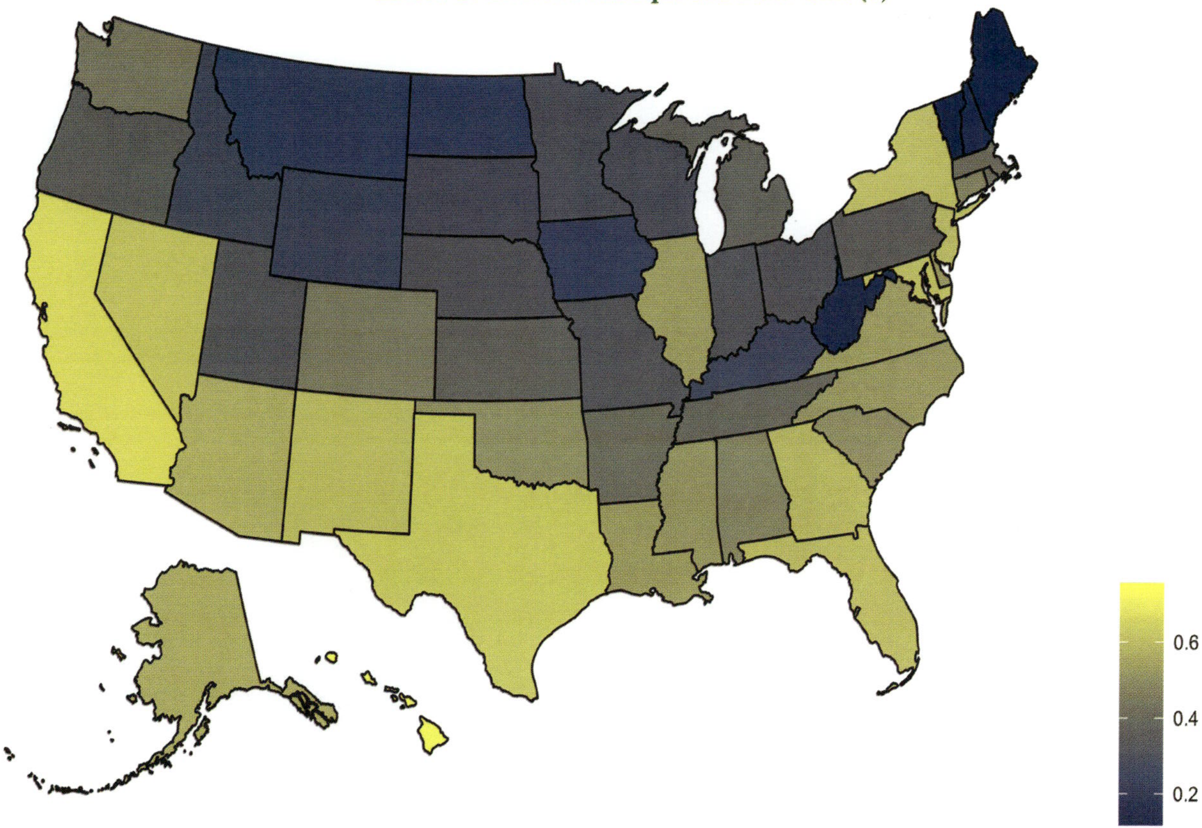

Source : Census Bureau 2020 (1). L'indice de diversité, généralement utilisé dans les sciences sociales, est connu sous le nom d'indice de Blau. Il mesure la probabilité que deux individus choisis au hasard dans la population soient de race ou d'origine ethnique différente.

la puanteur qui se dégage à leur passage, notamment dans les lieux d'affluence où les gens s'entrecroisent, explique l'attitude banale qui consiste à les éviter, comme si l'on craignait une contamination. Les historiens ont montré, aussi bien en France que dans d'autres pays, la permanence du réflexe bourgeois de s'affranchir de la présence des pauvres en se réservant des espaces privilégiés dans la ville. Se préserver de la puanteur du pauvre et du risque infectieux qu'il représente était au XIXe siècle la constante de la lutte contre le paupérisme qui apparaissait dans les villes industrialisées. Il est surprenant de constater qu'aujourd'hui l'espace public des métropoles reste toujours traversé par cette préoccupation hygiéniste, non seulement dans les grandes villes des pays en voie de développement où les problèmes sanitaires ne sont pas entièrement résolus, mais aussi dans les villes européennes.

Marie Loison-Leruste a réalisé une enquête ethnographique et statistique auprès de personnes vivant à proximité de centres d'accueil et d'hébergement d'urgence en Île-de-France[10]. Sa thèse interroge les représentations sociales « ordinaires » et les attitudes à l'égard des SDF. Sources tout à la fois de fascination, de dégoût, de peur, de sentiment de compassion ou de pitié, les personnes sans domicile se trouvent confrontées à l'hostilité des habitants d'un quartier quand elles deviennent une menace pour leur tranquillité. Des plaintes et demandes de mise à distance de ces « indésirables » abondent auprès des élus communaux et des responsables de la salubrité publique. Le regard porté sur cette population, les comportements éventuels de rejet et les stratégies de distinction sociale trouvent une légitimité dans des formes de « compassion sélective » : tous les sans domicile ne « méritent » pas d'être aidés et une hiérarchie des stigmates s'établit pour distinguer le « bon » SDF du « mauvais »[11].

10. M. Loison-Leruste, *Habiter à côté des SDF. Représentations sociales et attitudes à l'égard des personnes sans domicile*, Paris, L'Harmattan, 2014.

11. La frontière entre le pur et l'impur dans les représentations des personnes précaires peut sans doute être interprétée à la lumière des analyses de Mary Douglas. Voir sur ce point Mary Douglas, *De la souillure. Essais sur les notions de pollution et de tabou* (1re éd. en anglais, 1966, sous le titre *Purity and Danger : An Analysis of Concepts of Pollution and Taboo*), Paris, La Découverte, 2005. Voir aussi Dominique Memmi, Gilles Raveneau et Emmanuel Taïeb, *Le Social à l'épreuve du dégoût*, Rennes, Presses universitaires de Rennes, 2006.

Ce souhait de mise à distance des « indésirables » a par exemple été vivement exprimé dans le 16e arrondissement de Paris lorsque, au début de l'année 2016, la mairie de Paris et l'État entreprirent de construire un centre d'hébergement de 200 lits afin d'accueillir des sans-abri ou des réfugiés dans des préfabriqués disposés à l'orée du bois de Boulogne. Les habitants de cet arrondissement bourgeois se mobilisèrent massivement contre le projet. Conduits par le député LR de la 14e circonscription de Paris et maire du 16e arrondissement, Claude Goasguen, ils lancèrent une pétition qui récolta plus de 40 000 signatures en quelques semaines et ils se manifestèrent avec violence dans les médias et lors de réunions publiques, puis s'engagèrent dans une bataille judiciaire pour empêcher le lancement des travaux d'aménagement de la zone concernée, lesquels ont toutefois été achevés en novembre de la même année. Les bâtiments en question furent plus tard incendiés. Même si les rapports sociaux se détendirent par la suite, la violence de cette réaction immédiate manifeste la force du rejet dont les populations « en marge » font l'objet chaque fois qu'une proximité avec les franges aisées de la population est possible. Ce rejet peut s'exprimer également dans d'autres couches de la société. Dans son enquête ethnographique, Claudia Maria Girola a examiné avec attention comment la Maison de Nanterre, structure d'accueil et d'hébergement des SDF, a été considérée comme un obstacle à la réhabilitation du quartier populaire « Le Petit Nanterre » où elle est située[12]. Les habitants de ce quartier, fortement stigmatisé à partir des années 1980, ont cherché à se distinguer de cette population hébergée en soulignant en termes parfois violents son altérité irréductible, ce que les responsables du projet de ville et les élus en charge de la réhabilitation du quartier ont abondamment relayé dans l'espace public.

Enfin, la mise à distance des « indésirables » semble correspondre à la volonté des habitants de certains quartiers de s'accorder sur les fondements d'un ordre moral conforme à l'idée qu'ils ont de la cohésion sociale au sein de leur entre-soi. Ils sont attachés à un esprit de discipline, au sens d'une éducation morale, qu'ils ne peuvent imaginer

12. Claudia Maria Girola, « De l'homme liminaire à la personne sociale. La lutte quotidienne des sans-abri », thèse en anthropologie sociale et ethnologie, sous la direction de Florence Weber, Paris, EHESS, 2007.

trouver qu'au sein de leur territoire protégé. Les enquêtes sociologiques confirment que les catégories sociales supérieures, mais aussi les classes moyennes, loin de pouvoir imposer aux pauvres et *a fortiori* aux SDF l'ordre moral auquel elles sont attachées, cherchent à le préserver de toutes les forces subversives susceptibles de se répandre à proximité de leur quartier ou dans les espaces urbains qu'elles fréquentent. L'enquête réalisée dans les quartiers riches ségrégués de trois métropoles – Paris, Delhi et São Paulo – révèle combien les habitants qui y résident cherchent à préserver leur entre-soi et à tenir à distance toutes les catégories dont ils estiment qu'elles n'y ont pas leur place[13]. À bien des égards, ce constat s'inscrit dans la continuité des études historiques menées sur ce sujet et des archives disponibles. Rappelons ici qu'en 1845, dans *La Situation de la classe laborieuse en Angleterre*, Friedrich Engels citait cette lettre publiée dans le *Manchester Guardian* par une dame de la bourgeoisie : « Depuis quelque temps on rencontre dans les grandes rues de notre ville une foule de mendiants qui, tantôt par leurs vêtements en haillons et leur aspect maladif, tantôt par l'étalage de blessures béantes et d'infirmités repoussantes, cherchent à éveiller la pitié des passants de façon souvent fort impudente et fort offensante. J'incline à croire que lorsqu'on paye non seulement l'impôt pour les pauvres, mais qu'on apporte en outre une généreuse contribution à l'entretien de bienfaisance, on en a assez fait pour avoir le droit d'être enfin à l'abri d'importunités aussi désagréables que cyniques ; et à quoi donc sert l'impôt si lourd que nous payons pour l'entretien de la police municipale, si la protection qu'elle nous accorde ne nous permet pas d'aller tranquillement en ville et d'y revenir ? J'espère que la publication de ces lignes dans votre journal qui jouit d'une grande diffusion, incitera les pouvoirs publics à faire disparaître cette calamité (nuisance)[14]. »

Au chaos de la ville, aux violences qui la traversent et au délitement normatif des quartiers pauvres s'opposerait ainsi le sens de l'ordre, de l'autorité et de la régularité. La barrière sociale aurait alors comme

13. S. Paugam, B. Cousin, C. Giorgetti, J. Naudet, *Ce que les riches pensent des pauvres*, *op. cit.*
14. F. Engels, *La Situation de la classe laborieuse en Angleterre d'après les observations de l'auteur et des sources authentiques* (1re éd., 1845), Paris, Éditions sociales, 1975, p. 339.

fonction de préserver non seulement le statut social, mais aussi l'ordre moral. Un des signes récents visibles de la volonté d'expulser les sans-abri de l'espace public – du moins de les empêcher d'y séjourner – est la prolifération de mobilier urbain anti-SDF[15] : remplacement des bancs publics par des assises individuelles, installation de plans inclinés, de plots métalliques ou en béton, de barres, de pics ou de crampons pointus pour rendre impossible de s'asseoir ou de s'allonger dans certains espaces publics, notamment à proximité des gares, des distributeurs de monnaie ou des commerces, jets d'eau automatique sous les porches dès qu'une personne s'y installe pour se reposer, etc. La ville est ainsi progressivement devenue hostile à toute personne à la rue et sans ressources et les associations de lutte contre la pauvreté ne cessent de dénoncer cette dérive.

C'est bien à cet environnement urbain hostile et à la pression morale exercée tout à la fois par les habitants, les commerces et les pouvoirs publics pour mettre à distance ou rendre invisibles ces catégories jugées « indésirables » que les sans-abri et les marginaux en errance doivent faire face au quotidien. Se maintenir dans un espace urbain aussi répressif relève d'une résistance individuelle et collective qui passe par le recensement de lieux ressources. Il existe, on le sait, des lieux d'accueil de jour ou des hébergements d'urgence, des lieux de distributions de repas gratuits ou de denrées alimentaires organisées par les associations humanitaires. Des maraudes viennent régulièrement en aide aux personnes à la rue. Il existe aussi des lieux publics qui ne sont pas spécifiquement destinés à l'accueil des pauvres et des sans-abri, mais qui peuvent être investis par eux. Il s'agit notamment des bibliothèques publiques.

Les ressources des bibliothèques publiques

Même si l'image de l'analphabétisme ou de l'inculture est souvent associée à la pauvreté, les pauvres sont présents dans les bibliothèques publiques et souvent beaucoup plus qu'on ne l'imagine. Comment

15. Gilles Paté et Stéphane Argillet, « Bancs publics. Regard sociologique sur l'ordinaire des espaces urbains », *Actes de la recherche en sciences sociales*, 159, 2005, p. 116-120.

se fait-il qu'ils fréquentent ces lieux alors que rien ne semble être fait pour eux, puisque tout paraît les condamner d'avance à y être dévalorisés socialement ? Cette question se pose en France comme dans de nombreux autres pays, comme en témoignent de nombreuses publications sur le sujet[16]. La question des usagers en situation de pauvreté économique ou relationnelle dans les bibliothèques publiques n'est toutefois pas récente. Déjà dans les années 1920 aux États-Unis, dans sa célèbre enquête intitulée *Le Hobo*, Nels Anderson avait constaté que si les vagabonds, sans doute quelque peu intimidés et gênés par leur accoutrement ordinaire, hésitaient à entrer dans les bibliothèques publiques, certains d'entre eux perdaient peu à peu ces premiers scrupules. Il avait remarqué que plusieurs, sans doute les plus zélés, s'étaient initiés à ce lieu pendant la période hivernale, lorsqu'ils étaient contraints de venir s'y réfugier. La salle de lecture de presse de la Bibliothèque municipale de Chicago était devenue leur retraite favorite pendant les journées les plus froides, et elle était aussi, pour eux, un lieu de repos agréable pendant les chaleurs des mois d'été[17].

Richard Hoggart abordait également cette question en Angleterre dans les années 1950[18]. Il remarquait que des vieillards erraient dans les bibliothèques en quête d'un peu de compagnie, mais aussi tout simplement parce qu'ils y trouvaient des sièges et un peu de chaleur. Il rapportait même des observations faites dans une bibliothèque de Belfast où certains vieux lecteurs tentaient de faire subrepticement sécher leurs chaussettes sur les tuyaux du chauffage central, au risque de se retrouver à la rue si le bibliothécaire les surprenait. Les bibliothèques municipales de cette époque étaient déprimantes, ces lieux étaient sombres et, surtout, de nombreuses affiches rédigées sur un mode impératif énuméraient en noir sur fond blanc les points du

16. Sans prétendre à l'exhaustivité, on peut citer, par exemple, l'ouvrage de Leslie Edmond et Glen E. Holt, *Public Library Services for the Poor. Doing All We Can*, Chicago, American Library Association, 2010 et Darrin Hodgetts *et al.*, « A trip to the library : homelessness and social exclusion », *Social & Cultural Geography*, vol. 9, n° 8, décembre 2008, p. 933-953.
17. Nels Anderson, *Le Hobo. Sociologie du sans-abri* (1re éd. en anglais, 1923), Paris, Armand Colin, 2011, voir en particulier p. 245-246.
18. Richard Hoggart, *La Culture du pauvre* (1re éd. en anglais sous le titre *The uses of Literacy*, 1957), Paris, Minuit, 1970, p. 3 et suiv.

règlement, notamment ceux destinés à prohiber certains comportements jugés indésirables.

Une enquête approfondie a pu être réalisée à Paris au sein de la Bibliothèque publique d'information (BPI) du Centre Pompidou[19]. Cet établissement est un espace démocratique conçu comme tel par ses fondateurs, y compris dans sa conception architecturale. L'accès au savoir et à la culture au sein de cet espace public est pour tous, sans restriction, sans distinction de classes ou de catégories[20]. Les savants, ceux dont le savoir et la culture peuvent être jugés légitimement comme supérieurs, ne sont pas traités en privilégiés. C'est d'ailleurs sans doute pour cette raison que les personnes les moins dotées en capital culturel peuvent s'y sentir à l'aise et faire l'expérience d'une appartenance à une communauté ouverte qui les protège et les valorise. Dans les faits, cette bibliothèque située dans l'un des lieux culturels les plus prestigieux de la capitale se rapproche des bibliothèques universitaires par sa taille (plus de 10 000 mètres carrés d'espaces de lecture sur trois niveaux), l'abondance et la diversité du fonds disponible et par son public majoritaire : les étudiants représentent à eux seuls environ les deux tiers des effectifs. Mais elle est aussi fréquentée, depuis sa création en 1977, par des personnes en situation de pauvreté, voire d'extrême pauvreté. Certaines d'entre elles y ont pris leurs habitudes, en profitant des facilités d'accès et de l'esprit d'ouverture qui y règne. Par ailleurs, si le règlement stipule, par exemple, que « les personnes en état d'ébriété ou celles dont l'hygiène ou le comportement sont susceptibles d'être une gêne pour les usagers ou pour le personnel ne sont pas autorisées à accéder à la bibliothèque », il est d'usage de l'appliquer de façon assez souple, ne fût-ce que pour rester fidèle aux principes fondateurs. La présence de ces publics ne passe évidemment pas inaperçue. Il suffit de se connecter aux forums spontanés créés sur Facebook par des étudiants pour s'en rendre compte. Ces derniers y commentent souvent avec ironie l'attitude des usagers les plus marginalisés qu'ils rencontrent

19. S. Paugam et C. Giorgetti, *Des pauvres à la bibliothèque. Enquête au Centre Pompidou*, Paris PUF, « Le Lien social », 2013. J'en reprends ici, de façon synthétique, les principaux résultats.

20. Christophe Evans, Agnès Camus, Jean-Michel Cretin, *Les Habitués. Le microcosme d'une grande bibliothèque*, Paris, Éditions de la Bibliothèque publique d'information Centre Pompidou, « Études et recherche », 2000.

quotidiennement et qui deviennent par la force des choses des personnages emblématiques de la BPI. Hormis cette minorité qui n'échappe à personne, les bibliothécaires, de leur côté, découvrent chaque jour, par des contacts discrets et une fois la confiance établie, que certains usagers sont en grande difficulté alors que rien, dans leur apparence, ne pouvait le laisser deviner.

Un espace ouvert à tous ne signifie pas pour autant l'absence de distinction sociale entre les usagers. Au contraire, plus il est ouvert, plus il est tentant – voire, dans certains cas, vital – pour celles et ceux qui le fréquentent de manifester une différence distinctive, un style conforme à un type d'usage légitime, notamment lorsque des franges relativement nombreuses de la population semblent particulièrement précaires et parfois assez peu disposées à la concentration intellectuelle qu'impose l'accès au savoir et à la culture. Une hiérarchie s'instaure entre les usagers selon leur plus ou moins grande conformité aux pratiques jugées légitimes dans un lieu public. Or, cette hiérarchie implicite est au fondement non seulement de la distinction entre les populations précaires et celles qui ne le sont pas, mais aussi de la distinction entre les populations précaires elles-mêmes.

L'enquête a permis de vérifier que les publics pauvres de la bibliothèque peuvent être définis à partir des trois phases de processus de disqualification sociale – la *fragilité*, la *dépendance* et la *rupture* – que nous avons examinées plus haut[21]. Une correspondance précise entre les phases de ce processus et des usages de la bibliothèque correspondant à des attentes différentes, des relations contrastées avec les autres usagers et un rapport aux normes de la bibliothèque lui aussi différencié. Pour être accepté dans ce type d'espace public, il convient, pour celles et ceux qui, en situation vulnérable, osent s'y aventurer, d'adopter un comportement susceptible d'être sinon totalement accepté, du moins toléré.

Les personnes proches de la phase de fragilité viennent avant tout à la bibliothèque pour y trouver des ressources intellectuelles pour leurs projets personnels, le plus souvent d'ordre professionnel. Se sentant au bord de basculer dans la disqualification sociale, elles trouvent ici une formidable opportunité de résistance. Le lieu en lui-même les valorise. La bibliothèque est prestigieuse car elle

21. Voir *supra*, chapitre 7.

est située au sein du Centre Pompidou, l'un des endroits culturels français les plus prisés, doté d'une excellente réputation, y compris à l'étranger. La bibliothèque n'est pas un lieu de divertissement, bien au contraire : ces populations fragiles peuvent y exercer leur éthos du travail, s'astreindre à une discipline. Apprendre une langue, et d'abord le français pour les étrangers, rechercher un emploi sur internet, se former à des techniques nouvelles, tels sont les objectifs les plus courants qu'elles visent. Cette attitude correspond aussi à un souhait de distinction à l'égard des marginaux présents dans la bibliothèque. Il leur faut avant tout dissimuler tout signe pouvant les identifier à ces groupes. Une tenue impeccable contribue à les confondre avec les usagers ordinaires de la bibliothèque. Enfin, ces usagers en situation de fragilité se valorisent par la conformité exemplaire aux normes dominantes et au règlement de la bibliothèque. Ils en sont d'ailleurs d'ardents défenseurs.

Les personnes proches de la phase de dépendance ont des attentes à l'égard de la bibliothèque presque opposées. Beaucoup d'entre elles ont traversé des épreuves douloureuses faites de désillusions et de difficultés cumulatives. Elles sont nombreuses à avoir perdu l'espoir d'une réelle amélioration de leur condition. Elles viennent alors chercher à la bibliothèque non pas un moyen de promotion par l'accès à des ressources intellectuelles, mais un moyen d'occupation du temps. Elles font de cet espace le lieu privilégié de leur vie quotidienne, celui qui leur permettra d'adopter un rythme régulier, parfaitement maîtrisé, et de s'adonner seul, mais aussi en groupe, à des activités souvent ludiques ou à une passion. Parce que cet espace leur est devenu indispensable, elles cherchent à se l'approprier en marquant chaque jour le territoire avec leurs innombrables sacs. Il n'est pas faux de dire qu'elles se sont en quelque sorte enracinées dans la bibliothèque en usant de tactiques pour résister aux sarcasmes de certains usagers et en sachant imposer par la négociation leurs propres normes. Alors que les usagers proches de la fragilité adoptent souvent des horaires qui correspondent à une journée classique de travail, les usagers proches de la dépendance sont nombreux à rester dans la bibliothèque jusqu'à la fermeture. Ils aimeraient d'ailleurs que leur lieu de prédilection reste ouvert tous les jours et même la nuit entière.

Les personnes proches de la phase de rupture, celles qui ont atteint le stade ultime de la disqualification sociale, sont facilement identifiables au sein de la bibliothèque. Elles sont en effet dans un tel état de détresse qu'il est impossible de ne pas les voir. Leurs habits sont sales, élimés et déchirés. Peu entretenues, elles dégagent parfois une odeur insoutenable et font fuir généralement les usagers qui les côtoient. Certains usagers marginalisés parviennent néanmoins à se faire accepter alors que tout les désigne socialement comme des êtres distincts par leur allure excentrique, leurs habitudes et leurs comportements atypiques. Ils se glissent dans certains espaces de la bibliothèque avec une telle régularité que les autres usagers finissent par s'habituer à leur présence, voire, à la longue, à y prendre intérêt. C'est ce que Goffman a proposé d'appeler des « déviants intégrés ». Ce type de personnage « représente souvent un foyer d'attention qui soude les autres en un cercle de participants dont il est le centre, mais dont il ne partage pas le statut[22] ». Certains d'entre eux sont d'ailleurs considérés comme de véritables mascottes par les étudiants qui leur ont donné des surnoms.

Il existe aussi parmi cette frange de la population des personnes atteintes de troubles psychologiques qui parlent seules et errent dans la bibliothèque en ayant un comportement très agité. Elles ont en commun de venir chercher dans la bibliothèque un coin paisible pour se reposer. Il s'agit parfois d'une question de survie, surtout en hiver quand il fait très froid. Elles savent que la bibliothèque n'est pas un endroit qui leur est spécialement destiné et qu'elles ne peuvent l'utiliser que de façon marginale, sous certaines conditions. Certaines, conscientes de la gêne qu'elles peuvent occasionner, se mettent volontairement à l'écart ou cherchent à préserver les chaises et le matériel de la bibliothèque de leur saleté et de leur puanteur. La plupart sont en permanence au seuil de la transgression et risquent à tout moment d'être expulsées. Les contraintes de la fréquentation de cet espace public sont parfois jugées trop sévères. C'est la raison pour laquelle beaucoup d'entre elles s'y aventurent peu, préférant encore les contraintes de la rue où elles ont le sentiment d'être plus libres.

22. Erving Goffman, *Stigmate. Les usages sociaux des handicaps* (1re éd. en anglais, 1963), Paris, Minuit, 1975, p. 164.

Les résultats de l'enquête confirment que les publics en difficulté sont globalement satisfaits des services qu'ils y trouvent. En réalité, la bibliothèque leur apporte à la fois la protection et la reconnaissance dont ils ont besoin pour renforcer les liens qui les rattachent à la société. Les personnes proches de la fragilité peuvent renforcer à la bibliothèque le lien de participation organique, au sens où ils y améliorent leur formation et y recherchent un emploi. Les personnes proches de la dépendance sont plus éloignées du marché de l'emploi, mais elles trouvent au sein de la bibliothèque le moyen de renforcer le lien de participation élective puisqu'elles viennent y faire des rencontres, y compris amoureuses. La sociabilité que rend possible cet espace public est bien réelle, comme nous avons pu le vérifier dans cette recherche, mais elle peut être aussi virtuelle par les connexions à internet et les blogs auxquels participent de nombreux usagers proches de la phase de dépendance. Enfin, les personnes proches de la phase de rupture, lorsqu'elles ont réussi à franchir le portillon de l'entrée, se voient reconnaître, en dépit de leur délabrement physique et de leurs stigmates, le droit de circuler dans un espace public, ce qui constitue pour elles la preuve qu'elles existent encore au titre de leur citoyenneté. La bibliothèque du Centre Pompidou est ainsi pour les publics pauvres un espace de constitution et de renforcement des liens sociaux. Elle permet de conjurer la disqualification sociale.

Les résultats de cette enquête interrogent la notion même d'espace public. Si la BPI est un lieu en lui-même exceptionnel, ce qui s'y passe ne l'est pas vraiment. Les bibliothèques publiques, qu'elles soient installées dans de grandes ou de petites villes, dans les centres ou en périphérie, sont confrontées peu ou prou au même phénomène. Les pauvres peuvent y trouver ce que les autres espaces de la ville ne leur apportent pas. Les bibliothèques ne sont pas des services sociaux et pourtant elles leur rendent des services que l'on pourrait qualifier de sociaux. La différence est que les pauvres s'y sentent plus libres alors que tout leur rappelle leur condition d'assistés quand ils sollicitent l'aide d'un professionnel du social. Ils peuvent échapper dans certains cas, au moins temporairement, à la stigmatisation qu'implique presque inévitablement le contrôle exercé sur leur vie privée dans les institutions d'action sociale. La bibliothèque publique s'adresse à ses usagers non seulement comme sujets de droit, mais aussi comme citoyens actifs et responsables de leur destin, quelles que puissent être leur situation objective et leurs difficultés réelles. Les pauvres trouvent aussi, on l'a vu, dans ces bibliothèques une compensation au refoulement ou à l'indifférence dont ils font l'objet quand ils occupent l'espace de la rue. Les sans-abri y viennent pour se protéger des conditions atmosphériques hostiles (la pluie, le froid, la canicule...), mais aussi pour pallier les manques de places gratuites dans les autres espaces de la ville, pour échapper aussi bien à l'hostilité des vigiles ou des agents de police qu'aux agressions fréquentes entre personnes à la rue et, enfin, pour se sentir appartenir, au moins temporairement, à une quasi-communauté différente, plus valorisée que celle par laquelle ils sont habituellement désignés, même s'ils n'échappent pas entièrement au stigmate.

L'enquête montre que cette bibliothèque a réussi à faire admettre son principe fondateur d'égalité au plus grand nombre. Dans un texte bien connu, Simmel définissait les conditions de la sociabilité : « Du moment que la sociabilité est, en vertu de son caractère esthétique et ludique, l'abstraction la plus parfaite de la socialisation, elle exige l'espèce la plus pure, la plus transparente et la plus aisée de l'action réciproque, celle qui se produit entre égaux ; en vertu de son idée fondamentale elle doit imaginer des êtres qui se défont à ce point de leur contenu objectif et qui se modifient à ce point quant à leur importance intérieure et extérieure, qu'ils deviennent égaux quant à la sociabilité et que chacun d'entre eux ne saurait accéder pour soi aux valeurs de la sociabilité qu'à la condition que les autres, par le jeu de l'action réciproque, y accèdent également. Il s'agit du jeu au cours duquel "on fait" comme si tous étaient égaux, comme si l'on honorait chacun spécialement[23]. » La sociabilité qui se développe entre les usagers de la bibliothèque du Centre Pompidou repose effectivement sur le mode de l'égalité. Nul doute que cet espace n'est pas réservé à une élite intellectuelle, que toutes les catégories sociales, et même les plus précaires, peuvent s'y croiser. L'acceptation consensuelle de ce principe d'égalité est une condition de la sociabilité dans ce lieu public. En ce sens, la bibliothèque du Centre Pompidou est à la fois un espace de sociabilité,

23. G. Simmel, « La sociabilité », *in* G. Simmel, *Sociologie et Épistémologie*, *op. cit.*, p. 129.

au sens de Simmel, et un espace de citoyenneté ou plutôt un espace d'apprentissage de la citoyenneté.

Guidé par ma curiosité, j'ai essayé d'étendre la comparaison à l'étranger, en visitant d'autres bibliothèques publiques. Sans prétendre que ces observations ethnographiques non systématiques puissent remplacer une véritable enquête comparative – qui reste d'ailleurs à entreprendre – je prendrai seulement un exemple particulièrement significatif, celui de la bibliothèque Mario de Andrade à São Paulo. Cette dernière a été créée en 1925, à partir de ce qui deviendra plus tard le Département de la culture de la ville de São Paulo, dirigé par l'intellectuel et poète Mário de Andrade. Située en plein centre-ville, elle était à sa création à l'image des beaux quartiers de cette métropole un lieu privilégié de la culture brésilienne, particulièrement prisé par l'élite intellectuelle et bourgeoise de l'époque. Mais le centre-ville n'a cessé de se dégrader et les élites se sont progressivement installées dans d'autres quartiers résidentiels aujourd'hui fortement ségrégués.

La bibliothèque Mário de Andrade est située dans un bel immeuble et dispose actuellement d'une collection d'une grande richesse composée de 4 millions de documents, dont environ 300 000 livres, 2 millions de périodiques, sans compter plusieurs milliers d'œuvres rares. Son défi est donc de rendre accessible cette richesse au plus grand nombre conformément à son statut d'établissement public. De nombreuses initiatives sont prises dans ce sens, qui pourraient être comparées à celles de la bibliothèque du Centre Pompidou. Le problème majeur auquel elle est confrontée n'est toutefois pas seulement de permettre aux plus pauvres d'accéder au savoir, mais aussi de reconquérir les classes moyennes et supérieures particulièrement réticentes à se déplacer en centre-ville. Il est très probable que la présence de pauvres ou de sans-abri au sein de cette bibliothèque finirait par les décourager encore davantage. J'ai donc pu vérifier que les sans-abri qui fréquentent les alentours ne cherchent aucunement à y pénétrer, l'accueil à l'entrée est d'ailleurs particulièrement restrictif puisqu'il est demandé aux usagers de justifier de la raison de leur visite. La solution de l'accueil des publics précaires n'est donc pas formellement envisagée. Je n'y ai rencontré aucune personne pouvant laisser présager une quelconque précarité. La politique est plutôt d'ouvrir des points relais dans les divers quartiers de la ville pour permettre l'accès aux livres aux plus éloignés du savoir et de la culture. En revanche, en parallèle aux activités habituelles d'une grande bibliothèque, l'offre culturelle de cet établissement s'est considérablement étendue puisqu'on y trouve des salles de cinéma, des théâtres, des concerts alliant musique classique et populaire, de nombreuses expositions et des débats. Tout ce qui peut encourager les classes moyennes et supérieures à se rendre dans ce lieu est envisagé afin de lui redonner son lustre d'antan et sa grande vocation culturelle et intellectuelle. Autrement dit, la dynamique d'ouverture d'une bibliothèque publique est fortement dépendante du lieu où elle est implantée, de son histoire et du degré de ségrégation de l'espace public.

Au-delà de cet exemple brésilien, la présence des pauvres et de sans-abri dans les bibliothèques publiques suscite aussi ailleurs bien des critiques. Un éditorial publié dans la revue américaine *Library Journal* résume les arguments en faveur d'une réglementation plus stricte. « What a Library Is Not », tel est le titre de ce texte qui énonce clairement qu'une bibliothèque n'est pas un parloir pour les pauvres ou un refuge pour les sans domicile et qu'elle n'a pas à devenir un service d'action sociale par défaut[24]. Le texte souligne en sus que les bibliothécaires ne sont pas qualifiés pour pratiquer le métier de travailleur social. Ces arguments servent en réalité une politique restrictive de l'accès des bibliothèques publiques qui, dans son application la plus radicale, peut conduire à l'exclusion pure et simple des publics les plus pauvres sous prétexte qu'ils relèvent d'un traitement social spécialisé.

L'entre-soi des sans-abri

Si l'espace des bibliothèques publiques peut représenter un lieu-ressource appréciable pour les sans-abri, qu'en est-il de la rue ? Est-il possible d'y construire un entre-soi capable de garantir à ses membres à la fois une protection minimale face aux dangers extrêmes d'une vie vagabonde en marge de la société et une reconnaissance, elle aussi minimale, au sein d'un groupe de semblables ? L'on décrit souvent les sans-abri comme isolés et désocialisés. Au cours de la journée, ils se

24. Blaise Cronin, « What a Library Is Not », *Library Journal*, 5 novembre 2002.

tiennent souvent seuls dans les espaces où ils mendient, ils évitent de se regrouper de façon trop visible dans les rues passantes en craignant d'en être chassés par les forces de l'ordre et il n'est pas rare de les voir sillonner la ville de façon solitaire. Mais ces images, qui suggèrent un isolement radical, sont trompeuses. Les personnes privées de logement sont nombreuses à être issues de l'immigration[25]. Parmi elles, les familles, souvent des femmes avec enfants, arrivées à leur point de destination au prix d'un périple laborieux, sont majoritairement prises en charge dans les hôtels et dans les structures dédiées aux demandeurs d'asile. Les migrants en situation irrégulière n'y ont pas accès et se regroupent dans des espaces inappropriés, sans aucun confort, en vivant le plus souvent de la mendicité ou d'activités souterraines. Leur entre-soi constitue leur principale force. Les enquêtes ethnographiques réalisées auprès des sans-abri révèlent aussi que la marginalité est un monde social beaucoup plus structuré qu'il n'y paraît[26]. Certes, nous ne parlons plus aujourd'hui de lieux que les historiens du Moyen Âge ont pu répertorier, tels que la « Cour des Miracles » décrite par Victor Hugo dans son roman *Notre-Dame de Paris 1482* comme une « ruche monstrueuse où rentraient le soir avec leur butin tous les frelons de l'ordre social ». Cette zone urbaine de pauvreté extrême regroupait en effet tous les soirs les mendiants, les infirmes et les vieillards sans ressources, mais aussi les prostituées et les voleurs, comme autant de catégories reléguées ensemble dans un espace de non-droit, jugé infâme et dangereux par les autres couches de la population[27]. Pour autant, il

25. Pascale Dietrich-Ragon, « Aux portes de la société française. Les personnes privées de logement issues de l'immigration », *Population*, 72, 1, 2017, p. 7-38. On lira également sur ce point la thèse de doctorat en démographie de Pierre Eloy, « Héberger les vulnérables, éloigner les indésirables. Trajectoires de prise en charge des familles immigrées sans-abri à Paris », université Paris 1-Panthéon-Sorbonne, 2019.
26. Thibaut Besozzi, « La structuration sociale du monde des sans-abri », *Sociologie*, vol. 12, n° 3, 2021, p. 247-266.
27. L'origine de l'expression « Cour des Miracles » qu'emploie Hugo provient probablement du fait que de nombreux mendiants, pour attiser la compassion, pouvaient feindre dans la journée une infirmité – un bras perdu ou une jambe inerte par exemple – et retrouver le soir au sein de leur groupe toutes leurs facultés dans une ambiance de gaieté collective. Mais les historiens ont également souligné que le clergé y recrutait le personnel de leurs miracles. Alexandre Vexliard

existe encore aujourd'hui des liens entre les sans-abri et des lieux où ils se retrouvent à plusieurs la nuit pour compenser la rudesse de la rue et échapper aux contraintes des structures d'hébergement qu'ils sont nombreux à considérer comme aliénantes[28]. Quelles sont alors les conditions de possibilités de ce groupe social ?

Les groupes de sans-abri : une figure repoussante

Rappelons d'abord que ce groupe social n'attire pas celles et ceux qui vivent leurs premières expériences à la rue. De nombreux travaux ont mis en avant les différentes phases de la « carrière » des sans-abri. Auteur d'une enquête de référence réalisée dans les années 1950, Alexandre Vexliard distinguait déjà à cette époque quatre phases dans la formation de la personnalité du clochard[29].

La première phase qualifiée d'*agressive* est caractérisée par la rupture brutale, totale ou partielle, avec le monde antérieur, à la suite de la perte d'un proche, d'un déclassement social, d'un accident grave impliquant une infirmité définitive, etc. Cet ébranlement est vécu comme un rétrécissement de la vie sociale, des possibilités d'action, des liens avec autrui, à tel point que les obstacles semblent s'accumuler de façon inexorable. La brutalité de ces changements empêche de s'y adapter ou de trouver des ressources compensatrices. C'est bien le rétablissement du passé qui est attendu. L'attachement aux valeurs et aux normes intériorisées depuis l'enfance forme alors un rempart face à la désocialisation. Dans cette première phase, l'individu cherche à

---

rappelle que cette supercherie était orchestrée par les moines : « Un lépreux, un épileptique, un paralytique, connu depuis longtemps comme tel par les habitants, était soudain guéri au cours d'une procession en touchant une châsse. » On criait alors au miracle. En échange de ce service, les moines promettaient une protection secrète à cette confrérie des gueux, recrutée dans les bas-fonds de la société. Voir Alexandre Vexliard, *Introduction à la sociologie du vagabondage*, Paris, Librairie Marcel Rivière et Cie, 1956, p. 153 et suiv.

28. Voir sur ce point Édouard Gardella et Amandine Arnaud, *Le Sans-abrisme comme épreuves d'habiter. Caractériser statistiquement et expliquer qualitativement le non-recours aux hébergements sociaux*, Paris, Observatoire du Samu social de Paris, Observatoire national de la pauvreté et de l'exclusion sociale, 2018.

29. Alexandre Vexliard, *Le Clochard*, Paris, Desclée de Brouwer, 1957 ; nouv. éd., 1998, p. 417 et suiv.

éviter le contact avec d'autres personnes ayant connu une trajectoire similaire et préfère encore rester isolé plutôt que risquer de glisser progressivement dans cette marginalité tant redoutée et stigmatisée.

La seconde phase, dite *régressive*, marque le début de la découverte d'un autre monde. La situation d'isolement finit par peser et des besoins nouveaux imposés par les circonstances doivent être satisfaits. Le principe de réalité finit par s'imposer et il est bientôt impossible de rejeter la situation nouvelle tant celle-ci devient familière. Mais l'entrée progressive dans ce nouveau monde conduit les individus à déprécier, voire à rejeter, l'ancien, celui dans lequel ils n'ont plus leur place. Puisque ce dernier les repousse, ils finissent en retour par lui être hostiles, même si, au fond d'eux-mêmes, ils continuent, presque malgré eux, à entretenir l'espoir de le retrouver un jour. En réalité, c'est le monde nouveau qui s'impose et qui ébranle peu à peu le socle des normes morales et sociales acquises au cours de l'éducation.

La troisième phase est celle de la *fixation* au cours de laquelle l'individu prend conscience du caractère définitif de sa situation. Les maigres espérances que la seconde phase pouvait encore entretenir s'évanouissent. Il s'agit désormais de se mettre en conformité avec la situation objective puisque la voie d'un retour est définitivement barrée. Il s'agit désormais de s'organiser dans la marginalité, de subsister et de se suffire à soi-même. Pour trouver un équilibre dans un univers aussi insécurisant que la rue, il faut s'habituer à se satisfaire de peu, c'est-à-dire à restreindre ses besoins pour mieux supporter les privations du quotidien. Il faut aussi trouver des formes de rationalisation de cette condition marginale, ne fût-ce que pour faire face au mépris et à la réprobation sociale que suscite en général toute déchéance humaine.

Commence un travail intérieur qui ne s'accomplira vraiment que dans la phase suivante, la quatrième, qualifiée de *résignation*. Cette phase est celle qui permet à l'individu de trouver des voies nouvelles d'adaptation, voire d'harmonie relative, lesquelles se prêtent à toutes les formes de provocation adressées au monde ancien. Ce sont autant de manières de retourner le stigmate en puisant dans les ressources qui s'offrent à celles et ceux qui n'ont plus à rien à perdre. Se dessine ainsi une forme paradoxale de liberté, celle de ne plus être obligé d'être conforme aux normes et aux valeurs et de pouvoir minimiser l'ordre social, de tourner en dérision celles et ceux qui en défendent les fondements[30]. Cette rationalisation autistique qui libère relève d'un jeu, sans doute d'un pauvre jeu, mais dont la force symbolique est de pouvoir tenir dans la déchéance.

Plusieurs travaux de recherche ont poursuivi dans cette voie et ont permis d'approfondir les formes de la « carrière de survie » des personnes à la rue[31]. L'organisation, les apprentissages successifs, les adaptations nécessaires, l'accès aux ressources du quotidien, les relations avec les pairs, mais aussi la construction identitaire de ce groupe aux contours instables, sont autant de dimensions étudiées à partir d'enquêtes ethnographiques et d'entretiens approfondis[32]. S'il existe plusieurs formes d'entrée dans la carrière, il est rare que les personnes qui en font l'expérience entrent sans réticence et sans crainte en relation avec des sans-abri « endurcis ». L'entre-soi des gens de la rue fait figure de repoussoir et il apparaît impossible de s'y identifier au tout début. Cet entre-soi, s'il existe, ne peut concerner que des personnes qui ont dépassé les deux premières phases décrites par Vexliard.

Les nécessaires alliances de survie

Quels sont alors les formes et les facteurs explicatifs du regroupement des sans-abri ? L'entre-soi des personnes à la rue est-il comparable à l'entre-soi des quartiers pauvres ? Reprenons certains critères qui nous avaient permis de qualifier ce dernier au chapitre 9 et essayons de les vérifier à partir des expériences vécues des personnes à la rue. Le

30. Cela peut passer par la création de nouvelles normes de reconnaissance à l'intérieur du groupe marginalisé. C'est ce qu'Emmanuel Renault a pu observer dans une enquête auprès d'un groupe de punks squatters de Saint-Brieuc. Il s'agit dans ce cas d'une lutte de reconnaissance antagoniste avec le reste de la société. Voir Emmanuel Renault, *Reconnaissance, conflit, domination*, Paris, CNRS Éditions, 2017, en particulier le chapitre 6 « La conflictualité dans l'interaction : l'exemple d'un groupe de punks squatters », p. 179-199.
31. On pense en particulier aux travaux de Pascale Pichon, *Vivre dans la rue. Sociologie des sans-domicile fixe*, Saint-Étienne, Presses universitaires de Saint-Étienne, 2010 et aussi à ceux de David A. Snow et Leon Anderson, *Down on Their Luck : A Study of Homeless Street People*, Berkeley, CA, University of California Press, 1993.
32. Il faut citer aussi la recherche approfondie de Corinne Lanzarini, *Survivre dans le monde sous-prolétaire*, Paris, PUF, 2000.

premier est la similitude et le sentiment de partager un destin commun. Plusieurs enquêtes révèlent des alliances organisées entre pairs. Une fois dépassée la phase de distanciation, les sans-abri finissent par découvrir qu'ils ne sont pas seuls à avoir connu des épreuves douloureuses et que le processus par lequel ils sont passés est en réalité relativement banal au sens où il est partagé par bien d'autres. Certes, il peut être difficile de s'identifier pleinement à un groupe dont on pressent l'ampleur de la déchéance et de la stigmatisation dans l'espace public, mais c'est bien à son contact que pourront se faire les apprentissages indispensables à la survie.

Les femmes sans-abri sont peu nombreuses[33]. Beaucoup d'entre elles le sont devenues à la suite de violences qu'elles ont subies dans leurs trajectoires de vie. La rue les expose encore davantage à ce type d'agressions. Pour elles, en effet, la dangerosité est redoublée par la misère sexuelle qui règne parmi la population très majoritairement masculine des sans-abri. Certaines recherchent au sein d'un couple stable la protection d'un homme aguerri capable de les défendre, mais cette solution paraît elle aussi bien aléatoire. D'une façon plus générale, se regrouper sur un même territoire autorise une certaine sécurité physique du moins pendant un certain temps. Mais il ne s'agit que de petits groupes formés sans affinité préalable et entretenus dans le principal objectif de se rendre des services indispensables : organiser un tour de garde la nuit pour éviter les attaques et les vols d'individus et de bandes adverses particulièrement violentes et n'hésitant pas à recourir à l'arme blanche ; préserver et se partager les lieux prisés de la mendicité à proximité des commerces, des banques, mais aussi des églises propices à la pratique de la charité, se répartir les tâches de récupération de denrées alimentaires, d'achat de boissons alcooliques, de préparation des repas pris en commun. Nul doute que ces alliances sont fondées sur un principe de similitude – « on est tous dans la même galère » –, ce qui n'interdit pas une hiérarchie interne, certains pouvant assumer plus que d'autres le rôle de protecteur du groupe.

33. M. Loison-Leruste et G. Perrier, « Les trajectoires des femmes sans domicile à travers le prisme du genre : entre vulnérabilité et protection », *Déviance et société*, vol. 43, 2019/1, p. 77-110.

Le deuxième élément de l'entre-soi est celui de la mémoire collective inscrite dans un territoire spécifique. Il paraît improbable qu'un groupe aussi instable et soumis aux aléas de la vie puisse se constituer des souvenirs communs, mais les enquêtes révèlent pourtant que les sans-abri se connaissent entre eux, aiment se retrouver sur les lieux où ils ont partagé des moments de convivialité[34]. Ces regroupements sont l'occasion de se ressourcer, de rire, de raconter des histoires, d'évoquer des épisodes de leur vie commune où ils ont fait la fête, de monter des coups pour tourner en dérision des forces de l'ordre, de se remémorer les petits faits de gloire et de réjouissances qui émaillent les rigueurs de l'existence et les réconfortent.

Car le troisième élément de cet entre-soi est précisément de se sentir en sécurité au sein du groupe. Nous avons vu que cela n'est pas souvent le cas dans les quartiers disqualifiés où la violence des rapports sociaux est permanente, mais qu'il existe pourtant de multiples petits cocons protecteurs dans ces grands ensembles où se trouvent des membres de la famille élargie ou des connaissances sur qui il est possible de compter. La vie à la rue s'apparente en ce sens à l'entre-soi des quartiers pauvres : impossible d'y être pleinement en sécurité puisque la ville est en elle-même hostile aux sans-abri et cherche par tous les moyens à les repousser des lieux centraux, et parce que la violence y règne sans partage, mais ces groupes de pairs qui s'échangent des services peuvent aussi avoir une fonction de noyau protecteur. Le groupe offre alors une sécurité relative et le plus souvent transitoire, mais vitale.

Il est possible de reconstituer l'organisation du réseau d'interconnaissance du monde des sans-abri. Thibaut Besozzi y est parvenu dans une enquête ethnographique réalisée à Nancy[35]. Il a pu distinguer plusieurs groupes de trois ou quatre personnes, chacun attaché à un territoire spécifique (parking, squat, hypermarché, place...), avec lesquels sont en relation des intermédiaires, des binômes et des individus un peu plus périphériques. Dans ce vaste ensemble, seule une poignée de sans-abri sont isolés, ce qui confirme la structuration

34. C. Lanzarini, *Survivre dans le monde sous-prolétaire, op. cit.*, voir en particulier le chapitre III intitulé « La mobilisation ponctuelle des relations sociales ».
35. T. Besozzi, « La structuration sociale du monde des sans-abri », art. cité.

sociale de ce monde, souvent considéré comme désocialisé, mais dans lequel, en réalité, les individus sont liés les uns aux autres. Cette enquête a permis également de confirmer que ce monde ne correspond pas non plus à une « jungle » sans règles, sans normes et sans valeurs. Au contraire, certains comportements sont fortement dévalorisés – « agresser les plus faibles, voler ses semblables, ne pas payer ses dettes, “profiter” des autres, “trop parler” sur les uns et les autres, maltraiter son chien, “fayoter” avec les travailleurs sociaux, imposer la manche à quelqu'un dont on récupère ensuite les gains » –, tandis que d'autres sont collectivement appréciés et reconnus comme légitimes dans l'échelle des valeurs : la débrouillardise associée à l'autodétermination et l'indépendance (y compris parfois vis-à-vis des services d'action sociale) ; l'honneur (« rester libre », « sauver sa dignité », « ne pas baisser les yeux », « ne pas se laisser marcher dessus ») ; la virilité (« ne pas pleurer sur son sort », « savoir souffrir en silence », « ne pas être une lopette ») ; le fait d'être « réglo » (respecter les normes du microcosme, « ne pas faire de coups dans le dos ») ; la discrétion (ne pas dévoiler les histoires personnelles des uns et des autres, ne pas indiquer les combines et les endroits tenus secrets...) ; le partage (accepter d'être aidé implique d'aider à son tour à un moment ou à un autre, selon la logique du don et du contre-don) ; être un bon maître-chien (bien dresser son chien, bien le nourrir, le soigner, ne pas le frapper). Le respect de ces principes garantit une bonne réputation au sein du réseau. Ce monde des sans-abri, quand on l'examine attentivement, n'apparaît pas, en dépit de sa spécificité, comme un monde totalement à part. Il reproduit en son sein une hiérarchie qui oppose les « gens bien » aux autres, distingue les grands et les petits, les respectés et les mal-aimés, admire les uns et stigmatise les autres. C'est aussi dans ce sens que ce monde ne correspond pas à un vaste entre-soi, mais plutôt à une fragmentation laissant possibles des alliances ponctuelles, parfois durables, mais toujours incertaines.

Plusieurs sans-abri reconnaissent d'ailleurs eux-mêmes, alors qu'ils sont entourés d'autres sans-abri, qu'ils n'ont pas d'amis ou que l'amitié n'existe pas à la rue. Les relations sont toujours commandées par l'obligation de faire face ensemble aux aléas de la vie, elles sont toujours plus ou moins intéressées, jamais totalement gratuites. Chacun s'y engage tout en sachant que les liens de la rue sont toujours fragiles, qu'il ne faut pas en attendre trop car ils peuvent se rompre à tout instant, les personnes avec qui on échange et avec qui on partage des moments de joie peuvent disparaître du jour au lendemain en raison d'une opportunité à saisir, d'une embrouille qui a mal tourné, d'un accident ou d'un problème de santé. Julien Billion qui a enquêté auprès de jeunes sans domicile regroupés dans le quartier du Châtelet à Paris a pu le vérifier[36]. Ensemble dans ce lieu-ressource, ils trouvent un moyen de rompre la solitude, de satisfaire leurs besoins primaires, de commettre certains délits, d'obtenir des aides auprès d'associations caritatives. Mais ces liens peuvent se défaire aussi vite qu'ils se sont constitués. Les ressources un temps partagées sont toujours dérisoires et la confiance réciproque est difficilement conciliable avec les rigueurs et les urgences de la rue.

Il faut souligner enfin que ce qui donne corps au groupe des sans-abri, ce n'est pas seulement la similitude des expériences, les alliances de survie et le code d'honneur qui en émane, mais c'est aussi la prise de conscience d'un « nous » par opposition aux « autres », c'est-à-dire à celles et ceux qui passent devant eux, en feignant de ne pas les voir pour ne pas manifester leur gêne ou leur répulsion, celles et ceux qui s'écartent pour ne pas avoir à les croiser, autrement dit, les citadins ordinaires qui disposent d'un logement et d'un statut social[37]. Le « nous » des sans-abri n'est pas spontané, il est le fruit, on l'a vu, d'un apprentissage, mais il se manifeste de façon récurrente comme la conséquence du regard des autres, qu'il soit l'expression d'une indifférence ou d'une compassion charitable[38].

36. Julien Billion, « Les jeunes sans domicile et leurs pairs dans la rue », *in* S. Paugam (dir.), *L'Intégration inégale. Force, fragilité et rupture des liens sociaux*, *op. cit.*, p. 227-242.
37. Voir sur ce point Sophie Rouay-Lambert, « SDF et citadins dans l'espace public », *Les Annales de la recherche urbaine*, n° 90, 2001, p. 165-172.
38. C'est la raison pour laquelle la relation qui s'instaure entre eux et les maraudeurs qui souhaitent leur venir en aide n'est pas sans ambiguïté. Le souhait d'habitants catholiques des quartiers bourgeois parisiens d'instaurer une relation d'amitié avec les sans-abri installés dans leur voisinage se révèle le plus souvent insatisfait en raison de l'attitude distante que les sans-abri manifestent à leur égard. Voir sur ce point Mathilde Caro et Erwin Flaureau, « "Nos voisins de la rue". Une cohabitation entre riches paroissiens et sans-abri », *Espaces et sociétés*, à paraître en 2023.

La force des marginaux réside dans la capacité à susciter la gêne des gens ordinaires, à troubler l'ordre public, à obliger le « reste du monde » à trouver des parades pour les éviter, à susciter à leur égard tantôt le dégoût, tantôt l'empathie, à entretenir ce mur virtuel qui les soude au moins temporairement en s'opposant aux autres. Il ne fait aucun doute que cet entre-soi de la misère signe l'extrême pauvreté des rapports humains, mais il exprime aussi l'attachement social de celles et ceux qui se persuadent ensemble qu'ils n'ont plus rien à perdre.

PARTIE IV

Les régulations nationales de l'attachement social

Les historiens sentent et objectent à juste titre que les sociologues font trop d'abstractions et séparent trop les divers éléments des sociétés les uns des autres. Il faut faire comme eux : observer ce qui est donné. Or, le donné, c'est Rome, c'est Athènes, c'est le Français moyen, c'est le Mélanésien de telle ou telle île, et non pas la prière ou le droit en soi. Après avoir forcément un peu trop divisé et abstrait, il faut que les sociologues s'efforcent de recomposer le tout. Ils trouveront ainsi de fécondes données.

MARCEL MAUSS, *Essai sur le don*

CHAPITRE 11

Une comparaison internationale

Dans le cadre d'un colloque international dans lequel je présentais la problématique durkheimienne de l'attachement aux groupes et à la société[1], le sociologue américain Andrew Abbott est venu me dire, après mon intervention, que le concept d'attachement social lui semblait très pertinent, mais qu'il doutait du concept de société sur lequel reposait le raisonnement de Durkheim. Je comprenais cette remarque et ma première réaction fut d'y voir l'effet d'une difficulté pour un sociologue américain de considérer son pays ou sa nation comme une seule et unique société. Il est vrai qu'il est bien difficile d'enfermer les États-Unis dans un type particulier d'attachement tant les variations sont grandes entre les États ou les régions de ce pays. Mais, en réalité, la question d'Abbott n'était pas seulement la traduction du problème auquel le sociologue est confronté quand il parle de la société américaine. Luc Boltanski me posa, un peu plus tard, la même question à la lecture de mes premiers articles sur l'attachement social. Cette question renvoie à une question fondamentale : de quoi parle-t-on réellement quand on parle de société et est-il encore possible au XXIe siècle de parler de société ? Question qui peut paraître déroutante pour un sociologue puisque la science à laquelle il se consacre est bien la science de la société. En doutant de la

1. Cette conférence a été ensuite publiée dans un ouvrage collectif issu de ce colloque : S. Paugam, « Durkheim et l'attachement aux groupes. Une théorie sociale inachevée », *in* Charles-Henry Cuin et Ronan Hervouet (dir.), *Durkheim aujourd'hui*, Paris, PUF, « Le Lien social », 2018, p. 189-213.

possibilité de parler de société, ne remet-il pas en question le postulat de départ de sa discipline ?

Il faut reconnaître que Durkheim, comme de nombreux sociologues, voit la société sous l'angle de l'État-nation et que cette conception semble s'étioler sous l'effet de la mondialisation et de la revendication des individus du monde moderne à se penser comme des êtres autonomes et libres de leurs attaches à des communautés ou des institutions[2]. Les normes qui gouvernent les sociétés modernes sont toujours régulées par les institutions nationales, mais elles ne le sont sans doute plus aussi exclusivement qu'elles pouvaient l'être à l'époque de Durkheim, tant elles peuvent être concurrencées par des normes supranationales (comme, par exemple, celles qui s'imposent aujourd'hui aux États de l'Union européenne) ou par des normes infranationales qui procèdent de revendications de vivre et de travailler à une échelle locale ou régionale en partie libérée des injonctions de l'État-nation. Chaque pays est aujourd'hui plus ou moins confronté à ce double mouvement et la façon de s'y adapter peut varier fortement d'un pays à l'autre.

En m'inscrivant dans la perspective durkheimienne de la régulation sociale, je ne néglige pas ces faits. Il faut élaborer un cadre analytique permettant de saisir à la fois comment les individus constituent et renouvellent les liens qui les attachent aux différents groupes et à la société et comment varie l'ancrage normatif de ces liens selon les différentes sociétés nationales ou les ensembles communautaires larges (comme les régions, au sens historique et politique). Si l'intensité de ces liens sociaux varie d'un individu à l'autre en fonction des conditions particulières de sa socialisation, elle dépend aussi de l'importance relative que les sociétés leur accordent. Comme chacun de ces liens repose sur une morale spécifique dont le sens et la force sont variables dans le temps et l'espace, il est souhaitable de distinguer les différentes formes possibles de ce travail normatif d'attachement social. C'est dans cet esprit que je souhaite ici partir des régimes d'attachement social définis dans le chapitre 4 et tenter de vérifier empiriquement les hypothèses émises sur les facteurs explicatifs de

2. François Dubet aborde cette question dans son ouvrage *Le Travail des sociétés*, Paris, Seuil, 2009.

ces derniers. Je m'appuierai pour cela sur une recherche comparative internationale menée avec le concours de nombreux collègues français ou étrangers[3].

La vérification empirique des régimes d'attachement social

À la différence de Durkheim, nous disposons aujourd'hui de sources statistiques issues d'enquêtes réalisées en population générale dans plusieurs pays. Nous pouvons donc y avoir recours pour étudier les variations nationales (et régionales selon les sources) des liens sociaux à partir d'indicateurs synthétiques. Une première tentative fut d'élaborer ces derniers, en collaboration avec Tugce Beycan et Christian Suter de l'université de Neuchâtel, pour les seuls pays européens, ce qui permit de vérifier empiriquement les quatre régimes d'attachement social – familialiste, volontariste, organiciste et universaliste – et de dégager des hypothèses sur les facteurs explicatifs de ces variations[4]. Mais, il était dommage de se limiter à ces seuls pays, si bien que nous entreprîmes de collecter des données comparables dans d'autres pays, situés dans des aires culturelles différentes. Le choix de ces derniers reste toutefois limité à la disponibilité et à la fiabilité des sources statistiques. Puisque les indicateurs recherchés sont variés, ils nécessitent de recourir à plusieurs sources dans le même pays. Il nous a parfois fallu écarter certains pays qui ne disposaient pas de toutes les sources nécessaires. Au prix d'un patient travail de collecte, la base finale de données a été établie pour trente-quatre pays qui se répartissent en onze aires culturelles, ce qui donne une grande amplitude à la comparaison internationale (voir **tableau 11.1**).

3. J'utilise dans le chapitre le « nous » plutôt que le « je » pour souligner ce travail collectif. Dans la rubrique « Remerciements » en fin de volume, je cite l'ensemble des collègues qui ont contribué, directement ou indirectement, de près ou de loin, à cette recherche comparative.
4. Voir les résultats dans Serge Paugam, Tugce Beycan et Christian Suter, « Ce qui attache les individus aux groupes et à la société. Une comparaison européenne », *Swiss Journal of Sociology*, 46(1), 2020, p. 7-35.

Tableau 11.1. Liste des 34 pays de la base internationale sur les liens sociaux

Aires culturelles	*Pays et sigles correspondants*
Pays d'Europe du Nord	Danemark (DK), Norvège (NO), Suède (SE), Finlande (FI)
Pays d'Europe du Nord-Ouest	Royaume-Uni (UK)
Pays d'Europe continentale	Allemagne (DE), France (FR), Suisse (CH), Pays-Bas (NL)
Pays d'Europe du Sud	Italie (IT), Espagne (ES), Grèce (EL)
Pays d'Europe de l'Est	Slovénie (SI), Pologne (PO), Estonie (EE), Hongrie (HU)
Pays d'Amérique du Nord	États-Unis (US), Canada (CAN)
Pays d'Amérique centrale	Salvador (SV), Guatemala (GT), Mexique (MX), Nicaragua (NI)
Pays d'Amérique du Sud	Argentine (AR), Brésil (BR), Chili (CL), Colombie (CO), Pérou (PE), Uruguay (UR)
Pays d'Afrique	Afrique du Sud (SA)
Pays d'Asie du Sud-Est	Japon (JAP), Corée du Sud (KR)
Pays d'Europe de l'Est et d'Asie centrale	Turquie (TR)
Pays d'Océanie	Australie (AU), Nouvelle-Zélande (NZ)

En choisissant ces pays dans des aires culturelles différentes, nous formulons l'hypothèse que les normes qui gouvernent l'attachement social peuvent varier pour des raisons à la fois historiques et anthropologiques. Nous avons insisté dans la première partie sur la relation entre l'attachement social et les formes de la socialisation, en insistant sur le contrôle social, l'habitus et la mémoire collective. Ces dernières sont encastrées le plus souvent dans des cultures régionales ou nationales qu'il convient de prendre en compte.

Le choix des indicateurs de liens sociaux

Le choix des indicateurs est une étape décisive dans ce type de recherche. Le chercheur doit conjuguer une exigence de qualité des indicateurs au regard de sa problématique et une exigence du nombre et de types de pays pour permettre la comparaison statistique. Or ces deux exigences ne sont pas toujours compatibles. Dans certains pays, les données disponibles permettent de construire des indicateurs de grande qualité, lesquelles s'avèrent malheureusement indisponibles dans la plupart des autres pays. Réciproquement, il existe des indicateurs basiques que l'on trouve dans tous les pays, mais dont l'intérêt paraît limité au regard de la problématique. Dans certains cas également, les sources disponibles existent, mais les données sont douteuses et laissent penser que les conditions de collecte n'ont pas été suffisantes. Confronté à ces contraintes, le chercheur doit souvent trouver des compromis et avancer prudemment en ne retenant que les choix « acceptables », même s'ils conduisent à des indicateurs inévitablement grossiers. Aux critiques qui pourraient lui être adressées, il ne peut opposer que l'argument de la transparence sur l'ensemble de ses choix méthodologiques et celui de la pertinence des résultats auxquels ce type de recherche parvient[5]. En ce qui concerne l'argument de la pertinence des résultats, on peut avancer que si la recherche fondée sur des indicateurs si grossiers aboutit déjà à des variations considérables, il est probable que celles-ci auraient été encore plus prononcées si les indicateurs avaient été plus précis et fondés sur des données qualitatives. Il va de soi que ce travail macrosociologique n'interdit nullement d'avoir recours, de façon complémentaire, à des enquêtes qualitatives quand elles sont disponibles, ce que nous ferons dans les chapitres suivants.

Pour permettre la comparaison à l'échelle nationale et/ou régionale, il faut définir des indicateurs macros puisque l'objet est de comparer non pas des individus, mais des sociétés sur des territoires étendus. Pour les raisons que nous venons d'évoquer, il existe inévitablement un écart entre la définition conceptuelle donnée de chacun des types de liens

5. Pour permettre la plus grande transparence possible, le lecteur pourra se reporter, s'il le souhaite, à l'Annexe numérique du livre, mise en ligne : http://www.serge-paugam.fr/docs/annexe_attachement_social.

sociaux (voir chapitre 3) et la définition d'indicateurs que nous proposons pour les appréhender d'un point de vue statistique. Cet écart doit être compris comme la contrepartie d'un choix contraint.

Pour définir le lien de filiation, quatre indicateurs ont été retenus : 1) la proportion des jeunes adultes de 25-34 ans vivant avec l'un ou l'autre de leurs parents (père ou mère) ; 2) la proportion des chômeurs du même âge vivant également avec l'un ou l'autre de leurs parents ; 3) la proportion de personnes de 75 ans et plus vivant avec au moins l'un de leurs enfants ; 4) la proportion de personnes de 75 ans et plus vivant dans un ménage de plus de deux personnes (voir **tableau 11.2**, ci-dessous). Ces quatre indicateurs renseignent sur la solidarité qui s'exerce au sein de ménages sous la forme de la cohabitation intergénérationnelle. Prendre la tranche des 25-34 ans se justifie par le choix de retenir celles et ceux qui appartiennent à la catégorie usuelle des « jeunes adultes », sachant que le seuil de 25 ans est le plus souvent considéré par les sociologues et des démographes comme celui de la fin de la jeunesse, même si, dans les représentations et les expériences vécues, il peut exister des variations d'un pays à l'autre[6]. En choisissant les 25-34 ans, on retient une tranche d'âge « critique » pour la solidarité familiale puisque dans de nombreux pays, c'est précisément l'âge où les jeunes sont habituellement considérés comme devant être autonomes par rapport à leurs parents. Si, pour une raison ou pour une autre, ils vivent encore à cet âge au domicile de leurs parents, l'on peut en déduire que les normes qui sous-tendent la cohabitation intergénérationnelle – et donc la solidarité familiale – dans leurs pays respectifs sont plus ouvertes ou plus flexibles qu'elles ne le sont dans d'autres pays et que le fait de résider avec ses parents à l'âge adulte n'est pas stigmatisé ou jugé socialement dévalorisant. Enfin, le seuil de 25 ans marque aussi, pour la grande majorité des étudiants, la fin de l'âge des études et, par conséquent, la fin logique de leur dépendance à l'égard de leurs parents[7]. Le choix de retenir les 75 ans et

6. Voir sur ce sujet Olivier Galand, *Sociologie de la jeunesse*, Paris, Armand Colin, 2011, notamment le chapitre 6 « De l'enfance à l'âge adulte », p. 129-172 ; et Cécile Van de Velde, *Devenir adulte. Sociologie comparée de la jeunesse en Europe*, Paris, PUF, « Le Lien social », 2008.

7. Dans certains pays, notamment les pays nordiques, l'autonomie des étudiants est d'ailleurs plus grande en raison des aides de l'État dont ils peuvent bénéficier.

plus relève de la même logique. L'âge de 75 ans peut être considéré comme l'entrée dans la vieillesse, même si ce seuil a fortement reculé ces dernières années dans beaucoup de pays du fait de l'allongement de l'espérance de vie. En procédant ainsi, on retient donc également une tranche d'âge « critique » puisque le risque de la dépendance augmente graduellement à partir de ce seuil. Le fait de vivre seul à cet âge, en particulier lorsque la personne concernée est isolée socialement, peut être un facteur de risque supplémentaire, c'est d'ailleurs l'une des principales raisons que l'on évoque pour justifier une entrée dans une maison de retraite. Vivre à cet âge avec l'un de ses enfants, ou dans un ménage de plus de deux personnes, peut donc être considéré comme un signe de solidarité intergénérationnelle, même si cela ne suffit pas pour garantir le bien-être au sein d'un foyer où cohabitent plusieurs générations.

Tableau 11.2. Définition des indicateurs de liens sociaux pour 34 pays

Types de liens sociaux	Critères
Lien de filiation	% 25-34 ans vivant avec père ou mère
	% des chômeurs 25-34 ans vivant avec père ou mère
	% des personnes de 75 ans et plus vivant avec au moins l'un de leurs enfants
	% de personnes de plus de 75 ans vivant dans un ménage de plus de deux personnes
Lien de participation élective	% membres actifs d'une association humanitaire
	% de personnes ayant fait un don à une association caritative le mois dernier
Lien de participation organique	% des emplois couverts par une convention collective (ECCV), pondéré par le % des emplois informels
Lien de citoyenneté	% Confiance dans les gens
	% Confiance dans le système judiciaire

Le lien de filiation ne se limite bien entendu pas à la cohabitation sous le même toit de plusieurs générations. Il faudrait prendre en compte également les relations entre membres de la même famille vivant à proximité, qui constituent, comme on l'a vu dans le chapitre 9, des ressources non négligeables, en particulier dans les quartiers pauvres[8]. Mais ces données relèvent d'enquêtes spécifiques et ne sont pas disponibles dans de nombreux pays. Nous y reviendrons toutefois dans les chapitres suivants en mobilisant des travaux issus d'enquêtes qualitatives.

Pour définir le lien de participation élective, nous avons choisi deux indicateurs : 1) la proportion de membres actifs d'une association humanitaire ; 2) la proportion de personnes ayant fait un don à une association caritative le mois dernier. Ces deux indicateurs peuvent paraître bien frustes étant donné la diversité des formes de la participation élective que nous avons prises en compte au moment de la définition de ce type de lien. Ils ne concernent pas les relations d'amour ou d'amitié dont on a vu qu'elles jouent un rôle important dans le processus de socialisation. Ils ne concernent pas non plus toutes les formes d'engagement associatif, que ce soit dans le domaine du sport, des loisirs, de la culture ou de la religion. Il aurait été impossible de parvenir à un indice synthétique fiable en mêlant des dimensions aussi différentes les unes des autres. Le choix a été de privilégier des indicateurs qui expriment l'un et l'autre la solidarité active à l'égard des personnes en difficulté à travers le bénévolat et la philanthropie. En regroupant ces deux dimensions complémentaires, on pouvait être certain de parvenir à un indice cohérent et significatif. Le type de solidarité qu'il vise ne s'oppose pas en principe à la solidarité qui passe par le système institutionnel de protection sociale, mais il s'exprime par une attitude volontariste, ancrée dans une certaine méfiance à l'encontre de l'interventionnisme étatique. Il exige par conséquent un sens de l'engagement qui nous a semblé souhaitable d'isoler des autres formes de participation élective.

Pour analyser le lien de participation organique, nous avons privilégié la proportion des emplois couverts par une convention collective.

8. Pour une approche globale, voir C. Bonvalet, « la famille entourage-locale », art. cité.

Cet indicateur n'exprime pas directement le rapport au travail et à l'emploi. Dans les enquêtes internationales, plusieurs questions sont pourtant régulièrement posées sur la satisfaction au travail et sur le sentiment de sécurité de l'emploi. Nous avons préféré ne pas les retenir car il n'est pas certain que le sens de ces questions subjectives soit le même d'une aire culturelle à l'autre. Par ailleurs, pour qu'un indicateur de ce type ait une signification statistique, il faut généralement s'appuyer sur une batterie de questions portant sur des dimensions différentes du rapport au travail et à l'emploi qui ne sont pas toujours réunies dans toutes les enquêtes, surtout quand la comparaison vise des aires culturelles variées[9]. En revanche, puisque notre objectif est d'approcher l'idée de la complémentarité dans le travail, la part des emplois couverts par une convention collective présente l'avantage d'être un indicateur objectif, généralement disponible et jugé fiable internationalement, qui exprime la solidarité telle qu'elle se manifeste de façon concrète dans le monde du travail sous la forme de la protection offerte par le statut de l'emploi et donc des garanties dont disposent les salariés. Ce type de garanties constitue le socle de ce que l'on appelle la société salariale. Cet indicateur présente également l'avantage de prendre en compte à la fois la question de la protection de l'emploi et celle de la reconnaissance par le travail puisque les conventions collectives concernent aussi bien la préservation statutaire de l'emploi que les conditions de travail dans les entreprises. Pour compléter cet indicateur, nous avons tenu compte de la proportion d'emplois informels dans chacun des pays retenus, sachant que les conventions collectives ne valent que pour les emplois formels.

Le lien de citoyenneté pourrait être appréhendé par des indicateurs liés aux droits et aux devoirs : le sentiment pour l'individu que

9. J'ai eu l'occasion de construire de tels indicateurs dans mon livre *Le Salarié de la précarité. Les nouvelles formes de l'intégration professionnelle*, mais il s'agissait d'une enquête réalisée en France uniquement auprès de salariés répartis dans des entreprises de secteurs d'activité différents. Elle n'avait pas pour objectif de comparer, de façon globale, la France à d'autres pays. Et quand ce type de comparaisons est envisagé, il faut généralement définir de nombreux indicateurs différents. Voir, par exemple, le programme de comparaison européenne entrepris sous la direction de D. Gallie, *Employment Regimes and the Quality of Work*, Oxford, Oxford University Press, 2007.

ses droits sont respectés, le fait de se sentir concerné par les affaires de son pays. Malheureusement, ces indicateurs sont rarement disponibles de façon systématique dans plusieurs pays. Par ailleurs, il s'avère difficile de prendre en compte dans une perspective comparative des indicateurs objectifs comme le taux de participation électorale car le système électoral est différent d'un pays à l'autre – dans certains pays le vote est obligatoire – et parce que cette participation varie aussi fortement dans chaque pays d'une élection à l'autre, d'une année à l'autre selon des paramètres multiples difficilement contrôlables. Pour définir le lien de citoyenneté, nous avons choisi deux indicateurs : 1) la proportion de personnes qui affirment avoir confiance dans les gens[10] ; 2) la proportion de personnes qui affirment avoir confiance dans le système judiciaire de leur pays. Lorsque ces deux indicateurs sont élevés, ils expriment une conception forte de la citoyenneté, où tous les membres de la société sont censés partager des valeurs communes, respecter les institutions qui les représentent, notamment celles qui relèvent de la justice, et accepter le principe d'égalité des droits, mais aussi dans les relations sociales. Nous faisons l'hypothèse que si les gens se font confiance réciproquement, c'est qu'ils ne se sentent pas menacés dans leurs droits et qu'ils savent qu'ils peuvent attendre des autres qu'ils ne connaissent pas le même respect qu'ils leur témoignent en tant que citoyens du même pays. Et s'ils font confiance au système judiciaire, c'est également parce qu'ils savent qu'ils peuvent compter sur les institutions de leur pays et qu'ils sont donc traités comme des citoyens dotés de droits égaux devant la justice.

Notons, enfin, que tous ces indicateurs sont construits à partir de données agrégées qui portent soit sur des expériences vécues – cohabiter avec ses parents, participer à la vie associative dans le domaine humanitaire, faire des dons à des organismes caritatifs, avoir un emploi protégé par des conventions collectives –, soit sur des perceptions – confiance dans les gens et dans le système judiciaire. Ils ne

10. Cette expression est celle qui est utilisée dans les enquêtes. Il faut entendre le terme « gens » au sens le plus général, c'est-à-dire de personnes que l'on ne connaît pas ou peu et que la vie sociale conduit à croiser ou fréquenter de façon ponctuelle.

portent donc pas directement sur des dispositifs institutionnels liés aux politiques économiques ou sociales, même s'ils peuvent en être au moins partiellement le reflet. Rester vivre avec ses parents au début de l'âge adulte peut être la traduction du chômage endémique des jeunes, mais aussi de la carence des politiques de formation et d'insertion professionnelle, de l'absence d'aides au logement, de la médiocrité de la protection sociale. De même, cohabiter avec ses enfants à l'âge d'entrée dans la vieillesse peut être l'effet de l'insuffisance du système des retraites, d'un manque chronique d'aides publiques au maintien au domicile, de la rareté des maisons de retraite ou d'établissements médicalisés pour l'hébergement de personnes dépendantes. Faire des dons à des organismes caritatifs peut être encouragé dans certains pays par le système fiscal qui permet des exonérations. Avoir un emploi protégé par des conventions collectives correspond à des acquis issus de luttes syndicales, mais aussi à une politique d'emploi visant à protéger les salariés. Avoir confiance dans le système judiciaire traduit généralement la fiabilité, l'efficacité de ce dernier et l'indépendance des juges par rapport au pouvoir. Tous les indicateurs sont donc plus ou moins liés à des politiques ou des dispositifs institutionnels créés par les pouvoirs publics. Mais partir des expériences vécues ou des perceptions pour les définir correspond à un choix méthodologique. Il s'agit de saisir, en premier lieu, les liens sociaux eux-mêmes et de comparer leur force ou faiblesse potentielle selon les pays et les régions. C'est d'ailleurs en ce sens que les régimes d'attachement social se distinguent des *welfare regimes*. Ceux-ci partent des dispositifs et de leurs variations nationales avec l'objectif d'en faire une clé d'explication des pratiques et de la stratification sociale, alors que les régimes d'attachement partent des liens et leur entrecroisement contrasté d'un pays à l'autre afin de dégager des modes de régulation des solidarités qui peuvent s'expliquer aussi bien par des choix politiques déterminés que par des contextes économiques, des faits historiques et des traditions culturelles et sociales qui se reproduisent généralement de génération en génération.

Variations nationales

Une fois ces indicateurs de liens sociaux définis, il est possible d'analyser leur variation entre les 34 pays de la base internationale constituée. Les données collectées remontent pour la plupart aux années 2014-2015. Nous avons essayé dans la mesure du possible de construire une base homogène en ce qui concerne la période de référence. Un indice synthétique harmonisé a été calculé pour chacun d'eux en suivant la formule suivante[11] :

$$\frac{\textit{Valeur du pays - valeur minimale des 34 pays}}{\textit{Valeur maximale des 34 pays - valeur minimale des 34 pays}}$$

Par exemple, pour le lien de citoyenneté qui comprend deux indicateurs, on applique l'équation ci-dessus qui nous donne l'indice de confiance dans les gens et l'indice de confiance dans le système judiciaire. Ensuite, on prend la moyenne arithmétique de ces deux indices afin d'obtenir l'indice synthétique du lien de citoyenneté. En suivant cette procédure, on obtient finalement pour chaque pays quatre indices de liens sociaux : l'indice du lien de filiation, l'indice du lien de participation élective, l'indice du lien de participation organique, l'indice du lien de citoyenneté. Les indices prennent une valeur entre 0 et 1. Lorsque la valeur s'approche de 1, alors le lien en question est fort dans le pays concerné, en revanche, lorsque la valeur s'approche de 0, alors le lien en question est faible dans le pays concerné.

La variation par pays de l'indice du lien de filiation est considérable (voir **figure 11.1**). La valeur est proche de 0 dans les pays d'Europe du Nord (Danemark, Suède, Finlande, Norvège). Elle oscille entre 0,1 et 0,3 dans des pays d'Europe continentale (Pays-Bas, Allemagne, Suisse, France) ou d'autres pays développés (Nouvelle-Zélande, Royaume-Uni, Australie et États-Unis). À l'opposé, la valeur est très élevée en Turquie et au Nicaragua (entre 0,8 et 0,9) et elle oscille entre 0,6 et 0,8 dans des pays d'Amérique centrale (Mexique, Guatemala, Salvador)

11. Cette formule a été retenue au niveau international pour la constitution de l'indice de développement humain (IDH).

d'Amérique du Sud (Chili, Colombie, Pérou), d'Europe de l'Est (Pologne), d'Afrique (Afrique du Sud) et d'Asie du Sud-Est (Japon et Corée du Sud). Ces pays, pour lesquels l'indice élevé du lien de filiation laisse déjà supposer qu'ils sont proches d'un régime d'attachement familialiste, sont, on le voit, situés dans des aires culturelles variées. L'explication selon laquelle les pays familialistes seraient économiquement peu développés ne semble pas suffisante : comment expliquer que le Japon ou la Corée du Sud se trouvent dans la même catégorie que des pays plus pauvres ? Nous reviendrons sur ce point un peu plus avant[12]. Notons enfin que des pays d'Europe du Sud, comme la Grèce, l'Italie et l'Espagne, que l'on considère habituellement comme des pays très familialistes atteignent des valeurs entre 0,5 et 0,6, ce qui les place dans la moyenne supérieure de la série, mais tout de même assez loin derrière la Turquie ou le Nicaragua.

Figure 11.1. Indice du lien de filiation par pays

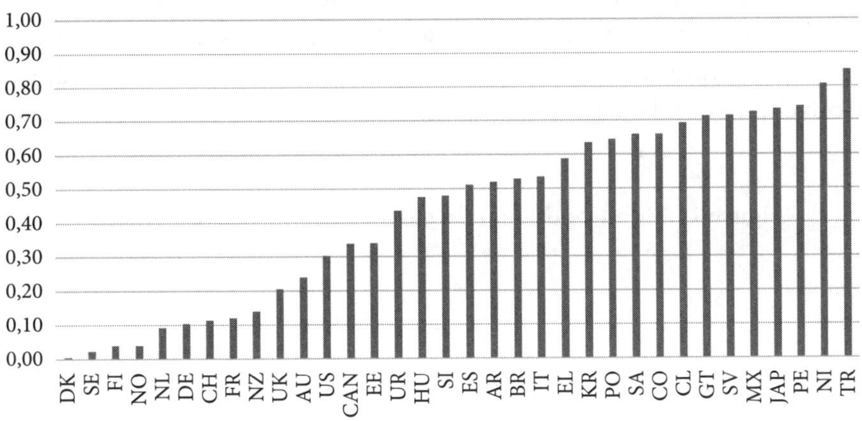

Source : Base de données 34 pays.

Si l'on se réfère à la variation par pays du lien de participation élective (voir **figure 11.2**), cinq pays se détachent nettement des autres. Il s'agit par ordre décroissant du Canada, des États-Unis, du

12. Voir le chapitre 14.

Royaume-Uni, de la Nouvelle-Zélande et de l'Australie pour lesquels la valeur est supérieure à 0,8. Il est frappant de constater qu'il s'agit de pays que l'on classe généralement parmi les pays dits « libéraux » au sens de la typologie des *welfare regimes* d'Esping-Andersen, c'est-à-dire des pays dans lesquels l'État se limite à une intervention minimale en concentrant son action sur les plus défavorisés sous la forme d'une politique d'assistance fondée sur des droits conditionnels. Mais ces pays sont aussi des pays dans lesquels le volontarisme associatif est particulièrement fort, ce qui ne permet sans doute pas de compenser entièrement la faiblesse de la protection sociale globale, mais constitue néanmoins une forme de solidarité qu'il convient de prendre en compte – ce que la typologie d'Esping-Andersen ne permet pas, puisque cette dimension est ignorée. Observons aussi que quatre autres pays ont une valeur assez haute (entre 0,5 et 0,7) : par ordre décroissant, la Norvège, la Suède, le Danemark – trois pays scandinaves – suivis par la Suisse. L'exemple des pays scandinaves est intéressant, puisque ces derniers sont caractérisés par un modèle de *welfare* généreux, dit « social-démocrate ». Il apparaît donc que celui-ci ne sape nullement les bases du volontarisme associatif qui reste une dimension forte de la solidarité. À l'autre extrémité, on trouve la Grèce, la Turquie, la Hongrie, l'Estonie, pays dont la valeur

Figure 11.2. Indice du lien de participation élective par pays

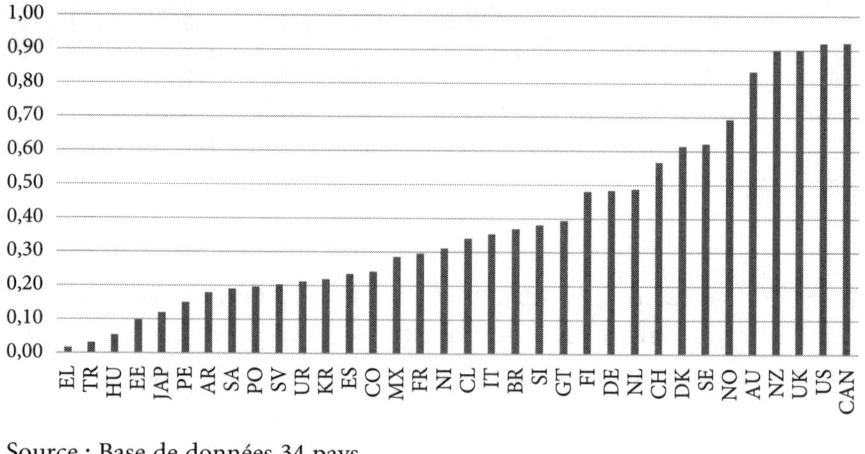

Source : Base de données 34 pays.

est comprise entre 0 et 0,1, suivis de quatre autres pays, le Japon, le Pérou, l'Argentine et l'Afrique du Sud, dont la valeur est comprise entre 0,1 et 0,2. L'ensemble de ces pays dans lesquels le lien de participation élective apparaît faible sont des pays qui arrivaient en tête du classement selon le lien de filiation.

Un tout autre classement des pays ressort de l'analyse des variations selon le lien de participation organique (voir **figure 11.3**). Alors que la France se trouvait parmi les pays dans lesquels l'indice de lien de filiation est faible (entre 0,1 et 0,2) et l'indice de lien de participation élective relativement faible (0,3), elle se retrouve propulsée en première position de l'indice de participation organique (proche de 1). Il faut y voir l'importance accordée aux protections statutaires. Le plus souvent issues des luttes sociales, celles-ci expriment aussi le rôle important de l'État dans la régulation de la société salariale à travers l'organisation des différentes corporations qui le servent plus ou moins directement en lui assurant sa pérennité et son influence sur la population, mais aussi des diverses professions appelées à promouvoir l'intégration du monde du travail et les interdépendances fonctionnelles de la société dans son ensemble. La France est suivie par la Finlande et la Suède, puis par les Pays-Bas, le Danemark et l'Uruguay (entre 0,8 et 1) et, enfin, par la Slovénie et l'Italie (entre

Figure 11.3. Indice du lien de participation organique par pays

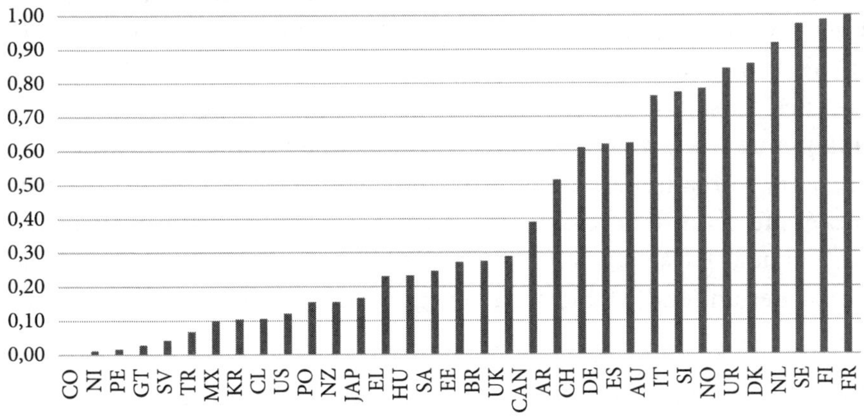

Source : Base de données 34 pays.

0,7 et 0,8). Parmi ces neuf pays très bien classés, on trouve, comme on pouvait s'y attendre, les quatre pays nordiques et les Pays-Bas, dont on connaît l'efficacité des politiques d'encadrement du marché de l'emploi. L'Italie se glisse dans ce classement, ce qui n'est pas non plus surprenant si l'on prend en compte la prospérité industrielle et le mode de régulation et de protection de l'emploi dans le nord de l'Italie. En revanche, de façon plus inattendue, on trouve également l'Uruguay et la Slovénie. Le premier constitue une exception parmi les pays latino-américains. Beaucoup envient sa prospérité et son modèle économique que l'on désigne souvent par l'expression flatteuse de la « Suisse de l'Amérique du Sud ». Le second est aussi une exception parmi les pays d'Europe de l'Est, lesquels, pour la plupart, sont passés à un régime libéral de déréglementation du marché de l'emploi après la chute du mur de Berlin[13].

À l'autre extrémité, on trouve quatorze pays pour lesquels l'indice du lien de participation organique est inférieur à 0,2. Il est proche de 0 en Colombie, au Nicaragua, au Pérou, au Guatemala et au Salvador, soit cinq pays pauvres d'Amérique latine. Ils sont suivis par un ensemble de pays assez disparates : la Turquie, le Mexique, la Corée du Sud, le Chili, les États-Unis, la Pologne, la Nouvelle-Zélande, le Japon et la Grèce. Certains d'entre eux sont dotés d'une économie prospère – les États-Unis, le Japon, la Corée du Sud et la Nouvelle-Zélande – alors que les autres ont une économie nettement moins performante – la Turquie, le Mexique, le Chili, la Pologne et la Grèce. Si l'indice est aussi bas en Grèce, ce n'est pas parce que les conventions collectives n'existent pas dans ce pays, mais parce que l'économie informelle y joue un rôle très important et vient affaiblir les conquêtes sociales du salariat en maintenant de nombreuses personnes actives à la marge des emplois protégés. Notons que l'indice de lien de participation organique pour le Royaume-Uni n'est pas beaucoup plus élevé que celui de la Grèce, et est assez proche de celui du Brésil et du Canada. Pays acquis au libéralisme économique, il a démantelé à partir des années 1980 le socle des garanties salariales mises en place

13. Les pays de l'Est sortent d'une économie entièrement dirigée dans laquelle la protection des travailleurs n'avait pas le même sens que dans une économie salariale où la négociation collective entre employeurs et employés est un enjeu capital.

par les gouvernements travaillistes de l'après-guerre. Ces constats nous conduisent à voir dans la faiblesse du lien de participation organique parfois un choix délibéré de politique libérale du marché de l'emploi dans des pays développés visant l'efficacité économique au détriment de la protection des salariés, ou parfois un choix plus contraint de pays économiquement dépendants, soucieux avant tout d'un développement économique en attirant des capitaux étrangers par des conditions attractives du marché de l'emploi.

Le classement des pays change à nouveau lorsque l'on prend en compte l'indice du lien de citoyenneté (voir **figure 11.4**). Le pays où il est le plus élevé est, sans surprise, le Danemark, suivi de la Norvège, de la Finlande et de la Suisse (entre 0,8 et 1). On trouve ensuite six pays également bien classés : les Pays-Bas, la Suède, le Canada, la Nouvelle-Zélande, l'Australie et l'Allemagne (entre 0,6 et 0,8). Au total, dix pays qui sont tous économiquement développés, mais que l'on ne regroupe généralement pas dans le même ensemble quand on les réfère à des *welfare regimes*. On y trouve en effet aussi bien les pays proches d'un régime social-démocrate (les pays nordiques), des pays proches d'un régime libéral (Canada, Nouvelle-Zélande, Australie), que des pays proches d'un régime continental (Allemagne, Pays-Bas, Suisse). Autant dire que l'indice de citoyenneté, tel que

Figure 11.4. Indice du lien de citoyenneté par pays

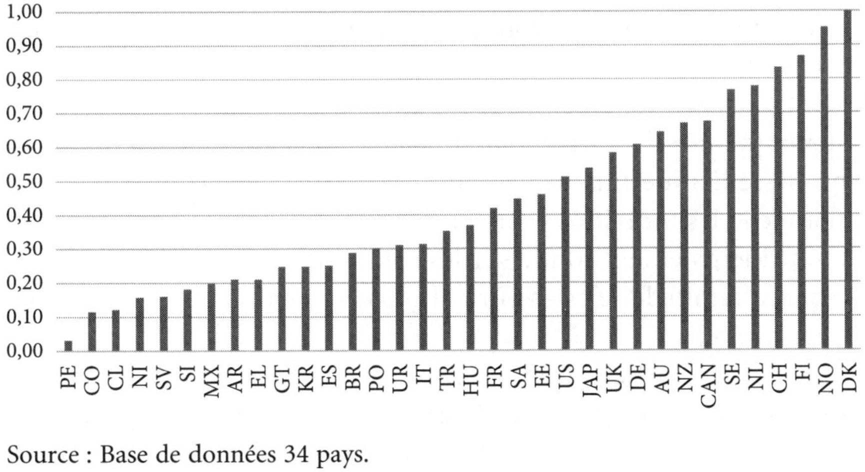

Source : Base de données 34 pays.

nous l'avons défini, n'est pas réductible au système de *welfare*. Il relève d'un ensemble de facteurs sociaux et historiques sur lesquels il conviendra de revenir dans les chapitres suivants. À l'opposé, l'indice de citoyenneté est très faible (entre 0 et 0,2) dans six pays : le Pérou, la Colombie, le Chili, le Nicaragua, la Slovénie et le Mexique, soit cinq pays latino-américains et un pays d'Europe de l'Est. Il est également assez faible (entre 0,2 et 0,4) dans onze pays : des pays latino-américains (Argentine, Guatemala, Brésil, Uruguay), des pays d'Europe du Sud (Grèce, Espagne et Italie), un pays d'Asie du Sud-Est (Corée du Sud), deux pays d'Europe de l'Est (Pologne, Hongrie) et un pays d'Europe de l'Est et d'Asie centrale (Turquie). Il s'agit, d'un point de vue économique, de pays peu développés ou en développement, mais aussi de pays prospères avec de forts contrastes régionaux (Italie, Espagne et Corée du Sud). Dans tous les cas, le système de protection sociale s'avère, dans ces pays, assez limité, voire très limité, ce qui peut constituer un facteur explicatif, on y reviendra.

Le classement des pays varie, on l'a vu, d'un indice à l'autre. Aucun pays ne peut se targuer d'avoir un bon indice dans tous ces classements et aucun n'arrive en dernier sur chaque échelle. Au contraire, chaque pays est en effet plutôt bien ou assez bien classé selon tel type de lien et plutôt mal ou assez mal classé selon tel autre. En réalité, la matrice des corrélations entre les différents indices de liens sociaux confirme que la force des liens sociaux ne peut être cumulative (voir **tableau 11.3**). Autrement dit, la force de certains entraîne de façon quasi mécanique la faiblesse d'autres. Le lien de filiation est corrélé de façon négative et significative avec les autres types de liens. Ce résultat est d'une importance capitale pour la théorie de l'attachement social. Cela signifie que dans les pays où le lien de filiation est fort, les autres liens sont faibles. Ce qui attache les individus entre eux et à la société est donc, dans ces pays, principalement fondé sur les solidarités qui se déploient dans la sphère familiale, c'est-à-dire le plus souvent dans des relations de proximité.

Le lien de participation élective n'est pas corrélé avec le lien de participation organique, mais il l'est de façon positive et significative avec le lien de citoyenneté. S'il en est ainsi c'est parce que ces deux indices traduisent, l'un et l'autre, sous des formes spécifiques, un sens civique élevé. L'engagement associatif qu'exprime le lien de participation élective peut signifier une certaine méfiance à l'égard de l'interventionnisme de l'État, mais il traduit en même temps un intérêt pour la vie collective et l'organisation de la Cité. Notons, enfin, que le lien de participation organique est corrélé, lui aussi de façon positive et significative, avec le lien de citoyenneté. Autrement dit, les pays où le statut de l'emploi est protégé par des conventions collectives sont aussi des pays où la confiance dans les gens et le système judiciaire est plus élevée. Quand le lien de participation organique est fort dans un pays, il profite à l'ensemble des salariés qui, mieux protégés et travaillant dans des conditions de travail réglementées, ont globalement une relation plus confiante avec les autres citoyens – leurs compatriotes – et envers la justice.

Tableau 11.3. Corrélation entre indices de liens sociaux (coefficient de Pearson)

	Lien de participation élective	Lien de participation organique	Lien de citoyenneté
Lien de filiation	– 0,66 (***)	– 0,75 (***)	– 0,85 (***)
Lien de participation élective		Ns	0,63 (***)
Lien de participation organique			0,58 (***)

Source : Base de données 34 pays.

Ns : non significatif.

*** : $p < 0,001$.

Note de lecture : le lien de filiation est corrélé de façon négative au lien de citoyenneté : le coefficient est de : – 0,85. Les trois étoiles indiquent que cette corrélation est statistiquement hautement significative.

La classification des pays

L'analyse des variations nationales apporte déjà un éclairage sur ce qui rapproche ou différencie les pays. On complétera cette lecture en ayant recours à une analyse de « classification ascendante hiérarchique[14] ». L'avantage de cette méthode est de faire ressortir des groupes de pays selon la combinaison des variables étudiées, en l'occurrence ici les quatre indices de liens sociaux. Elle permet de vérifier la typologie des régimes d'attachement. Rappelons que celle-ci relève d'une construction idéal-typique. Elle part de l'hypothèse centrale que, dans un régime d'entrecroisement des liens sociaux, l'un d'entre eux est prééminent et assure par sa supériorité normative une fonction de régulation sur l'ensemble des liens. Cette typologie n'a pas pour fonction de classer de façon statique tous les pays, mais, au contraire, de déterminer de manière dynamique les facteurs qui les conduisent à être proches, à un moment donné de leur histoire, de tel ou tel type. Il arrive que certains pays ne puissent pas aisément être identifiés à un type particulier. Dans ce cas, le travail consiste à rechercher pourquoi sa configuration en termes d'attachement est plus complexe que pour d'autres et mérite une attention particulière.

Avec la méthode de classification ascendante hiérarchique, on peut vérifier si tous les pays se répartissent en différents groupes dont la cohérence globale est proche de celle de la construction idéal-typique. On peut dire alors que celle-ci est vérifiée. Mais il se peut aussi que les pays ainsi regroupés ne confirment pas toutes les hypothèses qu'elle impliquait, ce qui conduit alors à des investigations plus poussées. Tel est l'exercice que nous nous proposons d'entreprendre sur une base expérimentale dont il faut rappeler encore une fois les limites en raison du caractère grossier des indices retenus. L'idée est de se rapprocher le plus possible de la rigueur d'une définition conceptuelle tout en sachant qu'une mesure reste une approximation et, par conséquent, un compromis avec la réalité que l'on accepte pour les besoins de la vérification empirique.

14. Il s'agit d'une classification automatique dont le principe consiste à rassembler des unités (en l'occurrence, dans le cas présent, des pays) selon un critère de ressemblance qui s'exprime sous la forme d'une matrice de distances (entre les différentes unités prises deux à deux). On cherche ainsi à ce que les unités regroupées au sein d'une même classe (ou *cluster*) soient le plus semblables possible (homogénéité intra-classe) et à ce que les différentes classes (ou *clusters*) soient le plus dissemblables possible (hétérogénéité interclasse).

La classification par ascendance hiérarchique permet de dégager cinq groupes, tous significatifs d'un point de vue statistique (voir **figure 11.5**). Le premier constat qui s'impose est que leur nombre est supérieur à celui des types de régimes d'attachement social, puisque nous n'en avions élaboré que quatre. Examinons la composition de ces cinq groupes en prenant en compte pour chacun d'entre eux l'indice moyen de chacun des quatre types de liens (voir **tableau 11.4**). La classification se décompose en trois niveaux. Le premier niveau distingue les 34 pays en deux groupes comprenant 12 pays d'un côté, 22 de l'autre. Le deuxième niveau divise à nouveau chacun de ces deux groupes en deux, ce qui permet de dégager 4 sous-groupes composés successivement de 4, 8, 4 et 18 pays. Ce n'est qu'au troisième niveau que ce dernier sous-groupe de 18 pays peut être à nouveau subdivisé en deux groupes comprenant respectivement 7 et 11 pays. Nous arrivons ainsi à 5 groupes finaux que nous pouvons comparer à nos 4 types de régimes d'attachement social.

Figure 11.5. Classification ascendante hiérarchique des pays selon les indices de liens sociaux

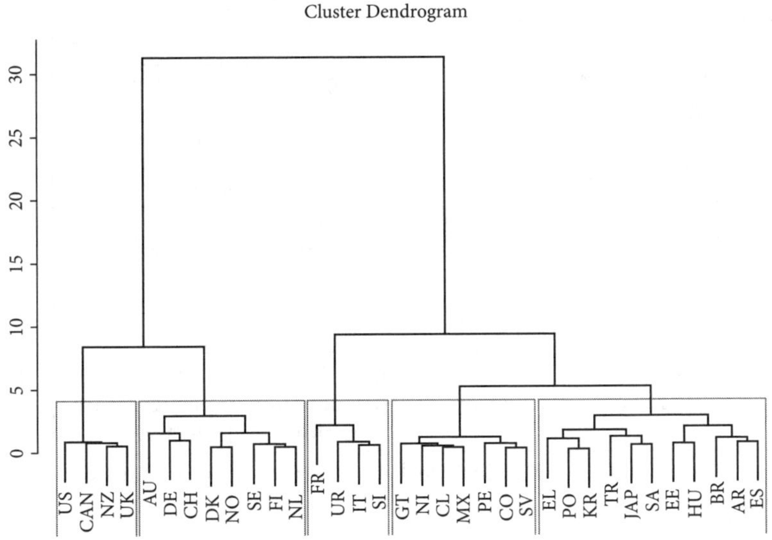

Source : Base de données 34 pays.
N. B. : Ce dendrogramme est obtenu en utilisant la fonction « hclust » (*hierarchical clustering*) dans le package « Stats » dans l'environnement R. La distance euclidienne a été utilisée pour créer la matrice de distance et la méthode de Ward pour créer des clusters.

Tableau 11.4. Analyse des caractéristiques des cinq groupes

	Groupe 1	**Groupe 2**	**Groupe 3**	**Groupe 4**	**Groupe 5**
Pays	Chili, Colombie, Pérou, Salvador, Guatemala, Mexique, Nicaragua	Argentine, Brésil, Estonie, Pologne, Hongrie, Grèce, Espagne, Japon, Corée du Sud, Afrique du Sud, Turquie	France, Italie, Slovénie, Uruguay	États-Unis Canada, Nouvelle-Zélande, Grande-Bretagne	Danemark, Norvège, Finlande, Suède, Pays-Bas Allemagne, Suisse, Australie
Score moyen de l'indice de lien de ***filiation***	**0,72**	**0,59**	0,39	0,25	0,08
Score moyen de l'indice de lien de ***participation élective***	0,28	0,16	0,31	**0,91**	0,6
Score moyen de l'indice de lien de ***participation organique***	0,03	0,23	**0,84**	0,21	0,78
Score moyen de l'indice de lien de ***citoyenneté***	0,15	0,33	0,31	0,61	**0,81**
Lien prééminent	Lien de **filiation**	Lien de **filiation**	Lien de **participation organique**	Lien de **participation élective**	Lien de **citoyenneté**
Groupe d'attachement social	Familialiste ++	Familialiste	Organiciste	Volontariste	Universaliste
Score de stabilité	0,7981133	0,7194639	0,7296667	0,8881667	0,8705833

Source : Base de données 34 pays.

Notes : Les colonnes du tableau sont les cinq groupes montrant les pays dans chaque groupe et les cinq premières lignes du tableau correspondent aux pays et aux scores moyens des indices de liens sociaux ; par ex. le score moyen de l'indice de lien de filiation est 0,72 pour le premier groupe. En outre, la sixième ligne du tableau montre le type de lien social qui est prééminent dans le groupe. La dernière ligne du tableau indique le régime d'attachement social pour chaque groupe ; par ex., pour le premier groupe le lien de filiation est nettement supérieur par rapport aux autres types de lien social, donc ce groupe est nommé « Familialiste ++ ». Puisque le deuxième groupe a aussi un lien de filiation assez élevé mais plus faible que le premier groupe, il est nommé « Familialiste ». Concernant la stabilité des groupes, en règle générale, les groupes avec une valeur de stabilité inférieure à 0,6 doivent être considérés comme instables.

Nous les reclassons pour l'exercice en partant du groupe qui paraît le plus proche d'un régime familialiste jusqu'à celui qui semble présenter les caractéristiques d'un régime universaliste en passant par ceux qui semblent correspondre aux deux autres régimes, volontariste et organiciste. Rappelons que le régime familialiste a été défini par la prééminence du lien de filiation, le régime volontariste par la prééminence du lien de participation élective, le régime organiciste par la prééminence du lien de participation organique et le régime universaliste par la prééminence du lien de citoyenneté. L'analyse du dendrogramme conduit aussi à revoir l'ordre par lequel j'avais jusqu'ici présenté ces régimes. En suivant la logique de la présentation des quatre types de liens sociaux, du plus étroit au plus large, il me semblait logique de les ordonner ainsi : régime familialiste, régime volontariste, régime organiciste, régime universaliste. J'estimais que le régime organiciste, fondé sur la force des groupes professionnels et des protections collectives, était, au moins conceptuellement, plus proche du régime universaliste. Or, la classification hiérarchique différencie en premier lieu deux grands groupes : d'un côté des pays comme les États-Unis, le Canada, la Nouvelle-Zélande et le Royaume-Uni, proches du régime volontariste, et des pays comme le Danemark, la Suède, la Norvège ou la Finlande, proches du régime universaliste et, de l'autre, des pays comme la France et l'Italie, proches du régime organiciste, et des pays d'Amérique latine ou d'Europe du Sud, proches du régime familialiste. Incontestablement, si l'on suit ce premier niveau de différenciation, le régime volontariste est plus proche du régime universaliste alors que le régime organiciste est plus proche du régime familialiste, ce qui conduit à inverser l'ordre pour obtenir désormais : régime familialiste, régime organiciste, régime volontariste, régime universaliste. Examinons, de façon plus précise, les cinq groupes.

Dans le groupe 1 qui comprend 7 pays, tous d'Amérique latine (Chili, Colombie, Pérou, Salvador, Guatemala, Mexique, Nicaragua), l'indice moyen du lien de filiation est de 0,72 alors que les indices des trois autres types de liens sont beaucoup plus bas. Nous avons ici une très nette prééminence du lien de filiation sur les autres, ce qui nous autorise à le rapprocher d'un régime d'attachement très familialiste.

Dans le groupe 2 qui comprend 11 pays relevant de plusieurs aires culturelles (Argentine, Brésil[15], Estonie, Pologne, Hongrie, Grèce, Espagne, Japon, Corée du Sud, Afrique du Sud, Turquie), l'indice de filiation est de 0,59, un peu plus bas que dans le groupe 1, mais quand on le compare aux indices des trois autres types de liens, il reste très nettement supérieur, ce qui nous permet de conclure qu'il correspond, lui aussi, à un régime d'attachement familialiste. Pour distinguer ces deux groupes, nous qualifierons provisoirement le groupe 1 de « familialiste ++ » et le groupe 2 de « familialiste ».

Le groupe 3 se compose de 4 pays (France, Italie, Slovénie, Uruguay). L'indice du lien de participation organique apparaît cette fois très élevé (0,84) comparativement aux trois autres indices (0,39 pour l'indice du lien de filiation, 0,31 aussi bien pour l'indice du lien de participation élective que pour l'indice du lien de citoyenneté), ce qui correspond parfaitement à la définition du régime d'attachement organiciste. L'appartenance de l'Italie à ce groupe peut surprendre tant il est courant d'associer ce pays à un modèle méditerranéen par excellence fondé sur la persistance du rôle traditionnel de la famille. Dans les classifications habituelles, l'Italie est le plus souvent classée parmi les pays du Sud et la France parmi les pays continentaux. Il existe par ailleurs une littérature abondante sur le familialisme italien, aussi bien du Nord que du Sud[16]. Mais, d'un autre côté, dans son analyse des régimes de *welfare*, G. Esping-Andersen avait

15. Pour une analyse détaillée des liens sociaux au Brésil, voir : Nadya Araujo Guimarães, S. Paugam, Ian Prates, « Laços à brasileira. Desigualdades e vinculos sociais », *Tempo social, revista de sociologia da Universidade de São Paulo*, vol. 32, n° 3, 2020, p. 265-301.

16. Dans l'ouvrage issu de sa thèse sur *Les Cent Familles de Bologne*, Dominique Schnapper a consacré, par exemple, un chapitre entier sur ce qu'elle appelle

classé l'Italie parmi les pays caractéristiques du régime continental ou conservateur, comme la France et l'Allemagne[17]. Si elle a été ainsi classée, c'est du fait de son développement industriel concentré dans le Nord, qui s'est accompagné, dans la période d'après-guerre, de vastes revendications salariales et de la mise en place d'un système de protection des emplois et d'assurances sociales. Cette société salariale organisée n'a pas empêché, par ailleurs, le développement d'un capitalisme de petits entrepreneurs très dynamiques et organisés sur une base familiale[18]. Elle n'a pas non plus entraîné le développement économique du Sud, considéré depuis des décennies comme le parent pauvre de l'Italie, toujours sujet à de nombreuses controverses sur la mentalité des habitants de cette région et sur leur dépendance à l'égard des ressources du Nord. La diversité de l'Italie explique donc que, selon l'angle d'analyse choisi, elle peut être considérée tantôt comme un pays ressemblant à un pays industrialisé d'Europe continentale, tantôt comme un pays méditerranéen ancré dans une civilisation agricole et un mode traditionnel d'organisation de la famille. Dans l'étude européenne des effets du chômage réalisée à la fin des années 1990, j'avais pu remarquer que la probabilité pour les chômeurs de recevoir une aide financière d'un membre de sa famille extérieur au ménage était, par rapport aux personnes en emploi stable, faible ou non significative dans le nord de l'Italie, alors qu'elle était nettement plus forte dans la région du Centre et encore plus dans celle du Sud[19]. Par ailleurs, j'ai pu vérifier également, à partir des indicateurs du lien de filiation définis ci-dessus, qu'il existe toujours une forte variation entre les régions d'Italie. La proportion des jeunes de vingt-cinq à trente-quatre ans vivant avec leurs parents était, par exemple, en 2014, de 57,7 % dans le Sud, 47 % dans le Centre, et 42 % dans le Nord.

---

la « sainte famille », voir *L'Italie rouge et noire. Les modèles culturels de la vie à Bologne*, Paris, Gallimard, 1971, p. 59 et suiv.

17. Dans cette étude initiale, les autres pays du sud de l'Europe n'étaient pas pris en compte. Voir G. Esping-Andersen, *Les Trois Mondes de l'État providence, op. cit.*

18. Ce modèle est présent en Émilie-Romagne, mais il existe aussi dans d'autres régions de l'Italie nord-orientale et centrale : les trois Vénéties, la Toscane, les Marches et l'Ombrie. Voir Arnaldo Bagnasco, *Tre Italie. La problematica territoriale dello sviluppo italiano*, Bologne, Il Mulino, 1977.

19. S. Paugam, *Les Formes élémentaires de la pauvreté, op. cit.*, voir en particulier le chapitre 3.

Le groupe 4 comprend lui aussi 4 pays (États-Unis, Canada, Nouvelle-Zélande, Grande-Bretagne) pour lesquels l'indice moyen de participation élective est de 0,91, et est nettement plus élevé que celui des trois autres liens. Notons aussi que, parmi ces trois, l'indice du lien de citoyenneté est également plus élevé que l'indice du lien filiation et l'indice du lien de participation organique (0,61 contre, respectivement, 0,25 et 0,21). Nous pouvons donc rapprocher ce groupe du régime d'attachement volontariste.

Enfin, le groupe 5 comprend 8 pays (Danemark, Norvège, Finlande, Suède, Pays-Bas, Allemagne, Suisse, Australie) pour lesquels l'indice le plus élevé est l'indice du lien de citoyenneté (0,81). Dans ce groupe, l'indice du lien de filiation est proche de 0. En revanche, deux autres indices sont également élevés : le lien de participation organique (0,78) et le lien de participation élective (0,6). Puisque le lien de citoyenneté est le plus élevé, nous pouvons rapprocher ce groupe du régime d'attachement universaliste. Mais ce résultat nous conduit aussi à préciser que ce type de régime pourrait être défini par une deuxième caractéristique, celle d'un fort entrecroisement de trois types de liens sociaux : le lien de citoyenneté, le lien de participation organique et le lien de participation élective, avec une légère prééminence du premier sur les deux autres. Ainsi, alors que dans les quatre autres groupes, un type de lien social se dégageait nettement des autres, cela reste moins net dans ce dernier, tant le lien de citoyenneté apparaît associé au lien de participation organique et au lien de participation élective, lesquels, ensemble, s'opposent radicalement au lien de filiation. Les variations d'un groupe à l'autre selon la moyenne des quatre indices de liens sociaux apparaissent nettement dans la **figure 11.6**.

La classification ascendante hiérarchique valide donc globalement la typologie des régimes d'attachement social. Elle a permis de vérifier l'hypothèse que les quatre types de liens sociaux n'ont pas la même force normative dans tous les pays et qu'il est même possible de distinguer empiriquement celui qui domine les autres, c'est-à-dire celui qui assure une fonction de régulation de l'ensemble en imprégnant les autres de sa supériorité. Ainsi, alors que Durkheim, on l'a vu, aboutissait à la conclusion que la patrie devait primer les autres types d'attachement, nous apportons ici non pas un démenti – puisque le propos de Durkheim était plus normatif que sociologique –, mais la confirmation empirique qu'il n'existe pas une configuration unique que toutes les sociétés seraient destinées à rejoindre à un moment ou à un autre de leur évolution. On soulignera au contraire que chaque société recherche une cohérence normative globale en hiérarchisant à sa manière les différents types de liens sociaux qui contribuent à la socialisation des individus et leur permet d'être attachés les uns aux autres tout en étant en harmonie avec les normes en vigueur dans leur société.

Figure 11.6. Indice moyen des liens sociaux selon les cinq groupes

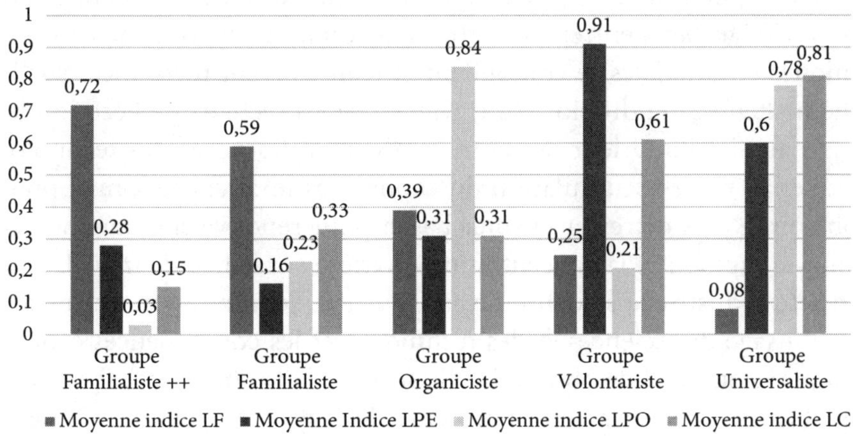

Source : Base de données 34 pays.
LF : Lien de filiation.
LPE : Lien de participation élective.
LPO : Lien de participation organique.
LC : Lien de citoyenneté.

Expliquer les variations nationales

La vérification empirique globale des régimes d'attachement social ne constitue pas une fin en soi. Il reste en effet à expliquer les variations nationales. Sont-elles liées au niveau du développement économique ? Traduisent-elles un rapport spécifique aux inégalités et à la pauvreté ?

Recoupent-elles exactement les variations du système de protection sociale ? Sont-elles associées au degré de civisme ? Essayons de répondre de façon précise à ces questions.

Le niveau de développement économique

Le niveau de développement économique est parfois difficile à apprécier de façon satisfaisante, les indicateurs de référence étant le plus souvent discutables. Nous n'entrerons pas dans les débats infinis qu'ils suscitent. Je suggère de partir de la définition de la société industrielle que Raymond Aron proposait à partir de cinq caractéristiques : 1) la séparation entre le lieu de travail (ou l'entreprise) et la famille, même si cette séparation n'est pas universelle et qu'il existe toujours une part non négligeable d'entreprises artisanales où les deux fonctions économiques et familiales se confondent et sont souvent regroupées sur le même lieu ; 2) la division du travail entre les secteurs de l'économie, mais aussi à l'intérieur des entreprises selon les nécessités technologiques ; 3) une accumulation du capital ; 4) le calcul rationnel pour obtenir le prix de revient le plus bas et pour renouveler et augmenter ainsi le capital ; 5) la concentration ouvrière sur le lieu de travail. Une société industrielle se définit avant tout par l'organisation du travail, par l'usage des sciences et des techniques et les conséquences économiques et sociales de cette rationalisation de la production[20]. Il est clair qu'il existe des écarts importants entre les pays et les régions. Certains pays relèvent plus que d'autres des caractéristiques d'une société industrielle. Il existe aussi à l'intérieur des pays des régions qui restent plus rurales que d'autres et où l'artisanat et la petite entreprise constituent la base de l'activité économique.

Nous pouvons retenir trois indicateurs : le premier est celui du produit intérieur brut (PIB) ; le deuxième est la part du secteur agricole dans l'économie ; le troisième est la part des professions peu ou pas qualifiées dans la population active, part qui correspond à ce que l'on peut appeler les classes populaires (voir **tableau 11.5**).

20. Voir Raymond Aron, *Dix-huit Leçons sur la société industrielle*, Paris, Gallimard, 1962 ; rééd., Gallimard, « Folio Essais », 1988.

Tableau 11.5. Indicateurs de développement économique selon les groupes d'attachement social

	Familialiste ++	Familialiste	Organiciste	Volontariste	Universaliste
PIB/ habitant (1)	12361	26727	34114	45912	53594
Part du secteur agricole	21,3	7,6	6,2	2,6	2,4
Part des classes populaires	82,8	67,9	62,4	52,2	51,1

Source : Base de données 34 pays.
(1) Produit intérieur brut par habitant converti en dollars internationaux courants au moyen des taux de parité des pouvoirs d'achat (PPA).

Le PIB par habitant permet, on le sait, de quantifier la valeur totale de la production de richesse annuelle effectuée par les agents économiques résidant à l'intérieur d'un territoire. Sa variation annuelle permet de calculer le taux de croissance. Il s'agit d'un indicateur central de la comptabilité nationale. Comme nous pouvons le constater, il est le plus élevé au sein du groupe « universaliste » (53 594 dollars) et, comme on pouvait s'y attendre, le plus faible dans le groupe « familialiste ++ » (12 361 dollars), soit 4,3 fois moins. Il est nettement plus élevé dans le groupe « familialiste » (26 727 dollars), mais beaucoup moins que dans les groupes « organiciste » (34 114 dollars) et « volontariste » (45 914 dollars). On peut donc, sans équivoque, souligner que le régime d'attachement social est corrélé à cet indicateur. Ce constat appelle toutefois une nuance. Si nous avions adopté, comme le suggère un comité d'experts des Nations unies, une mesure du développement économique prenant en compte les coûts environnementaux (consommation de ressources naturelles, production de gaz à effet de serre, pollution) – ce qu'on appelle parfois le « PIB vert » –, nous aurions une tout autre distribution. Les pays proches d'un régime d'attachement universaliste ou d'un régime volontariste, ceux qui sont les plus prospères en termes de production de richesse par habitant, ne seraient alors pas aussi bien positionnés dans la hiérarchie des pays. C'est d'ailleurs dans ces pays que la sensibilité écologique est souvent la plus développée et que des mouvements organisés cherchent à promouvoir un type de développement plus respectueux de l'environnement.

La part du secteur agricole est également beaucoup plus forte dans le groupe d'attachement « familialiste ++ » que dans les autres : 21,3 % contre 7,6 % dans le groupe « familialiste », 2,6 % dans le groupe « volontariste », 6,2 % dans le groupe « organiciste » et 2,4 % dans le groupe « universaliste ». Nous pouvons donc confirmer que les pays qui sont les plus proches d'un régime d'attachement familialiste sont aussi les plus proches de la civilisation agricole, c'est-à-dire d'un monde qui a progressivement disparu dans les pays les plus développés[21]. Nous verrons dans le chapitre suivant dans quelle mesure il est possible de relier la cohabitation des générations aux caractéristiques des sociétés paysannes. Mais soulignons toutefois que la part du secteur agricole n'est pas en tant que telle une explication suffisante puisqu'elle est basse dans des pays qui restent pourtant proches d'un régime familialiste. Il convient aussi de souligner que la part du secteur agricole a eu tendance à décroître fortement au cours des cinquante dernières années dans des pays de tradition agricole au profit du secteur tertiaire, y compris dans les pays du groupe « familialiste ++ ». C'est le cas de la Colombie, par exemple, dont la part des actifs agricoles est passée de plus d'un tiers dans les années 1950 à 12 % aujourd'hui.

La part des classes populaires est aussi, au moins indirectement, un indicateur de développement économique. On le définira comme la part d'emplois subalternes dans la population active, ce qui laisse évidemment de côté de nombreux inactifs et inactives qui font aussi partie des classes populaires mais cette définition présente l'avantage de permettre une comparaison entre pays sur la base de données codifiées

21. Cette thématique a connu un important développement à partir de l'exemple de la France, aussi bien en sociologie avec les recherches de Henri Mendras, *La Fin des paysans* (1re éd., 1967), Arles, Actes Sud, 1984, qu'en histoire avec celles d'Eugen Weber, *La Fin des terroirs. La modernisation de la France rurale* (1re éd. en anglais, 1976), Paris, Fayard, 1983.

à l'échelle internationale[22]. En se développant, un pays voit sa structure sociale se modifier puisqu'une main-d'œuvre qualifiée est de plus en plus sollicitée pour répondre aux exigences de l'appareil productif et des nouvelles technologies d'une façon plus générale. La part des professions peu qualifiées diminue et appelle les pouvoirs publics à consacrer des moyens importants à la formation générale et professionnelle de la main-d'œuvre. Certains sociologues ont prédit la fin des classes sociales en soulignant que les sociétés postcroissance et postmodernes seraient à la fois inégales et individualisées[23], mais de nombreux travaux ont montré ces dernières années que les structures sociales des pays développés ne sont pas uniformisées et que les classes populaires n'ont pas pour autant disparu. La part de ces dernières varie, par exemple, fortement entre les pays d'Europe du Nord et d'Europe continentale où elle est inférieure à la moyenne européenne, et les pays d'Europe du Sud ou d'Europe de l'Est où elle est nettement supérieure[24]. À l'échelle de nos 34 pays et de nos 5 groupes, nous retrouvons de fortes variations. La proportion des classes populaires passe en effet de 83 % dans le groupe « familialiste ++ » à un peu plus de 50 % dans les groupes « volontariste » ou « universaliste », soit environ trente points d'écart. On vérifie également que cette proportion baisse sensiblement en passant du groupe « familialiste ++ » au groupe « familialiste », où elle atteint 68 %. Ces résultats confirment que l'analyse des régimes d'attachement social ne peut être envisagée indépendamment de la structure sociale et du niveau développement économique.

D'une façon générale, les groupes d'attachement social dont le niveau de développement économique est le plus élevé sont les groupes

22. Cet indicateur concerne les individus âgés de quinze ans ou plus. Il est défini à partir des catégories d'occupation établies selon le code ISCO (International Standard Classification of Occupations). Les catégories incluses dans l'indicateur sont les suivantes : groupe 4 (employés de bureau), groupe 5 (ouvriers de service et ouvriers de vente en magasin et sur le marché), groupe 6 (ouvriers qualifiés de l'agriculture et de la pêche), groupe 7 (ouvriers de l'artisanat et des métiers de commerce), groupe 8 (opérateurs d'installations et de machines et monteurs), groupe 9 (emplois élémentaires).

23. J. Pakulski et M. Waters, *The Death of Class*, *op. cit.*

24. Voir sur ce point Cédric Hugrée, Étienne Pénissat et Alexis Spire, *Les Classes sociales en Europe. Tableau des nouvelles inégalités sur le vieux continent*, Marseille, Agone, 2017.

« volontariste » et « universaliste », et celui dont le niveau est le plus faible est le groupe « familialiste ++ ». On serait donc tenté de voir une relation entre le niveau de développement économique et le régime d'attachement social. Il convient toutefois d'analyser de façon plus approfondie les variations à l'intérieur de chaque groupe On constate alors des exceptions à cette tendance générale. Dans le groupe « familialiste », par exemple, le PIB du Japon, de la Corée du Sud ou de l'Espagne est trois fois plus élevé que celui de l'Afrique du Sud. Si la cohabitation intergénérationnelle est élevée dans ces trois pays, ce n'est donc pas seulement parce que le niveau de développement économique y est faible. De même, dans le groupe « organiciste », le PIB de la France et de l'Italie est plus de deux fois supérieur à celui de l'Uruguay. Le choix de protéger les emplois par des conventions collectives n'est pas non plus entièrement déterminé par les performances de l'économie.

L'intensité de la pauvreté et des inégalités

Pris séparément, chaque type de liens peut contribuer à réduire la pauvreté et les inégalités. L'indicateur de lien de filiation, tel que nous l'avons défini, met l'accent sur la cohabitation intergénérationnelle au sein du ménage. Se regrouper dans le même ménage permet de réaliser ce que les statisticiens appellent des « économies d'échelle ». Les ménages de grande taille sont généralement plus nombreux dans les catégories populaires. Il est fréquent qu'il existe dans ces ménages plusieurs sources de revenu ou unités économiques. De même, l'indicateur de lien de participation élective, qui mesure la générosité en temps et en argent des individus à l'égard des œuvres humanitaires ou caritatives, correspond à une forme de redistribution et peut en ce sens contribuer à élever le niveau de vie global de la population d'un pays. L'indicateur de lien de participation organique mesure les acquis sociaux dans le monde du travail. Il est facile de démontrer que ces derniers contribuent à protéger les moins qualifiés, partant, les plus pauvres. Enfin, l'indicateur de lien de citoyenneté, qui saisit la confiance à l'égard des gens et dans le système judiciaire, permet d'apprécier le degré de cohésion sociale, lequel est un préalable à la réduction de la pauvreté des inégalités à l'échelle d'un État. Mais la réalité est plus complexe. Nous avons vu que ces quatre types de liens ne sont pas cumulatifs. Lorsque le lien de filiation est fort dans un pays, les autres types de liens sont faibles et vice versa. Ce n'est donc non pas séparément qu'il faut analyser l'effet des liens sociaux sur la pauvreté et les inégalités, mais bien de façon globale, en prenant en compte leur hiérarchisation.

Deux indicateurs classiques permettent de mesurer la pauvreté monétaire. Le taux de pauvreté absolue correspond à un niveau de revenu nécessaire pour assurer la survie des personnes. Il est calculé par jour à partir d'un seuil généralement très bas. Nous avons retenu le seuil de 1,90 dollar américain par jour[25]. Le taux de pauvreté relative correspond à la proportion de personnes vivant avec un revenu inférieur, selon les conventions, à 50 % ou 60 % du revenu médian ou du revenu moyen. Nous avons retenu le seuil de 50 % du revenu médian.

Comme on pouvait s'y attendre, la pauvreté touche proportionnellement une population nettement plus nombreuse dans les pays du groupe « familialiste ++ » que dans les autres pays, aussi bien en termes de pauvreté absolue que relative (voir **tableau 11.6**). La pauvreté absolue est proche de 0 dans les pays des groupes « volontariste » « organiciste » et « universaliste ». Notons ici que les deux indicateurs diminuent graduellement du groupe « familialiste ++ » au groupe « universaliste », la corrélation étant très significative. Il existe toutefois des variations importantes au sein des groupes. Si l'on se réfère à la pauvreté relative, elle oscille dans le groupe « familialiste ++ » entre 21 % en Colombie et 14,2 % au Chili. L'écart est encore plus grand dans le groupe « familialiste » puisqu'il passe de 23,5 % en Afrique du Sud à 9,1 % au Japon. Dans le groupe « volontariste » le contraste est également fort entre les États-Unis où il atteint 18 % et le Royaume-Uni où il est de 11,9 %. Si la pauvreté varie fortement selon le régime d'attachement social, il faut donc y voir la confirmation d'une tendance générale qui peut dissimuler certaines exceptions sur lesquelles il conviendra de revenir.

25. Ce seuil est ajusté par rapport à la parité de pouvoir d'achat de 2011, l'année de référence étant 2014.

Tableau 11.6. Indicateurs de pauvreté et d'inégalités selon les groupes d'attachement social

	Familialiste ++	Familialiste	Organiciste	Volontariste	Universaliste
Pauvreté absolue	4,5	2,5	0,3	0,4	0,2
Pauvreté relative	18,5	15,9	12,6	14,2	8,5
Inégalités de revenu (Gini)	0,47	0,39	0,33	0,35	0,29
Inégalités de genre (1)	0,57	0,61	0,66	0,78	0,77

Source : Base de données 34 pays.
(1) Le score 0 reflète l'inégalité parfaite.

L'indicateur de Gini est une mesure classique des inégalités de revenu qui varie entre 0 (égalité parfaite) et 1 (inégalité extrême). Il existe une variation importante et graduelle entre le groupe « familialiste ++ », où il est élevé (0,47), et le groupe « universaliste », où il est le plus faible (0,29). On est donc autorisé à confirmer que le régime d'attachement social est lié à la propension des pays à réduire les inégalités entre les citoyens. Lorsque la solidarité est envisagée de façon prééminente dans la sphère des relations domestiques, elle peut être pour les familles un facteur de résistance face à la pauvreté, mais comme elle se traduit par une faiblesse structurelle des autres formes de solidarité, elle constitue alors, en tant que telle, un obstacle à la réduction globale des inégalités. Les riches tiennent à la solidarité familiale car elle leur permet d'assurer la transmission de leurs capitaux d'une génération à l'autre, et les pauvres comptent également sur elle pour soulager leurs misères. Elle constitue dans ces conditions un modèle parfait de reproduction sociale. Ce n'est qu'en se déployant dans les autres sphères que la solidarité peut contribuer à la réduction des inégalités. Notons que dans le groupe

« familialiste » certains pays atteignent un niveau relativement bas (entre 0,30 et 0,33) d'inégalités de revenu (Hongrie, Corée du Sud, Estonie, Japon, Pologne). Encore une fois, ce qui se dégage ici relève d'une tendance générale qui n'interdit pas des variations nationales au sein des différents groupes.

Les inégalités de revenu s'accompagnent-elles d'inégalités de genre ? Pour appréhender ces dernières, il est classique de se référer au « Global Gender Gap Index » ou au « Economic Participation and Opportunity Gender Gap Index » qui en est un sous-indice. Celui-ci inclut cinq indicateurs : la participation des femmes et des hommes au marché du travail ; l'égalité salariale entre eux à travail similaire ; le revenu gagné estimé (en parité de pouvoir d'achat, en dollars américains) ; « Legislators, Senior Officials and Managers » ; et « Professional and Technical Workers ». Selon cet indice, le score 0 reflète l'inégalité parfaite. Comme on pouvait s'y attendre, c'est dans le groupe « familialiste ++ » que l'inégalité de genre est la plus élevée (0,57). Dans un régime d'attachement familialiste, la division du travail au sein de la sphère domestique est très poussée, les femmes étant souvent appelées à jouer un rôle de pivot entre les générations. C'est à elles que revient, pour l'essentiel, outre les tâches ménagères, la charge d'éducation et de protection des enfants, mais aussi de soins auprès des personnes âgées dépendantes. Lorsqu'elles travaillent en dehors du ménage, elles exercent des emplois peu rémunérés et accèdent peu souvent à des fonctions d'encadrement. À l'opposé, c'est dans les groupes « volontariste » et « universaliste » que l'inégalité de genre est la plus faible (respectivement 0,78 et 0,77).

Les inégalités de revenu et de genre se superposent le plus souvent. Les femmes sont souvent doublement désavantagées, en tant que femmes, mais aussi en tant que pauvres, puisque nombre de femmes le sont réellement. C'est dans les pays proches d'un régime d'attachement familialiste que ce cumul est le plus sévère et dans les pays proches d'un régime d'attachement universaliste qu'il l'est le moins. En réalité, la différence ne relève pas uniquement de l'intensité des inégalités mais également de la façon dont celles-ci sont perçues. Dans certaines sociétés, les inégalités sont considérées comme inévitables et ne suscitent pas d'indignation morale particulière. On pourrait même dire qu'elles sont naturalisées. Dans d'autres, au contraire, elles sont l'expression d'un dysfonctionnement ou d'un malaise social qu'il convient de combattre en priorité. La sensibilité sociale à cette question peut varier aussi selon la conjoncture économique.

Le socle de la protection sociale

Le système de protection sociale peut être appréhendé à partir du critère de « démarchandisation ». Il permet aux sociétés d'offrir aux individus une plus grande sécurité d'existence face aux aléas de la vie et au risque de pauvreté. Existe-t-il une corrélation entre la protection sociale et les régimes d'attachement social ? Pour y répondre, nous avons élaboré des indicateurs permettant de distinguer plusieurs dimensions : le chômage, les accidents de travail, la retraite et la santé[26].

L'indice de protection « chômage » est composé de deux indicateurs : le taux de chômeurs bénéficiant d'une couverture chômage et le taux de dépense publique consacrée à la politique active d'emploi par rapport au PIB[27]. Proche de zéro dans les pays du groupe « familialiste ++ », cet indice croît de façon régulière d'un groupe à l'autre pour arriver à son maximum dans le groupe « universaliste » (voir **tableau 11.7**).

L'indicateur de protection « accidents de travail » correspond au pourcentage des personnes employées avec une couverture légale contre les accidents du travail[28]. Ce dernier passe de 20 % dans le groupe « familialiste ++ » à près de 78 % dans le groupe « universaliste ». Il est également supérieur à 70 % dans les groupes « volontariste » et « organiciste ».

26. Il ne nous a pas été possible de reproduire l'indicateur de « démarchandisation » utilisé par Esping-Andersen dans *Les Trois Mondes de l'État providence*, *op. cit.*, en raison d'un manque de données disponibles dans plusieurs pays, qui ne figurent d'ailleurs pas dans cet ouvrage puisque ce dernier se limite aux pays capitalistes les plus développés. Mais nous avons tenté de nous en approcher en élaborant un indicateur composite comprenant des domaines importants et complémentaires de la protection sociale.
27. L'indice correspond à la moyenne de ces deux indicateurs normalisés.
28. Les données ont été ajustées en fonction de la proportion d'emplois informels dans chaque pays.

Tableau 11.7. Indicateurs de protection sociale selon les groupes d'attachement social

	Familialiste ++	Familialiste	Organiciste	Volontariste	Universaliste
Chômage	0,04	0,2	0,4	0,3	0,5
Accidents de travail	20,2	52,8	72,5	74,8	77,7
Retraite	0,3	0,8	0,9	0,8	0,9
Santé	4,0	4,8	7,2	8,0	8,5
Indice composite	0,19	0,46	0,67	0,66	0,76

Source : Base de données 34 pays.

L'indice de protection « retraite » est composé de deux indicateurs : le pourcentage des personnes âgées de soixante-cinq à soixante-neuf ans n'exerçant pas une activité économique sur le marché de travail et le pourcentage des personnes âgées bénéficiant d'une pension[29]. Il confirme la part très faible de ce type de protection dans les pays du groupe « familialiste ». Les deux groupes les plus protecteurs dans le domaine de la retraite sont les groupes « organiciste » et « universaliste ».

Enfin, l'indicateur de protection « santé » correspond au taux de dépense publique consacrée à la santé par rapport au PIB. Il est également, comme on pouvait s'y attendre, très faible dans le groupe « familialiste ++ » et le plus fort dans le groupe « universaliste ».

D'un domaine à l'autre de la protection sociale, la tendance est la même. Il existe pour chacun d'entre eux une forte corrélation avec le régime d'attachement social. Il n'est donc pas surprenant de constater que l'indice composite qui correspond à la moyenne des quatre domaines confirme non seulement l'écart considérable entre les groupes « familialiste ++ » et « universaliste » (on passe de 0,19 à 0,76), mais aussi le caractère progressif quand on passe d'un groupe à

29. L'indice correspond à la moyenne de ces deux indicateurs normalisés.

l'autre. Cet indice composite de protection sociale exprime le degré de « démarchandisation » des pays de notre base. Mais il ne faudrait pas pour autant confondre les régimes d'attachement social et les régimes de *welfare.* Il suffit d'observer le degré de « démarchandisation » des pays qui composent les différents groupes pour se rendre compte des variations importantes au sein de ces derniers. Dans le groupe « organiciste », par exemple, la France arrive nettement en tête avec un indice composite de protection sociale de 0,86 qui est très proche de celui des pays scandinaves. Dans ce même groupe, l'indice de l'Uruguay est de 0,48, ce qui correspond au niveau de certains pays du groupe « familialiste ». Notons aussi que parmi les pays du groupe « universaliste », l'indice composite de protection sociale de l'Australie n'est que de 0,57, ce qui est nettement plus bas que celui des autres pays de ce groupe. Si de telles différences apparaissent, c'est bien qu'il existe une grande différence de conceptualisation entre la typologie d'Esping-Andersen et celle des régimes d'attachement social, dans laquelle le système de protection sociale est un facteur explicatif parmi d'autres et non la dimension fondatrice de la typologie.

La prégnance du civisme

Le civisme exprime le degré d'engagement des individus au service de la collectivité, mais aussi le respect qu'ils accordent aux institutions et qu'ils s'accordent mutuellement. Robert Putnam en a fait, on l'a vu, une dimension du capital social[30]. Cette notion est-elle également corrélée aux régimes d'attachement social ? Deux indices classiques, souvent utilisés dans les comparaisons internationales, permettent d'approcher statistiquement le degré de civisme d'un pays : l'indice de corruption perçue[31] et l'indice de démocratie (voir **tableau 11.8**).

L'indice de corruption perçue est le plus élevé dans le groupe « familialiste ++ » (59,7). Il reste aussi assez élevé dans les groupes

30. R. D. Putnam, *Bowling Alone : The Collapse and Revival of American Community*, *op. cit.*

31. Le score de cet indice varie entre 0 et 100. D'après sa définition habituelle, 0 est égal à un niveau le plus élevé de corruption perçue alors que 100 est égal au niveau le plus bas de corruption perçue. Pour le rendre plus cohérent avec les autres indices, nous avons volontairement inversé les données dans le tableau 11.8.

« familialiste » et « organiciste » (respectivement 46,5 et 39,2) comparativement aux groupes « volontariste » (19,0) et « universaliste » (15,3).

Tableau 11.8. Indices de civisme selon les groupes d'attachement social

	Familialiste ++	Familialiste	Organiciste	Volontariste	Universaliste
Indice de corruption perçue	59,7	46,5	39,2	19,0	15,3
Indice de démocratie	6,4	7,3	7,9	8,7	9,2

Source : Base de données 34 pays.

L'indice de démocratie se compose de cinq dimensions : le processus électoral et le pluralisme ; le fonctionnement du gouvernement ; la participation politique ; la culture politique ; et les libertés civiles. Sans surprise, il est plus bas dans les groupes « familialiste ++ » et « familialiste » que dans les autres. Il est d'un niveau inférieur dans le groupe « organiciste » par rapport aux groupes « volontariste » et « universaliste ».

Le degré de civisme varie donc selon les régimes d'attachement social. Il est le plus élevé dans les pays proches du régime universaliste et le plus faible dans ceux proches du régime familialiste. Tout se passe comme si le civisme était lié à la conception de la solidarité. Plus elle est large, plus elle exige une socialisation qui passe par l'apprentissage des normes garantissant un engagement des individus au service du bien commun et de l'intérêt général. Plus elle est étroite, plus elle autorise les individus à se replier sur la sphère domestique, à chercher avant tout à se protéger et à trouver de la reconnaissance au sein de groupes d'interconnaissance et, réciproquement, à se méfier des institutions de l'État. Le contrôle social s'exerce de façon globale et générale dans le premier cas, il se manifeste avant tout dans le cercle étroit des relations de proximité dans le second.

Une analyse plus poussée des différences entre les groupes a pu être réalisée par la suite en ne retenant que cinq variables structurelles pour lesquelles le test de linéarité s'est avéré satisfaisant : le PIB, la pauvreté relative, l'indice d'inégalité de genre, l'indice de protection sociale et l'indice de démocratie. Au regard de cette analyse, nous avons pu vérifier que les pays structurellement les plus différents sont ceux du groupe universaliste, d'une part, et ceux des deux groupes familialistes, d'autre part. Inversement, il existe également des similitudes structurelles entre certains groupes de pays. Les groupes les plus similaires sont, d'une part, les groupes universaliste et volontariste, et, d'autre part, les groupes organiciste et familialiste.

*

Nous avons pu, dans ce chapitre, vérifier empiriquement la pertinence de la typologie des régimes d'attachement social que nous avions esquissée de façon idéal-typique dans le chapitre 4. Nous avons pour cela mis à profit la base de données que nous avons construite comprenant 34 pays. Afin de nous affranchir d'une approche normative, nous n'avons pas essayé de hiérarchiser ces liens sociaux, mais, au contraire, d'analyser les facteurs qui conduisent les pays à les hiérarchiser eux-mêmes à partir des normes qui les gouvernent. Le premier constat a été de vérifier que les pays se distinguent bien les uns des autres par le type de lien social dominant et, par conséquent, le type de morale qui contribue à organiser de façon spécifique le principe de solidarité entre les individus et les groupes sociaux.

Il faut toutefois souligner que l'analyse de classification par ascendance hiérarchique fait ressortir cinq groupes de pays et non pas quatre, comme on aurait pu s'y attendre conformément à la définition des quatre régimes d'attachement social. Les deux premiers groupes relèvent bien du même régime familialiste puisque le lien de filiation y est prééminent dans chacun d'entre eux. Mais cette prééminence est plus marquée dans le premier. C'est la raison pour laquelle nous avons qualifié de façon provisoire le premier de « familialiste ++ » et le second de « familialiste ». Le premier groupe est plus homogène puisque nous y trouvons des pays d'Amérique centrale ou du Sud, dans lesquels la population agricole est plus nombreuse et la population active globalement moins qualifiée, alors que, dans le second, les pays se répartissent en plusieurs aires culturelles (Europe du Sud, Europe de l'Est, Amérique du Sud, Afrique, Asie du Sud-Est, Europe de l'Est et Asie centrale) et connaissent des trajectoires économiques et sociales différentes. Notons également que la population de plusieurs pays du premier groupe est composée d'une proportion importante de peuples dits « indigènes » selon le mode de désignation internationale (41 % au Guatemala, 24 % au Pérou, 15,1 % au Mexique, 11 % au Chili, et 8,9 % au Nicaragua)[32]. Ces derniers se regroupent le plus souvent en communautés relativement repliées sur elles-mêmes et entendent préserver leur culture et leurs traditions, aujourd'hui avec l'appui et la reconnaissance d'instances internationales. Au terme de cette analyse statistique, il est possible de préciser la différence entre ces deux groupes. Le premier regroupe des pays globalement moins développés, plus pauvres et plus inégalitaires, moins protecteurs et dans lesquels le civisme est moins répandu. Le second regroupe des pays dont les caractéristiques sont assez semblables sur chacune des dimensions, mais de façon moins extrême, un peu comme s'ils avaient connu une évolution différente du fait de leur développement économique, mais aussi social, plus intense. Le premier groupe est plus marqué que le second par son ancrage dans la civilisation agricole, même si ces pays sont également en proie à une forte croissance urbaine. Le second est globalement plus avancé dans ce qu'on appelle aujourd'hui la modernité. Cette distinction est intéressante car elle ouvre la voie à une discussion sur la combinaison possible dans certains pays d'un mode d'organisation domestique fondé sur la tradition familialiste et d'un développement économique ouvert aux valeurs occidentales et individualistes. C'est la raison pour laquelle, je suggère d'appeler le premier groupe « familialiste à dominante traditionnelle » et le second « familialiste à dominante moderne » tout en reconnaissant, d'une part, qu'il n'existe pas une frontière nette entre ces deux groupes et que, d'autre part, des différences entre pays sont perceptibles au sein de chacun, différences sur lesquelles nous allons revenir dans les chapitres suivants.

Un autre résultat important est que les pays proches du régime universaliste se caractérisent non pas seulement par la prééminence globale du lien de citoyenneté, mais aussi par une combinaison des liens de

32. Source : Economic Commission for Latin-America and the Caribbean, 2014.

participation élective et de participation organique également forts. De même, il faut également souligner que les pays proches du régime d'attachement volontariste se caractérisent par une combinaison du lien de participation élective et du lien de citoyenneté assez forts l'un et l'autre.

On serait tenté de voir dans les différents régimes d'attachement social la traduction d'un processus général de transformation à long terme des formes et des fondements de la solidarité, le régime d'attachement familialiste en étant sa forme la plus étroite et le régime d'attachement universaliste sa forme la plus large. Il faut toutefois se garder de voir dans ces régimes une succession d'étapes de la solidarité, un peu comme on a pu parler d'étapes de la croissance économique. Il ne s'agit en aucun cas d'étapes, mais d'évolutions contrastées, sous l'influence d'une pluralité de facteurs historiques, et en cela nullement intégrables dans un schéma déterministe. La question sociologique est maintenant de savoir comment ces facteurs contribuent à maintenir les différents pays dans un régime déterminé, et dans quelle mesure une transformation peut à terme se dessiner.

CHAPITRE 12

L'emprise de la morale domestique

Si les régimes d'attachement social ont pu être vérifiés empiriquement au moyen d'une analyse de classification par ascendance hiérarchique, il nous faut résoudre une énigme : comment se fait-il que les pays proches de la définition idéal-typique du régime d'attachement familialiste se répartissent en deux groupes distincts, l'un à dominante traditionnelle, l'autre à dominante moderne ? Autrement dit, existe-t-il deux types de familialisme ou n'est-ce finalement qu'une simple déclinaison d'une évolution contrastée à partir d'un socle commun ? Ne pourrait-on pas dire que les pays du second auraient réussi, malgré tout, à maintenir certaines traditions de solidarité familiale en les articulant à la modernité et au développement du capitalisme ? Le régime d'attachement familialiste serait-il finalement l'expression d'une tension entre tradition et modernité ? Avant de pouvoir répondre à ces questions, il est important de revenir sur les fondements anthropologiques et historiques du familialisme.

L'héritage des sociétés paysannes

Cette tension entre tradition et modernité est constitutive de la sociologie puisque cette discipline est née du constat d'une transformation historique de la société et, plus précisément, d'une opposition de plus en plus visible au XIXe siècle entre une forme traditionnelle d'attachement social, souvent qualifiée de *communautaire*, et une forme moderne qualifiée de *sociétaire*. La première peut être identifiée à l'Ancien Régime, tandis que la seconde apparaît comme la conséquence à la fois de la révolution démocratique impulsée par le courant de pensée des Lumières et de la révolution industrielle. Les précurseurs ou fondateurs de la sociologie ont tous, chacun à leur manière, tenté d'interpréter cette transformation.

La pensée sociologique d'Auguste Comte (1798-1857) est particulièrement marquée par cette tension entre, d'un côté, l'idéologie du progrès et de la science, l'héritage des Lumières et de la Révolution et, de l'autre, l'idéologie de la tradition, à tel point que l'on trouve dans son œuvre autant une doctrine de la science positive et de la science sociale qu'un plaidoyer pour les valeurs conservatrices contre-révolutionnaires. Défenseur des liens domestiques et de la séparation des sexes, Auguste Comte aimait à rappeler que « la société humaine se compose de familles et non d'individus[1] ». Frédéric Le Play (1806-1882), à qui l'on doit une méthode d'observation des budgets de familles qui a permis de réaliser de nombreuses monographies de ménages ouvriers européens, était lui aussi inquiet de la montée de l'individualisme et de la désorganisation sociale, et attaché aux valeurs de la famille traditionnelle. Il défendait ce qu'il appelait la « famille-souche », fondée sur la cohabitation des parents et de l'héritier, censée assurer tout à la fois la fécondité des générations, la perpétuation des traditions de travail, d'honneur et de vertu, la prospérité des classes utiles à la société et la cohésion sociale[2]. Autrement dit, la science sociale moderne qu'il entendait promouvoir était dans son esprit associée à la nécessité de préserver des valeurs conservatrices face au risque de crise du lien social.

Les pays qui se distinguent le plus aujourd'hui d'une tradition familialiste, et que l'on peut sans hésitation qualifier de « modernes », ont tous connu dans leur passé une longue période durant laquelle le mode d'organisation dominant reposait sur la morale domestique. La France du XIXe siècle, comme d'autres pays d'Europe, était encore très majoritairement paysanne et plusieurs régions restaient très éloignées d'une économie de marché. L'unité du pays n'était pas encore assurée tant les

1. Auguste Comte, *Système de politique positive ou traité de sociologie instituant la religion de l'humanité* (1re éd., 1852), tome 2, chapitre 3 : « Théorie positive de la famille humaine », Paris, Société positiviste, 1929.
2. Frédéric Le Play *et al.*, *Les Mélouga. Une famille pyrénéenne au XIXe siècle*, Paris, Nathan, 1994. (Postface d'Alain Chenu, « La famille souche. Questions de méthode ».)

communautés paysannes, ancrées dans des économies de subsistance, se distinguaient les unes des autres sans se rencontrer. Toutes, en dépit de leurs différences, avaient pour fondement la famille. C'est ainsi que l'on peut dire que le régime d'attachement familialiste, qu'il survive ou non dans les sociétés modernes, est un héritage de la civilisation paysanne.

La cohabitation de plusieurs générations

Les historiens ont montré que la structure des ménages de l'Europe ancienne était sans doute plus diversifiée qu'on ne le pense généralement[3]. Quatre types de groupes domestiques peuvent être distingués : les groupes domestiques dits « sans structure familiale », comprenant notamment des personnes seules ; les groupes domestiques « simples », composés le plus souvent du père, de la mère et des enfants et correspondant à ce que l'on appelle aujourd'hui la famille nucléaire ; les groupes domestiques « étendus », comprenant en plus du noyau central conjugal les ascendants, les descendants ou collatéraux ; les groupes domestiques « multiples », dans lesquels cohabitent plusieurs ménages apparentés, soit sous la forme de la famille-souche (qui regroupe autour du couple de parents âgés, le couple des enfants mariés, le second vivant sous l'autorité du premier), soit sous la forme d'une cohabitation de ménages de frères et sœurs mariés de même génération. La famille nucléaire n'est donc pas une invention des sociétés modernes, comme le soulignait Talcott Parsons en référence aux États-Unis du milieu du XXe siècle[4]. Néanmoins, il faut aussi souligner que les groupes domestiques étendus ou multiples étaient très nombreux dans beaucoup de régions. La famille-souche était notamment très répandue dans les régions centrales et méridionales de la France d'Ancien Régime et dans les sociétés méditerranéennes[5].

3. Voir Peter Laslett et Peter Wall (dir.), *Household and Family in the Past Time*, Cambridge, Cambridge University Press, 1972. Peter Laslett, « La famille et le ménage : approches historiques », *Annales ESC*, 4-5, 1972, p. 847-872.
4. Talcott Parsons, « Le système de parenté dans les États-Unis d'aujourd'hui », in *Éléments pour une sociologie de l'action* (1re éd. en anglais), 1943, Paris, Plon, 1955, p. 129-150.
5. Martine Segalen, *Sociologie de la famille*, Paris (5e éd., 2004), « Collection U », Armand Colin, 1981, p. 38. Voir aussi Jean-Louis Flandrin, *Familles. Parenté,*

Cette famille-souche mérite une attention particulière, non seulement parce qu'elle était courante et assez caractéristique des sociétés paysannes de diverses régions européennes, mais surtout parce qu'elle correspond à une cohabitation de plusieurs générations sous le même toit et qu'elle coïncide avec le critère que nous avons retenu pour mesurer la force de lien de filiation dans les différents pays de notre base (même si le principe de la cohabitation reste dans notre définition limitée à des âges critiques de la vie et ne saurait s'imposer comme un système permanent). Trois caractéristiques principales définissent ce modèle[6]. Premièrement, la cohabitation concerne trois générations, celle du père ou de la mère, celle de l'enfant marié (en général, le fils) et de son épouse, celle de leurs enfants. À ces personnes peuvent s'adjoindre d'autres enfants restés célibataires et des domestiques. Deuxièmement, ce groupe domestique s'identifie à une maison commune, véritable institution qui englobe l'habitation, mais aussi ses dépendances, les bâtiments d'exploitation, les terres et les droits qui leur sont associés (droits d'usage sur les eaux, les forêts, les pâturages, etc.). Cet ensemble constitue l'héritage qui se transmet de génération en génération et dont la valeur estimée est un indicateur du prestige, voire de l'honneur social du groupe domestique tout entier. Enfin, comme cette maison – et tout ce qui l'entoure – ne peut être divisée, il convient de désigner un héritier unique, la règle générale voulant que ce soit le fils aîné, bien que des filles aient pu devenir héritières dans certaines régions. L'héritier réside chez ses parents et sa propre épouse, considérée comme une étrangère, restera sous l'autorité de sa belle-mère. Ce modèle, souvent désigné comme « système à maison », a pour conséquence de laisser les autres enfants sans héritage, les cadets étant obligés d'émigrer, d'aller chercher fortune en ville, ou de trouver une héritière à épouser, ou encore de demeurer dans la maison avec un statut intermédiaire entre celui de serviteur et celui de parent.

Il ne faudrait toutefois pas généraliser ce modèle. Tous les paysans ne sont pas propriétaires de leurs biens. Dans les régions de fermage

---

maison, sexualité dans l'ancienne France (1re éd., 1976), Paris, Seuil, « Points Histoire », 1995.

6. Je m'appuie ici sur la synthèse proposée par Martine Segalen, *Sociologie de la famille*, *op. cit.*, p. 47.

ou de métayage, la mobilité est plus fréquente. Les familles peuvent, et parfois doivent, se déplacer d'une exploitation à l'autre, le plus souvent dans la même région. Dans certaines familles paysannes, il est nécessaire de rechercher un complément de revenu. Le père migre seul temporairement pour exercer une autre activité – dans le bâtiment par exemple – et continue, à distance, de diriger l'exploitation. Il fait parvenir sa solde à son épouse ou à son père lorsque celui-ci est encore actif. Dans ces familles pauvres, confrontées en permanence au risque de ruptures tant économiques que sociales, la communauté familiale constitue toujours la base de la solidarité, c'est d'elle que dépend la sécurité du groupe.

Plusieurs chercheurs ont essayé d'élaborer des typologies de familles, en partant de l'observation du monde rural[7]. Emmanuel Todd prend en compte les coutumes d'héritage, selon qu'elles sont égalitaires ou inégalitaires, et le principe de co-résidence des générations, qui induit un rapport autoritaire au sein du groupe domestique. Il en dégage quatre types familiaux principaux : le type nucléaire absolu (inégalitaire et non autoritaire) ; le type nucléaire (égalitaire et non autoritaire) ; le type souche (inégalitaire et autoritaire) ; et le type communautaire (égalitaire et autoritaire). Il a montré comment il est possible de comprendre l'évolution religieuse, économique et idéologique des sociétés humaines en partant de la constitution historique de ces types familiaux[8]. De façon plus modeste, mais aussi plus détaillée d'un point de vue ethnologique, Georges Augustins croise trois dimensions – l'héritage, la succession et la résidence – sur lesquelles repose le modèle matrimonial. Dans le système profondément inégalitaire de la famille-souche, héritier et successeur se confondent, mais, lorsque le système est égalitaire, comme c'est le cas en Bretagne par exemple, tous les enfants viennent à l'héritage et il faut alors déterminer le successeur – souvent parmi les plus jeunes – qui aura le devoir d'entretenir ses

7. Jean-Hugues Déchaux compare deux tentatives importantes, celle d'Emmanuel Todd et celle de Georges Augustins dans un article intitulé « Structures de parenté et sociétés paysannes : deux points de vue et des suggestions pour une sociologie de la parenté dans les sociétés urbaines », *Archives européennes de sociologie*, XXXII, 1991, p. 153-171.

8. On lira, par exemple, Emmanuel Todd, *L'Invention de l'Europe*, Paris, Seuil, 1990 et *Où en sommes-nous ? Une esquisse de l'histoire humaine*, Paris, Seuil, 2017.

parents âgés. Augustins distingue trois types principaux de systèmes : « à maison » ; « à lignage » ; et « à parentèle »[9]. Le premier met en avant la résidence autour de laquelle tout le système social est organisé, les deux autres privilégient la parenté. Dans le système à lignage, seule la lignée masculine est valorisée. Les biens et le pouvoir sont partagés équitablement entre germains de sexe masculin de la même famille. Les femmes en sont exclues, elles reçoivent seulement en contrepartie une dot qui leur permettra de se marier. Ce système est donc inégalitaire entre les sexes et égalitaire entre les fils, ce qui peut constituer un risque de morcellement du patrimoine. Dans le système à parentèle, au contraire, les biens et le pouvoir sont partagés équitablement entre germains quel que soit leur sexe. Ce système est le plus égalitaire des trois. Pour éviter le risque de morcellement de l'exploitation, la solution est de vendre ou d'échanger des parcelles entre germains, mais elle est aussi de favoriser le mariage consanguin entre cousins afin de permettre des regroupements fonciers et de souder ainsi la parentèle. Ces trois types dominants ont été clairement identifiés et chacun d'eux exprime une éthique sociale spécifique, mais la réalité est plus complexe et il existe entre eux des formes intermédiaires, que Georges Augustins qualifie de « marginales ».

Ces typologies n'épuisent pas le réel et contribuent même parfois à gommer certains cas charnières, mais elles sont utiles. Elles permettent de souligner que, si la morale domestique gouverne l'organisation des sociétés paysannes en leur permettant de trouver une cohérence normative et de se perpétuer, elle est loin d'être homogène, puisqu'elle peut varier d'une région à l'autre. Mais d'un système à l'autre, il apparaît que la famille est le plus souvent synonyme de sécurité. Elle est le lieu dans lequel s'exprime un principe de solidarité. Face aux aléas de la vie et aux calamités de toutes sortes – mauvaises récoltes, épidémies, guerres –, c'est avant tout dans la famille que l'on s'entraide, que l'on se soutient mutuellement, que l'on travaille et partage le même toit et la même cuisine. Chaque système comporte sa part de contraintes que les membres de la famille doivent accepter sous la pression d'un

9. Georges Augustins, *Comment se perpétuer ? Devenir des lignées et destins des patrimoines dans les paysanneries européennes*, Nanterre, Société d'ethnologie, 1989.

contrôle social exercé de façon plus ou moins autoritaire au sein du groupe domestique. C'est aussi au sein de la famille que s'effectuent les principaux apprentissages et que se transmet la mémoire collective.

On oppose parfois la solidarité du monde rural et de la famille élargie, unie et stable, à la civilisation urbaine fondée sur l'individualisme et la tendance au repli sur soi. Les peintres du monde rural, comme Millet, imprègnent encore aujourd'hui notre imaginaire de ce monde d'autrefois où se côtoient, dans un intérieur rustique mais paisible et ordonné, hommes, femmes, enfants, animaux et où tout semble organisé pour faire face ensemble à la pauvreté des conditions de vie. À la suite des romans de Zola et de Balzac, l'historien Eugen Weber en dresse un portrait moins bucolique et sans doute plus réaliste. D'après lui, « la solidarité familiale reposait rarement sur l'affection ou l'égalité, mais sur la nécessité, le travail, la coexistence au sein d'une économie autarcique et de l'isolement social. La ferme, ou le petit domaine, assujettissait ses occupants au passé et à l'obligation d'assurer sa subsistance. Dans de telles conditions, le foyer devenait le centre de toutes les tensions familiales – mais des tensions en grande partie réprimées[10] ». La pauvreté de ces familles est réelle, mais elle est soulagée par cette solidarité obligatoire qui s'exerce en leur sein et qui est à la fois pour chacun une contrainte et une condition de l'attachement au groupe domestique et à la microsociété qui l'entoure. « Chacun des membres de la famille est en même temps un compagnon de travail : le père conserve le plus souvent la direction de l'exploitation, sinon il en demeure le conseiller qu'on respecte ou qu'on supporte ; la femme s'occupe des activités qui lui sont propres tout en participant à de nombreux travaux des hommes ; les enfants sont des apprentis et des aides de tous les instants. Les tâches sont réglées par la coutume en fonction du sexe et de l'âge, et non de l'organisation de la production en fonction des compétences des travailleurs[11]. »

Les groupes domestiques ne sont pas pour autant des entités entièrement repliées sur elles-mêmes. L'économie de subsistance sur laquelle ils reposent implique des échanges au sein d'une microrégion, le plus

10. E. Weber, *La Fin des terroirs. La modernisation de la France rurale*, *op. cit.*, p. 276.
11. H. Mendras, *La Fin des paysans*, *op. cit.*, p. 102.

souvent à l'échelle d'un village, d'un chef-lieu de canton ou d'un gros bourg, plaque tournante du commerce local et lieu de sociabilité où l'on se rencontre régulièrement et où sont organisées les fêtes populaires au rythme des saisons et du calendrier religieux. Les sociétés paysannes sont des sociétés d'interconnaissance. Comme le souligne Henri Mendras, « chacun connaît "tout le monde", c'est-à-dire tous les autres, et tous les aspects de la personnalité d'autrui. Il ne s'agit pas d'une perception d'occasion et partielle, limitée à un cadre social ou à une activité particulière, comme il est de règle dans la société urbaine : mais, au contraire, d'une connaissance totale et prolongée de la personne d'autrui, dans l'ensemble de ses positions sociales, actuelles et passées, et dans les particularités de sa personnalité[12] ». Cette interconnaissance est possible car les cercles sociaux sont « emboîtés », pour reprendre l'expression de Simmel. Les rôles qu'exercent les individus ne sont pas spécialisés si bien que le statut social de chacun est global et indifférencié. « Le père qui travaille son champ avec l'aide de son fils et de sa femme est, dans cette besogne, tout à la fois mari, père, propriétaire, travailleur, chef d'équipe, maître d'apprentissage, exploitant agricole [...]. Tout effort pour distinguer des rôles spécialisés ferait violence à la réalité, la masquerait au lieu de l'analyser[13]. » Ce qui favorise cette interconnaissance est aussi que l'appartenance au village, l'appartenance à une parentèle et l'appartenance à un territoire sont indissociables. Dans le cas de la famille-souche, un surnom est souvent attribué à chaque membre : on accole à son nom d'état civil celui de la maison où il réside, comme marqueur social de son identité, de sa renommée et de son prestige.

Le sens de l'honneur

Les anthropologues ont permis de mieux comprendre les valeurs sociales de ces sociétés paysannes. Dans le sillage d'Edward Evans-Pritchard, qui développe à l'université d'Oxford au sein d'un groupe de brillants chercheurs un programme d'études méditerranéennes, Julian

12. H. Mendras, *Sociétés paysannes. Éléments pour une théorie de la paysannerie*, Paris, Armand Colin, 1976, p. 75.
13. *Ibid.*, p. 76.

Pitt-Rivers, alors jeune chercheur, se lance en 1949 dans une enquête de longue durée dans un village andalou, Grazalema, situé à l'extrême nord-est de la province de Cadix. Il s'agit à l'époque d'un village très pauvre, entouré de terres peu fertiles, dont les maigres ressources de l'agriculture sont complétées par la chasse, la cueillette et la fabrication de charbon végétal. Ce village est d'autant plus pauvre que sévit à cette époque en Espagne, après la guerre civile (1936-1939) et la Seconde Guerre mondiale, une crise économique et un déclin démographique dans un contexte de dictature militaire. Grazalema est situé dans une zone montagneuse où la résistance antifranquiste fut très active, le maquis ne fut supprimé qu'au début des années 1950. Julian Pitt-Rivers publia en 1954 les résultats de cette enquête dans son livre *The People of The Sierra* qui devint rapidement un classique, réédité en 1961 et traduit en plusieurs langues[14]. Ce succès s'explique en grande partie par le débat qu'il a suscité dans les sciences sociales.

La thèse repose sur l'articulation de cinq dimensions qui caractérisent la vie sociale de ce village. Premièrement, il est possible de parler de société villageoise au sens où celle-ci exerce une autorité morale sur les individus en leur imposant des sanctions qui vont bien au-delà de la loi. Le village ne représente pas seulement une unité géographique ou politique, mais aussi une unité sociale qui se traduit par un contrôle sur les comportements des uns et des autres. Elle confère aux individus une identité propre et un attachement à des traditions que consacrent des fêtes populaires comme la course de taureaux et le pèlerinage en dévotion à un saint local. Notons aussi que l'on devient membre du village par la naissance. Ceux qui y sont nés sont considérés comme les « fils du village » et ils conserveront ce titre jusqu'à leur mort. Le registre de la commune mentionne aussi le lieu-dit où ils sont nés, ce qui marque l'emprise du voisinage sur l'identité individuelle. Les nouveaux, à l'issue d'une période déterminée pour leur intégration, sont recensés comme membres d'une communauté de voisinage trouvant toute sa place dans le village. Même les fonctionnaires publics reçoivent

14. Julian Pitt-Rivers, *The People of The Sierra,* Londres, Weidenfeld & Nicolson, 1954 ; nouv. éd., Chicago, The University of Chicago Press, Phoenix Books, 1961. Le nom de Grazalema apparaît dans l'intitulé de l'édition en espagnol, *Un pueblo de la sierra : Grazalema*, Madrid, Alianza Universidad, 1971, 2e éd. 1989.

un statut légal de voisin dès leur prise de fonction. Ce statut confère des droits, comme celui de voter aux élections municipales, mais aussi des devoirs, notamment celui de respecter les valeurs morales de la commune. L'attachement attendu à la société villageoise ne peut qu'entretenir une certaine hostilité à l'égard des villages aux alentours et méfiance à l'égard des étrangers.

Deuxièmement, cette autorité morale a pour corollaire une forte tension entre les valeurs de la société locale et celles de l'État central. Julian Pitt-Rivers souligne que le mouvement anarchiste et le communisme libertaire, présents dans le village et dans cette région, n'ont pas remis en question la concentration politique au sein de la commune. Avant la période de la dictature militaire, il existait dans ce village une forte adhésion idéologique à la République fédérale.

Troisièmement, cette tension entre la société locale et l'État central s'exprime par une attitude de secret de tous les habitants du village, notamment à l'égard des inspecteurs venant contrôler l'activité économique, qui se manifeste par exemple par la dissimulation volontaire de certaines ressources de la commune (celles provenant de l'activité des moulins à grains et à olives). Au secret bien gardé vis-à-vis de l'extérieur correspond également un penchant pour le clientélisme, qui consiste pour l'élite politique à accorder des privilèges aux villageois sous la forme d'accès à certaines ressources municipales.

Quatrièmement, la structure de l'autorité au sein du village est associée aux principes d'égalité et d'amitié qui encadrent les relations sociales. Les valeurs égalitaires des habitants du village se traduisent par des échanges fondés sur la réciprocité. Ce n'est pas le rang social qui détermine la coopération entre les membres du village, mais la volonté de réciprocité fondée sur un accord mutuel entre les parties, même économiquement et matériellement inégales. « Le riche emploie, assiste et protège le pauvre, et en retour celui-ci travaille pour lui, lui donne estime et prestige, et protège aussi ses intérêts en veillant à ce qu'il ne soit pas volé, en l'avertissant des machinations des uns des autres et en prenant position pour lui dans les disputes[15]. » Chacun est ainsi tenu, sous couvert d'une règle d'honneur, par cette institution de l'amitié, fondée sur la notion morale d'égalité et d'échange de faveurs,

15. *Ibid.*, p. 140. Traduction personnelle.

et qui entretient également la structure du clientélisme à l'échelle du pouvoir politique.

Enfin, cinquièmement, les relations sociales entre les hommes et les femmes relèvent d'une division morale du travail. Les premiers sont ouverts sur le monde extérieur par l'activité qu'ils exercent, mais ils contrôlent aussi le système politique et légal, les secondes, en revanche, règnent sur le monde intérieur, sur la vie domestique. La famille est la plus petite unité sociale qui contienne les membres des deux sexes et c'est par conséquent dans la maisonnée que la complémentarité opère autant sur le plan moral que physiologique. Dans ce cadre se joue aussi le sens de l'honneur. La mutuelle dépendance des membres masculins et féminins de la maisonnée crée des liens internes intimes, mais qui, de l'extérieur, assurent une identité et une réputation commune, d'où l'importance de contrôler ce que l'unité familiale donne à voir dans la sphère publique[16].

Julian Pitt-Rivers est revenu plusieurs fois dans ce village et a étendu ses observations à toute la région et, progressivement, aux sociétés méditerranéennes. Il a tenu notamment à développer ses analyses sur l'honneur en soulignant les traits communs à cette aire culturelle[17]. Il souligne que la notion d'honneur peut varier d'une région à l'autre. En Andalousie, les variations peuvent, par exemple, se faire sentir quand on passe des milieux ruraux aux milieux urbains ou d'une classe sociale à une autre. Mais il existe selon lui un fond commun marqué par le fait que « les hommes sont responsables de l'honneur des femmes de leur famille, honneur associé à la pureté sexuelle de celles-ci, tandis que leur honneur propre découle, dans une large mesure, de la façon dont ils s'acquittent de cette responsabilité[18] ». Au sein de la famille, l'honneur individuel est lié à la conduite de chaque membre, mais il se répercute

16. Les commentaires sur le livre de Pitt-Rivers n'ont pas manqué. Francisco Campuzano en a fait une sorte de synthèse dans laquelle il analyse également le changement survenu dans ce village depuis cette enquête. Il en conclut à la validité du modèle et des hypothèses de Pitt-Rivers. Voir Francisco Campuzano, « Grazalema revisitée : changement social et culturel dans un village de la sierra andalouse », *Ateliers d'anthropologie*, Laboratoire d'ethnologie et de sociologie comparative, (en ligne), 32, 2008.
17. Julian Pitt-Rivers, *Anthropologie de l'honneur. La mésaventure de Sichem* (1re édition en anglais, 1977), Paris, Le Sycomore, 1983.
18. *Ibid.*, p. 127.

sur l'ensemble du groupe sous la forme d'un honneur collectif. Chacun est donc tenu d'y apporter sa part. Généralement le courage est une qualité morale attendue des jeunes hommes, tandis que la pudeur est significative pour les jeunes femmes. « Le souci de la pureté sexuelle des femmes et sa protection sont liés à la croyance en la transmission des qualités morales à travers l'hérédité physique. Le manque de chasteté chez les femmes met en danger l'honneur familial accumulé par les ancêtres, alors que, chez les hommes, il détruit l'honneur dans la famille des *autres*[19]. » Ainsi l'honneur masculin est-il tourné vers l'extérieur, c'est un « honneur-préséance », tandis que l'honneur féminin est tourné vers l'intérieur, c'est un « honneur-vertu ».

Notons que les travaux de Pierre Bourdieu en Kabylie font écho sur ce point aux analyses de Pitt-Rivers. L'Andalousie et la Kabylie sont des sociétés qui se ressemblent à certains égards. Dans son étude sur « la maison ou le monde renversé », Bourdieu analyse notamment la division entre les sexes, dans l'opposition entre l'univers domestique et le monde extérieur. « On n'est fondé de dire que la femme est enfermée dans la maison que si l'on observe simultanément que l'homme en est exclu, au moins le jour. Sitôt le soleil levé, il doit se tenir au champ ou à la maison d'assemblée ; en hiver, s'il n'est pas au champ, au lieu d'assemblée ou sur les banquettes placées à l'abri de l'auvent qui surmonte la porte d'entrée de la cour. [...] Celui qui demeure trop à la maison pendant le jour est suspect ou ridicule : c'est "l'homme de la maison", comme on dit du gêneur qui reste parmi les femmes et qui "couve à la maison comme une poule dans son nid". L'homme qui se respecte doit se donner à voir, se placer sans cesse sous le regard des autres, les affronter, faire face (*qabel*). [...] On comprend que toutes les activités biologiques, manger, dormir, procréer, soient bannies de l'univers proprement culturel et reléguées dans l'asile de l'intimité et des secrets de la nature qu'est la maison, monde de la femme, vouée à la gestion de la nature et exclue de la vie publique[20]. » Cette division par sexes ne prend pas cette forme radicale dans toutes les sociétés méditerranéennes. Dans le monde rural, les femmes ne sont pas tenues à l'écart

19. *Ibid.*, p. 128.
20. P. Bourdieu, *Esquisse d'une théorie de la pratique, précédé de trois études d'ethnologie kabyle*, Genève, Droz, 1972, p. 50-51.

du travail des champs, notamment au moment des récoltes quand le besoin de main-d'œuvre supplémentaire se fait sentir. Néanmoins elles conservent leur territoire propre au sein de l'espace domestique.

Tout en se gardant de comparaisons trop hâtives, les analyses proposées par Pitt-Rivers, aussi bien dans sa monographie de Grazalema que dans son *Anthropologie de l'honneur*, aident à faire ressortir des traits que nous pouvons retrouver aujourd'hui, non seulement dans les sociétés méditerranéennes, mais aussi, par exemple, en Amérique latine, nous y reviendrons.

La thèse du familialisme amoral

À partir d'une enquête anthropologique réalisée à partir de 1955 dans un village du sud de l'Italie, l'anthropologue américain Edward C. Banfield a soutenu la thèse du « familialisme amoral » pour rendre compte de l'association entre l'ancrage de la vie sociale dans un système contraignant d'attachement familial et l'absence de civisme[21]. Le village en question, Chiaromonte, désigné par le nom fictif de Montegrano dans l'ouvrage, est aujourd'hui connu de tous les spécialistes. Il s'agit d'une commune d'environ 2 000 habitants (3 400 au moment de l'enquête), située en haut d'une petite colline dans la région Basilicate. J'ai eu l'occasion de la visiter avec une équipe de sociologues italiens en 2014 dans la perspective de renouveler l'enquête plus de cinquante ans après[22]. À ma grande surprise, les dépliants touristiques d'aujourd'hui, disponibles sur place, font directement référence à l'enquête de Banfield, un peu comme si l'intérêt qu'avait porté l'anthropologue américain au village de Chiaromonte était toujours une marque de sa singularité historique et sociologique. La maire du village, qui nous avait chaleureusement accueillis, connaissait l'étude de Banfield et s'y référait pour qualifier l'identité des habitants. Elle put aussi nous orienter vers un érudit local qui avait accompagné à l'époque l'anthropologue sur le terrain et en avait conservé de précieuses archives. Autant la maire que

21. Edward C. Banfield, *The Moral Basis of a Backward Society*, New York, The Free Press, 1958.
22. Ce projet n'a pas encore abouti, mais il présente un intérêt évident pour une thèse de doctorat par exemple.

cet érudit nous ont affirmé sans équivoque que, de leur point de vue, les choses n'avaient pas beaucoup changé depuis les années 1950 et que la mentalité des villageois était restée la même. Ce village possède encore aujourd'hui toutes les caractéristiques d'un village du sud de l'Italie. Sur la place de l'église, vide aux heures les plus chaudes de la journée, les hommes se retrouvaient dès la fin de l'après-midi pour discuter et passer le temps. Les femmes, qui rentraient chez elle en la traversant, ne s'y arrêtaient pas, sans même prêter attention à ces hommes, considérant sans doute qu'il aurait été inconvenant, selon les normes locales, de leur adresser la parole. Cette division des sexes dans l'occupation de l'espace public m'apparut comme un critère fondamental en écho aux descriptions de Bourdieu en Kabylie et de Pitt-Rivers dans le sud de l'Espagne. Elle confortait en tout cas mon impression d'un village ancré dans la tradition paysanne, relativement replié sur lui-même, ce qu'il faudrait bien entendu vérifier de façon plus approfondie.

Revenons à la thèse de Banfield. Dans ce village, l'anthropologue est frappé par l'extrême pauvreté et le retard en termes de développement qui, selon lui, « s'expliquent en grande partie (mais pas entièrement) par l'incapacité des villageois à agir ensemble pour leur bien commun ou, en fait, pour une finalité dépassant l'intérêt matériel immédiat de la famille nucléaire[23] ». Pour expliquer cette incapacité, il en vient à formuler l'hypothèse d'un *éthos* qu'il définit, en suivant la définition du sociologue américain William Graham Sumner, comme « la somme des usages, idées, normes et codes caractéristiques par lesquels un groupe se différencie et s'individualise des autres groupes[24] ». Cet éthos des habitants de Chiaromonte implique le refus de toute collaboration au-delà du cercle de la famille restreinte, ce que Banfield résume par la formule : « Maximiser l'avantage matériel à court terme de la famille nucléaire ; supposer que tous les autres feront de même ». Il poursuit : « Celui dont le comportement est conforme à cette règle sera appelé un "familialiste amoral". Le terme est maladroit et quelque peu imprécis (celui qui suit la règle n'est sans moralité que par rapport aux personnes extérieures à la famille – par rapport aux membres de

23. E. C. Banfield, *The Moral Basis of a Backward Society*, *op. cit.*, p. 10. (Tous les extraits cités de cet ouvrage sont traduits par mes soins – *N.d.A.*)
24. *Ibid.*

la famille, il applique les normes du bien et du mal ; celui qui n'a pas de famille est bien sûr un "individualiste amoral"), mais aucun autre terme ne semble plus approprié[25]. »

En ayant recours au concept d'éthos, Banfield explique que le comportement des habitants de ce village est en réalité rationnel du point de vue du système de valeurs auquel ils se réfèrent : « Dans une société de "familialistes amoraux", personne ne favorisera l'intérêt du groupe ou de la communauté si ce n'est dans son intérêt personnel. En d'autres termes, l'espoir d'un gain matériel à court terme sera le seul motif de s'intéresser aux affaires publiques[26]. » Mais Banfield ne s'intéresse pas en tant que tels à ces choix individuels, comme pourraient le faire les spécialistes de la théorie du choix rationnel. Il en recherche plutôt les soubassements dans les conditions culturelles, psychologiques et morales de l'organisation politique. Autrement dit, il tente d'élucider ce qui constitue les fondements anthropologiques de cette solidarité restreinte à la famille nucléaire, en cela bien différente de celle qui prévaut dans les sociétés paysannes que nous avons examinées jusqu'ici, où la cohabitation de plusieurs générations est l'une des caractéristiques essentielles. Une des explications qu'il propose tient à l'histoire de la propriété agraire dans cette région. Il souligne que si dans la plaine du Pô et dans le centre de l'Italie le système féodal a pris fin avant le début de l'unification nationale – ce qui a incité de nombreux riches exploitants à conserver leurs terres et à prendre une part active au développement de l'agriculture moderne –, il a survécu dans une grande partie du Sud, la terre étant restée pendant longtemps la propriété inaliénable de l'aristocratie, de l'Église et de l'État. Le féodalisme fut toutefois progressivement abrogé durant le XIXe siècle. Lorsque cette aristocratie foncière put se maintenir ici ou là, les grands propriétaires du Sud, à la différence de ceux du Nord, se distinguèrent souvent par leur absentéisme et ne prirent guère part à la gestion de leurs biens. De nombreux petits agriculteurs se mirent alors à acheter des terres. Ils devinrent souvent endettés par le poids des impôts et restèrent attachés à une agriculture familiale traditionnelle, éloignée de toute idée ou de toute possibilité d'accroître les rendements de la production.

25. *Ibid.*, p. 83.
26. *Ibid.*, p. 84.

La population augmenta et la taille des exploitations devint dramatiquement trop réduite pour faire vivre une famille élargie. La famille nucléaire se révéla ainsi comme la forme la plus appropriée à ce système agraire devenu excessivement morcelé. Dans ce contexte, la solidarité horizontale n'a jamais été possible – chacun se méfiant des autres –, ruinant ainsi tout espoir de fonder des institutions démocratiques. Que ce soit durant la période où l'aristocratie était dominante ou dans celle de l'enquête au milieu des années 1950, les petits paysans de cette région n'ont jamais appris à travailler ensemble, à unir leurs efforts pour permettre un réel développement économique.

Banfield définit aussi l'éthos familialiste des habitants de Chiaromonte par le fait que les adultes ne peuvent exister en dehors de leur rôle de parent. La vie entière est organisée autour de ce statut qui confère aux hommes et aux femmes, de façon distincte, une position, un rôle et des responsabilités jugées premières, auxquelles personne ne saurait déroger. Banfield constate également que la grande majorité des histoires de vie qu'il a recueillies font état de calamités et de malheurs. Sur les trois cent vingt récits collectés, seuls deux ou trois avaient un ton positivement heureux. La plupart des personnes interviewées étaient profondément pessimistes et considéraient qu'elles ne pouvaient rien face au destin. Toute possibilité d'amélioration de leur situation échappait entièrement à leur contrôle. Cette mentalité peut se résumer ainsi : pour réussir dans la vie, il suffit d'avoir de la chance. Si elle ne se présente pas, il convient d'accepter modestement sa condition, même misérable. Enfin, Banfield considère que la coopération et la confiance entre les individus du village ne sont possibles que s'ils y sont contraints par la crainte d'une éventuelle sanction.

Dans un chapitre consacré aux perspectives d'avenir, Banfield s'interroge sur les possibilités réelles de changement. Selon lui, « le familialisme amoral n'est pas un état normal de la culture. Il ne pourrait pas exister longtemps s'il n'y avait pas un organisme extérieur – l'État – pour maintenir l'ordre et, à d'autres égards, pour atténuer ses effets. Sans l'intervention de l'État, la guerre de tous contre tous éclaterait tôt ou tard en violence ouverte, et la société locale périrait ou produirait des formes culturelles – peut-être une religion de grande autorité – qui seraient l'équivalent fonctionnel du "contrat social" dont parlaient les philosophes[27] ». Il n'écartait pas non plus la possibilité que le changement arrive progressivement par l'influence des régions plus riches dans lesquelles la vie associative est nettement plus développée. Il pensait aussi que les habitants de Chiaromonte se laisseraient peu à peu convaincre par les effets bénéfiques de la coopération. En un mot, les traits du familialisme amoral n'étaient pas, selon lui, immuables. Mais il soulignait en même temps que ce processus de changement serait inévitablement très lent : « L'éthos actuel tendra à se perpétuer pendant longtemps, même si beaucoup des circonstances qui l'ont fait naître n'existent plus ou ne fonctionnent plus de la même manière. Les modes de pensée et d'évaluation établis depuis longtemps ont une vie propre, indépendante des conditions particulières qui leur ont donné naissance[28]. »

Cette thèse du familialisme amoral a suscité de nombreuses discussions en Italie et, de façon plus générale, dans les sciences sociales au niveau international[29]. Le nombre de publications qui lui ont été consacrées est impressionnant, si bien qu'il devient presque impossible d'en faire état de façon exhaustive[30]. À la lecture des critiques adressées

27. *Ibid.*, p. 155-156.
28. *Ibid.*, p. 160.
29. Plusieurs commentateurs ont souligné que Chiaromonte n'est pas à l'image de tous les villages de la région. Seuls quelques-uns présenteraient des caractéristiques semblables. D'autres ont cherché à enrichir l'explication historique. D'autres enfin ont contesté que le familialisme amoral puisse correspondre à un éthos, puisque le familialisme peut s'envisager plutôt comme mode d'organisation sociale plus général, dans lequel se combinent des éléments de tradition et de modernité. En réalité, le familialisme se manifeste dans plusieurs sphères de la société – économique, sociale et politique – et ne présente pas systématiquement les traits de l'amoralité telle que l'envisageait Banfield. Voir, sur ce dernier point, Antonio Costabile et Antonella Coco, « Social Actors and Social Ties in Multiple Modernity : Familism and Social Change in the South of Italy », *European Journal of Cultural and Political Sociology*, vol. 4, 2017, p. 76-99.
30. On pourra se référer toutefois à la synthèse proposée par Emanuele Ferragina, « The never-ending debate about the moral basis of a backward society : Banfield and "amoral familism" », *Journal of the Anthropological Society of Oxford online*, vol. 1, n° 2, hiver 2009, p. 141-160. On pourra se reporter également à la tentative de la sociologue brésilienne, Elisa Reis, de confronter la cadre analytique de Banfield à la situation des pays d'Amérique latine : E. Reis, « Banfield's Amoral Familism Revisited. Implications of High Inequality Structures for Civil Society »,

à Banfield, il semble aujourd'hui peu judicieux de généraliser cette thèse à l'ensemble du Mezzogiorno et encore moins à l'ensemble de l'Italie, même si, sur plusieurs aspects, elle est toujours assez pertinente.

La famille élargie dans les sociétés contemporaines

Si l'on peut voir les racines du régime d'attachement familialiste dans l'organisation des sociétés paysannes, la question est de savoir si la vie urbaine contribue à le faire disparaître. Les sociologues se sont beaucoup intéressés à cette question. L'élargissement du groupe contribue en lui-même, nous dit Simmel, au développement de l'individualité : « Cette différenciation du groupe social accroîtra le besoin et le penchant à dépasser ses frontières originelles géographiques, économiques, mentales, et à instaurer à côté du caractère centripète initial du groupe, du fait de l'individualisation croissante de ses membres et donc de leur répulsion mutuelle croissante, une tendance centrifuge qui fait le pont avec d'autres groupes[31]. » C'est ainsi que la grande ville apparaît comme une occasion de diversifier les relations et d'autonomiser des individus par rapport à leur famille d'origine. À l'emboîtement des cercles sociaux s'ajoute progressivement un système de juxtaposition qui permet potentiellement à chaque individu d'exister dans des sphères normatives séparées les unes des autres et de construire ainsi sa propre identité et donc son individualité. Le processus d'industrialisation rapide et massive et l'extension urbaine qu'il a entraînée ont eu aussi pour effet de désagréger les solidarités familiales, notamment intergénérationnelles. Il suffit de relire les descriptions d'Engels sur la situation de la classe ouvrière en Angleterre pour vérifier, à Manchester ou ailleurs, que les logements ouvriers étaient le plus souvent exigus, sans confort, sans propreté, que les maladies et les épidémies y étaient fréquentes, que les femmes et les enfants étaient le plus souvent contraints de travailler à l'usine et que la vie familiale, dans ces

in Jeffrey Alexander (dir.), *Real Civil Societies : The Dilemmas of Institutionalization*, Londres, Sage Publications, 1998, p. 21-39.

31. G. Simmel, « L'élargissement du groupe et le développement de l'individualité », in *Sociologie. Études des formes de la socialisation*, *op. cit.*, p. 687.

conditions aussi misérables, n'était pas possible : « Seule une race déshumanisée, dégradée, rabaissée à un niveau bestial, tant du point de vue intellectuel que du point de vue moral, physiquement morbide, peut s'y sentir à l'aise et s'y retrouver chez soi[32]. » Ce processus a pu être vérifié empiriquement dans plusieurs pays ou régions, mais il oblitère, par sa généralité excessive, des exemples qui prouvent des formes de maintien des structures traditionnelles de l'organisation villageoise et de la famille élargie au sein même des villes, en particulier dans les quartiers pauvres.

Le village dans la ville

Des faits historiques établis attestent tout d'abord que la famille élargie vivant sous le même toit n'a pas toujours été dissoute par le phénomène d'urbanisation au moment de la révolution industrielle. Martine Segalen rappelle que dans les villes en voie d'industrialisation, les historiens n'ont pas observé de phénomène de nucléarisation du groupe domestique[33]. Michael Anderson, par exemple, a repéré en 1851, à Preston dans le Lancashire, une ville qui s'est industrialisée très rapidement au XIXe siècle, pas moins de 23 % de groupes domestiques « étendus » ou « multiples »[34]. Il remarquait qu'un grand nombre de personnes âgées habitaient avec leurs enfants. La cohabitation intergénérationnelle semble même avoir augmenté au cours de cette période. Les contraintes économiques du travail industriel expliquent, au moins partiellement, ce développement des groupes domestiques étendus : les logements sont en nombre insuffisant pour absorber la forte croissance de la population ouvrière, les mères sont obligées de travailler comme leurs maris pour faire vivre leur foyer, les enfants peuvent être gardés par leurs grands-parents qui vivent avec eux… Face à la pauvreté des conditions de vie, à l'absence de toute protection sociale contre la maladie, l'invalidité et le chômage, le regroupement familial et l'entraide réciproque au sein du groupe

32. F. Engels, *La Situation de la classe laborieuse en Angleterre*, *op. cit.*, p. 104.
33. M. Segalen, *Sociologie de la famille*, *op. cit.*, p. 42.
34. Michael Anderson, *Family structure in XIXth Century Lancashire*, Cambridge, Cambridge University Press, 1971.

domestique constituent une forme élémentaire de résistance collective[35]. On peut également faire l'hypothèse que ces familles ouvrières, le plus souvent issues des campagnes environnantes, ont tenté de reproduire des habitudes acquises antérieurement, en restant ainsi fidèles à la mémoire collective transmise par les générations qui les ont précédées.

Ce n'est pas seulement à ce moment précis de la révolution industrielle que ces solidarités familiales ont pu se maintenir. Un siècle après la période étudiée par Michael Anderson, soit au début des années 1950, deux sociologues anglais, Michael Young et Peter Willmott, furent surpris de découvrir l'importance des relations de parenté au cours de leur célèbre enquête dans le quartier ouvrier londonien de l'East End : Bethnal Green[36]. Caractérisé par de nombreux logements insalubres, celui-ci faisait l'objet d'un projet de rénovation du bâti. L'enquête avait initialement pour objectif de mieux connaître les conditions de vie dans ce quartier afin d'accompagner les transformations à venir et le relogement de ses habitants. Il s'agissait d'une recherche opérationnelle destinée à orienter les politiques publiques. Ses auteurs étaient loin d'imaginer que leur enquête allait déboucher sur une découverte fortuite et devenir pour cette raison un classique, au croisement de la sociologie urbaine et de la sociologie de la famille. Alors que les théoriciens de l'après-guerre faisaient de la famille nucléaire le modèle par excellence de la société moderne, Young et Willmott découvrent dans ce quartier non seulement que les mariages sont souvent endogames, mais que les couples s'établissent à proximité des père et mère de la

35. On a observé également que les familles du nord de la France employées dans le secteur textile sont des familles à trois générations où l'ensemble des salaires abondent la même bourse et où les grands-parents gardent les plus jeunes et travaillent, eux aussi, sans relâche au sein du groupe domestique. Voir Martine Segalen, « Continuités et discontinuités familiales : approche sociohistorique du lien intergénérationnel », *in* Claudine Attias-Donfut (dir.), avec la collaboration d'Alain Rozenkier, *Les Solidarités entre générations. Vieillesse, familles, État*, Paris, Nathan, 1995, p. 27-40.

36. M. Young et P. Willmott, *Le Village dans la ville. Famille et parenté dans l'Est londonien* (1re éd. en anglais, 1957), Paris, PUF, « Le Lien social », 2010 (précédé de deux textes de présentation : J.-H. Déchaux, « Un classique de la sociologie de la parenté » ; et Hervé Marchal, Jean-Marc Stébé, « Une leçon fondamentale pour la sociologie des quartiers populaires »).

femme – ce que l'on appelle un système de résidence matrilocal – et que les relations de parenté imprègnent l'ensemble de la vie sociale.

À l'image des sociétés paysannes, le quartier est à lui seul une société d'interconnaissance, dotée d'une organisation interne qui contraste avec l'idée que l'on se fait de l'atomisation du prolétariat ouvrier. J'ai abordé dans le chapitre 9 les conditions de possibilité de l'entre-soi des quartiers pauvres et je n'y reviens pas, mais il me semble important de souligner ici, à partir de l'exemple de Bethnal Green, un aspect complémentaire des solidarités familiales qui s'y sont développées. Il ne s'agit pas ici à proprement parler d'un système de cohabitation de plusieurs générations, mais de relations familiales de grande proximité au sein du même quartier. On ne vit pas sous le même toit, mais on se retrouve très souvent au domicile maternel, au détour d'une course ou en rentrant du travail, pour bavarder, échanger des nouvelles. Ce constat est d'une grande importance. Quand on étudie la solidarité familiale, en particulier dans les quartiers populaires où l'espace du foyer est réduit, la notion de ménage fondée sur le principe de la co-résidence pour délimiter le groupe domestique s'avère trop restrictive. Elle réduit l'observation aux relations internes au ménage et exclut les relations entre ménages de la même famille vivant à proximité les uns des autres[37].

Au-delà de cette sociabilité ordinaire, la solidarité entre membres de la famille est omniprésente. Elle est tout d'abord organisée entre les femmes, c'est-à-dire entre la mère et la fille, sous la forme d'un échange permanent et réciproque de services, de mise en commun des ressources au sein de la sphère domestique qui regroupe deux unités distinctes, mais en pratique toujours fortement liées. Cette relation quasi fusionnelle entre la mère et la fille scelle une forme de résistance complice face au risque de domination masculine. Les tensions surgissent d'ailleurs régulièrement entre le mari et sa belle-mère. Cette

37. C'est d'ailleurs l'une des principales critiques qui a été adressée à Peter Laslett et aux historiens de l'école de Cambridge qui ont fait du ménage l'unité d'observation exclusive pour l'étude du groupe domestique en retenant trois critères : dormir sous le même toit, partager des activités, avoir un lien de sang ou d'alliance. Même si la notion de co-résidence a été étendue par la suite aux bâtiments adjacents et contigus, la notion de ménage s'est imposée dans la littérature des sciences sociales de façon sans doute trop restrictive.

triade mère-fille-mari tourne rarement à l'avantage du mari, qui doit le plus souvent s'effacer dans nombre de situations de la vie quotidienne où sa voix ne compte pas ou très peu, même s'il tente de revendiquer sa place dans le foyer et ses droits sur son épouse. Pour la mère, sa fille n'est pas vraiment partie en se mariant puisqu'elle vit tout près d'elle, et pour la fille, la relation qu'elle continue d'entretenir avec sa mère correspond à un choix de sa part, guidé par une volonté de s'inscrire dans une tradition familiale qui lui assure une certaine protection, avec une garantie de reconnaissance réciproque. Le mari finit le plus souvent par s'adapter à cette situation, une façon d'apaiser les tensions étant de tout faire pour apparaître comme le gendre idéal, compréhensif et tendre, aussi bien envers sa femme que sa belle-mère. Il sait aussi qu'il peut tirer avantage de cette complicité entre son épouse et sa belle-mère, ne fût-ce qu'en étant dispensé de certaines tâches domestiques relevant traditionnellement de la sphère des femmes.

À Bethnal Green, la division entre les sexes est ainsi très marquée. Si la solidarité entre les femmes opère dans la sphère domestique, la solidarité entre les hommes intervient dans la sphère professionnelle. Nombre d'entre eux travaillent dans les docks et s'organisent souvent de façon familiale. Les syndicats admettent que les pères « pistonnent » leurs fils auprès des employeurs, voyant en cela une façon de consolider le lien familial, d'assurer ainsi leur succession et la pérennité des ressources issues du travail. Appartenir à une famille de dockers est source de fierté. Après avoir placé leurs fils, les pères leur font faire leur apprentissage, les initient aux ficelles du métier et il n'est pas rare de voir certaines équipes composées de plusieurs membres de la même famille (pères et fils, mais aussi frères et oncles). À la communauté des femmes correspond ainsi une communauté des hommes.

Le « village dans la ville » repose ainsi sur le principe de « famille étendue locale », au sens de la solidarité entre plusieurs familles nucléaires reliées entre elles et habitant à proximité les unes des autres. Il correspond à une forme de reproduction ou plus exactement d'adaptation en milieu urbain et industriel des principes d'organisation hérités des sociétés paysannes dans lesquelles la famille est le pivot des relations sociales.

Chômage et solidarités intergénérationnelles

Que ce soit en milieu rural ou en milieu urbain, les solidarités familiales intergénérationnelles sont encore aujourd'hui particulièrement intenses dans les sociétés méditerranéennes. Une enquête réalisée après la crise financière de 2008 dans sept pays de l'Union européenne (France, Allemagne, Espagne, Portugal, Grèce, Roumanie, Irlande) a permis d'analyser les stratégies de résistance face au chômage et à la pauvreté et d'en déterminer les conditions de possibilité. Dans chacun des sept pays, des chômeurs ont été interviewés dans deux types de lieu : une grande ville (le plus souvent la capitale du pays) et une petite ville éloignée d'une grande métropole[38]. Une partie de cette enquête concernait les solidarités familiales. Elle interrogeait le lien de filiation. L'hypothèse de départ postulait que la résistance à la pauvreté dans les pays fortement confrontés à la crise financière, notamment la Grèce, l'Espagne et le Portugal, était au moins partiellement organisée à partir des réseaux de solidarité de proximité, notamment la famille élargie. Il s'agissait de vérifier si cette hypothèse classiquement reconnue pour les pays du sud de l'Europe était toujours vérifiée et si elle valait en période de crise pour les autres pays.

Les résultats ont permis de constater que les chômeurs français et allemands sont plus nombreux à signaler qu'ils ne sont pas disposés à demander des aides, notamment financières, à leur famille. Ils ressentent une gêne à solliciter ce type de secours tant ils y voient une sorte d'échec et de rabaissement social. Demander à être aidé par la famille équivaudrait à avouer ne plus être en capacité d'autonomie, ce qui apparaîtrait comme une abdication, une perte de dignité. Les expressions utilisées vont dans ce sens. Elles traduisent une intériorisation de la norme d'autonomie vis-à-vis de la famille. Être adulte, c'est ne pas dépendre de sa famille. La gêne éprouvée à demander de l'aide de ses proches doit donc être comprise comme l'expression d'une forte

38. S. Paugam, « Social Bonds and Coping Strategies of Unemployed People in Europe », *Italian Sociological Review*, art. cit.

pression normative qui s'exerce sur les chômeurs comme sur toute personne susceptible de connaître des difficultés. Cette pression reflète la force de la norme d'autonomie en vigueur aussi bien en Allemagne qu'en France. Dans ces deux pays, plus que dans les cinq autres, avouer sa dépendance à l'égard de sa famille revient à reconnaître une incapacité à vivre de façon émancipée. Cette norme d'autonomie est si fortement intériorisée qu'elle occasionne une souffrance lorsqu'il devient impossible de s'y conformer. C'est la raison pour laquelle les chômeurs interrogés refusent très majoritairement de s'en écarter. Autrement dit, le lien de filiation est jugé d'autant plus oppressant qu'il repose sur une relation de dépendance pérenne en contradiction avec la pression normative à l'autonomie.

Dans les pays du sud de l'Europe, en revanche, les chômeurs restent dans leur famille tant qu'ils ne peuvent pas fonder un foyer. Il est possible, dans ce cas, de parler d'un modèle de cohabitation familiale de longue durée. Il existe de saisissants contrastes régionaux au sein de ces pays. Le niveau de développement économique a une forte incidence sur la structure du chômage, mais il en a aussi sur les structures familiales. Dans les régions les plus pauvres, le solidarisme familial est plus développé. L'autonomie vis-à-vis de la famille croît avec le niveau de développement économique, ainsi qu'avec le niveau de protection sociale. Lorsque les possibilités d'emploi sont restreintes, donc le risque de pauvreté plus élevé, il devient alors essentiel de conserver des relations avec les membres de sa famille pour faire face aux difficultés de l'existence[39]. Cette explication, qui met l'accent sur le poids des contraintes, est cependant insuffisante. Comment expliquer alors que tous les jeunes Européens confrontés au chômage ne résident pas chez leurs parents ?

Il faut tenir compte de deux facteurs complémentaires. Premièrement, il existe dans les pays du sud de l'Europe une tradition de solidarité familiale plus répandue que dans les autres pays. Ces solidarités qui s'imposent notamment aux parents sont renforcées à l'intérieur du ménage par une forte division du travail. Le chef de famille est le plus souvent l'homme dont le rôle essentiel est d'assurer l'autonomie

39. Voir sur ce point le concept de pauvreté intégrée, *in* S. Paugam, *Les Formes élémentaires de la pauvreté, op. cit.*

financière du ménage en y apportant notamment les ressources de son activité professionnelle, tandis que la femme se consacre à l'organisation de la vie domestique et aux enfants même après qu'ils ont atteint l'âge adulte. Le modèle traditionnel du *male breadwinner* est bien connu. Il subit cependant des variations selon les pays. En 2020, le taux d'activité des femmes est de 71,8 % au Portugal, 67,3 % en Espagne, 59,3 % en Grèce et 54 % en Italie, alors que la moyenne européenne est de 68 %[40].

Deuxièmement, et ce, de façon générale dans le sud de l'Europe, l'obligation normative de la cohabitation prolongée concerne aussi bien les parents que les enfants. Ces derniers ne peuvent pas vraiment accéder à une autonomie résidentielle et à une vie de couple tant qu'ils n'ont pas obtenu la garantie d'un emploi ou d'une activité professionnelle stable. Il leur paraît alors normal de résider chez leurs parents et ils participent pleinement à la vie du ménage[41].

« *On y arrive tous ensemble* »

Cette enquête a confirmé que les chômeurs des pays du sud de l'Europe recherchent la protection dont ils ont besoin au sein de la famille élargie. Ils sont nombreux, y compris à un âge avancé, à vivre au domicile de leurs parents. Dans certains cas, c'est la pension du grand-père ou de la grand-mère qui assure la subsistance de l'ensemble du ménage. Les entretiens réalisés en Grèce sont très explicites sur ce point. Un agriculteur de cinquante-cinq ans, en difficulté du fait de l'effondrement de la vente des produits agricoles et de l'augmentation concomitante des charges et des taxes, avoue qu'il survit avec sa femme qui ne travaille pas et ses deux enfants grâce à la retraite de leurs parents qui vivent avec eux : « Il y a pas mal de problèmes, mais ici les emplois n'ont pas disparu, on a tous plus ou moins quelque chose à faire. Il y a de l'aide invisible, on a de l'huile, des raisins, les retraites des parents qui vivent avec nous, ce n'est pas comme à Athènes, où un couple qui a perdu

40. D'après Eurostat.
41. Ce modèle a été bien étudié dans le cas de l'Italie. On lira sur ce point Emilio Reyneri, « Italie : longue attente à l'abri de la famille et des garanties publiques », *in* Odile Benoît-Guilbot et D. Gallie, *Chômeurs de longue durée*, Arles, Actes Sud, 1992, p. 125-142.

son emploi est foutu. [...] Les parents du village t'apportent un poulet et d'autres produits alimentaires et en général, ils aident. »

Un autre agriculteur grec de quarante ans, qui recherche un emploi au port de Kiato ou dans le jardinage, est dans une situation familiale similaire. Il habite avec ses parents retraités et sa sœur, qui a perdu la vue à la suite d'un accident mais qui ne reçoit aucune aide des services sociaux. Il n'a pu maintenir une relation amoureuse jusqu'au mariage en raison de problèmes économiques. Il survit lui aussi grâce à la retraite de ses parents et aux activités au noir qu'il pratique régulièrement : « J'ai mes parents qui prennent une retraite de 700 euros et on y arrive tous ensemble avec beaucoup d'économies. J'ai ma sœur aussi à la maison, elle ne voit plus depuis son accident il y a dix ans. On essaie de lui obtenir une retraite de handicapée, mais ça ne s'est pas fait jusqu'à aujourd'hui et elle doit de l'argent aux impôts, elle aussi. Comment tu peux payer quand tu as des problèmes de santé ? On s'en sort avec la retraite de mes parents et quelque argent que j'arrive à me faire. Mais s'il m'arrive un pépin, on est tous foutus. Il n'y a pas d'autre porte de secours. »

Le constat selon lequel les chômeurs grecs peuvent compter sur les ressources dont disposent les parents retraités avec lesquels ils vivent est confirmé par les analyses statistiques effectuées à l'échelle de l'Europe. La part des pensions reçues par des adultes de plus de soixante ans dans la composition du revenu des ménages pauvres et sans emploi est particulièrement élevée en Espagne et au Portugal comparativement à la France et à l'Allemagne, elle l'est encore plus en Grèce jusqu'à constituer la proportion la plus importante par rapport aux autres types de ressources. On peut donc confirmer qu'il existe dans les pays du sud de l'Europe, et plus particulièrement en Grèce, une tendance au partage des ressources dans les ménages où cohabitent plusieurs générations. Il s'agit d'un solidarisme familial pour faire face à la pauvreté.

Parmi les entretiens réalisés en Espagne, deux chômeurs seulement avaient moins de trente-cinq ans, c'est-à-dire la tranche d'âge vers laquelle convergent habituellement les formes de soutien de la famille les plus massives. Il s'agit de jeunes bloqués dans leurs aspirations du fait de la crise. Ils en éprouvent une profonde frustration, d'autant que leurs parents sont également touchés directement ou indirectement par le chômage. Cette situation durable est vécue très négativement car elle retarde le processus d'émancipation. Si les jeunes ont des relations amoureuses, il leur est impossible d'envisager une vie de couple. Dans ces deux cas, le support de la famille s'avère essentiel. Une femme de vingt-cinq ans au chômage depuis 2009, vivant avec sa mère, biologiste également au chômage depuis cinq mois, dans la région de Pampelune, reste néanmoins confiante en soulignant qu'il lui sera toujours possible de continuer à être aidée par sa famille, notamment par sa grand-mère. La famille est donc le rempart de ces jeunes face à cette crise dont ils ne voient pas la sortie à court terme.

Cette norme de solidarité familialiste ne concerne pas que les jeunes. On la retrouve aussi chez des personnes plus âgées, comme chez cette femme de cinquante-trois ans au chômage depuis quelques années et qui travaille illégalement dans l'économie informelle. « Eh bien, il y a toujours quelqu'un (de la famille) qui te donne un coup de main. C'est logique. […] Et tu comptes sur eux… » On retrouve donc en Espagne la tendance qui se dégage de façon générale dans le Sud européen. Le lien avec la famille apparaît comme indéfectible car il correspond à une norme solidement implantée. L'aide de la famille peut être immédiate alors que l'obtention des aides institutionnelles prend généralement beaucoup de temps. Elle correspond à une bouée de sauvetage. Il faut toutefois souligner que cette solidarité familiale est aujourd'hui sous tension. Car, pour pouvoir bénéficier de l'aide de la famille dans la durée, encore faut-il avoir des parents qui aient des ressources suffisantes pour y pourvoir. Or, dans un contexte de crise, les couches sociales qui étaient à l'abri de la pauvreté, et qui pouvaient de ce fait aider leurs enfants au chômage, peuvent subitement être confrontées, à leur tour, à de réelles difficultés financières. Dans ces conditions, la redistribution intergénérationnelle peut être remise en question. Cela ne signifie pas que le lien de filiation s'affaiblisse ou se rompe pour autant, mais que les solidarités familiales constituent une part trop faible pour éviter réellement la pauvreté.

Dans sa conception traditionnelle, le modèle familialiste des pays du Sud repose aussi sur le rôle pivot du *male breadwinner*, celui qui, par son intégration stabilisée dans le monde du travail, peut assurer le niveau de vie de son épouse et de sa famille, y compris de ses enfants âgés et même de ses parents dépendants. La crise a souvent eu pour effet immédiat d'ébranler également cet équilibre. Dans de nombreux cas, c'est le père qui a été affecté par le chômage et qui est devenu pour ainsi dire dépendant de sa famille. Un chômeur espagnol de cinquante-sept ans explique par exemple qu'il a connu successivement la perte de son emploi et l'éclatement de sa famille après son divorce. À sa disqualification professionnelle s'est ajoutée sa disqualification comme père de famille. Il s'est retrouvé seul, démuni. Quand on l'interroge sur l'aide potentielle de ses deux enfants, il dit préférer ne rien leur demander tant il considère comme stigmatisant le fait de se mettre dans cette position inférieure. Il a trouvé une excuse pour ne pas venir habiter chez son fils aîné qui le lui a proposé. Cet exemple est très significatif. Il montre que la solidarité familiale est beaucoup plus facile à accepter quand c'est l'enfant, y compris âgé, qui la sollicite, alors qu'elle rencontre ses propres limites dans l'autre sens, c'est-à-dire quand la personne à aider est le parent. Ce n'est pas parce que les enfants se désintéressent de leurs parents, mais parce que ces derniers, en particulier lorsqu'ils sont encore en âge d'activité, éprouvent un malaise à dépendre de leur progéniture. Solliciter une aide dans ces conditions revient à déroger à la norme selon laquelle ce sont les actifs stabilisés dans le monde du travail qui doivent prendre en charge celles et ceux qui ne le sont pas encore. L'expérience du chômage est alors pour eux une souffrance symbolique d'autant plus forte qu'ils ne peuvent plus être à la hauteur de ce qu'impose la norme de solidarité dans le régime familialiste.

Réciprocité et proximité

Dans les entretiens réalisés au Portugal, il ressort également que la famille est la ressource fondamentale en matière de solidarité[42]. Dans la plupart des cas, elle prend réellement la forme d'un soutien financier, matériel ou en termes de logement. Dans les autres cas, le soutien est plus émotionnel que financier. Les parents conçoivent l'aide à leurs enfants, même lorsque ces derniers sont adultes, comme un devoir moral. Quand les enfants adultes sont encore au domicile de leurs parents, ils bénéficient du cadre protecteur du ménage et participent par

42. Ce constat confirme les résultats de l'enquête de Laurence Loison, *L'Expérience vécue du chômage au Portugal*, Paris, L'Harmattan, 2006.

leur présence à la vie émotionnelle de celui-ci. Quand les enfants travaillent et ont un budget autonome et continuent malgré tout à vivre au domicile de leurs parents, ils peuvent participer à la prise en charge de certaines dépenses, comme le loyer ou les factures d'électricité. Quand ils accèdent à leur propre logement, ils contribuent beaucoup plus rarement aux charges de leurs parents. Quand ces derniers sont dans le besoin, ils dissimulent leurs difficultés et rechignent à accepter le secours de leurs enfants. On peut citer aussi le cas paradigmatique d'une autre femme de soixante-deux ans au chômage, qui a choisi de dissimuler à ses deux filles adultes la situation d'extrême dénuement dans laquelle elle se trouve. Elle a préféré retourner vivre chez ses propres parents âgés de plus de quatre-vingts ans. Elle survit ainsi avec un euro par jour. Cette femme a pensé qu'en s'installant au domicile de ses parents âgés, elle pourrait leur être utile, alors qu'il lui semble légitime de ne pas peser sur le budget de ses filles auxquelles elle souhaite le meilleur avenir. En réalité, en procédant ainsi, elle s'inscrit dans une relation de réciprocité vis-à-vis de ses parents (hébergement contre aide et soutien à domicile) et sauve son honneur vis-à-vis de ses enfants. On peut donc en déduire que la solidarité familiale sera d'autant plus un recours en période de crise qu'elle pourra reposer sur des relations d'échange de type don/contre-don. Mais, dans le cas de cette femme, retourner vivre chez ses parents a un coût social. Elle a conscience d'avoir perdu son autonomie et doit affronter, même à son âge, quelques tensions liées à des moments d'incompréhension de ses parents à son égard, qu'elle interprète d'ailleurs comme des conflits de générations. Si, dans les entretiens réalisés au Portugal, les chômeurs affirment pouvoir être aidés par leur entourage familial, le retour au domicile des parents après une période d'autonomie ne va pas sans créer des difficultés d'adaptation. Il faut réapprendre à vivre ensemble. L'avantage est bien entendu la réduction du coût du logement, mais il a pour contrepartie d'accepter une cohabitation de plusieurs unités économiques au sein du ménage et, éventuellement, une pluralité de styles de vie parfois difficilement compatibles. Cette cohabitation forcée peut aussi être très bien acceptée et permettre de renforcer des liens en les inscrivant dans une logique de réciprocité. On peut citer, par exemple, le cas d'un homme de vingt-sept ans, soudeur, sous-traitant d'une grande entreprise du bâtiment et au chômage depuis la crise, qui justifie le fait de vivre avec ses parents par leur santé fragile et leur dépendance. Il leur apporte le soutien dont ils ont besoin au quotidien. Il exerce ainsi, au moins symboliquement, la fonction d'un employé à domicile, ce qui lui permet de rationaliser son expérience de chômage et d'avoir le sentiment d'être utile. Ses parents sont propriétaires de leur logement et ont un jardin pour faire pousser des légumes, ce qui lui offre aussi une occupation essentielle à la survie du ménage en période de crise.

Notons enfin que cette solidarité familiale a pour caractéristique d'être ancrée dans des réseaux de proximité. Les chômeurs interrogés vivent rarement isolés de leur famille. Il existe la plupart du temps au moins un membre de la famille élargie qui peut être sollicité, des parents, un frère, une sœur, parfois des cousins. Le chômeur dont nous venons de parler, qui vit chez ses parents tout en prenant soin d'eux, a aussi un frère dans son entourage. Il est même reconnu autant par sa belle-sœur que par son frère comme un membre de leur famille.

Si, dans les pays du sud de l'Europe, les solidarités familiales jouent un rôle important dans l'atténuation du risque de pauvreté qui découle du chômage, cela ne veut pas dire que le rôle des aides versées au titre de la solidarité nationale dans les pays du Nord a pour effet de dissoudre le soutien apporté par la famille. Il faut y voir avant tout l'effet d'un système social[43]. Quand une grande partie de la population partage la même condition sociale défavorisée, la solidarité familiale s'inscrit avant tout dans une logique de lutte collective contre la pauvreté. La réciprocité dans l'échange est alors fonctionnelle. Chacun donne et rend, car chacun *se* donne et *se* rend pour faire face à l'épreuve. C'est la raison pour laquelle dans les régions où le chômage et la pauvreté sont très élevés, il y a plus de chances de trouver des solidarités familiales de longue durée fondées sur la réciprocité imposée par la nécessité de résister collectivement[44].

43. François-Charles Wolff et C. Attias-Donfut, « Les comportements de transferts intergénérationnels en Europe », *Économie et Statistique*, n° 403-404, 2007, p. 117-141. On lira aussi sur ce thème Axel Börsch-Supan, Martina Brandt, Howard Litwin, Guglielmo Weber (dir.), *Active ageing and solidarity between generations in Europe : First results from SHARE after the economic crisis*, Berlin et Boston, De Gruyter, 2013.

44. Ce constat s'appuie notamment sur la théorie de Mauss sur le don qui reste encore particulièrement féconde pour analyser les solidarités familiales. On pourra

Les solidarités familiales n'ont pas disparu dans les régions plus développées économiquement, mais elles n'y ont pas cette fonction vitale. La volonté d'autonomie des individus et le caractère moins homogène des familles rendent, dans l'ensemble, les solidarités familiales à la fois plus souples, plus informelles, mais aussi plus fragiles. Lorsque les échanges au sein de la famille deviennent profondément inégalitaires, ils risquent d'empêcher les bénéficiaires de donner et de *se* donner à leur tour, ce qui, à terme, ne peut que les disqualifier.

*

Le régime d'attachement familialiste trouve ses origines dans les sociétés paysannes relativement repliées sur elles-mêmes et gouvernées prioritairement par la morale domestique. S'il existe, on l'a vu, une pluralité de types familiaux, la solidarité s'impose au sein de chaque groupe domestique tant elle constitue une condition de la survie et la protection collective face aux aléas de la vie et aux duretés de l'existence. La famille est en cela la base de l'organisation sociale. La cohabitation de plusieurs générations n'est toutefois pas une spécificité des sociétés traditionnelles et elle n'a pas non plus été vérifiée dans tous les villages, comme on a pu le voir à partir de l'exemple de Chiaromonte dans le sud de l'Italie. Les historiens et les sociologues ont montré que ce modèle de la famille élargie et solidaire n'a pas entièrement disparu au moment de la révolution industrielle et qu'il a pu se perpétuer dans les quartiers ouvriers des grandes villes jusqu'à aujourd'hui. Ce principe est encore à l'œuvre dans les pays du sud de l'Europe dans lesquels l'âge de départ des enfants du domicile parental est tardif comparativement aux pays du Nord. Dans son enquête sur les jeunes en France, en Grande-Bretagne, au Danemark et en Espagne, Cécile Van de Velde a constaté que les jeunes Espagnols se distinguaient fortement des autres. La rhétorique que ces derniers mobilisent pour justifier leur maintien tardif au foyer de leurs parents est fondée sur une logique

se référer sur ce point à l'article suivant : S. Paugam et J.-P. Zoyem, « Le soutien financier de la famille : une forme essentielle de la solidarité », *Économie et Statistique*, n° 308-309-310, 1997, p. 187-210.

d'appartenance familiale[45]. La cohabitation prolongée est normalisée et non stigmatisée. Ils sont nombreux à exprimer une sensation de bien-être chez leurs parents. Ce maintien au foyer est le plus souvent encouragé par les parents eux-mêmes. Un départ prématuré, sans raison jugée légitime, serait assimilé à une « trahison affective ». Les jeunes Espagnols entendent, de leur côté, « ne pas blesser les parents », « ne pas trahir l'honneur familial ».

La famille constitue également, encore aujourd'hui, une protection face au chômage dans les sociétés méditerranéennes. Celles et ceux qui en font l'expérience trouvent dans la cohabitation intergénérationnelle non seulement un moyen de résister à la pauvreté – qu'entraîne le chômage de longue durée quand il est peu ou pas indemnisé –, mais aussi une occasion de participer à la vie familiale, de prendre en charge des parents âgés ou malades, de réaliser des petits travaux qui relèvent souvent du secteur informel et de contribuer ainsi à l'économie domestique.

45. Cécile Van de Velde, *Devenir adulte. Sociologie comparée de la jeunesse en Europe*, Paris, PUF, « Le Lien social », 2008.

CHAPITRE 13

La famille comme priorité : un effet des inégalités et de la pauvreté ?

Pendant longtemps je me suis demandé si les formes de pauvreté et des liens sociaux que j'étudiais en Europe étaient comparables à celles que l'on peut observer en Amérique latine. Au cours de plusieurs séjours au Brésil, en Argentine et au Chili, j'ai accompagné des collègues sociologues sur le terrain dans des quartiers ou villages pauvres et la tentation a toujours été grande de mener une enquête comparative entre l'Europe et ces pays à la fois proches sur certains points et en même temps si différents. J'ai souvent regretté qu'il n'existât pas en Amérique du Sud d'enquêtes comparables au Panel européen des ménages (1994-2001) que j'avais pu exploiter pour analyser les effets du chômage et la pauvreté[1]. À défaut de pouvoir entreprendre un tel programme, je me suis résolu à procéder par petites touches successives. J'ai commencé par consulter les enquêtes qualitatives réalisées ici ou là, le plus souvent à l'échelle locale du quartier ou des grandes métropoles, avant d'entreprendre de constituer la base de données utilisée dans ce livre, qui ne comprend pas moins de dix pays latino-américains. À l'exception de l'Uruguay, tous ces pays appartiennent, on l'a vu, aux deux groupes familialistes « à dominante traditionnelle » ou « à dominante moderne ». Les inégalités de revenus y sont nettement plus élevées qu'en Europe, ainsi que le taux de pauvreté (mesuré de façon absolue et relative). La tendance familialiste qu'on y observe ne serait-elle alors que la traduction d'un développement inégal, les plus

1. Voir notamment D. Gallie et S. Paugam (dir.), *Welfare Regimes and the Experience of Unemployment in Europe*, *op. cit.*

riches misant sur les valeurs familiales et l'éducation de leurs enfants pour assurer leur reproduction sociale et obligeant les plus pauvres à rester attachés à leur famille, ne fût-ce que pour survivre et trouver une forme de protection ?

Commençons par examiner comment l'univers familial est valorisé dans l'ensemble de la société, autrement dit comment le familialisme des pays latino-américains s'inscrit à la fois dans les institutions et dans les pratiques de la vie quotidienne. Il s'agira ensuite d'étudier comment il est entretenu par une représentation d'essence naturaliste des inégalités et de la pauvreté, qui contraint les plus pauvres à rechercher en eux-mêmes et dans leur cercle familial élargi des ressources morales pour survivre. Ce familialisme façonne également l'espace public et politique, tout en permettant aux plus pauvres d'y participer de façon spécifique sous la forme courante d'échange de faveurs, de liens de patronage et de clientélisme.

La valorisation de l'univers familial

Si le sens de la famille paraît, encore aujourd'hui, nettement plus fort dans les pays du sud de l'Europe que dans ceux du nord de l'Europe, il en est de même dans les pays latino-américains par rapport au reste du continent. L'indice de filiation y est même supérieur dans la plupart des pays (voir chapitre 11). Il existe donc comme un continuum entre l'Europe du Sud et l'Amérique latine, ce qui pourrait être interprété comme un transfert des valeurs familiales d'un continent à l'autre, du fait de la colonisation espagnole et portugaise et des vagues abondantes d'immigration européenne en provenance d'Espagne, du Portugal et d'Italie, pays ayant pour caractéristiques communes la religion catholique et la défense de la famille.

La famille comme cellule de base de la société

Mettre en avant l'importance de la famille n'est évidemment pas une spécificité latino-américaine. Dans tous les pays, la famille constitue une valeur à laquelle les individus, quel que soit leur milieu social, sont fortement attachés. Mais il est frappant de constater que les

Constitutions de plusieurs pays latino-américains entendent mentionner la famille comme une cellule de base de la société, un peu comme s'il fallait protéger en même temps les droits de la personne et de la famille, autrement dit, comme si la personne ne pouvait être envisagée indépendamment de son ancrage familial. Ainsi la Constitution de la Colombie précise que : « L'État reconnaît, sans aucune discrimination, la primauté des droits inaliénables de la personne et protège la famille en tant qu'institution fondamentale de la société. » La Constitution du Guatemala proclame dans son premier article consacré à la protection de la personne : « L'État du Guatemala est organisé pour protéger la personne et la famille ; son but suprême est la réalisation du bien commun. » La Constitution du Nicaragua stipule que : « L'État nicaraguayen reconnaît que l'individu, la famille et la communauté sont à l'origine et au cœur du processus de développement. » Les deux premières phrases de la Constitution du Chili sont rédigées ainsi : « Les personnes naissent libres et égales en dignité et en droits. La famille est le noyau fondamental de la société. » La Constitution du Mexique associe dans le même article l'égalité entre les sexes et la protection de la famille : « Les femmes et les hommes sont égaux devant la loi. La loi protège l'organisation et le développement de la famille. » Enfin, la Constitution du Pérou articule la protection de la famille et la promotion du mariage : « La communauté et l'État protègent en particulier l'enfant, l'adolescent, la mère et les personnes âgées en situation de négligence. Ils protègent également la famille et encouragent le mariage. Ils reconnaissent ce dernier comme naturel et fondamental pour la société. »

Ces exemples montrent que la famille n'est pas seulement une valeur qui relève de la sphère privée, à laquelle les individus sont attachés pour défendre ce qu'ils considèrent être une vie équilibrée et réussie, mais qu'elle correspond aussi à une institution reconnue et protégée par l'État. En réalité, la famille est une priorité inscrite à la fois dans les textes juridiques et dans la vie sociale. Elle participe d'une culture commune dans laquelle les hommes et femmes se reconnaissent et qui se reproduit de génération en génération.

Mais pourquoi la famille, en tant qu'institution, est-elle aussi vénérée ? S'il en est ainsi, c'est parce qu'elle est considérée comme le fondement le plus légitime de la réussite personnelle. Le bonheur individuel n'est jugé accessible que par l'intermédiaire du groupe familial, celui dans lequel les enfants naissent et grandissent sous la protection de leurs parents et qui deviennent à leur tour adultes et protecteurs de leurs propres enfants et de leurs parents, selon la solidarité qu'impose le renouvellement des générations. Dans ce processus, la notion de sacrifice est souvent évoquée pour louer les mérites de tel ou tel membre de la famille qui a consacré sa vie au service de ses proches. S'occuper sans relâche de ses enfants, même à l'âge adulte, ou de ses parents âgés ou malades est une tâche qui s'impose sans discussion, tant elle est inscrite dans les devoirs impérieux. Il s'agit d'une question d'honneur. Déroger à ce devoir peut faire l'objet d'une très forte réprobation sociale ; l'accepter en y mettant toute son âme est digne de respect. Un étudiant chilien en France, titulaire d'une allocation doctorale octroyée par le gouvernement de son pays d'origine, vivait dans une grande précarité car il envoyait tous les mois à sa mère âgée la majeure partie du montant de sa bourse. Il m'expliquait que c'était pour lui un devoir : il devait rendre à sa mère ce qu'il avait reçu d'elle depuis sa naissance. On pourrait citer de nombreux autres exemples d'hommes et de femmes qui ont mis entre parenthèses leur projet personnel pour se consacrer pleinement à leurs proches.

La mère, en particulier, fait l'objet d'une admiration sans limites. Son dévouement pour ses enfants lui vaut toutes les reconnaissances, non seulement de ses enfants, mais aussi de la communauté dans laquelle elle est insérée. Lors d'un séjour de recherche en Argentine, j'eus l'occasion de me promener à Córdoba, capitale éponyme d'une vaste province située dans la région Centre, dans laquelle, au détour d'une ruelle, je découvris plusieurs vendeurs clandestins de miniposters cartonnés destinés à la célébration de la fête des Mères (laquelle devait avoir lieu dans les prochains jours). Étonné par le nombre et la variété de ces pièces étalées à même le sol, je me mis à les lire attentivement. Il s'agissait de textes, certains assez longs, rédigés sur le mode de la déclaration d'amour. Tous insistaient sur le dévouement sans limites de la mère, sur l'acceptation de tous les sacrifices pour ses enfants, sur la souffrance endurée pour pourvoir à leur éducation, sur l'immense bienveillance et générosité dont elle témoigne en se donnant chaque jour sans compter. Tous se terminaient par un témoignage éternel de gratitude à l'égard de celle qui a tout donné pour ses enfants. Mais ce qui attisait encore davantage ma curiosité était la référence fréquente à la Vierge Marie, celle qui constitue, pour les catholiques, le modèle absolu de la bonté et de la sainteté. Ce culte à la Vierge Marie, que l'on retrouve dans l'ensemble de l'Amérique latine, révèle le lien très fort entre la religion et la famille. On peut en voir de multiples signes dans la vie quotidienne. Dans les magasins, les maisons, dans la rue, il est courant de voir des affiches ou des statuettes de la mère de Jésus. De nombreux taxis ont sur leur tableau de bord un écusson ou une figurine de la Vierge, un peu comme si cette mère aimante et souffrante était encore aujourd'hui pour le peuple tout entier l'incarnation de la protection. Cette dévotion s'observe également dans les bâtiments publics. J'avoue avoir été surpris à Buenos Aires en entrant au ministère du Travail – où j'étais invité pour donner une conférence – de voir dans le hall d'entrée une grande statue de la Vierge. Habitué à la séparation stricte entre l'Église et l'État en vigueur en France, je fis part de mon étonnement à mes collègues argentins, lesquels accueillirent ma réaction avec surprise tant cette présence de la Vierge dans le bâtiment du ministère du Travail leur semblait banale. Il était naturel pour eux de se prévaloir de cette protection religieuse dans le monde du travail, tant celui-ci est considéré comme la source du bien-être et le support essentiel de la famille[2].

Autre exemple de cette prééminence de la famille. Lauriane Dos Santos a étudié une expérience de politique publique jugée innovante qui consiste à introduire auprès de communautés dites « traditionnelles » installées à l'embouchure du fleuve Amazone, au Brésil, une présence régulière de l'État de droit. Il s'agit de faire venir dans cette région reculée du monde des magistrats sur un bateau, faisant office de tribunal, pour réguler la vie collective et résoudre juridiquement les conflits, autrement dit pour exercer le droit. Elle souligne que les agents de l'administration judiciaire tiennent les *ribeirinhos* pour une population à civiliser, tout en construisant une frontière symbolique pour s'en démarquer radicalement. Ils décrivent volontiers leurs odeurs et leurs postures dans des termes renvoyant à leur vie sauvage auprès des

2. Le lien entre le travail et la famille est particulièrement fort en Argentine, en raison de l'influence d'Eva Perón, considéré par les Argentins comme la mère du peuple et la protectrice des travailleurs.

animaux de la forêt. Mais cette vision, qui n'est pas sans rappeler celle du colon découvrant des peuples jugés primitifs, n'est pas propre à ces agents de justice. Elle correspondrait à une représentation dominante dans la société brésilienne, l'État brésilien ayant reconnu par un décret fédéral de 2007 cette population comme constitutive des « groupes culturellement différenciés ». La recherche fourmille d'exemples saisissants du travail judiciaire lui-même. L'audience judiciaire est en elle-même un espace de régulation sociale, politique et morale. Lauriane Dos Santos relate le déroulement de l'une d'entre elles. Le procès met en présence deux sœurs en conflit, l'une accusant l'autre de s'adonner à la prostitution pour élever ses enfants et d'être une clocharde, ce que dément fermement l'accusée. Cet exemple est particulièrement intéressant. Les propos tenus par la conciliatrice lors de l'audience sont révélateurs de l'encadrement moral de cette scène. Au lieu d'instruire la plainte sur le plan du préjudice subi par la plaignante, la conciliatrice, en présence de la juge, cherche avant tout à la délégitimer en la qualifiant de « chamaillerie entre deux enfants ». Il s'agit non seulement d'une forme d'infantilisation des personnes concernées – que l'on ne traite pas comme des sujets de droit –, mais d'un jugement moral qui fait appel à une conception familialiste des obligations réciproques auxquelles des membres de la même fratrie seraient tenus de se soumettre. La conciliatrice rappelle aux deux sœurs qu'elles proviennent « des mêmes entrailles », qu'elles sont du « même sang ». Autrement dit, elle puise spontanément dans la sphère de la morale domestique pour affirmer la prééminence du lien de filiation – et des contraintes normatives qui lui sont associées – sur toute autre considération. Ces deux sœurs sont jugées non comme des citoyennes pouvant subir des préjudices réparables dans un État de droit, mais comme les membres d'une même fratrie se devant avant tout respect mutuel au nom des intérêts jugés supérieurs de la famille. En réalité, la justice ne fait que rappeler que la famille est une priorité et qu'il convient à ces deux sœurs de trouver les ressources morales en elles et entre elles pour se conformer à cette exigence.

Il ne faudrait toutefois pas considérer que la famille est pour autant immuable dans les pays latino-américains. Au Chili, par exemple, des transformations importantes ont été constatées depuis les années 1990 : baisse de la nuptialité et de la fécondité, développement de la cohabitation et des naissances extraconjugales, augmentation de l'emploi féminin, autant de dimensions qui affaiblissent le modèle de la famille traditionnelle[3]. Mais face à ces évolutions, les relations intergénérationnelles au sein de la famille élargie semblent se renforcer en apportant, notamment aux jeunes femmes, un soutien appréciable. Ces dernières ont en effet besoin d'une aide accrue de la part de leur famille élargie pour concilier les exigences du travail et des responsabilités familiales, mais aussi pour compenser la fragilité de leur situation lorsqu'elles élèvent seules leurs enfants. C'est ainsi que la famille élargie constitue un rempart contre le déclin partiel du modèle familial traditionnel[4].

La maison comme catégorie morale

Dans un ouvrage consacré à la culture brésilienne, Roberto DaMatta insiste sur l'opposition entre le monde de la maison et le monde de la rue[5]. Le premier représente le calme et la tranquillité alors que le second est associé au mouvement, au bruit, aux transports, notamment pour se rendre au travail, et représente la vie quotidienne à la fois routinière et trépidante de tout un chacun. Cette opposition qui peut paraître assez banale prend, selon cet anthropologue, un caractère particulier au Brésil. La maison représente en effet plus qu'un espace physique. Elle réunit les membres d'une famille plus ou moins étendue, incluant les domestiques, selon le tracé d'une frontière bien délimitée avec le monde extérieur[6]. Ce groupe partage le même destin

3. Julieta Palma et Jacqueline Scott, « The implications of changing living arrangements for intergenerational relations in Chile », *Contemporary Social Science*, 2018, DOI : 10.1080/21582041.2018.1460487.
4. Voir sur ce point la thèse de Consuelo Araos Bralic, *Proximité résidentielle, parenté pratique et conditions de vie à Santiago, Chili*, doctorat en sciences de la société, EHESS/ENS-PSL, 2019.
5. Roberto DaMatta, *O que faz o brasil, Brasil ?*, Rio de Janeiro, Rocco, 1986.
6. Cette conception brésilienne de la « grande maison » réunissant les membres de la famille et les domestiques est une survivance de la période de l'esclavage. Voir sur ce point les travaux de Gilberto Freyre, *Sobrados e Mucambos. Decadência do patriarcado rural e desenvolvimento do urbano* (1re éd., 1936), São Paulo, Global Editora, 2004. Les employés domestiques occupent encore aujourd'hui un espace déterminé au sein de la « grande maison », parfois sous la forme d'une

et se définit toujours de façon singulière à partir d'un ensemble de valeurs, de symboles, et de traditions partagées – autant d'éléments qui constituent son identité propre. Il est doté d'une réputation, d'un sens de l'honneur qu'il convient de défendre collectivement. La maison représente ainsi une « personne morale » qui agit de façon unitaire, à l'image d'une corporation. C'est en tant que tel un espace de protection dans lequel chaque membre, notamment les enfants et les personnes fragiles, peut retrouver le réconfort ou la solidarité du groupe. Les biens mobiliers qui y sont entreposés sont également protégés comme une propriété collective. Autrement dit, la maison n'est pas seulement un abri pour dormir ou manger, pour être à l'abri du vent, du froid et de la pluie, mais un espace doté d'une morale et gouverné de façon collective selon des lois propres à celles et ceux qui l'habitent.

Elle est imprégnée de valeurs attachées aux objets qui font le lien entre le passé et le présent, la mémoire des anciens qui ont quitté ce monde et celle des vivants. Chaque individu qui y demeure est unique et irremplaçable. Il y a sa place dans un réseau dense, marqué par des divisions d'âge et de sexe et régulé par des normes qui encadrent les rôles et les pouvoirs respectifs des uns et des autres. Mais la maison, c'est aussi ce qui définit le groupe selon sa capacité d'ouverture sur l'extérieur. Dans ce domaine aussi, l'honneur du collectif domestique est engagé. Ouvrir ses portes, accueillir les amis ou les gens de passage, dresser une table abondante et généreuse pour les honorer constitue non seulement un devoir, mais aussi une façon de tenir son rang et sa réputation dans la communauté plus large, celle du quartier ou du village. La maison se doit d'être solidaire vis-à-vis de parents éloignés, de proches qui ont besoin d'une aide ponctuelle, de personnes fragilisées en manque de soins médicaux, de connaissances qui se retrouvent momentanément sans abri et qui ne savent pas où aller,

---

dépendance. J'ai pu le vérifier dans les maisons ou les appartements aussi bien dans les régions rurales que dans les villes. La plupart des maisons ou des appartements des classes supérieures ont encore une pièce spécifique, souvent petite, à proximité de la buanderie et avec des toilettes séparées, pour l'hébergement de l'employée de maison. Les architectes contemporains s'attachent à reproduire ce modèle, même si les employées domestiques sont moins souvent hébergées dans la famille.

d'amis recherchés par la police et qui ont besoin d'un refuge pour éviter la prison et se faire oublier...

Dans les quartiers pauvres, chacune des maisons, même lorsque ce sont toutes des habitations bon marché, plus ou moins comparables et parfois construites avec des matériaux de récupération, révèle une identité particulière, non seulement par les signes distinctifs de la décoration extérieure, mais surtout par la vie morale du groupe qui y réside. Ainsi, nous dit Roberto DaMatta, la maison délimite un espace où l'harmonie et l'amour doivent régner sur la confusion, la concurrence et le désordre. Il ne saurait, pour cette raison, y avoir en son sein de commerce, l'achat et la vente y sont proscrits, puisque les échanges sont fondés sur le don, la solidarité et l'engagement de chacun au service du collectif. L'esprit de la maison contraste en cela avec l'individualisme du monde extérieur et se maintient de façon conservatrice par les anciens, soucieux de transmettre aux jeunes générations la mémoire collective de la famille. À celles et ceux qui n'ont rien et qui peinent à survivre économiquement, l'espace de la maison, en tant qu'espace moral, offre en compensation une sorte de paix et de réconfort, et surtout une reconnaissance personnelle suprême. Sans réel statut social, si ce n'est d'être pauvre, ces personnes, anonymes et presque invisibles dans la rue, jouissent, au contraire, à la maison, d'une sorte de supercitoyenneté. Le contraste entre la maison et le monde extérieur est d'autant plus fort que celui-ci est une jungle où règne la loi du plus fort, où les pauvres doivent lutter en permanence pour survivre, où l'insécurité est permanente, où tout est tromperie et injustice, où la méfiance entre les gens est de mise.

C'est en ce sens que l'on peut parler de « gouvernement de la maison[7] ». Bien au-delà de l'exemple du Brésil, les travaux sur les sociétés méditerranéennes ont insisté sur la maison comme espace unitaire soumis à une autorité patriarcale et organisé comme un minigouvernement. Benoît de L'Estoile et Federico Neiburg rapportent des métaphores politiques utilisées dans l'Atlas marocain pour en décrire le fonctionnement : « Si ma maison était un État, mon père en serait le président. » Se considérer comme le « roi » chez soi, dans sa maison,

7. Benoît de L'Estoile et Federico Neiburg, « Governing the house : an ethnographic approach (introduction) », *Etnográfica*, 2020, vol. 24, n° 3, p. 655-664.

est également une image puissante qui renvoie au pouvoir exercé par l'autorité suprême du royaume marocain. Ces métaphores, disent-ils, résonnent également avec le langage d'Aristote dans *La Politique*. Le terme grec *oikonomia*, généralement traduit par « administration de la maison » ou « économie domestique », désigne la domination du maître sur l'*oikos* – la maison en tant que bâtiment, mais aussi la famille (femme, enfants et esclaves) et son patrimoine. Pour Aristote, le « gouvernement de l'*oikos*, s'oppose à la *politikè*, le gouvernement des citoyens dans la cité (*polis*) »[8].

Plusieurs enquêtes ethnographiques s'inscrivent aujourd'hui dans cette perspective théorique. Ces travaux coïncident avec de nombreuses observations faites dans les sociétés latino-américaines dans lesquelles, à l'instar des analyses de Roberto DaMatta, la maison constitue une catégorie non seulement socio-spatiale, mais aussi morale, au sens où elle correspond à une institution qui encadre la famille et donne un sens à la vie.

Familialisme et naturalisation des inégalités

Si les inégalités sont si importantes dans les pays d'Amérique du Sud, c'est, au moins partiellement, parce qu'elles ne sont pas fermement combattues pour des raisons à la fois économiques (ces pays sont le plus souvent dépendants des pays riches et de leurs investisseurs, nous y reviendrons) et politiques (ils sont nombreux à avoir connu des régimes de dictature enclins au développement de politiques économiques ultralibérales). Mais c'est aussi dû à des représentations spécifiques des inégalités qui très souvent les naturalisent. La vision du monde social est fondée sur le séparatisme entre les riches et les pauvres, auquel il est impossible de remédier puisqu'il est vécu comme un fait de nature, les pauvres ayant toujours existé dans les sociétés humaines.

8. B. de L'Estoile, « Oikonomia or governing the house : state policies, domestic practices and "worthy life" in Northeastern Brazil », communication présentée au groupe de travail « Oikonomia, The government of the house, "life" and "the good life" », EASA conference, Milan, 2016. Voir aussi B. de L'Estoile, « Money is good, but a friend is better : uncertainty, orientation to the future, and the economy », *Current Anthropology*, 2014, vol. 55, n° 9, p. 62-73.

L'infériorité jugée naturelle des pauvres

Une enquête sur le rapport des riches à la pauvreté a été réalisée à Paris, São Paulo et à Delhi[9]. Les habitants des beaux quartiers ségrégués de São Paulo admettent sans détour qu'il faut soit se protéger des pauvres par tout un système raffiné de sécurité (clôture de l'espace privé, systèmes de vidéosurveillance, vigiles permanents aux entrées d'immeuble, etc.), soit reprendre à zéro leur éducation, ce qui est d'ailleurs envisagé lorsqu'il s'agit d'en faire des employés domestiques[10]. Un rapport de domination traditionnelle, en partie hérité de l'époque de l'esclavage (tardivement aboli dans ce pays), teinté de paternalisme bienveillant, se greffe sur cette représentation de l'infériorité jugée naturelle des pauvres. À la différence de ce que l'on relève à Delhi, la naturalisation de la pauvreté et des inégalités n'est pas formulée dans un registre religieux. Les personnes interviewées expliquent très souvent les inégalités comme relevant avant tout d'un processus naturel. Beaucoup de Brésiliens font référence au talent ou au QI d'un individu pour expliquer sa « réussite » (ou l'absence de celle-ci). Leur raisonnement s'énonce alors le plus souvent en termes biologiques, parfois même en se fondant sur des études scientifiques, et invoque le mécanisme de sélection naturelle. L'un des interviewés souligne que, au sein d'une même fratrie, les inégalités peuvent être très fortes alors que chacun a reçu la même éducation, ce qui prouve selon lui que les capacités différentielles sont d'ordre biologique. La naturalisation de la pauvreté a pour conséquence sa normalisation. Il est inutile de s'en offusquer puisque les individus naissent inégaux et que, s'ils le restent, c'est juste le signe d'une fatalité. La compassion à l'égard de la souffrance d'autrui peut se manifester néanmoins de façon occasionnelle, à la vue par exemple de très jeunes enfants au sein de mères misérables abandonnées à la rue, mais elle est en quelque sorte vite neutralisée, tant la croyance est forte qu'une telle situation est naturellement

9. S. Paugam, B. Cousin, C. Giorgetti et J. Naudet, *Ce que les riches pensent des pauvres*, Paris, Seuil, 2017.

10. C. Giorgetti, « Comment les catégories supérieures de São Paulo parlent de leurs employés domestiques : analyse d'un rapport de classe », *Brésil(s). Sciences humaines et sociales*, n° 8, 2015, p. 73-96.

inéluctable, et donc irrémédiable. Les personnes peuvent le déplorer au fond d'elles-mêmes sans pour autant s'en émouvoir outre mesure : ces scènes de misère ne font qu'exprimer la réalité d'un ordre social, sans doute sévère mais ordinaire, et qu'une accoutumance finit par rendre « normal ».

Toutes les catégories supérieures de la métropole de São Paulo ne partagent toutefois pas exactement les mêmes convictions sur ce point. Des variations apparaissent notamment selon les quartiers étudiés. C'est dans celui où la vieille bourgeoisie patrimoniale est la plus concentrée que les propos teintés de déterminisme biologique sont les plus fréquents. En revanche, dans les quartiers où l'on trouve davantage de professions artistiques ou intellectuelles, les entretiens ont permis de vérifier une plus grande propension à introduire dans les causes de la pauvreté l'effet du milieu social et, partant, des inégalités issues de l'environnement et de l'éducation. On trouve parfois aussi une sorte d'interpénétration des arguments biologiques et sociaux pour expliquer la persistance de la pauvreté. Mais, en dépit de ces différences, la naturalisation de la pauvreté et des inégalités reste courante, quoique son assise idéologique soit plus difficile à appréhender qu'à Delhi, où la ségrégation est fondée sur les castes, c'est-à-dire sur des critères ethniques et religieux. Chez les bourgeois de São Paulo, qui biologisent la pauvreté, par exemple dans des préjugés contre les *Nordestinos*, l'expression directe du racisme reste en effet taboue. Ce répertoire est latent. Le souci d'apparaître « politiquement correct » a sans doute conduit nombre d'enquêtés à mesurer, voire censurer leurs propos.

Pour justifier les inégalités et la pauvreté, l'élite de São Paulo puise aussi dans le registre de la méritocratie. Ce type d'argumentaire s'avère, au moins partiellement, compatible avec celui de la naturalisation. Lorsque les personnes attribuent leur réussite et leur supériorité sociale à leur travail ou à celui de leurs parents, ils ne font finalement qu'insinuer en creux que les pauvres ne manifestent pas autant de détermination dans leur vie, autant d'ardeur au travail et que l'on peut y voir également un trait de leur personnalité. Autrement dit, il est possible de « naturaliser » le mérite. Lorsque les interviewés de São Paulo mobilisent ce registre, c'est, dans la plupart des cas, pour se persuader – et persuader l'enquêteur – que l'on ne peut les tenir eux-mêmes pour responsables de la détresse des autres. L'écart de revenus entre les riches et les pauvres est si élevé qu'il impose aux premiers de se justifier et de se disculper. Il est frappant de constater que nombre d'interviewés éprouvent intensément ce besoin, comme s'ils cherchaient à dissiper un fond de mauvaise conscience. En puisant dans leur biographie personnelle ou familiale, ils relatent des épisodes suggérant le courage, la témérité, la volonté de réussir dont eux-mêmes ou leurs ascendants ont fait preuve au cours de leur vie, pour se convaincre qu'ils ne doivent rien à la société et qu'il serait même absurde de penser qu'ils pourraient être, ne fût-ce qu'indirectement, responsables de la misère qui sévit auprès d'eux. Ils en tirent souvent un sentiment non dissimulé de fierté, de gloire personnelle ou familiale. Ce qu'ils ont acquis, ils le doivent prétendument avant tout à leur mérite et à la loi de sélection naturelle qui récompense les plus doués et les plus combatifs. L'idée que les pauvres pourraient être victimes d'un système foncièrement inégalitaire et injuste leur est à l'inverse étrangère – du moins, les discours n'en portent-ils aucune trace. Certains les considèrent même comme des parasites[11].

Un tel unanimisme dans l'autojustification de leur mérite supposé les conduit à une hostilité farouche à l'encontre du programme national de lutte contre la pauvreté (connu sous le nom de Bolsa Família – PBF), impulsé par le gouvernement depuis la présidence de Lula et ensuite de Dilma Rousseff. Les arguments défendus découlent directement de leur perception de la pauvreté et des inégalités. Les pauvres qui bénéficient de ce type d'aides ne peuvent que devenir encore plus paresseux et difficiles à discipliner[12]. Ils sont, par le fait même de recevoir ce

11. Il peut paraître antinomique d'expliquer la pauvreté par des penchants naturels qui se transmettent de génération en génération et de culpabiliser les pauvres en les tenant pour responsables de leur destin. Mais les propos des interviewés ne sont pas toujours à l'abri de cette contradiction.

12. Ce discours stigmatisant à l'égard des pauvres n'est pas absent de la rhétorique des élites françaises, mais il apparaît de façon plus feutrée et ne signifie pas un rejet systématique des aides en direction des pauvres. Par ailleurs, l'explication de la pauvreté par la paresse est une tendance de fond que l'on trouve de façon plus accentuée dans certains pays comme le Royaume-Uni. Elle est également plus fréquente dans les phases de reprise économique que dans les périodes de récession. Voir en particulier S. Paugam et Marion Selz, « La perception de la pauvreté en Europe depuis le milieu des années 1970. Analyse des variations structurelles et conjoncturelles », *Économie et Statistique*, n° 383-384-385, 2005, p. 283-305.

secours de l'État, encouragés à se détourner durablement de l'éthos du travail, de l'épargne et de la prévoyance. Autrement dit, ce type de programme entretiendrait des « inutiles » et ne pourrait qu'aboutir à une décadence morale aux effets sociaux désastreux. Certains évoquent des dépravations inéluctables, comme l'alcoolisme par exemple. Et s'ils font état du courage et de la vertu de leurs propres employés de maison, c'est pour mieux les distinguer des autres. Mais la plupart ne font pas cette distinction classique et historique, car l'idée que l'on puisse être méritant tout en restant pauvre ne leur vient pas à l'esprit. Il faut toutefois reconnaître que ce programme des bourses-famille symbolise tellement le projet social des derniers gouvernements de gauche qu'il était devenu, dans la conscience de l'élite, le support idéal d'une opposition radicale au pouvoir en place au moment de l'enquête. Il était à l'époque l'occasion d'une dénonciation collective, qui s'apparente de fait à une préservation délibérée des intérêts de la classe dominante face à toute tentative de redistribution des richesses. Dans le contexte brésilien, cette opposition est de nature conflictuelle. Pourtant, la situation des pauvres à São Paulo, et plus généralement au Brésil, semble changer peu à peu. Le programme national de lutte contre la pauvreté ainsi que les lois sociales qui encadrent de plus en plus le monde du travail imposent progressivement une autre représentation de la pauvreté. Si les riches apparaissent réfractaires à toute idée de progrès social, les pauvres, soutenus par l'État, prennent peu à peu conscience de leurs droits, ce qui se traduit dans certains cas par des rapports plus conflictuels avec les catégories supérieures. Autrement dit, c'est quand les pauvres se détachent peu à peu de l'emprise qu'exerce sur eux leur environnement familial – surtout quand elle est exclusive – et du rapport de domination qui les relie aux riches qu'ils en viennent à juger leur condition inférieure comme non naturelle, à envisager pour eux-mêmes et leur famille un autre destin et à imposer ainsi progressivement un autre système de représentation de la pauvreté. Ce processus de « dénaturalisation » de la pauvreté est amplifié quand ils se savent protégés par un État qui leur assure, non seulement des droits civils et politiques, mais aussi des droits sociaux.

Les pauvres sont-ils fatalistes ?

Lorsque la classe dominante veille à conserver ses privilèges en étant peu réceptive aux souffrances des dominés et hostile par principe à toute forme de redistribution, les plus pauvres peuvent se sentir impuissants et accepter à leur tour les inégalités comme un phénomène inévitable. Sont-ils voués à être fatalistes ? Sont-ils enclins à n'aspirer qu'à un avenir dans la pauvreté, en tous points identique à celui de leurs parents ou grands-parents ? Lorsqu'il analysait les étapes de la croissance économique, Rostow soulignait que les sociétés traditionnelles « ont dû consacrer une proportion très élevée de leurs ressources à l'agriculture, et leur civilisation agricole à son tour leur a imposé une structure sociale hiérarchisée dans laquelle les individus pouvaient parfois – encore qu'assez difficilement – accéder aux échelons supérieurs. Les liens de famille et de clan jouaient un rôle important dans l'organisation sociale. En règle générale, l'échelle des valeurs de ces sociétés s'inspirait de ce que l'on pourrait appeler un fatalisme à long terme ; autrement dit, il était admis que la gamme des possibilités offertes aux petits-enfants serait à peu près la même que celle qui s'était offerte aux grands-parents[13] ».

Dans ses enquêtes statistiques et ethnographiques réalisées en Algérie entre 1958 et 1961, Pierre Bourdieu a pu observer également ce fatalisme parmi ceux qu'il appelle les sous-prolétaires, c'est-à-dire ceux qui n'ont pas d'avenir ou, plus exactement, n'ont pas la chance de pouvoir élaborer, pour eux-mêmes ou leurs proches, un projet d'avenir, résignés qu'ils sont face à des conditions matérielles d'existence qui leur semblent immuables[14]. L'Algérie coloniale de l'époque correspond précisément à une période de transition entre une économie précapitaliste et une économie capitaliste. Les sous-prolétaires représentent les masses déracinées et démoralisées, dépourvues des dispositions pour

13. Walt Whitman Rostow, *Les Étapes de la croissance économique* (1re éd. en anglais, 1960), Paris, Seuil, 1963, p. 14-15.

14. P. Bourdieu, *Travail et travailleurs en Algérie* (1re éd., 1963), Paris, Seuil, 2021 (édition revue et actualisée). On pourra se reporter également à la version plus courte, dépouillée notamment des tableaux statistiques, intitulé *Algérie 60. Structures économiques et structures temporelles*, *op. cit.*

agir et penser un avenir autre que celui des générations paysannes qui les ont précédés. C'est en cela qu'ils se distinguent des prolétaires plus organisés et intégrés à l'économie capitaliste et, de ce fait, plus enclins à mener des luttes collectives potentiellement révolutionnaires pour se réapproprier l'avenir. Pierre Bourdieu observe notamment qu'une des caractéristiques des sous-prolétaires est le nombre élevé de personnes employées par famille : pour survivre, il leur faut multiplier des sources de revenu par le travail de plusieurs membres de la famille. Il s'agit le plus souvent de ressources d'appoint procurées par les emplois de fortune dont regorge l'économie informelle. Alors que les prolétaires, plus assurés par leur emploi permanent, peuvent espérer gagner davantage en acceptant des heures supplémentaires, les sous-prolétaires sont obligés de regrouper leurs ressources pour résister collectivement à la misère. « Les souffrances imposées par la situation la plus inhumaine ne sont pas des motifs suffisants pour que l'on conçoive un autre ordre économique et social ; tout se passe au contraire comme s'il fallait que la misère se relâche et autorise à concevoir un autre ordre économique et social pour qu'elle puisse être saisie comme telle et imputée à un système explicitement saisi comme injuste et inadmissible. Parce que la misère s'impose à eux avec une nécessité si totale qu'elle ne leur laisse entrevoir aucune issue raisonnable, les sous-prolétaires tendent à vivre leur souffrance comme habituelle, voire comme naturelle, au titre de composante inévitable de leur existence ; et parce qu'ils ne possèdent pas le minimum de sécurité et de culture indispensable, ils ne peuvent concevoir clairement le changement global de l'ordre social qui serait capable d'en abolir les causes[15]. » Ainsi, la naturalisation de la pauvreté, comme schème répandu parmi les élites des sociétés très inégalitaires, se retrouve également, au moins partiellement, parmi les plus pauvres qui, faute de pouvoir peser sur leur avenir, en viennent à considérer leur condition comme inéluctable.

On retrouve aussi ce fatalisme des sous-prolétaires dans les travaux d'Oscar Lewis. Cet anthropologue est surtout connu pour le concept de « culture de la pauvreté » qu'il a élaboré à partir de ses travaux sur les familles pauvres, réalisés avec la méthode qui l'a rendu célèbre et

15. P. Bourdieu, *Algérie 60. Structures économiques et structures temporelles*, *op. cit.*, p. 78-79.

qui consistait à recueillir des autobiographies. En utilisant le magnétophone dans les années 1950 et 1960, il a pu interviewer pendant des heures, chacun séparément, les membres d'une même famille et renouveler à plusieurs reprises cette expérience en étudiant plusieurs cas de famille pauvres, aussi bien dans la ville de Mexico et dans la paysannerie mexicaine qu'à San Juan et à New York[16]. Je ne tiens pas à revenir ici sur le concept de culture de la pauvreté sur lequel j'ai déjà exprimé quelques réserves[17]. Mais en relisant ses ouvrages, j'ai retrouvé plusieurs passages où les personnes interviewées parlent de leur pauvreté sans se faire aucune illusion sur la possibilité d'un meilleur avenir. Tout leur semble bloqué ! Ainsi, Manuel, le fils de la famille Sanchez de Mexico, qui a trente-deux ans au moment de l'entretien, tient un discours sur les inégalités d'un fatalisme à couper le souffle : « Ce qu'il y a, c'est qu'il n'y a pas d'égalité ici. Tout est disproportionné. Les riches sont très riches, les pauvres sont honteusement pauvres […]. Regardez, quand un homme riche fait une orgie, une de ces *fiestas* ou réceptions que donnent les milliardaires à Lomas, en une nuit ils dépensent des sommes qui suffiraient à nourrir un asile d'orphelins pendant un mois. S'ils descendaient de leur piédestal pour partager la vie de leurs compatriotes et voir leur misère, je crois que, de leur propre poche, ils installeraient l'électricité, les égouts, et qu'ils feraient quelque chose pour les aider. Si j'étais riche, je soulagerais la douleur des pauvres, au moins de ceux qui me sont les plus proches, et je leur fournirais un peu du nécessaire. Mais qui sait ? Peut-être que si j'étais un type riche voyageant dans mon bateau ou en avion, je ne m'en souviendrais plus, n'est-ce pas ? Les pauvres s'accrochent aux pauvres… ils connaissent leur place… et les riches, eh bien, ils vont au Hilton. Le jour où j'oserai mettre les pieds à l'hôtel Hilton, je saurai qu'il y a une nouvelle révolution[18]. » L'une des caractéristiques communes des

16. Oscar Lewis, *Les Enfants de Sanchez. Autobiographie d'une famille mexicaine*, Paris, Gallimard, 1963 ; O. Lewis, *Pedro Martinez. Un paysan mexicain et sa famille*, Paris, Gallimard, 1966 ; O. Lewis, *La Vida. Une famille portoricaine dans une culture de pauvreté : San Juan et New York*, Paris, Gallimard, 1969.
17. Voir en particulier S. Paugam, *La Disqualification sociale. Essai sur la nouvelle pauvreté*, *op. cit.*, p. 20 et suiv.
18. O. Lewis, *Les Enfants de Sanchez. Autobiographie d'une famille mexicaine*, *op. cit.*, p. 448.

familles interviewées par Oscar Lewis est d'éprouver le sentiment d'être tout à la fois en marge, impuissantes, dépendantes, et inférieures aux autres. Mais le regard qu'elles portent sur les institutions est également très critique. Leur sentiment de défiance est si prononcé qu'aucune attente vis-à-vis d'elles n'est possible. Autant le gouvernement que les syndicats sont accusés de faire le jeu des puissants, si bien qu'aucun espoir n'est permis. Manuel avoue ne pas s'y connaître beaucoup en politique, mais il déclare sans retenue : « Nous ne pouvons pas avoir de politique sociale pour les ouvriers, car elle ne servirait qu'à enrichir les dirigeants. Les hommes du gouvernement finissent toujours par s'enrichir et les pauvres restent toujours aussi pauvres. Je n'ai jamais appartenu à un syndicat, mais mes amis qui y sont disent qu'ils peuvent être congédiés à n'importe quel moment sans indemnisation, parce que les dirigeants syndicalistes et les patrons passent des accords entre eux. Oui, nous avons du chemin à faire ici. Je vous dis, le progrès est une chose difficile[19]. »

Dans notre base de données, la confiance dans la justice est très faible dans les pays proches du régime d'attachement familialiste et, en particulier, dans ceux qui se trouvent regroupés dans le groupe « familialiste à dominante traditionnelle[20] ». Pedro Martinez, ce paysan mexicain pauvre interviewé par Oscar Lewis, tenait lui aussi, à la fin de ses jours, un discours désenchanté sur la politique et même sur les lois de son pays : « Le problème ici, c'est qu'on ne respecte pas la loi. Même les avocats sont d'accord sur ce point. Je bavardais avec un avocat l'autre jour et il me disait : "Non Pedro, ne place pas ta confiance dans la loi. C'est une duperie… La loi, c'est du vent !" Le gouverneur m'a dit la même chose une fois : "La vraie loi, c'est l'argent. Si vous avez l'argent, vous avez la loi avec vous. Si vous n'en avez pas, il n'y a pas de loi ; alors vous voyez, ce n'est pas sur la loi qu'il faut miser." Dans une république comme la nôtre ; il n'y a pas de progrès possible. Nous restons en arrière. Nous avons de l'ambition, mais nous ne pouvons rien faire, car nous ne sommes pas organisés. C'est, pourquoi, nous les

19. *Ibid.*, p. 449.
20. Tous les pays de ce groupe ont un taux de confiance dans le système judiciaire inférieur à 40 %. Voir l'Annexe numérique du livre : https://serge-paugam.fr/docs/Annexe_attachement_social.pdf

Mexicains, nous ne valons pas grand-chose. Les paysans sont ignorants et pas qu'un peu stupides. Quand il y en a un qui parvient à acquérir un peu de savoir, il veut tout de suite s'en servir pour exploiter les pauvres, ceux qui sont en bas de l'échelle[21]. »

Prenons un autre exemple. Dans le Nordeste brésilien, pendant la période de l'esclavage, l'assujettissement des travailleurs ruraux sans terre aux grands propriétaires terriens ne reposait pas sur un principe de coercition, mais sur des pratiques fondées sur des associations morales : en échange de la protection et des faveurs du grand propriétaire, les travailleurs ruraux lui témoignaient à la fois leur gratitude et leur loyauté[22]. Il ne faut pas se méprendre sur le sens de cette « humanité ». Les grands patrons et les maîtres se servaient des travailleurs ruraux comme des objets ou des machines à leur disposition et les qualifiaient d'enfants ou de sous-hommes, d'où une attitude paternaliste à leur égard. En se rendant indispensables à leur survie, ces propriétaires terriens exerçaient en réalité sur eux une domination sans partage, d'autant que sa logique était adroitement dissimulée. En soulignant que le travailleur rural était un acteur volontaire du contrat qui le liait à lui, le propriétaire terrien enfermait son « protégé » dans un statut d'« infériorité » et le conduisait à percevoir cette relation comme inéluctable et à s'y résigner. Certes, le travailleur sans terre pouvait considérer que sa situation n'était pas comparable à celle des esclaves soumis à leur maître, mais cette comparaison ne lui apportait, en réalité, qu'une maigre consolation et ne l'empêchait pas d'éprouver en même temps un sentiment d'impuissance, voire de honte ou d'absence de dignité. La littérature s'est emparée de cette thématique de l'asservissement consenti. Dans son célèbre roman *Vidas secas*, l'écrivain Graciliano Ramos décrit la vie du personnage Fabiano en ces termes : « On ne change pas le destin. Si on lui avait dit qu'il était possible de vivre mieux, il aurait été très surpris. Il était venu au monde pour dompter

21. O. Lewis, *Pedro Martinez. Un paysan mexicain et sa famille*, *op. cit.*, p. 382-383.
22. Maria Silva de Carvalho Franco, *Homens livres na ordem escravocrata* (1re éd., 1969), São Paulo, Fundaçao Editora da Unesp, 1997. Voir aussi sur ce point Alexis Martig, « Sociabilités rurales et reconnaissance social au Brésil : les processus d'identification au sein du Mouvement des sans-terre », *in* Guillermo Uribe (dir.), *Sociabilités, citoyenneté et liens sociaux en Amérique latine*, Paris, Presses universitaires de Rennes, 2013, p. 51-61.

les bêtes sauvages, soigner les plaies avec des invocations et réparer des clôtures hiver comme été. C'était son lot. Son père avait vécu comme ça, son grand-père aussi. Et avant eux, la famille n'existe pas. Couper des tiges de mandacarú, graisser des lanières de cuir – il avait ça dans le sang. Il trouvait ça naturel et ne demandait pas autre chose. Tout ce qu'il voulait, c'est qu'on lui donne son dû. On ne lui donnait pas[23]. »

Le sentiment qu'il est impossible d'améliorer sensiblement sa condition sociale est profond et répandu dans les couches les plus pauvres de ces pays d'Amérique latine. Ce pessimisme est renforcé par la conviction que le système économique fait le jeu des riches et que les dirigeants politiques sont corrompus.

Les ressources morales des pauvres

Il ne faudrait pas pour autant considérer que les plus pauvres sont fatalistes dans tous les domaines de l'existence et acceptent avec une totale résignation leur condition. Ils disposent aussi de ressources à la fois morales, matérielles et stratégiques pour faire face aux épreuves qu'ils endurent au quotidien.

La valorisation de soi

À partir d'une enquête qualitative fondée sur des entretiens individuels ou en groupe et réalisée au Chili en milieu urbain, Kathya Araujo et Danilo Martuccelli ont montré que les personnes de milieu populaire n'entendent pas donner d'elles-mêmes une image de résignation et de défaitisme face aux difficultés auxquelles elles sont confrontées[24]. Au contraire, dans le contexte néolibéral de forte insécurité et de

23. Graciliano Ramos, *Vidas secas*, Rio de Janeiro, Record, 2008 (1re éd., 1938). Traduction du passage *in* A. Martig, « Sociabilités rurales et reconnaissance social au Brésil : les processus d'identification au sein du Mouvement des sans-terre », art. cité, p. 52.

24. Kathya Araujo et Danilo Martuccelli, « Las individualidades populares. Análisis de sectores urbanos en Chile », *Latin American Research Review*, vol. 50, n° 2, 2015, p. 86-106. Voir aussi le livre qu'ils ont écrit ensemble : *Desafíos comunes. Retrato de la sociedad chilena y sus individuos*, Santiago, LOM Ediciones, 2012.

valorisation de la performance individuelle, elles tentent de se distinguer et de construire leur personnalité à partir de valeurs communes, répandues dans la culture chilienne et probablement au-delà du Chili. Il s'agit tout d'abord de mettre en avant sa force de caractère, ce que les auteurs appellent une forme héroïque de présentation de soi. La société chilienne n'offrant aucune garantie de protection institutionnelle face au risque de disqualification sociale, il est nécessaire d'avoir et de développer un « caractère » fort, c'est-à-dire de trouver en soi les ressources morales nécessaires pour surmonter les épreuves de la vie quotidienne. Cette volonté d'affirmer sa force de caractère est à la fois l'expression d'une position de classe inférieure et le signe d'un besoin ardent de s'en démarquer, au moins partiellement, par des qualités individuelles jugées non réductibles à cette position.

À ce premier facteur de valorisation de soi dans l'adversité, s'en ajoute un autre, qui est la capacité à saisir les opportunités qui se présentent. Les personnes interrogées ne nient pas que dans la société chilienne tout semble bloqué ou incohérent et qu'il est bien difficile d'y trouver sa place et de mener une vie paisible, en particulier lorsqu'on est en bas de la hiérarchie sociale. Mais, face aux menaces permanentes, il convient d'être pragmatique et vigilant pour profiter des bonnes occasions. Il faut pour cela posséder une forme d'intelligence qui allie sagacité, prudence, audace, flair, aisance, ruse, autant de qualités qui dessinent le portrait idéalisé auquel ces personnes veulent ressembler. L'important est de savoir surmonter les obstacles. Si cette caractéristique idiosyncrasique est présente dans plusieurs catégories sociales au Chili, elle est, selon Araujo et Martuccelli, particulièrement répandue parmi les hommes de milieu populaire.

Enfin, un troisième grand trait particulièrement valorisé dans la culture populaire chilienne relève d'une posture irrévérencieuse et moqueuse envers les formes sociales établies. Il s'agit alors de manifester une attitude enjouée, relativement insouciante, voire festive, face aux difficultés de la vie de tous les jours. Sans doute peut-on ici faire référence, au-delà de l'exemple du Chili, à l'humour populaire latino-américain que l'on retrouve, sous des formes variées, au Brésil, en Argentine, au Mexique et au Pérou... Cette fraîcheur vitale se manifeste de façon rituelle sous la forme du carnaval ou de nombreuses fêtes religieuses, mais elle correspond aussi à une attitude propre de l'individu dans sa façon singulière d'affronter le monde social. La capacité de profiter de « l'instant » est perçue et valorisée comme une vertu personnelle.

L'analyse de ces entretiens conduit à relativiser le fatalisme des pauvres au Chili et sans doute, par extension, dans d'autres pays d'Amérique latine. Il apparaît en tout cas difficile de séparer les difficultés quotidiennes auxquelles sont confrontés les plus pauvres des normes qui encadrent les comportements et le sens de l'honneur dans la culture populaire. Cela invite à une certaine prudence face au dilemme de l'interprétation sociologique que Claude Grignon et Jean-Claude Passeron avaient déjà clairement identifié : d'un côté, le risque de misérabilisme, issu d'une lecture maximaliste de la domination fondée sur la théorie de la légitimité culturelle, de l'autre, le risque de populisme, inhérent à une lecture culturaliste de la résistance des pauvres déconnectée des rapports sociaux de domination[25]. Sans doute faut-il ici, tout en reconnaissant les résistances individuelles et collectives, ne pas tomber pour autant dans l'angélisme auquel peut conduire une analyse purement culturaliste. Une approche compréhensive des mécanismes de l'attachement social doit permettre de surmonter les deux écueils du misérabilisme et du populisme.

Dans cette perspective, une attention particulière peut être accordée aux mots utilisés couramment dans chaque société pour tracer des frontières morales entre les groupes sociaux et pour identifier notamment ceux dont il semble légitime de vouloir se démarquer. C'est le travail entrepris par Claudia Jordana pour analyser les classes sociales à Santiago du Chili à partir des représentations de la population à l'égard de la classe supérieure, jugée pédante, et de la classe inférieure, jugée dangereuse. L'expression *cuico* est associée à la première et l'expression *flaite* à la seconde[26]. Au-delà des catégories officielles ou institutionnelles et des catégories sociologiques bien connues pour qualifier la structure sociale, les mots du parler courant, qui circulent régulièrement et de façon spontanée dans la société, ont aussi leur signification.

25. Claude Grignon et J.-C. Passeron, *Le Savant et le Populaire. Misérabilisme et populisme en sociologie et en littérature*, Paris, Gallimard et Seuil, « Hautes-Études », 1989 ; rééd. en format poche, Paris, Seuil, « Points Essais », 2015.
26. Claudia Jordana, « Les mots des inégalités. Représentations et stéréotypes des classes sociales à Santiago du Chili », thèse de doctorat de sociologie, EHESS, 2018.

Ils permettent d'analyser comment les membres d'une société attachent certains individus à des groupes stigmatisés pour mieux s'en distinguer. En repoussant les individus jugés indésirables dans une catégorie stéréotypée et stigmatisée, il est possible d'affirmer sa supériorité morale supposée et de renforcer ainsi son attachement à un groupe, à la fois social et moral, censé s'en distinguer nettement, même si les contours de ce dernier peuvent rester assez flous dans le discours.

Cette recherche rejoint les travaux menés en psychologie sociale sur les modes de catégorisation sociale, notamment les travaux de Henri Tajfel (école de Bristol en Grande-Bretagne) et de Serge Moscovici en France. Menés à partir d'expérimentations précises en laboratoire, ils ont permis d'étudier les mécanismes par lesquels les individus cherchent à se distinguer les uns des autres en manifestant leur souhait de ne pas être comparés ou associés aux groupes qu'ils estiment inférieurs. Ils ont également permis d'approfondir les logiques du détournement du discrédit vers des groupes stigmatisés. Tout en s'inscrivant dans cette filiation scientifique, Claudia Jordana a réussi à ancrer son objet dans la sociologie, à partir d'une enquête concrète de terrain, et à vérifier ainsi empiriquement, à l'échelle de la métropole de Santiago du Chili, des faits que l'on n'avait jusqu'ici identifiés qu'en laboratoire ou à petite échelle. Elle montre que les mécanismes étudiés par les psychologues sociaux ne sont pas seulement le fait des relations interpersonnelles, mais qu'ils peuvent exister à l'échelle de la société tout entière et apporter une meilleure compréhension des clivages sociaux et de la stratification sociale. Ce travail permet ainsi de construire des ponts entre la psychologie sociale et la sociologie, et surtout de démontrer que les mots courants et stéréotypés utilisés pour définir les classes sociales sont le « miroir des rapports sociaux » et remplissent une fonction de catégorisation et de stigmatisation des groupes dépréciés ou disqualifiés.

Dans d'autres pays latino-américains, on retrouve des mots équivalents à ceux de *flaite* et de *cuico*. En Argentine, on trouve l'opposition entre *villeros* et *chetos*, en Colombie, celle de *ñeros* et *gomelos* et au Mexique celle de *nacos* et *fresas*[27]. Ce besoin d'identifier un pôle

27. Je dois beaucoup aux étudiants et étudiantes d'Amérique latine qui ont participé à mon séminaire de l'EHESS pour avoir enrichi ma connaissance sur les usages sociaux de ces mots.

stigmatisé en haut de la hiérarchie sociale et un autre tout aussi stigmatisé à l'opposé, parmi les couches les plus pauvres de la population, est une façon de se positionner dans un entre-deux, une catégorie large et extensible de « gens bien », dont les comportements sont dignes de respect. Cet autopositionnement intermédiaire entre ces deux groupes opposés, volontairement stéréotypés, signe une volonté d'appartenance à une vaste classe moyenne. Les enquêtes statistiques ont d'ailleurs permis de vérifier que la grande majorité des classes populaires au Chili se disent proches des classes moyennes. À défaut de pouvoir réellement changer en profondeur les conditions matérielles d'existence, il est possible au moins d'espérer mener une vie honorable à l'abri du risque de disqualification sociale. Pour atteindre cet objectif, il est interdit de faire preuve de fatalisme et de se livrer à un récit du malheur. L'horizon du bonheur est alors scruté à l'échelle de la famille, puisque c'est la seule sur laquelle on peut avoir une puissance d'agir. C'est ainsi que la vie sociale tourne autour de la famille et c'est en fonction des enjeux de l'organisation familiale que se dessinent non seulement les projets des uns et des autres, mais aussi le sens de l'honneur et des valeurs morales qu'il convient de transmettre à ses enfants.

Le capital moral

Ces valeurs morales constituent-elles des ressources ? Pierre Bourdieu a abordé cette question en prenant l'exemple de l'habitus petit-bourgeois caractérisé à la fois par ce qu'il appelle la « bonne volonté culturelle », mais aussi par la conscience du prix à payer pour atteindre des objectifs d'ascension sociale, d'où la délimitation nécessaire d'ambitions « raisonnables ». « La petite bourgeoisie ascendante refait indéfiniment l'histoire des origines du capitalisme : pour cela, elle ne peut compter, comme les puritains, que sur son ascétisme. Dans les échanges sociaux où d'autres peuvent avancer des garanties réelles, de l'argent, de la culture ou des relations, elle ne peut offrir que des garanties morales ; pauvre (relativement) en capital économique, culturel et social, elle ne peut "justifier ses prétentions", comme on dit, et se donner par là des chances de les réaliser, qu'à condition de payer en sacrifices, en privations, en renoncements, en bonne volonté, en reconnaissance, bref en vertu[28]. » Certes, Bourdieu ne cherche pas dans ce passage à étendre son analyse au-delà du cas de la petite bourgeoisie, mais ce qu'il souligne à partir de cet exemple mérite de l'être. On peut en effet considérer en le suivant que les qualités morales attribuées à un individu ou à un groupe, qu'il soit petit-bourgeois ou non, permettent d'asseoir une position sociale et de compenser l'absence ou la relative faiblesse d'autres types de capitaux. On peut également en déduire que la reconnaissance des vertus est une source de pouvoir et de légitimité, une forme distincte de capital symbolique en quelque sorte.

Le sociologue argentin, Ariel Wilkis, a cherché à prolonger cette réflexion. À partir d'une enquête ethnographique réalisée dans un quartier pauvre de la banlieue de Buenos Aires, il a étudié ce qu'il appelle le « pouvoir moral de l'argent[29] ». Comment l'argent est-il prêté, gagné, donné, politisé, sacrifié ou sauvegardé dans le monde des pauvres ? L'étude de sa circulation permet d'entrevoir les relations de pouvoir qu'il instaure entre les habitants du quartier et les hiérarchies morales qui en découlent. L'argent constitue en ce sens, non seulement un capital économique, mais bien un capital moral. Prenons quelques exemples issus de cette enquête.

Dans le quartier étudié, comme dans d'autres quartiers pauvres des métropoles latino-américaines, l'accès au crédit est une préoccupation quotidienne des familles car il permet d'accéder à la consommation et d'espérer une vie meilleure[30]. Ariel Wilkis a constaté que ce sont les familles qui s'endettent, et pas seulement les individus. Emprunter à la banque, ou acheter à crédit, oblige donc à une autodiscipline au sein du ménage. Cette pratique implique chaque membre, directement ou indirectement, sachant que la possibilité d'emprunter dépend de la confiance accordée par les organismes de crédit au groupe domestique

28. P. Bourdieu, *La Distinction. Critique sociale du jugement*, *op. cit.*, p. 388.
29. Ariel Wilkis, *Le Pouvoir moral de l'argent. Classes populaires et économie du quotidien*, Paris, Éditions de l'EHESS, 2020.
30. Dans les vitrines des magasins situés à proximité de ces quartiers, le prix des produits indique le plus souvent en premier lieu, non pas le montant total, mais celui de la mensualité, sachant que cette dernière doit être multipliée souvent par un nombre important. Il est courant d'acheter, par exemple, une paire de baskets et de la payer en cinq ou six mensualités.

dans son ensemble. Il n'est pas rare que les agents de ces organismes se déplacent à domicile pour observer et collecter des informations sur la famille. Que cherchent-ils en réalité à évaluer ? Dans ce milieu, toutes les familles sont économiquement pauvres, mais elles ne sont pas toutes semblables pour autant. Ce qui fait la différence n'est pas immédiatement perceptible : il s'agit d'évaluer la vertu d'une famille, c'est-à-dire son capital moral. Les membres du ménage sont-ils travailleurs, courageux, sérieux ou, au contraire, enclins à la paresse, à l'ivresse et aux dépenses incontrôlées... ? Même en situation de pauvreté, tiennent-ils leur rang et sont-ils dignes de la confiance accordée ? En ce sens, le capital moral est un passeport pour améliorer son niveau de vie. Il s'agit d'une source de pouvoir fondée sur la reconnaissance d'une légitimité.

La façon dont l'argent est gagné compte aussi dans cette légitimité. La pratique d'activités illégales est courante dans ce type de quartier. Constitue-t-elle le facteur essentiel qui distingue les familles indignes, qui s'y adonnent sans retenue, des familles vertueuses qui, au contraire, entendent respecter la loi ? La réalité s'avère plus complexe. Tout dépend du contexte dans lequel se développe ce type d'activités.

Ariel Wilkis présente le cas de Mary, une mère de famille atteinte d'une tumeur qui l'oblige à se reposer. Elle pratiquait avant d'être malade une activité économique courante, qui consistait à acheter à bas prix des vêtements de contrefaçon sur un vaste marché de rue clandestin – ouvert deux nuits par semaine – et à les revendre à crédit aux habitants de son quartier. Elle était aussi impliquée dans un travail rémunéré de soutien à la carrière d'un responsable politique local. Mary est donc une femme connue et respectée dans le quartier. Ses enfants adultes vivent avec elle et s'occupent de la maison pour atténuer sa fatigue. Mais elle continue à gérer le budget de sa famille et à planifier les activités de chacun. Ses fils travaillent dans une usine de traitement de viande et reviennent souvent de leur journée avec plusieurs kilos de bœuf volés. Sitôt arrivés à la maison, ils emballent la viande en petites portions qu'ils vendent aux clients réguliers du quartier. Cette activité illégale ne fait l'objet d'aucune réprobation sociale dans le quartier et ne nuit pas à la réputation de la famille. S'il en est ainsi, ce n'est pas seulement parce que chacun y trouve son compte, aussi bien les fils qui complètent leur salaire que les clients qui se procurent de la viande à un prix bien inférieur à celui du marché. C'est aussi parce que chacun dans le quartier connaît les difficultés de la famille du fait de la maladie de la mère. Chacun aussi reconnaît le dévouement des enfants auprès de leur mère et leur contribution directe au budget du ménage. Mary explique d'ailleurs qu'elle a imposé à ses fils de partager leur salaire et le produit des recettes afin que l'ensemble de la famille subvienne à ses besoins. Finalement, aux yeux des habitants du quartier, ce qui compte avant tout c'est cet esprit de famille, cette combativité face à l'adversité, et peu importe finalement si l'argent gagné est en partie illicite. La frontière entre le légal et l'illégal, le formel et l'informel est relativement poreuse. Ce n'est pas elle qui détermine le capital moral de la famille. Une autre hiérarchie de valeurs existe dans le quartier.

Les transactions monétaires dans ce milieu défavorisé s'opèrent sur un terreau de confiance et de reconnaissance réciproques. L'argent qui circule dans le quartier est un marqueur des rapports de pouvoir entre des personnes qui se connaissent et vivent à proximité les unes des autres. Il est frappant de constater que ces familles qui partagent un destin commun ne cessent pourtant de se mesurer, de comparer et d'évaluer leurs valeurs morales respectives.

Compérage et clientélisme

Lorsqu'il parle de son pays, le Brésil, l'historien et critique littéraire Sérgio Buarque de Holanda ne peut s'empêcher de souligner la spécificité de l'État bureaucratique. Il reconnaît que la définition du fonctionnaire « patrimonial » que donne Max Weber s'applique particulièrement bien à ce qu'il observe au Brésil. Pour le fonctionnaire « patrimonial », la gestion politique est traitée comme relevant de son intérêt particulier. « L'organisation impersonnelle propre à un État bureaucratique manque totalement. [...] On peut dire qu'au Brésil on n'a connu que très exceptionnellement un système administratif et un corps de fonctionnaires entièrement consacrés à des intérêts objectifs et fondés sur ces intérêts. On peut, au contraire, suivre tout au long de notre histoire la constante prédominance des volontés particulières, qui trouvent leur milieu dans des cercles fermés, peu enclins à une organisation impersonnelle. Parmi ces cercles, celui de la famille a certainement été l'un de ceux qui se sont exprimés avec le plus de force et le plus de liberté dans notre société. L'un des effets décisifs de l'incontestable, de l'envahissante hégémonie du noyau familial – la sphère par excellence de ce qu'on nomme les « contacts primaires », des liens de sang et de cœur – a été que les relations établies dans la vie domestique ont toujours servi chez nous de modèle obligatoire à toute organisation sociale. C'est le cas même quand les institutions démocratiques, fondées sur des principes neutres et abstraits, prétendent installer la société sur des normes antiparticularistes[31]. »

Ce que décrit Buarque de Holanda ne constitue toutefois pas une spécificité du Brésil. On retrouve cette hégémonie envahissante de la famille dans de nombreux pays, et dans la plupart des pays latino-américains. Le régime d'attachement familialiste a été défini par la prééminence du lien de filiation, on en trouve ici de nombreuses confirmations. Encore faut-il préciser qu'il domine les autres types de liens, non seulement en tant que tel, mais aussi par l'influence qu'il exerce sur eux. Tout se passe comme si la morale domestique envahissait les autres sphères de la morale.

L'échange de faveurs

Une façon de le vérifier est de prendre en compte la pratique, courante dans les pays latino-américains, du compérage ou d'échange de faveurs. On la désigne au Chili par l'expression *pituto* (qui correspond explicitement à la notion française de « piston »). Elle a été étudiée dans ce pays par Larissa Adler de Lomnitz, à la fin des années 1960, non seulement comme un mécanisme d'échange social, mais aussi de conformation des identités[32]. Selon cette anthropologue, cette pratique était vouée à disparaître avec la modernisation du Chili et l'orientation néolibérale de la politique économique. Emmanuelle Barozet, qui l'a ensuite étudiée

31. Sérgio Buarque de Holanda, *Racines du Brésil* (1re éd. en portugais, 1936), Paris, Gallimard, 1998, p. 231-232.

32. Larissa Adler de Lomnitz, *Redes sociales, cultura y poder : ensayos de antropología latinoa mexicana*, Mexico, FLASCO, 1994.

dans le cadre de sa thèse soutenue en 2002, a montré, au contraire, que cette pratique n'a pas disparu[33]. Le compérage désigne dans certains pays latino-américains le lien entre les parents et le parrain et la marraine d'un enfant que l'on scelle au moment du baptême, mais il correspond au Chili, selon la définition de Barozet, à « un système de réciprocité qui consiste à échanger de manière continue des faveurs qui se font, se reçoivent et sont motivées par une idéologie de l'amitié. D'habitude, ces faveurs sont de type bureaucratique et consistent en un traitement préférentiel fait à une personne au détriment des droits et priorités de tierces personnes[34] ». Jean-Pierre Lavaud, qui a étudié cette pratique en Bolivie, la définit comme « une relation de coparentalité spirituelle, qui institue entre les personnes des liens d'échange et d'obligations [...] et dont la fonction principale paraît être la constitution d'un réseau d'alliances sûres[35] ».

L'origine du compérage au Chili remonte aux années 1920, au moment où l'État développe un grand nombre de services administratifs dans les domaines de la santé, de l'éducation, de l'économie et de l'aménagement du territoire. La classe moyenne s'est développée au Chili dans ce contexte. Elle en a notamment bénéficié pour accéder à l'emploi, puisque ces services administratifs ont fortement recruté pendant cette période, qui a duré jusqu'au coup d'État de 1973. L'accès à des postes de fonctionnaires a constitué un facteur de mobilité sociale et une garantie face à l'avenir dans un pays où la protection a toujours été assez limitée. Forte de son insertion dans la structure d'État et sa forte homogénéité, la classe moyenne a pu asseoir son emprise sur les services publics. Les fonctionnaires ont pu ainsi faciliter, de façon personnalisée, l'accès à des emplois ou à des ressources publiques à leurs proches, des membres de leur famille ou à des amis. La pratique

33. Emmanuelle Barozet, « L'Échange de faveurs au sein des couches moyennes chiliennes : de l'entraide informelle à la régulation sociale », thèse de doctorat, Paris, EHESS, 2002. Voir aussi E. Barozet, « Compérage et forme de solidarité chez les classes moyennes chiliennes : de la sociabilité à l'identité », *in* G. Uribe (dir.), *Sociabilités, citoyenneté et liens sociaux en Amérique latine, op. cit.*, p. 65-76.
34. *Ibid.*, p. 67.
35. Jean-Pierre Lavaud, « Compérage, stratification sociale et rapports de pouvoir : une enquête à La Paz », *Cahiers des Amériques latines*, 1976, n° 13-14, p. 103-125.

du compérage s'est imposée comme une façon commode d'accéder plus facilement à divers avantages et de permettre la constitution d'un vaste réseau de connexions au sein de l'administration, autrement dit, d'accroître un capital social, d'autant plus efficace que ces pratiques n'étaient pas objectivées et, par conséquent, peu ou pas décriées. On retrouve ici, au cœur de l'appareil d'État chilien, le processus comparable à celui décrit par Sérgio Buarque de Holanda au Brésil. Le fonctionnaire latino-américain n'est donc pas ce personnage neutre et mû par l'intérêt général, mais un personnage engagé, sans doute soucieux d'exercer honnêtement son travail, mais jamais totalement détaché de ses liens familiaux et amicaux et toujours en alerte pour tirer profit, à titre personnel, de sa position centrale dans l'administration et en faire bénéficier ses proches, qui, en retour, pourront lui rendre également service le moment venu.

Cette conception s'écarte fortement de celle de Durkheim. Sa conception de l'État implique que les personnels qui le servent soient soumis à des obligations particulières de réserve. Puisque l'État est un organe supérieur doué d'une rationalité indépendante, il doit être distinct du reste de la société : « Si l'État est partout, il n'est nulle part. Il résulte d'une concentration qui détache de la masse collective un groupe d'individus déterminé, où la pensée est soumise à une élaboration d'un genre particulier et arrive à un degré exceptionnel de clarté[36]. » Mais, pour cela, une autre condition lui paraît nécessaire. Il s'agit de l'apolitisme des fonctionnaires[37] : « Le caractère, l'autorité que le fonctionnaire tient de sa fonction ne doit servir qu'à celle-ci. Rien n'en doit être distrait pour être mis au service d'idées personnelles, étrangères à sa fonction, au service d'un parti confessionnel ou politique, par exemple[38] ». Les fonctionnaires sont donc appelés à assurer de façon universaliste les intérêts de la société, à se dépouiller en quelque sorte de ce qu'ils sont dans la vie privée pour se conformer aux seules règles spéciales qui président aux services qu'ils exercent.

36. É. Durkheim, *Leçons de sociologie*, *op. cit.*, p. 116.

37. Voir sur ce point P. Birnbaum, « La conception durkheimienne de l'État : l'apolitisme des fonctionnaires », *Revue française de sociologie*, 17-2, 1976, p. 247-258.

38. É. Durkheim, *Leçons de sociologie*, *op. cit.*, p. 192.

L'organisation impersonnelle propre à un État bureaucratique est une condition élémentaire pour que les citoyens lui accordent leur pleine confiance. Mais, dans le cas du Chili ou d'autres pays latino-américains, l'État semble être d'abord une ressource dont il paraît légitime de tirer profit à titre personnel, lorsque cela est possible, ne fût-ce que pour compenser la faiblesse de la confiance entre les citoyens. D'après les données des *World Values Surveys*, la confiance dans les gens était, en 2012, seulement de 12,4 % au Chili et au Mexique et de 4,1 % en Colombie. À titre de comparaison, elle était de plus de 70 % au Danemark en 2017. Dans un climat d'insécurité et de défiance à l'égard des inconnus, la prudence recommande de se protéger soi-même en entretenant des liens privilégiés avec ses proches, sa famille et son entourage, et d'étendre ce type de relations à toutes les instances de la vie publique. Mais en procédant ainsi, on ne fait qu'entretenir un cercle vicieux. Comment faire confiance ensuite à des institutions quand on sait qu'elles ne sont pas totalement impartiales, qu'elles sont traversées par les intérêts particuliers de celles et ceux qui les servent ?

Les liens de patronage

Le compérage est au système administratif ce que le clientélisme est au système politique. On retrouve, en effet, dans le clientélisme le même type d'échanges fondés sur le principe de réciprocité, de proximité et de pénétration d'intérêts privés dans une sphère que l'on définit souvent, au sens du type idéal, comme devant relever de l'intérêt général. Si le clientélisme politique est répandu dans le monde entier, il est particulièrement prononcé dans les pays latino-américains. La littérature sur le sujet est vaste et nous ne pourrions pas prétendre ici l'épuiser. Nous nous limiterons au cas du Brésil, pays qui entretient une longue histoire avec le clientélisme. Ce phénomène était en effet déjà présent au XIXe siècle dans ce vaste pays, lorsque les élites de l'Empire, puis de la République, ont cherché à renforcer leur pouvoir et le contrôle qu'elles exerçaient sur le peuple par une manipulation subtile du système électoral. Pour assurer la paix sociale et déminer les conflits latents, le passage par les urnes présentait pour ces élites l'avantage de leur assurer une légitimité politique, ce qui explique qu'elles ne se soient pas opposées à la tenue régulière d'élections, même dans les périodes autoritaires[39]. Ces élections devaient être justes, mais le parti au pouvoir ne pouvait pas les perdre. C'est ainsi, comme le rappelle Camille Goirand, que la mobilisation politique des couches populaires, essentiellement rurales à cette époque, et leur intégration au système politique, par une dépendance vis-à-vis des grands propriétaires terriens, ceux qui étaient perçus comme les « seigneurs de la terre[40] ».

Lorsque le suffrage a été élargi au XXe siècle, l'élite politique a cherché à conserver sa mainmise sur le système électoral en exerçant toujours un contrôle serré des électeurs. Si le pluralisme est le plus souvent formellement respecté, les élections ne sont libérales qu'en apparence car les partisans de l'ordre établi s'emploient à mettre les électeurs sous tutelle par toute une série de pressions leur promettant une protection, un travail, des conditions de vie minimale, en échange d'une loyauté indéfectible à l'égard du pouvoir en place. Cette structure clientéliste était connue sous le nom de *coronelismo*. Les élites locales – les *coronéis* (« colonels ») – étaient ainsi reliées à la structure politique du pays à travers un réseau complexe d'engagements réciproques entre elles et le peuple, fondé sur la personnalisation extrême du pouvoir et la pénétration des intérêts privés dans la sphère publique. Pour les masses populaires, le vote, avant d'être un droit, est d'abord la contrepartie d'un engagement, d'une dette à l'égard d'un protecteur potentiel[41]. Ce système s'est maintenu dans les années 1930-1950 alors même que les pouvoirs publics locaux se renforçaient et que les chefs ruraux voyaient leur influence décliner. Un compromis a en effet été trouvé entre les premiers, sans réelle capacité à contrôler les élections, et les seconds,

39. Voir sur ce point Richard Graham, *Patronage and Politics in Nineteenth-Century Brasil*, Stanford, CA, Stanford University Press, 1990.
40. Camille Goirand, « Clientélisme et politisation populaire à Rio de Janeiro », *in* Jean-Louis Briquet et Frédéric Sawicki (dir.), *Le Clientélisme politique dans les sociétés contemporaines*, Paris, PUF, 1998, p. 111-144.
41. Beatriz M. A. De Heredia et Moacir Palmeira, « Le vote comme engagement », *Genèses*, 2013, vol. 93, n° 4, p. 127-143.

toujours prompts au contraire à faire valoir leur autorité morale pour s'attacher le vote des masses populaires[42].

Ce système de patronage s'est étendu par la suite aux grandes villes et a constitué le moyen privilégié des élites politiques pour contrôler le vote des habitants des *favelas*[43]. Leonel Brizola, qui devint gouverneur de l'État de Rio de Janeiro en 1983, a pu bénéficier par exemple d'un soutien massif de l'électorat le plus pauvre. Il incarne la figure traditionnelle du populisme brésilien. Candidat humble, qui a connu l'exil pendant la période de la dictature militaire, opposant acharné aux gouvernements de Brasília, il a toujours voulu montrer sa détermination à « faire quelque chose pour le peuple ». Son engagement a été tenu, en grande partie, puisque de nombreux programmes sociaux ont été mis en œuvre dans les *favelas*, aussi bien pour l'aménagement urbain, les transports, l'éducation et la santé. Ces avancées n'ont été possibles qu'avec le soutien des habitants de ces quartiers déshérités et le réseau serré de clientèles multiples, séduites par un discours anti-élites et surtout impliquées dans un système d'échanges entre le vote et l'accès aux ressources promises de l'État.

Ce système s'est installé durablement et on le retrouve encore aujourd'hui, non seulement à Rio de Janeiro, mais dans la plupart des grandes villes du Brésil. En parcourant plusieurs quartiers pauvres de la périphérie de São Paulo, j'ai pu constater, à l'approche des élections municipales de 2012, non seulement un affichage intense des différents candidats, témoin d'une réelle imprégnation de la vie politique de ces quartiers, mais surtout une implication directe des habitants dans le soutien à l'un ou l'autre d'entre eux. Nombreux, par exemple, sont celles et ceux qui placardent sur la porte, ou les murs de leur domicile, l'affiche à l'effigie du candidat ou de la candidate de leur choix, ne fût-ce que pour témoigner de leur engagement en faveur du quartier, de leur volonté de répondre aux revendications des habitants. Dans son enquête à Rio de Janeiro

42. Voir sur ce point Vitor Nunes Leal, *Coronelismo, Enxada e Voto : « Município e o Regime Representative no Brasil*, São Paulo, Al-Omega, 1986.

43. Je m'appuie notamment sur la thèse de sciences politiques de C. Goirand, *Mobilisation populaire et démocratisation à Rio de Janeiro des années 1970 à 1990*, Institut d'études politiques de Paris, 1998.

en 1994, Camille Goirand a pu remarquer que, si les habitants affirment le plus souvent ne pas s'intéresser à la politique, ils ne restent pas insensibles au passage des candidats dans leur quartier. Les chefs électoraux reçoivent une rémunération spécifique pour rassembler des voix, qui peut s'élever à dix salaires minimums. Les résidents reçoivent aussi à cette occasion des cadeaux pour les inciter à voter. On leur distribue souvent des tee-shirts à l'effigie du parti qu'on leur demande de soutenir. Ce système peut avoir pour effet de créer des inégalités au sein de ces quartiers entre une petite élite locale très engagée dans les négociations avec les candidats et le reste de la population. Il faut surtout retenir que les cartes sont rebattues à chaque élection. « Dans un système pluraliste où les candidats entrent en concurrence, le clientélisme électoral ne se fonde pas sur la loyauté à un patron, à une idée ou à un parti, mais sur un échange de services toujours renégocié. Le vote va au plus offrant et la clientèle n'est ni captive ni mise à la disposition du patron une fois pour toutes. Considéré comme "intéressé", comme avide d'obtenir les voix des pauvres et sans scrupule, le candidat ne s'attire aucune loyauté, la relation entre les hommes politiques et leur clientèle étant surtout mercantile[44]. » Autrement dit, le choix se fait en fonction de la proposition jugée la plus intéressante, et la fidélité des électeurs est conditionnée aux résultats attendus et à la preuve d'un dévouement au service du quartier. Si le vote en faveur de Brizola s'est installé dans les années 1980, c'est en grande partie parce que les résultats de son action politique dans les *favelas* étaient tangibles.

Le clientélisme dans l'assistance

La question du clientélisme est réapparue de façon polémique au Brésil à l'occasion de la mise en place et de l'évaluation des résultats du programme Bolsa Família (PBF), une politique sociale de transferts conditionnels de revenus créée en janvier 2004[45], qui suscitait

44. C. Goirand, « Clientélisme et politisation populaire à Rio de Janeiro », art. cité, p. 131.
45. Je m'appuie ici notamment sur la thèse de doctorat de sociologie de Flávio H. Eiró de Oliveira, « La régulation familialiste de la pauvreté : le cas du programme "Bolsa Família" dans la région du Nordeste du Brésil », EHESS, 2017.

l'hostilité de l'élite de São Paulo dans l'enquête que j'ai analysée plus haut. Il s'agit d'un modèle d'assistance sociale répandu dans plusieurs pays latino-américains qui consiste à aider les familles à sortir de la pauvreté[46]. Le PBF correspond à un transfert direct de revenus aux familles en dessous d'un seuil de pauvreté établi par le gouvernement fédéral du Brésil. Il est versé en contrepartie formelle de la scolarisation des enfants (au moins 85 % du temps des enfants de six à quinze ans et au moins 75 % pour les jeunes à partir de seize ans) et entend, de ce fait, lutter contre le travail infantile. Il contraint également les familles à faire vacciner leurs enfants de moins de six ans et les femmes enceintes à effectuer des examens prénataux. Ce type d'allocation ne correspond pas à un droit individuel. Même si l'aide est versée dans la grande majorité des cas à des mères, c'est avant tout l'unité familiale qui est visée conformément à la représentation collective dominante de la famille.

On estime que ce programme est venu en aide à environ 50 millions de personnes au Brésil, soit un quart de la population du pays. Il a fait l'objet de multiples évaluations qui convergent pour reconnaître un effet positif en ce qui concerne la scolarisation des enfants et l'accès à la santé. Il a contribué ainsi à faire reculer la pauvreté. Dans un pays où le système des assurances sociales est limité, ce programme joue un rôle compensateur. Il constitue même, par son ampleur, une forme d'accès à la citoyenneté sociale pour des familles privées jusque-là de droits sociaux[47]. Néanmoins, il a aussi fait l'objet de critiques acerbes dirigées contre le pouvoir en place, notamment celui du président Lula, puis de la présidente Dilma Rousseff. En octobre 2016, au milieu des élections municipales, un ministre de la Cour suprême du Brésil a déclaré publiquement : « Avec un PBF généralisé, ils veulent un modèle

46. Les intitulés de ces programmes varient d'un pays à l'autre : « Familiais en acción » en Colombie, « Oportunidades » au Mexique, « Chile solidario » au Chili, « Red Juntos » au Pérou, « Programa Asignación Universal por Hijo » en Argentine, etc. Voir sur ce point Maria Ozanira da Silva e Silva (coord.), *Programas de Transferência de renda na América Latina e Caribe*, São Paulo, Cortez Editora, 2014.
47. Notons que les bénéficiaires reçoivent pour leurs démarches administratives une carte magnétique qui constitue non seulement une preuve de leur inscription au programme, mais aussi de la reconnaissance symbolique de leurs droits.

de fidélisation [électorale] qui peut les maintenir pour l'éternité au pouvoir. Maintenant, l'achat de vote est institutionnalisé[48]. »

Qu'en est-il réellement ? L'enquête ethnographique de Flávio H. Eiró de Oliveira dans la région Nordeste du Brésil, dans une municipalité moyenne de l'État du Ceará, a permis de confirmer que la mise en œuvre du PBF se fait selon des règles relativement informelles et qu'elle se prête réellement à une utilisation politico-électorale de l'assistance sociale. L'octroi de la Bolsa Família dépend en partie de rapports personnels entre les bénéficiaires et les élus ou les candidats aux élections politiques[49]. Les assistantes sociales, dont l'emploi dépend directement de la municipalité qui les a recrutées, jouent également un rôle d'intermédiaire. Mais, au-delà de cette confirmation – qui n'est d'ailleurs pas surprenante compte tenu des traditions anciennes de patronage et de rapports politiques personnalisés dans cette région très pauvre –, l'enquête a permis de mieux comprendre les ressorts socioculturels de ce système. En effet, le poids historique et anthropologique de la gratitude des pauvres à l'égard de leurs maîtres se traduit encore aujourd'hui dans le cadre du PBF, par un lien de réciprocité entre le donneur et le receveur. Ce programme est administré et vécu non pas comme un droit inconditionnel et illimité, mais plutôt comme un don. Ces rapports politiques personnalisés ne sont donc pas un fait exceptionnel que l'on pourrait attribuer au PBF en lui-même. Ils correspondent bien à une norme sociale qui entre dans

48. Jacqueline Falcão, « Gilmar Mendes diz que Bolsa Família é "compra de voto institucionalizada" », *O Globo*, 21 octobre 2016. Cité par Flávio H. Eiró de Oliveira, « La régulation familialiste de la pauvreté », thèse citée.

49. Le clientélisme peut dans certains cas être associé à un détournement des fonds publics. Ces formes de détournement sont fréquentes dans de nombreux pays en voie de développement, notamment dans les pays africains où elles ont été bien étudiées. Voir, par exemple, Giorgio Blundo et Jean-Pierre Olivier de Sardan (dir.), *État et corruption en Afrique. Une anthropologie comparative des relations entre fonctionnaires et usagers (Bénin, Niger, Sénégal)*, Marseille, Paris, Apad/Karthala, 2007. Mais elles existent aussi dans certains pays européens, dans le sud de l'Italie, par exemple, région pointée du doigt chaque fois que l'on évoque son esprit clanique et son économie souterraine. Il est alors opéré par des responsables politiques corrompus qui agissent aussi bien pour eux-mêmes que pour le compte de mafias organisés sur le modèle familial de la domination patriarcale. Sur les stratégies des familles calabraises pour accéder aux ressources publiques, voir Fortunata Piselli, *Parentela ed emigrazione : mutamenti e continuità in una comunità calabrese*, Turin, Einaudi, 1981.

l'économie morale aussi bien des pauvres que des institutions et des personnes dont ils dépendent, et qu'il convient d'étudier en tant que telle[50].

Les pauvres du Nordeste brésilien sont habitués à être approchés par les hommes et femmes politiques ou leurs agents pour acheter leur vote. Ils les connaissent personnellement. Il leur paraît « normal » que les assistantes sociales les sollicitent dans le même esprit. Flávio H. Eiró de Oliveira qualifie cette relation de « personnaliste ». Lorsque les candidats à l'élection promettent de distribuer des biens ou des services d'assistance sociale, ils engagent leur honneur puisque c'est en fonction de leurs actes qu'ils seront appréciés ou non comme des personnes de parole, capables de s'acquitter de leurs promesses de campagne sur le long terme, au-delà du temps de la politique. Les allocataires du PBF évaluent aussi les candidats en fonction des qualités humaines qu'ils leur attribuent après les avoir rencontrés. Ils seront alors qualifiés de « bons », de « décents » ou, au contraire, affublés de toutes les marques de désapprobation morale. Au cœur de ce processus, on trouve ainsi réunies toutes les dimensions de la réputation. En détenir une « bonne » est pour les élus une condition incontournable de leur réélection. Celles et ceux qui ne tiennent pas leurs promesses seront irrémédiablement abandonnés de leurs électeurs. À la question « Quel est votre principal critère pour choisir un candidat ? » une femme au foyer de vingt-huit ans, mère de trois enfants et allocataire du PBF depuis une dizaine d'années, déclare : « J'essaie de voter pour les candidats décents, tu vois. Ceux qui font des promesses et ne les réalisent pas, qui viennent ici [dans le quartier] seulement en période électorale et après disparaissent, ils ne gagnent pas notre vote deux fois. Malheureusement, ceux-ci sont la majorité. Le problème est qu'il y a des gens qui oublient facilement ces choses [les promesses non payées] et votent pour eux à nouveau en échange d'un panier d'aliments. Mais mon vote ils ne l'auront pas. On a besoin de beaucoup de choses ici, un panier d'aliments tous les quatre ans, c'est rien ! » Cette attitude peut se comprendre aussi par la faible sécurité que représente cette

50. Voir sur ce point l'article de B. de l'Estoile en introduction de la traduction du texte de Beatriz M. A. De Heredia et M. Palmeira, « Le vote comme engagement », art. cité ; et B. de l'Estoile, « Présentation : un regard ethnographique sur la politique », *Genèses* 2013/4, p. 118-126.

allocation qui peut être facilement suspendue. Pour éviter cette issue redoutée, l'engagement est une manière pour les allocataires d'augmenter leurs chances de stabilité. Il s'agit de faire preuve de loyauté envers les candidats jugés crédibles et bienveillants. Le rapport de réciprocité s'impose alors comme un engagement durable, ancré dans un respect des valeurs familiales et de respect mutuel.

Mais tous les allocataires n'entrent pas systématiquement dans un rapport personnalisé avec celles et ceux qui détiennent la maîtrise de l'assistance à l'échelle locale. Certains sont sensibles à la portée nationale de ce programme et à son ampleur et perçoivent la Bolsa Família comme un droit et non comme une faveur. La relation, dans ce cas minoritaire, peut être qualifiée de « réciproque ».

Plus nombreux, en revanche, sont les allocataires qui adoptent une attitude « instrumentale » en donnant leur voix aux candidats « prêts à faire le plus » pour eux. Peu importe le parti des candidats, l'essentiel étant de se décider en fonction du plus offrant. Il s'agit de négocier avec eux ou leurs agents pour tirer le plus d'avantages possible en échange du vote. Dans le cadre de cette tractation, et au-delà des « cadeaux » et des biens distribués, la question du PBF entre en ligne de compte, ne fût-ce que pour obtenir une aide particulière pour s'inscrire au programme et pour résoudre un blocage ou une suspension du versement de l'allocation.

Autre déviation par rapport au type de relation « personnaliste » : la relation « indifférente ». Les allocataires dans ce cas ne se sentent pas pleinement engagés par les offres d'achat de vote. Leur posture est plutôt passive, certains ne promettent qu'à demi-mot, d'autres acceptent les offres et promettent leur suffrage à tous les candidats, y compris à des candidats opposés. Une mère de deux enfants, allocataire depuis quatre ans, confirme avoir reçu des offres en échange de son vote, mais soutient qu'elle n'est pas pour autant influencée : « J'accepte toutes les offres, bien sûr, parce que j'en ai besoin. Mais je trouve ridicules ceux qui idolâtrent les hommes politiques, qui font la fête parce qu'ils lui ont touché la main. Je n'ai pas de respect pour les hommes politiques. Ils sont tous pareils. Les choses qu'ils me donnent ne changent rien à cela, et n'influencent pas du tout mon vote. En fait, je n'ai pas beaucoup d'espoir que les hommes politiques puissent changer quelque chose dans ma vie. »

Ces exemples prouvent les variations de la relation clientéliste dans le cadre du PBF. La relation de type « personnaliste » est sans doute celle qui s'inscrit le plus directement dans la tradition de patronage. Mais cela ne signifie pas que les nombreux allocataires de la Bolsa Família en partagent l'expérience.

Au-delà de ces différences, l'enquête fait ressortir la fonction centrale du maire. Autorité politique au service de ses administrés, ses qualités morales sont sans cesse mises à l'épreuve. Il s'engage au moment de la période électorale, mais son engagement véritable est évalué dans la durée. Il a le devoir d'aider les habitants de la ville qu'il administre de façon permanente. Il se doit d'intervenir auprès d'eux en bon père de famille, en montrant de la bienveillance, voire de la compassion à l'égard des opprimés, en se montrant efficace pour répondre aux besoins des uns et des autres, avec l'aide complice des assistantes sociales qui dépendent également de son pouvoir. Dans la commune où l'enquête a été réalisée, il reçoit les pauvres à la mairie, mais aussi, de façon plus surprenante, à son domicile personnel. Il incarne une figure paternelle dont semble se satisfaire une grande majorité des personnes interviewées.

Ce système clientéliste semble repousser à l'arrière-plan les enjeux idéologiques de l'engagement au service de la Cité[51]. L'enquête de terrain permet toutefois de comprendre pourquoi ce système perdure alors qu'il est souvent décrié en raison de son inertie et de son paternalisme, éloigné de la conception moderne de la démocratie. En considérant ses racines historiques et anthropologiques, l'on peut voir, non pas un dysfonctionnement majeur du PBF ou de tel autre programme politique de lutte contre la pauvreté, mais, au contraire, la reproduction ancestrale de pratiques qui traduisent un rapport de domination entre des élites locales et la population la plus pauvre. En échange d'une protection minimale, les plus pauvres acceptent comme un pis-aller l'offre de vote qu'ils reçoivent, mais cette relation inégale engage néanmoins, au moins partiellement, celles et ceux qui la proposent, puisque leur honneur social et leur ancrage politique local en dépend directement.

*

51. Voir sur ce point Dale J. Epstein, « Clientelism versus ideology : Problems of party development in Brazil », *Party Politics*, 2009, 15(3), p. 335-355.

J'ai tenté de montrer dans ce chapitre, à partir d'exemples latino-américains, comment le familialisme s'inscrit dans les institutions et dans la vie quotidienne, tout en étant entretenu par une représentation naturaliste des inégalités sociales. Face aux faibles perspectives de promotion qui leur sont offertes, et au caractère limité du système de protection sociale, les plus pauvres recherchent, de façon prioritaire, dans leur réseau de parenté ou de proches, des ressources matérielles et morales pour survivre. La famille imprègne les représentations collectives, y compris dans les instances juridiques. Si le lien de filiation est si prépondérant, c'est aussi parce que sa force normative a pour effet de se répandre dans les autres sphères de la morale, en les détournant au moins partiellement de leur logique formelle. On en voit des exemples patents dans les mécanismes du compérage et du clientélisme. Tout se passe comme si les liens personnalisés établis dans le monde professionnel, les services administratifs et le système politique découlaient du besoin impérieux de faire confiance avant tout à des proches dont on peut espérer, par un système de réciprocité, une amélioration de son sort et celui de sa famille.

CHAPITRE 14

Le familialisme, une économie de survie ou de performance ?

Après avoir examiné dans les deux chapitres précédents les caractéristiques communes aux pays proches du régime d'attachement familialiste, il reste maintenant, à la suite de l'analyse de la classification par ascendance hiérarchique examinée dans le chapitre 11, à résoudre la question de la séparation de ces pays en deux groupes différents. Ces derniers ont été qualifiés de « familialiste à tendance traditionnelle » et de « familialiste à tendance moderne », en reconnaissant par là que le premier groupe présente des caractéristiques plus familialistes que le second, en raison de la plus nette prééminence du lien de filiation sur les trois autres types de liens. Le second regroupe des pays qui ont atteint un niveau de développement économique supérieur et dans lesquels la tradition familialiste semble s'être maintenue tout en se combinant avec le développement du capitalisme et les formes de l'individualisme qui lui sont le plus souvent associées : c'est le cas en particulier, en Amérique du Sud, de l'Argentine et du Brésil et, en Asie du Sud-Est, du Japon et de la Corée du Sud. Alors que le régime d'attachement familialiste trouve, on l'a vu, son origine dans les sociétés paysannes, comment se fait-il que ses traits essentiels, issus la civilisation agricole, aient pu dans certains pays s'articuler avec la civilisation moderne ?

La première explication met en jeu la question du développement et de la domination occidentale sur le tiers-monde. Cette dépendance n'aurait pas permis aux pays concernés de mettre en œuvre les politiques sociales qui auraient construit des formes de solidarité en dehors de l'ancrage familial. Le familialisme serait alors un familialisme intégré. La théorie de la dépendance a connu un essor considérable dans les années 1960 et 1970, en particulier dans les pays d'Amérique latine, nous allons y revenir. La seconde explication tient au contraire au choix politique délibéré de privilégier le modèle traditionnel de la famille pour assurer le développement économique. L'exemple du Japon en est sous doute la meilleure illustration. La caractéristique de ce type de familialisme serait d'être politique.

Ce chapitre analysera la portée de ces deux types d'explication. Ils n'ont évidemment pas la prétention de rendre compte de l'ensemble des facteurs, et encore moins de leurs variations selon les histoires et les cultures, par lesquels le familialisme se maintient dans les sociétés modernes. Ils offrent néanmoins un cadre d'analyse, où se croisent la dimension économique, la dimension sociale et la dimension politique.

Les affres de la dépendance économique : le cas de l'Amérique latine

Plusieurs pays dits « émergents » aujourd'hui étaient considérés comme « en voie de développement » ou « du tiers-monde » dans les années 1960 ou 1970. C'est le cas notamment du Brésil et d'autres pays latino-américains. Le vocabulaire a changé, mais certaines caractéristiques de ces pays semblent rester fondamentalement les mêmes, notamment en ce qui concerne les structures de leur économie, les inégalités sociales, la pauvreté et la taille toujours considérable du secteur informel. Pour qualifier ce type de développement, plusieurs chercheurs ont tenté d'élaborer une théorie de la dépendance en insistant sur la formation de ce qu'ils ont appelé le « capitalisme périphérique ».

Dépendance et marginalisation

Parmi les auteurs qui ont marqué cette réflexion à la fois théorique et empirique, Samir Amin, économiste franco-égyptien, est sans doute l'un des plus emblématiques. Il est notamment connu pour son ouvrage

Le Développement inégal, publié au début des années 1970[1]. Il est aussi spécialiste des économies précapitalistes et de l'histoire de la colonisation des pays africains. Sa thèse a accompagné les mouvements tiers-mondistes puis altermondialistes dans une perspective critique et marxiste du développement. On peut la résumer ainsi : sous la domination du capitalisme monopolistique qui s'étend à l'échelle mondiale, les pays « périphériques », ceux qui ne sont pas encore entièrement sortis du stade précapitaliste, vont connaître un développement extraverti, fondé sur le marché extérieur. Ils subiront de fait une série de régressions : ruine de l'artisanat, crise agraire, insuffisance du développement industriel, spécialisation poussée dans l'exploitation massive de produits agricoles exotiques et de produits miniers destinés prioritairement à l'exportation, et donc au détriment du marché intérieur. Même si les investissements du capital étranger ont permis par la suite le développement de l'industrie, celle-ci n'a jamais été en mesure d'absorber la population nombreuse déplacée des campagnes et de plus en plus concentrée dans les grands centres urbains sans disposer de réelles chances de stabilisation dans le salariat.

À cette première distorsion s'en ajoute une deuxième caractérisée par l'hypertrophie du secteur tertiaire. Dans ces pays périphériques du capitalisme mondial, la croissance des services administratifs traduit une extension du rôle de l'État dans tous les domaines de la vie économique et sociale et permet la montée de couches petites-bourgeoises, mais elle implique aussi une croissance forte des finances publiques improductives et un risque permanent d'endettement des États[2].

En outre, dans ce contexte de spécialisation internationale inégale, les profits du capital étranger sont exportés vers les pays du centre et,

1. Samir Amin, *Le Développement inégal. Essai sur les formations sociales du capitalisme périphérique*, *op. cit.*

2. Notons que plusieurs pays d'Amérique latine étaient déjà endettés dans la première moitié du XIXe siècle au moment de la déclaration de leur indépendance et de la nécessité pour eux de se constituer une armée. Mais des pays comme le Brésil, le Mexique et le Chili ont été fortement touchés par toutes les grandes crises financières au XXe siècle et ont dû faire face à un endettement considérable. Voir sur ce point Christian Suter, *Debt Cycles in The World-economy : Foreign Loans, Financial Crises, and Debt Settlement, 1820-1990*, Boulder, CO, Westview Press, 1992.

comme on pouvait s'en douter, les effets multiplicatifs de l'investissement se font attendre dans les pays de la périphérie. Le sous-développement n'est donc pas une étape qui doit être franchie pour atteindre ultérieurement le niveau des pays développés. Au contraire, la théorie de la dépendance permet de démontrer que le destin économique et social des pays sous-développés n'est en rien comparable à celui des pays développés à un stade antérieur de leur développement. Les écarts entre le centre et la périphérie ont, de ce fait, une forte probabilité de se maintenir de façon durable. L'ensemble de la production des pays de la périphérie est ajusté avant tout aux besoins des pays du centre et commande en grande partie la structure de distribution du revenu : les inégalités extrêmes que l'on constate dans ces pays de la périphérie proviennent de la manière dont les prix et les conditions de développement sont fixés par les pays du centre. Les bénéfices du progrès économique ne profitent pas aux pôles de développement qui émergent, ils échappent en grande partie à l'ensemble du corps économique de ces pays.

En Amérique latine, la CEPAL[3] a contribué à la réflexion sur les mécanismes de la dépendance, en relayant les thèses des économistes engagés au service du développement. Selon cette commission influente, les pays d'Amérique latine, comme de nombreux autres pays sous-développés, se sont spécialisés dans la production de biens primaires en étant totalement tributaires du marché mondial dominé par les pays du centre. La seule solution pour remédier à cette distorsion était de favoriser la production de produits industriels destinés avant tout au marché interne. Cet objectif s'avérait d'autant plus urgent que la croissance économique restait nettement inférieure à celle des pays développés alors même que la croissance démographique était très forte, ce qui ne pouvait que provoquer à terme un excédent de main-d'œuvre dans les zones urbaines en expansion rapide. Cette stratégie de développement s'est toutefois heurtée à de nombreux obstacles, notamment au début des années 1960 avec une crise économique de grande envergure qui a provoqué, dans les années qui suivirent, des interventions militaires et l'instauration de dictatures dans plusieurs pays. Les politiques économiques libérales se sont accentuées dans cette

3. CEPAL : Commission économique pour l'Amérique latine.

période et ont contribué à ébranler le socle de l'État social qui s'était constitué antérieurement[4].

Cette thèse de la dépendance a suscité des débats importants dans les sciences sociales latino-américaines, et si divers et prolifiques qu'il est difficile d'en tirer un tout théorique homogène[5]. Le problème a été de concevoir une interprétation globale du développement des sociétés latino-américaines en tenant compte des éléments intérieurs et extérieurs de ce processus. Avant de devenir président du Brésil, le sociologue Fernando Henrique Cardoso avait proposé, par exemple, dans les années 1960, une « analyse intégrée du développement », dont l'objectif était de dépasser les explications traditionnelles du sous-développement[6]. Dans cette perspective, le développement ne saurait être dissocié à la fois du processus d'expansion du système capitaliste international et des conditions politiques dans lesquelles il se déroule, ce qui oblige à prendre en compte le poids de l'histoire trop souvent relayé au second plan dans les théories classiques. L'intérêt de cette approche était de ne pas s'en tenir à un déterminisme causal faisant de la dépendance externe le facteur unique du sous-développement, mais de prendre en compte la dynamique historique du rapport entre les classes sociales au sein des États nationaux dépendants. Autrement dit, si la dépendance externe se maintient durablement et freine la possibilité de faire émerger des secteurs économiques prospères permettant d'absorber la main-d'œuvre excédentaire et de favoriser le progrès social, c'est aussi parce qu'elle sert, au moins partiellement, les intérêts des classes dominantes des pays dépendants, détentrices des moyens de production (terres agricoles, manufactures, etc.) et promptes à passer des alliances avec les élites des pays du centre, ne fût-ce que pour accroître leur

4. Voir sur ce point François-Xavier Merrien, Raphaël Parchet et Antoine Kernen, *L'État social. Une perspective internationale*, Paris, Armand Colin, 2005, en particulier le chapitre 1 « L'État social en Amérique latine », p. 203-228.
5. Pour un bilan critique voir Antonio Carlos Peixoto, « La théorie de la dépendance : bilan critique », *Revue française de science politique*, 27e année, n° 4-5, 1977, p. 601-629.
6. Fernando Henrique Cardoso et Enzo Faletto, *Dependencia y desarrollo en America latina*, Mexico, Siglo XXI editores, 1969. Voir aussi F. H. Cardoso, « "Théorie de la dépendance" ou analyses concrètes de situations de dépendance », trad. par Eddy Trèves, *L'Homme et la société*, 33-34, 1974, p. 111-123.

propre pouvoir économique et leur influence sur le système politique de leur pays.

En lien étroit avec cette théorie de la dépendance, le concept de marginalisation s'est également imposé dans les sciences sociales latino-américaines à la même époque. Le Péruvien Anibal Quijano a ouvert la voie par plusieurs textes fondamentaux qui ont circulé d'un pays à l'autre[7]. L'Argentin José Luis Nun lui a emboîté le pas en parlant de « masse marginale[8] ». Ces travaux partaient du même constat : une des conséquences à long terme du « développement inégal » a été de produire une forte hétérogénéité des marchés du travail en Amérique latine[9]. Le développement industriel insuffisant et la tertiarisation galopante de l'économie n'ont pas permis de généraliser le salariat dans toutes les couches de la population active. À côté de la condition salariale intégrée, assurant un emploi stable et une protection élémentaire face aux aléas de la vie, un secteur informel de l'économie n'a cessé de se développer, notamment dans les services (emplois domestiques, ventes ambulantes, petits métiers non déclarés, etc.), le plus souvent associé à des formes sévères de pauvreté. Face à l'excédent de main-d'œuvre et à la défaillance des politiques publiques, les autorités politiques ont le plus souvent fermé les yeux et laissé s'étendre ce secteur informel au cœur de l'économie, comme s'il n'était qu'un pis-aller inévitable. En réalité, selon José Luis Nun, ce secteur remplissait une fonction précise sur le marché du travail en étant non pas en dehors, mais articulé au secteur formel de l'économie capitaliste. En ce sens, il ne s'agissait pas d'une armée de réserve, comme Marx l'avait conçue. Le Brésilien Francisco de Oliveira a, de son côté, prolongé le débat en insistant sur l'articulation entre le mode de croissance capitaliste

7. Anibal Quijano, « Notas sobre el concepto de "marginalidad social" », Santiago, División de Asuntos Sociales/CEPAL, 1966. Voir aussi « Urbanización, cambio social y dependencia », *in* Fernando Henrique Cardoso, Franscisco Weffort (dir.), *America Latina : ensayos de interpretación sociológica*, Santiago, Editorial Universitaria, 1967.

8. José Luis Nun, « Sobrepoblación relativa, ejército industrial de reserva y masa marginal », *Revista Latinoamericana de Sociología*, vol. V, n° 2, 1969.

9. Je m'appuie ici sur des éléments de l'article que j'ai écrit en collaboration avec Nadya Araujo Guimarães, « Work and Employment Precariousness : a transnational concept ? », *Sociologia del Lavoro/Sociology of Work*, n° 144, 2016, p. 55-84.

et les alliances de classes en plaçant le politique au cœur de la problématique[10]. Selon cette perspective, la reproduction des formes non typiquement capitalistes des relations de travail est constitutive des besoins du développement du capital.

Le concept de marginalisation a été étendu au domaine des études urbaines, également en plein essor au cours de cette période[11]. L'urbanisation chaotique des grandes métropoles latino-américaines, caractérisée notamment par la constitution de gigantesques bidonvilles – *favela* au Brésil, *pueblo jóven* au Pérou, *colonia proletaria* au Mexique… –, a suscité de nombreuses recherches. Mais cette approche sociologique du phénomène urbain a été le plus souvent envisagée dans une articulation avec la sociologie du travail. C'est en effet dans les quartiers périurbains ou dans les centres-villes désertés par les catégories supérieures et en proie à une forte paupérisation que se concentre cette « masse marginale » et se déploie l'activité économique en dehors des circuits et des réseaux officiels. Il s'agit bien, en définitive, d'un secteur complémentaire au système formel. Certes, l'absence d'un emploi salarié signifie que ces « marginaux » sont privés d'accès aux protections offertes par la sécurité sociale et les conventions collectives – dont on sait qu'elles se sont développées de façon partielle et inégale dans les pays latino-américains –, mais ne renseigne pas de façon précise sur le statut social et les revenus de ces familles qui dépendent à la fois de formes d'insertion économique et professionnelle variées et de modes d'organisation originaux fondés sur la famille et les réseaux de voisinage. Ce concept de marginalité en vogue dans les années 1960 jusqu'aux années 1980 tirait sa force d'une représentation visuelle de la réalité sociale opposant les beaux quartiers aux quartiers pauvres et aux centres-villes délabrés et disqualifiés, mais aussi le secteur moderne et performant de l'économie au secteur informel caractérisé par des techniques traditionnelles de survie et des formes diverses de débrouillardise. Mais sa force résidait aussi dans sa capacité à démontrer que cette marge imposante, à la fois économique, sociale et résidentielle, n'était pas à

10. Francisco de Oliveira, « A economia brasileira : crítica à razão dualista », *Estudos Cebrap*, nº 2, 1972.

11. Voir D. Fassin, « *Marginalidad* et *marginados*. La construction de la pauvreté urbaine en Amérique latine », art. cité.

l'opposé du processus de modernisation, mais bien une de ses manifestations spécifiques dans le contexte latino-américain caractérisé à la fois, sur le plan externe, par une dépendance économique et financière à l'égard des pays développés du centre, mais aussi, sur le plan interne, par la volonté des classes dominantes et dirigeantes, de préserver leur mainmise à la fois sur le système productif et le pouvoir politique tout en contrôlant à leur avantage et leur service les catégories populaires insérées dans le secteur informel[12].

Des familles pauvres en lutte pour la survie

Le secteur informel s'immisce aussi souvent dans le secteur formel, si bien que la frontière entre les deux devient poreuse. Les exemples de cette interpénétration sont nombreux dans les pays d'Amérique latine. Dans une enquête réalisée auprès des travailleurs des entreprises sous-traitantes de l'industrie électronique au Mexique, à Guadalajara, Gabriel Mendoza Zárate a étudié notamment les pratiques de subsistance au sein et en dehors des usines[13]. Le faible salaire de ce travail permet rarement aux hommes et aux femmes de faire face à leurs charges financières quotidiennes et de subvenir aux besoins de leur famille, notamment à ceux de leurs enfants scolarisés. Il leur faut donc inventer une stratégie pour améliorer leur rémunération. La première pourrait être de se rebeller contre leurs employeurs et d'exiger des conditions de salaire et de travail plus satisfaisantes. Mais cette attitude est souvent jugée particulièrement risquée, surtout dans ce secteur de la sous-traitance où les possibilités de défense des travailleurs sont particulièrement précaires. S'opposer risque de se traduire par une perte d'emploi, d'autant qu'il existe dans cette région de nombreux travailleurs à la recherche d'un emploi et que les entreprises sous-traitantes ne manquent pas de main-d'œuvre. La deuxième stratégie, très courante, consiste à compléter son salaire en exerçant de façon informelle une

12. On en trouve de belles démonstrations empiriques dans l'ouvrage de Robert Cabanes, *Travail, famille, mondialisation. Récits de la vie ouvrière, São Paulo, Brésil*, Paris, IRD éditions/Karthala, 2002.

13. Gabriel Mendoza Zárate, « La fabrique de la critique. Les travailleurs "sous-traités" de l'industrie électronique au Mexique », thèse de doctorat de sociologie, Paris, EHESS, 2014.

activité secondaire. L'enquête révèle l'existence d'un marché clandestin au sein des usines. Des hommes et des femmes vendent ainsi à leurs collègues de travail toute sorte de produits : confiseries, glaces, cigares, produits de beauté, ustensiles de cuisine, lingerie sur catalogue... Cette vente illégale est formellement interdite dans l'entreprise. Il s'agit donc de ne pas se faire voir des supérieurs hiérarchiques, mais, pratiquée de façon discrète, elle passe souvent inaperçue. Ce type de vente se poursuit aussi en dehors de l'entreprise, à la sortie de l'usine. De nombreux salariés se transforment ainsi en vendeurs ambulants en proposant de la nourriture cuisinée à la maison (gâteaux, tortilla, hamburgers...). La famille tout entière est le plus souvent mobilisée dans cette activité économique. À ce petit commerce de survie s'ajoutent parfois d'autres activités encore. Les femmes complètent leur salaire en effectuant des heures de ménage chez des particuliers. Certaines vont même jusqu'à accepter des heures de travail en soirée ou de nuit dans des *call centers hot line*. Les hommes de leur côté trouvent également à s'employer comme jardiniers temporaires ou hommes à tout faire dans les maisons des classes supérieures. Ainsi, tout un secteur formellement illégal et non déclaré est organisé non pas en marge, mais en lien avec le secteur formel à tel point qu'il apparaît comme une des composantes du système économique et social dans lequel la famille joue un rôle essentiel.

Il ne faudrait toutefois pas en conclure que les luttes ouvrières et l'activité syndicale sont toujours dérisoires dans les pays latino-américains. Il existe une forte variation selon les pays que traduit assez bien l'indicateur de la proportion des emplois couverts par une convention collective pris en compte pour définir l'indice du lien de participation organique (voir *supra*, chapitre 11). Parmi les pays du groupe « familialiste à tendance moderne », cette proportion atteint 63,4 % en Argentine et 43,6 % au Brésil, alors qu'elle est nettement plus faible dans les pays du groupe « familialiste à tendance traditionnelle » (13,8 % au Mexique et 15,9 % au Chili)[14]. Si le concept de société salariale s'applique assez mal à l'ensemble de ces pays, force est de constater qu'il a tout de même une plus grande signification dans des pays comme l'Argentine, qui a connu une période de développement

14. Ces données sont disponibles dans l'Annexe numérique du livre, à l'adresse : https://serge-paugam.fr/docs/Annexe_attachement_social.pdf

économique important dès le début du XXe siècle et qui a pu mettre en place un système de protection sociale inspiré du modèle allemand des assurances sociales de façon précoce, lequel a été consolidé dans les années 1940. Les syndicats ont joué dans ce pays un rôle important dans l'organisation de la sécurité sociale, mais aussi dans la socialisation politique des travailleurs en particulier sous l'influence de Juan Perón qui devint président de l'Argentine en 1946. Après avoir eu un rôle déterminant au sein du secrétariat au Travail et à la Prévoyance, ce responsable politique a réussi à construire une alliance entre les principaux courants syndicaux du pays et à faire avancer le droit du travail en bénéficiant du soutien indéfectible de sa femme, Eva Perón, qui laissa, on le sait, un souvenir inaltérable dans la mémoire collective de ce pays. Alors que le pays a été confronté à plusieurs crises économiques et financières à partir de la fin des années 1980 qui ont entraîné, dans une mouvance néolibérale, le démantèlement de l'État social et la mise en place de politiques d'austérité, les Argentins restent encore très attachés à un modèle de développement fondé à la fois sur le travail et la famille, dans un esprit proche de la société salariale. Il suffit de parcourir les rues de Buenos Aires pour apercevoir encore aujourd'hui des bâtiments destinés aux *obras sociales* et aux syndicats, un peu comme les vestiges d'un passé glorieux, une mémoire collective qui se maintient encore tant bien que mal dans un monde qui lui est de plus en plus étranger.

Alors que le taux d'emploi informel avoisinait les 30 % jusque dans les années 1980, il était en 2016 de près de 50 %. Cette évolution a provoqué des mouvements de révolte parmi les familles les plus pauvres. Celui qui a fortement marqué l'Argentine à la fin des années 1990 est le soulèvement des *piqueteros*[15]. Il s'agissait à l'origine de communautés villageoises de provinces de l'intérieur révoltées par les nombreux licenciements qui suivirent la privatisation de l'entreprise pétrolière YPF. Les revendications initiales portaient sur la création d'emplois

15. Ce mouvement est analysé dans la thèse d'Arnaud Trenta, « La participation associative des quartiers populaires. Associations, problèmes publics et configurations politiques locales de la périphérie de Paris et de Buenos Aires », thèse de doctorat de sociologie, Paris, CNAM, 2014. Il l'est aussi dans l'ouvrage de D. Merklen, *Quartiers populaires et quartiers politiques*, *op. cit.*, en particulier, p. 137 et suiv.

ou sur le retard dans le paiement des salaires et s'exprimèrent sous la forme nouvelle qui retint l'attention : le *piquete,* en référence au piquet de grève, mais qui se manifeste en dehors de l'entreprise par le blocage des routes principales de ces petites villes. Les classes populaires affrontèrent ainsi les forces de l'ordre et demandèrent à rencontrer les autorités locales, l'objectif étant de faire porter au plus niveau les revendications. Dans les années qui suivirent, cette méthode d'action collective se répandit et devint même le symbole des luttes sociales des familles pauvres. C'est surtout à la fin de l'année 2000 que ce type de mouvement connut un retentissement important dans les médias lorsqu'une artère principale de l'agglomération de Buenos Aires fut bloquée par une barricade qui dura une semaine. Cette artère relie la capitale au sud du pays jusqu'à la Terre de Feu et traverse les zones les plus riches de la province, son blocage a donc paralysé le pays pendant plusieurs jours. Un peu comme récemment les Gilets jaunes sur les ronds-points français[16], les hommes et les femmes restèrent nuit et jour sur la barricade, dormant sous des tentes ou des abris improvisés. Par la suite, cette méthode d'action collective se diffusa dans les quartiers pauvres de la banlieue de Buenos Aires et devint une arme de protestation pour établir un rapport de force avec le gouvernement et obtenir notamment des emplois et des aides sociales. Alors que les revendications de ces quartiers portaient jusque-là sur le logement et l'amélioration des services publics de base (voies, eau, électricité…), les *piqueteros* se présentaient pour la première fois comme des organisations de gens sans emploi. Dans une économie en déclin en proie à une croissance du secteur informel, la bataille de l'emploi était engagée par les exclus de la société salariale. Les organisations *piqueteras* connurent par la suite un destin contrasté : certaines, les plus révolutionnaires, furent poursuivies et démantelées, d'autres, au contraire, furent cooptées et formèrent un bloc d'organisations populaires soutenant l'action du gouvernement, ce qui leur permit de participer à la mise en œuvre de certaines politiques sociales dans ces territoires disqualifiés.

La lutte des familles pauvres peut également prendre d'autres formes. Emilia Schijman a enquêté dans un quartier fortement dégradé

16. Voir *supra*, chapitre 8.

de Buenos Aires[17]. Construit en 1970, ce grand ensemble de logements était destiné à l'accession à la propriété, mais quarante ans plus tard, seulement 55 % des habitants étaient pleinement propriétaires, les autres se répartissant en différents statuts allant du contrat de location-vente à l'occupation illégale de logements vides. L'Institut du logement de la ville, organe de l'État, reste le propriétaire et gestionnaire de cet espace, mais l'endettement des familles et leur incapacité à payer les charges collectives ont empêché d'engager les travaux d'entretien et de restauration nécessaires. Il s'agit donc aujourd'hui d'un ensemble d'immeubles globalement disqualifié, dont la valeur de la propriété est devenue très faible. La pauvreté s'y est installée durablement si bien que les familles doivent s'organiser collectivement pour survivre. Emilia Schijman s'emploie à restituer comment les habitants deviennent des acteurs d'un droit « d'en bas ». Elle montre les stratégies pour s'adresser aux services administratifs – « faire » les guichets selon l'expression couramment utilisée – et augmenter les chances d'un traitement approprié et efficace des dossiers en cours, mais aussi « frapper à toutes les portes », occuper les lieux, c'est-à-dire manifester une présence physique continue dans ces espaces de l'administration, et puis, surtout, adresser des requêtes à la présidence de la République, en l'occurrence à l'époque de l'enquête à la présidente Cristina Fernández de Kirchner (au pouvoir de 2007 à 2015). L'enquête a permis d'observer le travail collectif d'écriture des femmes du quartier, en particulier lors d'une cérémonie présidentielle où il était possible de rédiger et de déposer une supplique. En outre, la découverte d'un corpus de deux cents lettres adressées à la présidente et faisant toutes état d'une situation critique par rapport au logement a permis d'examiner en profondeur comment s'entremêlent dans l'écriture le souci de présentation de soi et de sa famille, la formulation de la supplique et de la plainte, l'expression du droit, le sens du juste et de l'injustice. Les situations décrites dans ces lettres révèlent une grande détresse : endettement massif, risque imminent d'expulsion, suroccupation et délabrement du logement, insalubrité et humidité des lieux avec des conséquences graves sur la santé des occupants, en particulier des enfants… Ce qui frappe dans

17. Emilia Schijman, *À qui appartient le droit ? Ethnographier une économie de la pauvreté*, Paris, LGDJ, « Droit et société », 2013.

nombre de ces lettres, c'est la combinaison de distance et de familiarité. Certes, elles s'adressent à la présidente, c'est-à-dire à la plus haute fonction du pays, il s'agit donc de marquer une certaine déférence. Mais très vite, ces lettres s'adressent aussi à la « mère », à la « femme », à « l'être humain », à « l'épouse », à la « veuve »[18] et tentent d'instaurer ainsi une sorte de pacte personnel avec la présidente dans lequel se manifeste le besoin de créer avec elle une communauté émotionnelle et de s'exprimer d'égal à égal, comme si la frontière de statut et de classe sociale ne pouvait tenir face à la souffrance humaine. Ces lettres sont aussi l'expression d'un mode de relation au pouvoir et d'une attente spécifique à l'égard de la présidente de la République, dont on exige la protection des plus faibles et des plus malheureux de la nation, à l'image du rôle de la mère auprès de ses enfants et des membres de sa famille. Sans doute peut-on voir aussi dans ces lettres au ton familier la trace laissée dans la mémoire collective argentine de la figure d'Eva Perón, femme de pouvoir, mais surtout mère de la nation, encore aujourd'hui célébrée partout dans le pays.

La lutte des familles pauvres pour leur survie dans les pays d'Amérique latine correspond à une mobilisation des « sans » : habitants des quartiers sans confort, parfois sans logement, travailleurs sans emploi formel, sans salaire, sans protection sociale de base, hommes et femmes sans revenu stable et sans avenir pour eux-mêmes et leurs enfants. Ces combats s'inscrivent ainsi dans la continuité des luttes des « paysans sans terre » au Brésil, des luttes pour l'occupation illégale de terres urbaines dans les grandes métropoles des pays latino-américains. Ils expriment la résistance de la « masse marginale » pour la survie. Ils impliquent toujours non pas seulement l'individu, mais le groupe domestique dans son unité et traduisent ainsi la vitalité de l'organisation familiale, c'est-à-dire la force de ce que beaucoup perçoivent comme la finalité de la vie.

18. La présidente Cristina Fernández de Kirchner a perdu son mari en 2010 ; il fut avant elle président de l'Argentine.

Un familialisme intégré

Pour caractériser les solidarités intergénérationnelles dans les pays du sud de l'Europe, notamment en Italie, certains auteurs ont parlé de *familialisme par défaut*[19] ou de *familialisme forcé*[20]. L'explication sous-jacente est que ces solidarités ne se maintiennent que parce que les familles y sont contraintes pour pallier l'absence ou la carence des politiques sociales et des transferts sociaux en direction des ménages en charge notamment de jeunes enfants ou de personnes âgées dépendantes. Ce concept s'applique-t-il pleinement aux pays d'Amérique latine ? Il n'existe pas dans ces pays de politiques familiales comme il en existe dans de nombreux pays européens. Certes, les gouvernements de ces pays ne sont pas indifférents au sort des familles les plus pauvres. On le voit notamment dans les politiques de lutte contre la pauvreté, comme les bourses-famille au Brésil, qui associent, on l'a vu, l'attribution d'un revenu minimal aux familles à condition notamment qu'elles scolarisent leurs enfants. Un esprit familialiste fait par ailleurs de ces aides un droit attribué à la famille et non à l'individu en tant que tel. Il existe aussi bien entendu dans ces pays des travailleurs sociaux chargés de venir en aide aux familles, ne fût-ce qu'à titre préventif dans le domaine sanitaire. Mais ces actions ne constituent pas pour autant une authentique politique familiale. Les femmes de ces pays ne sont guère aidées dans l'éducation et la charge quotidienne des enfants, et c'est toujours sur elles que reposent les tâches ordinaires de l'organisation domestique et le lien entre les générations. Ce que l'on appelle le *care* est presque entièrement de leur ressort. Dans ces conditions, le familialisme de ces pays s'apparente bien au concept de familialisme forcé puisque les femmes, en particulier dans les classes populaires, n'ont aucune possibilité réelle d'y échapper et que les hommes, par habitude, se conforment à ce modèle qui leur paraît naturel.

19. Chiara Saraceno, Wolfgang Keck, « Can we identify intergenerational policy regimes in Europe ? », *European Societies* 12, 5, 2010, p. 675-696.
20. Chiara Saraceno, David Benassi, Enrica Morlicchio, *La povertà in Italia. Soggetti, meccanismi, poliche*, Il Mulino, 2022, p. 128 et suiv.

Une des particularités des sociétés latino-américaines est toutefois que ce modèle traditionnel de division des sexes se complexifie par le recours massif à de nombreux employés domestiques au fur et à mesure que l'on s'élève dans la hiérarchie sociale. Pour se libérer des tâches domestiques et gagner en autonomie, les femmes des classes moyennes ou supérieures s'appuient presque systématiquement sur des femmes de ménage, le plus souvent issues des quartiers pauvres. Très rares sont les familles qui n'y ont pas recours, y compris parfois dans la petite classe moyenne. J'ai pu moi-même constater au Brésil, aussi bien à São Paulo que dans d'autres villes et régions du pays, que les ménages disposant d'une ou de plusieurs employées leur délèguent l'ensemble des tâches domestiques, y compris la préparation des repas pour toute la famille. Ces femmes de ménage sont au service, non seulement de la maîtresse ou du maître de maison, mais aussi des enfants qui apprennent très jeunes à compter sur elles pour tout ce qui relève de la vie domestique. Elles sont intégrées à la famille, souvent appréciées pour leur dévouement, parfois même protégées lorsqu'elles rencontrent des difficultés personnelles ou familiales, mais la plupart du temps, elles restent dépendantes d'une relation de type paternaliste. Le statut de l'employée domestique a souvent été abordé dans le cinéma latino-américain, souvent sous l'angle des inégalités. Le film intitulé *Roma*, réalisé en 2018 par Alfonson Cuarón, relate de façon autobiographique la vie d'une famille de la classe supérieure des années 1970 vivant dans un quartier – du même nom que le film – de Mexico. Il aborde de façon réaliste et sensible ce mélange de douceur et de cruauté dans les relations entre les membres de cette famille et l'employée domestique. Celle-ci se donne corps et âme à cette famille, mais elle ne peut espérer pour elle-même un autre avenir que cette dépendance, heureuse et amère en même temps, à sa famille « protectrice ». Les années passent, les enfants grandissent et gardent un souvenir ému de leur « nounou ». Pendant ce temps, les avions – qu'elle ne prendra jamais – circulent dans le ciel et se reflètent dans l'eau de lavage qu'elle répand tous les jours sur le sol de la cour, à l'image d'une vie de labeur, sans perspective, au service des autres.

Au Brésil, j'ai souvent entendu des chefs de ménage, hommes ou femmes, justifier ce système de recours massif à ces employées domestiques en tentant de masquer le rapport de domination par des formules comme « nous, on les traite bien », « si je n'étais pas là, elles seraient encore plus pauvres ». Ce type de précision narrative correspond à une forme de rationalisation qui traduit, en réalité, la gêne qu'éprouvent les familles, en particulier dans les milieux « progressistes », d'y avoir recours, surtout lorsqu'elles ont conscience, sans le dire formellement, que ce système généralisé ne fait que reproduire les inégalités. Mais aussi inégalitaire qu'il soit, ce système constitue en quelque sorte une alternative à la politique familiale de l'État, d'autant que la rémunération de ces femmes de ménage reste globalement très faible et encore peu déclarée, ce qui permet d'y avoir recours plus massivement[21]. On peut se demander comment ces femmes de ménage, le plus souvent astreintes à de longs trajets pour se déplacer de leur domicile à celui de leurs « patronnes », parviennent à s'organiser, surtout lorsqu'elles ont des enfants à charge et qu'elles travaillent jusqu'à neuf à dix heures par jour, ce qui est assez courant. En réalité, la plupart d'entre elles peuvent compter sur la solidarité de leurs proches, les parents âgés ou les voisins, pour veiller sur les enfants en leur absence. Ainsi, c'est tout une chaîne d'interdépendance qui se met en place au sein des quartiers pauvres et qui permet aux catégories moyennes et supérieures de veiller à leur confort familial, d'éduquer leurs enfants en allégeant le poids des contraintes domestiques quotidiennes et de concilier de façon plus facile vie familiale et vie professionnelle.

Dans ces conditions, si le familialisme est globalement « forcé », il ne l'est pas de façon équivalente dans tous les milieux sociaux. Il est manifestement inégalement « forcé ». Le modèle traditionnel de la famille, s'il est répandu dans l'ensemble de la société, se double d'un système de représentations de l'ordre social qui reproduit des inégalités sur un mode également traditionnel de domination de classe. C'est la raison pour laquelle je préfère parler d'un « familialisme intégré » pour mettre l'accent non pas uniquement sur la carence réelle des politiques publiques, mais sur l'enracinement culturel profond des pratiques et des représentations sociales qui sous-tendent ce mode d'organisation

21. Notons toutefois des progrès récents de la législation sur les conditions de travail et de rémunération des domestiques au Brésil. Voir sur ce point, C. Giorgetti « Comment les catégories supérieures de São Paulo parlent-elles de leurs employées domestiques ? Analyse d'un rapport de classe », art. cité, p. 73-96.

familial de la solidarité. On se trouve en réalité face à un paradoxe. En dépit de son programme d'éradication de la pauvreté et des politiques publiques menées pour y parvenir, l'État doit admettre le plus souvent son échec ou tout au moins la modestie de ses résultats. Cet échec est du reste à mettre en relation avec les contraintes économiques et financières auxquelles ces États sont, on l'a vu, le plus souvent confrontés et parfois de façon dramatique. Or cet échec rejaillit sur les familles pauvres, elles-mêmes chargées de trouver en leur sein et dans leur entourage des moyens de survie pour compenser les défaillances de l'action publique. Elles sont même indirectement encouragées à mener ce type de combat quotidien. En s'y soumettant, elles ne font en réalité que puiser dans le socle normatif commun de la société qui fait de la famille une cellule de base de la nation. Le familialisme est en ce sens normatif. Il s'inscrit dans une mémoire collective. Comme le souligne Vera da Silva Telles, « on peut dire que, face à une expérience de la société qui se fait sous le signe de l'insécurité et de l'instabilité, de l'exclusion et de l'illégitimité, la famille se constitue en point fixe à partir duquel hommes et femmes peuvent constituer un récit, raconter une biographie, attribuer un sens à la vie et faire des projets d'avenir, rendant plausible ou vivable le monde où ils sont plongés[22] ». Mais cette survalorisation de la famille est également le reflet des profondes inégalités qui traversent depuis des siècles ce type de société et qui trouvent leur origine, en particulier au Brésil, dans l'esclavage. Les femmes de ces familles pauvres y sont le plus exposées car, non seulement elles sont appelées par l'État à leurs devoirs familiaux – quand elles ont des enfants et bénéficient par exemple d'aides sociales –, mais elles pourvoient aussi au bien-être familial et domestique des classes moyennes et supérieures qui les emploient à leur service. Elles sont, en réalité, les piliers de ce modèle familialiste intégré.

22. Vera da Silva Telles, « A cidadania inexistente : incivilidade e pobreza », thèse de doctorat de l'université de São Paulo, 1992. Passage cité et traduit par R. Cabanes, *Travail, famille, mondialisation*, *op. cit.*, p. 443.

La famille comme support du capitalisme : l'énigme du Japon

Si certains pays proches du régime d'attachement familialiste ont pu concilier ce mode spécifique d'organisation sociale avec le développement économique et l'entrée dans la civilisation moderne, ce n'est pas toujours, comme dans le cas des pays d'Amérique latine, par manque de moyens financiers et par défaillance des politiques de protection sociale, mais par l'effet d'un choix politique délibéré. L'exemple du Japon permet de rendre compte de cette stratégie.

La classification par ascendance hiérarchique analysée dans le chapitre 11 a fait ressortir un groupe de pays « familialistes à tendance moderne » dans lequel, on l'a noté avec étonnement, figurait le Japon. Que ce pays, considéré comme la troisième puissance économique mondiale, avec un produit intérieur brut supérieur à celui de l'Allemagne, du Royaume-Uni ou de la France, se retrouve dans le même groupe que des pays comme le Brésil ou l'Argentine peut surprendre, et l'on pourrait même douter de la pertinence de cette classification. Il ne s'agit toutefois pas d'une erreur de calcul ou de programmation, ce classement est parfaitement en concordance avec les données japonaises sur les liens sociaux. Mais il faut essayer de l'interpréter. Le cas du Japon est en quelque sorte une énigme. Comment se fait-il qu'un pays économiquement si puissant se caractérise par la prééminence du lien de filiation sur les autres, à l'instar de sociétés traditionnelles ? Notons ici que le cas du Japon n'est pas totalement isolé puisque la Corée du Sud, dont les performances économiques sont également élevées, présente des tendances assez similaires en termes de liens sociaux et se retrouve dans le même groupe. Analyser le cas du Japon présente donc un intérêt sociologique en tant que tel.

La résistance du modèle traditionnel de la famille

Les Occidentaux ont souvent pensé que le modèle japonais était une exception en termes de réussite économique puisque les traditions féodales et paternalistes, encore vives dans ce pays, ne pouvaient être à leurs yeux qu'un obstacle. Pendant longtemps, ils ont pensé que ces traditions finiraient par disparaître car elles leur semblaient antinomiques avec l'idée de progrès à long terme. Des travaux anthropologiques ont toutefois contribué à renverser ce mode de pensée. L'extraordinaire succès du Japon trouverait au contraire sa source dans son passé et dans sa capacité à s'y référer pour donner aux Japonais tout à la fois une ambition collective et une force de cohésion. Dans cette perspective, le modèle de la famille traditionnelle constituerait non pas un poids, mais un atout.

Dans une étude anthropologique réalisée à la fin de la Seconde Guerre mondiale à la demande des forces d'occupation américaines, Ruth Benedict contribua à faire évoluer les représentations occidentales sur le Japon[23]. Elle est frappée tout d'abord par le contraste saisissant des valeurs entre les États-Unis et le Japon : « Parce que les Occidentaux accordent une attention extrêmement faible à leur dette envers le monde et à ce qu'il leur a été donné en soins, en éducation, en bien-être ou même par le simple fait qu'ils sont nés, les Japonais estiment que nos motivations sont inadéquates. Les hommes vertueux ne disent pas, comme en Amérique, qu'ils ne doivent rien à personne. Ils ne font pas fi du passé. Au Japon, la vertu dépend de la reconnaissance de sa propre place dans le grand réseau de dettes mutuelles qui englobe à la fois ancêtres et contemporains[24]. » De façon pédagogique, elle explique ce qui constitue, selon elle, le modèle culturel japonais à partir de notions comme l'*on* (« l'obligation »), le *giri* (« la dette ») ou le *gimu* (« le devoir »)[25]. On les a souvent associées à l'esprit du confucianisme et notamment à la piété filiale comme principe de base d'une philosophie ancrée dans une culture holiste. Ce culte des ancêtres peut être examiné à l'aide de la métaphore du sabre, que reprend Ruth Benedict. Toute âme est resplendissante comme un sabre neuf. Mais avec le temps, l'âme, tel le sabre, peut perdre de son éclat et même se rouiller. L'être humain doit donc entretenir sa personne comme un combattant entretient son sabre. L'éclat de l'âme ne disparaît jamais, il suffit de la polir pour qu'elle brille à nouveau. Prendre soin de sa

23. Ruth Benedict, *The Chrysanthemum and the Sword. Patterns of Japanese Culture*, Boston, MA, Houghton Mifflin Company, 1946.
24. *Ibid.*, p. 98-99. Traduction personnelle.
25. *Ibid.*, p. 116.

personne et prendre soin des personnes vieillissantes de son entourage font partie de ces polissages de l'âme qui permettent de servir l'intérêt partagé de sa propre famille et de la société.

On ne peut toutefois s'en tenir à ce type d'explication culturaliste sans examiner parallèlement la conception politique et juridique de ce modèle. Les spécialistes du droit japonais de la famille se réfèrent habituellement, en premier lieu, au modèle de la famille patriarcale tel qu'il existait encore sous l'ère Meiji, entre 1868 et 1912, qui symbolise à la fois la fin de la politique volontaire d'isolement sur la scène internationale et le début de la politique de modernisation du Japon.

Promulgué en 1890, le Code civil japonais d'inspiration française ne fut en réalité jamais appliqué, remplacé dès 1898 par un autre code entièrement rédigé par trois professeurs japonais[26]. Ces législateurs ont élaboré le droit de la famille en se fondant sur les pratiques populaires et sur un régime de la maison qui n'était rien d'autre que le reflet de la famille patriarcale et féodale. J'ai déjà abordé dans le chapitre précédent le rôle moral de la maison à partir de l'exemple du Brésil. Il est frappant de constater que l'on retrouve une conception assez semblable au Japon, même si elle repose sur des racines culturelles pourtant très différentes. Le juriste Itsuyo Takizawa définit ce système de la façon suivante : « La famille est constituée par une maison qui regroupe ceux qui sont unis par un lien du sang et sa création est légalement constatée sur le registre de l'état civil dont l'organisation se base sur la famille plutôt que sur l'individu. Une maison comprend parfois plus de vingt membres : parents et grands-parents, enfants, frères et sœurs et parfois jusqu'aux oncles et tantes. En revanche, quelquefois, on rencontre une maison ne comprenant qu'un individu. Cela veut dire qu'en réalité, cette maison devient un concept abstrait, éloigné de la vie quotidienne du peuple. La maison est fondée, d'ailleurs, sur le patrimoine et le nom patronymique qui la représente. Ses membres étaient tenus de ne pas dissiper ce patrimoine, et de ne pas faire disparaître le nom de la maison ; cette obligation était plus morale que légale. Ils devaient

26. Je me réfère ici à l'article d'Itsuyo Takizawa, « Quelques aspects du droit japonais de la famille », *Revue internationale de droit comparé*, 42/3, 1990, p. 915-940.

également rendre un culte aux ancêtres de la maison et maintenir l'honneur de cette dernière. Enfin, la maison, c'est-à-dire la famille, était dirigée, selon le Code civil, par un chef de famille qui avait le droit de commander tous les membres de la maison : le droit de donner la permission de mariage ou d'adoption par les membres de la famille, d'indiquer leur domicile et même de régler leur rattachement à la maison. En contrepartie, le chef de famille avait l'obligation d'entretenir tous ceux qui lui étaient subordonnés. Il faut ajouter que cette situation légale de chef de famille se transmettait de père en fils avec l'ensemble du patrimoine. S'il n'y avait pas d'héritier masculin, la fille aînée devenait héritière de la maison, simplement parce que la continuation de la maison importait plus que le privilège de masculinité lui-même[27]. »

Cette conception juridique de la famille a fortement influencé les représentations et les expériences vécues des Japonais, non seulement dans la sphère familiale, mais aussi dans les autres sphères de la vie sociale, et notamment dans le monde de l'entreprise. Cette philosophie de la maison impliquait en effet un respect absolu de l'autorité et une préférence pour la discipline du groupe au détriment au moins partiel de la liberté individuelle. Il s'agit en quelque sorte d'une forme de collectivisme ancrée dans le système normatif et qui s'étend du groupe familial aux autres groupes, comme si les normes qui encadrent la vie domestique servaient de modèle au fonctionnement social plus général. C'est en tout cas la thèse que défend l'anthropologue Chie Nakane dans son étude de la société japonaise : « Au Japon, la structure d'un groupe domestique rend assez compte de celle du groupe social en général. La notion traditionnelle du *ie* persiste dans certains groupes nommés *uchi*, synonyme de *ie* dans la langue courante. Tout ceci montre que la formation des groupes japonais doit être analysée en termes de structure[28]. » La transposition du régime de la maison au régime de l'État, conçu comme une vaste maison dominée par l'empereur, peut paraître *a priori* un peu simpliste et douteuse, mais force est de constater que

27. *Ibid.*, p. 918.
28. Chie Nakane, *La Société japonaise* (1re éd. en anglais, 1970), Paris, Armand Colin, 1974, p. 17.

cette représentation a nourri la pensée nationaliste et l'engagement patriotique des Japonais, notamment au cours de la Seconde Guerre mondiale. C'est ainsi que le Code japonais de la famille devient un enjeu politique.

Après la guerre, la Constitution de Meiji a été remplacée par la Constitution de 1946 fondée sur des principes fondamentaux entièrement nouveaux pour la société japonaise, contrainte de s'adapter aux normes occidentales de la démocratie. Dans cette nouvelle Constitution, plusieurs dispositions concernent les relations familiales. Premièrement, « le mariage doit être fondé seulement sur le consentement mutuel des deux sexes ; il doit être maintenu par la coopération mutuelle qui a pour base les droits égaux du mari et de la femme. En ce qui concerne le choix de l'époux, les droits patrimoniaux, les successions, le choix du domicile, le divorce et les autres matières relatives au mariage et à la famille, les lois seront promulguées dans le respect de la dignité individuelle et de l'égalité essentielle des deux sexes » (art. 24, al. 1 et 2)[29]. D'autres dispositions affirment le respect de l'individu (art. 13) et l'égalité de tous devant la loi (art. 14). Autrement dit, c'était l'ensemble du régime familial traditionnel de la maison qui était subitement remis en question, puisqu'il paraissait incompatible avec les nouveaux principes de la démocratie et du libéralisme. Une nouvelle conception du foyer, constitué d'un couple et de ses enfants mineurs, s'est ainsi officiellement substituée au modèle traditionnel de la famille patriarcale, mais cela ne signifie nullement qu'elle se soit traduite par un changement radical des pratiques. La culture occidentale s'imposait dans les textes, mais elle ne gagnait pas dans tous les domaines sur le terrain de la vie quotidienne.

L'abolition de l'ancien régime familial représentait une menace pour les personnes âgées attachées au style de vie traditionnel. Pour les successions, le nouveau système de partage légal entre les enfants avait pour incidence immédiate de disperser les biens de la famille, ce qui pouvait poser de redoutables problèmes, notamment dans les exploitations agricoles. En ne transmettant plus automatiquement

29. Je me réfère ici à la traduction donnée dans l'article d'Itsuyo Takizawa, « Quelques aspects du droit japonais de la famille », art. cité, p. 921.

les terres au fils aîné en tant qu'héritier unique, c'est l'exploitation tout entière qui pouvait d'un coup être morcelée et devenir non rentable. Pour pallier cette difficulté, les frères et sœurs ont souvent renoncé à la succession, parfois en recevant en compensation quelque aide matérielle. Une adaptation pratique a permis de maintenir les habitudes anciennes pourtant dénoncées par le nouveau cadre juridique. En contrepartie de ce nouveau système successoral, l'obligation alimentaire due aux vieux parents était à la charge de tous les enfants, les parents ne pouvaient plus compter sur le fils aîné seul et certaines personnes âgées sont ainsi souvent passées d'un foyer à l'autre. Si l'article 877, alinéa 1, du Code civil stipule par une disposition générale que ceux qui sont du même sang ou qui sont liés par un lien fraternel doivent s'assurer mutuellement subsistance, rien n'indique comment doit être accompli ce devoir légal. Dans la pratique, les familles s'arrangent entre elles et tout semble indiquer que les Japonais continuent à se référer encore aujourd'hui à la coutume ancienne, sans envisager vraiment pour les personnes âgées un mode de vie indépendant se substituant à la vie familiale de la maison, même si les configurations se sont diversifiées avec le temps. D'après nos indicateurs pour le Japon, en 2012, 68,5 % des personnes de plus de soixante-quinze ans vivaient dans un ménage de plus de deux personnes (62,3 % en Corée du Sud), alors que ce pourcentage était de 3,3 % en France et de 1 % au Danemark[30].

Notons aussi que si l'obligation légale d'entretien (que l'on appelle l'obligation alimentaire) concerne uniquement les apparentés par le lien du sang en ligne directe et les frères et sœurs, le Code de la famille délimite la parenté de façon extensive en se référant au lien du sang jusqu'au sixième degré, au conjoint et à l'alliance jusqu'au troisième degré, ce qui peut être vu comme une réminiscence du modèle ancien de la famille. Enfin, dans la vie matrimoniale, si le droit japonais adopte le régime de séparation des biens comme régime légal, le contrat de mariage n'est conclu que très rarement et les époux ne se préoccupent généralement pas de savoir à qui appartiennent les biens qu'ils acquièrent. Les femmes japonaises, moins actives professionnellement que les femmes occidentales – j'y reviendrai –, exercent par

30. Voir l'Annexe numérique du livre, indicateurs de lien de filiation.

ailleurs leur autorité dans le ménage. Ce sont elles notamment qui tiennent les cordons de la bourse[31].

Ces exemples montrent donc comment la famille japonaise s'est transformée au cours du temps sans que le modèle traditionnel de la famille ait toutefois entièrement disparu, ni dans les représentations sociales, ni dans les pratiques.

L'entreprise à l'image d'une grande famille

Un des exemples les plus significatifs de l'attachement japonais au modèle traditionnel de la famille est sa transposition au moins symbolique au fonctionnement des entreprises. En effet, l'esprit du *ie* demeure dans le monde économique puisque les employés sont considérés et se considèrent eux-mêmes très souvent comme les membres d'un grand groupe domestique dont l'employeur serait le chef. Cette grande « famille » inclut les membres de la famille de chaque employé. D'après Chie Nakane, « l'entreprise constitue un groupe social fermé qui repose sur l'emploi de très longue durée, presque à vie, et sur l'organisation de la vie des employés essentiellement en fonction du travail. [...] Certains éléments spécifiques de l'entreprise japonaise reflètent bien la façon dont elle intègre la vie de famille : logements d'entreprise, aide en cas d'hospitalisation, groupes de loisirs pour les employés et leur famille, dons en espèces à l'occasion d'un mariage, d'une naissance ou d'un décès, et même consultations de planning familial assurées par le conseiller de l'entreprise. Remarquons que cette tendance se retrouve également dans les grandes entreprises de pointe qui se veulent progressistes. Même le système de rémunération en vigueur dans les entreprises industrielles et l'administration corrobore ce fait : l'allocation familiale constitue la majeure partie du salaire et est fonction de l'âge (ou de l'ancienneté)[32]. »

31. En interrogeant des couples japonais sur les inégalités entre les hommes et les femmes lors de mes séjours de recherche dans ce pays, je me suis rendu compte que les secondes revendiquent, en compensation de leur retrait du marché du travail, l'usage exclusif de la carte bancaire du ménage. D'après elles, il s'agit d'une pratique très répandue au Japon.
32. C. Nakane, *La Société japonaise*, *op. cit.*, p. 26.

Ce type d'organisation s'apparente à une forme de paternalisme et n'est pas en cela entièrement spécifique du modèle japonais : il existe un peu partout dans le monde des entreprises qui ont cherché à intégrer les salariés en les attachant directement à leur patron par une sorte de contrat tacite fondé sur l'engagement réciproque (protection des employés en échange de leur loyauté et de leur engagement au travail). Mais le Japon semble avoir poussé le plus loin possible cette conception familialiste en concevant l'employé et tous les membres de sa famille comme faisant partie de la grande famille de l'entreprise. Cette reconnaissance personnalisée de la famille de chaque employé a pour effet de créer un lien étroit entre lui, sa famille et l'entreprise, un peu comme si chaque élément de cette chaîne ne faisait qu'un et qu'en conséquence chacun se devait de s'impliquer entièrement, sans restriction, sans contestation, au nom d'une destinée jugée commune.

Ce familialisme d'entreprise ne s'est toutefois pas imposé sans résistance et a souvent été dénigré sur la scène internationale et par certains intellectuels japonais qui y voyaient une stratégie des autorités et des entreprises pour éluder la question sociale. Engagées dans un processus d'ouverture sur l'extérieur durant l'ère Meiji, les entreprises japonaises ont cherché à se doter d'une organisation du travail moderne et rationnelle. Le patronat a pourtant tenté d'imposer un mode de relations de travail traditionaliste. La notion de « familialisme » était au cœur de son discours, un peu avant le vote de la loi sur les usines en 1911. Comme le rappelle Bernard Thomann, les employeurs firent ensuite intensément référence à cette notion pendant l'entre-deux-guerres pour lutter contre les avancées de la législation sociale induites par l'adhésion du Japon à l'Organisation internationale du travail (OIT) et par l'essor non négligeable du syndicalisme. Il cite notamment une déclaration tonitruante du socialiste Albert Thomas, responsable politique français, alors directeur du Bureau international du travail en visite au Japon en 1928 : « Chaque fois que je parle de la nécessité d'introduire dans la législation japonaise quelqu'une de ces mesures de protection, on me répond depuis trois semaines et dix à vingt fois par jour : il y a le "système familial" […]. Chez nous aussi, bien souvent, des patrons ont voulu maintenir le vieil esprit de conciliation et d'amitié. Mais […] presque partout, ceux qui cherchent l'harmonie, ceux qui veulent réaliser la justice par des voies pacifiques sont obligés d'en venir à d'autres méthodes : celle de la conciliation sur un pied d'égalité et de l'esprit de justice entre les représentants des employeurs et les représentants des employés. C'est la base de notre Organisation internationale du travail[33]. »

Le jugement d'Albert Thomas sous-estime pourtant ce familialisme en le réduisant à un pur discours conservateur et défensif. Il faut le voir également comme un instrument efficace pour accompagner, en la légitimant, la révolution de l'organisation scientifique du travail dans des entreprises de différents secteurs de l'économie regroupés dans de vastes conglomérats à structure verticale et de type familial. À partir de l'exemple de Kikkoman, le producteur japonais très connu de sauce soja, et de son développement, l'historien Mark Fruin suggère de distinguer deux types de familialisme d'entreprise : le premier type de familialisme prévaut lorsque les employés sont fortement attachés, de façon émotionnelle et affective, à la famille propriétaire et gestionnaire de l'entreprise, considérée comme « bienveillante » à leur égard ; le second type caractérise la phase de développement au cours de laquelle l'entreprise, du fait de sa taille, est gérée par des managers dans un style technocratique assez éloigné des préoccupations immédiates des employés comme cela était le cas dans la phase précédente[34]. Si le second type paraît plus fictif, l'idéologie familialisme n'en reste pas moins la référence explicite des managers, qui, au nom de cette idéologie, entendent moderniser l'entreprise en la reliant à d'autres dans un esprit permanent d'accroissement de la performance économique. Cet esprit familialiste fut toutefois mis à rude épreuve au moment de la crise de 1929 qui eut, comme partout, des effets dévastateurs sur l'économie et la société. Une grande entreprise textile, dirigée par Mutô Sanji, l'un des chantres du familialisme moderne de l'époque, qui employait plus de 35 000 salariés répartis dans trente-six usines, s'effondra à la suite de la chute de ses exportations vers la Chine et de l'augmentation vertigineuse du prix du coton filé en provenance de l'Inde[35]. Pour y faire face, une réduction de 40 % des salaires de

33. Bernard Thomann, *La Naissance de l'État social japonais*, Paris, Presses de Sciences Po, 2015, p. 262.
34. W. Mark Fruin, *Kikkoman : Company, Clan and Community*, Cambridge, MA, Harvard University Press, 1983.
35. B. Thomann, *La Naissance de l'État social japonais*, *op. cit.*, p. 263.

tous les travailleurs fut annoncée subitement, ce qui déclencha un vaste mouvement de grève. Pendant ce temps, Mutô Sanji se retira de l'entreprise avec une prime de retraite jugée exorbitante, ce qui ne manqua pas de susciter de nombreux commentaires critiques dans la presse. Par cette affaire, c'était aussi le familialisme moderne qui était visé. Certains considérèrent que le capitalisme moderne ne pouvait que détruire le système familial et que l'insistance des capitalistes à vouloir conserver une éthique familialiste dans le management des entreprises n'était qu'illusoire. La pression du capitalisme financier, surtout après la crise de 1929, fit douter nombre d'observateurs et de commentateurs de la capacité des entreprises à continuer à exercer leur paternalisme. L'introduction d'une législation sociale au Japon semblait à beaucoup une meilleure garantie pour les employés dans l'esprit des réformes suggérées par l'OIT et des avancées occidentales dans ce domaine. Mais les historiens s'accordent à reconnaître que, en dépit de ces critiques, le familialisme d'entreprise, loin de reculer, s'adapta de façon impressionnante au capitalisme moderne et contribua au développement des grandes firmes. Le développement d'une gestion de la main-d'œuvre fondée sur cette idéologie « familialiste » a permis de pacifier les relations de travail dans l'entreprise, tout en évitant l'influence jugée néfaste des syndicats. Il a également eu pour effet de retenir les employés dans l'entreprise sous la forme d'un contrat tacite de protection durable de la famille en échange d'un zèle sans faille de leur part pour la performance de leur travail. Cette rhétorique familialiste a permis au moins partiellement au Japon d'affirmer son propre modèle de développement en s'opposant ainsi fermement au modèle occidental[36].

Mais il faut compléter cette interprétation par une autre dimension de la spécificité japonaise, elle aussi en lien avec l'empreinte forte laissée par le modèle de la famille traditionnelle. De nombreux observateurs de la vie des entreprises japonaises ont été frappés par le caractère des relations entre le chef et ses subordonnés. L'analyse anthropologique de Chie Nakane est précieuse sur ce point[37]. Il s'agit en réalité d'une

36. Voir sur ce point B. Thomann, *Le Salarié et l'entreprise dans le Japon contemporain*, Paris, Les Indes savantes, 2008, p. 194 et suiv.
37. C. Nakane, *La Société japonaise*, *op. cit.*, p. 86 et suiv.

relation verticale fondée sur un lien personnel sans cesse réactivé. Le chef tire son autorité non pas exclusivement de ses compétences, mais surtout de sa position au sein du groupe. Si les membres du groupe lui obéissent, c'est en vertu de leur position subalterne. Cette relation interpersonnelle verticale est empreinte d'une forte dimension affective, qui constitue une force dans la vie des équipes de travail. Du haut de son autorité statutaire, le chef se doit de protéger et de valoriser ses subordonnés, lesquels en échange lui accordent affection et fidélité. Il est admis que le chef puisse se tromper et bénéficier de l'aide des membres de son groupe qui lui sont dévoués sans pour autant être remis en question dans son rôle de chef. Ces derniers seront, au contraire, récompensés par lui et il recevra lui aussi en retour une reconnaissance encore plus grande, comme l'expression d'une marque supplémentaire de loyauté à son égard. La verticalité de la relation ne signifie donc pas, dans la pratique, froideur et commandement autoritaire sans concertation, tout au contraire. Ce modèle japonais d'autorité est également en accord avec le système de promotion à l'ancienneté, lequel ne semble pas faire l'objet de forte contestation. Un peu comme la famille patriarcale, le chef est respecté du fait de son statut d'ancien et de sa capacité à faire preuve de bienveillance à l'égard de ses protégés. « Dans la société japonaise, la qualité essentielle du chef est d'être capable de comprendre ses hommes et de se faire aimer d'eux. Peu importe pour un chef d'être riche et puissant, d'être doué de talent, d'avoir tel type de personnalité. Si quelqu'un est incapable de susciter l'affection de ses subordonnés et de se les attacher par un lien vertical, il est impensable qu'il soit chef[38]. » Cette analyse des rapports humains que propose Chie Nakane peut paraître un peu idyllique et il est probable que la réalité soit souvent plus complexe, néanmoins elle tire sa force d'une connaissance précise de l'histoire du Japon. Pour asseoir sa démonstration, l'anthropologue rappelle, par exemple, que « le système féodal n'admettait pas de distinction entre les biens personnels ou familiaux du seigneur et ceux de ses sujets. Le seigneur n'avait pas de biens propres. Si la récolte était mauvaise, ou si les terres se faisaient plus rares par suite d'une poussée démographique, les dépenses personnelles du seigneur étaient diminuées et ses

38. *Ibid.*, p. 94.

hommes recevaient l'ordre d'être économes. La vie du seigneur et celles de ses sujets étaient intimement liées et ne constituaient qu'une seule « maison », sur le plan économique[39]. »

L'encouragement à la division sexuelle du travail

Comme le souligne Sébastien Lechevalier, il ne faut toutefois pas se focaliser sur le fonctionnement interne des entreprises et sur son empreinte familialiste pour comprendre la performance économique du modèle japonais[40]. Il faut en effet analyser le rapport salarial en prenant en compte également ce qui est extérieur à l'entreprise, à savoir la famille et la place des femmes sur le marché du travail. Le caractère traditionnel de la famille japonaise et son influence dans le fonctionnement de l'économie moderne s'affirment également par une division sexuelle du travail poussée et toujours forte aujourd'hui. Cela ne signifie pas que les femmes japonaises sont globalement nettement beaucoup plus inactives que dans d'autres pays occidentaux. En 2021, le taux d'activité était de 44,4 %, contre 47,1 % en Allemagne et 48,7 % en France[41]. Si la féminisation du marché du travail a été plus rapide dans les pays occidentaux à partir des années 1970, on enregistre au Japon une augmentation régulière de ce taux depuis le début des années 2000. Il est désormais courant que les femmes mariées travaillent. Mais le Japon continue de se distinguer, ainsi que la Corée du Sud, par une participation des femmes au marché du travail conditionnée par le cycle de la vie familiale : cette participation se caractérise par une augmentation régulière d'activité jusqu'à vingt-cinq ans suivie par un fort déclin jusqu'à l'âge de trente-cinq ou quarante ans et une forte reprise après[42]. Cette tendance, qualifiée de profil en « M » par les démographes, est la

39. *Ibid.*, p. 93-94.
40. Sébastien Lechevalier, *La Grande Transformation du capitalisme japonais*, Paris, Les Presses de Sciences Po, 2011, voir en particulier le chapitre 4 intitulé « Quelle est la nature du contrat social japonais aujourd'hui ? », p. 199 et suiv.
41. D'après la Banque mondiale.
42. Voir sur ce point Emiko Ochiai *et al.*, « Gender Roles and Childcare Networks in East and Southeast Asian Societies », *in* E. Ochiai, Barbara Molony (dir.), *Asia's New Mothers. Crafting Gender Roles and Childcare Networks in East Southeast Asian Societies*, Kent (Royaume-Uni), Global Oriental, 2008, p. 31-70.

conséquence directe du modèle du *male breadwinner* qui a prévalu dans de nombreux pays après la Seconde Guerre mondiale, à un moment où il était important d'assurer la reprise de la natalité en encourageant le travail salarié des hommes au détriment de celui des femmes, vouées, elles, au travail maternel et domestique. Mais ce modèle s'est maintenu au Japon et en Corée du Sud plus que dans d'autres pays dans lesquels le travail féminin a fini par s'imposer, y compris pendant la période de prise en charge des enfants en bas âge[43]. Le coût de ce retrait temporaire du marché du travail des femmes japonaises s'avère particulièrement élevé[44]. En prenant en compte à la fois la non-cotisation pour la retraite, l'absence de salaire pendant le retrait du marché du travail, l'effet ancienneté dans le salaire postérieur et la forme d'emploi au moment du retour sur le marché du travail, on peut évaluer la perte pour une femme interrompant sa carrière entre vingt-sept et trente-deux ans, par rapport à une femme qui travaille de vingt ans jusqu'à sa retraite, à 30 % si elle parvient à reprendre le même poste et à 80 % si elle ne retrouve qu'un emploi à temps partiel[45]. « Ce coût est d'autant plus important que les conditions de retour sur le marché du travail se sont fortement dégradées pour les femmes qui ont quitté leur emploi une première fois : alors qu'en 1975, dans 63 % des cas, le retour au travail correspondait à l'occupation d'un emploi régulier, cela ne représente plus que 35 % environ au début des années 1990[46]. »

43. En France et dans de nombreux pays occidentaux, la courbe correspond aujourd'hui non pas à un « M », mais à un « U » inversé. Notons, toutefois, qu'en comparant plusieurs cohortes entre 1960 et 2000, on peut nettement observer au Japon et en Corée du Sud un déplacement vers la droite de cette courbe en « M » (la date du mariage ainsi que la naissance du premier enfant étant plus tardive). *Ibid.*, p. 48 et p. 53.
44. C'est le cas également pour les femmes en Corée du Sud où le lien est très fort entre le cycle de vie féminin et la surreprésentation des femmes dans les emplois instables. Voir sur ce point la thèse éclairante de Younga Kim, « La Précarité des femmes sur le marché du travail. Une comparaison entre la Corée du Sud et la France », thèse de doctorat de sociologie, Paris, EHESS, 24 juin 2015.
45. Misako Arai et S. Lechevalier, « L'inégalité homme/femme au cœur de la segmentation du marché du travail japonais ? Une prise en compte du genre dans l'analyse du rapport salarial toyotiste », *Le Mouvement social*, 210, 2005, p. 121-152.
46. *Ibid.*, p. 126.

De façon plus générale, les femmes sont les principales victimes des crises économiques. Elles l'avaient été dans les années 1970, elles le furent également lors des importantes restructurations d'entreprise au début des années 1990, ce qui permet de dire qu'elles jouent un rôle de tampon dans l'économie japonaise[47]. Il semble en effet qu'elles constituent la première variable d'ajustement des firmes, lesquelles ont fortement encouragé, par exemple, le travail à temps partiel en invoquant à la fois le moindre coût que représentent ce type de contrat et son avantage pour adapter facilement la quantité de travail aux besoins. Si l'on ne peut écarter l'hypothèse selon laquelle les femmes peuvent y trouver un avantage en termes de flexibilité de leurs horaires de travail, le travail à temps partiel reste souvent une contrainte imposée. Mais il faut surtout noter que l'État japonais encourage aussi, de son côté, ce recours au temps partiel par un dispositif fiscal qui le rend attractif pour les femmes : « au-delà d'un certain seuil (environ 1 million de yen par an, soit, approximativement, 10 000 euros), les revenus de la femme mariée sont fortement taxés, ce qui la décourage de travailler à temps plein. De plus, les hommes bénéficient de déductions fiscales importantes quand leur épouse gagne moins que ce seuil de revenu[48] ».

Tout se passe donc comme si l'État japonais, au nom de la performance économique des entreprises et en accord avec leurs besoins, optait sans hésitation pour un modèle traditionnel de famille reposant sur la norme encore très présente du *male breadwinner*. Cet interventionnisme étatique dans la sphère de la famille n'est pas nouveau. À la fin de l'ère Meiji, les ministères de l'Intérieur, de l'Éducation, de l'Agriculture et du Commerce tentèrent de normaliser les modes de vie des populations laborieuses en diffusant une morale domestique fondée sur la division sexuelle du travail. Plusieurs politiques concernaient directement les femmes. Il s'agissait d'en faire les garantes de la solidarité familiale dans l'esprit du slogan répandu de la « bonne épouse mère avisée[49] ». Ces ministères lancèrent, dans les années 1920, des « Campagnes pour l'amélioration des conditions de vie dans le but d'apprendre aux maîtresses de

47. Susan N. Houseman et Katharine G. Abraham « Female Workers as a Buffer in the Japanese Economy, *American Economic Review*, 83, 2, 1993, p. 45-51.
48. M. Arai et S. Lechevalier, « L'inégalité homme/femme au cœur de la segmentation du marché du travail japonais ? », art. cité, p. 131.
49. B. Thomann, *La Naissance de l'État social japonais*, *op. cit.*, p. 227.

maison à gérer le budget familial de la façon la plus rationnelle possible, de sorte que la famille puisse être un lieu de solidarité solvable où, éventuellement, un seul salaire pourrait suffire au ménage[50] ». Ainsi, depuis plus d'un siècle, l'État japonais a encouragé une division sexuelle du travail en faisant de la famille, dans sa vision traditionnelle, un élément fondamental de la réussite économique nationale.

Un familialisme politique

À bien des égards, le Japon apparaît comme un pays inclassable. Il s'avère particulièrement difficile de le rapprocher d'autres pays occidentaux ayant atteint un niveau de développement économique comparable. Gøsta Esping-Andersen a contesté toutefois l'idée qu'il serait un pays totalement à part[51]. En reprenant le cadre analytique lui ayant permis de distinguer trois régimes de *welfare*, il suggère que ce pays constituerait un modèle hybride. Il emprunterait des éléments au modèle conservateur et catholique par sa segmentation professionnelle et son familialisme, et au modèle libéral du fait de sa protection sociale à l'américaine fondé sur les assurances privées. Il est vrai que si l'on se réfère aux indicateurs de protection sociale déjà utilisés dans le chapitre 11, le Japon est globalement plus proche des États-Unis que de la France ou de l'Allemagne en ce qui concerne les risques chômage et accidents de travail et les pensions de retraite (voir **tableau 14.1**). Cela ne vaut pas toutefois en ce qui concerne la couverture santé, qui est meilleure au Japon qu'aux États-Unis.

Mais au-delà de ces indicateurs, il semble nécessaire d'introduire des éléments complémentaires pour bien appréhender le modèle japonais. Shogo Takegawa propose de tenir compte de trois dimensions absentes de l'analyse d'Esping-Andersen[52]. Il constate tout d'abord que si le Japon n'est pas un modèle de démocratie sociale, au sens où les syndicats et les forces politiques de gauche n'ont pas joué un rôle essentiel dans la constitution de l'État providence, il existe, en

50. *Ibid.*
51. G. Esping-Andersen, « Hybrid or Unique ? The Japanese Welfare State between Europe and America », *Journal of European Social Policy*, 7, 1997, p. 179-189.
52. Shogo Takegawa, « Japan's Welfare-State. Welfare Polities, Provider and Regulator », *Development and Society*, 34, 2, 2005, p. 169-190.

revanche, dans le domaine de la protection sociale une forte intervention bureaucratique, soutenue par le parti conservateur au pouvoir en l'absence de véritable débat public. Les mesures prises en faveur du modèle traditionnel de la famille vont, on l'a vu, dans ce sens. Incontestablement, c'est au nom d'un intérêt jugé supérieur de la nation que ce type d'intervention bureaucratique a été justifié. Ensuite, si le niveau des dépenses directement sociales reste relativement faible au Japon, il est élevé dans ce qui relève des investissements publics réalisés pour permettre le bien-être social. Enfin, si la réglementation sociale paraît faible comparée à celles de pays comme la France ou l'Allemagne, la réglementation économique est très forte. Le Japon a misé d'abord sur un mode de régulation encadré par l'État pour maintenir un niveau élevé de performance économique, plus que sur la mise en place d'un système de protection sociale comparable à celui des pays occidentaux.

Tableau 14.1. Indicateurs de protection sociale au Japon, aux États-Unis, en France et en Allemagne

	Japon	États-Unis	France	Allemagne
Chômage	0,14	0,16	0,70	0,66
Accidents de travail	0,76	0,78	0,90	0,89
Retraite	0,72	0,76	0,99	0,92
Santé	0,81	0,77	0,87	0,83
Indice composite	0,60	0,62	0,86	0,83

Source : Base de données 34 pays.

Ce mode bureaucratique de gouvernance a permis d'atteindre un niveau élevé de compétitivité économique sans que cela se traduise par de très fortes inégalités sociales. L'indice de Gini a été pendant de nombreuses années l'un des plus bas du monde au Japon et, encore aujourd'hui, en dépit des crises économiques et des restructurations industrielles, il reste à un niveau comparable à celui de la France et de l'Allemagne et est très inférieur à celui des États-Unis (dans notre base, 0,33 contre 0,41 en 2013).

Indubitablement, le Japon peut être classé parmi les pays qui pratiquent un régime d'attachement social familialiste, mais c'est parce que les politiques qui ont été conduites dans ce pays ont fait délibérément du modèle traditionnel de la famille un moyen au service du développement économique et un mode de régulation de la société dans son ensemble. C'est en ce sens que l'on peut parler d'un familialisme politique. Ce modèle comporte toutefois des limites de plus en plus visibles.

Si le taux d'activité des femmes a fortement augmenté au cours des dernières années, les inégalités hommes/femmes pour la répartition des tâches ménagères sont toujours très élevées. Il existe surtout de fortes inégalités entre les femmes qui travaillent et celles qui restent au foyer, et entre les femmes salariées à temps plein ou à temps partiel. Les normes semblent donc avoir évolué, répondant en cela à des attentes féminines d'émancipation, mais la société reste encore très rigide. Bien plus qu'ailleurs dans les pays économiquement développés, les femmes sont confrontées à un choix à double contrainte : soit faire carrière en exerçant un emploi à temps plein, mais, dans ce cas, le système les incite à ne pas se marier et à ne pas avoir d'enfants, soit privilégier la vie de famille et devoir accepter, parfois malgré elles, d'exercer un emploi à temps partiel et des conditions de travail et de carrière nettement moins attractives. Tout se passe comme si l'émancipation des femmes japonaises ne pouvait s'accomplir qu'en faisant le premier choix. On peut comprendre ainsi, au moins partiellement, la chute du taux de fécondité au Japon : de 2,14 en 1970 à 1,36 en 2019, contre, respectivement, 2,55 et 1,87 pour la France[53]. On peut alors se demander quel est l'avenir d'un système familialiste si les femmes, pour y échapper, renoncent à la maternité ? Comment dès lors concevoir le principe même de la solidarité familiale si le renouvellement des générations n'est pas assuré ?

Ce familialisme politique, qui a été l'un des supports de la performance des entreprises et la garantie d'une cohésion sociale, paraît également vaciller sous l'effet d'une augmentation de la pauvreté. Alors que ce phénomène était encore marginal au Japon à la fin du XXe siècle, il est

53. D'après la Banque mondiale.

devenu nettement plus visible dans la première décennie du XXIe siècle. La question des travailleurs pauvres sans domicile a notamment attiré l'attention publique. La précarité professionnelle a fortement crû et nombre de personnes se sont retrouvées dans l'incapacité d'accéder à un logement en raison de la faiblesse de leur rémunération. L'un des premiers à alerter l'opinion nationale et internationale de cette évolution a été Yuasa Makoto. Il a décrit le Japon comme une « société toboggan », c'est-à-dire avec un risque fort de déclassement rapide par la perte cumulative des trois filets élémentaires de la protection : l'emploi régulier, la protection sociale qui y est adossée et même les aides sociales, comme ultime recours[54]. Le dernier filet de l'assistance, appelé « Protection vitale » au Japon, s'est avéré en effet très insuffisant pour couvrir les personnes considérées comme en situation de pauvreté. Des enquêtes ont révélé comment leurs bénéficiaires sont eux-mêmes stigmatisés, les autorités administratives les soupçonnant souvent de fraude à l'égard de ce système d'aides ou de vouloir en profiter sans réellement faire d'effort pour travailler[55].

J'ai essayé de qualifier l'évolution de la pauvreté au Japon, et du regard des Japonais sur ce phénomène, en reprenant le cadre analytique de mon livre sur les formes élémentaires de la pauvreté[56]. L'évolution me semble assez proche de celle constatée en France ou en Allemagne. Dans les Trente Glorieuses, la situation économique du Japon était florissante et les inégalités de revenus relativement faibles au regard de plusieurs pays occidentaux. Le plein-emploi associé à un régime familialiste de protection sociale favorable à l'économie et au bien-être global de la population a pu faire croire à la disparition de la pauvreté. Le phénomène de la pauvreté était pratiquement sorti de la conscience sociale. C'est la raison pour laquelle on peut parler de « pauvreté marginale » pour qualifier cette période. En revanche, le Japon a connu

54. Yuasa Makoto, *Contre la pauvreté au Japon* (1re éd. en japonais, 2008), Arles, Éditions Picquier, 2018.
55. Voir sur ce point Mélanie Hours, « La pauvreté et l'assistance au Japon. Traitement administratif et vécu des allocataires », thèse de doctorat « Asie orientale et sciences humaines », Paris, université de Paris-Diderot, 2012.
56. Voir S. Paugam, « Les formes élémentaires de la pauvreté. Existe-t-il une spécificité japonaise ? », *Nichifutsu Bunka, Revue de collaboration culturelle franco-japonaise*, Tokyo, n° 87, mars 2018, p. 155-165.

récemment, comme la France dès les années 1980 et comme l'Allemagne après la réunification, une situation économique plus tendue, caractérisée notamment par une crise de la société salariale. Des franges entières de la population sont pour ainsi dire tombées dans la pauvreté. De nombreux individus sont devenus des sans-abri, sans pouvoir être aidés par leur famille. Les Japonais ont alors pris conscience de la fracture sociale. La pauvreté est devenue dans la conscience collective une réalité jugée souvent menaçante pour l'ordre social, un fléau appelant des politiques nouvelles. C'est la raison pour laquelle on peut parler de « pauvreté disqualifiante » pour caractériser cette période, qui n'est d'ailleurs pas terminée.

*

J'ai cherché à expliquer dans ce chapitre pourquoi, dans les résultats de l'analyse de classification par ascendance hiérarchique, présentés dans le chapitre 11, le groupe des pays « familialistes » comprend aussi bien des pays dits émergents d'Amérique du Sud, comme le Brésil et l'Argentine, et des pays aussi anciennement développés que le Japon. Ce n'est pas la première fois que le Japon apparaît comme unique, mais qu'il soit classé parmi des pays nettement moins développés que lui, dans lesquels la protection sociale est très faible et où les inégalités de revenus sont gigantesques, n'allait pas de soi. En examinant ce qui constitue le fondement et les formes de familialisme dans ces pays d'Amérique du Sud et au Japon, l'on peut assez nettement résoudre cette énigme.

Des pays comme le Brésil et l'Argentine ont connu un développement important dès le début du XXe siècle amplifié par l'arrivée massive d'Européens (Italiens, Espagnols, Portugais, Allemands, Polonais), et même de Japonais, notamment à São Paulo. Mais ce développement a été caractérisé par sa très forte dépendance vis-à-vis de pays plus avancés économiquement, ce qui a eu pour effet de les installer durablement dans ce que l'on a appelé la périphérie du capitalisme mondial. Un système productif tourné principalement vers l'exportation de produits agricoles ou des richesses minières au détriment du marché intérieur a contribué à déséquilibrer le processus d'accumulation et à accroître les inégalités sociales entre, d'un côté, une élite dirigeante et propriétaire des terres et des moyens de production, de plus en plus prospère et, de l'autre, une classe laborieuse maintenue dans un état de pauvreté structurelle, venant grossir les bidonvilles des métropoles, faute de trouver dans les régions rurales de quoi survivre. Ce schéma a contribué surtout à maintenir un important secteur informel et à favoriser l'expansion des petits métiers en lien avec le développement des services. Dans ce contexte, l'État social est resté le plus souvent assez embryonnaire et très inégal, une grande partie de la population échappant à la protection offerte aux travailleurs « formels ». Les quelques avancées dans ce domaine ont également été fortement remises en question à la suite de crises économiques et sociales et la mise en œuvre, de façon souvent autoritaire, de politiques néolibérales. Le familialisme s'est alors imposé sans avoir vraiment fait l'objet de programmes d'action spécifiques. Il était en résonance avec l'ancrage de la religion catholique dans ces sociétés. Cet esprit de la famille règne aussi bien parmi les plus riches que parmi les plus pauvres, les premiers en faisant le fondement de leur supériorité de classe et le moyen d'assurer la reproduction de leur domination, les seconds y recherchant le sens supérieur de leur raison de vivre et d'espérer et le moyen suprême de résister à la pauvreté. C'est ainsi que le modèle traditionnel de la famille s'est maintenu au sein de ces métropoles à la fois très modernes et très inégales.

Le familialisme japonais relève d'une autre histoire, même s'il est possible d'y voir également une origine lointaine dans la civilisation rurale. La piété filiale et le culte des ancêtres, héritages du confucianisme, ont souvent été avancés pour en expliquer la persistance contemporaine. Sans renoncer entièrement à ce type d'explication culturaliste, il m'a semblé important d'examiner, de façon complémentaire, comment le familialisme, à la différence des pays d'Amérique du Sud, a été pensé dès le début de l'ère Meiji comme le support de la performance économique. L'entreprise, en se confondant avec les intérêts de la famille, avait toute chance de devenir ainsi pour de nombreux employés le lieu privilégié de l'attachement social justifiant leur loyauté la plus totale. Mais les femmes, encouragées sans ménagement par les politiques publiques de la famille à assumer leur rôle domestique et maternel, sont les perdantes de la réussite économique de ce familialisme, en dépit d'une augmentation sensible de leur taux d'activité.

Existe-t-il des points communs entre le familialisme intégré de l'Amérique du Sud et le familialiste dirigé du Japon ? Tout semble *a priori* les opposer. L'un s'accorde avec un développement inégal et une pauvreté de masse, considérés par beaucoup comme un héritage d'une dépendance économique contrainte et un processus en partie naturalisé, l'autre se comprend, au contraire, comme une volonté affirmée de résister à l'occidentalisation et de maintenir un modèle traditionnel de la famille jugé propice à la performance économique. Dans les deux cas, malgré tout, la famille constitue encore, dans les pratiques et les représentations, à la fois la cellule de base de la société et le moyen d'atténuer et de réguler les tensions et les conflits de la vie sociale. Il n'est pas certain toutefois que ces formes distinctes de familialisme puissent continuer à assurer ces fonctions dans les décennies à venir tant elles sont, l'une et l'autre, confrontées à des contradictions internes et à des défis nouveaux : comment s'assurer de la pérennité de ce type de solidarité lorsque le déclin de la fécondité compromet le renouvellement des générations ? Comment concevoir la stabilité du modèle traditionnel de la famille lorsque les femmes qui en sont le pilier aspirent à leur émancipation et à l'égalité des sexes aussi bien dans la vie professionnelle que dans la vie familiale ? Ces questionnements ne constituent-ils pas l'indice d'une révolution à venir dans ces pays et les prémices d'une transformation profonde de la solidarité ?

CHAPITRE 15

Organicisme et volontarisme : la France et les États-Unis

Après avoir examiné dans les trois chapitres précédents les formes et les fondements historiques et anthropologiques du régime d'attachement familialiste, il convient maintenant d'approfondir ce qui distingue les régimes d'attachement organiciste et volontariste. Tous deux sont intermédiaires entre les régimes d'attachement familialiste et universaliste. L'analyse de classification par ascendance hiérarchique (voir chapitre 11) a permis de vérifier que le groupe de pays « organicistes » (dont la France) est en réalité plus proche du groupe « familialiste » et que le groupe « volontariste » (dont les États-Unis) est plus proche du groupe « universaliste ». Les classifications opposent souvent aisément les extrêmes et regroupent dans un ensemble moins distinctif les cas qui s'en écartent. Or tout semble indiquer ici que ce n'est pas le cas. Les deux groupes – « organiciste » et « volontariste » – s'opposent bien aux extrêmes, mais ne forment pas le ventre mou de la classification. Ils constituent même deux groupes opposés. L'un est caractérisé par la prééminence du lien de participation organique, l'autre par la prééminence du lien de participation élective, un peu comme s'il s'agissait de deux formes inconciliables.

Pour expliquer ce phénomène, je propose dans ce chapitre de comparer la France et les États-Unis. Ces deux pays sont chacun les plus caractéristiques des groupes de pays auxquels ils sont associés et leur distribution respective des liens sociaux (que l'on peut visualiser dans la **figure 15.1**) confirme cette opposition. Comparer la France et les

États-Unis n'a certes rien de nouveau. Bien au contraire, depuis les travaux pionniers de Tocqueville, la comparaison a généralement été heuristiquement féconde et les différences frappantes entre les deux pays ont permis aux chercheurs de renouveler leurs cadres analytiques et leurs objets d'étude. C'est après un premier séjour aux États-Unis, où il étudie les syndicats ouvriers américains, que Michel Crozier se lance dans l'étude du phénomène bureaucratique en France[1]. C'est en confrontant le modèle de management des entreprises américaines à celui qu'il observe dans les entreprises françaises que Philippe d'Iribarne réussit à dégager ce qu'il appelle la logique de l'honneur et qui renvoie, selon lui, à la tradition française de commandement et d'obéissance, mais aussi d'opposition[2]. C'est après avoir étudié les ghettos américains que Loïc Wacquant revisite ses propres travaux sur les banlieues françaises et s'emploie à couper court aux tentatives éparses d'assimilation des quartiers français aux ghettos noirs américains[3]. On pourrait citer bien d'autres exemples de la stimulation intellectuelle qu'apporte cette comparaison (voir par exemple les abondantes recherches comparatives sur l'État providence, le racisme et les formes de discrimination).

Mon objectif n'est pas tant de dégager un domaine encore inexploré de la comparaison entre la France et les États-Unis que de relier des domaines que l'on aborde généralement de façon distincte. En étudiant l'entrecroisement de quatre types de liens sociaux, je me situe au contraire à l'articulation du domestique, de l'associatif, du professionnel et du civique. C'est en suivant cette voie que j'espère ici faire ressortir un point aveugle des recherches comparatives entre les deux pays. La question à laquelle il convient de répondre est de savoir pourquoi le lien de participation organique est si prééminent en France et le lien de participation élective si prééminent aux États-Unis, et surtout pourquoi ils s'avèrent si peu conciliables dans les deux pays.

1. Michel Crozier, *Le Phénomène bureaucratique. Essai sur les tendances bureaucratiques des systèmes d'organisation modernes et sur leurs relations en France avec le système social et culturel*, Paris, Seuil, 1963.
2. Philippe d'Iribarne, *La Logique de l'honneur. Gestion des entreprises et traditions nationales*, Paris, Seuil, 1989.
3. Loïc Wacquant, *Parias urbains. Ghetto, banlieues, État*, *op. cit.*

Figure 15.1. Indice des liens sociaux en France et aux États-Unis

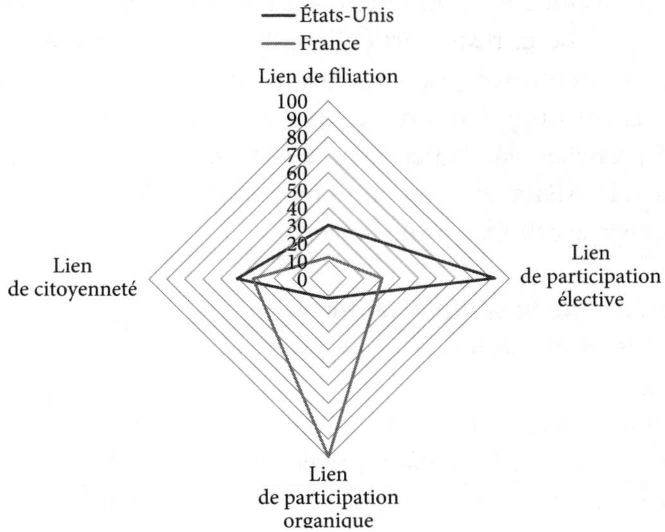

Source : Base de données 34 pays.

L'ambivalence française

La quasi-totalité des emplois sont couverts par des conventions collectives en France. Ce constat pourrait laisser entendre que ce pays est un exemple typique de la force des organisations syndicales et de la négociation entre les partenaires sociaux. La France a aussi la réputation à l'étranger d'être la championne des luttes sociales dans le monde du travail et d'aucuns y voient l'explication de la forte protection sociale des salariés français comparativement à d'autres pays[4]. Il faut nuancer ces interprétations. Tout d'abord, le taux de syndicalisation est particulièrement faible en France (10,1 % dans l'ensemble en 2019, 7,9 % dans

4. Certains y voient la marque d'un certain radicalisme de classe imprégné d'une tradition révolutionnaire. C'est notamment ce qui ressort d'une comparaison franco-britannique particulièrement éclairante. Voir D. Gallie, *Social inequality and class radicalism in France and Britain*, Cambridge, Cambridge University Press, 1983.

le privé et 18,4 % dans le public[5]) et surtout en fort déclin depuis 1949, en dépit de la reprise dans le contexte du mouvement social de 1968 et d'une stabilisation jusqu'au milieu des années 1970[6]. De nombreux secteurs du monde économique français n'ont plus de « couverture syndicale ». Celle-ci reste particulièrement faible dans le secteur du bâtiment et des travaux publics, dans les activités immobilières ou les services à la personne. Comment expliquer ce paradoxe ? Il faut y voir, au moins partiellement, l'effet du mode de régulation bureaucratique et centralisé du système français et du rapport complexe que les Français entretiennent avec l'État providence.

L'idéalisation de la complémentarité des groupes professionnels

Si Durkheim place, on l'a vu, la patrie au sommet de la hiérarchie des attachements dans *L'Éducation morale*, il démontre dans ses *Leçons de sociologie* la nécessité d'une articulation entre la morale professionnelle et la morale civique. Il ne peut envisager une réforme des corporations sans redéfinir simultanément le rôle et les fonctions de l'État. On retrouve dans cette réflexion l'influence de tout un courant de pensée qui s'est développé à la fin du XIXe siècle en France autour de « l'idée professionnaliste » et du « corporatisme républicain », dont on peut dire qu'il a contribué à fonder les bases du modèle social et syndical français[7]. Durkheim n'est en effet pas le seul à penser l'organisation du travail sur une base corporative. Cette pensée se retrouve chez toute une génération d'intellectuels, de responsables politiques, radicaux-socialistes pour la plupart, qui, tout en se réclamant de la « République une et indivisible », vont soutenir des projets à visée corporatiste, en considérant les associations professionnelles comme les instruments

5. Source : enquête Conditions de travail 2019 (DARES-DGAFP-DREES-INSEE).
6. Voir sur ce point Dominique Andolfatto et Dominique Labbé, *Toujours moins ! Déclin du syndicalisme à la française*, Paris, Gallimard, 2009 ; Thomas Amossé et Maria-Teresa Pignoni, « La transformation du paysage syndical depuis 1945 », in *Données sociales*, Paris, INSEE, 2006, p. 405-412.
7. Voir sur ce point Christine Rumillat, « L'idée professionnaliste aux origines du corporatisme républicain », *in* Dominique Colas, *L'État et les corporatismes*, Paris, PUF, 1988, p. 47-65.

modernes d'un règlement organique et pacifique des relations entre le capital et le travail. Des monarchistes et des catholiques sociaux vont également adhérer à cette idée professionnaliste. Mais c'est chez Durkheim qu'elle est la plus avancée et surtout la plus articulée avec une conception précise du rôle de l'État.

Pour Durkheim, les groupes professionnels constituent autant d'organes différents, chacun ayant un rôle spécial. Ils n'impliquent pas un ordre social corporatiste et se distinguent en cela des castes[8]. La caste, dit-il, « est un segment transformé en organe ; elle tient donc de la nature de l'un et de l'autre. En même temps qu'elle est chargée de fonctions spéciales, elle constitue une société distincte au sein de l'agrégat social. Elle est une société-organe, analogue à ces individus-organes que l'on observe dans certains organismes. C'est ce qui fait qu'elle enveloppe l'individu d'une manière beaucoup plus exclusive que les corporations ordinaires[9] ». Si l'on peut craindre que l'esprit corporatif finisse par exercer à terme une pression analogue à celle des castes, Durkheim rappelle que l'esprit professionnel n'a pas d'influence que sur la seule vie professionnelle et que l'individu jouit, au-delà de cette sphère, d'une réelle autonomie. En étant intégrés à un groupe professionnel les individus mènent une même vie morale tout en ayant conscience que leur activité n'a de sens que si elle est reliée aux autres fonctions[10]. Chaque groupe ainsi constitué entretient de ce fait une médiation avec les autres, permettant des relations d'interdépendance, assises sur le principe de complémentarité. La solidarité organique est donc logiquement associée à l'intensification des échanges dans le monde du travail et dans la société marchande.

8. Voir sur ce point C. Didry, « La réforme des groupements professionnels comme expression de la conception durkheimienne de l'État », *Revue française de sociologie*, 41-3, 2000, p. 513-538.
9. É. Durkheim, *De la division du travail social*, *op. cit.*, p. 289.
10. Si Durkheim insiste autant sur l'importance des groupements professionnels, ce n'est donc pas parce qu'il aurait été conduit entre 1893 et 1901 à réévaluer les liens sociaux fondés sur la solidarité mécanique, mais bien parce qu'il estime nécessaire de renforcer la solidarité organique en dotant les sociétés modernes d'institutions favorisant la complémentarité des fonctions et des individus. Voir Claude Gautier, « Corporation, société et démocratie chez Durkheim », *Revue française de science politique*, vol. 44, n° 5, 1994, p. 836-855.

Cette configuration renvoie à un rapport spécifique des individus à l'État et à une société où l'attachement social repose principalement sur une logique de protection statutaire orchestrée par la puissance régulatrice de l'État. C'est précisément dans ses *Leçons de sociologie* que Durkheim conceptualise ce type de configuration dans lequel l'État est considéré comme le « cerveau social », autrement dit « l'organe de la pensée sociale », « le centre organisateur des sous-groupes »[11]. Que faut-il entendre vraiment par la notion de « cerveau social » ? Durkheim en donne une définition précise : « Nous pouvons donc dire en résumé : l'État est un organe spécial chargé d'élaborer certaines représentations qui valent pour la collectivité. Ces représentations se distinguent des autres représentations collectives par leur plus haut degré de conscience et de réflexion[12]. » Il revient sur cette définition en la précisant : « Le rôle de l'État, en effet, n'est pas d'exprimer, de résumer la pensée irréfléchie de la foule, mais de surajouter à cette pensée irréfléchie une pensée plus méditée, et qui, par suite, ne peut pas n'être pas différente. C'est, et ce doit être un foyer de représentations neuves, originales, qui doivent mettre la société en état de se conduire avec plus d'intelligence que quand elle est mue simplement par des sentiments obscurs qui la travaillent. Toutes ces délibérations, toutes ces discussions, tous ces renseignements statistiques, toutes ces informations administratives qui sont mis à la disposition des conseils gouvernementaux et qui deviendront toujours plus abondants, tout cela est le point de départ d'une vie mentale nouvelle[13]. »

L'exigence d'un État à la fois fort et démocratique implique le respect d'un certain nombre de règles. Idéalement, pour Durkheim, le suffrage universel devrait être organisé sur une base corporative. Il soutient que nombre de députés sont souvent incompétents et que leur incompétence n'est que le reflet de celle de la plupart des électeurs. Il en serait tout autrement si les intérêts de chaque profession étaient représentés par des délégués, aux compétences reconnues et spécialisés, envoyés dans des assemblées politiques, lesquelles auraient pour fonction principale de régler les rapports entre les différentes professions.

11. É. Durkheim, *Leçons de sociologie*, *op. cit.*, p. 140.
12. *Ibid.*, p. 141.
13. *Ibid.*, p. 194.

Et ainsi, selon Durkheim, « les conseils gouvernementaux seraient alors véritablement ce qu'est le cerveau dans l'organisme : une reproduction du corps social. Toutes les forces vives, tous les organes vitaux y seraient représentés suivant leur importance respective. Et dans le groupe ainsi formé, la société prendrait vraiment conscience d'elle-même et de son unité ; cette unité résulterait naturellement des relations qui s'établiraient entre les représentants des différentes professions ainsi mises étroitement en contact[14] ».

La transformation n'a pas été aussi loin que ne l'avait imaginé Durkheim et la démocratie parlementaire n'a jamais été organisée sur une base professionnelle. Mais l'État français, dans la fonction de cerveau social que lui assigne Durkheim, n'est pas resté indifférent à l'organisation des groupes professionnels. Il les a, à bien des égards, encouragés, ne fût-ce que pour s'affirmer auprès d'eux comme l'instance à la fois protectrice et régulatrice. La défense de leurs propres intérêts n'a pas toujours été jugée opposée à la défense de l'intérêt général, bien au contraire. L'amélioration du droit du travail et l'élaboration de conventions collectives ne résultent pas de la seule négociation entre les travailleurs et le patronat. Elles ont été rendues possibles par l'intervention de l'État et des pouvoirs publics, via la mise en place d'instances spécifiques de négociation ou de commissions d'enquête parlementaires. Le conflit des chaussonniers de Fougères au début du XXe siècle, examiné dans le chapitre 8, illustre parfaitement comment les revendications des ouvriers fougerais ont pu remonter au plus haut niveau et se traduire par des avancées significatives en termes de droit du travail et de structuration d'un groupe professionnel. Représentatif des grandes grèves ouvrières, le conflit fougerais a donc trouvé une issue non seulement à l'échelle locale, mais aussi à l'échelle de la nation tout entière, appelant en cela un mode de régulation dans lequel l'État a été directement engagé.

Par ailleurs, L'État français produit et reproduit par son système d'éducation, via les « grandes écoles », les corps censés lui fournir les élites dont elle aurait besoin pour sa haute administration, mais aussi assurer sa maîtrise des grandes entreprises dans les domaines stratégiques de la nation. Ces grands corps fonctionnent, comme le souligne

14. *Ibid.*, p. 209.

Pierre Bourdieu, selon une logique tout à fait semblable à celle des divisions de l'Ancien Régime entre nobles et roturiers, grande et petite noblesse[15]. Il s'agit d'un travail de consécration d'une élite républicaine destinée à servir les plus hautes fonctions de l'État, en assurant la fonction noble qui est de penser et d'agir au service de l'intérêt général.

Dans sa logique interventionniste, l'État français a également institué certains groupes professionnels pour mieux les contrôler afin de leur permettre d'atteindre des objectifs jugés d'intérêt national. C'est ce qu'on appelle le corporatisme d'État. Denis Segrestin s'est employé à étudier l'histoire des professions dites fermées en France[16]. Selon lui, parler de corporatisme d'État revient à ancrer le phénomène dans le champ politique et à l'associer à une décision d'ordre public émanant du pouvoir central. Cette intervention remonte à l'Ancien Régime, l'État estimant nécessaire et d'intérêt public d'administrer et de contrôler directement certains groupes professionnels en les soustrayant de façon autoritaire aux échanges privés. Ce fut le cas notamment des marins, profession administrée pour des raisons à la fois militaires et commerciales. « D'une manière générale, toute une tradition de volontarisme politique a contribué en France, depuis un siècle, à l'institutionnalisation des systèmes professionnels. Chaque fois qu'il s'est agi d'affirmer des ambitions techniques et industrielles hors de portée de l'entrepreneur ordinaire, d'imposer à une collectivité professionnelle des missions et des contraintes spécifiques d'intérêt public, de compenser ou d'endiguer des déficits structurels de main-d'œuvre dans des segments stratégiques du marché, l'État a été tenté d'intervenir, de créer des "institutions", c'est-à-dire des lieux et des règles propres censés rétablir les conditions de la régulation générale du système et de contribuer en dernier ressort au progrès de la société dans son ensemble[17]. » Alors que l'on décrit souvent le corporatisme comme la conséquence de l'action déterminée d'un groupe professionnel pour défendre son avantage sur un segment du marché du travail, et surtout lui garantir une protection efficace face à la concurrence, il convient

15. P. Bourdieu, *La Noblesse d'État. Grandes écoles et esprit de corps*, Paris, Minuit, 1989.
16. Denis Segrestin, *Le Phénomène corporatiste. Essai sur l'avenir des systèmes professionnels fermés en France*, Paris, Fayard, 1985.
17. *Ibid.*, p. 23.

de ne pas oublier le rôle historique joué par l'État français lui-même dans la production de systèmes professionnels fermés[18].

Pour qualifier les rapports de l'État à l'économie et, plus particulièrement, le type d'intervention fondé sur des compromis entre l'État et des professions organisées Pierre Rosanvallon parle de « gestion étato-corporative[19] ». Les corporatismes sectoriels existent aussi dans le domaine social. On peut même dire que les politiques sont caractérisées par une approche professionnelle et sectorielle des problèmes sociaux. D'une part, les particularismes professionnels marquent de leur empreinte les services comme les prestations. La Sécurité sociale s'est peu à peu généralisée par sédimentation, par ajouts successifs de caisses spécifiques. Ainsi, l'extension des assurances sociales sous forme de prestations s'est accompagnée de la multiplication des institutions. D'autre part, et comme le souligne Bruno Jobert, les corporatismes sectoriels ont été renforcés par l'action bureaucratique de l'administration qui, soucieuse de garantir les équilibres financiers, s'est impliquée partout en centralisant le fonctionnement du secteur social et en limitant volontairement la représentation sociale[20].

Ainsi, la complémentarité des groupes professionnels, qui a été perçue en France, dans le prolongement des travaux de Durkheim, comme un moyen d'assurer l'équilibre politique et la santé morale de la société, ne résulte pas exclusivement de l'organisation intrinsèque de ces derniers. Elle a été aussi pensée et encadrée par l'État. L'extension et la généralisation des conventions collectives n'ont pas été le seul fait des négociations entre partenaires sociaux. On peut parler dans ce cas d'une étatisation d'accords privés. Selon le procédé de l'extension

18. Le régime de Vichy (1940-1944) a été aussi, à sa façon, le parangon du corporatisme d'État, mais, en donnant aux techniciens des grandes entreprises et des grands corps les moyens de renforcer le dirigisme et la planification, il a relégué au second plan les rêves de résurrection des corporations. Il a par ailleurs contribué à briser l'opposition syndicale et à accentuer l'encadrement autoritaire des salariés. Voir sur ce point Jean Marcou, « Le corporatisme contre le corporatisme. Étude des stratégies corporatistes sous Vichy », *in* D. Colas (dir.), *L'État et les corporatismes*, *op. cit.*, p. 67-87.

19. Pierre Rosanvallon, *L'État en France de 1789 à nos jours*, Paris, Seuil, « L'Univers historique », 1990, p. 264 et suiv.

20. Bruno Jobert, « Mode de médiation sociale et politiques publiques : le cas des politiques sociales, *L'Année sociologique*, 40, p. 154-178.

sectorielle, très utilisé dans le droit collectif du travail, l'État est habilité, à certaines conditions, à rendre obligatoire des contrats collectifs en étendant leur validité aux employeurs et salariés d'une branche ou d'une profession. Il s'agit d'une politique interventionniste dont la particularité est de garantir une certaine autonomie corporatiste. L'efficacité de ce procédé a permis la couverture quasi complète des emplois par des conventions collectives. Mais on peut se demander si cette action déterminante n'a pas contribué aussi à la longue à affaiblir la dynamique du droit collectif du travail[21]. À partir du moment où les emplois sont protégés par ce système d'extension quasi automatique, est-il aussi capital pour les salariés d'être affiliés à un syndicat ? On en est là, et nous voilà en tout cas face à une caractéristique du modèle français de négociation collective.

Le poids du centralisme et de la bureaucratie

L'État providence désigne l'ensemble des organisations dont la vocation est d'assurer la protection des individus et la cohésion sociale en intervenant par le droit et la redistribution des ressources dans les domaines économique, domestique et politique[22]. Il constitue en cela une dimension ou un domaine de l'État. En France, il en a gardé certains traits spécifiques, aussi bien structurels que fonctionnels. Son paradoxe est d'avoir tout à la fois une administration centralisée spécifique peu influente et des services extérieurs faibles pour un domaine d'intervention sans cesse croissant. Par ailleurs, contrairement à d'autres pays européens, de tradition sociale-démocrate, dans lesquels les organisations syndicales et patronales participent à la conception des politiques sociales, on note en France une difficulté à négocier et à organiser des débats publics sur les grandes orientations de ce type

21. Voir sur ce point Charles-Albert Morand, « La contractualisation du droit dans l'État providence », *in* François Chazel et Jacques Commaille (dir.), *Normes juridiques et régulation sociale*, Paris, Librairie Générale de Droit et de Jurisprudence (LGDJ), 1991, p. 139-158.
22. Je reprends ici la définition de l'État providence, ainsi que certains éléments, du texte de S. Paugam et François-Xavier Schweyer, « Transformations et inerties de l'État providence », *in* Olivier Galand et Yannick Lemel, *La Nouvelle Société française. Trente ans de mutations*, Paris, Armand Colin, 1998, p. 146-180.

de politiques, auxquelles les Français restent néanmoins très attachés. C'est la raison pour laquelle ce défaut de concertation n'entraîne pas pour autant un faible développement des politiques sociales, à l'instar des pays d'idéologie plus libérale, comme les États-Unis.

En France, le trait historique selon lequel on ne pense une politique que comme politique nationale est encore très présent. L'uniformité attendue est justifiée par l'idée d'égalité de traitement des citoyens en fonction du projet de la nation. De même, l'État se pense comme source et centre de toute intervention publique. Si la conception de l'action publique s'inspire de plus en plus de processus d'expérimentation et de territorialisation, il n'en reste pas moins que nombre de décisions sont encore aujourd'hui planifiées et arrêtées à l'échelon central, la mise en œuvre étant contrôlée à la périphérie.

Tous les États modernes cherchent aujourd'hui à contenir les dépenses publiques. Cette politique n'est pas spécifique à la France, mais elle s'y traduit par une action centralisée et bureaucratique. Le partage des pouvoirs entre les gestionnaires de la Sécurité sociale et l'État en est une illustration. Dans le modèle de 1945, aucune responsabilité en matière de gestion financière des risques couverts n'est reconnue aux « partenaires sociaux ». Seul l'État intervient sur les cotisations et sur les prestations, c'est l'exécutif sans le contrôle du Parlement qui prend la responsabilité d'assurer l'équilibre des comptes. Ce non-partage du pouvoir comme manifestation de la tradition française de centralité de l'État a eu des conséquences considérables sur les pratiques ultérieures de gestion de la Sécurité sociale. Le partage des compétences entre acteurs institutionnels a été distordu : les gestionnaires ont été exemptés de toute sanction sur les résultats, ils ont pu n'être que des payeurs sans répondre de la pertinence des dépenses. L'absence originelle de responsabilité économique a été un frein puissant à la mise en place d'une responsabilisation financière des gestionnaires.

D'une façon plus générale, l'État providence français se caractérise par l'absence d'une tradition de concertation. Le monde de l'entreprise en général en est un exemple saisissant. Il a fallu attendre 1982 pour que les lois Auroux imposent la négociation et le dialogue social dans le monde du travail.

Pour mener à bien son action, l'État reconnaît pourtant la légitimité du dialogue avec des partenaires sociaux. Il institutionnalise des acteurs et par là même des rapports sociaux. Le secteur associatif, souvent représenté comme l'expression de la société civile, n'est pas indépendant de l'État. Les associations se construisent par rapport à lui. L'État, parce que omniprésent dans les faits et les esprits, est pour elles un partenaire essentiel. Il leur est extérieur, mais elles dépendent largement de lui pour leur structuration et leur survie, au moins celles jugées « responsables » par les pouvoirs publics et instituées par là même comme partenaires sociaux. Il existe un parcours quasi initiatique de la simple reconnaissance, qui ouvre aux subventions ou aux contacts dans le cadre de consultations, jusqu'à la cogestion d'un secteur, comme dans le secteur social[23]. Cette cogestion, qui passe parfois par des formes de sous-traitance de missions de service d'intérêt public, explique la croissance considérable du nombre de salariés du monde associatif[24]. L'État définit le cadre et les partenaires de la négociation. Le constat peut être élargi si l'on pense, par exemple, aux relations instaurées entre les départements et les associations dans le cadre du revenu minimum d'insertion (RMI) pour mettre en place des programmes d'insertion dans les années 1990. D'une façon générale, l'État providence ne conduit pas les négociations avec les partenaires sociaux de façon démocratique et équilibrée, et cet état de fait peut entraîner un déficit prononcé de régulation[25].

Pour ce qui est de l'État, le compromis n'est acceptable qu'en référence à l'intérêt général, que seul il porte. La protection sociale organisée de façon paritaire reste sous son contrôle permanent, moins de son administration sectorielle que de l'administration des Finances, en vertu de la priorité donnée à la maîtrise des dépenses. L'Administration se prétend porteuse de l'intérêt général et, par conséquent, n'a pas à négocier avec des intérêts particuliers. Le mode de participation en vogue dans l'Administration a traditionnellement été une participation par assimilation. La méfiance à l'égard du secteur privé et du politique est un trait de la culture administrative où, longtemps, on a attaché plus d'importance à la conception d'une politique qu'à son

23. Voir sur ce point B. Jobert et Pierre Muller, *L'État en action, politiques publiques et corporatisme*, Paris, PUF, 1987.
24. Mathieu Hély, *Les Métamorphoses du monde associatif, op. cit.*
25. F.-X. Schweyer, « Vers un État partenaire ? », *in* S. Paugam (dir.), *L'Exclusion, l'état des savoirs*, Paris, La Découverte, 1996, p. 487-496.

application, parce que le travail de conception est socialement valorisé et monopolisé par les administrations centrales, alors que la mise en œuvre n'est encore perçue qu'à travers les problèmes d'intendance.

La hiérarchisation des statuts sociaux

Si le lien de participation organique est prééminent en France, ce n'est pas uniquement parce que les groupes professionnels sont à la fois organisés et régulés par un État centralisé et interventionniste ; c'est aussi parce que les statuts sociaux y sont fortement hiérarchisés et que les individus se réfèrent sans cesse à cette hiérarchie institutionnalisée pour se distinguer les uns des autres et, le cas échéant, revendiquer une amélioration de leur condition statutaire en faisant pression sur l'État, via de larges manifestations de rue, qui surprennent souvent, par leur ampleur, nos voisins étrangers. Les régulières manifestations contre les projets de réforme des retraites en sont une parfaite illustration. Elles ont paralysé le pays pendant plusieurs semaines, aussi bien en 1995 qu'à l'hiver 2019-2020.

Dominique Schnapper a tenté de rendre compte de façon globale de cette hiérarchie des statuts sociaux en partant du rapport à l'emploi et à la protection sociale[26]. Elle distingue cinq catégories que l'on pourrait représenter sous la forme d'un escalier dont la plus haute marche serait « l'emploi à statut ». Dans un pays comme la France où l'État, à la fin de la Seconde Guerre mondiale, a joué un rôle essentiel dans la protection des emplois pour assurer la reconstruction et la modernisation de l'appareil productif, « l'emploi à statut » est devenu la référence. Entrent en premier lieu dans cette catégorie les fonctionnaires, dont la caractéristique est d'être assurés de connaître une carrière minimale définie dès leurs débuts, indépendamment du travail qu'ils fourniront effectivement. Ce statut leur procure une identité sociale et un véritable plan de vie professionnelle. Entrent ensuite dans cette catégorie les employés des collectivités locales, des grandes entreprises nationalisées, des « marchés protégés », etc., qui disposent d'un statut, inspiré de celui de la fonction publique. Enfin, en dépit de sa

26. D. Schnapper, « Rapport à l'emploi, protection sociale et statuts sociaux », *Revue française de sociologie*, 30-1, 1989, p. 3-29.

différence juridique, on peut rapprocher le statut lié à l'exercice d'un emploi à durée indéterminée dans le secteur marchand et contractuel du statut des emplois publics, en raison de la large couverture par les conventions collectives et des divers systèmes de protection sociale dont il bénéficie. En période de crise économique, ces emplois a priori stables peuvent toutefois être déstabilisés. Une marche en dessous se situe « l'emploi sans statut », qui regroupe un ensemble de contrats de travail intermédiaires entre l'emploi à statut et le chômage. Il s'agit de contrats à durée déterminée, dont le nombre global a fortement augmenté au cours des dernières décennies. Une marche encore en dessous, on trouve les « statuts dérivés de l'emploi » (chômeurs, préretraités, retraités, personnes au foyer héritant du statut d'ayants droit). Toujours en descendant l'escalier, viennent ensuite les « statuts nés de la protection sociale » (personnes bénéficiant d'un revenu minimum versé au titre de la solidarité nationale). Et l'escalier se termine par une marche occupée par les « sans-statut », c'est-à-dire par des personnes sans emploi et sortant des mailles du filet de protection sociale.

Cette hiérarchisation des statuts sociaux est renforcée par une tendance de fond de l'État providence qui est d'intervenir de façon catégorielle dans la gestion des problèmes sociaux. C'est à l'État providence que revient traditionnellement la tâche de définir les grandes catégories d'« ayants droit » et éventuellement de les modifier en fonction de la conjoncture économique et des problèmes sociaux. Pour atteindre cet objectif et renforcer sa légitimité dans l'appareil d'État, la Direction de l'Action Sociale a cherché dès les années 1960 à se rapprocher des institutions de production statistique pour mieux connaître les populations concernées par des problèmes spécifiques. Ce processus centralisé de constitution des « populations cibles » de la politique sociale pose encore aujourd'hui de nombreux problèmes car les sources statistiques ne sont pas toujours suffisantes, en particulier lorsqu'il s'agit d'isoler des sous-groupes très défavorisés le plus souvent ignorés des grandes enquêtes. C'est la raison pour laquelle les catégories définies sont approximatives, voire abstraites.

Ce mode d'intervention de l'État social est particulièrement visible quand on se réfère à la définition des minima sociaux. En France, il n'existe pas moins de huit minima sociaux, définis étape par étape depuis la fin de la guerre, pour garantir un revenu aux personnes écartées, de façon durable ou temporaire, du marché de l'emploi. La désignation de ces aides peut changer dans le temps. Aujourd'hui, on les nomme comme suit : le « revenu de solidarité active » (RSA), le « revenu de solidarité outre-mer » (RSO), « l'allocation de solidarité spécifique » (ASS), « l'allocation aux demandeurs d'asile » (ADA), « l'allocation veuvage » (AV), « l'allocation supplémentaire invalidité » (ASI), « l'allocation aux adultes handicapés » (AAH) et « l'allocation de solidarité pour les personnes âgées » (ASPA). Le système est donc de nature catégorielle, c'est-à-dire que son principe est de couvrir différents types de population présentant des handicaps ou des risques particuliers. Le plus récemment mis en place, le RSA (qui a remplacé le revenu minimum d'insertion) est, en quelque sorte, le dernier filet de sécurité. L'accès à ces prestations minimales se fait de façon automatique sur la base d'un dossier administratif rempli par les personnes susceptibles d'y prétendre en fonction des critères définis au niveau national. Mis à part les aides facultatives ou « extralégales » versées de façon ponctuelle par le service départemental ou communal d'action sociale, le système français ne prévoit donc pas une individualisation des aides. La gestion de l'ensemble de ce système reste majoritairement de nature administrative sans appréciation individuelle de la légitimité des demandes.

La différence avec le système allemand est frappante. Celui-ci, beaucoup plus décentralisé, repose sur le principe de l'individualisation des aides. La gestion des demandes se fait au cas par cas, de façon circonstanciée et à la discrétion de ceux qui ont un contact personnel avec les ayants droit. Une allocation de montant forfaitaire permet de couvrir de manière uniforme des besoins identiques, mais la vérification concrète de chaque cas particulier par l'organisme d'aide sociale peut entraîner le versement de prestations de complément pour des besoins supplémentaires, notamment des frais de logement. Les organismes publics d'aide sociale doivent également fournir un soutien et une assistance-conseil aux allocataires afin de les aider à surmonter les situations de dépendance envers ces prestations. Dans la logique centralisatrice à ambition universelle de l'État providence français, il est impensable de prendre le risque d'une inégalité territoriale de traitement des citoyens en laissant les collectivités locales définir elles-mêmes les catégories d'ayants droit et les modalités de l'intervention et des aides qui leur sont destinées.

La hiérarchisation des statuts sociaux est le résultat d'une longue sédimentation, par couches successives, de lois et de règlements relevant du droit du travail et du droit de la protection sociale. Elle constitue une part non négligeable de l'histoire des institutions françaises qui a façonné le rapport des citoyens au travail et à l'emploi ainsi que leurs attentes à l'égard de l'État providence et, par conséquent, à l'égard de la solidarité nationale. Plane toujours dans les représentations de l'État l'idée qu'il doit être – et rester –, pour reprendre l'expression de Pierre Rosanvallon, « l'instituteur du social » en charge de protéger les Français contre les aléas de la vie, et d'assurer la cohésion sociale.

On comprend dès lors comment « l'emploi à statut » a pu devenir en France aussi central dans la constitution de l'identité professionnelle. Se joue en effet derrière ce statut la garantie d'une protection durable, ainsi que d'une reconnaissance à la fois sociale et juridique du travailleur et du citoyen. Cette protection et cette reconnaissance passent par ce lien de participation organique dont la particularité en France est d'être en grande partie assuré et régulé par l'État providence. Mais on comprend aussi pourquoi les autres marches de l'escalier peuvent être, temporairement ou durablement, sources d'insatisfaction ou de frustration, pourquoi aussi les réformes de l'État providence, justifiées par la flexibilité jugée nécessaire du marché du travail et risquant de remettre en question progressivement les acquis sociaux, suscitent autant de mécontentement.

Le poids du centralisme et de la bureaucratie, la définition catégorielle des problèmes et les lacunes de la concertation constituent les caractéristiques essentielles de l'État providence français. On peut y voir l'empreinte durable de ses origines. Mais il s'avère difficilement réformable, d'autant plus qu'en dépit de ses lacunes et de ses pesanteurs, il demeure la référence de la société française en termes de cohésion sociale et de sécurité d'existence. Les Français ne cessent de se tourner vers lui pour résoudre la plupart des problèmes de la vie économique et sociale, mais aussi pour défendre leurs intérêts catégoriels et consolider ou améliorer leur position dans la hiérarchie des statuts sociaux, ce qui est une façon de manifester leur attachement aux acquis qu'il représente. C'est sans doute en cela que la France se distingue le plus des États-Unis.

Mythes et réalités de la société américaine

Dans les recherches comparatives sur les régimes d'État providence, les États-Unis sont souvent considérés comme le pays le plus caractéristique du régime libéral, c'est-à-dire, pour reprendre le concept central d'Esping-Andersen, le pays le moins avancé dans le processus de « démarchandisation ». Ce type d'analyse, aussi juste soit-il, présente l'inconvénient de réduire la solidarité aux institutions étatiques qui encadrent la protection sociale, en laissant dans l'ombre l'intervention de la société civile dans la prise en charge des problèmes sociaux. Or, si le processus de « démarchandisation » est peu avancé aux États-Unis, le volontarisme associatif et la philanthropie dans le domaine social et humanitaire y sont, au contraire, très développés. Le taux de membres actifs d'une association humanitaire ou caritative est de 23,7 %, ce qui constitue le taux le plus élevé des trente-quatre pays de notre base de données sur l'attachement social[27]. La proportion de personnes ayant fait un don à un organisme caritatif dans le mois précédant l'enquête est de 63 %, ce qui place les États-Unis parmi les nations les plus philanthropiques avec le Royaume-Uni, le Canada et l'Australie, très loin devant la France dont le taux ne dépasse pas 25 %[28]. Quand on parle de philanthropie, on pense aux grandes fortunes dont une part se transforme en fonds publics pour le progrès de l'humanité, mais, comme le souligne Olivier Zuns, si elle a acquis une place centrale dans la vie américaine moderne, « c'est grâce à la création contemporaine d'une philanthropie de masse, un mouvement populaire qui mobilisa les classes moyennes et ouvrières pour leur propre protection sociale[29] ». Ce qui caractérise ce pays, ce n'est donc pas uniquement la faiblesse de son État providence et son ancrage dans le libéralisme au sens économique et social, mais aussi cette tradition volontariste,

27. D'après *Current Population Survey* (*Volunteer Supplement*), septembre 2014. Voir l'Annexe numérique du livre : http://www.serge-paugam.fr/docs/annexe_attachement_social

28. D'après *Gallup World Poll*, 2015. Voir l'Annexe numérique du livre : http://www.serge-paugam.fr/docs/annexe_attachement_social

29. Olivier Zuns, *La Philanthropie en Amérique. Argent privé, affaires d'État*, Paris, Fayard, 2012, p. 55.

qui s'appuie sur la société civile pour tout ce qui relève du bien-être collectif.

Le constat de Tocqueville sur la vitalité du fait associatif aux États-Unis se vérifie encore aujourd'hui. Selon lui, si « l'intérêt privé dirige, aux États-Unis aussi bien qu'ailleurs, la plupart des actions humaines, il ne les règle pas toutes ». À la manière d'un ethnographe, il confirme avoir « souvent vu les Américains faire de grands et véritables sacrifices à la chose publique » et « remarqué cent fois qu'au besoin ils ne manquaient presque jamais de se prêter un fidèle appui les uns aux autres. » Il ne fait aucun doute pour lui que cette attitude résulte de l'éducation et de la socialisation au sein de groupes et de communautés électives : « Les institutions libres que possèdent les habitants des États-Unis, et les droits politiques dont ils font tant d'usage rappellent sans cesse, et de mille manières, à chaque citoyen, qu'il vit en société. Elles ramènent à tout moment son esprit vers cette idée, que le devoir aussi bien que l'intérêt des hommes est de se rendre utiles à leurs semblables ; et comme il ne voit aucun sujet particulier de les haïr, puisqu'il n'est jamais ni leur esclave, ni leur maître, son cœur penche aisément du côté de la bienveillance[30]. » Ainsi, la croyance profonde en l'individu comme être indépendant et responsable de lui-même, a pour corollaire l'engagement libre dans des groupes et communautés qui garantissent à tout un chacun l'épanouissement, l'ouverture aux autres, autrement dit, le sens de la solidarité. De là résulte aussi la méfiance à l'encontre de toute institution contraignante ou étouffante, au profit d'un État efficace, mais non tentaculaire.

Claude Fischer a prolongé l'œuvre de Tocqueville en se lançant dans une vaste fresque historique de la culture américaine. Il en confirme les conclusions essentielles, même si son analyse se limite volontairement à la classe moyenne américaine, et porte davantage sur les Blancs et les protestants : « Une personne atteint le mieux ses objectifs personnels avec d'autres dans des relations librement choisies [...]. Les Américains ont géré la tension entre leur engagement envers leurs fins personnelles et leur engagement envers la communauté par l'idée et les pratiques évolutives du volontarisme, une alliance ou un contrat entre

30. Alexis de Tocqueville, *De la démocratie en Amérique*, tome 2, Paris, Gallimard, 1951, *op. cit.* et rééd., Paris, Robert Laffont, « Bouquins », 1986, chapitre 4, p. 501.

la personne et le groupe[31]. » Cet esprit volontariste a coïncidé avec le développement du capitalisme aux États-Unis et on peut même dire qu'il a contribué à façonner le monde du travail. Mais il a aussi imbibé de son esprit tous les grands mouvements de la société américaine.

La classe ouvrière face au capitalisme

Au début du XXe siècle, le sociologue allemand Werner Sombart se demande pourquoi le socialisme n'existe pas aux États-Unis[32]. À cette époque, l'Allemagne se distinguait déjà des autres nations industrielles par son système de Sécurité sociale, fondé sur le principe de la généralisation des assurances sociales, mises en place à la fin du XIXe siècle par le chancelier Bismarck, et codifiées le 19 juillet 1891 dans le Code impérial des assurances sociales. Imprégné autant de ces politiques sociales que des débats sur la lutte des classes qui abondent un peu partout en Europe, Sombart constate avec étonnement que les Américains restent éloignés, voire indifférents, à la pensée socialiste. Précisons tout d'abord qu'il définit le socialisme comme une variante idéologique du marxisme et non comme ce que l'on entend aujourd'hui par la social-démocratie. Il remarque que les dirigeants syndicaux américains mènent effectivement un combat pour l'amélioration des conditions du salarié, mais « n'envisagent cependant nullement de quitter le terrain du système économique capitaliste »[33]. Il existe, selon lui, une différence d'esprit entre la classe ouvrière américaine et les ouvriers d'Europe continentale. Les représentants des ouvriers américains sont prêts à marcher la main dans la main avec les bourgeois. « Il leur manque en effet cette conscience prolétaire socialiste d'opposition qui caractérise la plupart de nos ouvriers. La différence entre l'Allemagne et l'Amérique

31. Claude S. Fischer, *Made in America. A Social History of American Culture and Character*, Chicago, The University of Chicago Press, 2011, p. 95-96. Voir aussi Robert N. Bellah avec Richard Madsen, William M. Sullivan, Ann Swidler et Steven M. Tipton, *Habits of the Heart. Invidividualism and Commitment in American Life*, University of California Press, 1985.
32. Werner Sombart, *Pourquoi le socialisme n'existe-t-il pas aux États-Unis ?* (1re éd. en allemand, 1906), traduit par Pierre Weiss, avec la collaboration de Gabrielle Krezdorn, Paris, PUF, « Sociologies », 1992.
33. *Ibid.*, p. 49.

est donc la suivante : chez nous, c'est une minorité, et certainement pas l'élite des ouvriers, qui cherche à nouer des contacts avec les réformateurs sociaux bourgeois – par exemple dans le cadre de la Société pour la réforme sociale (*Gesellschaft für soziale Reform*) –, tandis que la grande majorité des ouvriers organisés manifestent leur opposition de classe contre tous ces "amis" bourgeois. En Amérique, l'inverse est vrai : ce sont les dirigeants syndicaux (et à leur suite sans doute l'élite de la classe ouvrière organisée) qui font cause commune avec les chefs d'entreprise et les réformateurs sociaux "hors parti" [...] et seule une minorité (alors que chez nous il s'agit d'une majorité) s'en écarte, non sans aigreur[34]. »

Pour expliquer cette différence, Sombart ne verse pas dans une approche purement culturaliste. Les ouvriers américains ne sont pas fondamentalement différents des ouvriers allemands – parmi eux, beaucoup d'ailleurs sont arrivés d'Allemagne et ne sont pas plus imprégnés de l'éthique puritano-protestante que ceux qui sont restés dans leur pays. Pourquoi n'ont-ils pas apporté les aspirations socialistes qui étaient si répandues à cette époque ? L'explication proposée par Sombart est économique, sociale et politique. « Ce qui caractérise l'économie capitaliste dans son essence, nous dit-il, c'est l'ambition d'une expansion sans frontières – une ambition qui a toujours été entravée dans l'étroite Europe, où toutes les doctrines de libre-échange et toutes les politiques d'accords commerciaux ont constamment été taxées de modestes succédanés. Dans les plaines infinies de l'Amérique du Nord, cette ambition peut, en revanche, rayonner librement pour la première fois. À vrai dire, si l'on voulait construire le pays idéal pour un développement capitaliste à partir des besoins de ce système économique, de par son étendue et ses caractéristiques il ne pourrait prendre que la forme des États-Unis[35]. » Mais l'expérience collective de l'émigration vers le « nouveau monde » – qui a concerné au XXe siècle près de 60 millions d'Européens, entre 500 000 et 750 000 personnes tous les ans encore au début du XXe siècle – a contribué à forger un nouvel esprit enclin au dépassement des traditions, débarrassé du fatras de l'entité européenne, des hiérarchies pesantes, des rigidités héritées du

34. *Ibid.*, p. 49-50.
35. *Ibid.*, p. 26.

féodalisme, et à libérer une énergie débordante, une soif d'enrichissement personnel propice au développement capitaliste. Pour Sombart, « ce n'est que dans ce pays que le sens du profit et l'ambition de faire de l'argent constituent l'alpha et l'oméga de toute activité commerciale. [...] Au service de cette ambition se trouve un rationalisme économique d'une pureté inconnue en Europe. L'intérêt capitaliste s'impose brutalement, dût-il passer sur des cadavres[36] ».

Sombart rappelle que l'aversion pour la réglementation et l'ingérence de l'État dans la vie des citoyens fait partie des nobles principes des *Farmers of the Constitution.* Mais si l'Américain moderne, nous dit-il, « tient tant au principe du "laissez-faire", c'est parce qu'il sent instinctivement que c'est le seul bon principe pour qui aspire au succès »[37]. Autrement dit, si les Américains ne veulent pas avoir les mains et les pieds liés par le gouvernement, ce n'est pas par esprit doctrinaire, c'est parce qu'ils y voient une entrave à l'esprit d'entreprendre et à la compétition qu'ils estiment conformes à leurs attentes et à leurs ambitions d'enrichissement. « Avoir du succès signifie en premier lieu, pour tout Américain moyen, devenir riche. Cela explique pour quelle raison cette ambition incessante, que nous avons reconnue comme une particularité du caractère du peuple américain, s'applique au premier chef à la vie économique. [...] En vérité, il n'existe pas un autre pays sur terre où les masses sont aussi fortement attirées par les rouages de la spéculation, ni une autre contrée où la population active goûte si couramment au fruit capitaliste[38]. » C'est aussi la raison pour laquelle ce sont la fortune et les revenus – le capital économique – qui déterminent en premier lieu la valeur des personnes. De là aussi cette tendance si prononcée à rappeler sans cesse la valeur vénale des biens, un peu comme si leur possession était l'unique critère du statut social.

On peut relire aujourd'hui avec une certaine ironie la description un peu caricaturale que nous propose Sombart de l'ouvrier américain en comparaison avec l'ouvrier européen : « Son port de tête est haut, il marche d'un pas élastique, il se sent libre et heureux comme n'importe quel bourgeois. Il n'y a rien en lui qui rappelle l'oppression

36. *Ibid.*, p. 27.
37. *Ibid.*, p. 38.
38. *Ibid.*, p. 39.

ou la soumission. Il parle d'égal à égal avec tout le monde en réalité et pas seulement en théorie. [...] Personne ne rampe ni ne courbe l'échine devant les "classes supérieures", comme on le voit malheureusement en Europe. Aucun garçon de café, aucun conducteur de tramway, aucun policier ne songerait à modifier son comportement selon qu'il se trouve devant un « simple ouvrier » ou face au gouverneur de Pennsylvanie[39]. » Le trait est incontestablement forcé. La réalité était certainement plus complexe au début du XXe siècle, d'autant que les inégalités étaient déjà très fortes. Mais Sombart, en s'inscrivant dans la lignée de Tocqueville, est sensible au style des relations interpersonnelles aux États-Unis. Il n'observe pas par exemple cette hiérarchie des statuts sociaux à laquelle, on l'a vu, les Français se réfèrent sans cesse. Ce n'est pas non plus l'origine sociale ou la lignée qui détermine la valeur des personnes, mais ce qu'elles font. C'est donc essentiellement par le travail que l'on peut acquérir des lettres de noblesse, si bien que l'ouvrier, aussi modeste soit-il, ne se sent pas appartenir à une classe inférieure. Nul besoin d'être baron, officier de réserve, médecin ou juge, c'est-à-dire d'avoir un titre, pour se sentir respectable.

Cet esprit d'entreprise fondé sur la valeur du travail se traduit aussi par une certaine aversion pour le statut des fonctionnaires. Sombart rapporte l'exemple du comité des « facteurs réunis » qui exprime sa réticence à l'égard de ce statut : 1) il constitue un obstacle pour quiconque veut parvenir à la richesse ; 2) il n'encourage pas le travail puisque la rémunération est plafonnée ; 3) il limite l'organisation de sa vie privée ; 4) il ferme les voies de la politique et du progrès humain. Les arguments mentionnés peuvent paraître aujourd'hui presque exotiques aux yeux de nombreux Français qui voient, au contraire, dans ce statut une garantie de protection et de stabilité, condition souvent jugée capitale pour « profiter » de la vie.

Pour expliquer cette adhésion ouvrière au capitalisme, Sombart développe trois types d'interprétation dont aucun ne lui semble suffisant. Premièrement, le système politique repose sur le principe du suffrage universel pour désigner non seulement la plus haute autorité de l'État et les autorités législatives, mais aussi presque tous les hauts fonctionnaires et les juges. Il faut ajouter également les élections des parlements des

39. *Ibid.*, p. 150.

comtés et des municipalités, si bien que le citoyen consciencieux peut passer sa vie à voter. Il s'agit donc d'une énorme « machine politique » se déployant dans un vaste pays (vingt fois plus grand que l'Empire allemand de l'époque). Or, pour faire fonctionner ce système, il est indispensable de disposer d'une grande masse de politiciens professionnels, composée dans chaque district d'un état-major d'ouvriers expérimentés à la disposition des instigateurs, à leur tour dirigés par des régisseurs en chef. Autrement dit, les ouvriers sont partie prenante de ce fonctionnement. En s'impliquant directement dans ce jeu politique, ils bénéficient du soutien de l'un des deux grands partis auxquels ils doivent obligatoirement adhérer. De là naît en chaque citoyen le sentiment qu'il est possible, en se rassemblant, de remettre les choses en place, d'où cette confiance indéfectible en la puissance populaire. Il suffit de le vouloir et d'être rassemblés autour d'objectifs communs pour réussir.

Deuxièmement, Sombart constate aux États-Unis à cette époque une croissance économique sans précédent dont les effets – visibles dans les statistiques – se traduisent par une forte augmentation des salaires et de la consommation. La situation matérielle du salarié s'améliore et son mode de vie gagne en confort. Pour des générations de migrants européens peu fortunés, il s'agit souvent d'un réel embourgeoisement, situation sans doute comparable à celle de « l'ouvrier de l'abondance » (*The Affluent Worker*) analysée par la suite, dans les années 1960 au Royaume-Uni[40]. Le salarié américain du début du siècle « était progressivement contraint d'aimer le système économique qui lui offrait tous ces plaisirs. […] Une pointe de patriotisme – la fierté de savoir que les États-Unis devançaient tous les autres peuples sur la voie du "progrès" (capitaliste) – renforçait à la base son esprit commerçant en le transformant en homme d'affaires sobre, calculateur et dépourvu d'idéal, tel que nous le connaissons aujourd'hui[41] ».

Enfin, Sombart s'attache à montrer tout ce qui peut être fait dans les entreprises américaines pour donner à l'ouvrier le sentiment du bien-être au travail : pas de surveillance vexatoire, écoute des besoins ressentis par les ouvriers et de leurs suggestions d'amélioration et

40. J. Goldthorpe *et al.*, *The Affluent Worker in the Class Structure*, *op. cit.*
41. W. Sombart, *Pourquoi le socialisme n'existe-t-il pas aux États-Unis ?*, *op. cit.*, p. 145.

de progrès technique, mise à leur disposition d'éléments de confort (douche, armoires à clé, ventilation, etc.), participation aux bénéfices, encouragement au travail par la perspective de gains substantiels, etc. Tout semble fait pour favoriser l'engagement maximal de l'ouvrier au travail, un peu comme s'il était engagé dans une compétition dont le but était de donner le meilleur de lui-même afin de faire gagner l'entreprise et d'en retirer le meilleur profit personnel. Mais si cette tendance peut être dégagée, cela ne signifie pas qu'elle puisse être généralisée à toutes les entreprises et à tous les secteurs économiques. Par ailleurs, les crises cycliques du capitalisme entraînent le chômage et la misère au sein du prolétariat américain. Face à la dépression, la population ouvrière, devenue subitement excédentaire, conservait une alternative à son mécontentement : celle d'émigrer vers l'ouest à la recherche de terres libres dans un pays où d'immenses étendues s'offraient encore à elle. « L'ouvrier américain, nous dit Sombart, savait qu'il pouvait, en tout temps, devenir un paysan libre, ce qui lui donnait le sentiment de sécurité et de tranquillité inconnu de l'ouvrier européen. On supporte plus facilement les contraintes lorsque l'on vit dans l'espoir de pouvoir s'en libérer en cas de nécessité[42] ! » Ainsi peut-on comprendre la formation du psychisme prolétarien aux États-Unis. Une mobilité sociale ascendante implique très souvent une mobilité géographique. D'où l'idée de s'impliquer fortement dans son travail tant qu'il est possible d'en retirer le meilleur profit pour soi et de ne pas hésiter à en rechercher un autre dès qu'il cesse de correspondre à ses aspirations.

Les explications de Sombart sont donc plurielles. Le tableau qu'il dresse de l'ouvrier américain paraît presque idéal-typique tant les traits semblent forcés à bien des égards. Mais ces analyses structurelles, pour l'essentiel encore pertinentes, offrent surtout un cadre stimulant pour permettre une comparaison avec l'Europe.

Les conflits dans le monde du travail

Les analyses de Sombart pourraient laisser entendre que les relations de travail sont le plus souvent harmonieuses et facilitées par une grande aptitude au dialogue entre des syndicalistes réformistes et des

42. *Ibid.*, p. 161.

capitalistes. Ce serait une erreur de le penser. Les recherches historiques réalisées sur les mouvements sociaux depuis le milieu du XIXe siècle prouvent que de grandes grèves ouvrières et de fortes tensions entre les organisations syndicales et politiques ont accompagné le développement industriel des États-Unis[43]. Les premières organisations ouvrières furent sévèrement accueillies par le patronat et les grandes grèves violemment réprimées. Dans les mines, les chemins de fer, l'industrie textile, le bâtiment ou dans le secteur de la chaussure, de nombreux conflits éclatèrent dans les trois dernières décennies du XIXe siècle et firent plusieurs victimes à la suite d'interventions armées de milices patronales et des forces de l'ordre. Vingt ouvriers grévistes irlandais dans les mines de Pennsylvanie furent même pendus et des dizaines d'autres condamnés à des peines de prison en 1877. La violence des rapports dans le monde du travail émaille le mouvement ouvrier américain au moins autant, sinon plus qu'en Europe à la même époque.

Frances Fox Piven et Richard Andrew Cloward, sociologues et politistes, ont étudié les luttes sociales telles qu'elles ont été menées aussi bien par les ouvriers, les pauvres, que par les minorités aux États-Unis. Après avoir analysé de façon très suggestive la transformation des formes de l'intervention publique auprès des pauvres en fonction des cycles de la vie économique[44], ils renouvelèrent ce type d'approche sociohistorique, mais en prenant pour objet d'étude les mouvements sociaux et en essayant de faire ressortir les causes aussi bien de leurs succès que de leurs échecs[45]. D'après eux, les institutions d'une société ont une capacité à inculquer à la population une certaine docilité politique par le simple fait que, pour s'imposer de façon légitime, elles doivent inspirer confiance au plus grand nombre. Dès lors, les luttes sociales ne sont possibles qu'à partir du moment où s'installe une défiance collective à l'égard de l'ordre social. Or cette condition n'est remplie que dans certaines périodes historiques.

43. Voir en particulier Hubert Perrier, « Le mouvement ouvrier aux États-Unis et la guerre, 1889-1919 », *Le Mouvement social*, n° 147, 1989, p. 27-50, ainsi que la chronologie de l'histoire du mouvement ouvrier américain depuis la guerre d'Indépendance, *Le Mouvement social*, n° 102, 1978, p. 145-153.

44. Frances Fox Piven et Richard Andrew Cloward, *Regulating the Poor. The Functions of Public Welfare*, New York, Vintage Books, 1971.

45. *Id.*, *Poor People's Movements : Why they Succeed, How they Fail*, New York, Vintage Books, 1979.

L'émergence d'un mouvement de protestation entraîne une transformation à la fois de la conscience et du comportement. Une grande partie des hommes et des femmes qui acceptent habituellement l'autorité de leurs dirigeants et la légitimité des arrangements institutionnels commencent à croire que ces dirigeants et ces arrangements sont injustes et mauvais. Les plus habituellement fatalistes commencent à revendiquer des « droits », dont l'accès implique des demandes de changement. Peu à peu, ils prennent conscience de leur capacité à modifier leur sort. C'est dans ce cadre analytique que Fox Piven et Cloward analysent le mouvement ouvrier américain. Ils en tirent la conclusion que les ouvriers américains sont divisés parce que : 1) le besoin de solidarité entre ouvriers se ressent au moment des crises, c'est-à-dire à un moment où ils sont frappés par la réduction de leur salaire, la diminution des heures de travail, or ce contexte dégradé les conduit plutôt à se battre individuellement pour leur emploi ; 2) le groupe ouvrier est fragmenté par d'importantes différenciations de statut professionnel, mais aussi de race et d'ethnicité – la classe sociale, n'étant pas le seul facteur – ce qui affaiblit la solidarité ouvrière[46] ; 3) dans certaines industries, une politique de différenciation à la fois verticale et horizontale a conduit à multiplier les divisions entre les travailleurs ; 4) Les immigrants originaires d'Irlande et d'Europe du Nord, puis d'Europe du Sud et enfin d'Europe de l'Est ont toujours fourni des réserves de main-d'œuvre pour les employeurs et des moyens pour ces derniers de conjurer les grèves ; 5) il existe une culture de la mobilité aux États-Unis qui conduit les ouvriers à se déplacer là où des emplois se créent.

Ils confirment que le contexte historique a été très défavorable aux luttes sociales jusqu'à la Grande Dépression de 1929. Mais dans le

46. On pourra se référer sur ce point au film *Le Sel de la terre* (*Salt of the Earth*) réalisé par Herbert J. Biberman, sorti en 1954. Il présente l'histoire authentique de mineurs mexicano-américains de l'État du Nouveau-Mexique, aux États-Unis, luttant pour l'amélioration de leurs conditions de vie. Les grévistes revendiquaient principalement l'égalité des salaires avec les ouvriers américains et la suppression du travail en solitaire au fond de la mine. Les épouses des mineurs, indignées par la discrimination dont elles étaient victimes, souhaitaient également obtenir la fourniture d'eau courante chaude dans les maisons louées par la compagnie au même titre que les autres ménages ouvriers américains. Le tribunal trancha en la défaveur des grévistes et les obligea à reprendre le travail. Mais les femmes se mirent alors à tenir les piquets de grève à leur place.

cadre du New Deal, le pouvoir politique et les entreprises ont eu besoin des ouvriers pour faire repartir l'économie. Ceux-ci trouvent alors les conditions historiques pour s'organiser syndicalement et défendre leurs intérêts. Les ouvriers des années 1930 ont défié les institutions parce qu'ils n'avaient pas d'autres moyens que de se battre pour leur survie. C'est une victoire du syndicalisme ouvrier : des augmentations de salaire, une diminution des heures de travail et des aides sociales accordées par le gouvernement. Mais ces conquêtes concernent très peu la population afro-américaine. Le syndicalisme ouvrier reste un monde réservé aux travailleurs blancs.

Par ailleurs, la protection de l'emploi est très faible aux États-Unis. Dans le droit du travail américain, depuis la fin du XIXe siècle, l'emploi dit *at-will* garantit à l'employeur la possibilité de licencier un employé pour n'importe quelle raison et sans avertissement, tant que la raison n'est pas illégale. À partir du moment où un salarié est reconnu comme étant engagé « à volonté », les tribunaux lui refusent toute réclamation pour les pertes résultant du licenciement. Cette règle est jugée équitable selon la tradition puisqu'elle garantit également au salarié le droit de quitter son emploi sans raison ni avertissement, mais, dans la réalité, de plus en plus de personnes la trouvent injuste, la relation d'emploi étant le plus souvent l'expression d'une inégalité du pouvoir de négociation. C'est la raison pour laquelle certains États ont, au cours des dernières années, adopté des lois ou réglementations limitant l'arbitraire de l'employeur dans ce type de licenciement. Il n'est pas certain toutefois que le législateur accepte sans réticence de supprimer ce principe centenaire qui constitue une spécificité du droit social américain. Parmi les États occidentaux, seuls les États-Unis continuent d'appliquer des règles aussi peu protectrices du salarié. Le contraste avec la France est saisissant sur ce point.

Le taux d'adhésion à un syndicat ou à une association professionnelle est globalement faible aux États-Unis. En 2016, il était de 10,7 % avec de très fortes variations selon les États, puisqu'il passe de 23,6 % dans l'État de New York à 1,6 % dans l'État de Caroline du Sud[47]. Le taux de couverture des emplois par des conventions collectives – indicateur retenu pour calculer l'indice du lien de participation

47. D'après le Bureau of Labor Statistics.

organique – varie également fortement d'un État à l'autre. Il est le plus élevé dans les États du Nord-Ouest et dans ceux de la côte Est. Mais il est presque insignifiant dans de nombreux autres (voir **figure IV**, cahier hors texte). S'il en est ainsi, ce n'est pas seulement parce que l'implantation syndicale est très inégale, c'est aussi parce que l'État n'a pas cherché, contrairement à la France, à encadrer le marché de l'emploi et réguler les secteurs de l'activité économique, ainsi que les groupes professionnels, en encourageant l'extension et la généralisation des conventions collectives. La condition salariale américaine s'avère par conséquent globalement plus précaire, ce qui justifie de considérer les États-Unis comme une société salariale inachevée.

Cela ne signifie pas que les luttes sociales dans les secteurs de l'emploi peu protégés soient automatiquement vouées à l'échec. Des conflits récents dans le secteur de la grande distribution tendent à prouver le contraire. Ils ont été menés selon une forme d'action collective faisant appel à la société civile et relevant de ce que d'aucuns appellent le « syndicalisme solidaire ». Mathieu Hocquelet a enquêté pendant plusieurs mois sur les techniques de mobilisation récemment déployés au sein de l'entreprise américaine Walmart qui est le plus grand employeur privé mondial (2,2 millions de salariés dont 1,3 million en Amérique du Nord, et plus de 4 000 magasins)[48]. Connue pour sa politique de compression maximale des coûts de main-d'œuvre et de distribution, cette enseigne est devenue l'un des principaux bastions de la lutte antisyndicale, en n'hésitant pas à licencier les employés revendicatifs et à fermer définitivement les magasins au sein desquels des luttes sociales sont menées. Cependant, depuis 2012, Walmart est la cible de manifestations d'une ampleur inédite menées dans le cadre d'une campagne – *Making Change at Walmart* (*MCWM*) – et d'une association – Our Walmart (OWM) – qui se définit comme une association indépendante réservée aux employés et ex-employés de l'entreprise. La grande majorité des emplois au sein de ce géant de la distribution sont peu qualifiés, les salaires y sont bas et les conditions de travail particulièrement difficiles,

48. Mathieu Hocquelet, « "Making Change at Walmart" : le syndicalisme solidaire états-unien au sein d'une multinationale des services », *Critique internationale*, 64/3, 2014, p. 17-32. Voir aussi M. Hocquelet, « Le *labor organizing* dans les luttes des travailleurs précaires aux États-Unis : retour sur une ethnographie multi-située de longue durée », *Sociologie*, vol. 11, n° 3, 2020, p. 277-290.

ce qui explique un fort *turnover*. Les emplois sont occupés par une majorité de femmes et, en grande proportion, par des personnes de couleur – afro-américaines ou hispaniques – en contact avec la clientèle, autrement dit par des employés peu rompus à l'action syndicale. Pourtant Our Walmart est parvenue en quelques années à une série de victoires, notamment la revalorisation du salaire minimum pour plus de 1 million de salariés, alors que l'entreprise était restée inflexible pendant cinquante ans à toute revendication de ce genre. Comment expliquer ce succès dans ce secteur économique si peu propice à l'action collective ?

La réussite s'explique en grande partie par ce que l'on appelle le *labor organizing*, qui consiste à aider les employés précaires à se mobiliser en faisant appel non pas aux structures syndicales traditionnelles, le plus souvent bureaucratiques et hiérarchiques, mais à des équipes d'*organizers*. Leur action consiste à contacter les employés, généralement par téléphone ou à leur domicile, et à gagner leur confiance en les invitant à assister à une première réunion dans des lieux neutres ou familiers, par exemple au domicile d'un membre. Il s'agit de former les employés à l'auto-organisation, de faire d'eux des leaders, des informateurs et à leur tour des *organizers*. Ils reçoivent pour cela une formation au droit du travail, à la prise de parole en public, à l'évaluation du potentiel de leurs pairs et sont invités, une fois membres de l'association, à échanger avec d'autres leaders au niveau national. L'objectif est de faire pression de façon la plus massive possible sur l'employeur en mobilisant toutes les énergies au sein de l'entreprise, mais aussi en dehors. Dans cette capacité à élargir toujours davantage l'association réside la clé des victoires pourtant improbables. Il s'agit, autrement dit, de mettre à profit les ressources du volontarisme associatif américain pour gagner là où les syndicats traditionnels avaient échoué ou renoncé. En réalité, la campagne *Making Change at Walmart* se définit comme « une coalition multiethnique d'employés de Walmart, de membres du syndicat, de petits commerçants indépendants, de leaders religieux, de groupes d'organisateurs des communautés locales et de défense des droits des femmes, d'élus et de citoyens ordinaires convaincus que changer Walmart est vital pour l'avenir du pays[49] ». Le combat de l'association OWM n'est plus en ce sens le seul combat des employés de Walmart.

49. *Ibid.*, p. 23.

Le *labor organizing* a essaimé aux États-Unis au cours de la même période. En novembre 2012, quelques jours après le lancement de l'association Our Walmart, des actions similaires se déroulèrent à New York sur un modèle semblable dans le secteur de la restauration rapide (comprenant des enseignes très connues comme McDonald's, Pizza Hut, KFC…). Elles ont été menées par une nouvelle association, Fight for $15, principalement financée par le plus grand syndicat des salariés des services, dont l'objectif principal était d'obtenir une revalorisation du salaire minimum à 15 dollars de l'heure dans les emplois peu rémunérés (lorsque le salaire minimum fédéral est de 7,25 dollars)[50]. Ce mouvement revendiquait aussi le droit à une représentation collective. Il se répandit dans trois cents villes, y compris dans les États du Sud où ce type d'action collective était jusqu'alors très peu développé. En devenant le symbole politique de la lutte contre les injustices à l'égard des pauvres, des travailleurs précaires, des hommes et femmes de couleur, il devint celui d'une communauté élargie, voire de la société américaine dans son ensemble contre les dérives d'un capitalisme effréné.

La force du Community organizing

Le labor organizing peut être rapproché du community organizing, qui incarne aux États-Unis un type de mouvement social fondé sur le principe de l'auto-organisation des groupes les plus défavorisés afin d'obtenir pour eux-mêmes des gains substantiels. Le terme community désigne généralement, sous cette acception, les habitants d'un quartier, mais aussi, de façon plus large, un collectif partageant les mêmes pratiques et ayant le plus souvent une assise territoriale, ethnique ou religieuse commune. Le community organizing est à l'image de la vie civique américaine dont le dynamisme n'a d'égal qu'une certaine défiance envers l'État. Il est par conséquent l'une des expressions du volontarisme associatif américain, souvent relayé par les Églises qui

50. Voir M. Hocquelet, « De l'intersectionnalité des luttes à une lutte intersectionnelle ? Fight for $15 et l'organisation des employé(e)s à bas salaires dans le sud des États-Unis », communication au congrès de l'Association française de Sciences politiques (section Thématique 86), Bordeaux, 2019.

constituent aux États-Unis un vecteur essentiel de l'acquisition et de la transmission de « ressources civiques » (apprentissage de la prise de parole en public, formation à l'organisation de meetings et aux techniques de la mobilisation, etc.)[51].

Saul Alinsky (1909-1972) est considéré comme le père fondateur de ce principe d'action. Sociologue de formation, proche de la philosophie pragmatiste de John Dewey, il mène une première expérience d'action collective, à la fin des années 1930, à Chicago dans le quartier pauvre et ségrégué du Back of the Yard. Il défend une approche innovante à l'époque qui consiste à rassembler différents acteurs locaux, notamment deux organisations jusqu'alors opposées, l'Église catholique et le syndicat Congress of Industrial Organizations, dans l'objectif de rassembler les habitants pour résoudre des problèmes identifiés par eux, comme, par exemple, les conditions déplorables de logement. Cette méthode ayant porté ses fruits, il fonde ensuite en 1940 l'Industrial Areas Foundation afin de reproduire et de faire connaître partout aux États-Unis cette expérience de Chicago. Auteur de deux ouvrages majeurs, ses méthodes sont aujourd'hui enseignées à l'université dans les départements de travail social ou de développement local et figurent dans les formations de base délivrées dans les organisations communautaires[52]. Le « rebelle de Chicago », comme certains le désignent, a connu un regain d'intérêt au moment de l'élection présidentielle de 2008, lorsque Barack Obama, dans ses discours de campagne, se référait directement à certaines de ses méthodes, et utilisait la rhétorique du *community organizing* comme le symbole du pouvoir collectif pour changer le monde dans le sens de la justice sociale.

51. Verba Sidney, Kay Lehman Schlozman et Henry E. Brady, *Voice and equality : Civic voluntarism in American politics*, Cambridge, MA, Harvard University Press, 1995.

52. Saul Alinsky, *Reveille for Radicals* (1re éd., 1946), New York, Vintage Books, 1969. Le livre a été traduit en français par André Verkaeren sous le titre *Radicaux, réveillez-vous !*, préface de Marie-Hélèle Bacqué, Neuvy-en-Champagne, Éditions Le passager clandestin, 2016. Et, du même auteur, *Rules for Radicals : A Pragmatic Primer for Realistic Radicals*, Chicago, Random House, 1971 (initialement traduit en français par Odile Hellier et Jean Gouriou sous l'intitulé *Manuel de l'animateur social*, Paris, Seuil, 1971 et réédité récemment sous le titre *Être radical. Manuel pragmatique pour radicaux réalistes*, Bruxelles, Aden, 2011).

Dans le contexte de la privatisation et de la décentralisation de l'État social à partir des années 1980, sous la présidence de Ronald Reagan, de nombreux services sociaux, auparavant assurés par l'État, furent transférés à des ONG et associations caritatives, lesquelles bénéficièrent d'abondants moyens financiers en provenance des pouvoirs publics, mais aussi de fondations privées. Ces structures sont aujourd'hui regroupées sous l'appellation *community-based organizations* et se répartissent en trois ensembles : les associations de service dont l'objectif est de venir en aide aux plus démunis, les organisations de développement communautaire en charge des quartiers défavorisés, et le *community organizing* qui vise le changement social par des actions collectives à caractère protestataire. Si les associations de service tirent l'essentiel de leur financement de l'État, les deux autres structures sont principalement financées par des fondations privées.

Le *community organizing* occupe une place singulière dans cet ensemble puisqu'il revendique une posture radicale et entretient, par définition, un rapport critique aux institutions et aux élus, l'ambition étant de constituer, par le rassemblement le plus large possible des personnes défavorisées, un réel contre-pouvoir. Julien Talpin a mené entre 2012 et 2013 une enquête ethnographique par observation participante à Los Angeles dans cet univers du *community organizing* en essayant de restituer au plus près les façons de faire et les raisons d'agir des participants à ces organisations[53]. L'enquête permet d'en distinguer trois modèles. Le premier s'inscrit dans la pure tradition alinskienne. Il vise à rassembler les institutions et les collectifs présents sur un territoire et à mener des campagnes spécifiques selon les problèmes recensés sur le terrain qui peuvent concerner aussi bien le logement que l'éducation, la santé, les transports, autrement dit, tout ce qui s'avère essentiel dans la vie quotidienne des populations défavorisées. Ce modèle est qualifié de *broad-based*, d'*institution-based* ou de *faith-based organizing*. Les institutions religieuses progressistes, telles les Églises baptistes noires, participent régulièrement à ces rassemblements organisés dans la lignée de la lutte des droits civiques des années 1950-1960. À ces Églises se joignent, selon les circonstances, des parents d'élèves,

53. J. Talpin, *Community organizing. De l'émeute à l'alliance des classes populaires aux États-Unis*, Paris, Raisons d'agir, 2016.

des petites associations de quartier et même parfois des syndicats. Le deuxième modèle est plus ambitieux puisqu'il vise les habitants qui n'appartiennent à aucun collectif structuré. L'*organizing* porte alors sur des individus et non sur des groupes établis. Cette approche a été parfois qualifiée de « post-alinskienne ». Elle fait le pari que les personnes qui restent habituellement en dehors de la vie associative peuvent se mobiliser, qu'elles constituent même des réservoirs potentiels de politisation dans les quartiers. Il faut donc aller les chercher et les convaincre de participer à une action collective. On reconnaît là un trait essentiel du volontarisme américain qui part du principe que rien n'est impossible et qu'il suffit parfois d'y croire pour que les choses changent réellement. Enfin, le troisième modèle est l'*organizing radical.* Il cible également des personnes non mobilisées, mais son ancrage dans les mouvements sociaux lui donne une perspective plus idéologique. Ce modèle diffère aussi des deux autres en ce qu'il est moins structuré à l'échelle nationale et regroupe davantage une constellation d'organisations locales autonomes. Mais, en dépit de leurs spécificités, ces trois modèles partagent, selon Julien Talpin, un socle commun : « a) une volonté de donner une voix et de promouvoir les intérêts des classes populaires par elles-mêmes ; b) un rapport relativement conflictuel aux institutions qui suppose un financement public réduit ; c) la volonté d'aller chercher les classes populaires où elles se trouvent (à l'église, à l'école, chez elles, dans le bus, etc.) plutôt que d'attendre qu'elles participent spontanément, ce qui induit un ensemble de méthodes de recrutement communes et une certaine professionnalisation[54] ».

La force du *community organizing* n'est plus à démontrer. Le succès de ces méthodes d'action collective prouve leur efficacité. Elles suscitent l'intérêt et même l'enthousiasme de nombreux responsables associatifs français qui y voient la solution aux difficultés qu'ils rencontrent dans les quartiers populaires. L'ambassade des États-Unis et des fondations américaines ont organisé dans cet esprit des voyages de formation à destination de jeunes leaders appelés à les diffuser et les mettre en œuvre en France. De nouveaux collectifs s'inspirant de cette démarche ont vu le jour dans l'Hexagone, comme l'Alliance citoyenne à Grenoble ou l'organisation Stop le contrôle aux faciès. Ils entendent

54. *Ibid.*, p. 65.

lutter notamment contre la discrimination et le racisme[55]. Il n'est pas certain toutefois que le transfert de ces méthodes puisse aboutir aux mêmes résultats qu'aux États-Unis, tant celles-ci sont l'expression d'une forte tradition d'autonomie et d'auto-organisation de la société civile qui manque grandement en France, même si des signes de changement commencent à apparaître.

Les variations du volontarisme américain

D'après Robert Putnam – dont nous avons analysé les travaux sur le capital social dans le chapitre 4 – le volontarisme américain serait en crise. Dans son ouvrage *Bowling Alone*, il s'emploie à le démontrer en s'appuyant sur de nombreuses séries statistiques couvrant les trois dernières décennies du XXe siècle[56]. Il prend pour symbole de cette crise – qui a inspiré le titre de son livre – le déclin de 40 % de l'adhésion aux clubs de bowling entre 1980 et 1983, alors que sur la même période, le nombre des joueurs individuels a augmenté de 10 %[57]. Il s'agit, selon lui, d'un indice très fort de la fragmentation de la société américaine, visible également à partir de nombreux autres indicateurs dans le domaine de l'engagement politique et civique – confiance dans les institutions, participation électorale, activisme politique – ainsi que dans la vie associative non politique – adhésion à des associations locales ou à des organisations civiques ou religieuses. Les liens sociaux informels – rencontres avec des amis, activités de loisirs pratiquées en groupe, etc. – sont également en diminution sensible. Et, enfin, la confiance interpersonnelle est également en baisse. Ce volumineux ouvrage semble donc sonner le glas de la vitalité associative si souvent mise en avant comme une des dimensions fondamentales de la cohésion sociale aux États-Unis. Parmi les causes de cette crise, Putnam insiste sur l'usage de la télévision, les Américains la regardant en moyenne quatre heures par jour. Selon lui, la lecture de journaux est associée à un fort capital social, tandis que la télévision, au contraire,

55. Nous avons fait référence à certaines expériences de ce type dans le chapitre 9, notamment dans la section intitulée « Des formes disséminées de protestation ».
56. R. D. Putnam, *Bowling Alone : The Collapse and Revival of American Community*, *op. cit.*
57. *Ibid.*, p. 112.

l'appauvrit. Or la diffusion des journaux n'a cessé de diminuer depuis la fin de la Seconde Guerre mondiale. La télévision serait un frein à la participation à des activités en dehors de la maison. Ces analyses, que d'aucuns estiment teintées de conservatisme, n'ont pas manqué de soulever d'innombrables commentaires critiques. La plupart soulignent que les indicateurs statistiques, certes alarmants, cachent des transformations qualitatives des pratiques associatives et des formes du lien social. Le débat reste ouvert.

Deux commentaires complémentaires me semblent pouvoir être faits sur la base des données que nous avons collectées. Premièrement, notre indice du lien de participation élective place, on l'a vu, les États-Unis avec le Canada en tête des trente-quatre pays de notre base. Si le volontarisme associatif est en baisse aux États-Unis, le dynamisme américain dans ce domaine reste un trait dominant qui ressort encore nettement dans les comparaisons internationales. Deuxièmement, il faut s'attacher à observer finement les variations de ce volontarisme d'un État à l'autre aux États-Unis. L'indice du lien de participation élective est nettement plus élevé dans les États du Nord que dans les États du Sud (voir **figure IV**, cahier hors texte), ce qui laisse entendre que le trait dominant de l'attachement social aux États-Unis caractérise davantage les premiers et que la nation paraît coupée en deux. Il est en effet frappant de constater que les liens sociaux n'ont pas la même force respective dans tous les États : la prééminence du lien de filiation est plus marquée dans les États du Sud, un peu comme si ce type de lien venait compenser la relative faiblesse des autres, tandis que le lien de citoyenneté est plus fort dans les États du Nord ; enfin, le lien de participation organique est prééminent dans les États du Nord-Est ainsi que dans les États de la côte Ouest. Cette différenciation des États selon la force respective des liens sociaux montre très clairement que la conception normative de la solidarité est variable d'un État à l'autre selon la prééminence d'un type de lien sur les autres. Puisque chaque type de lien renvoie, on l'a vu, à une sphère spécifique de la morale, il faut en conclure que la morale de la solidarité se décline de façon spécifique dans chaque État. À l'échelle des trente-quatre pays de notre base, nous avons vu qu'aucun d'entre eux n'excelle dans tous les liens sociaux à la fois. Ce constat se vérifie aussi aux États-Unis entre les États.

Il convient d'expliquer pourquoi, dans les États du Sud, l'indice de participation élective est relativement bas alors que l'indice du lien de filiation est relativement haut. L'explication que nous avons donnée dans les chapitres précédents sur le familialisme vaut encore ici. Dans un État où le lien de filiation est fort, les individus ont d'autant plus d'attentes et d'attention à l'égard de leurs proches dans la sphère familiale qu'ils ont une méfiance plus grande à l'encontre des institutions de leurs pays et des personnes qu'ils ne connaissent pas. Ils privilégient une solidarité fondée sur l'interconnaissance et la similitude à une solidarité plus large, qu'elle soit élective ou universelle. *A contrario*, dans les États qui se distinguent par la force du lien de citoyenneté ou le lien de participation élective, les individus se sentent moins engagés dans la sphère familiale par des obligations de solidarité directe à l'égard de leurs proches. Cela ne signifie pas qu'ils entretiennent des relations moins profondes ou moins affectives avec les membres de la famille, mais qu'ils se réfèrent à une économie morale de l'attachement dans laquelle l'autonomie de chacun est élevée au rang de norme sociale.

Cette explication n'est toutefois pas suffisante. Il faut en effet tenter de comprendre comment se transmet et se perpétue cette solidarité familiale et pourquoi elle semble antinomique de la solidarité élargie. Pour y voir plus clair, j'ai examiné la composition ethnique des États. Les données du recensement américain donnent en effet la proportion des différents groupes ethniques par État : Blancs, Hispaniques, Afro-Américains, Asiatiques, natifs d'Hawaï ou des îles du Pacifique. Il est donc possible de calculer la corrélation entre la proportion de ces différents groupes et les quatre indices de liens sociaux par État (voir **tableau 15.1**).

La corrélation entre la proportion des groupes ethniques et l'indice de lien de filiation est négative pour le taux de Blancs, mais positive aussi bien pour les taux d'Hispaniques, d'Afro-Américains, d'Asiatiques que pour le taux de natifs d'Hawaï et des îles du Pacifique. Ce qui signifie que les États où les minorités ethniques sont fortement représentées s'appuient davantage sur la solidarité familiale que les États où les Blancs américains sont nettement majoritaires. La tendance s'inverse lorsque l'on prend en compte la corrélation avec l'indice du lien de participation élective : elle est en effet positive pour le taux des Blancs et significativement négative pour les taux d'Hispaniques et d'Afro-Américains. Le volontarisme associatif qui s'exprime sous la forme de l'engagement bénévole dans une organisation humanitaire ou de dons à des associations caritatives est plus développé dans les États où les Blancs sont fortement représentés. Remarquons que la corrélation avec le lien de participation organique est négative pour le taux d'Afro-Américains et positive pour le taux d'Asiatiques. Les États dans lesquels la proportion d'Afro-Américains est élevée sont le plus souvent des États où les emplois sont très peu protégés par des conventions collectives, la population noire étant particulièrement exposée à la précarité professionnelle et aux bas salaires. Enfin, la corrélation avec l'indice du lien de citoyenneté – mesuré ici par la participation aux élections[58] – est symétrique à celle qui existe avec le lien de participation élective, puisqu'elle est à nouveau positive pour le taux des Blancs et négative pour le taux des autres groupes ethniques. Autrement dit, les États où les Blancs sont majoritaires peuvent être considérés comme plus civiques puisque aussi bien le volontarisme associatif que la participation électorale y sont plus développés.

On peut également prendre en compte l'indice de diversité ethnique par État. Celui-ci varie de 0,76 à Hawaï à 0,12 dans l'État du Maine. Il est particulièrement élevé dans les États du Sud (voir **figure V**, cahier hors texte). Il existe une corrélation entre cet indice et la distribution des liens sociaux par État (voir **tableau 15.1**, dernière ligne)[59]. Il est parfaitement corrélé avec l'indice de filiation : plus les États ont un indice de diversité élevé, plus le lien de filiation y est fort. Il l'est aussi, mais de façon négative, avec l'indice de participation élective : plus les États ont un indice de diversité élevé, plus ce type de lien est faible. Il en est de même pour le lien de citoyenneté. Lorsque les minorités ethniques sont fortement représentées dans les États, le lien de filiation y est plus fort et, parallèlement, les liens de participation élective et le lien de citoyenneté y sont plus faibles. Ainsi, si nous avons pu rapprocher les États-Unis d'un régime d'attachement volontariste, force est de constater que cela ne vaut qu'en termes de tendance générale et qu'il

58. Il s'agit des élections de mi-mandat et des élections générales en 2012 et 2016. Nous avons pu avoir recours à cet indicateur et comparer les États entre eux puisqu'il s'agissait à chaque fois du même scrutin pour tous les États, ce qui était évidemment une condition impossible à remplir pour les trente-quatre pays de notre base de données.
59. Des figures représentant ces corrélations sont disponibles dans l'Annexe numérique du livre sur l'indice de diversité ethnique aux États-Unis.

existe de fortes variations selon les États. Si nous avions classé tous les États, ceux du Sud auraient été plus proches d'un régime familialiste que d'un régime volontariste.

Tableau 15.1. Corrélation entre la proportion des groupes ethniques (et l'indice de diversité ethnique) et les indices de liens sociaux par État aux États-Unis (coefficient de Pearson)

	Lien de filiation	Lien de participation organique	Lien de participation élective	Lien de citoyenneté
Proportion de Blancs (1)	– 0,74 (**)	– 0,04 (ns)	0,41 (**)	0,60 (***)
Proportion d'Hispaniques (1)	0,38 (**)	0,04 (ns)	– 0,24 (*)	– 0,48 (***)
Proportion d'Afro-Américains (1)	0,38 (**)	– 0,30 (*)	– 0,40 (**)	– 0,08 (ns)
Proportion d'Asiatiques	0,58 (***)	0,40 (**)	– 0,05 (ns)	– 0,42 (**)
Proportion de natifs d'Hawaï ou des îles du Pacifique	0,40 (**)	0,21 (ns)	– 0,001 (ns)	– 0,40 (**)
Indice de diversité ethnique (2)	0.74 (***)	0,05 (ns)	– 0,38 (**)	– 0,56 (***)

N : 51.
Source : *American Community Survey* 2015, *5 years estimates* (2011-2015) ; *ACS Demographic and Housing Estimates*, https://data.census.gov / Lien de filiation : *American Community Survey*, 2011-2015 ; Lien de participation organique : *Current Population Survey* 2015 ; Lien de participation élective : *Current Population Survey* (*Volunteer Supplement*), Septembre 2014 ; Lien de citoyenneté : participation aux élections de mi-mandat et aux élections générales, 2012 et 2016 / Indice de diversité ethnique : Census Bureau 2020.
(1) Groupes représentant 15 % ou plus de la population totale.
(2) L'indice de diversité, généralement utilisé dans les sciences sociales, est connu sous le nom d'indice de Blau. Il mesure la probabilité que deux individus choisis au hasard dans la population soient de race ou d'origine ethnique différente. Nous utilisons les mesures de race et d'ethnicité selon la méthodologie présentée par le Census Bureau pour 2020.
*** : p < 0,001 ; ** : p < 0,01 ; * : p < 0,5 ; ns : non significatif.

Mais ce constat mérite lui aussi d'être nuancé. Ce n'est pas parce que les États du Sud sont plus familialistes que les États du Nord qu'ils sont pour autant étrangers à toute forme de mobilisation collective. Il faut en effet souligner que les enquêtes de Julien Talpin sur le *community organizing* ont été réalisées précisément à Los Angeles dans l'État de Californie, caractérisé à la fois par un indice de diversité ethnique très élevé et un indice de lien de filiation également très fort. Or, ces enquêtes ont permis de montrer qu'il existe aussi dans cet État une vitalité de la mobilisation collective. Les minorités ethniques sont particulièrement engagées dans le *community organizing*. De même, les enquêtes de Mathieu Hocquelet sur le *labor organizing* ont été menées dans les États du Sud, notamment en Floride et en Louisiane. Nous avons vu également que les manifestations organisées par l'association Fight for $15 se sont propagées dans de nombreuses villes du sud des États-Unis. Ces constats nous conduisent à formuler l'hypothèse qu'il existe dans ces États traditionnellement moins civiques que les autres un terreau favorable à des mobilisations collectives. Les techniques aussi bien de *community organizing* que de *labor organizing* qui y sont déployées prouvent leur efficacité pour transformer la société en faveur de la justice sociale, là où les conditions pouvaient pourtant paraître peu favorables. Ces techniques s'inscrivent dans la tradition du volontarisme américain et sont susceptibles d'essaimer dans tous les États. Ce constat permet aussi de relativiser quelque peu les analyses pessimistes de Robert Putnam sur le déclin généralisé de l'engagement politique et civique aux États-Unis[60].

*

La France et les États-Unis sont bien des nations types de deux régimes d'attachement social opposés, au point que chacun des deux pays a tendance à jouer la fonction de portrait inversé de l'autre. Évoquer l'un en comparaison de l'autre permettrait même de faire ressortir de façon stimulante les caractéristiques essentielles de chacun. Pour les

60. Après l'élection présidentielle de 2020, la cohésion sociale aux États-Unis apparaît néanmoins bien ébranlée. La division politique du pays entre deux communautés radicalement hostiles l'une à l'autre fait dire à certains que « L'Amérique est déjà virtuellement un État binational », voir Steven Simon et Jonathan Stevenson, « The Disunited States », *The New York Review of Books*, 22 septembre 2022.

Français, sensibles au rôle protecteur et régulateur de l'État providence, les États-Unis constituent une figure repoussoir du fait de sa défense historique du « laisser-faire » et aujourd'hui des politiques néolibérales jugées responsables de l'augmentation des inégalités et de la fragmentation de la société. Les Américains, de leur côté, peuvent aussi décrire la France comme l'exemple type d'un pays excessivement bureaucratique et autocentré, embourbé dans ses corporatismes historiques, ses grands et petits corps, et incapable de se gouverner en faisant appel à la société civile. Il m'a semblé nécessaire dans ce chapitre d'échapper à une lecture simpliste des différences entre ces deux pays et de rechercher, au contraire, les contradictions et les limites respectives des modèles qu'ils représentent.

Dans un ouvrage consacré à la politique de la ville en France et aux États-Unis, Jacques Donzelot, avec l'aide de deux collègues, a essayé, lui aussi, de faire ressortir des différentes marquantes entre ces deux pays et de les interpréter de façon fine, sans verser dans une posture idéologique surplombante[61]. À bien des égards, les résultats de cette comparaison peuvent compléter la mienne, même si je n'aborde pas directement le thème de la politique de la ville. La question initiale de Donzelot est de savoir comment résoudre la crise urbaine contemporaine, qui se manifeste à la fois par la concentration de la pauvreté et du chômage dans les anciens quartiers populaires des villes et par l'accentuation de la ségrégation sociale et ethnique dans les centres-villes comme aux États-Unis, ou en périphérie dans les cités d'habitat social comme en France.

Donzelot distingue deux stratégies opposées : il s'agit soit de traiter les lieux, c'est-à-dire d'apporter des ressources nouvelles à ces quartiers pour compenser leur appauvrissement, soit de s'occuper de leurs habitants qui s'y trouvent confinés, en les aidant à concrétiser, à l'image des classes moyennes vivant dans des quartiers plus favorisés, un projet de mobilité sociale et de déménagement pour trouver ailleurs de meilleures perspectives d'emploi, de logement et de scolarité pour leurs enfants. Dans le langage anglo-saxon, on désigne de façon courante la première

61. Jacques Donzelot avec Catherine Mével et Anne Wyvekens, *Faire société. La politique de la ville aux États-Unis et en France*, Paris, Seuil, « La Couleur des idées », 2003.

par l'option *space* (qui vise à refaire la ville sur place) et la seconde par l'option *people* (dont l'objectif est de remettre les gens en mouvement). Donzelot reconnaît que le débat entre ces deux options existe aux États-Unis, mais cette opposition lui offre surtout l'occasion de comparer la politique française, selon lui, nettement en faveur de l'option *space* et la politique américaine, au contraire, beaucoup plus en faveur de l'option *people*. Bien entendu, derrière ces deux options, présentées chacune comme un idéal type, se profilent des conceptions différentes du rôle de l'État et du rapport entre communauté et citoyenneté.

L'État en France a conservé, on l'a vu, cette ambition d'être l'instituteur du social, celui qui décide, planifie et redistribue au nom de l'intérêt général. Dans le cadre de la politique de la ville, confronté au risque de fracture sociale et d'insécurité grandissante dans ces quartiers dits « sensibles », l'État français a le souci premier de restaurer l'autorité des institutions en intervenant directement dans les territoires disqualifiés (au risque parfois de les stigmatiser davantage). Il faut, autrement dit, faire régner l'ordre républicain et cela passe par des projets de mixité sociale que l'on considère comme le fondement de la citoyenneté, le communautarisme étant brandi comme une menace de fragmentation sociale et de division de la nation. À l'opposé, les Américains restent peu convaincus par ce type d'action. C'est la raison pour laquelle la politique de la ville, au sens de l'intervention directe de l'État, n'existe pas en tant que telle. L'objectif est d'abord de faire confiance aux gens plutôt que de décider à leur place des choix collectifs qui les concernent. Il n'existe pas non plus de politique délibérée d'apprentissage de la citoyenneté. Il s'agit de partir de l'identité communautaire de chacun car, contrairement à la France, la communauté est pensée aux États-Unis comme une ressource pour construire la nation. Dans cette comparaison, Donzelot est séduit par l'efficacité des *community development corporations* qui prennent appui sur les groupements ethniques et religieux pour construire une citoyenneté sociale et qui font écho au *community organizing* dont nous avons parlé. Son idée est bien d'infléchir la conception de la politique de la ville en France en tentant d'y introduire des éléments empruntés à l'expérience américaine, en faisant comme il le dit « un bon usage de l'Amérique ». Mais la comparaison sert aussi de fonction miroir au sens où elle permet de voir, par défaut, ce qui manque dans tel ou tel modèle. En relevant les atouts et les limites de différentes conceptions du social, elle enrichit les savoirs et ouvre des perspectives analytiques novatrices.

Nicolas Duvoux relève toutefois un point aveugle dans l'étude de Donzelot. À partir de l'enquête qu'il a menée dans un quartier pauvre et ségrégué de Boston[62], il s'attache à cerner les ambivalences de l'organisation communautaire lorsqu'elle s'appuie en priorité sur le don philanthropique. Il prend l'exemple d'une fondation privée qui intervient dans le quartier. Conformément au principe du *community organizing*, celle-ci entend dé-stigmatiser ce quartier en soutenant la « communauté » de ses habitants. Elle valorise pour cela la formation et la participation volontaire des pauvres à des actions collectives promues comme le remède à la résignation et à la dépendance envers l'assistance. En se fondant sur une approche culturaliste, son objectif est de changer l'état d'esprit des pauvres pour qu'ils trouvent la force et la volonté de sortir de la pauvreté, autrement dit, il s'agit de les responsabiliser. Un tel programme s'inscrit dans un agenda néolibéral, il se déploie dans un contexte de restriction des droits sociaux et de privatisation des fonctions d'assistance sociale. Il correspond en cela à un cadre globalement critique à l'égard de l'État providence accusé d'entretenir à la fois une bureaucratie administrative globalement inefficace et la passivité des publics auxquels il s'adresse. Par ailleurs, le don philanthropique n'est pas sans ambiguïté puisque les pauvres, en échange des fonds et des moyens qu'ils reçoivent, se doivent en retour de donner au donateur des signes de reconnaissance de son prestige et de son dévouement au bien public.

On en revient à cette opposition entre deux régimes d'attachement social qui présentent l'un et l'autre des caractéristiques propres : il s'agit bien de deux voies contrastées pour permettre la cohésion sociale et la solidarité. Mais, sur le fond, cette fonction repoussoir que chaque modèle peut exercer sur l'autre reste une énigme. Comment se fait-il en effet que l'on ne puisse pas vraiment concilier, ni en France ni aux États-Unis, un modèle d'attachement social fondé sur la régulation par l'État des groupes professionnels et des formes de la solidarité nationale avec un modèle d'attachement social qui

62. Nicolas Duvoux, *Les Oubliés du rêve américain. Philanthropie, État et pauvreté urbaine aux États-Unis*, Paris, PUF, « Le Lien social », 2013.

encourage la société civile et les communautés locales à se prendre en charge dans un esprit de civisme et de démocratie participative ? Le chapitre suivant, consacré au régime d'attachement universaliste, permettra de constater que cette conciliation n'est pas impossible puisque certains pays y parviennent.

CHAPITRE 16

La voie universaliste : une synthèse ambitieuse et inachevée

Toutes les nations démocratiques se réfèrent à un principe universel. Il suffit de lire leurs constitutions respectives pour constater qu'elles reconnaissent à tous les citoyens l'égalité des droits, sans distinction de leurs origines, de leurs cultures ou de leurs religions. La reconnaissance de la citoyenneté pleine et entière, par-delà les différences existant entre les membres de toute communauté nationale, est en elle-même une aspiration à l'universalité. Il peut paraître dès lors un peu paradoxal, ou tautologique, de qualifier d'universaliste un régime d'attachement social spécifique, puisque toutes les nations démocratiques en adoptent le principe, ne fût-ce qu'en proclamant le droit de vote et donc la souveraineté égale de tous les individus. Il s'agit ainsi, et de façon plus générale, d'affirmer l'unité du genre humain et de reconnaître la pleine humanité et les droits de tous. Mais le principe d'universalité se heurte à la réalité des différences, des inégalités et des discriminations entre les sexes, les classes sociales et les origines ethniques à l'intérieur d'une même société et *a fortiori* entre les diverses sociétés. Dans les faits, l'universalité véritable n'est jamais garantie. Ce principe reste un horizon que les nations cherchent à atteindre sans jamais y parvenir totalement[1]. Le décalage entre le principe proclamé et la réalité existe dans toutes les sociétés et aucune d'entre elles ne peut se déclarer « universaliste » au sens où elle réalise concrètement

1. Voir sur ce point D. Schnapper, « La nation et l'universel », *in* D. Schnapper, *De la démocratie en France. République, nation, laïcité*. Textes réunis par Perrine Simon-Nahum, Paris, Odile Jacob, 2017, p. 29-38.

le principe d'universalité. Toutefois, certaines y parviennent davantage que d'autres. C'est en ce sens qu'il faut comprendre le sens que je donne au régime d'attachement universaliste. Il passe, on l'a vu, par la prééminence du lien de citoyenneté sur les autres liens, et il s'agit de comprendre comment et avec quelles conséquences sur la société.

D'après la classification par ascendance hiérarchique, huit pays sont classés dans un groupe que nous avons désigné « universaliste » (voir chapitre 11). Il s'agit de quatre pays d'Europe du Nord (Danemark, Norvège, Finlande, Suède) et de quatre autres pays (Pays-Bas, Allemagne, Suisse, Australie). Ce regroupement peut surprendre, car si les pays nordiques forment dans la plupart des typologies un ensemble cohérent, les quatre autres sont souvent classés dans des groupes différents. Par exemple, selon la typologie des *welfare regimes* d'Esping-Andersen, l'Australie est considérée comme un pays « libéral », alors que l'Allemagne et les Pays-Bas comme des pays « conservateurs ». La Suisse est également souvent classée parmi les pays « conservateurs », même si sa composition en trois zones géographiques, linguistiques et culturelles contrastées, rend plus difficile son identification à un type déterminé.

La prééminence du lien de citoyenneté est vérifiée dans ce groupe de façon globale. En réalité, deux pays seulement, le Danemark et la Norvège, réalisent formellement cette condition, mais les écarts entre le lien de citoyenneté et le lien de participation organique sont faibles pour la Finlande, la Suède et les Pays-Bas (voir **tableau 16.1**). Ces huit pays « universalistes » présentent toutefois des similitudes que les travaux précédents n'avaient pas remarquées. Ils se caractérisent par un indice du lien de filiation très bas (l'Australie a l'indice le plus élevé des huit, mais il reste relativement faible) et, en revanche, des indices relativement élevés pour chacun des trois autres types de liens sociaux. Mais ce qui est le plus surprenant, c'est qu'ils parviennent à concilier un indice élevé du lien de participation organique et du lien de participation élective, deux types de liens qui paraissent presque antinomiques dans le cas de la France et des États-Unis (comme on l'a vu au chapitre 15). Parmi ces huit pays, l'Australie a l'indice du lien de participation élective le plus fort et pourrait de ce fait être rapprochée des États-Unis, mais son indice du lien de participation organique est également relativement élevé (un peu plus que celui de l'Allemagne et de la Suisse, et, en tout cas, beaucoup plus que celui des États-Unis).

Tableau 16.1. Indices des liens sociaux des pays du groupe « universaliste »

	Lien de filiation		Lien de participation organique		Lien de participation élective		Lien de citoyenneté	
	Indice	*Rang*	*Indice*	*Rang*	*Indice*	*Rang*	*Indice*	*Rang*
Pays nordiques								
Danemark	0,01	8	0,86	4	0,62	4	1,00	1
Norvège	0,04	6	0,78	5	0,70	2	0,95	2
Finlande	0,04	5	0,99	1	0,48	8	0,87	3
Suède	0,02	7	0,97	2	0,62	3	0,77	6
Autres pays								
Pays-Bas	0,09	4	0,92	3	0,49	6	0,78	5
Suisse	0,11	2	0,52	8	0,57	5	0,83	4
Allemagne	0,10	3	0,61	7	0,48	7	0,61	8
Australie	0,22	1	0,62	6	0,84	1	0,64	7
Ensemble	0,09	–	0,78	–	0,6	–	0,81	–

Source : Base de données 34 pays.

Au-delà des différences qui existent entre eux, il s'agit d'expliquer les raisons historiques et anthropologiques de la capacité de ces pays à concilier trois types de liens sociaux, autrement dit à articuler trois sphères de la morale collective. En prenant en priorité l'exemple des pays nordiques, qui sont les plus proches du type idéal du régime d'attachement universaliste, on étudiera les racines de ce régime, avant d'analyser en quoi il constitue une synthèse à la fois ambitieuse, inachevée et, en partie, menacée.

Les racines de l'universalisme

Les spécialistes des welfare regimes considèrent que les pays nordiques présentent l'exemple le plus abouti d'un régime universaliste[2]. Aussi bien en Suède, au Danemark, en Norvège qu'en Finlande, l'État providence est qualifié d'« universaliste » au sens où le système de protection sociale en vigueur dans ces pays est fondé sur les droits de la citoyenneté. Le financement est assuré principalement par la fiscalité et la couverture des besoins est bien universelle. Les régimes d'assurance sociale sont gérés, pour la plupart, par l'État. Les prestations et les allocations sont, par ailleurs, uniformes, et le plus souvent jugées généreuses au regard des autres pays européens. Mais ces caractéristiques bien connues du système de protection sociale ne suffisent pas à qualifier les pays nordiques. Ce que j'appelle le régime d'attachement social universaliste ne se réduit pas à l'État providence universaliste ; il concerne l'ensemble des liens sociaux et l'articulation spécifique des différentes sphères de la morale. Il nous faut donc analyser tout à la fois le compromis social-démocrate, le sens du « nous », le mode de gouvernance fondé sur la négociation partenariale dans le monde du travail, la démocratie locale et la connexion État/société civile.

Le compromis social-démocrate

Tous les ouvrages qui traitent de l'histoire contemporaine des pays nordiques insistent sur les conditions historiques d'émergence de la social-démocratie[3]. La décennie 1930 en est reconnue comme la décennie fondatrice. On peut en effet retenir de cette période l'invention de politiques économiques visant à sortir de la crise, les grandes réformes sociales, la recherche de compromis entre le capital et le travail au sein de démocraties pluralistes et consensuelles, autrement dit, une sorte de troisième voie entre le libéralisme économique et le socialisme. Si cette

2. François-Xavier Merrien, Raphaël Parchet, Antoine Kernen, *L'État social. Une perspective internationale*, *op. cit*, p. 107.
3. On lira en particulier Yohann Aucante, *Les Démocraties scandinaves. Des systèmes politiques exceptionnels ?*, Paris, Armand Colin, « Collection U », 2013.

vision englobante n'est pas fausse, elle n'est pas suffisante. Car cette présentation quelque peu idyllique de la social-démocratie ne renseigne pas sur les fondements historiques et anthropologiques de la capacité de ces pays à faire société en recherchant le consensus et la réduction des inégalités. Il nous faut donc aller plus loin.

Yohann Aucante, spécialiste des pays scandinaves, nous donne quelques éléments d'explication[4]. Dans le contexte des années 1930, marqué, d'une part, par la montée de courants d'extrême droite et, d'autre part, par la critique de l'approche marxiste fondée sur la lutte des classes qu'adoptent les partis de gauche, Albin Hansson, chef du Parti social-démocrate suédois des travailleurs avant de devenir premier ministre en 1932, reprend dans ses discours la métaphore nationaliste du « foyer du peuple » (*Folkhem*). Cette expression connaît aussitôt un succès considérable auprès de la population. D'après Aucante, « l'objectif avoué est de modifier l'image que certains peuvent avoir ou donner de la social-démocratie comme un parti internationaliste et apatride, au service d'idéaux abstraits ; mais il s'agit aussi de rappeler que les inégalités sociales au sein de ce foyer restent criantes et ne sauraient être tolérées à ce niveau. De ce point de vue, la métaphore familiale sonne juste car s'il est une communauté de base qui est censée créer de la solidarité, c'est bien celle-là. Ce type de nationalisme « démocratique » et « égalitaire » contraste avec celui de la race et du sang, quand bien même l'impact de la biologie raciale n'est pas négligeable en Scandinavie[5] ». Cette rhétorique de l'appel au peuple et au dépassement des classes sociales sera par la suite reprise dans le programme du Parti social-démocrate danois en 1934, *Danmark for Folket* (« Le Danemark pour le peuple »). Le Parti travailliste norvégien, qui avait jusqu'au début des années 1930 une posture plus révolutionnaire, adopte lui aussi un discours de réconciliation sociale. Dans la perspective des élections locales de 1937, il produit le film *By og land, hand i hand* (« Villes et campagnes, main dans la main »), dont l'objectif était, à partir d'exemples concrets, de prôner une coopération réelle entre les paysans et les ouvriers pour la prospérité du pays.

Cette alliance n'allait toutefois pas de soi. Depuis les années 1920, les paysans, généralement conservateurs et favorables à la propriété

4. *Ibid.*, p. 87 et suiv.
5. *Ibid.*, p. 88.

familiale, s'opposaient aux ouvriers et à leurs idées de gauche. La garantie des prix agricoles, en soutien au monde paysan, pouvait être perçue par les ouvriers comme une menace sur leur pouvoir d'achat. Plusieurs épisodes violents survinrent dans les campagnes en Suède et en Norvège au début des années 1930 en raison de la crise économique et de l'endettement des agriculteurs, dont beaucoup furent expropriés. C'est dans ce contexte que les premiers accords dits « rouges-verts » furent trouvés entre 1933 et 1937 dans les quatre pays nordiques. Ils marquèrent profondément leur histoire politique. En Suède, le parti de Hansson se rapprocha au cours de cette période du Parti agrarien (fondé au début du XXe siècle) et proposa un programme novateur visant à satisfaire, dans une perspective de coopération interclasses, aussi bien les intérêts des agriculteurs que ceux des ouvriers, par de nouvelles réglementations des prix agricoles et une politique ambitieuse d'emploi et d'investissement public. La Norvège suivit cet exemple en parvenant en 1935 à un grand accord corporatiste de reconnaissance mutuelle (*Hovedavtalen*) entre organisations syndicales et patronales, prélude à un mouvement réformiste favorable à des négociations institutionnalisées et pacifiées, qui s'installa durablement dans les quatre pays scandinaves. Et ce fut sans doute l'accord conclu en 1938 en Suède, entre la SAF (Confédération patronale) et LO (Confédération générale du travail) qui symbolisa le plus l'esprit de coopération entre les partenaires sociaux. Cet accord de Saltsjöbaden entre le mouvement ouvrier suédois – soutenu par le Parti social-démocrate au pouvoir depuis 1932 – et le patronat, représenté par le milieu des affaires et des entrepreneurs, visait principalement à protéger les salariés contre les licenciements arbitraires. Il a été perçu, de part et d'autre, comme une manière d'établir de façon durable la paix dans le monde du travail. Il a d'ailleurs été suivi de plusieurs autres accords bilatéraux portant sur la sécurité de l'emploi, la protection sociale des travailleurs, la formation professionnelle, les cadences de travail, etc. Un peu plus tard, dans les années 1950, ces conventions de base ouvrirent la voie à des négociations salariales centralisées, qui furent considérées comme l'une des caractéristiques principales du modèle suédois[6].

6. Voir sur ce point Rudolf Meidner, « Essor et déclin du modèle suédois », *in* Jean-Pierre Durand (dir.), *La Fin du modèle suédois*, Paris, Syros, 1994, p. 41-59.

Il est inutile de revenir en détail sur la constitution d'un État providence universaliste qui a été abondamment étudiée aussi bien par les historiens, les politistes que les sociologues. On retiendra surtout que ce que l'on appelle le régime universel de protection sociale nordique repose sur trois principes : 1) l'État se définit comme le « foyer du peuple » et s'impose de façon consensuelle pour protéger l'ensemble de la nation, il traduit à lui seul l'esprit de solidarité et entretient l'image d'une communauté cohésive ; 2) dans un esprit de justice sociale, il entend réduire les inégalités et s'appuie sur la fiscalité pour garantir à tous une protection de base ; 3) il promeut des politiques économiques qui visent tout à la fois à réguler le marché, à assurer dans la mesure du possible le plein-emploi et l'investissement public, et à accompagner les populations les plus défavorisées. Ce programme, qui s'est amplifié dans les années d'après-guerre, a souvent été considéré comme l'exemple le plus abouti de la généralisation du « bien-être » (*welfare*).

Le sens du « nous »

La question essentielle, dès lors, est de savoir comment la population a soutenu si durablement un tel modèle. Il faut donc explorer de façon plus profonde les modes de vie, les valeurs, les expériences vécues des citoyens de ces pays. Harry Eckstein, politologue américain, a réalisé dans les années 1960 une étude approfondie de la Norvège, ce qu'on appelle généralement une étude de cas. Il en a tiré un ouvrage sur la division et la cohésion dans ce pays[7]. Ce chercheur, né dans une famille juive allemande, était arrivé aux États-Unis en 1936 à l'âge de douze ans. Diplômé de Harvard, il a consacré sa vie à étudier de façon comparative les modèles culturels et politiques. À la manière d'un Tocqueville en Amérique, il découvrit la Norvège lors d'un séjour de recherche et s'intéressa aux habitudes et aux valeurs de ses habitants. Sans cacher son enthousiasme, il les décrit comme s'ils représentaient l'envers des Américains, c'est-à-dire comme l'opposé de ce qu'il était lui-même devenu depuis qu'il s'était installé aux États-Unis. Ce type de recherche n'échappe pas à une part de simplification, comme chaque fois que

7. Harry Eckstein, *Division and Cohesion in Democracy. A Study of Norway*, Princeton, NJ, Princeton University Press, 1966.

l'on parle de façon globale des citoyens d'un pays. Mais les observations d'Eckstein n'en restent pas moins pertinentes, d'autant qu'elles se fondent sur une enquête ethnographique, des entretiens approfondis et une série de tableaux statistiques. La précision de ses analyses qualitatives s'explique en grande partie par le choc culturel qu'il a probablement ressenti en découvrant un monde social si différent du sien.

Ce qui frappe Eckstein, c'est le sentiment qu'ont les Norvégiens de former entre eux une seule communauté, ce qui contraste avec les Américains qui se réfèrent à un ensemble de communautés différentes, souvent opposées les unes aux autres. « Les Norvégiens ont une attitude de solidarité plus élevée, plus globale, en ce sens qu'ils manifestent en fait, dans de nombreux aspects de leur comportement, un profond sens de la communauté – un *Wirbewußtsein* considérable, un sens du “nous”, comme diraient les Allemands[8]. » Ce sens de la communauté est éminemment politique, mais il s'incarne très concrètement. Un de ses signes les plus manifestes est, selon Eckstein, que les relations sociales en Norvège ne s'expriment pas prioritairement en termes économiques, au sens de l'échange au cours duquel chacun vise son intérêt personnel en négociant ou en marchandant de façon à en retirer un avantage. En dépit de la modernisation du pays et malgré le peu de chaleur émotionnelle que les Norvégiens affichent ouvertement envers les autres, les relations sociales sont ancrées dans des modèles de conduite « non économiques ». Un exemple frappant, nous dit-il, est la préférence générale des médecins norvégiens pour un statut de salarié et non de profession libérale. Ils préfèrent supprimer le lien monétaire de la relation médecin/patient, ce qui contraste fortement avec l'attitude des médecins américains, hostiles par principe à l'idée d'être traités comme des fonctionnaires[9]. Eckstein constate aussi que de nombreuses activités industrielles et commerciales en Norvège se développent par des arrangements coopératifs entre vendeurs et producteurs afin de limiter ou de supprimer la concurrence, ce qui passe par la commercialisation conjointe et la définition commune

8. *Ibid.*, p. 8. (Les citations de ce livre ont été traduites par moi – *N.d.A.*)
9. Cette question fait aussi débat en France. Face aux problèmes suscités par les urgences et la réponse insuffisante aux demandes de soins non programmés, le statut libéral des médecins est parfois mis en question, certains lui préférant le statut de salarié impliquant une gestion plus administrative et plus globale des centres de soins.

de normes. Il s'agit en réalité d'une forme de monopole ou de cartel, non seulement tolérée, mais très souvent encouragée, voire encadrée par l'autorité publique.

Les Norvégiens voient souvent dans la concurrence brute un obstacle à leur volonté d'harmonie entre les êtres humains. Ils se font confiance réciproquement – ce que confirment toujours les enquêtes d'aujourd'hui – et éprouvent une profonde antipathie à l'égard d'arrangements propices à toutes formes d'exploitation des uns au profit des autres. « Cela ne veut pas dire, bien sûr, précise Eckstein, qu'aucun Norvégien ne profite jamais d'un autre. Les Norvégiens sont humains. Mais cela signifie qu'il y a une grande confiance dans la conduite de l'esprit public et du respect des autres. En raison de cette confiance, les Norvégiens, lorsqu'ils sont victimes d'agissements égoïstes, semblent parfois extraordinairement désarmés, blessés et surpris plutôt que scandalisés ou incités à prendre des contre-mesures[10]. »

Évidemment, il est également frappé par la croissance de l'État providence norvégien. Il y voit l'effet de la grande sollicitude dont font preuve les Norvégiens à l'égard des membres les plus faibles et les moins favorisés de leur société, une sorte de compassion à l'égard des pauvres qui contraste avec la tendance si fréquente aux États-Unis à les culpabiliser[11]. Notons que, si la comparaison avec les États-Unis donne sans doute globalement raison à Eckstein, cette sollicitude n'a pas toujours été vérifiée, notamment dans les petites communes rurales norvégiennes où les pauvres furent stigmatisés et jugés irresponsables. Pendant longtemps, l'assistance leur était apportée de manière très discrétionnaire et contrôlée[12].

10. *Ibid.*, p. 85.

11. Sur ce point, S. Paugam, « La perception de la pauvreté sous l'angle de la théorie de l'attachement. Naturalisation, culpabilisation et victimisation », art. cité.

12. Voir Y. Aucante, *Les Démocraties scandinaves. Des systèmes politiques exceptionnels ?, op. cit.*, p. 99. Ce traitement spécifique des plus pauvres s'est maintenu en Norvège après la guerre. Dans un pays où les pauvres qui sortaient des mailles du filet de protection sociale étaient peu nombreux, les travailleurs sociaux qui intervenaient auprès d'eux avaient le pouvoir de décider de leur octroyer ou non les aides qu'ils sollicitaient. Le risque était élevé de considérer que cette frange résiduelle de la population pouvait être soupçonnée de ne pas mériter d'être aidée. Voir sur ce point Yvar Lødemel, *The Welfare Paradox. Income Maintenance and*

Au-delà de cette compassion, Eckstein voit surtout dans les relations sociales norvégiennes une cordialité généralisée des échanges : « La tendance à ne pas traiter les autres comme des utilités se manifeste également en Norvège dans la manière de définir certains vices et vertus, notamment dans l'éducation des enfants. La vertu suprême que les Norvégiens semblent généralement cultiver est la gentillesse et la serviabilité envers les autres. Parallèlement, le vice suprême qu'ils essaient de décourager semble être d'humilier ou de blesser quelqu'un d'autre ; et le fait d'être soi-même humilié semble être leur plus grande anxiété obsessionnelle. Leur peur de l'humiliation peut même, d'une certaine manière, expliquer le manque d'ouverture et de chaleur, et en particulier la méfiance à l'égard des étrangers, que beaucoup ont observé en Norvège, ainsi qu'une tendance fréquente à se retirer dans une vie privée isolée ou des réseaux sociaux très étroits[13]. »

Ne se trouve-t-on pas ici face à un nouveau paradoxe ? Alors que les Norvégiens sont décrits comme des personnes affables, délicates, respectueuses de leurs semblables, et toujours engagées au service du bien commun au sein de leur communauté, ils semblent aussi profondément individualistes, parfois solitaires et toujours à la recherche de leur épanouissement personnel : comment peut-on à ce point concilier sens de la communauté et individualisme ? Albert Hirschman soulignait que l'engagement dans l'action publique et le repli sur les valeurs du bonheur privé ne sont pas vraiment compatibles. Selon lui, l'histoire nous invite plutôt à voir ces deux tendances comme des cycles qui s'enchaînent, l'un succédant à l'autre[14]. Après une phase d'exaltation, chaque mouvement entraînerait à la longue une certaine déception et conduirait les acteurs vers le mouvement inverse, un peu comme un système de balancier appelé à se perpétuer sans interruption. Cette thèse semble contredite par les descriptions d'Eckstein : les Norvégiens – et, par extension, les

---

Personal Social Services in Norway and Britain, 1946-1966, Oslo, Scandinavian University Press, 1997.

13. H. Eckstein, *Division and Cohesion in Democracy : A Study of Norway*, *op. cit.*, p. 87.

14. Albert O. Hirschman, *Bonheur privé, action publique*, traduit de l'anglais (États-Unis) par Martine Leyris et Jean-Baptiste Grasset (1re éd. sous le titre *De Shifting Involvements. Private Interest and Public Action*, Princeton, NJ, Princeton University Press, 1982), Paris, Fayard, 1983.

Nordiques – auraient cette faculté de conjuguer engagement public et recherche du bonheur privé selon une alchimie qui serait ancrée dans leur mode de socialisation. « La plupart des Norvégiens semblent apprécier et, dans les faits, pratiquer souvent des activités très solitaires, comme les randonnées et les excursions en bateau. Mais leur individualisme se limite à ce type d'activités « retirées », et ne se manifeste pas par une excentricité personnelle dans les relations sociales, un manque de coopération, une étincelle ou une originalité manifestes, une audace mentale, des prises de position controversées par pur plaisir, une quelconque forme d'"exhibition", ou une recherche personnelle prononcée. Dans les activités publiques, les Norvégiens se conforment avec ardeur, en adhérant à des normes institutionnelles étroitement définies, généralement coopératives. Mais ils expriment le côté moins conventionnel de leur nature en s'adonnant à des activités dont les "autres" sont délibérément exclus, y compris, dans certains cas, la solitude de la création artistique et littéraire. De cette manière, l'anticonformisme ne perturbe pas l'interaction sociale, ni la conformité sociale n'entrave l'épanouissement personnel ; et de cette manière aussi, l'individualisme, tel qu'il est, renforce la capacité de comportement communautaire[15]. » Il faut sans doute voir dans cette conjonction, intrigante pour l'observateur extérieur, l'effet du mode d'éducation en vigueur dans ces pays nordiques, lequel consiste à faire très tôt l'apprentissage du sens du civisme et des règles de la vie communautaire. On y retrouverait les bases de l'éducation morale suggérées par Durkheim : l'esprit de la discipline, l'attachement aux groupes et l'autonomie de la volonté[16]. Et ce ne serait que parce que ces règles sont intériorisées qu'elles correspondraient à une forme d'habitus national. Une fois assimilées, elles n'agiraient plus de façon coercitive sous la forme d'une contrainte et n'empêcheraient pas, au contraire, l'expression d'une autonomie dans la recherche d'un épanouissement personnel et du bonheur privé.

Le sens du « nous » se manifeste également dans le respect inconditionnel du bien commun. Il n'est pas rare de trouver dans les pays proches d'un régime d'attachement familialiste des formes

15. H. Eckstein, *Division and Cohesion in Democracy : A Study of Norway*, *op. cit.*, p. 88.
16. É. Durkheim, *L'Éducation morale*, *op. cit.*

d'appropriation privée de l'espace public et du bien commun. Nous avons vu dans les chapitres précédents plusieurs exemples de pénétration de l'administration par des intérêts privés, de contournement des règles qui prévalent dans la sphère publique ainsi que dans des formes de clientélisme souvent tolérées par l'État lui-même. La frontière entre le privé et le public, le formel et l'informel, est assez poreuse dans ces pays et la corruption y est courante. Il serait sans doute excessif de dire que rien de tel n'est possible dans les pays nordiques, mais il semble que le respect absolu des institutions, la vigilance permanente à l'égard de la sauvegarde du bien commun, ainsi que le contrôle social, conduisent à limiter à quelques rares cas les comportements inciviques, d'autant qu'ils sont sévèrement réprimés. Cet aspect de la vie collective norvégienne a également frappé Eckstein qui y voit, encore une fois, un contraste saisissant avec les États-Unis : « Compte tenu des attitudes non utilitaires dominantes à l'égard des "autres", il n'est pas surprenant que les Norvégiens aient des sentiments fortement positifs à l'égard des institutions et des objets qui, pour ainsi dire, incarnent l'altérité – en d'autres termes, à l'égard des objets publics accessibles ou non à tous. Ils prennent remarquablement soin, par exemple, de leurs terres communes et, de même, ils gardent une grande partie de leurs terres accessibles. Les déchets sauvages, les épidémies de panneaux publicitaires et de néons, les excroissances de bars en bord de route, sont pratiquement inconnus. De même, la construction urbaine est étroitement contrôlée à des fins esthétiques et hygiéniques, même au prix d'une atteinte considérable et consciente au confort privé. En fait, on peut avoir l'impression en Norvège que pratiquement n'importe quelle sorte de pénurie privée est tolérée si sa contrepartie démontrable est l'abondance publique, inversant ainsi les priorités de la vie américaine. Il existe, en effet, une certaine tendance à transformer les choses privées en objets publics, ou du moins à les traiter comme tels[17]. »

Nous avons vu plus haut que le succès du modèle social-démocrate s'explique en grande partie par la capacité à trouver des compromis entre des positions *a priori* opposées et inconciliables. Cette aptitude au consensus ne relève pas uniquement de la performance personnelle des

17. H. Eckstein, *Division and Cohesion in Democracy : A Study of Norway*, *op. cit.*, p. 89.

responsables politiques, même si certains d'entre eux ont pu faire preuve de réelles qualités de négociation. Il semble en effet que si les désaccords politiques ne se sont pas traduits par des clivages insurmontables, c'est parce que la politique menée dans les pays nordiques reflète le plus souvent des valeurs communautaires partagées : le souci de la chose publique, la sollicitude pour les faibles, l'acceptation de certaines privations privées, y compris au prix d'un nivellement matériel non négligeable, à condition qu'elles agissent en faveur du bien-être collectif. Mais Eckstein va plus loin en suggérant que « la portée limitée des désaccords politiques en Norvège se trouve dans la tendance générale à se dégager des situations d'hostilité potentielle. Il semble y avoir un large accord tacite dans la politique norvégienne pour ne pas soulever publiquement des questions susceptibles d'engendrer des antagonismes ouverts (ce qui, bien sûr, est parfois impossible). En corollaire, il y a une tendance à s'efforcer, discrètement et en privé, de trouver des accords préalables avant que les débats publics ne soient menés et à ne pas insister sur les points qui risqueraient, au vu des sondages, d'aboutir à un échec. De ce point de vue, le consensus politique en Norvège est à la fois positif et négatif, un consensus proclamé et un consensus du silence, le premier sur les questions de valeurs communes, le second sur les questions qui divisent. Mais le consensus du silence n'est pas sans rapport avec les valeurs communes. Il découle d'une sorte de prévenance, ainsi que de normes profondément inculquées pour la gestion des conflits dans le réseau des relations communautaires de la société[18] ». Ainsi, on pourrait dire que si les politiques sont consensuelles, c'est parce qu'elles sont à l'image des citoyens de ces pays, de leurs attentes, mais aussi de leurs pratiques quotidiennes dans les relations sociales et dans la sphère publique.

Enfin, un autre trait de la culture norvégienne frappe le politologue américain : « L'aversion des Norvégiens pour la surenchère se manifeste également par l'absence de certaines des caractéristiques personnelles que d'autres associent à l'individualisme : l'éclat et la force de l'art oratoire, l'audace mentale et les pièges de l'argumentation, l'esprit satirique, etc. Le fait est que les Norvégiens sont silencieux, mais pas du tout "frimeurs", ils ne se moquent pas des autres et n'argumentent pas inutilement (des normes que les universitaires américains, dont je fais

18. *Ibid.*, p. 90.

partie, ont été particulièrement lents à comprendre). Ils minimisent les succès et les talents de toutes sortes, surtout les leurs, et vouent une sorte de culte à la modestie. Dans les affaires humaines, le succès est le plus souvent traité comme une question de *fortune* plutôt que de *vertu*, quelque chose qui arrive à quelqu'un en dépit de ses justes mérites, et n'est jamais affiché ostensiblement, sauf par les inadaptés[19]. » Ce constat peut paraître sans doute un peu angélique. En le prenant à la lettre, il pourrait signifier que les classes sociales ne chercheraient en aucune manière à se distinguer les unes des autres, que la fonction ostentatoire de la consommation serait abolie et que chaque individu, en vertu de ce culte de la modestie, n'éprouverait nullement le besoin de faire valoir ses qualités et ses potentialités. Mais si le trait semble quelque peu forcé, il faut admettre qu'il existe malgré tout dans ces pays une certaine volonté de réduire les différences sociales et statutaires[20]. L'exemple qui frappe beaucoup les observateurs extérieurs est la simplicité, y compris vestimentaire, dont font preuve les responsables politiques, même lorsqu'ils sont appelés aux plus hautes fonctions. Ils se déplacent au quotidien à vélo ou par les transports en commun et se fondent dans la foule comme des citoyens ordinaires.

L'entreprise cohésive et inclusive

Cet esprit cohésif se retrouve également dans le monde du travail. L'organisation des entreprises explique en grande partie le succès économique des pays nordiques. Un peu partout dans le monde, on se réfère à ce modèle qui permet de concilier une productivité élevée et une qualité de vie au travail. Comment expliquer cette réussite ? Dans une société qui aspire à l'égalité, il aurait été surprenant de trouver un mode de management vertical. Ce qui frappe les observateurs étrangers quand ils visitent des entreprises scandinaves, c'est l'horizontalité des relations de travail. L'autonomie dans la réalisation du travail est de

19. *Ibid.*, p. 99.
20. L'anthropologue norvégienne Marianne Gullestad évoque la notion de l'« égalité-mêmeté » pour qualifier cette aspiration à l'égalité sociale dans les interactions ordinaires entre citoyens. Voir M. Gullestad, *The Art of Social Relations : Essays on Culture, Social Action and Everyday Life in Modern Norway*, Oslo, Scandinavian University Press, 1992.

mise et chaque salarié peut, quel que soit son niveau hiérarchique, émettre un avis et faire des propositions sur le fonctionnement de l'entreprise. Le tutoiement entre chefs et employés est de rigueur, comme il l'est aussi à l'école entre élèves et professeurs. Tous les employés s'appellent par leurs prénoms. Même si les fonctions exercées ne sont pas les mêmes, on ne se différencie pas formellement par des titres ou des grades. Les tenues vestimentaires sont les moins distinctives possible. Les cadres sont généralement très accessibles et ne cherchent pas à imposer leur autorité. Au contraire, leur légitimité est fonction de leur ouverture d'esprit et de leur aptitude à l'écoute et au dialogue. Si les responsables politiques prennent les transports en commun, il en est souvent de même pour les chefs d'entreprise[21]. On raconte qu'à l'occasion de l'arbre de Noël de l'entreprise Scandinavian Airlines, la tradition veut que le PDG, déguisé en Père Noël, vienne remettre en personne les cadeaux aux enfants de ses collaborateurs. Son autorité sort même renforcée de cette mascarade bon enfant[22]. On fera d'autant plus confiance à son patron qu'il aura prouvé par son attitude sa capacité à partager avec ses employés et ses collaborateurs des moments de convivialité, autrement dit, sa capacité à vivre en communauté, le travail ne se distinguant pas en cela des autres sphères de la vie sociale.

La qualité de vie au travail fait l'objet d'une grande attention. Les rythmes et les horaires du travail sont généralement étudiés avec vigilance et respectés de façon à assurer à chaque employé une réelle maîtrise des tâches qu'il doit accomplir, mais aussi un bon équilibre entre la vie professionnelle et la vie privée. Travailler tard le soir au lieu de rentrer chez soi est prohibé. Si un tel comportement se produisait, il ne serait pas perçu comme une forme d'engagement volontariste au travail ou de loyauté à l'égard de l'entreprise, mais, au contraire, comme un signe inquiétant de mauvaise organisation. En réalité, tout est fait au sein de l'entreprise pour permettre à chaque salarié de s'épanouir afin qu'il puisse donner le meilleur de lui-même. L'entreprise se préoccupe des contraintes de la vie privée et tente souvent, dans la mesure du possible,

21. Voir sur ce point Pierre Guillet de Monthoux, « Le modèle suédois », *in* D. Schnapper et H. Mendras (dir.), *Six Manières d'être européen*, Paris, Gallimard, « Bibliothèque des Sciences humaines », 1990, p. 67-92.

22. Pierre Forthomme, « Entreprise et société en Suède : un regard aux sources du modèle », *Le Journal de l'école de Paris du management*, 2007, vol. 68, n° 6, p. 8-15.

d'y apporter des solutions. En Suède, il n'est pas rare que l'État confie aux entreprises les aides sociales dont il se chargeait auparavant. Quand, par exemple, les crèches ne sont pas suffisantes, les entreprises prennent sur elles d'en ouvrir pour les enfants en bas âge de leurs salariés. Dans les pays nordiques, l'égalité et la parité homme/femme au travail sont plus avancées que dans les autres pays. Ce fonctionnement est à l'opposé de la stratégie japonaise qui a été, on l'a vu, d'imposer une division entre les sexes qui maintient les femmes avec enfants en dehors du monde du travail. Si, dans un cas comme dans l'autre, la famille est prise en compte par l'entreprise, le modèle familial de référence n'est pas le même.

Ce constat de la supériorité scandinave en matière de qualité de vie au travail est-il vérifié lorsqu'on compare ces pays aux autres pays européens ? Même si elles sont souvent significatives, les observations qualitatives peuvent toujours être en partie biaisées. C'est à cette tâche de vérification que s'est livré Duncan Gallie au début des années 2000, à partir d'une enquête européenne[23]. La source disponible permettait de prendre en compte plusieurs dimensions de la tâche de travail en elle-même : la variété du travail effectué, le fait d'apprendre de nouvelles choses, la possibilité d'avoir son mot à dire sur ce qui se passe dans le travail et de prendre part aux décisions. Elle permettait également d'apprécier la participation, les opportunités de carrière et la stabilité de l'emploi. Bien entendu, l'analyse considérait les variations, notamment selon l'âge, le sexe, le niveau de qualification, l'ancienneté dans l'entreprise, le secteur d'activité, la taille de l'entreprise… Il ressortait de la vérification de Gallie que la Suède et le Danemark, aussi bien pour les femmes que pour les hommes, se distinguaient nettement des autres pays en termes de qualité des tâches de travail. Avec la Finlande, ils se distinguaient également sur la participation des employés aux décisions relatives à l'organisation du travail, et cela quel que soit le sexe. La possibilité d'influer sur tout ce qui relève de la vie au travail et de se réunir avec d'autres employés pour exprimer un point de vue personnel ou collectif se confirmait comme une caractéristique majeure de ces trois pays[24]. Il s'agit ici de tendances lourdes

23. D. Gallie, « The Quality of Working Life : Is Scandinavia Different ? », *European Sociological Review*, vol. 19, n° 1, 2003, p. 61-79.
24. La Norvège ne faisait pas partie de cette étude et les résultats pour la Finlande s'inscrivaient globalement dans la même tendance, mais ils n'étaient significatifs, après contrôle, que pour la participation à l'organisation du travail.

qui traduisent une capacité supérieure aux autres pays à faire régner dans les entreprises une authentique démocratie au travail. En ayant recours à la même enquête européenne, il a été également possible de démontrer que le risque de cumuler une mauvaise qualité du travail et une forte insécurité de l'emploi – ce que j'ai appelé une *intégration professionnelle disqualifiante*[25] – était nettement plus faible au Danemark et en Suède qu'en France, en Allemagne, au Royaume-Uni et en Espagne[26]. Enfin, des travaux de recherche ont permis de vérifier que les pays nordiques n'ont pas été affectés par les effets de la crise financière de 2008 sur les conditions de travail, contrairement à d'autres pays européens[27]. Aucune dégradation n'a été constatée au cours de cette période en termes de stress au travail ou d'autonomie dans le travail. Ce qui tend à confirmer le maintien d'un haut niveau de qualité de vie au travail dans ces pays comparativement aux autres et, en cela, la robustesse du modèle nordique dans ce domaine.

Il existe ainsi un faisceau de preuves empiriques concordantes du caractère plus cohésif et plus inclusif du monde du travail dans les pays nordiques. S'il en est ainsi, c'est parce que les entreprises ont pu, dans ces pays, réunir les conditions d'un dialogue entre salariés, en s'inscrivant dans le prolongement des négociations abouties entre partenaires sociaux et en bénéficiant en même temps des politiques publiques de régulation des emplois. L'entreprise est d'autant plus inclusive qu'elle se développe dans un régime d'emploi également inclusif à l'échelle nationale[28]. Plusieurs chercheurs ont annoncé depuis longtemps la fin du modèle suédois ou la fin du modèle nordique, sous l'influence notamment du libéralisme économique et de la mondialisation de l'économie. Il ne faut pas en sous-estimer les effets dans le monde du travail, mais,

25. S. Paugam, *Le Salarié de la précarité. Les nouvelles formes de l'intégration professionnelle*, *op. cit.*

26. Voir S. Paugam et Ying Zhou, « Job Insecurity », *in* D. Gallie (dir.), *Employment Regimes and the Quality of Work*, Oxford, Oxford University Press, 2007, p. 179-204.

27. D. Gallie et Ying Zhou, « Job Control, Work intensity, and Work Stress », *in* D. Gallie (dir.), *Economic Crisis, Quality of Work, & Social Integration. The European Experience*, Oxford, Oxford University Press, 2013, p. 115-141.

28. D. Gallie, « Production Regimes, Employment Regimes, and the Quality of Work », *in* D. Gallie (dir.), *Employment Regimes and the Quality of Work*, *op. cit.*, p. 1-33.

pour le moment, des solutions souples d'adaptation semblent avoir été trouvées, ce qui explique, au moins partiellement, la stabilité des résultats des enquêtes régulières sur la qualité de vie au travail.

La connexion État/société civile

La relation entre l'État et la société civile est souvent source de tension. La comparaison entre la France et les États-Unis a permis de mettre de l'accent, dans le chapitre précédent, sur deux formes d'antagonisme. Dans le cas de la France, le caractère bureaucratique, centralisé et autoritaire de l'État a pour corollaire une relative faiblesse de la société civile, du moins comparativement à plusieurs de ses voisins, à commencer par l'Allemagne – ce que remarquait déjà Durkheim à son époque. Face à l'omniprésence de l'État, les citoyens français n'ont guère d'autre solution que de composer avec lui, quitte à se rebeller contre lui pour en tirer le meilleur profit. Presque à l'opposé, les Américains éprouvent une méfiance à l'égard de toute forme d'interventionnisme excessif de l'État et une préférence historique pour donner à la société civile le plus d'autonomie possible dans l'organisation de la Cité. Dans le premier cas, la morale civique procède avant tout de l'État dans son rôle d'instituteur du social, tandis qu'elle ne peut s'envisager, dans le second, que sous la forme d'un volontarisme associatif, à tel point qu'un essoufflement éventuel de ce dernier nourrit la crainte collective d'un déclin du pays dans son ensemble. Les pays nordiques, mais aussi, dans une moindre mesure, les quatre autres pays classés dans le groupe « universaliste » – Pays-Bas, Suisse, Allemagne et Australie –, parviennent beaucoup mieux à conjuguer, de façon démocratique, à la fois un État fort et protecteur, et une société civile engagée. Comment expliquer la force de cette connexion État/société civile ?

La première explication pourrait venir du mode de gouvernance partenarial et décentralisé. En ce qui concerne les pays nordiques, le paradoxe est que la démocratisation a été plus rapide en Norvège et en Finlande alors même qu'ils n'étaient pas encore des États indépendants[29]. La Norvège, encore reliée à la couronne suédoise, a inventé

29. Voir sur ce point Y. Aucante, *Les Démocraties scandinaves. Des systèmes politiques exceptionnels ?*, *op. cit.*, p. 65 et suiv.

de façon précoce au XIXe siècle une forme de démocratie locale. La Finlande, sous tutelle russe, a été en 1906 le premier pays européen à instaurer le suffrage universel masculin et féminin. Dans ces pays, le principe démocratique a prospéré par contestation du pouvoir tutélaire et autoritaire, et il n'est pas impossible qu'aussi bien la Suède que la Russie ont consenti à ces revendications pour éviter tout débordement et maintenir ainsi leur autorité. L'évolution a été plus lente en Suède et au Danemark, mais ces quatre pays nordiques ont aujourd'hui en commun un État centralisé, mais qui laisse jouer un rôle important aux collectivités locales, que ce soit dans l'administration des écoles, les aides sociales et la gestion des infrastructures publiques. Après la Seconde Guerre mondiale, celles-ci sont devenues de véritables courroies de transmission de l'État dans sa politique sociale. Le gouvernement local y est souvent présenté comme une « essence » de la démocratie. En Suède, les élections locales ont lieu tous les quatre ans en même temps que les élections législatives, ce qui explique une forte participation électorale, et la plupart des organes politiques locaux sont élus à la proportionnelle[30]. Les responsabilités des collectivités locales sont inscrites dans la législation nationale et contribuent à un mode de gouvernance original où l'autonomie locale est recherchée sans qu'elle se traduise pour autant par un retrait total de l'État. Il s'agit en quelque sorte d'une régulation douce, dont les effets sont particulièrement visibles dans la participation directe ou indirecte des citoyens aux affaires qui les concernent directement à l'échelle locale.

La situation est différente dans des pays comme la Suisse ou l'Allemagne dont l'État est fédéral[31]. Néanmoins, le rapprochement avec les pays nordiques me semble possible en ce que le système politique, fondé sur le principe de subsidiarité, implique la mise en œuvre

30. *Ibid.*, p. 118.

31. La Suisse compte vingt-six cantons correspondant à des États fédérés qui cèdent une partie de leur souveraineté à la Confédération selon le principe de la subsidiarité. L'Allemagne, de son côté, est composée de seize Länder, dont l'autonomie est grande en matière de police, de protection civile, de justice, d'éducation et de culture. Chaque citoyen allemand élit des représentants aussi bien au Bundestag – l'assemblée parlementaire de la République fédérale d'Allemagne – qu'au parlement de son Land. Les gouvernements des Länder influent par ailleurs sur la politique fédérale.

de gouvernements locaux. Le système suisse est souvent mis en avant comme un exemple réussi d'alliance entre démocratie directe et représentativité. La recherche de consensus est une priorité dans un pays où les diversités régionales et linguistiques sont importantes. Elle implique une représentation équilibrée au sein des institutions. Cette division des compétences politiques et administratives a pour effet de rapprocher les citoyens de l'État en général, puisque celui-ci se manifeste aussi bien à l'échelle locale qu'à l'échelle nationale. Elle entretient au niveau du canton – ou du Land pour l'Allemagne – l'idée selon laquelle la recherche de solutions commence localement et que ce n'est qu'après avoir épuisé les compétences locales et les ressources de la société civile qu'il est envisageable de se tourner vers l'État fédéral. Dans une recherche européenne sur les expériences nationales de revenu minimum, j'ai distingué trois modes de régulation de la pauvreté[32]. L'Allemagne, la Suisse, ainsi que les pays nordiques se caractérisent par un mode de régulation *négociée*, au sens d'un partage des responsabilités entre l'État, l'échelon local et les associations, mais aussi au sens d'une prise en charge moins bureaucratique, moins catégorielle et plus proche des besoins qu'on juge réels de la population concernée[33]. La France est à l'opposé de ce modèle, sa régulation de la pauvreté étant avant tout *autocentrée*, tandis que les pays du sud de l'Europe, notamment l'Espagne et l'Italie, relèvent d'un mode de régulation *localisée*. Il ne s'agit pas ici de conclure que tel système est meilleur que tel autre, mais il me semble que la recherche d'un équilibre des pouvoirs entre un échelon local et un échelon national, comme dans les pays nordiques, en Allemagne et en Suisse notamment dans le traitement des questions sociales, est un accélérateur de la démocratie autant qu'un gage d'efficacité dans la recherche de solutions, ce qui ne peut que motiver davantage les citoyens et la société civile à y prendre part.

Le mode de gouvernance décentralisée, proche des citoyens, n'est toutefois pas l'unique explication de la connexion État/société civile. Si dans l'acception libérale, la dichotomie entre l'État et la société civile

32. S. Paugam (dir.), *L'Europe face à la pauvreté. Les expériences nationales de revenu minimum*, Paris, La Documentation française, 1999.
33. La Suisse ne faisait pas partie de cette recherche comparative, mais il me semble possible de rapprocher ce pays de ce mode de régulation de la pauvreté.

est souvent présentée comme une garantie de la liberté d'entreprendre et de la démocratie, les pays nordiques constituent un contre-exemple. Sans doute influencée par l'Église luthérienne, la tradition libérale s'est accommodée de l'interventionnisme de l'État et d'une forme d'encadrement du marché. Les spécialistes soulignent d'ailleurs que dans la sémantique suédoise la notion d'État (*Stat*) se différencie très peu, voire se confond, avec la notion de société (*samhälle*)[34]. Il est frappant de constater que, dans les pays nordiques, où le lien de citoyenneté est particulièrement fort, le lien de participation élective est généralement également élevé. Dans ces pays, la société civile ne s'oppose pas à l'État, elle peut même en consolider les fondements[35]. Si certains mouvements sociaux se sont opposés à l'État dans la seconde moitié du XIXe siècle, la plupart d'entre eux préconisent aujourd'hui des formes de collaboration avec la sphère publique. Plusieurs chercheurs scandinaves ont entrepris de vérifier que la thèse du déclin du capital social aux États-Unis, défendue par Robert Putnam[36], valait aussi pour leurs pays. De façon unanime, ils sont arrivés à la conclusion que rien de tel n'était observable ni au Danemark, ni en Suède, ni en Norvège[37].

Dans le cas du Danemark, la relation entre les associations et l'État est ancienne, elle remonte au début du XIXe siècle et se caractérise plus par la recherche de coopération que par le conflit[38]. Dans le discours dominant, l'État et les associations sont partenaires. Aussi bien l'État libéral que l'État social-démocrate ont toujours soutenu les initiatives organisationnelles de la société civile. En quoi consiste ce soutien ? Il est d'abord financier. Des bourses généreuses sont généralement accordées à des projets opérationnels. Elles sont substantielles dans le domaine

34. Y. Aucante, *Les Démocraties scandinaves. Des systèmes politiques exceptionnels ?*, *op. cit.*, p. 135.
35. Voir sur ce point Lars Trägårdh, « Rethinking the Nordic Welfare State Through a Neo-Hegelian Theory of State and Civil Society », *Journal of Political Ideologies*, 15(3), 2010, p. 227-239.
36. R. D. Putnam, *Bowling Alone : The Collapse and Revival of American Community*, *op. cit.* J'ai déjà analysé la notion de capital social de cet auteur, voir *supra*, chapitre 4.
37. Ces études sont réunies dans un numéro spécial consacré au capital social en Scandinavie de la revue *Scandinavian Political Studies*, vol. 16, n° 1, 2003.
38. Lars Torpe, « Social Capital in Denmark : A Deviant Case ?, *Scandinavian Political Studies*, vol. 16, n° 1, 2003, p. 27-48.

culturel, le domaine récréatif, le domaine sportif, et accordées sans restriction particulière. Ce soutien public est essentiel et explique en grande partie la diversité des associations dans ce pays et le nombre élevé des adhésions. Il est fréquent que les Danois appartiennent à plusieurs d'entre elles. Deuxièmement, comme cela est fréquent également dans d'autres pays, la relation entre l'État et les associations peut être aussi plus contractuelle, lorsqu'il s'agit d'assumer des responsabilités dans des secteurs déterminés, comme celui du logement par exemple. Enfin, il existe une longue tradition d'intégration des associations dans le processus politico-administratif. Chacun semble s'accorder sur l'idée que ce type de coopération est bénéfique pour tous. Les associations peuvent influer sur la formulation et la mise en œuvre des politiques. L'État ainsi que les autorités locales semblent également en tirer profit en rendant le mode de gouvernance plus efficace et les politiques plus efficientes. On pourrait peut-être voir dans ce processus, comme on le constate parfois en France, un risque de perte de l'autonomie des associations, mais, apparemment, la plupart d'entre elles ne semblent pas ressentir par ce biais une forte pression de la part de l'État.

En suivant ces exemples, on peut conclure que si le capital social, au sens de Putnam, n'est pas en déclin dans les pays scandinaves, c'est en grande partie en raison de cette connexion État/société civile qui provient, non pas d'un événement conjoncturel lié au retrait éventuel de l'État, mais, au contraire, d'une longue tradition.

Une ambition inachevée

Dans un ouvrage imposant sur l'histoire de l'idée de solidarité en Europe, Steinar Stjernø, professeur de politique sociale à Oslo University College, aborde spécifiquement l'évolution du concept de solidarité sociale-démocrate[39]. Il commence par l'opposer au concept marxiste de solidarité, fondé sur la défense des intérêts de classe, la reconnaissance de l'homogénéité de la classe ouvrière, l'objectif de réaliser le socialisme par la révolution, l'organisation de la solidarité ouvrière au

39. Steinar Stjernø, *Solidarity in Europe. The History of an Idea*, Cambridge, Cambridge University Press, 2005.

niveau international et une orientation collective très forte (la question de l'autonomie individuelle n'étant pas prise en compte). La tradition de la solidarité sociale-démocrate, elle, est fondée, on l'a vu, sur la défense des intérêts populaires, au sens plus large que la seule classe ouvrière, l'acceptation de la différence au nom de la morale, la réalisation de réformes socialistes progressives, la création d'un sens de la communauté englobant différents groupes sociaux populaires et une orientation collective ouvrant la voie à une certaine reconnaissance de l'autonomie individuelle.

Cette conception classique de la solidarité sociale-démocrate a laissé place progressivement à une conception plus moderne et plus individualiste. Dans cette dernière, l'idée d'interdépendance entre les groupes sociaux est plus nette, l'empathie et la compassion à l'égard des populations défavorisées sont plus marquées, le sens de la communauté s'est élargi à la nation tout entière, et au-delà, avec une sensibilité accrue à l'égard des pays du tiers-monde – les partis sociaux-démocrates nordiques ont été les premiers, dans les années 1950 et 1960, à intégrer cette question dans leurs programmes –, mais aussi à l'égard des minorités ethniques et sexuelles. Au fur et à mesure de l'élargissement du concept de solidarité à l'échelle nationale et même internationale, l'orientation collective s'est toutefois affaiblie, laissant une place plus grande à l'autonomie individuelle. La recherche de l'épanouissement personnel est ainsi devenue une valeur fondamentale, l'enjeu politique étant de répondre à ce besoin de liberté sans perdre pour autant l'objectif de solidarité universaliste soutenue collectivement.

C'est cette conception moderne de la solidarité sociale-démocrate qui me semble aujourd'hui fragilisée. Ce modèle laisse en effet apparaître quelques signes d'essoufflement, comme s'il se heurtait, dans le contexte de la globalisation, à des remises en question nouvelles du message d'universalité qu'il porte.

Le débat autour de l'immigration

Un des points sensibles de la conception moderne de la solidarité sociale-démocrate porte sur le traitement de l'immigration. Pendant longtemps, les sociétés scandinaves sont restées homogènes sur le plan ethnique. Il suffit de parcourir l'iconographie utilisée dans les illustrations patriotiques ou dans les dépliants touristiques de ces pays pour constater la constance des images d'hommes et de femmes aux cheveux blonds et à la peau bien blanche. Les minorités étaient avant tout des groupes autochtones, souvent nomades, de pays ou de contrées voisins, ou des commerçants actifs sur les rives de la mer Baltique. La situation a commencé à changer lorsque la Suède a développé, dès les années 1970, une politique d'accueil des réfugiés, et l'ouverture européenne, que les conflits de l'après-guerre froide ont accélérée, a, par la suite, amplifié la tendance dans tous les pays nordiques[40]. En quelques décennies, ils sont devenus des sociétés multiculturelles. La découverte des vastes gisements pétroliers de la mer du Nord vers la fin des années 1960 a par ailleurs entraîné un fort développement économique de la Norvège, ce qui a suscité l'arrivée d'une abondante main-d'œuvre étrangère. De nombreux Polonais et Pakistanais sont venus s'y installer. La Suède a accueilli de son côté des Irakiens et des ressortissants de l'ex-Yougoslavie en nombre important. Les critères d'accueil et de naturalisation étaient initialement assez souples (justifiés par l'orientation multiculturaliste des politiques d'immigration) et les droits accordés, adossés à la simple résidence dans le pays, favorisaient l'installation des candidats à l'expatriation. Même si des formes de racisme commençaient à apparaître, la question de l'immigration ne s'exprimait que de façon discrète dans le débat public.

Au début des années 1990, elle a nourri le débat politique de façon plus virulente, notamment sous la pression de partis politiques nationalistes et populistes, souvent qualifiés d'extrême droite en raison de leurs positions radicales et souvent xénophobes sur l'immigration. Les Démocrates de Suède, le Parti du peuple danois et le Parti des Finlandais ont, chacun à sa manière, exercé une forte influence pour rendre de plus en plus restrictives les conditions d'accueil et d'intégration des populations migrantes. Le Danemark, en particulier, a durci considérablement sa politique en la matière en instaurant en 2010-2011 un système de points pour évaluer les demandes de résidence en fonction des qualifications professionnelles et de la maîtrise de la langue, ce qui contribua évidemment à faire chuter le nombre des permis accordés. Même si ces conditions

40. Voir sur ce point Y. Aucante, *Les Démocraties scandinaves. Des systèmes politiques exceptionnels ?*, *op. cit.*, p. 221 et suiv.

furent assouplies par la suite par le gouvernement de gauche, le Danemark continue à exercer un contrôle drastique sur les arrivées des populations migrantes sur son territoire. En 2019, une loi avait imposé un quota de 50 % pour la population d'origine « non occidentale » dans les quartiers populaires. La crainte de voir grandir dans ces quartiers stigmatisés une sorte de société parallèle est devenue omniprésente. La Première ministre danoise sociale-démocrate, Mette Frederiksen, arrivée au pouvoir en 2019, assume sans équivoque ce durcissement de la politique migratoire. Selon elle, « une société avec un État providence universel, un accès gratuit égal pour tous à la santé, à l'éducation et à l'aide sociale, n'est pas compatible avec une politique migratoire ouverte[41] ». Ainsi, le modèle de protection sociale, à vocation universelle, aurait en réalité pour objectif de protéger en priorité les citoyens de ces pays et de ne s'ouvrir que de façon parcimonieuse et sélective aux populations venues d'ailleurs. Il s'agirait alors d'une version disons minimaliste du principe universaliste.

Dans ce contexte de restriction, de repli identitaire, les formes de racisme se développent dans tous les pays nordiques et des études de plus en plus nombreuses tentent d'en évaluer l'ampleur. En 2019, le Conseil de l'Europe s'inquiétait de la hausse des propos racistes et injurieux en Finlande, aussi bien sur internet que dans le discours politique. La banalisation de ces propos est de plus en plus visible et aucun des pays nordiques ne semble vraiment épargné. Ce racisme latent ou manifeste menace la cohésion sociale ainsi que les fondements jusqu'ici consensuels de l'idée de communauté nationale et de solidarité entre les différents groupes sociaux.

Il ne faudrait toutefois pas passer sous silence l'important travail réalisé à l'échelle locale pour intégrer ces populations migrantes. Linda Haapajärvi a réalisé une enquête comparative sur les politiques d'intégration des femmes migrantes mises en œuvre dans deux maisons de quartiers populaires, l'une dans la périphérie d'Helsinki, l'autre dans la banlieue de Paris[42]. Ce travail donne à voir, au-delà des discours nationaux d'intégration généralement mobilisés dans ce type de

41. *Le Monde*, 2 juin 2022.

42. Linda Haapajärvi, « Le passage à la citoyenneté. Analyse comparée des politiques d'intégration des femmes migrantes en France et en Finlande », thèse de doctorat de sociologie, Paris, EHESS, juin 2018. Voir aussi Linda Haapajärvi, « Le café des mères et l'atelier des femmes : une comparaison franco-finlandaise

comparaison, les pratiques ordinaires visant à faire passer ces femmes de leur relative marginalité à une citoyenneté complète. Officiellement, les politiques d'intégration participatives développées en Finlande et en France poursuivent un objectif semblable : il s'agit de sortir les femmes migrantes de leur univers domestique en les faisant participer à des activités « civiques » organisées par des structures publiques locales chargées de l'animation collective des quartiers populaires. Mais, comme on pouvait s'y attendre, l'enquête a révélé des différences considérables entre la Finlande et la France dans la conception des actions concrètes et de leurs effets. À Helsinki, les femmes immigrées, accompagnées de leurs enfants, sont invitées à partager un repas qu'elles préparent à tour de rôle dans une maison confortable aux normes finlandaises, désignée comme le « café des mères », tandis qu'à Paris un atelier d'écriture créative leur est proposé dans une salle ordinaire, reproduisant presque à l'identique l'univers de l'école. Le « café des mères » vise l'attachement civique des femmes immigrées à travers le développement d'une identité collective fondée sur l'expérience de la maternité et la maîtrise des normes domestiques finlandaises. Il entend aussi tisser un lien pérenne avec la communauté locale. En le visitant avec Linda Haapajärvi, j'ai pu constater le soin apporté à la décoration par les femmes elles-mêmes, le caractère convivial des espaces prévus pour les rencontres et les échanges, mais aussi la conception harmonieuse de l'architecture permettant à ces mères de rester entre elles à l'intérieur, tout en pouvant jeter un œil sur leurs enfants occupés dans les aires de jeux du jardin extérieur[43]. L'atelier d'écriture, en revanche, apprend juste à ses participantes à se reconnaître mutuellement en tant que femmes en voie d'émancipation. Il s'agit alors de leur inculquer un ensemble de compétences sociales et politiques pour leur permettre de participer pleinement à la société de leur pays d'accueil.

Il est facile d'identifier, dans ces pratiques contrastées, certains répertoires normatifs associés, d'un côté, à la conception ethnique de la nation finlandaise et la tradition collectiviste de la citoyenneté

---

des politiques d'intégration des femmes immigrées "par le local" », *Lien social et Politiques*, 83, 2019, p. 249-271.

43. Linda Haapajärvi, « Faire participer les "mères immigrées" au "foyer finlandais". La dialectique d'appartenance et d'exclusion dans les politiques d'intégration participatives à Helsinki », *Migrations Sociétés*, n° 189/3, 2022, p. 97-113.

et, de l'autre, au modèle républicain français alliant les deux conceptions, celle civique de la nation et celle individuelle de la citoyenneté. Mais, au-delà de ces références normatives relativement abstraites, c'est le travail d'attachement, au sens de l'entrecroisement des liens sociaux, qui se révèle être le critère fondamental pour distinguer les deux expériences. La méthode suivie à Helsinki consiste à partir du lien de filiation et de la sphère domestique, mais aussi du lien de participation élective – en créant un groupe affinitaire de femmes migrantes appelées à se rencontrer régulièrement dans le même espace, tout en côtoyant des femmes finlandaises du même quartier – pour promouvoir de façon collective leur *empowerment* et renforcer progressivement leur lien de citoyenneté. Autrement dit, si l'objectif est d'intégrer ces femmes migrantes à la société finlandaise, il s'agit de commencer par tisser des liens de proximité au sein du quartier à partir de leurs expériences communes de mères et de susciter ainsi une intégration douce, laquelle pourra déboucher ensuite sur un projet professionnel. La méthode préconisée à Paris est pour ainsi dire inversée. Il faut commencer par apprendre le sens de la citoyenneté française et acquérir les normes de l'émancipation individuelle en passant au plus vite par une insertion professionnelle comme condition jugée incontournable de l'autonomie. La référence à la pluralité des liens sociaux paraît secondaire, de même que leur entrecroisement à l'échelle locale. Il ne s'agit pas de souder un groupe de femmes susceptibles de se revoir et de s'entraider dans la durée, mais de les faire participer individuellement à un projet dont la temporalité est celle d'un cours appelé à se terminer, sanctionné par des opportunités de se connecter à autrui au sein d'une société représentée comme un réseau, et, bien entendu, non limitée à l'échelle locale.

Un travail d'attachement qui prend donc, on le voit, des formes fort différentes. De façon paradoxale, c'est dans le pays où le lien de filiation est le plus faible (la Finlande) que la méthode préconise de s'appuyer tout d'abord sur la sphère domestique pour atteindre progressivement la sphère civique. Cet exemple montre en tout cas que, dans le contexte de la montée du racisme dans les pays nordiques, la question de l'intégration des populations migrantes n'est pas traitée de façon superficielle. Elle fait l'objet d'une grande attention de la part des autorités publiques et des professionnels du social, et se traduit par de nombreuses expérimentations locales réalisées dans des structures publiques de qualité. Peut-on voir dans ces innovations un antidote au racisme ? Il est probable que leurs résultats, même probants, ne seront pas suffisants, du moins dans l'immédiat, pour en éliminer les effets les plus délétères, mais elles restent, malgré tout, à l'image de l'ambition universaliste des pays nordiques et, encore une fois, une source d'inspiration pour des pays comme la France, confrontés à des problèmes similaires.

Un malaise latent ?

Lorsqu'on compare les politiques en direction de la jeunesse en Europe, l'exemple des pays nordiques est aussitôt mis en avant en raison de sa spécificité. Plusieurs observateurs en sont même fascinés : les jeunes d'Europe du Nord auraient toutes les raisons d'être les plus heureux du monde. Ils bénéficient, il est vrai, des meilleures garanties pour réussir leur développement personnel. Soutenus par l'État, et sans craindre outre mesure le chômage qui reste relativement bas dans leur pays, ils peuvent se livrer très tôt à des expériences diverses où s'entremêlent des séquences de formation, de travail, de voyages. Cécile Van de Velde a décrit les trajectoires de jeunes Danois, en croisant les données longitudinales du Panel européen des ménages et des entretiens approfondis avec eux sur leurs expériences vécues[44]. Elle a confirmé que l'âge moyen du départ du domicile parental est précoce au Danemark, comme dans les autres pays nordiques, mais surtout qu'il est vécu positivement par les jeunes, comme le « début d'une vie à soi », et par les parents, comme un « soulagement ». Cette éthique de l'autonomie a pour corollaire une forte exigence à l'égard de soi-même. Il s'agit non pas de se fondre dans un moule identitaire confortable, mais de répondre à la question obsédante : qui suis-je réellement ? D'où la nécessité de se livrer à toutes sortes d'expériences dont la finalité est de découvrir sa propre voie avant de s'engager dans la « vraie » vie, c'est-à-dire se stabiliser dans la vie professionnelle, constituer une famille... Mener

44. C. Van de Velde, *Devenir adulte. Sociologie comparée de la jeunesse en Europe*, *op. cit.* ; voir en particulier le chapitre 1 intitulé, en référence au cas danois, « “Se trouver” ou la logique du développement personnel », p. 19-61.

une vie solitaire pendant cette phase est un préalable à cette quête de l'épanouissement. Il n'est pas rare qu'il faille parfois accepter de changer d'orientation, de reprendre des études après une assez longue interruption.

Tout cela n'est possible que parce que l'État assure à chaque citoyen un haut niveau de protection sociale dès sa majorité et que le système économique, encadré par les syndicats, contribue à réguler le marché en orientant les emplois vers les secteurs à haute valeur ajoutée, exigeant une qualification élevée et des formations permanentes tout au long de la vie, mais aussi vers les services publics garants de la qualité de la vie. Ce constat a conduit Tom Chevalier, dans sa recherche comparative sur les politiques de la jeunesse en Europe, à parler de « citoyenneté habilitante » à propos des conditions offertes aux jeunes Suédois[45]. Il constate en Suède la conjonction d'une citoyenneté économique inclusive, fondée sur ce qu'il appelle un « macrocorporatisme », et une citoyenneté sociale individualisée, fondée sur une approche universaliste de la protection sociale.

Recherche de soi et quête de l'épanouissement personnel d'un côté, soutien indéfectible de l'État en faveur d'une citoyenneté habilitante de l'autre, tout semble coïncider pour faire des jeunes Scandinaves les plus privilégiés du monde. L'écart est immense entre eux et, par exemple, les jeunes Latino-Américains, fortement dépendants de leur famille et obligés, en particulier dans les milieux populaires, d'accepter des emplois précaires, pénibles et peu rémunérés. Mais cet écart est également élevé si on compare les jeunes Scandinaves avec les jeunes Américains contraints de s'insérer très vite dans la vie économique, sans l'aide des pouvoirs publics pour garantir leur indépendance.

Pourtant, des signes de malaise se manifestent depuis quelques années dans les pays nordiques et parmi les jeunes en particulier. On se souvient notamment des attentats d'Oslo et d'Utøya en juillet 2011 qui ont fait 77 morts et de nombreux blessés, perpétrés et revendiqués par Anders Behring Breivik, un terroriste norvégien d'extrême droite, âgé de trente-deux ans au moment des faits. Ce drame a eu un retentissement dans le monde entier. La sidération était proportionnelle à

45. Tom Chevalier, *La Jeunesse dans tous ses États*, Paris, PUF, « Le Lien social », 2018.

l'incompréhension générale : comment une telle tuerie peut-elle se produire dans le pays le plus prospère du monde (selon le *Legatum Prosperity Index*) ? Cette prospérité ne dissimule-t-elle pas un malaise au sein de ce pays et, peut-être plus largement, au sein de ces pays d'Europe du Nord ? Les commentaires sont allés bon train, oscillant entre les interprétations psychologiques (est-ce le fait d'un malade, d'un détraqué ?) et les interprétations sociologiques (est-ce un phénomène plus large de radicalisation et de dégradation de la cohésion sociale ?). Il n'est pas certain que l'on puisse vraiment conclure. Il va sans dire que ce drame accompagne la montée de l'extrême droite dans ce pays, comme dans les autres pays nordiques, et qu'il traduit en cela un mécontentement d'une frange de la population vis-à-vis de l'évolution générale de la société. Mais cette explication n'est évidemment pas suffisante.

Plusieurs enquêtes, réalisées par l'Institut norvégien de recherche sur la jeunesse entre 1992 et 2010, apportent un éclairage sur les jeunes de ce pays[46]. Elles portent sur un échantillon représentatif d'élèves de douze à vingt ans, interrogés sur différents aspects de leur vie : la famille, l'école, les amis, les loisirs et, bien entendu, sur eux-mêmes (estime de soi, sentiment de bien-être, etc.). Deux tendances se dégagent. Comme on pouvait s'y attendre, ces jeunes Norvégiens, dans leur grande majorité, se disent globalement heureux de la vie qu'ils mènent, ne se distinguant pas en cela de la population générale de ce pays. Les enquêtes en population générale menées en Norvège et dans les autres pays nordiques confirment que leurs citoyens se disent habituellement pleinement satisfaits dans la plupart des domaines. On observe toutefois chez de nombreux jeunes Norvégiens des troubles psychologiques, qui contredisent de façon étonnante cette tendance marquée à donner des signes de bonheur généralisé. Ils se révèlent « étonnamment déprimés », comme le soulignent les auteurs de l'étude, qui utilisent pour exprimer cette réalité contradictoire l'oxymore *sykt bra*. En norvégien *sykt* signifie « malade » et *bra* veut dire « bien ». Mais *sykt* peut aussi signifier « cool ». C'est donc un jeu de mots à partir d'une expression favorite des jeunes. Autrement dit, si les jeunes vont

46. Je m'appuie sur le travail d'Andreas Falkenberg, « Le malaise dans la civilisation norvégienne : paradoxes du processus démocratique », mémoire de master d'études politiques, EHESS, 2015.

bien et disent aller bien, ils sont nombreux néanmoins à être atteints d'un malaise.

La deuxième tendance qui se dégage de ces enquêtes est la remarquable absence chez ces jeunes de toute forme de contestation à l'égard de la société, de l'État, de ce qui se passe dans leur famille. Ils semblent vouloir unanimement se conformer au *statu quo*. On est loin du désir de changement qui couvait dans la génération de 1968. Les chercheurs norvégiens n'en reviennent pas eux-mêmes, tant il est habituel que les jeunes expriment leur mécontentement et souhaitent transformer le monde. Toute déviance serait ainsi proscrite par eux-mêmes, comme s'ils étaient devenus avant l'âge les premiers défenseurs de l'ordre social. Comment expliquer un tel conformisme ? Une explication logique serait de confirmer qu'il est parfaitement inutile pour eux de se rebeller puisque l'ordre social norvégien est à leur avantage. Mais la logique est souvent trompeuse. N'est-ce pas plutôt parce que le contrôle social est très strict dans la société norvégienne qu'il leur est impossible d'exprimer spontanément ce qu'ils ressentent au fond d'eux-mêmes ? Peut-être pensent-ils qu'il serait indécent de dire leur malaise puisque tout dans leur vie paraît sous contrôle et qu'ils vivent dans le pays considéré comme le plus prospère du monde.

Le malaise latent des jeunes Norvégiens me semble à l'image d'une société traversée par des questions de fond auxquelles elle peine à répondre. Si, dans le passé, la conjonction de l'individualisme et de l'engagement civique a pu se concrétiser de façon harmonieuse, comme le soulignait Eckstein dans les années 1960, il n'est pas certain que cet équilibre fragile puisse se maintenir de façon durable face à la menace du racisme et de la montée de l'extrême droite. Les jeunes sont en quelque sorte pris en tenaille entre les idéaux universalistes d'une société cohésive, consensuelle et ouverte sur le monde – dont ils sont les héritiers – et la réalité d'une société extrêmement prospère, mais qui tend à se replier sur elle-même en laissant se développer en son sein des mouvements aux relents xénophobes. Trouver sa propre voie dans un monde en proie à ce type de contradiction ne va sans doute pas de soi. Et le malaise ressenti est d'autant plus profond que rien n'autorise vraiment à l'exprimer directement. Ne doit-on pas y voir l'amorce de ce que Durkheim appelait une crise de la prospérité ?

Conclusion

> *La différence entre « se soucier de soi » et « se soucier des siens » est radicale : c'est celle qui sépare l'égoïsme, justement, de son contraire, le sacrifice de soi. La valorisation du groupe a deux faces : elle implique l'oubli de l'entité inférieure (de soi) comme de l'entité supérieure (des autres groupes, de l'humanité). L'attachement au groupe est un acte à la fois de solidarité et d'exclusion.*
>
> Tzvetan Todorov, *Nous et les autres. La réflexion française sur la diversité humaine*[1]

Les propos de Tzvetan Todorov, cités en épigraphe, reflètent la difficulté à laquelle nous sommes confrontés lorsque nous cherchons à définir la notion de solidarité humaine. Nous sommes en effet attachés, non pas à un groupe, mais à plusieurs, et il nous est parfois difficile de dire lequel d'entre eux est le plus important. La solidarité se prête à un usage polysémique selon qu'on se réfère à l'un ou l'autre de ces groupes, du plus restreint – le groupe familial – au plus large – l'humanité tout entière –, en passant par les groupes de semblables ou d'affinités, les groupes ethniques ou religieux, les associations, les groupes professionnels, les syndicats et partis politiques, la nation et certaines instances supranationales. En théorie, nous n'avons pas réellement à choisir entre eux puisque la vie en société

1. Seuil, « La Couleur des idées », 1989.

nous conduit à être solidaires de façon plurielle et, donc, à entrecroiser en nous les différents liens qui nous attachent aux autres et à la société dans son ensemble. Le processus de la socialisation permet à chaque individu d'intérioriser progressivement différentes sphères de la morale afférentes à chaque type de groupement humain. C'est bien cet entrecroisement spécifique qui constitue la trame de notre identité. En pratique, ce n'est pas si simple. Chaque individu n'est-il pas conduit à certains moments de sa vie à faire des choix, à privilégier tel type d'engagement sur tel autre ? Les tensions et les luttes sociales n'obligent-elles à choisir son camp et, par conséquent, à être solidaire d'un groupe qui s'oppose à tel autre ? Les guerres entre civils ou entre nations ne sont-elles pas l'expression aussi bien de la solidarité entre les uns que de la haine envers les autres ? Par ailleurs, chaque société n'accorde pas toujours le même poids à ces différentes sphères de la morale, elle les hiérarchise, si bien que la socialisation prend des formes multiples : les individus ne se comportent pas de la même façon selon la société ou la communauté dans laquelle ils ont grandi, c'est ce qui ressort nettement des comparaisons entre milieux sociaux, mais aussi entre régions ou pays.

J'ai cherché dans cet ouvrage à élaborer le concept sociologique d'attachement social dans le prolongement des études de Durkheim sur l'éducation morale et l'attachement aux groupes. La définition que j'en ai donnée entend articuler le niveau individuel et le niveau collectif. Résumons les principaux éléments qui ont été abordés successivement. L'attachement social correspond à l'entrecroisement de quatre types de liens sociaux, tel qu'il s'opère en chaque individu par le processus de socialisation. Chaque individu est appelé, au cours de son apprentissage de la vie sociale, à intérioriser et à entrecroiser en lui les normes relatives à ces différents types de liens. Chaque individu retire des liens qu'il tisse avec autrui et avec les institutions la garantie potentielle d'être protégé et d'être reconnu, les deux dimensions de la protection et de la reconnaissance étant au fondement de chacun des types de liens. C'est d'eux que dépend son attachement à des groupes et à la société dans son ensemble puisque chacun d'entre eux est relié à une sphère spécifique de la morale. Être pleinement socialisé consiste à avoir assimilé les normes relatives à chacune de ces sphères – domestique, associative, professionnelle et civique –, sachant qu'il peut y avoir selon les milieux sociaux une marge d'interprétation des normes qui s'y réfèrent, voire dans certains cas, une élaboration spécifique et complémentaire de normes.

L'attachement social se déploie également au niveau collectif. Il existe au sein de chaque société un mode de régulation des normes relatives à ces différents types de liens. Durkheim se posait la question de la hiérarchie des différentes formes d'attachement aux groupes. Nous avons vu que sa réponse était, sur ce point, plus normative que sociologique. En réalité, cette hiérarchie est inscrite dans le mode de régulation de chaque société. Le travail sociologique consiste à rechercher lequel et comment il opère. La comparaison internationale engagée dans cette recherche a permis de vérifier l'hypothèse de la prééminence dans chaque société d'un type de lien sur les autres et, partant, d'un type de morale sur les autres, même si, dans certains cas, deux ou trois types de liens peuvent être assez proches les uns des autres, comme c'est le cas notamment dans les pays nordiques. C'est ainsi que j'ai proposé de parler de régimes d'attachement social et d'en distinguer quatre types principaux : familialiste, volontariste, organiciste et universaliste. Les deux niveaux, individuel et collectif, de l'attachement social sont reliés entre eux. Le processus de socialisation, qui permet l'entrecroisement des liens sociaux, ne sera pas exactement le même dans toutes les sociétés car les normes qui le régulent varient d'une société à l'autre. Il faut donc prendre en compte l'ancrage social et normatif de cet entrecroisement et étudier de façon comparative ses conditions de possibilité. La théorie de l'attachement social offre un cadre analytique pour y parvenir.

Cet ouvrage porte sur une question générale de la sociologie et couvre, dans sa perspective et son ambition comparative, plusieurs aires culturelles. Il s'inscrit dans une sociologie compréhensive, plurielle, aussi bien dans ses méthodes que dans ses interprétations, et ouverte sur ses frontières disciplinaires, notamment l'histoire, l'anthropologie, l'économie, les sciences du politique et du droit, et, même, la psychologie. S'il n'a pas la prétention de s'inscrire dans une théorie générale, sa perspective globale débouche sur une théorie sociologique de l'attachement social qui se veut distincte de la théorie de l'attachement telle qu'elle a été développée en psychiatrie et en psychologie du développement. Je me réjouis de voir que l'entrée *social attachement* figure aujourd'hui dans une encyclopédie, en anglais, sur le bien-être et la qualité de la vie, aux côtés de l'entrée *attachement*, les deux concepts étant présentés successivement comme deux cadres analytiques distincts renvoyant l'un à l'autre sans s'exclure[1]. Ces deux cadres théoriques sont-ils conciliables ? Le travail de rapprochement entre ces deux perspectives reste à faire. Commençons par examiner comment il pourrait être entrepris.

Retour sur les rapports de la psychologie et de la sociologie

L'attachement est aujourd'hui identifié comme un concept théorique, élaboré par le psychiatre John Bowlby, auquel de nombreux travaux de recherche se consacrent encore aujourd'hui. L'attachement social, hérité des travaux de Durkheim, connaît avec cet ouvrage sa première mise en perspective théorique globale. La question qui reste posée est de savoir si l'une et l'autre de ces deux théories, en dépit de leurs traditions respectives, peuvent être pensées comme un ensemble.

Abram Kardiner, qui a œuvré en tant que psychanalyste à intégrer les leçons des enquêtes ethnologiques et à approfondir les liens entre la psyché et les institutions sociales, reconnaissait que : « Le fait que chaque discipline peut mener une existence indépendante indique que chacune d'elles a une œuvre à accomplir en propre. Dans les efforts séparés, la psychologie et la sociologie ont constitué leur propre outillage, ainsi que des techniques et des systèmes conceptuels étrangers les uns des autres. Ce particularisme devient un obstacle quand elles essaient de collaborer à la solution d'un problème commun ; à ce stade, elles ne peuvent plus se comprendre. Il convient donc de trouver un moyen pour rendre l'expérience d'une discipline accessible à l'autre[2]. »

Quel est ce moyen ? Il n'est pas certain que la solution de Kardiner lui-même, et de l'école psycho-sociologique américaine à laquelle il se rattache – tout comme Margaret Mead, Ruth Benedict et Ralph Linton –, qui consiste à définir un système de corrélations entre la

1. Filomena Maggino (dir.), *Encyclopedia of Quality of Life and Well-Being Research*, Springer Cham (publication en cours).
2. Abram Kardiner, *L'Individu dans sa société. Essai d'anthropologie psychanalytique* (1re éd. en anglais, *The Individual and His Society*, Columbia University Press, 1939), Paris, Gallimard, 1969, p. 73-74.

culture du groupe et le psychisme individuel, soit satisfaisante. Comme le souligne Lévi-Strauss dans la préface au recueil de Marcel Mauss, *Sociologie et Anthropologie*, les ethnologues et les psychanalystes qui ont suivi cette orientation se sont perdus dans une discussion interminable sur la primauté respective de chaque facteur : « Une société tient-elle ses caractères institutionnels des modalités particulières de la personnalité de ses membres, ou cette personnalité s'explique-t-elle par certains aspects de l'éducation de la petite enfance, qui sont, eux-mêmes, des phénomènes d'ordre culturel ? Le débat devra rester sans issue, à moins qu'on ne s'aperçoive que les deux ordres ne sont pas, l'un par rapport à l'autre, dans une relation de cause à effet (quelle que soit, d'ailleurs, la position respective qu'on attribue à chacun) mais que la formulation psychologique n'est qu'une traduction, sur le plan du psychisme individuel, d'une structure proprement sociologique[3]. »

Mauss, nous dit Lévi-Strauss, avait très bien perçu cette subordination du psychologique au sociologique. « Partout, dans tous ces ordres de choses, le fait psychologique général apparaît dans toute sa netteté parce qu'il est social ; il est commun à tous ceux qui y participent, et parce qu'il est commun, il se dépouille des variantes individuelles. Vous avez dans les faits sociaux une sorte de naturelle expérience de laboratoire faisant disparaître les harmoniques, pour ne laisser, pour ainsi dire, que le ton pur[4]. » Mauss procède bien à un déplacement radical puisque l'individuel et le social cessent d'être envisagés comme deux dimensions antagoniques. On pourrait même dire, en suivant l'interprétation suggestive qu'en donne Bruno Karsenti, que ces deux dimensions se déploient sous la forme de deux plans parallèles qui s'expriment l'un l'autre selon une relation que l'on peut s'efforcer de déchiffrer : « Si l'individuel et le social sont susceptibles d'entrer dans un rapport de traduction, c'est qu'ils signifient l'un pour l'autre, en sorte qu'ils peuvent être considérés tous deux comme les expressions différenciées d'une même trame signifiante[5]. »

3. Claude Lévi-Strauss, « Introduction à l'œuvre de Marcel Mauss », *in* M. Mauss, *Sociologie et Anthropologie*, Paris, PUF, 1950, p. IX-LII, ici p. XVI.
4. M. Mauss, « Rapports réels et pratiques de la psychologie et de la sociologie » [1924], *in* M. Mauss, *Sociologie et Anthropologie*, *op. cit.*, p. 301-302.
5. Bruno Karsenti, *L'Homme total. Sociologie, anthropologie et philosophie chez Marcel Mauss*, Paris, PUF, « Pratiques théoriques », 1997, p. 141.

Il n'y a donc pas lieu d'opposer la théorie psychologique de l'attachement et la théorie sociologique de l'attachement social. Si elles utilisent chacune un langage déployé dans un cadre conceptuel spécifique, cela ne constitue pas un obstacle en soi. Il est toujours possible de le traduire et le rendre ainsi intelligible et signifiant au-delà de la discipline dans laquelle il s'est formé. Les psychiatres et les psychologues qui ont fait de l'attachement leur objet d'études reconnaissent eux-mêmes que ce qui se joue entre l'enfant et sa mère dès la naissance est très fortement dépendant de l'environnement social et culturel, c'est-à-dire des conditions d'existence et des événements qui marquent la prime socialisation. Lorsqu'ils insistent sur l'empreinte durable de ce premier lien et son effet sur les autres, ils admettent aussi que celle-ci peut s'atténuer avec le temps en fonction de la trajectoire spécifique de l'individu et de son attachement à d'autres groupes sociaux à l'âge adulte.

Dans cet effort de traduction, nous avons tenté de rapprocher, par exemple, le concept d'empreinte, que les psychologues de l'attachement réservent au premier lien, et le concept d'habitus, que les sociologues utilisent abondamment à la suite d'Elias et de Bourdieu pour étudier le processus d'intériorisation – ou d'incorporation – par les individus des normes sociales et des pratiques ordinaires à l'œuvre dans les groupes sociaux qu'ils fréquentent et avec lesquels ils interagissent. Les sociologues insistent ainsi sur la pluralité de l'héritage. La transmission n'est pas seulement économique, mais aussi culturelle, au sens du savoir et des habitudes quotidiennes, et forme les prédispositions plus ou moins durables à agir tout au long de la vie. L'habitus est en ce sens l'équivalent d'une empreinte. Mais cette dernière n'est pas réductible à la relation privilégiée entre la mère et le nourrisson. Il s'agit alors plutôt d'une combinaison de plusieurs types d'empreinte, puisque la socialisation implique plusieurs sphères de la vie en société. Ce qui se joue dans le lien de filiation – dont la relation entre la mère et l'enfant est la première expression – se joue ensuite, par extension, dans les autres types de liens que tisse chaque individu au cours de ses apprentissages. Sur ce point, le concept d'empreinte des psychologues et celui d'habitus des sociologues comportent des similitudes et constituent des plans parallèles de construction aisément traduisibles et intégrables dans un ensemble théorique plus large que cet ouvrage a tenté d'esquisser.

On pourrait voir une autre forme de parallélisme entre la théorie psychologique de l'attachement et la théorie sociologique de l'attachement social. Les psychologues insistent, on l'a vu, sur les stratégies d'adaptation des enfants qui, lorsqu'ils sont confrontés à la perte de la figure protectrice à laquelle ils se sont habitués, reportent leurs besoins d'attachement sur une figure alternative. Dans ce livre, nous avons examiné comment les individus et les groupes les plus défavorisés tentent de même de résister à la fragilité et la rupture de leurs liens sociaux. Ils expérimentent eux aussi le mécanisme de compensation comme une forme de résistance. Lorsqu'un type de lien se fragilise ou se rompt, l'individu essaye de renforcer les autres types de liens. Mais pour cela, l'individu se fonde sur les normes et les valeurs de la société dans laquelle il vit. Il puise ainsi dans l'économie morale des liens sociaux en vigueur dans sa région ou son pays. Les chômeurs des pays du sud de l'Europe résistent, on l'a vu, d'autant mieux au chômage qu'ils peuvent trouver des compensations normatives dans les solidarités familiales qu'encourage le régime d'attachement familialiste. Les sociologues analysent également les ressources locales de l'attachement au territoire. La comparaison internationale des quartiers populaires offre à cet égard des exemples saisissants. Les formes d'isolat social peuvent constituer, encore aujourd'hui, des moyens de résistance aux populations défavorisées au sein de sociétés pourtant caractérisées par la mobilité et la fluidité des relations.

Le fait psychologique de l'attachement est donc en quelque sorte contenu dans le fait social plus large que la théorie de l'attachement social entend privilégier. Il ne s'oppose pas à lui puisqu'il en fait partie, même si, pour l'appréhender de façon approfondie, les psychologues l'ont, du moins dans un premier temps, extirpé du contexte de la socialisation. Si ces deux perspectives théoriques peuvent se traduire et se nourrir l'une l'autre de façon heuristiquement féconde, c'est parce que nous abordons, à travers ce fait psychologique englobé dans le fait social, une question fondamentale de toute vie en société. L'attachement social implique de chaque individu un engagement solidaire au service des autres individus, dont il dépend lui-même de façon vitale. Il renvoie à cette double dimension anthropologique de la protection et de la reconnaissance que l'on peut identifier dans chaque type de liens sociaux et considérer, sous des formes variées selon les sociétés, comme un socle commun. Pour tout individu citoyen, cet engagement est encadré par le droit et fondé sur un sens aigu de lui-même et des autres. « Il faut, soulignait Marcel Mauss dans son *Essai sur le don*, qu'il agisse en tenant compte de lui, des sous-groupes, et de la société. Cette morale est éternelle ; elle est commune aux sociétés les plus évoluées, à celles du proche futur, et aux sociétés les moins évoluées que nous puissions imaginer. Nous touchons le roc. Nous ne parlons même plus en termes de droit, nous parlons d'hommes et de groupes d'hommes parce que ce sont eux, c'est la société, ce sont des sentiments d'hommes, en esprit, en chair et en os, qui agissent de tout temps et ont agi partout[6]. » C'est dans ce sens que nous pouvons parler de l'attachement comme d'un *fait social total*. Que l'on mobilise la théorie de l'attachement au niveau du lien qui se constitue dès la naissance, comme le font les psychologues, ou au niveau de l'ensemble entrecroisé des liens sociaux qui attache les individus entre eux et à la société ou, encore, au niveau des régimes d'attachement social qui reflètent le travail normatif des sociétés pour renforcer les solidarités entre les individus et les groupes, nous parlons en réalité d'un « tout », appréhendé globalement comme un fondement anthropologique de la vie humaine.

La théorie de l'attachement social, telle que j'ai essayé d'en définir les contours, est à la fois l'héritière des recherches florissantes menées en psychologie et du socle conceptuel laissé par le fondateur de la sociologie française, et le résultat des acquis de la sociologie comparatiste, fondée sur une approche aussi bien non normative des sociétés modernes que sensible à leur diversité. Comme toute théorie, elle est appelée à être prolongée et enrichie. On peut penser en effet qu'elle ouvre un vaste champ de recherche puisqu'elle revient à interroger dans une société d'individus autonomes – et de plus en plus soumis à l'injonction d'autonomie – ce qui contribue, malgré tout, à faire d'eux des êtres sociaux, complémentaires les uns des autres, c'est-à-dire, des êtres anthropologiquement solidaires sous des formes d'attachement variées et évolutives. Mais, avant de se projeter sur les chantiers à venir, rappelons les points importants que nous avons pu mettre en avant dans cet ouvrage.

6. M. Mauss, « Essai sur le don. Forme et raison de l'échange dans les sociétés archaïques » (1924-1925), *in* M. Mauss, *Sociologie et Anthropologie*, *op. cit.*, ici p. 263.

Un cadre théorique pour étudier les inégalités et les conflits

La question des conflits apparaît à plusieurs endroits de ce livre. Le chapitre 8, qui leur est consacré, examine la genèse de trois mouvements sociaux, celui des chaussonniers de Fougères au début du XXe siècle, celui, plus récent, des salariés licenciés de Molex, et, enfin, celui des Gilets jaunes. Nous avons vu que ce que nous apprennent vraiment ces conflits, c'est que leur succès dépend en grande partie de la capacité à mobiliser d'autres liens que ceux pour laquelle la lutte est engagée. Ainsi, si les luttes sociales se forment autour de la conquête et de la défense de liens spécifiques, elles s'expriment pleinement dans un mouvement d'entrecroisement des liens sociaux qui leur assure les meilleures chances de succès. Le tissage des liens sociaux est donc à l'œuvre dans les conflits. Nous avons pu le vérifier également à partir de luttes et de mouvements engagés en Amérique latine pour l'accès à la terre et aux droits de citoyenneté, mais aussi à propos des conflits du travail ou des mouvements pour les droits civiques aux États-Unis fondés sur le principe du *community organizing*.

Mais les conditions ne sont pas toujours réunies pour que des mouvements de grande ampleur puissent être organisés. Dans de très nombreux cas, les ressources préalables sont trop faibles pour prétendre combattre une injustice ou corriger des inégalités. Cela ne veut pas dire que les plus pauvres ne peuvent qu'abdiquer et se soumettre à la domination qu'ils subissent. Au contraire, les exemples issus d'enquêtes menées dans les quartiers pauvres, d'hier et d'aujourd'hui, montrent que les liens sociaux, même lorsqu'ils sont fragilisés, peuvent constituer des ressources pour survivre. C'est ce qui a constitué la base du chapitre 9. L'entre-soi des quartiers pauvres est tout autant l'effet des inégalités spatiales qui condamnent les plus démunis à la relégation dans des zones circonscrites et souvent disqualifiées de la ville que l'expression d'un mode de vie fait de résistances au quotidien. Les liens sociaux locaux sont des cocons protecteurs face à l'extérieur du quartier, mais parfois aussi face à certains autres groupes du quartier dont il convient de se désolidariser. Ces luttes au sein des quartiers pauvres existent aussi bien en France qu'aux États-Unis. Et elles sont sans doute plus massives et donc plus visibles encore en Amérique latine, c'est la raison pour laquelle nous nous y sommes arrêtés dans cet ouvrage (chapitres 13 et 14).

La question des inégalités et des classes sociales apparaît également tout au long du livre. La rupture inégale des liens sociaux a été étudiée en prenant en compte la catégorie socioprofessionnelle. Les liens qui oppressent et les liens qui fragilisent s'inscrivent aussi, on l'a vu, dans des rapports sociaux de classe. Les luttes sociales sont le plus souvent des luttes des classes. Et lorsque nous avons examiné les régimes d'attachement social, nous avons pu vérifier l'effet de la structure de classe. La théorie de l'attachement social ne peut donc être envisagée indépendamment d'une analyse des classes sociales. Ce qui attache ou divise les individus et les groupes les uns aux autres est le plus souvent le reflet des inégalités de statut et de position sociale, susceptibles de se traduire par des formes de domination et des conflits. Si les capitaux économiques et culturels sont répartis de façon inéquitable et si les inégalités de revenus entre les plus riches et le reste de la population se sont fortement accrues au niveau mondial[7], les liens sociaux sont aussi de force diverse selon les classes sociales. Les enquêtes ont permis de vérifier que les ouvriers ont la plus forte probabilité de connaître une rupture de ces liens – quel que soit leur type – et que cette probabilité diminue au fur et à mesure que l'on s'élève dans la hiérarchie sociale.

Les rapports de genre occupent aussi une place importante dans les travaux réunis dans cet ouvrage. Ils se manifestent d'ailleurs souvent sous la forme d'une imbrication avec les rapports de classe et parfois aussi de race. En étudiant les régimes d'attachement social, nous avons relevé à plusieurs reprises qu'ils sont aussi le reflet des inégalités de genre. C'est dans le régime d'attachement familialiste qu'elles apparaissent les plus intenses, et dans les régimes d'attachement volontariste et universaliste les plus faibles. Lorsque le système normatif consacre une nette prééminence du lien de filiation sur les autres liens sociaux, la division du travail entre les sexes y est forte, les femmes, vouées à la sphère domestique et au travail du *care*. Leur rôle est considéré comme une variable d'ajustement. Cette fonction première relève parfois d'un familialisme intégré dans la structure sociale, traduisant en cela une

7. Thomas Piketty, *Le Capital au* XXI*e siècle*, Paris, Seuil, 2013 et *Capital et idéologie*, Paris, Seuil, 2019.

forme d'essentialisation ou de naturalisation des inégalités de genre. Elle n'a pas toujours besoin de politique spécifique pour perdurer. Il suffit que la famille apparaisse dans les représentations collectives comme la cellule de base de la société – ce qui est même institué comme tel dans les constitutions de plusieurs pays latino-américains – pour que les femmes se vouent par obligation à la fonction sociale d'épouse et de mère, en acceptant comme plus ou moins inévitables de fortes inégalités par rapport aux hommes. Cette inégalité se double d'une inégalité de classe et de race lorsque les femmes pauvres et potentiellement discriminées du fait de leur origine ethnique sont employées comme domestiques dans les familles riches. Dans le cas du Japon, également proche d'un régime d'attachement familialiste, nous avons vu que la division du travail selon les sexes a correspondu au choix politique délibéré de promouvoir en priorité l'emploi pour les hommes, les femmes, invitées à rester au foyer, étant avant tout protégées par le statut de leur mari et par la politique d'intégration familiale de l'entreprise.

La dynamique des régimes d'attachement social

L'acquis le plus important de notre recherche a été de vérifier empiriquement la typologie des régimes d'attachement social. C'est en tout cas le point qui a nécessité le travail le plus lourd, notamment par l'élaboration de la base internationale de données sur les liens sociaux. On peut voir dans ces différents régimes d'attachement social le pouvoir symbolique de l'État et de la pensée d'État[8]. Si l'on peut analyser à l'échelle nationale des formes typiques d'entrecroisement normatif des liens sociaux, c'est qu'il existe un processus de concentration et d'unification qu'accomplit l'État, en parvenant à imposer, au-delà des régions, des traditions locales, parfois des langues, un socle commun de droit, de culture, d'expériences vécues que les citoyens finissent par incorporer et par reproduire comme autant d'éléments de leur histoire et leur mémoire collective. Ce pouvoir symbolique correspond à une forme de domination, parfois douce, mais parfois brutale. Il suffit de

8. P. Bourdieu, *Sur l'État. Cours au collège de France 1989-1992*, *op. cit.* Voir aussi, P. Bourdieu, « Sur le pouvoir symbolique », *Annales. Économies, Sociétés, Civilisations*, vol. 32, n° 3, 1977, p. 405-411.

rappeler la façon dont l'État français, notamment sous la IIIe République, a unifié le pays au nom de la raison en imposant sa légitimité et son emprise sur le système éducatif, en gommant les aspérités locales, en stigmatisant les langues régionales à l'école. Ce pouvoir symbolique a été exercé de façon spécifique selon les pays. Le rapport que les citoyens entretiennent avec leur État et les institutions nationales qui incarnent sa force est le produit d'une histoire. Chaque fois que nous examinons en profondeur les racines historiques et anthropologiques des différents régimes d'attachement social, nous rencontrons d'une manière ou d'une autre la trace de cette histoire.

Dans la présentation des régimes d'attachement social, je m'en suis tenu à une certaine neutralité axiologique en cherchant à éviter toute valorisation d'un régime par rapport à un autre. Je me souviens d'un petit exercice que Duncan Gallie et moi avions proposé, à la fin des années 1990, aux collègues engagés dans un programme de recherche européen sur l'expérience du chômage en Europe que nous coordonnions à l'époque[9]. Il s'agissait de la dernière réunion de ce réseau et, puisque tous les résultats de notre travail collectif étaient disponibles, nous leur avions posé la question : « Si vous étiez chômeur, dans quel pays aimeriez-vous vivre ? » Sans surprise, les chercheurs répondirent presque unanimement : le Danemark. Cette réponse était parfaitement logique : d'après nos résultats, ce pays était celui dans lequel l'indemnisation du chômage était de loin la plus généreuse, ce qui avait pour effet de limiter fortement le risque de pauvreté des chômeurs, lesquels retrouvaient également plus facilement un emploi. Cette réponse n'était pas normative puisqu'elle était fondée sur des données empiriques solides. On serait tenté, à l'issue de ce travail sur les régimes d'attachement social, d'adopter le même type de raisonnement. En termes d'accès au bien-être, d'épanouissement personnel, de protection individuelle et collective face aux aléas de la vie, de limitation du risque de pauvreté et d'inégalités, aussi bien de classe que de genre, le régime d'attachement universaliste apparaît bien objectivement comme le plus favorable, celui que l'on pourrait définir comme le modèle à atteindre ou à imiter. C'est sans doute ce qui conduit les chercheurs à glisser

9. D. Gallie et S. Paugam (dir.), *Welfare Régimes and the Experience of Unemployment in Europe*, *op. cit.*

parfois vers une conclusion apologétique, empreinte de « scandinavophilie », un peu comme s'il allait de soi que la référence suprême en matière de solidarité ne pouvait être que celle-là.

Cette hiérarchisation, aussi logique soit-elle, me paraît toutefois dangereuse. Premièrement, elle laisse entendre qu'il suffirait d'appliquer les politiques publiques des pays nordiques n'importe où pour atteindre les mêmes résultats. Les chercheurs qui raisonnent principalement à partir des dispositifs institutionnels ont pourtant montré que ceux-ci ne se transforment pas aussi rapidement qu'on pourrait le souhaiter. Ils sont ancrés dans l'histoire des institutions de chaque pays et donc difficilement transférables d'un pays à l'autre. C'est ce qu'on appelle la *path dependence* ou dépendance au chemin emprunté. Cette approche théorique, qualifiée de néo-institutionnaliste, s'est développée au cours des années 1990 pour rendre compte de la continuité des trajectoires des politiques publiques. Le poids des choix effectués dans le passé par les institutions s'avère déterminant sur les décisions présentes. Le point de vue développé dans cet ouvrage ne se limite pas à ce processus institutionnel. Au contraire, les régimes d'attachement social se distinguent des *welfare regimes* en ce qu'ils reposent sur le principe de l'entrecroisement de quatre types de liens sociaux et donc de quatre sphères de la morale. Ces liens sociaux sont le produit de la socialisation. Ils se maintiennent durablement dans la vie collective parce qu'ils sont profondément intériorisés par les individus et les groupes. Nous avons insisté sur le triptyque de ce processus : le contrôle social, l'habitus et la mémoire collective. Ces trois dimensions se complètent alors qu'on les aborde le plus souvent de façon séparée. Elles interviennent de façon souvent spécifique selon les groupes sociaux. Le contrôle social ne s'exerce pas avec la même intensité dans tous les milieux sociaux, il existe évidemment des habitus de classe et la mémoire collective reflète également les disparités sociales et spatiales. Mais ces trois dimensions peuvent également s'appréhender à une échelle nationale : par exemple, le contrôle social est plus intense en Norvège ou au Danemark qu'il ne l'est dans un pays latino-américain. À la suite de Norbert Elias, nous savons que l'habitus peut prendre une forme nationale et les recherches menées depuis Maurice Halbwachs ont également insisté sur la fabrication de la mémoire collective comme fondement de la cohésion nationale. Autrement dit, si les liens sociaux perdurent, perdure également leur entrecroisement normatif. C'est la raison pour laquelle les sociétés ne peuvent pas passer facilement d'un régime d'attachement à un autre. Ce qui vaut pour les *welfare regimes*, du fait de la *path dependence*, vaut aussi, et peut-être davantage encore, pour les régimes d'attachement social. Les pays ne sont pas pour autant figés à tout jamais dans un modèle, mais les évolutions dans ce domaine ne sont pas prévisibles dans le court ou le moyen terme. Elles sont inévitablement lentes et c'est le plus souvent à l'occasion de crises majeures que des mutations peuvent se produire.

Deuxièmement, cette hiérarchisation est également dangereuse car elle pourrait induire l'idée qu'il existe un monde parfait. En réalité, il n'existe pas un seul régime d'attachement social exempt de contradictions internes. Certes, chaque régime produit la cohérence normative qui est absolument nécessaire pour assurer la régulation de la vie sociale. Mais chaque pays est également confronté à des défis qui entament parfois cette cohérence normative. Nous les avons identifiés. Les pays proches du régime d'attachement familialiste, comme les pays d'Amérique du Sud, le Japon ou les pays méditerranéens, sont confrontés à un déclin démographique à la suite de la chute spectaculaire de la fécondité. Le choix de donner la priorité à la famille est-il viable si les femmes qui assurent la fonction de *care* au sein de la sphère domestique choisissent de ne plus faire d'enfants – ou d'en faire peu – pour mieux garantir leurs chances de réalisation personnelle dans le monde du travail ? Tout semble se passer comme si les obligations et les attentes normatives à l'égard de la famille étaient disproportionnées face à l'ampleur des besoins à prendre en charge, surtout en période de crise économique. Les citoyens et citoyennes des pays proches d'un régime familialiste ne sont pas globalement hostiles à l'intervention de l'État, mais face à son impuissance constatée, il s'avère impossible de lui faire confiance[10]. On retrouve un décalage entre les normes et la réalité dans les pays proches du régime d'attachement organiciste comme la France. Alors que la norme de l'emploi stable continue de s'imposer comme le socle de la société salariale, la précarité professionnelle et le

10. Olga Ganjour, Éric Widmer, « Patterns of family salience and welfare state regimes : Sociability practices and support norms in a comparative perspective », *European Societies*, vol. 18, n° 3, 2016, p. 201-220.

chômage de masse compromettent l'avenir de franges importantes de la population, plus ou moins condamnées à occuper une position marginalisée ou stigmatisée dans la hiérarchie des statuts sociaux, remettant ainsi en question le principe de l'égalité citoyenne. Il est frappant de constater que pour atteindre le plein-emploi, qui reste le meilleur garant de ce régime d'attachement organiciste, les gouvernements successifs en viennent à accepter, un peu comme un pis-aller, des politiques d'emploi de plus en plus flexibles qui précarisent les populations les moins qualifiées, celles justement qui auraient besoin d'un emploi plus stable pour se sentir pleinement attachées au monde du travail et à la société dans son ensemble. La contradiction se retrouve aussi dans les pays proches du régime d'attachement volontariste pour des raisons différentes. Aux États-Unis, la menace d'un déclin du civisme associatif sonnerait le glas d'une nation en perdition. Si les Américains se détournent, au moins partiellement, de ce qui a constitué le ciment historique de l'unité de leur pays, c'est peut-être parce que leurs aspirations, ainsi que les formes de solidarité, se diversifient peu à peu. Nous avons pu constater que les quatre types de liens sociaux sont d'intensité très variable d'un État à l'autre et que l'unité de la nation reste relative. Enfin, si les pays proches du régime universaliste, les pays nordiques en particulier, sont souvent la référence absolue en matière de bien-être et de cohésion sociale, on peut douter de leur capacité à transmettre cet idéal d'universel lorsqu'on y voit se développer des formes avancées de racisme, alimentées par un souhait de plus en plus répandu dans la population de se replier, de façon protectionniste, à l'intérieur de leurs propres frontières afin de préserver leurs acquis sociaux. Au lieu d'idéaliser un monde parfait de la solidarité humaine, il me semble plus sage de dire que chaque pays doit tenter de résoudre ses propres contradictions en cherchant à faire évoluer son propre système normatif.

Troisièmement, hiérarchiser les régimes d'attachement social pourrait conduire à une interprétation évolutionniste un peu simpliste des sociétés humaines. À l'image des étapes de la croissance économique étudiées par Rostow, il y aurait des étapes de la solidarité humaine, le régime d'attachement familialiste exprimant la première étape, celle de la société traditionnelle, le régime d'attachement universaliste caractérisant l'étape ultime de la maturité, et les régimes d'attachement organiciste et volontariste, des étapes intermédiaires. Il est inutile d'insister sur l'inanité de ce type de raisonnement. Les analyses empiriques présentées dans ce livre le démentent amplement. Certes, les indicateurs socio-économiques pris en compte confirment de fortes corrélations avec les régimes d'attachement social, traduisant assez bien l'idée du progrès de la condition humaine au fur et à mesure que l'on s'éloigne du régime d'attachement familialiste pour se rapprocher du régime d'attachement universaliste (voir le chapitre 11 sur ce point), mais rien ne permet de prouver qu'il s'agit pour autant d'étapes. Il faut plutôt y voir la traduction d'évolutions contrastées, sous l'influence de plusieurs facteurs historiques, souvent différents d'une société à l'autre, et ne pouvant pas de ce fait être intégrés dans un schéma unique.

Enfin, hiérarchiser les régimes d'attachement social passerait sous silence les inégalités qui prévalent à l'échelle mondiale entre nations. Les pays proches du régime d'attachement universaliste sont tous, sans exception, riches, tandis que les pays proches du régime d'attachement familialiste, en particulier les pays du groupe à dominante traditionnelle, sont globalement pauvres, voire très pauvres. Les premiers peuvent se prévaloir d'une avance considérable en termes de développement économique, social et humain sur les seconds. Il ne faut toutefois pas oublier les leçons des relations économiques internationales et rappeler que les seconds, même lorsqu'ils sont qualifiés d'émergents, vivent dans la dépendance économique et financière des premiers. Les inégalités à l'échelle du monde proviennent pour la plupart des inégalités entre pays, et non des inégalités internes[11]. Naître dans un pays riche constitue déjà une rente. La Norvège ou le Danemark peuvent privilégier sur leurs territoires respectifs des emplois hautement qualifiés et former en conséquence la main-d'œuvre locale, tout en délocalisant la production de biens ordinaires dans les pays moins développés en faisant appel à une main-d'œuvre peu qualifiée, souvent peu ou mal rémunérée. Schéma connu, amplement commenté à l'âge de la mondialisation de l'économie : la prospérité des pays riches dans tous les domaines de l'existence, y compris dans le domaine de la

11. On lira sur ce point Branko Milanovic, *Inégalités mondiales. Le destin des classes moyennes, les ultra-riches et l'égalité des chances*, Paris, La Découverte, 2019. Voir en particulier le chapitre 3 « Inégalités entre nations ».

solidarité, a pour contrepartie la subordination économique des pays pauvres, dans lesquels l'État providence en est toujours au stade des balbutiements, tant il constitue pour les élites au pouvoir un obstacle à leur propre enrichissement, ce qui ne peut qu'entretenir de très fortes inégalités au sein même de ces pays. Les pays riches, les plus avancés en termes de protection sociale – et, évidemment, pas uniquement les pays nordiques –, sont engagés, comme le formule Alain Supiot, dans une course au « moins-disant » social[12]. Tout en profitant de cette globalisation, ils ne sont pas prêts à ouvrir leurs frontières, bien au contraire.

L'attachement à l'humanité : horizon ou utopie ?

Je voudrais enfin explorer ici une dernière question, à la croisée de sociologie et de la philosophie : l'attachement à l'humanité pourrait-il devenir l'horizon de dépassement de toutes les formes d'attachement social ? Cette question a été abordée, on l'a dit, par Durkheim dans son cours sur *L'Éducation morale*. Il s'interrogeait sur la supériorité de l'attachement à l'humanité par rapport aux autres groupes, notamment la famille et la patrie. Il soulignait, avec gravité, que de la réponse à cette question dépendaient l'orientation de l'activité morale et, par conséquent, les principes de l'éducation morale. Résumons les étapes de son raisonnement. Premier élément à prendre en compte, selon lui, le sens de l'évolution des fins morales : les nations se sont fondées par-dessus les tribus d'autrefois, puis elles se sont mêlées à des organismes sociaux plus vastes. Elles se sont progressivement détachées des particularités ethniques ou géographiques en devenant plus volumineuses. « Il n'y a pas de raison pour assigner à un mouvement aussi progressif et ininterrompu des limites qu'il ne puisse dépasser. Or les fins humaines sont encore plus hautes que les fins nationales les plus élevées[13]. » Mais un deuxième élément vient aussitôt contrebalancer le premier. L'humanité ne constitue pas une société en tant que telle : « Ce n'est pas un organisme social ayant sa conscience propre, son individualité, son organisation. Ce n'est qu'un terme abstrait par lequel nous désignons

12. Alain Supiot, *L'Esprit de Philadelphie. La justice sociale face au marché total*, Paris, Seuil, 2010, p. 70 et suiv.
13. É. Durkheim, *L'Éducation morale*, *op. cit.*, p. 88.

l'ensemble des États, des nations, des tribus, dont la réunion forme le genre humain. [...] En tout cas, un tel idéal est tellement lointain, qu'il n'y a pas lieu d'en tenir compte aujourd'hui. [...] D'après ce que nous avons dit, la conduite n'est morale que quand elle a pour fin une société ayant sa physionomie propre et sa personnalité. Comment l'humanité pourrait-elle avoir ce caractère et remplir ce rôle, puisqu'elle n'est pas un groupe constitué[14] ? » Enfin, troisième élément à considérer, susceptible de surmonter cette antinomie : puisque nous ne pouvons pas nous empêcher de penser à des fins morales plus hautes que les fins nationales, le seul moyen de soulager notre conscience politique, c'est d'atteindre cet idéal en essayant de le réaliser dans le groupe humain le plus élevé que nous connaissons, c'est-à-dire dans le cadre des États particuliers, puisque ces derniers sont les plus proches de l'humanité. Cette solution sonne un peu comme un pis-aller. Il ne peut y avoir de groupe plus adéquat que celui de la nation. C'est en son sein que l'on pourra défendre les intérêts généraux de l'humanité, en y faisant régner toujours plus de justice, une moralité toujours plus élevée, capable de reconnaître les mérites des uns et d'adoucir les souffrances des autres.

Le raisonnement de Durkheim est-il encore tenable en ce début du XXIe siècle ? Sur le plan formel, il faut reconnaître que l'humanité n'est toujours pas une société constituée, même s'il existe des organismes internationaux, comme les Nations unies, qui s'efforcent de penser les intérêts du monde dans sa globalité. Il existe aussi des traités internationaux pour encadrer et régler les échanges commerciaux, mais aussi pour réguler les problèmes liés à l'environnement et au réchauffement climatique. Il ne faut pas sous-estimer ces instances qui n'avaient pas, à l'époque de Durkheim, l'influence qu'elles peuvent avoir aujourd'hui. Mais elles ne peuvent pas pour autant prétendre gouverner l'humanité et parvenir à éviter ni les guerres ni les catastrophes, même lorsqu'elles sont prévisibles.

Pourtant, les interdépendances humaines s'expriment de plus en plus à l'échelle de l'humanité tout entière. Elles ne naissent pas d'une relation universelle à l'amour, mais des risques planétaires que nous encourons tous en tant qu'êtres humains. Les menaces qui pèsent sur l'équilibre écologique sont de plus en plus intenses et il faudrait être

14. *Ibid.*

aveugle pour ne pas en voir les conséquences dans notre vie quotidienne. La planète entière se réchauffe, les glaciers fondent à vue d'œil, le niveau des mers monte, les forêts brûlent et des inondations régulières font des ravages dans toutes les régions du monde. La conscience d'une menace qui dépasse largement les frontières de nos nations nous renvoie à une interdépendance mutuelle et mondiale. Le risque n'est pas celui d'un groupe social ou d'un groupe de pays, mais de la terre entière. À la fin du XIXe siècle, c'est la conscience partagée des individus des pays industriels d'être ensemble confrontés aux aléas de la vie (maladie, invalidité, vieillesse, perte d'emploi, veuvage, etc.) qui permit de mettre en place progressivement des systèmes d'assurance sociale étendus à l'ensemble de la population. De la même façon, on peut se demander si, au XXIe siècle, le moment n'est pas venu pour les êtres humains de devenir des associés solidaires pour se prémunir des dangers auxquels ils sont confrontés à court terme. À cette menace écologique s'ajoute aujourd'hui une menace sanitaire mondiale avec la propagation de virus. Après la pandémie ravageuse du Covid-19, d'autres virus font leur apparition, à tel point qu'on peut se demander si ce processus de contamination régulière pourra être un jour enrayé. Il faudrait encore ajouter la menace terroriste qui frappe aveuglément un peu partout dans le monde et qui pousse les pays à se coordonner pour la prévenir et la combattre.

Les interdépendances humaines se manifestent également en raison de l'extraordinaire développement des moyens de communication. La façon d'être liés les uns aux autres, au-delà des différences nationales ou culturelles, est, en effet, en grande partie déterminée par les techniques de circulation des informations et de mise en relation des individus et des groupes qu'offrent aujourd'hui les ressources du numérique[15]. Il n'y a pas très longtemps encore, téléphoner vers une autre région du monde représentait un coût non négligeable et était donc un privilège de riche. Aujourd'hui, il est possible, avec le développement des réseaux, de communiquer de façon presque gratuite et illimitée depuis son smartphone, de réunir des membres dispersés d'une même famille en se connectant à une plateforme et d'échanger en direct des

15. Olivier Martin et Éric Dagiral, *Les Liens sociaux numériques*, Paris, Armand Colin, 2021.

images, des souvenirs, de partager des émotions et des moments de convivialité. Il en va de même des échanges amicaux ou professionnels qui se déploient sans limites dans un espace transnational. Il s'agit à la fois d'une intensification des contacts, d'une accélération du temps et d'une réduction des distances, processus multiforme qui fait entrer le cosmopolitisme dans la vie quotidienne des individus, presque quelle que soit leur origine sociale.

Comment ne pas être sensible par ailleurs à la diffusion d'une culture internationale, commerciale et populaire, qui envahit les écrans, avec la diffusion de films et de séries télévisées au succès planétaire, la musique, la mode, les styles de vie et qui contribue, au moins partiellement, à homogénéiser les goûts et les pratiques au-delà des cultures nationales ? Il s'agit, comme le souligne Abram De Swann, d'un raz-de-marée cosmopolite qui « arrache les enfants à l'étau de leur village, de la région et même de la nation, les entraîne loin de la tradition, de la religion, de leur héritage civilisationnel[16] ». Cette culture cosmopolite est également entretenue par des rassemblements mondiaux de la jeunesse, organisés à l'initiative mouvements religieux, humanitaires ou politiques, et dans lesquels s'échangent des idées, des aspirations à la paix universelle, au respect des droits de l'homme et de l'environnement. Ce monde nouveau en gestation n'attend pas que l'école enseigne cette culture cosmopolite. Elle est déjà présente, de façon diffuse et souvent indirecte, dans les systèmes éducatifs nationaux. N'est-il pas fréquent que les jeunes se définissent souvent eux-mêmes comme des citoyens du monde ?

Enfin, ces interdépendances humaines se vérifient chaque jour dans les flux migratoires vers les pays riches, en provenance des pays pauvres, notamment des anciennes colonies. Ce sont les émigrants de la périphérie de l'économie mondiale qui tentent, souvent au péril de leur vie, d'accéder à ce qu'ils perçoivent comme le cœur névralgique de la richesse et de la modernité, censé leur apporter une vie meilleure, à commencer par une plus grande sécurité d'existence. À l'échelle mondiale, les migrants internationaux représentent, selon les estimations, moins de 3 % de la population, proportion stable depuis

16. Abram De Swann, *La Société transnationale. Langues, cultures, politiques*, Paris, Seuil, « Liber », 2022, p. 66.

plusieurs décennies et très en deçà de ce qu'elle représentait au début du XXe siècle[17]. S'il en est ainsi, c'est parce que les migrations internationales sont accueillies de façon très sélective, en France tout particulièrement. Ce qui frappe surtout, ce sont les murs que l'on dresse pour rendre les frontières des pays riches difficilement franchissables, ce sont les drames humains à répétition que provoquent les traversées en mer périlleuses, ce sont les conditions extrêmes que l'on impose aux réfugiés dans les camps[18]. Des voix s'élèvent pour protester contre ce qui est perçu comme une remise en question du devoir moral d'hospitalité à l'égard de ces populations en quête de protection et de bien-être. Des solidarités se mettent en place, parfois à la limite de la légalité. Des familles se déclarent volontaires pour héberger chez elles ces hommes et femmes en exil. Des municipalités sont parfois prêtes aussi à les accueillir pour repeupler les villages ruraux en déclin démographique[19]. Toute une réflexion est engagée pour repenser l'hospitalité, et les sciences sociales se mobilisent pour réaliser des enquêtes sur la condition migrante et les formes de solidarité qu'elle suscite[20].

Ainsi, de nombreux signes attestent que la conscience d'une interdépendance mondiale et mutuelle se développe un peu partout dans le monde. Elle est présente, sous des formes diverses et d'intensité variable, chez de plus en plus d'hommes et de femmes, et aucun milieu social ne saurait en être totalement dépourvu. De ce point de vue, l'attachement à l'humanité n'est pas un rêve, mais de plus en plus une réalité. On pourrait, pour en avoir une représentation imagée, repartir de la mosaïque du social que j'ai eu l'occasion de commenter dans les chapitres précédents et qui illustre la couverture de ce livre. Imaginons l'extension de cette figure à l'infini. Il n'y aurait plus de périphérie, tous

17. François Héran, *Migrations et sociétés*. Leçon inaugurale du Collège de France, Paris, Collège de France et Fayard, 2018.

18. Michel Agier, *Gérer les indésirables. Des camps de réfugiés au gouvernement humanitaire*, Paris, Flammarion, 2008.

19. Daniela Ristic, « L'accueil des migrant·e·s dans les espaces de marges (Calabre-Limousin). Entre invisibilisation, ressources pour les territoires, et répression de l'hospitalité locale », thèse de doctorat de sociologie, Paris, EHESS, 2022.

20. M. Agier, *L'Étranger qui vient. Repenser l'hospitalité*, Paris, Seuil, 2018 ; Michel Agier, Stefan Le Courant (dir.), *Babels. Enquêtes sur la condition migrante*, Paris, Points, 2022.

les êtres humains seraient attachés les uns aux autres par les quatre liens sociaux vitaux définis dans ce livre. Cette image serait alors l'expression de l'universalité parfaite. Fidèle en cela au combat des humanistes, elle n'en resterait pas moins une vision utopique, tout au plus un horizon d'espoir vers lequel pourrait tendre l'humanité.

Pour que l'attachement à l'humanité puisse vraiment constituer le socle de la vie morale des êtres humains, il faudrait commencer par créer, au-delà des traités qui se contentent d'énoncer des objectifs à atteindre, une administration internationale, émanant d'une volonté partagée des pays de se contraindre mutuellement à collaborer, à s'imposer des règles et à engager un véritable programme d'aménagement de la planète dans le respect du bien commun, de l'environnement et de la biodiversité. Il faudrait aussi combattre l'injustice actuelle du régime des échanges économiques au niveau mondial, en instaurant, comme le suggère Alain Supiot, le principe de solidarité au cœur des règles internationales du commerce[21]. Autrement dit, il s'agirait de renouer avec l'esprit de la Déclaration de Philadelphie de 1944 pour dissiper le mirage du marché total, tracer les voies nouvelles d'un nouvel ordre économique mondial en faveur de la justice sociale et d'une réduction des inégalités entre nations. Il faudrait sans doute aussi intégrer de façon plus directe dans les écoles un enseignement de base sur les fondements de la solidarité humaine incluant cette exigence morale de l'attachement à l'humanité. Ce qui pourrait passer par l'écriture de nouveaux principes d'éducation morale, complémentaires à ceux que Durkheim avait définis à la fin du XIXe siècle.

Dans l'immédiat, la réalité nous oblige à tenir compte de toutes les forces qui s'y opposent : la valorisation du mérite individuel au détriment de l'esprit collectif, la recherche exclusive du bonheur dans l'entre-soi, la constitution de frontières physiques ou morales avec les autres groupes, la volonté des nations les plus développées de préserver leur avance sur le reste du monde, le refus de partager le fardeau de la conversion écologique (les pays riches sont aujourd'hui les pays les plus pollueurs du monde et, en dépit des discours, la tendance ne semble pas encore près de s'inverser). Par ailleurs, les guerres, et notamment

21. A. Supiot, *L'Esprit de Philadelphie. La justice sociale face au marché total*, *op. cit.*, p. 173.

celle qui se déroule actuellement en Ukraine, éclatent partout dans le monde. Alors que la planète est en danger, et qu'il faudrait s'unir pour tenter de la sauver, la soif de domination et d'impérialisme de certaines nations ne disparaît pas et ne disparaîtra probablement jamais totalement. Vouloir traiter de la solidarité humaine nous entraîne non pas dans une philosophie ou une doctrine de l'amour du prochain, mais bien dans une sociologie des rapports sociaux, qui conduit à insister tout autant sur ce qui attache les êtres humains entre eux que sur ce qui les oppose, le lien ne pouvant être appréhendé sans son contraire : la rupture et le conflit, le conflit pouvant être en lui-même, on l'a vu, source de lien.

Mais n'est-ce pas en connaissant les formes et les fondements de la solidarité humaine que l'on peut s'efforcer d'en repousser les limites, d'en dénouer les contradictions, d'en surmonter les impasses ? Lorsque l'humanité tout entière est menacée, la conscience sociale nous conduit à rechercher collectivement des solutions, non pas pour conclure une paix séparée, de façon à satisfaire le bien-être de certains tout en laissant les autres dans la misère et la dépendance, mais pour combattre collectivement tout ce qui compromet notre avenir commun et celui des générations futures.

Si j'ai souhaité dans ce livre ne pas confondre le rôle du sociologue et celui du réformateur social et me libérer du maniement délicat de la notion polysémique de solidarité, je suis convaincu, comme le disait Durkheim dans la préface à la première édition de sa thèse, « que nos recherches ne méritent pas une heure de peine si elles ne devaient avoir qu'un intérêt spéculatif ». J'espère en tout cas que le cadre théorique de l'attachement social présenté dans cet ouvrage ouvrira des perspectives nouvelles pour comprendre ce qui fait tenir ensemble les êtres humains et pour se préparer au monde de demain.

Remerciements

Ce livre s'appuie sur une recherche dont je peine moi-même à indiquer la date du commencement proprement dit. Si je m'en tiens aux premières formulations de la typologie des liens sociaux, elle remonte à une quinzaine d'années. Mais si je me limite au cadre théorique de l'attachement social, sous sa première ébauche, j'y travaille depuis une dizaine d'années et, dans sa forme plus avancée, en termes de collecte systématique de données statistiques internationales, depuis cinq ans. Quoi qu'il en soit, il s'agit d'un travail qui s'est réalisé sur une longue durée et une partie des réflexions et des recherches présentées dans ce livre ont été réalisées en collaboration. Ma dette est donc lourde à l'égard des institutions, des amis et collègues qui m'ont soutenu et accompagné tout au long de ces années.

Le fil conducteur de cette recherche a été mon séminaire hebdomadaire de l'École des hautes études en sciences sociales (EHESS) que j'assure depuis mon élection comme directeur d'études en 2001. Ce livre s'est nourri de cette formidable opportunité qui m'a été offerte de présenter régulièrement les avancées de ma recherche dans le cadre de la chaire de « sociologie des inégalités et des ruptures sociales » et de bénéficier des commentaires, des savoirs et des travaux de recherche des étudiants, venus de différentes aires culturelles du monde. Mes premiers remerciements s'adressent à eux. Ils m'ont considérablement enrichi. Je pense en particulier à celles et ceux qui ont réalisé leur thèse ou leur mémoire de Master sous ma direction et que je ne peux remercier que collectivement. Je fais souvent référence à leurs travaux dans le corps du texte.

J'ai bénéficié également du soutien de mon laboratoire, le Centre Maurice Halbwachs (CMH) – qui dépend à la fois du CNRS, de l'EHESS, de l'ENS et l'INRAE – installé sur le magnifique campus Jourdan de l'École normale supérieure où se trouve également l'École d'économie de Paris. Ce cadre intellectuel, propice aux échanges entre professeurs, chercheurs et étudiants, a été pour moi une source d'épanouissement. J'y ai animé pendant douze ans l'équipe de recherche sur les inégalités sociales avant de devenir directeur du CMH. Je me suis nourri des nombreux séminaires, journées d'études et colloques qui s'y tiennent régulièrement. Je tiens à exprimer ma profonde reconnaissance à l'égard des institutions dont dépend cette vie intellectuelle intense.

Ce livre s'appuie en partie sur une comparaison internationale qui a mobilisé un réseau important de chercheurs dans plusieurs pays. Je dois beaucoup à l'excellente collaboration que j'ai eue avec Christian Suter et Tugce Beycan à l'université de Neuchâtel, en Suisse. Ensemble, nous avons défini les indicateurs de liens sociaux et avons entrepris ce travail laborieux de collecte, de vérification et d'exploitation de données statistiques issues de nombreuses sources nationales ou internationales. Seul, je n'y serais jamais arrivé. Un grand merci à eux ! Je ne peux pas mentionner ici toutes les institutions que nous avons sollicitées pour constituer cette base de données. Que les personnes qui y ont contribué, d'une façon ou d'une autre, reçoivent ici l'expression de notre gratitude. À notre trio, se sont joints, régulièrement ou de façon plus ponctuelle, plusieurs collègues. Marcelo Miño, doctorant chilien à l'EHESS, m'a aidé à collecter les données sur les États-Unis et sur plusieurs pays latino-américains. Ses compétences et sa rigueur m'ont été très précieuses. Mathieu Lizotte, professeur de sociologie à l'université d'Ottawa, m'a renseigné sur les données canadiennes et a contribué à l'interprétation des données américaines. Nadya Araujo Guimarães et Ian Prates, de l'université de São Paulo, ont fait de même pour les données brésiliennes. Nous avons écrit ensemble un article sur les liens sociaux au Brésil, en comparant ces données avec celles des pays européens, mais aussi en prenant en compte la diversité interne au Brésil selon les grandes régions. Nadya a accompagné cette recherche depuis le début et m'a offert, en outre, l'opportunité de présenter mes recherches à l'université de São Paulo dans le cadre de plusieurs conférences. Je dois beaucoup également à Eiji Kawano, professeur de sociologie à l'université métropolitaine d'Osaka. Il m'a aidé à collecter les données japonaises, et a surtout contribué, depuis le début de cette recherche, à ma connaissance de la société japonaise, au détour de plusieurs séjours de recherche et enquêtes de terrain dans ce pays. Mon ancienne doctorante coréenne, Younga Kim, aujourd'hui *fellow* au Korea Labor Institute, m'a également été précieuse pour collecter et interpréter les données pour la Corée du Sud.

Au cours des dix dernières années, j'ai donné de nombreuses conférences à l'étranger sur le thème de ce livre. Les questions qui ont surgi dans les débats ouverts à cette occasion, ou dans les discussions plus informelles qui ont suivi, ont toujours été pour moi une source précieuse d'inspiration. Une recherche, qui s'inscrit sur une longue durée, se fait toujours par tâtonnement, par questionnement progressif, et les réponses aux hypothèses émises arrivent parfois au détour d'une conversation, d'une intervention pertinente de l'un ou l'autre des participants. Je me suis souvent surpris moi-même à formuler de façon spontanée une réponse provisoire à une question à laquelle je n'avais pas pensé à l'avance et qui m'a poussé ensuite à y revenir de façon plus réfléchie. Il m'est impossible de citer toutes les conférences que j'ai données, mais je tiens tout de même à indiquer celles qui ont constitué des étapes ou des temps forts de ma réflexion. J'ai présenté pour la première fois l'esquisse de la typologie des régimes d'attachement social dans un colloque international sur la pauvreté en Europe aux XIXe et XXe siècles, organisé, en mai 2012, à Londres par le German Historical Institute London. J'ai eu ensuite l'occasion de parfaire ce cadre analytique dans plusieurs colloques internationaux ou conférences en tant que professeur invité : en Suisse, à Berne, dans le cadre du congrès de la Société suisse de sociologie, et dans les universités de Genève, Lausanne et Neuchâtel ; en Allemagne dans les universités Goethe (Francfort), de Hambourg et de Bonn ; en Italie dans les universités Federico II de Naples, de Vérone, de Bologne et de Florence ; en Grèce, à l'université Panteion d'Athènes ; en Finlande, à l'université d'Helsinki ; au Portugal à l'université de Porto ; au Chili, à Santiago, à l'université catholique du Chili et à l'université du Chili, à l'Institut français, ainsi qu'à l'université O'Higgins (Rancaoi) ; au Brésil, à l'université de São Paulo, à l'université catholique de São Paulo, et dans les universités de Campinas, de l'État de Rio de Janeiro, d'Amazonie (Manaus), du Paraná (Curitiba), de Rio Grande do Sul (Porto Alegre) ; en Argentine, à Buenos Aires, à l'université nationale San Martin, à l'université du Musée social argentin et à l'institut Gino Germani ; en Uruguay, à l'université de la République (Montevideo) ; en Colombie, à l'université de Valle (Cali) ; au Liban, à l'université Saint-Joseph (Beyrouth) ; au Japon, à l'université de Kansai (Osaka) et à l'université métropolitaine d'Osaka, ainsi qu'à la Maison franco-japonaise de Tokyo.

Outre ces conférences, j'ai en outre eu le grand plaisir de donner des cours réguliers sur la théorie de l'attachement social, à l'université de Neuchâtel, à l'université de São Paulo, à l'université du Chili et à l'université libre de Bruxelles dans le cadre de la chaire « Henri Janne ». Cette expérience d'enseignement universitaire à l'étranger a été très riche et je remercie les étudiants qui y ont participé pour leur intérêt et les commentaires très instructifs qu'ils m'ont apportés.

Je voudrais remercier tout particulièrement, en dehors de celles que j'ai déjà mentionnées, les personnes qui m'ont accueilli chaleureusement à l'occasion de mes séjours à l'étranger, et avec qui j'ai pu discuter de façon approfondie du thème de ce livre : en Italie, Enrica Morlicchio ; en Belgique, Pierre Desmarez, François Ghesquière ; en Allemagne, Rudolf Stichweh ; en Grèce, Despina Papadopoulos ; en Finlande, Teemu Kemppainen ; aux États-Unis, Hilary Silver ; en Argentine, Guillermo Pérez Sosto, Mariel Romero, Santiago González Casares, Florencia Luci, Ariel Wilkis ; au Brésil, Maura Veiras, Aldaíza Sposati, Mariangela Belfiore, Luis Eduardo Wanderley, Frédéric Vandenberghe, Marcio de Oliveira, Heloísa Corrêa da Silva, Raquel Weiss, Elisa Reis, Marcia Leite ; au Chili, Emmanuelle Barozet et Clemencia González.

Plusieurs collègues et amis ont accompagné ma réflexion, m'ont encouragé et fait part de leurs remarques sur le projet d'ensemble ou sur certains chapitres. J'exprime ma reconnaissance à Yohann Aucante, Natalia Briceño, Mathilde Caro, Denis Cogneau, Bruno Cousin, Benoît de L'Estoile, Claude Didry, Julien Duval, Nicolas Duvoux, Erwin Flaureau, Duncan Gallie, Benoît Guillou, Linda Haapajärvi, Claudia Jordana, Sébastien Lechevalier, Marie Loison-Leruste, Sylvie Mesure, Jules Naudet, Quentin Ravelli, Benoît Roullin, Emilia Schijman et Cécile Van de Velde.

Je dois remercier tout particulièrement Dominique et Alain Schnapper et François-Xavier Schweyer, fidèles relecteurs et critiques amicaux qui ont été d'un soutien sans faille dans le long processus d'élaboration de ce livre. J'ai également bénéficié aux éditions du Seuil de l'excellent travail de relecture effectué par Catherine Portevin, éditrice, et de ses précieux conseils. Son regard avisé a permis d'améliorer sensiblement le manuscrit. Je remercie également Alain Bischoff, lecteur-correcteur, pour ses corrections et suggestions sur l'ensemble du manuscrit. Au Centre Maurice Halbwachs, Florence Kerdoncuff m'a également aidé à réaliser certains graphiques et à composer l'index.

Merci à mes enfants, aujourd'hui adultes, Cécile, Mathilde, Léna, Hervé et Katell, qui ont accompagné les différentes étapes de ce livre et n'ont cessé de manifester un intérêt personnel pour les résultats de cette recherche. Gabriela, née en 2014, est encore trop jeune pour exprimer son avis sur ce travail, mais, par le bonheur et l'amour qu'elle m'apporte tous les jours, elle a contribué à sa manière à donner un élan à mon entreprise.

Et merci à Camila qui partage ma vie depuis que nous avons découvert ensemble le palais de l'Alhambra à Grenade et la magnifique mosaïque qui illustre ce livre. Elle sait, mieux que quiconque, tous les sacrifices que ce travail a impliqués. Son soutien intellectuel et moral a été inestimable. C'est avec elle que j'expérimente au quotidien ce que l'attachement veut dire.

ANNEXE NUMÉRIQUE DU LIVRE

Ce livre repose en partie sur une comparaison internationale qui a nécessité l'élaboration d'une base de données sur les liens sociaux pour trente-quatre pays. Afin de ne pas surcharger le texte de références méthodologiques sur les sources utilisées et les méthodes de construction des indices, nous les avons regroupées dans une annexe technique et méthodologique disponible sur le site internet suivant : http://www.serge-paugam.fr/docs/annexe_attachement_social.

Cette annexe comprend toutes les données collectées, indicateur par indicateur, pour l'ensemble des pays de la base. Cette base pourra être enrichie et mise à jour régulièrement en fonction des données disponibles. Je remercie les lecteurs et les internautes de me faire part de leurs questions, remarques et suggestions par courrier électronique (serge.paugam@ehess.fr).

Le lecteur pourra y trouver également la méthodologie d'une enquête réalisée à Strasbourg sur le délitement des liens sociaux dont certains résultats sont présentés dans le livre.

Index des noms

S

T

U

V

W

Y

Z

Index des thèmes

A

B

C

I

J

K

L

M

N

O

P

Q

R

S

T

U

V

W

X

Z

Table

PARTIE III – LUTTES, COMPENSATIONS ET RÉSISTANCES

Du même auteur

La Disqualification sociale
Essai sur la nouvelle pauvreté
PUF, « Sociologies », 1991, 4e éd. 1997 ;
rééd., « Quadrige », 2000, 5e éd. 2013

La Société française et ses pauvres
L'expérience du Revenu minimum d'insertion
PUF, « Recherches politiques », 1993 ; rééd., « Quadrige », 2002

L'Exclusion, l'état des savoirs
(sous la dir. de)
La Découverte, 1996

L'Europe face à la pauvreté
Les expériences nationales de revenu minimum garanti (sous la dir. de)
La Documentation française, 1999

Welfare Regimes and the Experience of Unemployment in Europe
(avec Duncan Gallie, sous la dir. de)
Oxford University Press, 2000

Le Salarié de la précarité
Les nouvelles formes de l'intégration professionnelle
PUF, « Le lien social », 2000 ; rééd., « Quadrige », 2007

Les Formes élémentaires de la pauvreté
PUF, « Le lien social », 2005, 3e éd. mise à jour et complétée 2013

Repenser la solidarité
L'apport des sciences sociales
(sous la dir. de)
PUF, « Le lien social », 2007
rééd., « Quadrige », 2011, 2e éd. 2015

Le Lien social
PUF, « Que sais-je ? », 2008, 5e éd. corrigée 2022

La Pratique de la sociologie
PUF, 2008

La Régulation des pauvres
(avec Nicolas Duvoux)
PUF, « Quadrige », 2008, 2e éd. 2013

L'Enquête sociologique
(sous la dir. de)
PUF, « Quadrige-manuels », 2010, 2e éd. 2012

Les 100 mots de la sociologie
(sous la dir. de)
PUF, « Que sais-je ? », 2010, 3e éd. corrigée 2023

Des Pauvres à la bibliothèque
Enquête au Centre Pompidou
(avec Camila Giorgetti)
PUF, « Le lien social », 2013

L'Intégration inégale
Force, fragilité et rupture des liens sociaux
(sous la dir. de)
PUF, « Le lien social », 2014

Vivre ensemble dans un monde incertain
Éditions de l'Aube, 2015 ; rééd. « L'Aube poche », 2017

Ce que les riches pensent des pauvres
(avec Bruno Cousin, Camila Giorgetti et Jules Naudet)
Seuil, 2017

50 questions de sociologie
(sous la dir. de)
PUF, 2020

RÉALISATION : NORD COMPO À VILLENEUVE-D'ASCQ
IMPRESSION : NORMANDIE ROTO IMPRESSION S.A.S. À LONRAI
DÉPÔT LÉGAL : FÉVRIER 2023. N° 133519 (2205811)
IMPRIMÉ EN FRANCE